DIE DREI WELLEN DER FREIWILLIGEN UND DIE NEUE ERDE

Von Dolores Cannon

ins Deutsche übersetzt von Rolf Meyer-Heidenreich

Bibliothek der Kongresskatalogisierung in der Publikationsdatenbank
Cannon, Dolores, 1931 - 2014
Die drei Wellen der Freiwilligen und die neue Erde, von Dolores Cannon.
Die drei Wellen der Freiwilligen, die aus anderen Dimensionen, Planeten, Raumfahrzeugen und der Quelle gekommen sind, um bei der Erhöhung der Energien der Erde zu helfen, um in die nächste Dimension aufzusteigen.

1. Neue Erde 2. 2012 3. Aufstieg 4. Freiwillige 5. Metaphysik
I. Cannon, Dolores, 1931- 2014 II. Neue Erde III. Aufstieg IV. Metaphysik IV. Titel

Bibliothek des Kongresskatalogs Kartennummer: 2021937351
ISBN: 978-1-950608-41-6

Übersetzt von Rolf Meyer-Heidenreich
Cover Art und Layout: Victoria Cooper Art
Buch eingestellt: Times New Roman
Buchgestaltung: Nancy Vernon

Herausgeber:

OZARK MOUNTAIN PUBLISHING

Postfach 754
Huntsville, AR 72740

Gedruckt in den Vereinigten Staaten von Amerika

Inhaltsverzeichnis

Es wurden alle Anstrengungen unternommen, um die Identität und die Privatsphäre der an diesen Sitzungen beteiligten Klienten zu schützen. Der Ort, an dem die Sitzungen abgehalten wurden, ist übereinstimmend, aber es wurden nur Vornamen verwendet, und diese wurden geändert.

TEIL EINS

DIE FREIWILLIGEN

EINFÜHRUNG

SEIT MEINEM ERSTEN VORSTOß in diese Welt des Unbekannten vor über vierzig Jahren habe ich mich als Reporter, Ermittler, Forscher des "verlorenen Wissens" verstanden. In Wirklichkeit bin ich eine Hypnotherapeutin, die sich auf die Therapie des vergangenen Lebens spezialisiert hat und die Ursache der Probleme der Menschen auf andere Lebenszyklen zurückführt und nicht auf das gegenwärtige. Als meine Arbeit wuchs und expandierte, entwickelte ich meine eigene Hypnose-Technik, die eine sofortige Heilung ermöglicht und die ich nun auf der ganzen Welt lehre. Die Ergebnisse waren erstaunlich. Als ich zum ersten Mal den Drang verspürte, meine Methode zu lehren, wusste ich nicht, ob es möglich wäre, denn, wenn man etwas selbst entwickelt, weiß man, wie es funktioniert. Aber wäre ich in der Lage, es anderen in verständlicher Weise beizubringen? Das war das Dilemma. Ich wusste aber, dass ich es nie erführe, wenn ich es nicht versuchen würde. Zu viele Menschen (und einige meiner Klienten) haben solche Angst davor, zu scheitern, dass sie es nie versuchen. Also begann ich 2002 mit dem Unterrichten und es hat sich inzwischen auf der ganzen Welt verbreitet, und zu meiner Zufriedenheit berichten meine Schüler von den gleichen Wundern, die ich erlebt habe. Einige von ihnen versuchen sogar, Techniken anzuwenden, an die ich nie gedacht hätte. Welch bessere Befriedigung könnte ein Lehrer haben, als seine Schüler das nehmen zu lassen, was ihnen beigebracht wurde, und keine Angst zu haben, darüber hinauszugehen und unbekannte Wege zu gehen. Meine Methode ist nicht, wie die anderen veralteten Hypnosemethoden, die lehren, dass man genau das tun muss, was sie sagen. Dass du kein einziges Wort vom Skript abweichen darfst. In meinem Unterricht möchte ich, dass der Schüler versteht, was getan wird, damit er selbstständig denken kann. Solange der Klient nicht geschädigt wird, kann er frei experimentieren. Ich habe festgestellt, dass die Methode extrem flexibel ist. Es ist eine tolle lebendige und sich entwickelnde Sache. Viele Male, nach all den Jahren, komme ich immer noch nach Hause und sage meiner Tochter Julia: "Rate mal was ich gelernt habe, ich kann es gleich anwenden!" "Sie" haben mir oft gesagt, dass es keine Grenzen gibt, es sei denn, man erschafft sie sich selbst. Alles ist möglich. Du bist nur durch deine eigene Vorstellungskraft begrenzt.

Ich denke, die Angst vor dem Unbekannten ist es, was viele Therapeuten zurückhält. Sie haben Angst, etwas Neues auszuprobieren, selbstständig zu denken. Der Hauptpunkt, der meine Technik von anderen unterscheidet, ist, dass ich in der tiefstmöglichen Ebene der Trance arbeite, der somnambulistischen Ebene. Die meisten anderen Techniken halten den Klienten in den leichteren Ebenen der Trance, wo der bewusste Geist noch Störungen verursachen kann. Wenn du die Person auf die tiefste Ebene bringst, sind wir in der Lage, direkt mit der größten Quelle der Kraft und Heilung zu kommunizieren, die es gibt. Ich habe einen Weg gefunden, die Quelle allen Wissens zu kontaktieren. Hierher kommen die Informationen, über die ich schreibe, und das ist auch der Teil, der die sofortigen Heilungen durchführt. Diese Quelle ist sehr liebevoll und verzeihend. Ich nenne es das Unterbewusstsein, weil ich nicht wusste, wie ich es sonst nennen sollte, als ich anfing. Wenn ich gebeten werde, es zu definieren, sage ich, dass man es das Höhere Selbst, das Höhere Bewusstsein oder die Überseele nennen kann. Sie ist so groß und so riesig, dass sie die Antworten auf alles hat. "Sie" sagen, dass es ihnen egal ist, wie ich sie nenne, weil sie sowieso keinen Namen haben. Einige meiner Schüler haben vorgeschlagen, es eher das "Überbewusste" als das "Unterbewusste" zu nennen. Ich weiß nicht, ob das effektiver wäre oder nicht. Ich weiß nur, dass das, was ich tue, funktioniert, also "Wenn es nicht kaputt ist, repariere es nicht." Für die Zwecke dieses Buches werde ich es zum besseren Verständnis auf das "SC" (engl. subconsciousness) kürzen.

In den ersten Jahren meiner Arbeit kam es sporadisch und subtil durch, und ich wusste nicht wirklich, mit wem oder was ich sprach. Es dauerte mehrere Jahre, bis ich erkannte, was ich entdeckt hatte. Dann kam der Prozess der Entwicklung einer Methode, um sie bei jeder Sitzung aufzurufen. Das hat sich für meine Arbeit als unschätzbar wertvoll erwiesen. Die Leute sagen: "Weißt du, dass du

Wunder vollbringst?" Ich sage ihnen: "Ich tue nichts! Das sind sie! Ich bin nur der Moderator, sie machen die Arbeit." Dieser herrliche und wunderbare Teil weiß alles über jeden. Und er kümmert sich sehr um jeden einzelnen Menschen. Es gibt keine Geheimnisse, "sie" kennen dich besser als du dich selbst. Wenn also ein Klient zu mir kommt, weiß ich, dass er alles erfährt, was er wissen muss - was auch immer das Unterbewusstsein denkt, was für den einzelnen angemessen ist, um es in seiner Situation zu verstehen. Ich weiß nie, was passieren wird, also kann ich die Sitzung nicht kontrollieren oder manipulieren. Ich arbeite schon so lange mit ihnen zusammen, dass ich normalerweise weiß, was einige der Antworten sein werden, weil sie immer gleich sind, aber es ist nie das, was ich als logische Schlussfolgerung gedacht hätte. "Sie" haben Ihre ganz eigene Logik. Also sage ich dem Klienten, dass ich nie weiß, was während der Sitzung herauskommt. Es ist jedes Mal anders, aber es wird nie mehr sein als das, was sie bewältigen können. Ich weiß nie, ob sich die Antwort auf karmische Probleme oder etwas anderes beziehen wird. Jetzt scheinen sich die Antworten mehr auf das "Etwas andere" zu konzentrieren, und mein Konzept der Drei Wellen der Freiwilligen wurde entwickelt. Ich bin die Erste, die zugibt, dass diese Sichtweise der planetarischen Transformation sowohl verblüffend als auch atemberaubend ist.

***

Seit 25 Jahren ermittle ich auch Ufo-Sichtungen und mutmaßliche Entführungsfälle. Vieles davon wurde in meinen Büchern berichtet, vor allem in den Serien The Custodians, und ich habe viele Informationen und Antworten auf Fragen gefunden, die die anderen Ermittler nur leicht berühren konnten. Die ETs (engl. extraterrestrials) haben mir großzügig die Antworten auf alle Fragen gegeben, die ich mir vorstellen konnte. Ich dachte, es gäbe nichts mehr zu erforschen in diesem Bereich. Wieder einmal haben "sie" mich überrascht. In den letzten Jahren begann ich, einen Blick auf eine viel größere Geschichte hinter den Sichtungen und Untersuchungen, etc. zu werfen. Ich dachte, ich hätte endlich das Rätsel ihrer Beteiligung an der menschlichen Rasse gelöst. Aber während einer Sitzung im Jahr 2009 wurde mir schließlich, was ich für richtig halte, das "fehlende

Stück" zum gesamten Ufo-Puzzle gegeben. Ich erkannte bald, dass ich alle erforderlichen Teile die ganze Zeit bereits hatte. Sie waren in meiner Arbeit verstreut, besonders in den Serien The Custodians und The Convoluted Universe. Sie waren während unserer Regressionstherapie durch viele tausend Patienten gekommen. Ich hatte einen Teil der Geschichte zusammengestellt und dachte, ich hätte das ganze Bild. Jetzt, plötzlich, entdeckte ich, dass es noch mehr gab und es mir schon seit Jahren ins Gesicht starrte. Ich habe wahrscheinlich immer noch nicht die ganze Geschichte vollständig erfahren, denn Ich bin sicher, dass es auf dem Weg dorthin noch weitere Überraschungen geben wird. Aber endlich ist die Zeit gekommen, in der der Schleier gelüftet wird. Der Schleier ist in den letzten Jahren immer dünner geworden, und ich habe ihn in meiner Therapiepraxis eindeutig bemerkt. Immer mehr Menschen werden sich bewusst, dass das alltägliche Leben, durch das sie schlendern, nicht der Grund ist, warum sie auf die Erde gekommen sind. Die Antworten kommen immer wieder durch eine Sitzung nach der anderen: "Es ist Zeit zum Erwachen!" "Du hast eine Mission! Es ist Zeit zu beginnen!" "Hör auf, Zeit zu verschwenden! Die Zeit wird knapp, damit ihr das erreichen könnt, wozu ihr auf die Erde gekommen seid!"

In den vierzig Jahren, in denen ich mich mit der Regression des vergangenen Lebens beschäftigt habe und der Therapie, war das auftretende Muster immer das gleiche. Natürlich gab es immer die Ausnahme von der Regel, und darüber habe ich meine Bücher geschrieben. Aber in der Regel kehrt der Kunde in das entsprechende vergangene Leben zurück, um die Probleme zu erklären, die er in seinem gegenwärtigen Leben hatte. Ob es sich nun um Beziehungsprobleme, Probleme im Beruf/der Arbeit oder Gesundheitsprobleme handelte, die Antwort konnte in der Regel auf ein einzelnes vergangenes Leben oder eine Reihe (Muster) ähnlicher Leben zurückgeführt werden, bei denen sie das gleiche Karma mit denselben Menschen wiederholten. Ich wusste, dass die Antwort darin bestand, den Zyklus zu unterbrechen. Und genau das könnte durch ihr Unterbewusstsein geschehen - das ihnen die Verbindung zeigte. Dann könnten sie genesen und endlich damit abschließen. In den letzten Jahren begann sich das Muster meiner Arbeit jedoch zu ändern, und ich begegnete immer wieder einem anderen Kliententyp. Es muss nachdrücklich betont werden, dass es an der Oberfläche nichts Ungewöhnliches an diesen Menschen gab und gibt. Es sind ganz normale Menschen, die das Leben so leben, exakt wie alle anderen auch. Sie kommen einfach zu mir, um Hilfe bei der Suche nach Lösungen für ihre Probleme zu bekommen. Die Antworten, die in diesen Sitzungen hervorgebracht wurden, waren das Letzte, was sich ihr Bewusstsein überhaupt vorstellen konnte. Es scheint, dass wir wirklich sehr vielseitige Menschen sind. Wir sehen unser Leben durch unsere eigene persönliche Perspektive, ohne die anderen Schichten zu kennen, die direkt unter der Oberfläche liegen. Unbekannt für unseren bewussten Geist, der nur mit fünf Sinnen wahrzunehmen weiß, haben sie großen Einfluss auf unser Leben. In uns steckt viel mehr, als wir uns je vorstellen können. Darin liegt die Illusion. Wir denken, wir kennen uns selbst, aber tun wir das wirklich?

KAPITEL EINS

DIE ENTDECKUNG DER DREI WELLEN

MEINE FORSCHUNG AUF DEM Gebiet der Hypnose hat mich auf unvorstellbare Reisen durch Zeit und Raum geführt, um die Geschichte der Vergangenheit und die Möglichkeiten der Zukunft zu erforschen. Als ich meine Untersuchungen durch die Therapie des vergangenen Lebens begann, dachte ich, ich würde nur Menschen finden, die sich an ihr Leben auf der Erde erinnern, denn das war natürlich alles, wovon wir damals wussten. Mein Glaubenssystem wurde in den letzten vierzig Jahren wirklich bemerkenswert ausgedehnt und erweitert. Im Laufe meiner Arbeit erhielt ich so viele Informationen über den Beginn des Lebens auf der Erde. Mir wurde gesagt, dass dies die Zeit ist, in der dieses Wissen zum Vorschein kommen soll. Wir bewegen uns in eine neue Welt, eine neue Dimension, in der diese Informationen geschätzt und angewendet werden.

Während meiner Arbeit habe ich viel darüber gehört, dass alles aus Energie besteht; die Form wird nur durch die Frequenz und Schwingung bestimmt. Energie stirbt nie, sie verändert sich nur. Mir wurde gesagt, dass die Erde ihre Schwingung und Frequenz ändert und sich darauf vorbereitet, in eine neue Dimension aufzusteigen. Es gibt unzählige Dimensionen, die uns die ganze Zeit umgeben. Wir können sie nicht sehen, denn wenn sich ihre Schwingungen beschleunigen, sind sie für unsere Augen unsichtbar. Es ist wichtig, dass wir mehr über diesen Übergang in eine neue Dimension erfahren, denn wir befinden uns jetzt in der Mitte und sein Höhepunkt steht kurz bevor.

Die Erde ist eine Schule, die wir besuchen und lernen, aber sie ist nicht die einzige Schule. Du hast auf anderen Planeten und in anderen Dimensionen gelebt. Du hast viele, viele Dinge getan, die du dir nicht einmal vorstellen kannst. Viele der Menschen, mit denen ich in den letzten Jahren gearbeitet habe, sind zu Lebenszeiten zurückgekehrt, in denen sie Lichtwesen waren, die in einem Zustand der Glückseligkeit lebten. Sie hatten keinen Grund, in die Dichte und Negativität der Erde einzutreten. Sie haben sich freiwillig gemeldet, um der Menschheit und der Erde in dieser Zeit zu helfen. Ich bin auf drei Wellen dieser neuen Seelen gestoßen, die auf der Erde leben. Sie sind zu dieser Zeit gekommen, weil die meisten dieser Menschen, die ein Leben lang hier waren, sich im Karma festgefahren haben und nicht vorankommen. Sie haben ihren Zweck, warum sie auf der Erde leben, aus den Augen verloren.

***

In den ersten Tagen meiner Arbeit (und in meinen ersten Büchern) dachte ich, dass es für einen Menschen unmöglich sein würde, sein erstes Leben auf dem Planeten Erde in unserer heutigen Zeit zu erleben. Ich dachte, es müsste ein allmählicher Prozess sein, durch die verschiedenen Lebensformen zu gehen, bevor man menschlich wird: Luft, Stein, Boden, Pflanze, Tier, Naturgeist und schließlich Mensch. Ich dachte, wenn eine Seele beschloss, dass sie bereit sei, das Leben als Mensch zu versuchen, dann wäre sie in einer primitiven Gesellschaft, damit sie sich langsam anpassen könne. Ich dachte, dass sie nie plötzlich in unsere hektische moderne Gesellschaft mit all ihrer chaotischen Energie fallen gelassen werden könnte. Es wäre absolut zu viel für eine sich neu entwickelnde Seele, um sie zu ertragen. Aber dann, 1986, schrieb ich das Buch Keepers of the Garden, über eine sanfte Seele, die sein erstes Leben auf der Erde erlebte. Er hatte schon immer Leben auf anderen Planeten und Dimensionen gehabt. Doch in unseren ersten Sitzungen beschrieb er mehrere scheinbare vergangene Leben auf der Erde. Also fragte ich mich, was los war. Entweder war die Reinkarnation wahr oder nicht. Daraufhin bekam ich meine erste Erklärung der "Imprint"-Theorie. Menschen, die unzählige Leben auf der Erde lebten, haben die Erinnerungen an diese Erfahrungen in ihren unterbewussten Erinnerungen verankert. Unbekannt für den bewussten Verstand des Individuums sind diese vergrabenen Erinnerungen wesentlich, um ihm zu helfen, sie durch den Sumpf des menschlichen Lebens zu steuern. Ohne eine Art Hintergrund wären sie nicht in der Lage zu funktionieren. Das neugeborene Baby scheint frisch und ohne Bezugspunkte zu sein, bis es von seinen Eltern und der Gesellschaft unterrichtet wird. Aber das ist bei weitem nicht wahr. Das sogenannte "Baby" ist eigentlich eine sehr alte Seele, die Hunderte von Reisen in das komplizierte Szenario hatte, das wir "Leben" nennen. Dies gibt ihm etwas, das er als Referenz (unbewusst) dafür verwenden kann, wie man als Mensch lebt. Aber neue Seelen auf der Erde haben diesen Hintergrund nicht und wären völlig verloren - bis auf ein geniales Konzept, das auf der spirituellen Seite als "Imprinting" entwickelt wurde. Wenn die Seele auf der geistigen Seite ist, wird ihr gezeigt, in welche Art von Leben sie als nächstes eintreten wird, und sie macht einen Plan von dem, was sie erhofft, erreichen zu können. Sie schließt auch Verträge mit verschiedenen Seelen ab, um das verweilende Karma abzulösen. Wenn die Seele keine Erd-Erfahrung hat, auf die sie zurückgreifen kann, wird sie in die Bibliothek zum "Imprinting" gebracht – damit sie diese erhält. Viele, viele meiner Klienten haben diese Bibliothek auf die gleiche Weise beschrieben. Hier wird alles Wissen aufbewahrt, alles, was bekannt ist und immer bekannt sein wird. Es gibt auch die Akashic Records, die die Aufzeichnungen jedes Lebens sind, das seit der Gründung je gelebt wurde. Durch viele Diskussionen und Ratschläge mit der Bibliothekarin sucht sich die Seele jene Leben aus, dass sie in ihr Seelenmuster eingeprägt haben möchte. Diese können mit einem Overlay oder einer Folie verglichen werden. Diese Prägung wird dann zu einem wesentlichen Bestandteil des Gedächtnisses der neuen Seele. Ich fragte, wie ich bei der Arbeit mit einem Klienten sagen könnte, ob die Erinnerungen, die während der Regression entstehen, "real" oder ein Abdruck ("Imprint") sind. Mir wurde gesagt, dass ich nicht in der Lage sein würde, den Unterschied zu erkennen, denn alles, nicht nur Erinnerungen, sondern auch Emotionen und alles, was das Leben ausmachte, würde geprägt werden. Sie sagten, weil es nur als Referenz für die Seele dient, dass es sowieso egal sei. Da das Leben vieler berühmter Persönlichkeiten oft als Prägung verwendet wird, erklärt sich die Kritik der Skeptiker, dass es keine Reinkarnation gibt, weil viele Menschen behaupten, die gleiche wichtige Person gewesen zu sein. Imprinting beantwortet dieses Argument. Ich fragte sie: "Heißt das, dass es keine Reinkarnation gibt, wenn jemand ein Leben prägen kann, anstatt die eigentliche Erfahrung zu leben?" Sie sagten nein, weil es Leben geben muss, die gelebt werden, um Material oder Erinnerungen zu haben, die in die Aufzeichnungen aufgenommen werden können.

Das machte vollkommen Sinn, und es war eine Methode, die so rein entwickelt wurde, dass sich unschuldige Seelen an eine fremde, chaotische Welt anpassen konnten. Es wäre unmöglich, ohne Vorbereitung auf die Erde zu kommen. Die zarte Seele hätte nichts, worauf sie sich beziehen könnte, und wäre völlig unfähig, mit der Situation umzugehen. Nach meinen ersten Erfahrungen mit Phil, dem jungen Mann in Keepers of the Garden, begann ich, diesen neuen Seelen häufiger zu begegnen. Diese Fälle werden in den Büchern des Convoluted Universe beschrieben. Was ich also für ein seltenes Ereignis gehalten hatte, wurde jetzt immer häufiger. Sie hatten sich hinter ihren Abdrücken anderer Lebenszeiten versteckt, und das war es, was anderen Hypnotiseuren und Forschern präsentiert wurde (besonders denen, die nur in den leichten Ebenen der Trance arbeiten). Da die Abdrücke für einen Zweck ausgewählt wurden, der während ihrer Lebensdauer verwendet werden soll, wird das "scheinbare" vergangene Leben einige Fragen beantworten, aber nicht die wichtigsten. Das SC, in seiner unendlichen Weisheit, wird dem Klienten nur die Menge an Informationen geben, die er verarbeiten kann. Und das Gleiche gilt für den Hypnotiseur; wenn er nur seine "Babyschritte" ins Unbekannte macht, erhält er keine komplexen Antworten. Mir wurden viele wichtige Informationen erst gegeben, als ich hierfür in deren Augen bereit war. Bis vor kurzem dachte ich noch, dass diese reinen, unschuldigen "Erstsemester" selten sind. Aber jetzt werden sie zur Norm. Das SC kümmert sich nicht einmal mehr darum, es zu vertuschen. Oftmals war der Kunde nicht in der Lage, ein vergangenes Leben zu finden, egal wie viele Varianten meiner Technik ich ausprobiere. Wenn ich dann das SC zur Klärung kontaktiere, frage ich immer, warum wir nichts finden konnten. Manchmal sagen sie dann: "Wir hätten ihm etwas zeigen können, aber es wäre nur ein "Abdruck" gewesen." Dann geht es weiter, um ihnen zu sagen, woher sie kommen, und ihren Zweck auf dem Planeten Erde zu diesem Zeitpunkt zu klären. Es gab einige Fälle, in denen das Unterbewusstsein sagte, dass die Person die Abdrücke doch noch kurz vor dem Eintritt in den Körper des Babys ablehnte. Und das hat dann ein chaotisches Leben ohne Plan und Zweck verursacht. Es scheint also, dass "sie" wirklich wissen, was sie tun. Wir, die Menschen, sind es, die es nicht verstehen oder nicht in der Lage sind zu verstehen.

Um die Theorie (und das "fehlende Teil"), die ich gleich vorschlagen werde, vollständig zu verstehen, ist es notwendig, an den Anfang zurückzukehren, zur "Saat" der menschlichen Rasse.

WIE DAS LEBEN AUF ERDEN BEGANN

Um zu verstehen, warum diese drei Wellen von Freiwilligen zu genau diesem Zeitpunkt gekommen sind, müssen wir an den Anfang - den Beginn des Lebens auf unserer Welt - zurückkehren. Ich weiß, dass diese Informationen umstritten sind, aber wenn in Tausenden von Regressionen immer wieder dieselben Informationen zu mir gekommen sind, können wir sie meiner Meinung nach nicht ignorieren.

Vor Äonen gab es noch kein Leben auf der Erde. Es gab viele Vulkane und die Atmosphäre war voller Ammoniak. Der Planet musste verändert werden, damit das Leben wirklich beginnen konnte. In meiner Forschung habe ich gelernt, dass es Räte gibt, die die Regeln und Vorschriften für die Schaffung von Leben im ganzen Universum festlegen. Es gibt Räte über das Sonnensystem, Räte über der Galaxie und Räte über dem Universum. Es ist ein sehr geordnetes System. Diese höheren Wesen gehen durch das ganze Universum und suchen nach Planeten, die für das Leben geeignet sind. Man sagt, wenn ein Planet den Punkt erreicht, an dem er bereit ist, Leben erhalten zu können, ist dies ein sehr bedeutsames Ereignis in der Geschichte dieses Planeten. Dann erhält der Planet seine Lebensverfassung.

Verschiedene Gruppen von ETs oder höheren Wesen erhalten dann den speziellen Auftrag, das Leben auf diesem Planeten zu beginnen. Diese Wesen werden als die Archaischen oder Alten bezeichnet. Sie tun dies seit Anbeginn der Zeit. Das bringt Gott überhaupt nicht aus dem Bild - er ist stark im Gesamtbild verankert. Diese Wesen bringen zunächst einzellige Organismen ein, um sie dazu zu bringen, sich zu teilen und mehrzellige Organismen zu bilden. Es hängt von den Bedingungen auf jedem Planeten ab, welche Organismen sich bilden. Nachdem sie auf einem Planeten die Saat gesät haben, kommen sie zurück, um die Zellen von Zeit zu Zeit über die Äonen zu überprüfen. Oftmals überleben die Zellen nicht, und sie finden den Planeten wieder leblos vor. Diese Wesen haben mir gesagt: "Du hast keine Ahnung, wie zerbrechlich das Leben ist."

So taten sie dies im Laufe der Zeit auf der Erde, und nach einiger Zeit begannen sich nun Pflanzen zu bilden, weil man Pflanzen haben muss, bevor man sich Tiere vorstellen kann. Als sich das Leben zu entwickeln begann, kamen sie immer wieder zurück, um es sich anzuschauen und zu pflegen. Sie bildeten die Ozeane und reinigten die Luft, damit sich daraufhin verschiedene Lebensformen entwickeln konnten. Schließlich begannen die höheren Wesen, ein intelligentes Wesen zu erschaffen. Dies ist auf jedem Planeten geschehen; so gestaltet sich das Leben.

In meinen Büchern habe ich diese Wesen "Hüter des Gartens" genannt, weil der Planet der Garten ist, wir sind ihre Kinder. Um nun ein intelligentes Wesen zu erschaffen, mussten sie ein Tier mit einem Gehirn nehmen, das groß genug war, um zu lernen, und eines, das Hände hatte, damit es Werkzeuge entwickeln konnte. Deshalb wählten sie den Affen. Einige Leute sind damit nicht einverstanden, aber die Wahrheit ist, dass wir zu 98% genetisch kompatibel sind. Man könnte einem Affen Blut spenden und er würde leben; so nah sind wir uns genetisch. Aber selbst dann erforderte die Erschaffung des Menschen genetische Manipulationen und das Einmischen anderer Zellen und Gene, die aus dem ganzen Universum mitgebracht wurden. Sie sagten, dass wir das fehlende Glied nie finden werden; es existiert nicht. Unsere Evolution hat Generationen überholt. Es geschah nicht zufällig.

Im Laufe der Zeit, wann immer etwas der Menschheit gegeben werden musste, kamen diese Wesen und lebten mit den Menschen zusammen und gaben ihnen, was sie brauchten. Jede Kultur der Welt hat Legenden über den "Kulturbringer". Die Indianer haben die Maisfrau, die ihnen das Pflanzen beigebracht hat. Es gibt Legenden von denen, die uns über Feuer und die Entwicklung der Landwirtschaft lehrten. In allen Legenden der Welt kommen diese Wesen vom Himmel oder vom Meer. Das waren die Lehrer, und sie konnten so lange leben, wie sie wollten. Sie sind diejenigen, die als Legenden von Göttern und Göttinnen zu uns gekommen sind. Es geschieht immer noch, aber sie können nicht unter uns leben; sie wären zu auffällig. Wenn sie uns also neue Ideen geben wollen, um unsere Evolution zu beschleunigen, bringen sie sie jetzt in die Atmosphäre. Wer diese Idee aufgreift, ist derjenige, der sie erfindet. Es ist ihnen egal, wer sie erfindet, solange sie sich in der Zeitleiste befindet. Wir alle kennen verschiedene Personen, die gleichzeitig an derselben Erfindung arbeiten. Ein Beispiel dafür ist die kostenlose Energie, von der ich auf meinen Reisen höre, dass sich viele Menschen auf der ganzen Welt entwickeln.

DER VERLORENE GARTEN VON EDEN

Als ein intelligentes Wesen auf der Erde geschaffen wurde, beschloss der Rat, uns den freien Willen zu geben und zu sehen, was wir damit machen. Es gibt Planeten, auf denen es keinen freien Willen gibt. Die Star Trek-Richtlinie der Nichteinmischung ist sehr, sehr real. Dies ist Teil der Richtlinien des Rates: Sie dürfen die Entwicklung einer intelligenten Art nicht behindern. Sie können helfen, indem sie uns lehren und uns Wissen geben, aber sie können sich nicht einmischen. Ich fragte, ob es nicht eine Störung war, als sie kamen und uns das nächste, was wir in unserer Evolution brauchen würden (Feuer, Pflanzen, etc.), gaben? Sie sagten: "Nein, es ist ein Geschenk, das wir dir einmal geben, um dir in der nächsten Phase deiner Entwicklung zu helfen. Was du damit machst, ist dein freier Wille." Viele Male haben wir ihre Gabe genommen und sie für etwas Negatives oder Zerstörerisches benutzt, was nicht ihre Absicht war. Ich sagte: "Könntest du dann nicht zurückkommen und ihnen sagen, dass sie es nicht richtig benutzt haben?" Sie sagten: "Nein, das wäre eine Störung. Wir geben es dir. Was du damit machst, ist dein freier Wille. Wir können nur danebenstehen und den Kopf schütteln, wenn wir uns über die Komplexität der Menschen wundern, aber wir können uns nicht einmischen." Die einzige Ausnahme von dieser Regel wäre, wenn wir das Entwicklungsstadium erreichen würden, in dem wir die Welt zerstören könnten. Dies durfte nicht zugelassen werden, da es in den Galaxien nachhallen und zu viele Planeten und sogar das Leben auf anderen Dimensionen stören würde. Man sollte nicht denken, dass ein kleiner Planet, der in diesem Teil unseres Sonnensystems bewusst isoliert ist, so viel Einfluss haben würde. Aber sie sagten, die Ergebnisse würden extrem weitreichend und verheerend sein.

Wir sollten eine perfekte Spezies sein, die nie krank werden würde und so lange leben konnte, wie wir wollten. Die Erde sollte wie ein Garten Eden sein, ein perfekter Ort, aber etwas Unerwartetes geschah und änderte den gesamten Plan. Als sich das Leben langsam zu entwickeln begann, traf ein Meteorit auf die Erde und brachte Bakterien, die Krankheiten verursachten. Dies war das erste Mal, dass Krankheit auf der Erde eingeführt wurde. Als dies geschah, gingen die Wesen, die die Entwicklung der Erde überwachten, zurück zum Rat. Sie fragten, was sie nun tun sollten, nachdem ihr perfektes Experiment verdorben war. Es herrschte große Traurigkeit. Die Frage war, ob man alles zerstören und neu anfangen sollte, oder ob man dem Leben erlauben sollte, sich weiter zu entwickeln. Der Rat beschloss, es weitergehen zu lassen und sich weiterzuentwickeln, weil so viel Zeit und Mühe investiert worden war. Sie erlaubten es, obwohl sie aufgrund von Krankheiten wussten, dass das Leben auf der Erde nie perfekt sein würde, wie ursprünglich geplant.

Diese höheren Wesen beobachteten unsere Entwicklung weiterhin aus der Ferne, aber 1945 geschah etwas, das ihnen wirklich auffiel: die Explosion der Atombombe am Ende des Zweiten Weltkriegs. Wir sollten in diesem Stadium unserer Evolution keine Atomkraft haben. Sie wussten, dass wir es nicht kontrollieren konnten, dass wir es zur Zerstörung benutzen würden.

Als die Atomkraft in unsere Zeitlinie eingeführt werden sollte, sollte sie für immer genutzt werden. Ich sagte, dass wir es für das Gute nutzen, Strom und so etwas. Sie erklärten, dass es, weil es zuerst als Waffe geschaffen wurde, immer diese negative Aura tragen würde und nie den großen Nutzen haben würde, den es haben sollte. Wir waren gerade durch den schrecklichen Zweiten Weltkrieg gekommen, so dass sie wussten, dass wir nie in der Lage sein würden, etwas so Mächtiges wie die Atomkraft zu kontrollieren. Es war nur die menschliche Natur, und sie waren äußerst besorgt, dass dies zur Zerstörung führen könnte. Während der Entwicklung der Atombombe wussten die Wissenschaftler nicht genau, womit sie experimentierten. Es war ein unbekanntes Element. Man sagte den Wissenschaftlern, dass sie möglicherweise alle Wasserstoffatome in der Atmosphäre entzünden und eine massive Explosion verursachen könnten, die unsere Welt zerstören könnte. Aber die Wissenschaftler ignorierten diesen Rat und ihre Neugierde ließ sie experimentieren. All dies wird in meinem Buch A Soul Remembers Hiroshima erzählt, wo ich jahrelang über die Entwicklung der Bombe geforscht habe. Auch nach Kriegsende herrschte großes Misstrauen unter den Ländern, die zu einem unnötigen Aufbau von Atomlagern führten. So waren die Sorgen der höheren Wesen sehr gut begründet. Wir wussten nicht, womit wir spielten. Es war eine extrem gefährliche und volatile Zeitspanne.

In dieser Zeit, Ende der 1940er und Anfang der 1950er Jahre, begannen Ufo-Sichtungen veröffentlicht zu werden. Die höheren Wesen gingen zurück zum Konzil und fragten, was sie tun sollten, da sie den freien Willen der Menschheit nicht stören dürfen. Damals hat der Rat einen meiner Meinung nach brillanten Plan vorgelegt. Sie sagten: "Wir können uns nicht von außen einmischen, aber was ist, wenn wir von innen helfen?" Es ist nicht störend, wenn man um Freiwillige bittet, die hereinkommen und helfen. So wurde der Ruf im ganzen Universum ausgesprochen, dass Seelen kommen sollen, um der Erde zu helfen.

Die Menschen auf der Erde sind im Kreislauf der Reinkarnation, im Rad des Karmas, seit Hunderten und Aberhunderten von Leben gefangen, kehren zurück und machen immer wieder die gleichen Fehler. Wir sollten uns weiterentwickeln, aber das tun wir nicht. Dies war der Hauptgrund, warum Jesus und die anderen großen Propheten auf die Erde kamen: den Menschen beizubringen, wie sie vom Rad des Karmas wegkommen, der Menschheit zu helfen, sich zu entwickeln. Aber wir machen immer noch die gleichen Fehler immer und immer wieder: Kriege und so viel unnötige Gewalt. Also würden die Menschen auf der Erde so nicht in der Lage sein, die Erde zu retten. Wie konnten sie aber der Erde helfen, wenn sie sich nicht einmal selbst helfen konnten? Es brauchte reine Seelen, die nicht im Rad des Karmas gefangen waren, die noch nie zuvor auf der Erde waren.

In den letzten fünf Jahren meiner Arbeit habe ich immer mehr Seelen gefunden, die direkt von Gott gekommen sind und noch nie in einem physischen Körper waren. Ich habe Leute zurückgehen lassen, wo sie ETs waren, die in Raumschiffen oder auf anderen Planeten lebten, wo sie auf anderen Dimensionen waren, wo sie liebevolle Lichtwesen waren und keinen Körper brauchten. Die Freiwilligen kommen mit einer Hülle oder bedecken ihre Seelen, so dass sie kein Karma ansammeln können, denn sobald sie Karma ansammeln, müssen sie immer wieder neu geboren werden. Jetzt gibt es Zehntausende dieser neuen Seelen auf der ganzen Welt, und die höheren Wesen haben gesagt, dass sie sich keine Sorgen machen müssen, dass wir die Erde zerstören. Man sagt, dass wir endlich den erhofften Ausschlag gegeben haben. Wir werden in der Lage sein, die Welt zu retten.

Die Puristen und Unschuldigsten von allen sind jene Seelen, die direkt von der Quelle oder Gott kommen. Ich habe darum gebeten, zu wissen, was Gott ist. Sie sagten, dass unsere Vorstellung nur ein winziger Faden dessen sei, was Er wirklich ist. Wir können nicht einmal anfangen, uns vorzustellen, was Er ist. Sie alle beschreiben Gott auf die gleiche Weise: Er ist kein Mann - wenn überhaupt, dann wäre er eine Frau gewesen, weil Frauen die kreative Kraft sind. Aber Gott ist weder Mann noch Frau. Er ist eine riesige Quelle aller Energie, beschrieben als ein riesiges Feuer oder Licht. Einige nennen Gott die Große Zentralsonne, eine riesige Energiequelle, und doch so voller Liebe, totaler Liebe. Ein Klient beschrieb diese allmächtige Quelle als "Das Herz der Sonne". "Das Herz Gottes". Wenn die reinen Wesen, die direkt von Gott gekommen sind, während der Sitzung zur Quelle zurückkehren, wollen sie da nicht mehr weggehen. Hier haben wir alle begonnen; wir waren ursprünglich eins mit dieser Quelle. Die Seelen, die direkt von Gott gekommen sind, sagen, dass es keine Trennung gibt; es ist alles eins. Ich habe gefragt: "Wenn du es so sehr liebst, warum bist du dann gegangen?" Sie alle sagten dasselbe: "Ich habe den Ruf gehört. Die Erde ist in Schwierigkeiten. Wer will helfen?" Sogar die, die ETs sind, haben das Gleiche gesagt. Und wenn sie in den Körper kommen, wie wir alle, werden ihre Erinnerungen gelöscht. Ich habe gefragt: "Wäre es nicht einfacher, wenn wir uns daran erinnern würden, warum wir gekommen sind?" Sie sagten, es wäre kein Test, wenn du die Antworten wüsstest.

Der Zweck der drei Wellen ist also zweigeteilt. Erstens: die Energie der Erde so zu verändern, dass sie eine Katastrophe vermeiden kann. Und zweitens: um die Energie der Menschen so zu erhöhen, damit sie mit der Erde zusammen in die nächste Dimension aufsteigen können. Die Schätzung des ungefähren Alters der betreffenden drei Wellen entstand während der Sitzungen mit vielen hundert Personen. Sie alle sagten die gleichen Dinge über ihr gegenwärtiges Leben, und sie alle gingen während der Sitzung in die gleichen Lebens-Situationen zurück. So begann ich, sie grob nach ihrem jetzigen Alter zu kategorisieren.

Die erste Welle dieser Seelen, in ihren späten 40er bis frühen 60er Jahren (nach dem Abwurf der Bombe Ende der 1940er Jahre), hatte nun die schwierigste Zeit, sich anzupassen. Sie mögen die Gewalt und Hässlichkeit, die sie in dieser Welt finden, nicht und wollen einfach nur nach Hause zurückkehren - obwohl sie bewusst keine Ahnung haben, wo das sein könnte. Emotionen stören und lähmen sie sogar, besonders stark jene wie Wut und Hass. Sie können es nicht ertragen, mit Menschen zusammen zu sein. Sie sind an Frieden und Liebe gewöhnt, denn das war es, was sie dort erlebt haben, wo sie herkommen. Auch wenn diese Menschen ein gutes Leben, eine liebevolle Familie und einen guten Job zu haben scheinen, haben viele von ihnen versucht, sich umzubringen. Es scheint keinen logischen Grund zu geben, aber sie sind sehr unglücklich, sodass sie einfach nicht hier sein wollen.

Die zweite Welle ist jetzt in den späten 20er und 30er Jahren. Sie bewegen sich viel leichter durchs Leben. Sie sind im Allgemeinen darauf ausgerichtet, anderen zu helfen, kein Karma zu erzeugen und normalerweise unbemerkt zu bleiben. Sie wurden oft als (menschliche) Antennen, Leuchttürme, Generatoren oder Energiekanäle beschrieben. Sie sind mit einer einzigartigen Energie auf die Erde getreten, die andere sehr stark (positiv) beeinflusst. Sie müssen dafür aktiv gar nichts tun. Sie müssen es einfach nur sein. Mir wurde gesagt, dass nur durch den Gang durch die Innenstadt, ein Einkaufszentrum oder einen Lebensmittelladen ihre hohe Energie jeden positiv beeinflusst. Sie ist sehr stark, und natürlich erkennen sie das nicht bewusst. Das Paradoxon ist, dass sie, obwohl sie die

Menschen durch ihre Energie beeinflussen sollen, sie sich nicht wirklich wohl fühlen, wenn sie in der Nähe von Menschen sind. So viele von ihnen bleiben abgeschieden zu Hause, um sich nicht mit anderen zu vermischen und gerne von zu Hause aus zu arbeiten. Damit verfehlen sie aber ihren Zweck. Viele der ersten und zweiten Welle wollen lieber keine Kinder haben. Sie erkennen unbewusst, dass Kinder Karma erzeugen, und sie wollen nicht, dass etwas sie hier fesselt. Sie wollen nur ihren Job hier machen und von hier verschwinden. Viele von ihnen heiraten nicht, es sei denn, sie haben das Glück, einen anderen ihrer Art zu finden.

Die dritte Welle sind die neuen Kinder, von denen viele jetzt im Teenageralter sind. Sie sind mit allem notwendigen Wissen gekommen, auf einer unbewussten Ebene bei Ihnen. Die DNA aller Menschen auf der Erde wird derzeit verändert, um sich an die neuen Schwingungen und Frequenzen anzupassen. Aber die DNA der neuen Kinder wurde bereits verändert und sie sind bereit, mit kleinen oder gar keinen Problemen fortzufahren. Natürlich werden viele dieser Kinder von den Schulen missverstanden und leider medizinisch behandelt. Ein aktueller medizinischer Bericht hat nun bekannt gegeben, dass 100 Millionen Kinder mit ADHS falsch diagnostiziert und Ritalin und andere Medikamente eingenommen wurden. Mit diesen Kindern ist alles in Ordnung. Sie sind einfach fortschrittlicher und arbeiten auf einer anderen Frequenz. Weil sie so intelligent sind, langweilen sie sich in der Schule sehr leicht. Mir wurde gesagt, dass sie Herausforderungen brauchen, um ihr Interesse zu wecken. Diese Gruppe wurde als "Hoffnung der Welt" bezeichnet. Einige dieser Kinder sind erst neun oder zehn Jahre alt und haben bereits einen Hochschulabschluss. Sie bilden Organisationen, und erstaunlicherweise sind dieses Organisationen, die den Kindern der Welt helfen!

Ich fragte "sie" einmal, warum die erste Welle die größten Schwierigkeiten hatte. Sie sagten, dass jemand der Pionier sein musste, der Wegbereiter, derjenige, der den Weg weisen würde. Sie haben den Weg eingeschlagen, der es den anderen, die ihnen folgten, leichter machen würde.

***

In den letzten Jahren (2008 bis 2010) wurde ich mehrmals in der beliebten Radiosendung "Coast to Coast" interviewt. Ich habe auch das Projekt Camelot und andere beliebte Internet-Shows gemacht. Außerdem habe ich seit fast sechs Jahren eine eigene Radiosendung auf BBSradio.com, die in der ganzen Welt verfügbar ist. Die Anzahl der E-Mails und Schneckenpost, die ich nach jeder dieser Shows erhalte, ist unglaublich. Mein Büro wird nach jeder Show überflutet. Auch meine Bücher wurden inzwischen in über zwanzig Sprachen übersetzt. Die Post kommt aus der ganzen Welt und ist immer gleich. Sie sind so dankbar für die Informationen. Sie dachten, sie wären die Einzigen auf der Welt, die dieses Gefühl hatten, nicht hier sein zu wollen, die Gewalt in der Welt nicht zu verstehen, "nach Hause" gehen zu wollen, ernsthaft Gedanken über Selbstmord zu haben, um aussteigen zu können. Es hat ihnen enorm geholfen, zu wissen, dass sie nicht verrückt sind, dass sie nicht allein sind. Dass sie einer von vielen sind, die sich freiwillig gemeldet haben, um der Erde durch ihren Krisenmodus zu helfen. Sie waren einfach nicht auf die Auswirkungen auf ihre sanften Seelen vorbereitet.

Aus den Briefen kam eine Sammlung einiger älterer Seelen (geboren in den 1930er und 1940er Jahren) hervor, die vor dem Ansturm nach Ende der 1940er und Anfang der 1950er Jahre hereinkamen. In ihren Briefen sagen sie, dass sie älter sind, aber sie haben alle Symptome der Ersten Welle. Es ist möglich, dass einige als Pioniere vor dem Massenaufstand Ende der 1940er Jahre geschickt wurden. Ich habe immer an die Theorie geglaubt, dass ein Anstieg der Geburtenzahlen immer auf einen Krieg oder eine Katastrophe folgt, bei der viele getötet werden, als die Art und Weise, wie die Natur die Bevölkerung ersetzt und anpasst. Aber diese andere Theorie könnte auch eine Erklärung für die Babyboomer sein. Sie bestehen aus vielen der Freiwilligen.

Die Briefe sagen alle dasselbe, sie sind dankbar für eine Erklärung, die für sie Sinn macht. Ich habe sie sogar nach einem meiner Vorträge zu mir kommen lassen. Sie weinten und sagten: "Danke. Jetzt verstehe ich es." Auch wenn sie die Gewalt und Schwingung der Erde immer noch nicht mögen, da sie jetzt wissen, dass sie eine Mission haben, sind sie entschlossen, zu bleiben und sie zu erfüllen. Es machte einen enormen Unterschied in ihrem Leben.

***

Ich möchte aus einer von Tausenden von E-Mails zitieren, die ich 2010 nach einer meiner Radiosendungen erhalten habe. "Ich möchte Ihnen danken, dass Sie über die '3 Wellen' gesprochen haben, denn ich glaube, dass ich einer der Menschen aus der Ersten Welle bin, die 1961 geboren wurden. Mein viel jüngerer Bruder, glaube ich, stammt aus der Zweiten Welle, geboren 1980. Wir haben viele Male darüber gesprochen und sind uns einig, dass wir tatsächlich Außerirdische waren und nicht von der Erde kamen! Ich hatte einmal eine extreme Vision über die eigentliche Planungssitzung für die 3 Wellen, die stattfand, bevor ich inkarniert wurde. Es war ziemlich detailliert und interessant. Vielleicht interessiert es Sie auch zu wissen, dass dieser Plan tatsächlich schon einmal ausprobiert wurde und scheiterte, weil die Anzahl der Freiwilligen nicht hoch genug war! Damals beschlossen wir, die Fluttore zu öffnen und das Deck mit so vielen hohen Seelen wie möglich zu stapeln. Diesmal denke ich, dass der Plan funktioniert!"

KAPITEL ZWEI

DAS ERSTE MAL

WIE GESAGT, IM LAUFE der Jahre habe ich viele neue und reine Seelen entdeckt, die zurzeit mit einer anderen Agenda auf die Erde kamen als diejenigen, die unzählige Leben lang im karmischen Rad gefangen waren. Da sie kein angesammeltes Karma haben, sind sie frei, ihre wahre Mission zu erfüllen. Das Hauptproblem ist der Vergessens- oder Amnesieprozess, der Seelen betrifft, wenn sie auf die Erde kommen. "Sie" haben gesagt, dass unser Planet der einzige Planet im Universum ist, der seine Verbindung zu Gott vergisst. Und wir selber müssen mit Scheuklappen durch das Leben stolpern, bis wir es wiederentdecken. Die anderen Zivilisationen erinnern sich an ihre Verbindung und an ihre Verträge und Pläne. Sie bewundern uns sehr dafür, dass wir uns dieser Herausforderung stellen, zu vergessen und zu denken, dass wir ganz allein sind. Und das alles selbstständig wiederentdecken zu müssen.

Ich denke, es wäre so viel einfacher, wenn wir mit voller Kenntnis unserer Mission, unserer Aufgabe, aber der Kräfte, die da sind, nicht einverstanden wären. Sie sagen, dass es am besten ist, alle Erinnerungen zu löschen und es uns zu ermöglichen, uns selbst und unsere Mission wieder zu entdecken. Sie sagten, es wäre kein Test, wenn wir die Antworten wüssten. Also sind natürlich auch diejenigen, die mit den puristischen Motiven und Absichten kommen, an die gleichen Regeln gebunden wie wir alle - Sie müssen vergessen, warum sie gekommen sind und woher sie gekommen sind. Alles, was übrigbleibt, ist eine geheime Sehnsucht, dass es etwas anderes gibt, das sie nicht ganz begreifen können. Dass da etwas fehlt. Sie müssen sich wiederfinden und durch das Leben stolpern, genau wie der Rest von uns, bis Licht und Erinnerung durch die Scheuklappen zu sickern beginnen. Hier hilft dieser Prozess der Hypnose, die Erinnerungen in den Vordergrund zu rücken. Es ist an der Zeit, sich zu erinnern, den Schleier beiseite zu schieben und unseren Grund, warum wir zu genau dieser Zeit in der Geschichte auf diesen unruhigen Planeten gekommen sind, wieder zu entdecken.

Diejenigen, die ich als die Zweite Welle einstufe, scheinen eher Beobachter als Teilnehmer zu sein. Sie sind hier, um Veränderungen ohne ihr bewusstes Wissen oder ihre Beteiligung zu ermöglichen. Sie sollen Energiekanäle sein. Sie sind hier, um einfach nur zu sein. Sie müssen nichts tun. Dies kann manchmal für einige meiner Klienten ärgerlich sein. Auf ihrer Liste von Fragen, die sie mitbringen, um während der Sitzung gestellt zu werden, steht immer das, was ich die "ewige Frage" nenne. "Was ist meine Bestimmung? Warum bin ich hier? Was soll ich denn jetzt machen? Bin ich auf dem richtigen Weg?" Jeder, der mich besuchen will, will das Gleiche wissen. Die einzigen, die diese Frage nicht auf ihrer Liste haben, sagen: "Oh, das muss ich nicht fragen. Ich weiß, was ich tun soll." Diese Individuen sind selten. Die Mehrheit sucht noch immer, weil sie weiß, dass es etwas gibt, das außerhalb der Reichweite ihres Bewusstseins liegt. Wenn ich diejenigen habe, die ich als die Zweite Welle klassifiziert habe, werden sie normalerweise vom SC darüber informiert, dass sie nichts tun müssen. Sie erreichen ihr Ziel, indem sie sind. Nach einer Sitzung wurde ein männlicher Klient verärgert: "Aber ich will etwas tun!" Sie erkennen nicht, dass sie ihre Mission erfüllen, nur, weil sie hier sind.

In meinen anderen Büchern gibt es viele Fälle von Erstsemestern. Ein ganzer Abschnitt in Convoluted Universe, Buch Drei, ist denen gewidmet, die Erinnerungen an das direkte Kommen aus der Quelle Gottes entdeckt haben. In diesem Buch sind einige Teile der letzten (2009-2010) Sitzungen, die veranschaulichen, wie komplex dieser Entscheidungsprozess war, der sie hierher auf die Erde brachte.

***

MARIE

IN MEINER HYPNOSE-TECHNIK verwende ich eine Methode, bei der der Klient aus einer Wolke in ein angemessenes vergangenes Leben hinunterdriftet. Ich habe festgestellt, dass es zu 98% effektiv ist, also benutze ich es oft. Als Marie in tiefer Trance war, wollte sie nicht von der Wolke herunterkommen. Stattdessen wollte sie nach oben gehen. Wenn das passiert, erlaube ich dem Klienten, alles zu tun, was er will. Ich weiß nie, wohin es führen wird. Als sie sich nach oben bewegte, befand sie sich im schwarzen Raum, umgeben von vielen Sternen. "Ich sehe, wie klein ich bin und wie groß es da draußen ist." Sie schien zu schweben, in der Luft schwebend. "Es ist überall um mich herum und ich fühle mich, als wäre ich ein Teil von allem. Ich würde gerne näher an die Sterne herankommen. Ich komme einfach näher an den nächsten Stern, den ich sehen kann, und gucke mal, ob ich da hineinschauen kann."

D: In welche Richtung willst du denn gehen?

M: Der Stern kam einfach zu mir. Ich hätte nicht hingehen müssen. Er ist gleich da drüben. Ich schaue durch sie hindurch und sehe in sie hinein, schätze ich. Es ist wie bei Gasen. Es ist wie Dampf. Nichts hält still. Alles Dampf, Gas und Farben. Wie irisierendes Wasser, wie eine Ölschicht auf Wasser. Ich bin nicht mehr im Schwarz des Himmels. Ich bin in der Farbe. Es sind nur blinkende Lichter.

D: Der Stern ist also überhaupt nicht so, wie du dachtest, dass er so aussehen würde.

M: Nein, ich dachte, es wäre, als würden mich die großen Sterne blind machen, aber das ist es nicht.

D: Willst du mal schauen, ob es eine Oberfläche hat?

M: Es fühlt sich richtig an, so wie es ist, weil der Stern mich umgibt, er umgibt mich. Ich schwebe einfach durch seine Gase - mittendrin. Und mein Kopf bewegt sich rundherum, ich kann hinter mich und um mich herum sehen. Ich kann sein Äußeres nicht sehen... ich sehe nur sein Inneres.

D: Also muss es keine feste Oberfläche haben?

M: Nein. Ich fühle mich darin perfekt. Ich bin eins mit dem Stern. (Lacht) Ich fühle mich ihm nicht fremd. Er akzeptiert mich wie ein Teil von ihm - keine Ablehnung. Ich bin Teil dieses Sterns, und er wurde nicht durch meine Anwesenheit gestört. Es geht immer noch weiter und ich bin nur ein Teil davon. Keine Struktur. Keine Form.

D: Hast du das Gefühl, dass du einen Körper hast, oder wie fühlt es sich an?

M: Umgeben - Ich fühle mich, als würde es um meinen ganzen Körper herum flüstern. Sehr angenehm, sehr zufrieden, sehr gepolstert.... ein Teil der Dämpfe - suspendiert. Ich fühle mich suspendiert, als würde ich hängen. Es ist überall um mich herum.

D: Fühlst du dich allein?

M: Ich bin ganz allein. Aber, ich habe nicht das Gefühl, dass ich allein bin, weil ich damit klarkomme. Ich fühle mich nicht allein.

D: Ich meinte, es gibt keine anderen.

M: Nein, niemand außer mir. Überhaupt keine Menschen. Nicht einmal der Gedanke an Menschen. Ich bin im Kosmos - Ich fühle eins mit ihm, nicht getrennt davon. Wenn ich versuche, herauszuschweben und es zu sehen, fühle ich mich vielleicht getrennt von ihm. Ich weiß es nicht.

D: Hast du den Wunsch, etwas anderes zu tun?

Ich habe versucht, sie dazu zu bringen, mit der Geschichte weiterzumachen.

M: Nein, ich muss nichts anderes tun, als direkt vor Ort zu sein. (Lacht) Ich will gar nicht woanders hingehen. (Lachen)

Das hätte eine ganze Weile so weitergehen können, also brachte ich sie in eine Zeit, in der sie beschloss, diesen Ort zu verlassen und an einen anderen Ort zu gehen, der angemessen war. Als ich es tat, war sie nicht mehr im Weltraum. Sie sah sich selbst auf einer sehr hohen Klippe. Es gab einen Überhang, ein Stück, das über einen riesigen Abgrund ragte.

M: Ich kann da unten etwas sehen! Es ist, als könnte ich viele kleine Ameisen sehen. (Lacht) Es könnten Menschen sein. Aber sie sind so winzig. Ich sehe kleine Punkte, die Bäume sein könnten. Es könnten Autos sein. Sie könnten Menschen sein. Sie bewegen sich. Ich denke, ich könnte auf einem Berg sein... ja. Es ist nicht beängstigend. Ich stehe über jedem. Sie sind wahrscheinlich Menschen. Das erste, woran ich dachte, waren Ameisen.... kleine Ameisen. Es ist distanziert.

D: Werde dir deines Körpers bewusst. Wie fühlt sich dein Körper an?

M: Ich habe nicht das Gefühl, dass ich in einem Körper bin.

D: Willst du dortbleiben oder willst du woandershin gehen?

M: Ich muss einfach noch ein wenig länger da sein, anstatt den Berg hinunterzugehen. (Lacht) Ich fühle mich, als wäre ich irgendwie nahe am Himmel, als wäre der Boden nur eine kleine dünne Schicht und dann bin ich über allem anderen. Es ist also so, als wäre alles andere um mich herum. Aber ich fühle, dass ich mehr am Himmel als am Felsen bin. Ich glaube, ich könnte einfach von dort wegfliegen, wenn ich wollte.

D: Keine Einschränkungen. Keine Verantwortung. Völlige Freiheit. (Ja)

Ich beschloss, sie wieder umzuziehen, also ließ ich sie diesen Ort verlassen und ging woanders hin, was angemessen war. Diesmal erwartete uns eine weitere Überraschung. Sie war immer noch nicht in einem physischen Körper.

M: Es ist wie nackter Stein - da ist kein Gras. Es gibt keine Blumen. Es ist nur der reine Stein. Ich bin im Granit. Es gibt Farben im Fels. Es gibt Grau und Schwarz, aber ich sehe keine anderen Farben. Ich bin überrascht.

D: Wie fühlt sich das an, Teil eines Felsens zu sein?

M: Das gleiche Gefühl, umgeben zu sein, als wäre es überall um mich herum. Und doch bin ich frei. Ich kann jederzeit aufstehen und gehen.

D: Es klingt so, als ob man ein Teil von allem sein kann.

M: Ja. Ich fühle mich nicht abgelehnt. Es geht darum, mich zu akzeptieren, mich zu unterstützen oder zu wiegen - Ich bin nur ein Teil davon.

D: Es klingt so, als ob du einfach eine beliebige Form wählen und sie erleben könntest. (Ja) Das ist interessant. Hast du das Gefühl, dass du etwas lernst, wenn du diese verschiedenen Objekte wirst?

M: Ich fühle mich nur als Teil von allem, und das ist ein Trost für mich, dass ich einfach akzeptiert und geliebt werde und ein Teil davon bin. Kein Exkurs zwischen den beiden. Keine Trennung, sondern umgeben von allem. Wenn ich Teil von etwas bin, lerne ich, eins mit ihm zu fühlen, anstatt getrennt zu sein.

D: Glaubst du, dass du eines Tages in einem physischen Körper sein wirst?

M: Nicht, wenn du es mir nicht sagst. (Lacht.) Es fühlt sich begrenzt an, in einem Körper zu sein. (Lacht.) Ich fühle mich umgeben und es fühlt sich an, als würde ein Körper daraufgelegt werden, um ihn zu erden und ihn vor dem Fluss zu bewahren, der vor sich geht.

Ich verbrachte eine ganze Menge Zeit damit, sie zu bewegen, um zu versuchen, ein Leben zu finden, das wir untersuchen könnten. Stattdessen fand sie sich immer wieder als Teil von etwas Solidem wieder: einem Felsen, einem Baum, einer Blume. Oder sie sah sich selbst von Ort zu Ort fliegen und war der unsichtbare Beobachter. Sie beobachtete gerne die Menschen in einem Park, die Tiere und Insekten. Sie liebte die Freiheit zu kommen und zu gehen, wie sie es wollte, ohne Verantwortung. Überall, wo sie einen Ort sah, sagte sie, sie würde nur zu Besuch kommen, es war nicht wirklich ihr "Zuhause". Ich wusste, dass sie schließlich in einen physischen Körper eingedrungen war, denn das war es, womit ich sprach, der auf dem Bett lag. Früher dachte ich, wir hätten es geschafft, aber sie war wieder die Beobachterin, die die Menschen beobachtete. "Ich weiß nicht, wie sich der Körper anfühlt. Es fühlt sich nicht einmal an, als wäre es da. (Lacht) Ich habe eine Art Gewicht, weil ich auf dem festen Boden bin. Ich fühle mich mehr zu Hause mit dem Gras." Sie fühlte sich mehr Teil von allem, und die Konzentration auf sich selbst verwirrte sie nur.

Ich machte mich bereit, sie wieder zu bewegen, als ein Wesen neben ihr erschien. Sie fühlte sich wohl dabei, also dachte ich, wir könnten die Möglichkeit nutzen, um einige Fragen zu beantworten und etwas Licht in diese Sache zu bringen.

Sehr oft, wenn ein Wesen plötzlich so erscheint, kann es der Führer oder Schutzengel des Klienten sein. Sie können so erscheinen, wie sie es wünschen, werden aber normalerweise auf eine unbedrohliche Weise gesehen. Also dachte ich, ich würde diese Linie des Denkens vorerst weiterverfolgen, anstatt das SC anzurufen. Manchmal können diese Wesen einige Antworten liefern.

D: Frag ihn bitte: Wir drifteten durch mehrere Leben, in denen sie nicht in einem physischen Körper war. Hatte Marie schon andere Leben?

Marie entschied sich dafür, zu antworten, anstatt es zu erlauben, aber sie lieferte wichtige Antworten.

M: Ich habe das Gefühl, dass ich die meiste Zeit meines Lebens mehr im Weltraum als in einem Körper war. Es ist fast fremd, sich "selbst" zu fühlen und nicht mit allem anderen kombiniert zu werden. Ich bin es gewohnt, völlig frei zu sein.... frei zu fließen. Ich verstehe nicht, wie ich aus dem Nichts herausgehen und mich geräumig und mit der Außenwelt um mich herum fühlen soll, um mich allein und in einem Körper zu fühlen und irgendwo sein zu müssen.

D: War dies ihr erstes Mal in einem menschlichen Körper? Was sagt er dazu?

M: Was auch immer du willst. (Wir lachten.) Er sagte, ich müsse vom Himmel verschwinden und mich fest fühlen und den Boden unter mir und der Erde spüren. Ich weiß nicht wirklich, wie sich das anfühlt. Mehr als nur ein Teil von Dämpfen und ein Teil von etwas Feststoffen zu sein. Bis auf den Boden – ich berühre den Boden und fühle mich, als wäre ich auf etwas aus. Ich bin still und berühre den Boden mit den Händen und berühre die Bäume.

D: Sie kann Dinge aufgreifen und fühlen und weiß, dass sie einen echten Körper hat. Ist es das, was du meinst?

M: Ja, ich schätze schon. Ich muss mich hinsetzen, mich hinlegen und mich geerdet fühlen. Und ich will nicht, dass ich mich darauf beschränke, das Gefühl zu haben, dass ich umhüllt werde, weil der andere das Gefühl hatte, dass ich "eins" damit war und mich darin verschmolzen habe. Jetzt, da ich mich solide fühle, fühle ich mich plötzlich getrennt. Ich fühle, dass ich kein Teil davon bin. Vielleicht will ich deshalb solide sein. Es fühlt sich richtig an, nicht immer wie ein Heliumballon zu schweben, der immer nach oben geht und immer wieder nach oben. Ich will so etwas wie eine

Schnur, mit der mich jemand festhält und an etwas bindet, damit ich immer hier auf dem Boden bleiben kann, anstatt zu versuchen, es "da oben" herauszufinden. Und ich sehe es als eine gute Sache, nicht als eine begrenzte Sache. Etwas, das dem Schweben entgegengesetzt ist, also ist es genauso gut wie das Schweben. Es fühlt sich einfach so angenehm an, zu schweben, anstatt dort zu stehen. Freiheit.... Schweben fühlt sich so frei an.

Ich schlug vor, dass sie beides haben könnte. Sie konnte nachts im Schlaf frei schweben und dann tagsüber geerdet bleiben. Auf diese Weise würde sie diesen Teil nie verlieren.

Marie hatte ein schweres körperliches Problem, das einer der Hauptgründe für die Sitzung war. Sie hatte über den größten Teil ihres Körpers ein Ekzem entwickelt, das sie durch den ständigen Juckreiz und das Brennen unglücklich machte. Sie würde es so weit zerkratzen, dass es bluten würde. Die Ärzte konnten nichts anderes tun, als vorübergehend Abhilfe zu schaffen. Dann entschied ich mich, das SC anzurufen. Das Wesen hatte geholfen, aber ich fühlte, dass es nicht in der Lage war, diese Fragen zu beantworten oder nicht.

D: Stimmt es, dass sie viele Leben als gerechte Formen und Teile von Dingen hatte? (Ja) Ist dies ihr erstes Mal im physischen Körper?

M: Ja. Akzeptiere den Körper. Nimm diesen Körper an. Es dient dir gut.

Die Ursache des Ekzems war ein Versuch, ihr zu beweisen, dass sie körperlich ist. Es lenkte definitiv die Aufmerksamkeit auf den Körper, so dass sie sicher sein konnte, dass sie in einem Körper war und dass sie das akzeptieren musste. Wir arbeiteten daran, die Symptome zu beseitigen, indem wir sie erkennen ließen, dass sie hier leben musste und dieser Körper notwendig war. Sie war nicht mehr die nicht-physische Beobachterin, sondern eine aktive Teilnehmerin.

M: Ich weiß, dass ich Hausarrest habe. Mein eigenes Gewicht wird mich auf dem Boden halten. Ich habe Hausarrest. Ich möchte erleben, wie es sich anfühlt, die ganze Zeit am Boden und nicht in der Luft zu sein. (Lachen) Zu fühlen, wie es ist, in einem Körper zu sein.... nicht immer in einem Niemals zu schweben, nie in einem anderen. Ich brauche nichts, damit ich mich menschlich fühle. Ich bin ein Mensch. Ich bin nicht verstreut.

Dies ist eines der Hauptprobleme bei Erstsemestern. Sie waren noch nie zuvor in einem menschlichen Körper und fühlen sich sehr begrenzt und eingesperrt. Sie werden körperliche Probleme entwickeln und oft unbewusst versuchen, den Körper zu zerstören (durch verschiedene Krankheiten), weil sie nicht hier sein wollen. Die Hauptsache, die sie verstehen müssen, ist, dass sie sich freiwillig gemeldet haben, um zu dieser wichtigen Zeit in der Erdgeschichte zu kommen, und sie müssen bleiben, um ihre Aufgabe, ihre Mission zu erfüllen. Es gibt keine Abkürzungen, es sei denn, sie wollen riskieren, als Fehler auf die andere Seite zurückzukehren.

Als Marie zum ersten Mal zum schönen gasförmigen Stern ging, dachte ich, sie sei auf einen anderen Planeten gegangen, aber er hatte keine Form und sie auch nicht. Ich denke, es war eine andere Beschreibung des Zurückgehens zur Quelle. Es wird normalerweise als in einem hellen Licht oder in einer großen Sonne beschrieben, aber es hat immer schöne Farben. Es gibt immer das Gefühl der vollkommenen Liebe und der Mensch will nicht gehen, weil er dort so glücklich ist. Schließlich beginnen sie ihre Reise, und es ist üblich, sie zuerst als einfachere Lebensformen wie Felsen, Pflanzen zu erleben. Sie mögen das besser, weil das Leben kurz ist, und sie können viel schneller kommen und gehen. Doch es ist der Anfang, zu wissen, wie es sich anfühlt, auch wenn sie nicht gerne ihr Gefühl der Freiheit verlieren.

***

DIE SCHIMMERNDE

EIN WEITERER ÄHNLICHER FALL kam von Hope, die sich freiwillig als Klientin für meine Klasse in Perth, Australien, zur Verfügung stellte. Es war nicht nur aus Neugierde, sie hatte einige körperliche Probleme. Sie wollte so verzweifelt Hilfe bei Leukämie, dass sie bereit war, den vielen Schülern zu erlauben, die Rückbildung zu erleben. Als wir die Sitzung begannen, wartete sie nicht darauf, dass ich die Einleitung beendete. Sie beschrieb bereits etwas

Ungewöhnliches. Es erinnerte sie an die schneebedeckten Berge Tibets. Sie beschrieb sie als schön, isoliert, still und friedlich, majestätisch und mächtig. Die Luft war frisch und absolut unverschmutzt. Dann beschrieb sie etwas in der Luft, das völlig unerwartet war. Natürlich bin ich an das Unerwartete so gewöhnt, dass ich immer wieder Fragen stelle. "Die Luft ist wie lebendige Kristalle, die in kleinen Stücken entwickelt wurden. Sie sind überall in der Luft, nicht am Boden - Sie sind in der Luft - Ich atme sie ein." Mein erster Gedanke war, dass es unmöglich sein würde, Kristalle zu atmen. "Oh, das sind winzige, winzige Partikel. Es ist ein sehr schöner Ort, wie eine andere Dimension, ich bin so hoch oben, dass man Dinge sehen und manifestieren und auf die Erde projizieren kann. Es ist ganz einfach. Es ist mein Job. Ich bin mit allem verbunden, aber um das zu manifestieren, kann ich nicht mit Menschen sprechen. Weißt du, was ich meine? Einige Dinge müssen gelernt werden. Es ist ein Eindringen wirklich. Nun, es gibt hier wirklich keine Menschen, wo ich bin.... anstelle von Menschen... Energie. Du würdest es nicht glauben."

D: Es gibt also keine anderen Leute um dich herum?

H: Sie sind auf der Erde. Ich glaube nicht, dass ich ein Mensch bin. Ich bin dieser Schimmer - eigentlich, jetzt, wo du es sagst, gibt es viele Wesen. Ich dachte an Menschen? Das sind keine Menschen. Das sind meine Kollegen. Sie sind aus kleinen Protonen-Teilchen gemacht.

D: Also hast du nicht wirklich eine Form. Du ziehst einfach um? Wäre das richtig?

H: Ja. Ich manifestiere (denke) Situationen, um auf der Erde zu sein. Wir alle sind es. Das ist es, was wir tun.

D: Du sagtest, das wäre Dein Job?

H: Ja, aber ich muss nach unten gehen. Ich habe beschlossen, hinunterzugehen und einer dieser Menschen zu sein, weil wir uns manifestieren. Wir alle machen.... die Schimmer. Es gibt viele von ihnen. Dann kommen sie runter, weil man es erschafft, es verankert sich. Wir verankern es auf der Erde.

D: Werden deine Kollegen auch kommen?

H: Es ist deine eigene Diskriminierung. Es ist deine Entscheidung. Man braucht jemanden, der die Energie hier hält, weißt du? Einige schimmern nach unten. Und ich bin eine von ihnen.

D: Warum hast du dich entschieden, runterzukommen, wenn du dort so glücklich warst?

H: Das Wort "Pflicht" kommt zu mir. Weil wir alle unsere Rollen spielen. Wir kennen unsere Rolle. Das tun wir alle. Ich komme runter. Ist das in Ordnung?

D: Was auch immer du tun willst, aber du scheinst es nicht wirklich zu wollen. Ist das richtig?

H: Du kannst mich gut verstehen.

D: Du hast Emotionen gezeigt, als ob du wirklich nicht runterkommen wolltest.

H: Es geht nicht darum, etwas zu wollen. Es geht darum, was getan wird.

D: Sagt dir jemand, was du zu tun hast?

H: Es ist nicht erzwungen. So ist das nicht. Hier gibt es keinen Lehrer. Wir treffen uns, wir wissen es - wir entscheiden. Es ist einfach so, oder wir kommen runter.

D: Sag mir, was passiert, wenn du dich entscheidest, runterzukommen.

H: Nun, die Erde ist sehr, sehr unterschiedlich. Wo ist die Liebe? (Verärgert) Ich verstehe es nicht. Es ist alles so dicht. Wir können keine Kristalle atmen.

D: Nein, es gibt keine Kristalle dort, oder?

H: Alles ist verstaut. Es ist hart.... und die Menschen sind.... Ich sage dir etwas. - Willst du das hören? - Unten, wo ich hier bin, glauben sie nicht an das Schimmern. (Wir lachten beide.) Wenn sie über das Schimmern sprechen, wird ihr Körper so zerrissen.... von einem Ende zum anderen gezogen. Sprich nicht von dem Schimmernden. (Sie legte ihren Finger auf ihre Lippen und machte ein leises Geräusch.) Weißt du, was sie mit den Menschen hier machen? (Sie fing an zu weinen.) Sie ziehen sie auseinander. Sie erkennen nicht, was in die Schaffung eines physischen Körpers eingeflossen ist. Sie zerstören es einfach und haben keine Verbindung zum Schimmern. Ich muss einen Ort finden, an dem sie sich verbinden.

Anscheinend, als sie sich entschied, auf die Erde zu kommen, war es zu einer Zeit, als es viele Vorurteile gegen Menschen gab, die anders waren. Als reine unschuldige Seele erkannte sie nicht die Gefahr, den Menschen zu sagen, woher sie kommt.

H: Ich wusste nicht, dass das passieren würde. Wir treffen uns heimlich in kleinen Gruppen. Wenn sie uns finden, alle hier drin.... es ist nur (ziehender Lärm) ... schnell.

Während dieser Sitzung benutzte Hope viele Handbewegungen, die für die Frau, die die Transkription durchführte, unmöglich zu beschreiben waren, weil sie sie nicht sehen konnte. Ich wünschte, ich hätte eine Videokamera gehabt. Sie schienen sich auf eine Art Folter zu beziehen. Sie machte schneidende Bewegungen an der Vorderseite ihres Körpers und über ihren Hals. Auch eine Art des Auseinanderziehens aus ihrem Körper. Während der Sitzung war es, als wolle sie nicht wirklich deutlich machen, was mit ihr während der körperlichen Anstrengung passiert war. Aber ich konnte an den Bewegungen und Emotionen spüren, dass sie für ihren Glauben gefoltert und getötet worden war. Das SC dachte anscheinend, es sei sanfter für sie, die Geschichte zu erzählen, ohne in Details zu gehen. Das war viel freundlicher bei Hope. Ich kann mir nur vorstellen, wie sich das auf eine sanfte, reine Seele ausgewirkt haben muss, die zum ersten Mal auf die Erde kam und deren einziger Wunsch es war, den Menschen zu helfen. Dies wäre für eine Seele, die direkt von einem Ort göttlicher und selbstloser Liebe kommt, völlig unerwartet gewesen. Der Ort des Schimmerns.

D: Wenn du runterkommst, bist du in einem physischen Körper?

H: Oh, ja, weil Du es sein musst. Du musst hier unten eine Leiche haben. Und sie tun dem Körper Dinge an. Und der Körper ist dicht, schwer wie Blei.

D: Es ist nicht bequem, aber du hast dich entschieden, in den Körper einzudringen, damit du einen Job machen kannst. Ist das richtig?

H: Ja, ich habe es für eine Minute vergessen. Es geht darum, den Leuten vom Schimmern zu erzählen. Ich sage dir, was es ist. Es sind die armen Menschen auf der Erde, die davon abgeschnitten sind. Es ist hier so dicht vor Angst. Unsere Aufgabe ist es, die Angst abzubauen und sie wirklich mit dem Schimmernden zu verbinden. Wo sie herkamen. Und die Möglichkeiten sind vielfältig, denn das Schimmern kann gesenkt werden, um sich zu manifestieren. Aber es ist nicht so einfach, wie ich dachte. Weil ich keine Einschränkungen hatte, nein, nein, hatte ich nicht. Sie flüstern es in den Wind. Es stellt sich also die Frage, wie wir das machen? Wie beende ich das, wozu ich gekommen bin? Wie? Ich suche nach einer Antwort. Manchmal fühle ich: "Wozu das Ganze?" Es gibt nichts Gutes.

D: Aber du weißt, dass sie nicht alle so sind. Es gibt einige, die zuhören werden.

H: Es sind nicht die, mit denen man es zu tun hat. Auch sie kommen vom Schimmernden. Sie funktionieren. Es sind diese - so viele -, die vergessen haben, woher sie kommen. Ihre Verbindung, ihre Macht und ihre Schönheit. Es ist so schwer, dass man es vergisst.

D: Gibt es eine Möglichkeit, ihnen zu helfen, sich zu erinnern?

H: Dafür bin ich hier. Ich suche - ich glaube, ich habe versagt, noch mehr Schimmerndes abzurufen. Ruf noch mehr Schimmerndes ab, damit die Energie aufgebaut wird. Es geschieht jetzt.... mehr Licht. Und mehr Erfassungen.

D: Was meinst du mit Erfassungen?

H: Es wurden mehr hinzugezogen.

D: Was ist mit denen, die bereits hier auf der Erde waren? Sind sie in der Lage, diese Dinge zu tun?

H: Sie schimmern hier als Menschen.

D: Du meinst also, sie haben alle vergessen?

H: Ich glaube, das liegt eher an mir. Ich glaube, ich habe es vergessen. Ich hätte nicht gehofft, aber ja, ich bin es definitiv, denn es gibt viele andere, die ich jetzt sehen kann; viele andere machen ihre Arbeit. Viele haben es vergessen. Viele haben es nicht. Ich bin eine von ihnen und ich habe das Gefühl, dass ich nicht auf dem neuesten Stand bin. Ich habe es nicht geschafft.

D: Aber du weißt, wenn du in den physischen Körper kommst, sind die Dinge anders.

H: Nicht für einige Leute.... für mich.

D: Wenn du in einem physischen Körper bist, fängst du an, das Leben jeder physischen Person zu leben.

H: Anscheinend so, sehr zu meinem Leidwesen.

D: Glaubst du, dass es einen Weg gibt, die Erinnerungen in diesen Körper zurückzubringen, durch den Du sprichst?

H: Das wäre mein sehnlichster Wunsch.

D: Du bist dir bewusst, dass du durch einen physischen Körper sprichst?

H: Ja, und er hat Schmerzen.

D: Warum hat der Körper Schmerzen?

H: Trauer.... es ist nur völlige Trauer darüber, dass ich die Arbeit vergessen habe, zu der ich gekommen ist. Große Trauer.

Das SC sagte, dass die Trauer darauf zurückzuführen sei, dass Hope nicht das tat, wozu sie kam. Sie hatte es vergessen, und das verursachte die Schmerzen in ihrem Körper. Ich sprach mit ihm über die Rückkehr des Körpers zu völligem Gleichgewicht und Harmonie, damit sie ihre Arbeit tun konnte. Ich sagte: "Sie weiß nicht bewusst, dass sie den Prozess gestoppt hat."

H: Ähm, sie ist ziemlich klug. Sie hat eine Vorstellung davon was richtig ist. Sie ist auf dem Weg dorthin.

Es gab auch viel Angst aus den vergangenen Leben, als sie brutal verletzt worden war.

H: Es gibt Schichten und Schichten und Schichten von Lebenszeiten von Spott, Schmerz und Demütigung.

D: Warum hat sie sich für ein Leben voller Schmerz und Demütigung entschieden?

H: Für die Sache. Sie hat die Nutzung der Energie vergessen, die auf dem Planeten verloren geht. Sie erlaubt es auch anderen, sie aufzuhalten.

D: Wer sind die anderen, denen sie erlaubt, sie aufzuhalten?

H: Die Kirche, das hat sich auf ihr angestaut. Es ist sehr viel, um sie aufzuhalten - Es sind diese Bücher - Bücher mit falschem Wissen. Es sind nur Worte.

D: Wir können sie einfach wegwerfen. Sie braucht sie nicht mehr.

Das SC meinte, es habe viel Aufwand betrieben, damit sie sich vorstellte, wie sie die Bücher wegwirft - auch viele Vorschläge, um ihr Selbstvertrauen zurückzugewinnen, denn ihr würde in diesem Leben nichts passieren, wenn sie ihre Meinung sagen würde. Es bezog sich alles auf die vergangenen Leben und hatte nichts mit dem gegenwärtigen zu tun. Das SC stimmte mir zu und ich hoffte, wir würden Fortschritte machen.

H: Sie ist ein wenig verwirrt, denn als sie im Geiste allein arbeitete, hatte sie alles, was sie brauchte, und sie war allein und war glücklich, so schimmernd zu sein. Als Mensch bleibt sie allein. Sie lebt für sich allein. Es wäre viel besser, in Gruppen zu arbeiten, so dass sie die Unterstützung der anderen hätte. Sie ist es gewohnt, eine Schimmernde und ganz allein in einer herrlichen Isolation zu sein. Wenn du ihr sagen könntest, dass es auf der Erde nicht dasselbe ist. Dass man sich nicht isolieren und überleben kann. Wir kritisieren nicht gerne, aber es ist ein Misserfolg, wenn das das Wort ist, das man benutzen könnte. Sie muss sozial sein, aber sie ist versteckt. In einer Gruppe würde sie nicht allein sein.

Dann stellte ich die "ewige" Frage: Was war der Zweck von Hope? Was sollte sie tun?

H: Wenn sie nur sich selbst und ihrer Arbeit und ihrer alleinigen Zeit Glauben schenken würde und sich nicht so sehr um andere sorgen würde. Sie versucht, normal zu sein, das ist ein großer, großer Fehler. Sie kann nie normal sein. Du willst arbeiten, und die meisten Leute in diesem Raum sind nicht normal.

D: Du bist dir bewusst, dass andere im Raum sind (meine Klasse)? (Oh, ja.) Viele von uns sind nicht das, was du für normal hältst?

H: Niemand hier ist normal bei den Menschen. Ich meine das überhaupt nicht unhöflich. Ich meine das mit der größten Ehre. Sie braucht die Unterstützung. Es ist wie in den alten Zeiten. Das ist ihr Problem. Sie ist an der Kirche vorbeigegangen, aber in der Kirche hat es eine Gruppe gegeben. Sie hat allerdings hat keine Gruppe.

Während sie sich immer wieder auf das "Schimmernde" bezog, betrachtete ich es als ein weiteres Wort für die Geisterform und die Art, wie sie in dieser anderen Welt aussahen.

Wir konzentrierten uns nun auf die körperlichen Probleme, die sie hatte: Leukämie und Tumore im Hals.

H: Sie wollte nicht hier sein. "Was soll das?", sagte sie sich heimlich.

D: Hat sie gerade entschieden, dass sie nicht hier sein will?

H: Nein, nein, nein, nein, nein, nein, nein, nein, nein. Sie sah, was geschah, und sie begann zu schmerzen, aber darunter schimmerte das Schimmernde nicht. Verstehst du, was ich meine? (Ja) Sie ist tatsächlich hier. Und wenn sie sich an die Schimmer erinnert, denke ich, dass sie hier sein will.

Die körperlichen Probleme waren dadurch entstanden, dass sie nicht mehr hier sein wollte. Sie war enttäuscht über ihre Arbeit und ihre Berufswahl. Sie wollte den Menschen helfen, aber sie dachte nicht, dass es funktioniert. Auch hatte sie ihrem Mann so viel gegeben, dass sie ihr eigenes Leben nicht leben konnte. "Sie lebt das Leben eines anderen." Sie sollte ihr eigenes Leben leben. Ihr Mann wäre damit einverstanden. Als alles geklärt war, arbeitete das SC extrem schnell an der Beseitigung des körperlichen Problems, der Leukämie. Es machte gerade eine schnelle Bewegung über den Körper, als würde es etwas wegwerfen, und kündigte an: "Es ist erledigt!".

H: Es war ein Gift des Denkens.

D: Warum hat sie es in den Lymphdrüsen entwickelt?

H: Hass auf ihre Situation.

D: Durch die Bildung des weißen Blutbildes, das so hoch ist, wurde der Körper zerstört.

H: Ja. Wo ist die Freude? Wo? Das ist nicht fair.

Ich betonte, dass sie nun Freude in ihr Leben bringen konnte. Und das SC sagte wieder, dass sie nicht so sehr allein für sich sein sollte. Sie war nicht dazu bestimmt, in der Isolation zu arbeiten und zu leben. Ich habe festgestellt, dass viele Menschen, die zur zweiten Welle von Freiwilligen gehören, nicht unter Menschen sein wollen. Sie würden lieber alleine arbeiten und in Isolation leben. Aber hier liegt das Paradoxon. Sie sollen Menschen helfen, indem sie ihre Energie verbreiten, aber die meisten von ihnen mögen keine Menschen. Also wären sie lieber allein und hätten damit ihren Zweck verfehlt.

Sie fing an zu husten und ich fragte nach ihrer Kehle. Sie hatte dort ein Wachstum. Sie sagten, das lag daran, dass sie voller Angst war und es sich dort niederließ. Angst zu sprechen wegen der unbewussten Erinnerungen an das, was geschah, wenn sie sich in anderen Lebensphasen aussprach. Das SC sagte, das Wachstum sei hart wie Knochen. Sie war schon lange dort und hatte sich verkalkt. Nachdem er es studiert hatte, zerriss er es in zwei Hälften, wie eine Walnuss.

H: Die Walnuss ist in zwei Hälften gebrochen. Sie verschwindet. Jetzt kann man die Wahrheit leicht aussprechen. Sie wird keine Angst haben. (Die Leukämie, die Lymphdrüsen waren versorgt. Es war weg.)

D: Wenn sie zum Arzt zurückkehrt und den Bluttest macht, wird er den Unterschied bemerken?

H: Ja. Und wird sie ihm sagen können, warum? Es wird schwer für sie sein, es ihm zunächst zu sagen.

D: Aber er wird feststellen, dass etwas anders ist.

H: Er wird sagen: "Spontane Remissionen treten auf" - Eines Tages wird sie ihm eine Behandlung anbieten.

D: Hast du die Arbeit an Helens Körper abgeschlossen?

H: Das ist erledigt. Wenn sie sich bewegt und ihre Richtung bestimmt, wird sich ihr Körper bewegen und mit ihm entscheiden. Wir geben ihr die Informationen. Freier Wille. Sie muss glauben. Sie wird das Schimmern mögen. Ihre Stimme wird ein schönes Timbre des Rhythmus annehmen, das wir gerne hören werden - sie muss hier sein wollen. Und das wird sie jetzt.

D: Du weißt, dass ich dich normalerweise bitten muss, herzukommen, aber du warst die ganze Zeit hier, nicht wahr? (Lachen)

H: Sollte ich nicht hier sein?

D: Oh, nein, das war in Ordnung. Du wusstest, was die Schüler hier brauchen. Manchmal kann man einfach sofort kommen, wenn es wichtig ist.

H: Und es kommt darauf an, an wem man arbeitet.

D: Also war es nicht nötig, dass sie all diese schmerzhaften vergangenen Leben noch einmal durchlebt, oder? Es hat keinen Zweck erfüllt. Gerade genug, um zu wissen, dass es das war, was die Probleme verursachte.

H: Ja. Du wirst vielleicht feststellen, dass es in diesen Sitzungen eine Beschleunigung geben wird, weil sich die Zeit, wie wir sie kennen, verändert.

D: Also werden die Sitzungen schneller gehen und schneller zum Punkt kommen?

H: Das könntest du. Einige werden es, ja.

D: Es kommt immer auf die Person an. (Ja)

H: Diese Arbeit ist so wichtig - und die Absicht des Schimmernden zu haben, den Himmel auf die Erde zu bringen. Und wie schön zu wissen, dass du, wenn du nachts ins Bett gehst, mit deiner Arbeit etwas von dem schimmernden.... Himmel auf die Erde gebracht hast. Wir fragen sie: "Welche bessere Arbeitszufriedenheit könnte es geben?" Für jeden Menschen, den du heilst, erhellt sich die Erde. Wir danken dir für deine Arbeit. Wir senden Ihnen die Schimmer zu. Wir danken dir. Wir ehren dich.

***

In diesem Fall würde ich also denken, dass das Schimmern sich entweder auf die Quelle Gottes oder auf die Seite des Geistes bezieht, besonders, wenn sie sich auf das Atmen der Kristalle bezieht. So oder so, es bezieht sich auf den Ausgangspunkt für einige Seelen, die ihre erste Reise zur Erde machen. Sie kommen mit den besten Absichten und finden heraus, dass es nicht so einfach ist, wie sie dachten, wenn sie einmal hier sind.

KAPITEL DREI

EIN ENERGIEWESEN

LOUISES HAUPTGRUND FÜR DEN Besuch der Sitzung war es, die Ursache für die Angst vor Verlust zu finden, die sie ihr ganzes Leben lang zu verfolgen schien. Sie schien auf der ständigen Suche nach ihren Leuten zu sein. Sie wollte wissen, wie Sie sie finden und sich mit ihnen verbinden kann (wer auch immer sie sein mögen). Sie war aktiv in metaphysischen Gruppen und im Unterricht tätig, und sie hatte viel gelernt. Doch es gab dieses klaffende Loch in ihrem Leben, das sie zu füllen suchte. Das Gefühl von Leere, Unglück und Verlust, das keine logische Erklärung hatte. Natürlich haben wir erwartet, dass wir die Antworten in etwas finden, das in einem früheren Leben passiert ist. Aber das SC hatte andere Ideen. Denke daran, dass es eine Logik hat, die uns völlig fremd ist, weil es das Gesamtbild sehen kann.

Als Louise aus der Wolke kam, sah sie eine seltsame Landschaft. Das Gelände bestand nur aus zerklüfteten Gipfeln, einige sehr hoch und andere eher klein. Das gesamte Gelände war mit davon bedeckt, sonst nichts. "Ihre Farbe ist hellbraun und es funkelt, als wären sie Kristalle. Alles ist gezackt und scharf." Ich fragte mich, wie jemand in der Lage sein würde, sich auf einer solchen Oberfläche zu bewegen und zu gehen. Sie sagte, dass sie nicht stand, sie flog, schwebte und auf das hier herabblickte. "Die Spitzen sind zu scharf. Alles ist zu scharf. Es ist, als wären die Kristalle Spitzen in den anderen Spitzen - sie sind lang und glänzend und spitz. Es gibt einige kleine und einige größere. Und es gibt so viele Reflexionen von Licht, das überall hin und her hüpft. Einige der Gipfel sind so hoch, dass sie meist in den Wolken liegen."

Ich bat sie, sich ihres Körpers bewusst zu werden, oder wie sie sich selbst wahrnahm. "Ich schätze, ich muss einen Körper haben, weil ich nicht auf diese scharfen Gipfel treten will. Ich kann ein Gefühl wahrnehmen. Ich bemerke warme und kalte Stellen, und ich kann die Brise und das Sehen bemerken, ich achte jetzt darauf, zwischen die Spitzen und Kristalle zu schauen. Wenn ich näher auf die Oberfläche schaue, sehe ich, es ist nicht so statisch.... es gibt Dinge, die sich bewegen. Es ist eine Art Wolkenstück, außer dass sie nicht weiß oder grau sind und mehr leuchten. Und wenn sie sich bewegen, gleiten sie irgendwie herum und ändern die Form, aber sie sind trotzdem keine Wolke. Als ich hier zum ersten Mal landete, dachte ich, es sei leer, aber ich sehe, dass es das nicht ist. Sie sind fast wie Flecken, die leuchten. Sie können sich zwischen den Dingen bewegen, aber sie können auch schweben. Sie sind wie Blobs, aber einige von ihnen sind kleine und große Blobs, und sie sind keine endgültige Form. Sie sind so etwas wie eine Wolke, nur, dass eine Wolke verschwommener ist."

D: Sind das die einzigen Lebensformen, die du erkennen kannst?

L: Nein. Es gibt eigentlich kleine, kleine Dinge, die auf den Oberflächen kriechen. Es gibt überall Bewegung.

D: Glaubst du, dass diese Blobs fühlende Wesen sind, die in der Lage wären, Dinge zu wissen?

L: Ja, sie wissen Dinge. Es gibt eine Art Erinnerung - an innere Seifenblasen. Außer, dass sie alle in verschiedenen Formen und Größen erhältlich sind.... integriert.

D: Nun, was ist mit dir selbst? Denkst du, du siehst aus wie einer von denen?

L: (Lacht) Das ist es, was ich mich frage. Ich kann sicherlich schweben und die Positionen wechseln. Ich habe keine Ahnung, wie ich aussehe. Ich fühle Dinge wie warm und kalt. Ich kann die Form ändern.... kann die Größe leicht ändern wie nichts. Diese anderen schweben herum oder kriechen. Einige von ihnen sind so nah an der Oberfläche, dass sie sich auf ihr befinden. Ich weiß nicht, ob ich wie sie bin oder nicht.

D: Das kannst du herausfinden. Die Informationen sind da. Bist du wie die anderen? (Nein) Worin unterscheidet ihr euch?

L: Es ist wie eine einfachere Lebensform... es ist ein Übergang. Es ist nicht wie ein Körper. Es ist auch kein reines Licht. Und ich bin gerade erst hier angekommen, und ich bin nicht so wie die. (Eine plötzliche Offenbarung) - Ich bin auf einer Mission! Das ist wie ein Rastplatz. Es ist ein Ort dazwischen. Ich bin auf meiner Heimreise.... und das ist nur ein Rastplatz.

D: Du bist weiter Entwickelt und sie sind einfacher? (Ja) Und du denkst, du bist auf dem Weg nach Hause? (Ja) Was meinst du damit?

L: (Flüstert) Da wohne ich.

D: Du warst woanders? (Ja) Erzähl mir davon. Wo warst du?

L: Auf der Erde. Ich werde nicht dorthin zurückgehen. Deshalb bin ich an diesem Ruheplatz, bevor ich nach Hause gehe, um mich reinigen zu lassen. Alles auf der Erde gemacht.

D: Bist du froh, von dort wegzukommen?

L: Nein, ich vermisse die Schönheit, aber ich will nicht dorthin zurück. -Ich vermisse mein Zuhause. Zuhause.... da ist nichts gezackt. Es gibt nichts Raues. Wir alle wissen es. Wir alle lieben es. Ich vermisse mein Zuhause, aber es ist okay, an diesem Ort zu sein. Das ist nur ein Ort, an dem man anhalten kann. Ich weiß nicht genau, warum ich hier angehalten habe, außer um mich um eine Neugierde zu kümmern. Ich wusste bisher nichts von solchen Orten. Auf der Erde nennt man so etwas "Amöbe". Nur, dass einige von ihnen sehr klein und andere riesig sind und sie intelligent sind. Sie können miteinander verschmelzen. Sie können die Formen verändern. Sie können wachsen. Sie können schrumpfen. Es ist irgendwie schön, so zu sein. Vielleicht ist das der Grund, warum ich um alles in der Welt Wasser so sehr mag.

D: Aber es ist gut, für eine Weile einfach nichts zu sein, nicht wahr?

L: Ja. Es ist definitiv schön.

Ich beschloss, die Zeit zu verdichten und sie zu dem Zeitpunkt voranzubringen, an dem sie wieder zu Hause ankam. Ich fragte sie, wie es sei. "Es ist wirklich schön und glänzend, und viele Dinge sind blau und grün und golden."

D: Objekte oder nur Farben?

L: Nun, die Objekte sind Farben. Alles kann berührt und gefühlt werden, also gibt es keinen Unterschied. Es ist solide, aber man kann auch direkt durch es hindurchgehen, aber es hat alle Arten von Räumen. Man kann ein Schiff bauen, das sehr weit reisen kann, das aus einem bestimmten Licht besteht. Und wir können schöne Dinge machen, wenn wir Erinnerungen daran haben, wo wir waren, und wir erschaffen es dann.

D: Du musst Erinnerungen haben, bevor du etwas erschaffen kannst? (Ja)

Sie bestaunte und staunte über die großartigen Dinge, die sie sah, die erschaffen wurden. Sie seufzte tief. "Es ist so sicher und schön hier. Ich habe es vermisst." Sie fing an zu weinen.

D: Aber du bist aus einem bestimmten Grund zur Erde gegangen, nicht wahr?

L: Wir wollten das, und wir gingen alle an diesen schönen, schönen Ort. Wir möchten, dass sie wissen, was wir wissen, und fühlen, was wir fühlen.

D: Aber du weißt, wenn Menschen auf die Erde kommen, vergessen sie es, nicht wahr?

L: Einige von ihnen vergessen. Einige von ihnen nicht.

D: Ist es einfacher, wenn sie es vergessen?

L: Nein, es ist schwieriger, weil sie so in alles hineingezogen werden. Sie leiden und bleiben stecken. Nein, es ist einfacher, sich daran zu erinnern. Wenn sie mutig genug sind, es den Leuten zu sagen.... aber einige von ihnen haben Angst. Einige von ihnen wissen, dass man ihnen nicht glauben wird, und einige von ihnen vergessen einfach. Aber es ist dort so schön, und du weißt, dass wir auch zur Erde gehen und diese Orte genießen, damit wir Erinnerungen sammeln können, damit wir kreativer sein können, damit wir mehr für andere tun können.

D: Also musst du hingehen und Erfahrungen im Physischen sammeln, um die Erinnerungen zu haben? (Ja) Ohne das könntest du nicht erschaffen? Ist es das, was du meinst?

L: Wir können erschaffen. Das ist es, was wir sind. Wir sind Schöpfer des Lichts, und doch können wir auch so stark den Planeten als Ganzes bereichern. Siehst du, es gibt überall eine Verbindung. Es ist nicht so, wie die Leute denken. Auf der Erde akzeptieren die Menschen es, aber es gibt verschiedene Planeten, die nicht gleich sind. Bei denen weiß jeder, dass es einfach ist, die Nachrichten zu senden. Es ist einfach sich anzuschließen. Es ist einfach, nahtlos weiterzumachen. Es ist einfach zu reisen. Es ist alles ganz einfach.

D: Weil sie nicht vergessen haben, was sie tun sollen. (Ja) Aber ist das nicht Teil des Tests, um zu vergessen, wenn man auf die Erde kommt?

L: Nein. Eigentlich denke ich, dass, wenn wir ihr Bewusstsein auf der Erde immer mehr und mehr erhöhen, sie sich daran erinnern werden. Das ist es, was wir alle für sie dort tun wollen. So werden sie einander besser behandeln, so dass sie nicht leiden müssen, um ihre Lektionen zu lernen. Das ist nicht nötig. Das ist es, was getan wurde, aber es muss nicht sein.

D: Es ist einfacher, sich einfach zu erinnern, ohne zu leiden. Ist es das, was du meinst? (Ja) Aber Menschen hören nicht zu, oder?

L: Nein, nicht immer.

D: Weißt du, dass du durch einen Körper sprichst, der jetzt als Louise lebt?

L: Ja. Aber das ist mein Zuhause in diesem Leben.

D: Ich habe mich gefragt, ob das sein könnte, bevor sie in den Körper von Louise eingedrungen ist.

L: Das ist auch vorher und auch nachher.

D: Wenn sie also hier fertig ist, wird sie an den gleichen Ort zurückkehren? (Ja) Aber, wenn sie dort so glücklich war und es dort so schön ist, warum hat sie sich dann entschieden, als Louise zurückzukommen?

L: Vor Louise war es eine Freiwilligenarbeit, zur Erde zu gehen.

D: Also ist sie immer wieder zurückgekehrt.

L: Ja, aber Louise ist die Letzte. Ich weiß das. Weil es nach Louise vorbei ist und sie wieder nach Hause gehen kann, genau wie ich zu Hause bin.

D: Du denkst also, dass sie bis dahin alle ihre Lektionen beendet haben wird?

L: Auf der Erde, ja.... nicht alle Lektionen insgesamt.

D: Wusste sie, dass sie reinkommen würde, dass dies ihr letztes Mal sein würde? (Ja) Es war schwierig, nicht wahr? (Ja) Hat sie diese Schwierigkeiten aus einem bestimmten Grund geschaffen?

L: Ich möchte so vollständig wie möglich sein.

D: Was meinst du damit?

L: Wenn wir von diesem Ort des Lichts gehen und diese Galaxie, wie wir sie nennen, verlassen und in andere Zivilisationen gehen, wie man sie nennen könnte, dann nehmen wir etwas von ihrem Karma an. Und dann vervollständigen wir unser ganzes menschliches Karma auf dieser Reise.

D: Also war Louise auch an anderen Orten als der Erde, und du sagst, dass du Karma von anderen Orten annimmst?

L: Das Karma, das Louise vollendet, kommt nur aus ihrem menschlichen Leben.

D: Dann ist es Zeit, dieses Kapitel zu schließen? (Ja) Sie hat alles gelernt, was sie in diesen Leben lernen kann.

L: Nicht nur lernen, sondern auch mitwirken. Der Grund der Reise war es, einen Beitrag zu leisten.

D: Was sollte sie dazu beitragen?

L: Menschen lehren, wie man richtig denkt.... Menschen lehrt, wie man liebt... Menschen lehrt, sich umeinander zu kümmern.... Menschen lehrt, wie man glaubt... Menschen lehrt, wie man Frieden schafft... Menschen lehrt, wie man Krankheiten überwindet... Menschen lehrt, mit der Natur verbunden zu sein... Menschen lehrt, dass die Essenz der Verzweiflung Verbindung ist.... Menschen lehrt, dass sie in Harmonie miteinander sein können.... Menschen lehrt, dass Krieg etwas ist, das ein Leben beenden könnte....

D: Das sind alles wunderbare Dinge, aber, wenn wir auf die Erde kommen, wird es schwierig, nicht wahr?

L: Richtig. Aber es gibt so viele der anderen. Siehst du, einige von uns vergessen, aber die anderen waren es, nicht wir. Die sind neu. Sie lernen gerade erst. Verschiedene Stufen. Verschiedene Dinge, die man beitragen kann.... verschiedene Lektionen, die man lernen kann. Und auch einige aus verschiedenen Bereichen.... einige hatten mehr Menschenleben. Und tatsächlich gibt es auch andere aus anderen Galaxien, die gekommen sind.

D: Es gibt auch einige, die immer wieder zurückkommen? (Ja) Sind es diejenigen, die mehr am Rad des Karmas hängen?

L: Ja. Und deshalb kommen "Außenstehende", um ihnen zu helfen. - Viele Menschen wollen Hilfe bekommen, aber sie stecken sich in ihre eigenen Kisten. Sie wissen, dass ihnen geholfen werden muss; es ist nur, dass sie in ihrer Sichtweise so festgefahren sind.

Sie bleiben so sehr in ihren Begrenzungen dieses Moments und ihres Körpers stecken, dass sie nicht glauben, dass sie etwas anderes haben. Sie wollen Hilfe bekommen, ohne etwas anderes zu tun. Sie denken, dass es alles gibt, den Körper oder die Nahrung oder diesen Ort oder diesen Anblick. Louise steckt manchmal fest. Sie hatte andere Leben, an die sie sich auch erinnerte. Diesmal kam sie, um sich zu erinnern, wer sie war und was sie tun konnte. Sie macht einen guten Job, aber nicht so gut, wie sie es sich gewünscht hätte.

***

Es schien, dass einige der Freiwilligen wirklich alte Seelen waren, die sich entschieden haben, hierher zu kommen, um auch zu helfen. Sie schienen auch neu für die Schwingungen der Erde zu sein, und das verursachte ihnen Probleme. Eines der wichtigsten Dinge, die sie von den Erstsemestern unterscheiden würden, wäre, dass sie mehr Erfahrung haben. Doch Louise erkannte, dass sie alle zusammenarbeiten mussten, um denjenigen auf der Erde zu helfen, die "stecken geblieben" waren.

KAPITEL VIER

DER BETRACHTER WIRD PHYSISCH

PAULA WAR DIEJENIGE, DIE für die Demonstration bei einer meiner Hypnoseklassen in Arkansas AUSGEWÄHLT WURDE. Ich weiß nie, wie diese Sitzungen verlaufen werden, denn die Person befindet sich in einer "goldenen Fischschüssel"-Situation, in der alle zusehen. Das könnte sie verunsichern und nervös machen, und es könnte das Ergebnis beeinflussen. Mein Job ist es immer, dafür zu sorgen, dass sie entspannt sind, damit sie in Trance gehen, ohne das Gefühl zu haben, ausgesetzt zu sein. Die Demonstration findet immer am letzten Tag des Unterrichts statt, und zu diesem Zeitpunkt haben sich die meisten Schüler gegenseitig kennengelernt. Es ist also nicht dasselbe wie das Gefühl, dass sie vor einer Gruppe von Fremden auftreten müssten. Ich bewundere sie dafür, dass sie das Risiko eingehen, weil ich ihr Gefühl der Verletzlichkeit respektiere. Es ist immer ein Abenteuer, denn niemand weiß, wie das Ergebnis aussehen wird. Irgendwie scheint es immer perfekt zu funktionieren. Ich nehme an, weil "sie" das Sagen haben.

Paula wartete nicht, bis ich die Einweihung beendet hatte. Sie war bereits in einem anderen Leben, als ich sie bat, einen Ort zu finden, der schön und friedlich ist. Ich wusste, dass es nicht der typisch schöne Ort war, sobald sie anfing, ihn zu beschreiben. Sie sah ein Meer und eine Kristallkuppel an einem Strand. Sie nannte es ihr "Zuhause", und die Kuppel öffnete sich, als Sie in sie eintrat, und enthüllte klare Wände, die durchsichtig waren. Ich fragte sie, was in der Kristallkuppel sei. "Es ist hier alles irgendwie in der Mitte. Es kreist hier herum. Aus dem Zentrum heraus kommt alles - spiralförmig an der Außenseite der Kuppel in Richtung Zentrum, da wo ich sitze. In der Mitte der Kuppel ist das Zentrum von allem. Hier kommt die Energie her."

D: Die Energie konzentriert sich dort in der Mitte des Raumes? (Ja) Woher kommt die Energie?
P: Von innerhalb des Raumes! Sie wird einfach erzeugt. Sie ist am Leben.

Sie sagte mir, dass sie ganz allein an diesem Ort lebt. Als ich sie nach ihrem Körper fragte, sagte sie, Sie habe keinen Körper gesehen. Sie empfand sich selbst als Licht.

Es gab keine Notwendigkeit, etwas in einem leichten Körper zu konsumieren, also sagte sie, dass sie einfach an diesem Ort existierte. Es gab keine anderen Wesen irgendwo in der Nähe.

D: Wenn du diese Energie erzeugst, was machst du dann mit ihr?
P: Ich gehe überall hin. Ich kann den Planeten vollständig umrunden.
D: Also bist du nicht an diesen Ort gebunden. (Richtig) Gehst du aus der Kristallkuppel heraus?
P: Ja, das tue ich - Ich kann es. Ich gehe drum herum. Ich scheine einfach nur da zu sein.
D: Bist du glücklich dort?
P: Ich bin einsam. Niemand sonst ist hier.

Sie konnte sich nicht erinnern, ob sie zum ersten Mal an diesem Ort war, aber sie wusste, dass sie schon lange dort war. "Ich habe diesen Ort erschaffen."

D: Wie konntest du Ihn erstellen?
P: Ich erinnere mich nicht. Ich sehe nichts.

Es schien, als würde das nirgendwo hinführen, also beschloss ich, sie zu verlegen. Obwohl die Zeit an einem Ort wie diesem nicht existieren würde, ließ ich sie nach vorne schauen, ob es jemals eine Zeit gab, in der sie dort nicht allein da war. Als ich sie bat, sich zu bewegen, konnte sie nichts sehen. Es war leer. Als ich sie fragte, was sie nun sah, begann sie, eine chaotische Szenerie zu beschreiben. "Kämpfe... Krieg... Pferde und Schwerter und viele Kämpfe." Sie war allerdings nicht Teil davon, sie beobachtete nur den vor sich gehenden Krieg. "Pferde... viele Menschen auf Pferden... Kämpfe... Krieg... Speere und Schwerter und schreckliche Kämpfe. Ich beobachte sie."

D: Was hältst du davon?

P: Ich kann es nicht ertragen. Ich schaue zu. Ich möchte lieber beobachten, weil ich nicht verletzt werden will. Ich kann es nicht aufhalten. (Sie fing an zu weinen.) Viel Leid!

Sie weinte weiter, während sie sich zu hilflos fühlte, etwas auszurichten. Ich versicherte ihr, dass es in Ordnung sei, emotional zu sein. Und ich brachte sie nach vorne, um zu sehen, was passiert ist. Als ich es tat, befand sie sich nun zum ersten Mal in dieser Sitzung in einem physischen Körper. "Ich gehe... heiß... es ist heiß... die Wüste."

D: Warum bist du in einen physischen Körper gekommen?

P: Um zu lernen. Ich musste aufhören, der Beobachter zu sein.

D: Hat dir jemand gesagt, dass du diese Änderung vornehmen sollst?

P: Es war meine Entscheidung. Ich musste es lernen. Jetzt laufe ich nur noch durch die Wüste. Ich versuche nur, einen Platz zum Ausruhen zu finden.

Sie fühlte sich, als wäre sie schon lange dort in der Wüste gewesen. Wieder fühlte sie sich, als hätte sie kein Zuhause. Sie war nur auf der Suche nach einem Ort zum Ausruhen, sie war sehr müde dabei. "Ich bin schon lange unterwegs.... Ich glaube, ich werde sterben. Ich glaube nicht, dass ich es schaffen werde. Ich bin zu müde und zu schwach."

Ich komprimierte die Zeit und fragte: "Hast du einen Platz zum Ausruhen gefunden?" Sie sah sich selbst durch die Straßen einer Stadt gehen, in der es viele Menschen gab. Sie sah, dass sie männlich war, und als er durch die Straßen ging, packte ihn plötzlich jemand und setzte ihn auf sein Pferd. Er wusste, dass er in Schwierigkeiten war. "Ich bin rebellisch. Sie haben mich auf ein Pferd gesetzt. Sie bringen mich sehr eilig weg. Es scheint, als würden wir zurück in die Wüste reiten. Wir verlassen die Stadt nun. Wir gehen .... nicht noch einmal......... Er bringt mich zu den Dünen. Ich bin bewusstlos. Er hat mir auf den Kopf geschlagen!"

D: Was passiert als nächstes, wenn er dich mit in die Wüste nimmt? (Pause) Du kannst es als Beobachter betrachten, wenn du willst.

P: Ich scheine nichts mehr zu sehen. Ich glaube, ich bin tot. Ich denke, er könnte mich getötet haben, als er mir auf den Kopf geschlagen hat. Ja, mein Körper war bereits auf dem Pferd tot. Ich sehe nichts.

D: Warum hat er dich da rausgebracht?

P: Er wollte mich nicht in der Stadt haben.

Sie konnte keine weiteren Antworten finden, aber ich wusste, dass wir jetzt, da sie nicht mehr im Körper war, alles verstehen würden. "Wir können die Antworten auf diese Dinge finden, denn jetzt ist das, was passiert ist, bereits geschehen. Du bist auf der anderen Seite."

P: Ich bin froh, dass ich nicht mehr im Körper bin.

D: Aber du hast gesagt, du bist in den Körper gekommen, um zu lernen. Glaubst du, du hast etwas gelernt?

P: Es ist so kurz. Alles dort war so kurz. Als ich Beobachter war, war es länger. Das dagegen ist kurz.

D: Was willst du jetzt machen?

P: Ich will mich jetzt ausruhen. Das war traumatisch für mich.

Weil dies eine Demonstration für eine Klasse war, von der ich wusste, dass ich nicht so viel Zeit zum Erkunden haben würde, beschloss ich sie diese Szene nun zu verlassen und ich rief das SC herbei. Ich fragte es, warum es diese beiden Leben gewählt hatte, die Paula sehen sollte. "Das erste, in der sie die Energie und der Beobachter war - diejenige, in der sie in der Kristallkuppel lebte und Energie erzeugte…"

P: Es war einfach.

D: Es war kein Mensch, oder? (Nein) Warum wolltest du, dass sie von diesem Leben erfährt?

P: Um sich mit dieser Einheit zu verbinden. Das war ihr Anfang.

D: Aber sie war in diesem Leben sehr einsam.

P: Ja. Es war friedlich. Wir wollten, dass sie sich daran erinnert, dass sie mit allem eins ist. Wir wollten, dass sie sich daran erinnert, dass du trotzdem nie allein bist.

D: Warum ist das wichtig für sie zu wissen?

P: Einfach... einfach... einfach. Weil wir alle gleich sind. Sie denkt, dass sie etwas Besonderes ist. Wir sind alle gleich. Wir sind alle etwas Besonderes. Manchmal vergisst sie es.

D: Sie hat in diesem Leben einige schlechte Zeiten durchgemacht, nicht wahr? (Ohhhh, ja!) Aber sie überlebte.

P: Ja, das hat sie.

D: Warum sind ihr solche Dinge passiert?

P: Sie wollte dorthin gehen. Jedes Leben wurde von ihr ausgewählt, um zu lernen - jedes einzelne.

D: Auch, wenn das Leben schwierig ist?

P: Ja, es sind nur Illusionen.

D: Dann hast du ihr das Leben gezeigt, wo sie in der Wüste war. Sie war damals in einem menschlichen Körper. (Ja) Warum hast du ihr dieses Leben gezeigt?

P: Um ihr zu zeigen, wie schlecht das Leben werden kann. Hungrig und allein und heiß.... alles zusammen genommen. Alle wichtigen Extreme, die der Körper ertragen kann.

D: Warum wolltest du, dass sie davon erfährt?

P: Damit sie sehen kann, wie gut sie es jetzt hat.

D: Aber sie wurde als Kind misshandelt, nicht wahr?

P: Ja.... nicht so schlimm, wie sie denkt.

D: Dann ging sie in eine schlechte Ehe. (Ja) Was hat sie daraus gelernt?

P: Demut und Geduld.

Dann konzentrierten wir uns auf Paulas körperliche Beschwerden. Das SC beschäftigte sich mit der Heilung und Reparatur. Es sagte, dass es flüssiges Licht benutzt. "Es fließt aus der Quelle." Sie hatte Probleme mit dem kleinen Teil ihres Rückens gehabt und hatte dort eine Operation gehabt.

P: Ja.

D: Was hat das verursacht?

P: Schuldgefühle. Schuldgefühle aus anderen Lebenszeiten. Es ist unwichtig. Halte dich nicht an der Vergangenheit fest. Es ist nun weg.

Dabei trennten sie die Wirbel und reparierten sie mit mehr flüssigem Licht. "Es ist wunderschön!" Damit wurde auch die Schuld beseitigt. "Sie muss es aufgeben. Lass es gut sein." Sie nahmen dann kleinere Einstimmungen in den Nieren, der Leber und der Bauchspeicheldrüse vor. Es stand da, dass dies durch Sorgen verursacht wurde. Ich fragte: "Worum muss sie sich Sorgen machen?"

P: Ich weiß nicht. Sie ist dumm. Der menschliche Körper ist ein Wunder. Du willst ihn nicht verletzen.

Abschiedsnachricht: Vertraue einfach und glaube an dich selbst.

***

So viele dieser Freiwilligen waren Beobachter durch unzählige Leben im ganzen Universum. Was könnte natürlicher sein, als dass sie jetzt, in dieser wichtigen Zeit der Erdgeschichte, weiterhin Beobachter sind?

KAPITEL FÜNF

DER BESCHÜTZER

RICHARD WAR EIN ÄLTERER MANN, der sich von einer erfolgreichen beruflichen Karriere zurückgezogen hatte. Er wurde 1948 geboren, was Ihn in die Kategorie der ersten Welle einstufen ließ. Er betrachtete sich als Einzelgänger und hatte keine Familie. Er hatte keine Probleme und schien mit seinem Leben zufrieden zu sein. Wenn ich den größten Teil meiner Arbeit mit verheerenden Problemen und schweren Krankheiten verbringe, ist es erfrischend, jemanden zu finden, der relativ glücklich ist. Natürlich gab es die "ewige Frage": Was war sein Lebensinhalt und wie sollte er ihn erreichen?

Als Richard aus der Wolke kam, sah er zwei Bilder oder Szenen, die zusammengefügt waren, und er war unsicher, auf welches er sich konzentrieren sollte. Er sah einen grünlichen, langhalsigen Dinosaurier unter einem Baum stehen der ruhig Blätter aß. Und doch gab es auch eine Pyramide in der Ferne. "Der Dinosaurier ist auf der einen Hälfte des Bildes und frisst Blätter, und die Pyramide im Sand ist auf der anderen Seite. Ich sitze nur hier und sehe sie an. Es ist so klar wie der Tag."

Er beschloss, sich auf die Pyramide zu konzentrieren und ging auf sie zu. Sie war sehr groß und die Oberseite war sehr spitz. Das, was es anders und interessant machte, war, dass es im oberen Teil der Pyramide eine sehr helle Kugel gab. Die Kugel war so hell wie die Sonne und strahlte in alle Richtungen. Ähnlich wie bei einem Leuchtturm, nur, dass sich das Licht nicht drehte, sondern stationär blieb und helles gelblich-weißes Licht ausstrahlte.

Dann ließ ich Ihn sich seines Körpers bewusst werden, und er sah, dass er ein junger Mann war, der Ledersandalen trug und etwas Ähnliches wie eine kurze Toga, die bis zu den Knien ging. Das Ungewöhnliche war, dass er sah, dass er sehr lange graue Haare hatte, was für einen so jungen Menschen nicht logisch erschien. Er lebte ganz allein in einem sehr kleinen Steinhaus in der Nähe der Pyramide. Ich fragte, ob er etwas mit der Pyramide zu tun habe.

R: Es ist, als ob das Licht der Pyramide mich aus irgendeinem Grund in Sicherheit wiegt. Es kommt von der Spitze der Pyramide und beobachtet dabei alles. Wo immer es aufleuchtet, ist alles sicher. Das ist es, was ich fühle. Ich bin froh, meinen Job zu machen. Ich singe und summe ständig.

D: Warum hast du gesagt, es ist, als würde das Licht zusehen?

R: Ich bin mir dessen bewusst, schätze ich. Ich bin mir dessen sehr bewusst, auch wenn die Sonne scheint. Das Licht ist noch immer da. Es ist nicht die Sonne. Es gibt eine Sonne am Himmel, aber diese Pyramide ist da und sie wacht über das ganze Land.... nicht nur über mich. Das Licht kommt gerade in unsere Richtung. Ich bin in Sicherheit. Ich bin definitiv in Sicherheit. Ja, ich fühle keine Probleme. Ich bin total glücklich und mein Leben ist äußerst glücklich oder beschwingt dort, ja.

Ich fragte, ob er jemals in der Pyramide gewesen sei, und er schaute nach, ob es einen Eingang gab. "Ja, es gibt Stufen, die seitlich nach oben führen. Und ich gehe hoch und da ist eine Tür direkt unterhalb der großen Lichtkugel." Als er den dunklen Raum betrat, gab es dort nichts außer einem leuchtend rosa Kristall, der in der Mitte des Raumes in der Luft schwebte. Er nahm ihn in die Hand und hielt ihn fest. "Die Lichtstrahlen leuchten überall in meiner Hand.... wenn ich meine Hand schließe, leuchtet das Licht aus meinen Fingern. Ich habe so etwas noch nie gesehen, aber ich weiß einfach, dass ich ihn sicher festhalten kann." Ich fragte mich, ob der Kristall einen Zweck hatte, und es kam ihm in den Sinn, dass, wenn man ihn festhielt und ihm eine Frage stellte, er antworten würde.

D: Das ist interessant. Glaubst du, dass er eine Verbindung zu dem größeren Licht hat, das sich auf der Oberseite der Pyramide befindet?

R: Sie sind definitiv miteinander verbunden. Ja, sie sind in gewisser Weise im Einklang miteinander. Es ist wie ein Silberfaden oder etwas, das ihn verbindet, aber das man nicht mit dem bloßen Auge sehen kann.

D: Nun, stellen wir ihm Fragen über diese Pyramide. Vielleicht hat er Antworten über diesen Ort.

Dann begann ich, Fragen zu stellen, die der Stein beantworten sollte. Richard wiederholte jede Frage laut und sagte mir, was er vom Kristall gesagt bekam. Oftmals ergaben die Antworten für Ihn keinen Sinn. Ich werde die Antworten hier zusammenfassen.

R: Die Pyramide wurde von den Alten aus einer anderen Welt gebaut. Der Zweck des glühenden Lichts auf der Spitze der Pyramide ist Schutz. Es schützt alles. Es gibt Dinge aus dem All, die hereinkommen und dem Planeten schaden können, wenn er ihn nicht schützt. Ich weiß nicht, was für Dinge. Aber wir müssen sie schützen. Da steht nur: "Ich beschütze diesen Ort." Die Alten legten das Licht auf die Pyramide. Sie kamen hierher, bauten die Pyramide und verschwanden in einer Art Raumschiff. Die Pyramide ist nur ein fester Block, abgesehen von dem kleinen Raum, der den schwebenden rosa Kristall, der leuchtet, und die große Kugel darauf hat. Das Licht leuchtet nur wie ein Leuchtturm, aber es kreist nicht. Es leuchtet einfach von alleine in alle Richtungen. Es ist nicht unbedingt ein Licht, das du siehst. Es ist eher wie eine Energie, die in alle Richtungen geht. Es gibt eine andere Pyramide, die dasselbe tut, aber sie ist weit weg, weit weg, und es scheint Felsen und Sand zwischen den beiden Pyramiden zu geben. Nichts anderes.

D: Befindet es sich auf der Erde?

R: Zuerst dachte ich, es wäre so, aber jetzt glaube ich das nicht mehr, denn der Himmel ist irgendwie violett. Es ist nicht wie ein Himmel, den ich gesehen habe. Jetzt sehe ich, dass ich der Hüter dieses Ortes bin. Ich bin ein Teil dieses Ortes. Es sieht so aus, als wären wir eins - zusammen. Ich lasse es laufen, was auch immer es ist. Ich schaue es mir an, um sicherzustellen, dass es richtig läuft, aber ich sehe keine Kontrollen oder so. Ich schätze, ich kommuniziere damit mental.... ja.

D: Also bist du dort glücklich?

R: Extrem glücklich, ja. Mein Körper fühlt sich jung an, aber ich fühle mich, als wäre ich schon lange hier.... ein Widerspruch, aber so sieht es aus. Ich bin froh, hier allein zu sein.

Ich brachte ihn zu einem wichtigen Tag. "Es gibt ein zigarrenförmiges Raumschiff, das über der Pyramide schwebt, und es ist freundlich und ein Teil davon - nicht, dass es wichtig wäre. Ich bin froh, es zu sehen, denn es bringt die Vorräte weg, aber nichts Ungewöhnliches. Es ist nur so, dass man es nicht oft sieht. Es ist schwebt einfach nur, lässt Dinge fallen, es muss nicht einmal landen. Ich bringe die Vorräte an ihren Platz. Was auch immer es ist, ich bin froh, hier allein zu sein, und es kommt vorbei und gibt mir Vorräte und fragt mich, was ich tue, und das war's. Es ist nicht sehr dramatisch.

D: Dann musst du nicht an Bord gehen und Kontakt mit ihm haben?

R: Nein, ich sehe nicht, dass ich jemanden an Bord kontaktiere.

D: Es ist also ein wichtiger Tag, weil es eine Unterbrechung der Routine ist.

R: Stimmt. Aber ich bin nicht traurig, so wie ich es sehe. Ich sehe es kommen, und ich bin glücklich, aber wenn es geht, bin ich immer noch glücklich. Ich bin ein sehr glücklicher Mensch in diesem Leben! (Erstaunt) Ich bin gesund. Ich lächle und grinse und habe nur Spaß. Ich genieße es nur.

Jedes Mal, wenn ich Ihn in eine andere Szene brachte, war es dasselbe. Alles schien ziemlich monoton zu sein. "Das ist ein sehr glücklicher Ort. Ich brauche überhaupt niemanden. Es klingt seltsam, aber ich brauche niemanden."

Es klang wirklich so, als wäre jeder Tag wie jeder andere Tag, aber ich schätze, es war egal, weil er in seiner Einsamkeit glücklich war. Ich dachte nicht, dass wir noch mehr lernen könnten, also brachte ich ihn auf den letzten Tag seines Lebens und fragte, was los sei.

R: Plötzlich kommt dieser große Lichtstrahl vom Himmel und wirft mich hoch. Und ich werde irgendwo hingebracht und das war's. Ich bin weg. Es kam einfach vom Himmel. Es ist nicht von einem Raumschiff. Es kam gerade vom Himmel, aber ich bin bereit dafür. Es ist nicht so, als wäre es eine Überraschung, weil ich meine Arme ausgestreckt habe. Und ich bin weg, und wo ich hingehe, weiß ich nicht. Mal sehen.

D: Also hat es den physischen Körper genommen?

R: Weißt du was? Das hat es nicht. Nun, da du das gesagt hast, liegt der Rest des physischen Körpers nur noch auf dem Boden.

D: Gab es ein Problem mit der Leiche?

R: Die muss alt geworden sein, weil sie sehr faltig ist. Muss eine lange Zeit gelebt haben. Junge.... das ist interessant!

D: Mal sehen, wohin es dich führt.

R: Ich bin in diesem Raum mit diesem Ältestenrat.

Er war offensichtlich auf die geistige Seite gegangen und erschien vor dem Vorstand zu einer Lebensbewertung. - Dies wird in meinen anderen Büchern über das Leben nach dem Tod ausführlicher behandelt. -

R: Ich stehe vor diesen Leuten, die sich hinsetzen. Ich kann wirklich keine Gesichter erkennen, und sie stellen mir nur Fragen. "Nun, hat es dir gefallen?" und ich sage: "Ja, das hat es." "Du hast gute Arbeit geleistet." Und "Es ist Zeit für dich, dich auszuruhen." Und sie alle lächeln mich an und sagen: "Du wirst es wieder tun.... so etwas."

D: Was hältst du davon?

R: Ich habe ein breites Grinsen im Gesicht. Ich bin glücklich wie immer. Junge, das ist langweilig, wenn ich die ganze Zeit glücklich bin. (Lacht) Wir sind Freunde... wir sind alte Freunde. Ich rede, und es ist schön, sie zu sehen. Und ich trage aus irgendeinem Grund ein Gewand. Es ist interessant. Ich trage ein hellrotes Gewand und sie tragen alle weiße Gewänder, also weiß ich nicht, was das bedeutet.

D: Frag sie bitte, was das bedeutet.

R: Die Antwort, die ich bekomme, ist: "Du hast dieses Level beendet und wirst auf ein anderes Level wechseln." Was auch immer das bedeutet.

D: Wie lange musst du dich ausruhen, bevor du es wieder tun musst?

R: Die Antwort sind zwanzig Jahre, egal welche Jahre es sind.

D: Frag sie, wenn du es wieder tust und zurückkommst, wird das das Leben als Richard sein, oder gibt es andere dazwischen?

R: Nein, das ist es! Es wird DAS Leben sein, in dem du dich jetzt befindest.

D: Ist dies das erste Mal, dass Richard auf dem Planeten Erde ist?

R: Sie sagten, ja... ja, das ist es.

D: Du warst noch nie auf der Erde?

R: Definitiv nicht....

D: Wird das nicht eine Art Schock für sein System sein, wenn er auf diesen Planeten kommt?

R: Sie sagten, nein, weil du weißt, wie man allein ist und mit den Energien umgeht. Also, warum gehe ich dorthin? "Du bist da, um zu beschützen. Sie werden es nicht wissen, aber die Menschen um dich herum sind geschützt. Wohin du auch gehst, sie werden auf irgendeine Weise geschützt."

D: Wie in dem anderen Leben in der Pyramide? Die Dinge wurden geschützt.

R: Oh! (Anerkennung).... vielleicht schon. "Du hast eine heilende Gegenwart. Du wirst einfach herumlaufen und wo immer du bist, werden die Leute etwas Gutes daraus machen. Sie werden es nicht bewusst wissen, aber unterbewusst. Sie werden etwas spüren." - Richard wird sicher sein. Er wird die Menschen beschützen, aber nicht so, wie er normalerweise beschützt. Menschen beschützen.... nur weil du da bist. Die Präsenz wird Menschen auf eine Weise schützen, die sie nicht verstehen. Und Richard wird nicht merken, dass er das tut.

D: Die Energien der Erde sind sehr unterschiedlich zu deinen bisherigen Erfahrungen, nicht wahr?

R: "Ja, aber du wirst etwas in dem Land aufbauen, von dem du noch nichts weißt. Es wird dir später mitgeteilt. Es ist nicht an der Zeit, dass du es weißt. Es wird etwas Großartiges sein; nicht unbedingt groß, aber sehr zum Schutz, um dem Planeten zu helfen. Es wird eine Art von Energiekraft sein, die zum Schutz beitragen wird;

höhere Energien einer besonderen Art. Auch wenn die Planetenenergien nicht unbedingt spitze im Vergleich zu den vorherigen sind, sie sind damit einverstanden. Du kannst damit umgehen, sagen sie - es ist nichts, womit du nicht umgehen kannst."

D: Damit er auf der Erde in diesen Energien leben kann, ohne Karma zu sammeln?

R: Auf jeden Fall! "Ja, du wirst ohne Karma auf dem Planeten leben." Wow! Das ist interessant.

D: Was genau ist sein Ziel?

R: Sein erster Zweck ist es, den Planeten Erde zu erleben, der unter seinen Menschen lebt, aber der Hauptzweck ist es, später etwas aufzubauen. Das ist der Hauptzweck; etwas, um den Planeten zu leiten und ihm zu helfen. -"Du sollst allein sein. Genieße es, allein zu sein. Genieße diesmal die Einsamkeit."

D: Ist das einer der Gründe, warum Richard den größten Teil seines Lebens allein gelebt hat?

R: Ja, denn in vielen Leben war er allein. Er mag es so. Er ist daran gewöhnt. Es muss andere Leute geben, die das tun, was er tut. Aber die Zeit ist noch nicht reif für die Welt, damit wir alle unser Ding machen können. Um einfach nur rumzuhängen.... genieße es einfach, rumzuhängen. Es ist so ähnlich, als würde man sich um den anderen Planeten kümmern. Spielen.... sich amüsieren. -Es wird eine Art Netzwerk zum Wohle der Menschheit geben. Er sagt, dass viele Menschen immer noch in ihrem Trott stecken bleiben. Er sagt: "Du bist jetzt weit darüber hinaus. Du weißt es, weil du siehst, dass sie es nicht hinbekommen, aber du brauchst dir keine Sorgen um sie zu machen. Ihr habt eine höhere Bestimmung, und sie wird zu einem anderen Zeitpunkt offenbart werden."

Richard hatte eine Frage über die Wiederholung von Ufo-Träumen, die er sein ganzes Leben lang hatte. "Sie sollen ihm seine Wurzeln zeigen. Um Ihn immer daran zu erinnern, dass er von oben kam. Er ist nicht von der Erde. Wir brauchen Leute wie Ihn, die diesem Planeten helfen. Es ist ein schwieriger Ort, aber es ist ein Testgelände für viele Dinge. Es ist niedriger schwingender Ort, aber es ist immer das, was man daraus macht. Du weißt es. Wir müssen es dir nicht sagen. Du stehst über den Dingen. Wir brauchten dich zu diesem Zeitpunkt aus einem speziellen Grund, von dem du später erfahren wirst - innerhalb von fünf Jahren wird er den Grund wissen, warum er hier ist und was genau er tun soll. In diesem Moment ändern sich die Dinge." (Diese Sitzung wurde im Dezember 2009 durchgeführt.)

Ich habe nach 2012 gefragt. "2012.... verbringen die Leute zu viel Zeit damit, sich um Nebensächlichkeiten zu kümmern. Sie müssen an ihrem Leben arbeiten. Sie sagen mir, dass sie sich selbst "aufräumen" müssen. Es wird schlimmer, weil die Schwingungen zunehmen, und die Menschen, die ihre Schwingungen nicht erhöhen.... es wird schwieriger für sie sein, also werden immer mehr Menschen "auschecken". Sie wissen nicht, wie man mit der Energie umgeht. Es ist nicht unbedingt 2012. Das ist nur ein Datum, aber es kommt bald. Es ist nur, dass jemand dieses Datum festgelegt hat, und es ist nur so, dass die Dinge um dieses Datum herum ihren Höhepunkt erreichen."

D: Werden die Leute wissen, dass etwas passiert ist?

R: Ja. Wir können es Ihnen im Moment nicht sagen, aber es wird jedem klargemacht, wenn dies geschieht.

D: Mir wurde gesagt, dass einige zurückgelassen werden. Sie können sich nicht an die Energie anpassen?

R: Ja, viele Menschen werden zurückgelassen. Aber es ist in Ordnung.

D: Wird Richard mit der neuen Erde arbeiten?

R: Ja, ja, ja, das wird er.

D: Werde ich noch da sein, um auch mit der neuen Erde zu arbeiten?

R: Ja, ja, ja, das wirst du.

D: Es gibt eine Frage, die viele Leute mir gestellt haben: "Werden Menschen einfach verschwinden?"

R: Nein, sie werden nicht einfach verschwinden. Nicht auf die Art und Weise, wie du denkst, zu verschwinden.... du musst einfach abwarten und sehen.... Auch wenn es manchmal frustrierend ist, und du willst, dass gewisse Dinge passieren, aber Dinge passieren zur richtigen Zeit. Es gibt andere Dinge, die vorher geschehen müssen. Ich frage sie: "Wird es irgendeine Art von Katastrophe geben?" Alles, was wir Ihnen sagen können, ist, dass die Ozeane und das Wasser zu diesem Zeitpunkt mehr vom Planeten überschwemmen werden. Es hat nichts mit der globalen Erwärmung zu tun.

D: Hat das nichts mit dem Schmelzen der Eiskappen zu tun?

R: Nein, nein, möglicherweise ist es ein großer Meteor oder so. Im Moment gibt es Probleme mit dem Wasser, ja.

D: Ist das der Zeitpunkt, an dem viele Menschen gehen werden?

R: Ja, definitiv ja. Das Volk wird sich in zwei Arten aufteilen. Die einen, die hierbleiben und sich mit der Veränderung auseinandersetzen wollen, und die anderen, die nicht mit den Vibrationen umgehen können. Zuerst wird es für die Leute, die bleiben wollen, hart werden, aber sie wollen die Härte. Sie können damit umgehen. Sie werden darauf vorbereitet sein.

D: Also wird es am Anfang schwierig sein.

R: Es wird nur sein, weil die meisten Menschen nicht bereit dafür sind. Es wird die Leute unvorbereitet erwischen.

D: Unsere Aufgabe ist es also, den Menschen zu helfen, zu verstehen, was passiert.

R: Ja. Menschen können anderen Menschen nicht helfen, wenn sie zu viele ihrer eigenen Probleme haben. Sie können nicht tun, was für den Planeten richtig ist, wenn sie nicht tun können, was für sich selbst richtig ist. Sie müssen lernen, die Dinge loszulassen. Sie halten an zu viel fest, was für sie keinen Sinn ergibt. Sie machen sich selbst verrückt. Sie denken nicht nach. Sie erlauben es nicht. Sie müssen Dinge zulassen, nicht erzwingen und zuhören. Sie müssen mehr meditieren. Die Stille. Die Menschen müssen sich viel mehr beruhigen. Sie müssen allein sein und ruhig. Zu viele Menschen haben Angst, allein zu sein. Es gibt so viele, die es nicht verstehen. Das ist es, was die Erde zum Einsturz bringt. Die Vibrationen.... es ist ein ergreifender Effekt. Die höhere Schwingung ist ein Effekt, und die Menschen, die nicht zur höheren Schwingung übergehen wollen, sind ein weiterer Effekt, und sie werden eine Veränderung bewirken. Es ist wie Magnete.... die Gegensätze.

***

Nachdem Richard erwacht war, schaltete ich den Recorder ein weiteres Mal ein, um eine Erinnerung aufzuzeichnen, die er behalten hatte.

R: Es wurde mir erklärt, dass die Vibrationen schneller werden. Es verursacht eine Kraft, eine andere Kraft und du gehst entweder mit den Vibrationen und erhöhst deine, oder du bleibst stecken. Und die meisten Menschen auf der Erde weigern sich, ihre Schwingungen zu erhöhen, was bedeutet, dass die beiden Kräfte stärker werden, wenn sie nicht zusammen sind. Sie sind weiter auseinander, und schließlich wird es bald dazu kommen, dass dem Planeten etwas zustößt.

D: Wie zwei Magnete?

R: Zwei Magnete, statt zwei Gegensätze, die... Gegensätze die sich in diesem Fall sehr schlecht abstoßen; es wird etwas Negatives abstoßen und bewirken, oder etwas Positives, je nachdem, auf welcher Seite du bist.

***

So scheint es, als ob die erste und zweite Welle von Freiwilligen andere Aufgaben hat als nur das Sein. Ihre Energien können für andere Zwecke genutzt werden. In diesem Fall sind einige von ihnen hier, um ihre Energien zu nutzen, um jeden zu schützen, der mit ihnen in Kontakt kommt. Auch wenn niemand sich bewusst ist, was passiert, ist es ein gutes Gefühl zu wissen, dass er da ist.

KAPITEL SECHS

EIN MÜDER FREIWILLIGER

SALLY HATTE EINE LANGE LISTE von Problemen, die sie während der Sitzung ansprechen wollte. Sie war in eine lieblose Ehe mit einem sie sehr stark kontrollierenden Ehemann verwickelt, aus der sie mittlerweile dringend herauskommen wollte. Dies war ein Muster in ihrem Leben bisher gewesen, denn sie hatte auch eine kontrollierende Mutter gehabt. Natürlich war ich nicht überrascht, dass all das seinen Tribut an ihren Körper gefordert hatte, und sie hatte einige körperliche Probleme, die es zu lösen galt. Sie wollte von Herzen gerne selber andere Menschen heilen und war dabei in Schulden geraten, als sie ein ganzheitliches Heilzentrum eröffnen wollte. Es funktionierte leider nicht wie von ihr erhofft und sie machte sich Sorgen über den aktuellen Geldmangel.

Als Sally aus der Wolke kam, sah sie einen seltsamen Anblick: "Eine Metropole... eine Stadt in einer Stadt... sie hat eine Kuppel darüber. Fast wie eine Käseglocke auf dem Gipfel der Stadt. Es gibt hohe und flache Gebäude. Eine geschlossene Stadt mit einer Blase darüber. Ich schaue von außen auf die Kuppel."

D: Siehst du irgendwelche Personen oder Fahrzeuge oder nur die Gebäude?

S: Nur die Gebäude.... es ist niemand draußen zu sehen. Alle sind offenbar drinnen. Niemand reist außerhalb der Kuppel.

D: Was befindet sich auf der Außenseite der Kuppel? Kannst du das sehen?

S: Es ist fast so, als ob die Atmosphäre um die Kuppel herum wäre. Wie das Betrachten der Außenseite eines Planeten. Draußen stehend, mit einem Blick .... fast wie der Nachthimmel mit Sternen. Es ist, als würde man die schöne Milchstraße sehen, die außerhalb einer Glasstadt steht. Es ist fast wie die Smaragdstadt in Wizard of Oz.

D: Schwebt die Stadt da draußen oder wie?

S: Ja, das ist es. Nur da draußen im Weltraum.

D: Das ist interessant. Willst du in die Kuppel gehen und sehen, wie die Stadt genau aussieht?

S: Auf jeden Fall, gerne. Ich schaue.... und frage mich, wie die Leute hier rein und raus gehen. Es ist wie eine Kuppel, die sich zusammenzieht und öffnet. Du reist durch dieses eine Portal.... Es öffnet und schließt sich. Es öffnet sich, wenn sie sich entscheiden, außerhalb ihrer Welt zu reisen. -Jetzt bin ich in einem großen Raum. Es wird viel gelacht. Da ist ein Tisch. Es gibt Wesen mit Energie um den Tisch herum. Ich bin zu einem Rat gekommen. Es gibt zwölf Stühle und es ist der Rat, sagen sie.... der "Rat der Lichter".

D: Ist es das, wonach sie aussehen, nach Lichtern?

S: Ja, das tun sie. Jeder von ihnen hat eine andere Lichtfarbe.

D: Das klingt wunderschön. Werde dir deines Körpers bewusst.... wie siehst du aus?

S: Es gibt keinen Körper. Ich bin ein Ball der Energie.

D: Bist du eine bestimmte Farbe?

S: Meine Farbe ist Lavendel. Mit einem Rot am Boden und es bewegt sich zu einem Lavendel.... fast wie eine Flamme. Sie allerdings sind größer. Ihre Struktur scheint anders zu sein. Sie sitzen jetzt um diesen Tisch herum. Sie benutzen Worte: "Der Funke der Schöpfung, wo das Experiment begann." Wo die Lebenspläne gemacht werden und die Reise zum Reisen konzipiert wird. Hier komme ich her. Es gibt einen Funken.... den Gottesfunken, um einen Plan für dieses Leben zu schaffen. Von Lektionen.... von Verträgen.

D: Hier ist es, wo alles entschieden wird?

S: Das ist es, was sie sagen.

D: Bedeutet das, dass du mit deinem ganzen Leben angefangen hast oder nur mit dem jetzigen?

S: Es ist der Ort, an dem alle Leben geschaffen werden. All die Reisen.... all die Legenden. Ich suche nach Verständnis dort.... Klarheit.

D: Was genau sagen sie zu dir?

S: Sie schicken mich weg, lassen mich frei. Sie lassen mich frei.... lassen mich gehen. Es gibt kein.... plötzlich ist es dunkel. Ich bin wieder in der Atmosphäre. (Verwirrt.)

D: Haben sie dir irgendwelche Anweisungen mit auf den Weg gegeben?

S: Ich habe keine gehört.

D: Sie haben dir gerade gesagt, dass es Zeit ist zu gehen? (Ja) Was hattest du davon?

S: Das ist nicht gut.... ist nicht sicher... ich bin verwirrt... ich wollte nicht wirklich die Aufgabe annehmen... nicht dorthin gehen, wo sie wollen, dass ich hingehe. Ich dachte, ich wäre fertig. Ich dachte, ich wäre komplett.

D: Hattest du vorher noch andere Lebens- und Unterrichtszeiten?

S: Ja, viele. Ich bin müde. Ich war im Ruhestand. (Lachen) Ich wollte nicht zu der Dichte zurückkehren.... zur Schwere... durch die Zeit.

D: Du dachtest, du wärst fertig, aber sie haben dir gesagt, dass es einen anderen Auftrag gibt?

S: Es war mein Part bei der Entscheidung, ich war aufgeregt.... das Erwachen... die Experimente, aber ich bin müde... so müde... ich möchte nicht wieder gehen... ich bin nicht sicher, ob die Energie meine Reise unterstützen würde... ich bin nicht genug erholt... hatte keine Zeit gehabt, mich zu regenerieren....

D: Ist es das normalerweise das, was passiert? Hast du Zeit, dich zu erholen?

S: Ja, sehr sogar. Die Dichte.... die Lektionen. Hart.... sie waren sehr hart... musste sie durchstehen... ich war bereit, nach Hause zu gehen, um mich zu erholen.... zu verjüngen. Fließe zurück in die Quelle.... zur Ruhe. Ich begann eine Erholungsreise. -Und dann erwachen wir auf einmal zu den Experimenten, die passieren würden. Es könnte diesmal kommen. Ich wollte irgendwie hier sein. Ich wollte diese Veränderung sehen und erleben, helfen, aber mein Wesen war trotzdem noch so müde.

D: Also war es dann deine Entscheidung?

S: Es war eine Entscheidung, die ich nicht gerne getroffen habe, sagen sie. (Wir lachten beide.) Sie fragten, ob ich die Prüfung schaffe, diesen Übergang ein letztes Mal zu schaffen. Ich konnte mich nach dem Erwachen ausruhen, nach der Schicht, das Experiment war erfolgreich. Dann ist es an der Zeit, sich zu entspannen.

D: Wenn du dich ausgeruht hättest, hättest du das alles verpasst, nicht wahr?

S: Ein Teil von mir sehnt sich absolut nach der Ruhe. Ein Teil von mir weiß nicht, wie man sich aus der Dichte herausbewegt. Die Energie ist im physischen Wesen so gering. Es ist auf jeden Fall schwierig, sich nach oben zu bewegen.... die Lebenskraft... ist geschwächt.

D: Ja, aber sie sagten: "Sobald das Experiment erfolgreich war." Was hast du damit gemeint?

S: Dass die Erde auf ihrem Weg war, um erfolgreich in ihre nächste Dimension zu gelangen... in ihr nächstes Leben.

D: Es liegt daran, dass die Erde auch lebt.

S: Ja. Sie wollte etwas tun, was in vielen, vielen, vielen Äonen oder überhaupt nicht auf dem Weg der Quelle getan wurde. Es ist ein historisches Zeichen für alle Wesen; für alle Wesen, die Zeugnis ablegen.

D: Als sie dir das gesagt haben, hast du zugestimmt, zu kommen?

S: Das habe ich. Ich wollte ein Teil davon sein. Ein Lehrer sein.... zu helfen dabei. Ich konnte wählen, wohin ich zurückkehren möchte, um ein neues Leben zu beginnen.... eine neue Welt zu erschaffen... um im Bild des Schöpfers zu erschaffen. Energie der Lichter.... Energie.... neue Energie. -Oder nach Hause zurückkehren.

D: Was wäre ihrer Meinung nach die beste Wahl?

S: Die Kreativität. Es ist Kreativität, nach der meine Seele schreit. Um neue Dinge und neue Wege zu schaffen, Dinge ohne die Dichte zu tun.... ein leichteres, schnelleres... Portale... reisen... Portale wieder.... Ich wollte diese neue Schöpfung erleben.

D: Also hast du dich entschieden, jetzt in dieses Leben zu kommen? (Ja) Sprechen wir über das Leben von Sally? (Ja) Sie haben Vertrauen in dich, sonst hätten sie dich nicht geschickt.

S: Sie hat aber kein Vertrauen mehr in sich selbst.

D: Hat sie sich für die Familie entschieden, in die sie gehen sollte? (Die kontrollierende Mutter.)

S: Ja. Es waren die Lektionen des Herzens, die Freiheit der Wahl, die sie überwinden konnte. Es war eine letzte Hürde, die Beschleunigung.

D: Hatte sie irgendwelche karmischen Beziehungen zur Familie?

S: Sie hat den Namen gewählt. Die Vibration war ein Muss. Es ist etwas, das sie in ihrem Inneren gewählt hat.... der Name, der gewählt werden soll.... (Ich habe ihren Namen in diesem Buch natürlich im Zuge der Anonymität geändert). Er trägt ein numerisches Schwingungsmuster, verbindet sich mit ihrer Zellstruktur. Wenn dann dieser Name gesprochen wird, fühlt er dieses neue Leben, diese neue Energie.

D: Also sind Namen wichtig, die die Leute wählen?

S: Ja. Du hast einen Wohnsitz innerhalb der Zellstruktur. Er ist ein Teil der Musterung. Er ist Teil der Programmierung. Er ist Teil des Erwachens und des Prozesses. Sie wählte diesen Körper und bestand darauf, dass dieser Name gegeben werde. Die Mutter wusste das nicht. Es war nicht die Entscheidung der Mutter. Es war eine Art Voraussetzung dafür, dass die Seele diese Inkarnation bekam.

D: Ich habe gehört, dass die astrologischen Effekte auch etwas damit zu tun haben, nicht wahr?

S: Ja, sehr sogar. Sie wurde speziell im Dezember 1959 als eine Art Zugangs-Tür geboren, ein Zugang mit einer permanenten Aktivierung von Energie. Ihr Geburtstag ist ein Zugang.

D: Was meinst du damit, ein Zugang zu sein?

S: Es ist ein Weg für Seelen und Bewusstsein - eine sich öffnende Tür, die sich auf einer Zellstrukturen-Basis unseres Wesens aktiviert. Denjenigen, die mit ihr in Kontakt kommen, wird diese Aktivierung angeboten, um sie durch die `Sonnenfinsternis´ zu führen. Um das Licht in ihrer DNA innerhalb weniger Wochen erwachen zu lassen. Sie hat diese Veränderung in ihrem Körper gespürt, in der Fähigkeit, sich auf das Licht das durch sie hindurch fließt zu fokussieren und dieses in ihrem Kern zu verankern. Es hat in den letzten vier Monaten begonnen. Und wenn sie es weiter fleißig verankert und in ihren Kern zieht, wird es auch für die Menschen um sie herum stärker.

D: Es sind also auch andere Menschen betroffen, nur, weil sie in ihrer Nähe sind?

S: Durch das Feld, das sie erstellt, ist es der Zugang/ das Portal/ die Erweiterung. Es ist ein Heilungsportal für andere. Um sie auf ihrem Weg zu unterstützen.

D: Auf diese Weise ist sie symbolisch ein Portal? Ist es das, was du meinst? (Ja) Und sie sollen zur Heilung zu ihr kommen?

S: Sie werden es schließlich tun, wenn die Residenz stärker wird. Es wird wie eine Anziehung für sie sein, wenn sie es in ihrem Kern verankert.

D: Aber du weißt, dass Sally viele Probleme hat, nicht wahr?

S: Ihr körperliches Wesen wurde nicht gut gepflegt. Sie kämpft gegen sich selbst. Es ist die Angst, dass sie anderen helfen muss, deren Ängste zu überwinden, die sie aufhält. Angst.... Angst, irgendwie nicht geliebt zu werden.

D: Sie sagte, dass sie als kleines Mädchen Angst erlebt hat. Warum kam sie mit diesem Gefühl der Angst herein?

S: Als sie auf die Erde kam, entwickelte sie plötzlich Angst, denn als sie uns verließ, war sie sich nicht sicher, ob sie ihre Aufgabe erfüllen konnte. Sie war sich nicht mehr ganz sicher, ob sie das nötig Rüstzeug hatte es zu tun, bevor sie uns verließ. Die Emotionen, die Familie, die Umgebung waren auf einmal zu viel. Sie kam als klarer und offener Empath herein. Es war einfach überwältigend für sie. Die Dichte traf sie mehr - mehr als sie dachte.

D: Als Empath bedeutet das, dass sie die Gefühle anderer Menschen aufnimmt?

S: Das tut sie. Es war überwältigend. Es verschloss sie; es hielt sie lange Zeit davon ab, sich wirklich vorwärts zu bewegen. Sie hatte Angst vor der Energie, die sie spürte. Sie verstand es nicht und deswegen kam sie zu dir. Sie war der Quelle gegenüber verschlossen und schloss sich selber der Quelle gegenüber ab. Sie wollte auf der Stelle zurück nach Hause gehen. Sie bat uns, nach Hause gehen zu dürfen.

D: ie hat ihren Vertrag vergessen, nicht wahr?

S: Das hat sie.

D: Was hast du ihr gesagt, als sie nach Hause gehen wollte?

S: Dass es genug Zeit für sie und ihre Aufgabe gibt. Wir sind hier für jeden. Sie ist niemals alleine! Sie war absolut gut ausgestattet und talentiert. Sie hatte die Gelegenheit zu wachsen und zu expandieren, über das Maß hinaus, was der Geist normalerweise verstehen und erreichen konnte. Der Weg ihrer Seele war es, das alles auf- und anzunehmen auf dem Weg zur Quelle, die Augen zu sein, die Ohren zu sein, das schlagende Herz zu sein. Die Energie an diesen Rat weiterzuleiten, um Zeuge zu sein.

D: Aber sie hat nicht nach dieser Aufgabe gelebt, oder?

S: Sie ist vor Angst und Unsicherheit total festgefahren. Es ist ihre Wahrnehmung. Die alten Muster, die sich immer wieder in ihrem Kopf abspielen. Sie hat Angst, es nicht richtig zu machen. Es ist eine Hürde und ein Hindernis, das sie einfach überwinden muss.

D: Kommen diese Ängste aus einem anderen Leben oder aus diesem gegenwärtigen?

S: Es ist ein Muster in ihrer Seele, vom Anfang des Gottesfunkens an. Sie hat es geschafft, diese Angst etwas zu überwinden. Dies war die Gelegenheit, schnell voranzukommen, da sich die Dinge bewegten und veränderten, sich entwickelten.... mit einem großen Sprung drehten.

D: Als sie also zum ersten Mal hereinkam, als sie die Quelle verließ, hatte sie Angst, dass sie es nicht schaffen würde?

S: Nein. Sie kehrte in diesem Leben wieder zur ganzen Seele (Überseele) zurück, um alles, was in ihr ist, mit dieser zu verschmelzen, alle Aspekte zurück nach Hause zu bringen, um die nächsten drei Jahre abzuschließen, um zu der einen Seele zurückzukehren.

D: Was meinst du damit, in den nächsten drei Jahren?

S: Sie hat noch ein Zeitfenster offen. Sie wird und muss es schaffen, diese Aspekte innerhalb dieser Zeit zurück zu bringen. Es ist Teil ihres Vertrages. Ein Teil dessen, wozu sie in dieses Leben gekommen ist, ist die Rückkehr zur einen, zur ganzen Seele.

Es wurde in der Serie Convoluted Universe erklärt, dass wir Teil einer größeren Seele sind, einer Überseele, oder wie sie sagen, einer "ganzen Seele". Das ist unser wahres Selbst, aber es ist zu groß, um in einen Körper zu gelangen. Es hat gesagt, dass, wenn die ganze Energie einer Person versuchen würde, in einen physischen Körper einzutreten, der Körper zerstört würde. Das wäre zu viel. Die Seele ist also wie ein Diamant mit vielen Facetten. Um in kürzester Zeit so viel wie möglich zu lernen, wird die ganze Seele Splitter, Scherben oder

Aspekte von sich selbst aussenden, um so viel wie möglich zu erfahren. Dies geht auf das Konzept der gleichzeitigen Zeit zurück, denn wir leben wirklich alle unsere vergangenen, gegenwärtigen und zukünftigen Leben gleichzeitig. Dies geschieht, damit die Seele so viel Wissen wie möglich durch die Erfahrungen gewinnt, die die verschiedenen Aspekte durchleben. Wenn die Neue Erde endlich vollendet ist, werden alle unsere individuellen Aspekte zurückgerufen und mit der ganzen Seele wieder vereint.

D: Und sie hat drei Jahre Zeit, um das zu erreichen?
S: Das ist wahr. Das ist ihre Wahrheit.

Diese Sitzung wurde im Dezember 2009 durchgeführt.

D: Was ist, wenn sie die Angst gewinnen lässt?
S: Sie wird zu uns nach Hause zurückkehren. Es wird keinen Grund mehr für ihre Existenz hier geben.
D: Aber, wenn sie zuhört und tut, was sie tun soll?
S: Sie wird zu ihrer Belohnung kommen, zur Essenz zu kommen und dann durch Zeit und Raum reisen zu können. Sie war dazu bestimmt, zum ewigen Wesen zurückzukehren und Planeten, sowie neues Leben und neue Systeme zu erschaffen.
D: Wird sie hier sein, wenn die neue Erde ihren Sprung macht, wie du gesagt hast?
S: Nicht, wenn sie ihre Mission nicht erfüllt. Wenn sie es tut, dann wird sie Zeugnis ablegen und helfen. Ihr Mann wird nicht auf die neue Erde reisen, bis er sich entschieden hat, die ihm vorliegende Lektion zu erledigen.
D: Mir wurde gesagt, dass die Menschen, wenn sie immer noch an Karma festhalten, nicht gehen können.
S: Sie werden nicht reisen. Sie werden in der Dichte bei Ihnen bleiben, um ihre Lektionen auszuarbeiten. Sie werden nicht zum neuen Licht, zum neuen Bewusstsein reisen - sie muss die Brücken-Dualität zur neuen Welt sein, um vom einem zum anderen zu gehen. Sie hat es bisher nicht geschafft, einen Schritt über diese Brücke zu machen, um einen Fuß in der neuen Welt zu haben. Sie bleibt in der Dichte. Die Schwingung ist überwältigend von Tagen und Zeiten - es gibt noch einen weiteren Bewusstseinswandel, der

stattfinden muss, bevor sich die Fähigkeiten, die sie mitgebracht hat, das Rüstzeug, das sie mitgebracht hat, sich manifestieren können. Die Menschheit muss sich entwirren/neu ordnen, um die Informationen, die Veränderungen, die Schwingungen hervorzubringen, die notwendig sind, um die Zivilisation zu ihrem nächsten Schritt zu führen. Es gibt noch viele Punkte, die noch erledigt werden müssen. Es gibt noch viele Entscheidungen zu treffen. Viele haben ihre Entscheidung noch nicht getroffen. Viele haben Angst davor, ihrem Weg zu folgen.

D: Also ist das nicht das letzte, was wir sehen, wenn sie über die neue Erde sprechen?

S: Das Experiment ist im Rückstand. Es passiert nicht so schnell, wie vorhergesagt. Es gibt Lehrer, die auf diese Erde kommen, um diesen Prozess zu unterstützen, der diesem Raum in dieser Zeit, von der wir sprechen, fast einen quietschenden Halt gemacht hat. Es gibt eine Neubewertung in vielen Dimensionen, wie man die Spirale so vorantreiben kann, wie sie begonnen hat. Er hatte aufgehört. Er steht fest, während wir zusehen. Es ist ein Feststecken. Viele sind in Halteposition.

D: Was hat dazu geführt, dass er angehalten hat?

S: Es ist der Mantel der Angst, der durchschwingt. Energie filtert sich einfach in einen Kern. Viele, viele, viele entscheiden sich dafür, einer Schwingung zu erliegen, die die Ereignisse dessen, was in Bewegung gesetzt wurde, verlangsamt. Es ist aber nur vorübergehend. Wir haben viele geschickt, um Löcher in die Atmosphäre der Angst zu bohren, damit die Menschheit wieder aufatmen kann. Damit die Energie nach vorne fallen kann, wenn sie sich in das Universum fortbewegt. Es gibt Wesen in menschlicher Form, die die Fähigkeit haben, Löcher in diesen Stau um die Erde herum zu stoßen, und sie beginnen ihre Arbeit, die Angst vor der Öffnung des Portalraums für eine erneute Reise zu beseitigen.

D: Was ist die eine weitere Veränderung, die stattfinden muss?

S: Die Blase der Dichte der Angst muss reduziert werden. Dieses muss zurückgezogen werden, damit Wissen vermittelt und darauf aufgebaut werden kann, damit diese angstbasierten Wesen es verstehen und sich in ihrem Wesen einordnen können. Von dieser

Angst im eigenen Wesen muss losgelassen werden. Das ist das erste, das diese Energie bewegt.

Dann beschloss ich, mich auf ihren physischen Körper zu konzentrieren. Sie sagten: "Er ist sehr dysfunktional für den Job, den sie hier zu erledigen hat." Sie hatte Beschwerden über chemische Empfindlichkeiten, Probleme mit ihrer Leber, ihrem Herzen und einem Tumor.

D: Wie ist es zu dieser körperlichen Verfassung gekommen?

S: Sie hat nicht auf die Nachrichten gehört, die wir ihr geschickt haben. Sie hat getan, was viele getan haben, und all die Anstrengung und Sorge auf sich genommen und es in sich aufgenommen und es zu einem Teil von ihr werden lassen. Anstatt loszulassen, speicherte Sie die Angst und sie begann, in alle Zellstrukturen Stoppzeichen für Blockaden einzubauen. Und dann fängt es an, sich aufzustapeln, und dann kam es final zu dem langsamsten Energie-Fluss, den wir je in diesem physischen Wesen gesehen haben. Sie hat immer noch nicht gelernt, von dem loszulassen, was sie belastet. Es ist in ihr gespeichert. Es muss freigegeben werden. -Es kann innerhalb einer Sitzung getan werden, indem der Fluss wieder weit geöffnet wird und die aufhaltenden Baustellen verschwinden, wie wir es sehen. Wir werden die Öffnung des Energie-Stroms in die Zellstruktur ermöglichen. -Sie muss ihre Heilung für sich beanspruchen. Wenn sie nicht in ordentlicher körperlicher Verfassung und guter Verfassung ist, dann kann sie einfach nichts erreichen. Die Angst hält sie zurück. Also muss sie diese Angst loslassen. Sie soll für sich wählen, so gesund zu sein, wie sie will. Es ist eine Angst davor: Wie wird das Leben sein, wenn es geheilt ist? Sie muss dann Dinge erreichen und sich in ihrem Leben bewegen, wenn es geheilt ist.

Dann bat ich um eine Visualisierung, die Sally helfen würde, die Angst loszulassen und die Heilung zu beginnen.

S: Der Fluss beginnt nun in den himmlischen Bereichen der Beobachter, während der kristalline Fluss durch den Anbeginn von Zeit und Raum fließt, hinunter in das Kronen-Chakra hinein… hinunter in das dritte Auge hinein, weiter durch das Gesicht... hinunter in das Hals-Chakra hinein... hinunter in die Mitte des Herzens... durch den Torso in die Hüften und hinunter, während der kristalline Fluss durch beide Seite beider Beine fließt.... hinunter in den Kern, in das Herz der Mutter-Erde, hinein in den göttlichen Fluss der Öffnung.

D: Ist das ein Energiefluss?

S: Das ist es.

D: Es ist Heilenergie.

S: Er ist kristallin geladen.

D: Es ist sehr, sehr mächtig. Heilst du die Teile, durch die die Energie fließt?

S: Es ermöglicht es dem Sauerstoff, sich zu den Zellen zu bewegen. Sie bringt Leben zurück in die Lunge.... Sie atmet nicht. (Tiefer Atemzug)

D: Was ist mit ihrem Herzen? Hat sie sich nicht deswegen Sorgen gemacht?

S: Es ist die Energie, sie muss sich vom Herzschmerz wegbewegen. Das wird genug sein, um ihre Arbeit, die sie fortsetzt, zu unterstützen. Der Fluss wird sich jetzt langsam öffnen, aber sie muss die Heilung in diesem Bereich beenden. Das ist ihre Aufgabe. Sie ist diejenige, die am Anfang diese Tür geschlossen hat. Sie muss sie wieder öffnen. Wir bieten ihr den Fluss des Lebens durch ihr Wesen an, damit sie von da an mit ihrem Körper daran arbeiten kann, diesen Fluss für sich zu erschließen, sich zu erweitern und frei zu nutzen, aber sie muss es wollen. Sie muss die Lichtenergie wählen. Sie muss es auf das Energie-Wesen leiten, das sie Mensch nennt. Sie muss den Fluss selber sehen, weil alle Dinge leben. Sie muss es als ein lebendiges Elixier betrachten. Sie muss die Bewegung sehen, wie es von oben kommt. Es kommt von der Quelle und durch sie. Sie muss die Leichtigkeit spüren, die heilende Energie, die eine große Gabe ist. Das ist der einzige Weg, wie sich der Körper öffnet und es akzeptiert.

D: Wann soll sie das visualisieren?

S: Einfach kurz vor dem Schlafengehen, denn alle Heilung findet nachts im Körper statt.

D: Weil dann das Bewusstsein nicht eingreifen kann.

S: Genau, das kann es nicht.

D: Also willst du, dass sie sich diesen Energiefluss vorstellt.... diese kristalline Energie, die vom Kronen-Chakra weiter nach unten, durch die anderen Chakren fließt?

S: In den Kern hinein.

D: Und du willst, dass sie das jede Nacht tut, wenn sie zu Bett geht?

S: Ja, nur nicht, wenn sie in einer Krise oder im Chaos steckt. Es muss jede Nacht in Ruhe und Frieden geschehen. Der Körper heilt nicht im Chaos. Der Körper heilt nur in Frieden - dann wird sie die Fähigkeit bekommen, diese Energie, die durch sie fließt, auf andere zu übertragen. Die Energie wird durch ihre Hände in deren Kronen-Chakra fließen und der Energiefluss wird in denen anfangen zu fließen.

Dies ist eine sehr wertvolle und effektive Heilmethode, die jeder anwenden kann. Ich verwende es in einigen meiner Workshops, weil es sehr einfach zu visualisieren ist. Dieser kristalline Energiefluss ist sehr mächtig.

Ich fragte nach ihrer Leber, mit der sie Probleme hatte. "Die Leber ist wie ein schmutziger Schwamm, der gereinigt werden muss. Dieses Elixier, diese Lebenskraft, wird die Energie bieten, um sie in langsamen Schritten zu reinigen, wenn sie beginnt, den Zorn loszulassen, der sich dort angesammelt hat. Wir haben den Funken überspringen lassen. Wir haben in jedem Organ ein Licht der Heilung begonnen. Sie darf das Licht nicht erlöschen lassen. Die Heilung hat begonnen und sie muss durchhalten.

D: Sie muss es selbst machen.

S: Es ist ihre Entscheidung.

D: Du hast gesagt, dass sie auch Wut und Angst in sich trägt. Woher kommt der Zorn?

S: Sie weiß, dass sie an einen anderen Ort gehen soll. Sie ist wütend, dass sie noch nicht da ist. Sie kennt ihre Mission auf der Seelenebene und wird sich dessen öfter bewusst, als sie denkt. Sie weiß, dass dies nicht ihre Welt ist, in der sie in diesem Moment eigentlich leben soll. Sie wird wütend und frustriert und wird ängstlich. Sie war in einer Welt des Himmels auf Erden. Sie weiß, dass sie woanders sein soll, und sie wird dann sehr, sehr wütend auf sich selbst. Es schickt sich damit in einen negativen Zyklus, dabei soll sie die Dualität des Zyklus durchbrechen, es anderen zeigen und mit gutem Beispiel vorangehen.

D: Sie muss viel Arbeit an sich selbst erledigen.

S: Das tut sie. Sie war, wie wir es nennen auf "spiritueller Küstenschifffahrt". Sie versteht das Konzept, hat es aber nicht in ihren Alltag integriert. Sie ist sehr gut darin, anderen zu sagen, wie man das macht, aber sie hat es noch nicht selbst getan.

D: Du bist da, um zu helfen, aber sie wird es selbst tun müssen.

S: Sie muss. Es ist ihre Lektion.

Ich fragte dann nach dem Tumor, den Sally in ihrer Gebärmutter hatte. Sie hatte viele Probleme mit ihrem physischen Körper.

S: Sie hat uns mehrmals gebeten, es zu entfernen, und wir haben ihr gezeigt, wie man in die Zellstruktur in die Mitochondrien geht, um die Zellstruktur des Myoms zu verändern. Sie hat dies mehrmals getan, glaubt aber nicht, dass sie in die Sackgasse geraten ist. Sie muss glauben, dass sie die DNA ihres Körpers verändern kann; dass sie die Struktur dieses Myoms verändern kann. Wir sind da, um zu helfen, und wir haben ihr die Werkzeuge gegeben. Es ist eine Sache, die sie jeden Tag versuchen muss. Sich in ihre zelluläre Struktur zu bewegen.... damit zu sprechen... es zu verstehen und loszulassen.

D: Was war die Ursache dafür?

S: Es sind die Schmerzen und Leiden, die sie in ihrem Schoß getragen hat, weil sie sich selbst verraten hat. Der Verrat, den sie an ihrer Familie empfindet. Es geht auf viele Ebenen ihres Lebens zurück. Ihre Kreativität als Seele ist erloschen. Es ist etwas, das ihre Kreativität überschattet und etwas ist, das ihre Fähigkeit, das göttliche Weibliche zu sein das blockiert.

Das war eine weitere Sache, die das SC wollte, dass Sally an sich selbst arbeitet. Ich habe es viele Male gesehen, wie es diese Dinge sofort heilt, aber in einigen Fällen hat es das Gefühl, dass der Klient an sich selbst arbeiten sollte. Dann werden sie den damit verbundenen Prozess verstehen und ihn besser für andere nutzen können.

S: Sie muss anfangen, die Größe des Myoms zu reduzieren, um den Fluss in ihre Kreativität zu vervollständigen und zu öffnen. Wir haben mit der Heilung für sie begonnen. Wir werden es nicht abschließen. Es ist ihre Reise. Es ist ihre Lektion, die sie zu Ende führen muss. Es wird drei Monate dauern, bis der Körper vollständig geheilt ist, wenn sie sich täglich konzentriert. Es muss von Herzen kommen, von der reinen Wahrheit.

D: Und zu glauben, dass es möglich ist.

S: Und zu wissen, dass sie die Fähigkeit hat, diese Veränderung in sich zu bewirken. Es ist der Katalysator für sie zu sehen, dass dies die Wege sind, um die Veränderungen in ihrem Leben vorzunehmen. Wenn sie nicht sieht, dass dies geschehen wird, wird sie es nicht glauben, dass sie diese und auch andere Veränderungen vornehmen kann - sie war in Angst und das hat sie davon abgehalten, einfach durch die Tür zu gehen. Sie geht ziemlich häufig zur Tür hin, aber sie tritt nicht hindurch und sie muss hindurchtreten, sie hat nicht die nötige Energie oder die Kraft dazu, aber sie redet sich das nur selbst ein. Wenn sie Selbstvertrauen gewinnt und diese Heilmethode anwendet, wird sie sehen, dass ihr Körper an Kraft und Licht gewinnt, und sie wird das Vertrauen in sich haben und wissen, dass es nicht notwendig ist, diese Medikamente einzunehmen, da sie das Licht selber im Inneren hat, um zu heilen. Jeder hat das. Das weiß sie. Sie ist dazu bestimmt, das zu lehren. Während sie übergeht, wird sie in der Lage sein, ihren Körper mit Licht anstelle von Medizin zu unterstützen. Es wird ein Übergang sein. Das Licht wird ihre Zellen ernähren. ihr Körper wechselt von der pflanzlichen Basis auf das Licht als kristallines Wesen und das Licht wird das kristalline Wesen ernähren - wir sind immer bei ihr, aber sie öffnet sich uns bisher nicht. Sie muss anfangen, uns wirklich zu spüren und zu wissen, dass die Unterstützung sie tragen wird, und wir werden alle Türen geöffnet haben, die sie als geschlossen wahrnimmt - diese Ängste haben auch ihr Heilzentrum zurückgehalten.

D: Sie hat eine sehr wichtige Entscheidung zu treffen.

S: Sie muss sich entscheiden. Es ist eine Entscheidung, die sie jeden Tag umbringt, und ihr Energiefeld bleibt oder geht, während sie durch diese Unsicherheit schwankt. Es ist die Dichte, die an ihrem körperlichen Wesen zieht und es belastet. Es ist, als würde ihr körperliches Wesen erstickt, wenn sie sich nicht entscheidet.

D: Und wenn sie sich anders entscheidet, wird sie nicht auf der Erde bleiben können. Ist das richtig?

S: Das ist richtig. Ihre Reise wird zu Ende gehen. Sie wird nicht mehr hier sein müssen. Sie wird nicht in der Dichte mit den anderen bleiben. Sie wird zur Quelle zurückkehren. Sie wird keine weitere Veranlassung haben, vorwärts kommen zu müssen. Ihr Job wird nicht mehr hier sein. Sie hat ein dreijähriges Zeitfenster, um diese Entscheidung zu treffen und sich in ihrem Bereich zu bewegen. Dies ist jetzt ein entscheidender Zeitpunkt. Sie muss aus dem Quark kommen. Sie bewegt sich nicht voran, und wir haben es ihr gesagt und sie hört uns und sie weiß es, und wir bieten es ihr mit all unserer Liebe und mit all unserer Unterstützung in unserem Inneren an.

***

D: Was war die Stadt mit der Kuppel oben drauf, die sie gesehen hat?

S: Es ist ihr Zuhause und sie nennen es Atlantis. Es ist nicht in der Form des Atlantis, wie du weißt. Es ist in einer neuen Dimension. Sie hat ein neues Leben angenommen. Diese Seelen haben weitergemacht und wurden angehoben und in eine neue Dimension in Zeit und Raum übertragen, und sie ist in diese Dimension gegangen, nicht in die Lebenszeit, als sie dort war.

D: Aber es war ihr nicht wichtig, dieses Leben in dieser Zeit zu erforschen?

S: Es war wichtig für sie, zum Rat zurückzukehren, denn es ist nur die Wahrheit des Rates, die zu ihr durchdringen wird, um sie daran zu erinnern, dass wir sie für eine wichtige Mission hierhergeschickt haben und wir wissen, dass sie dies erreichen kann und wird. Und sie muss diese Worte hören, die sie hören muss, und sie kann dies erreichen. Es steht geschrieben und es wurde gesagt und es ist so. Sie muss es hören und fühlen und sein, und die Wahl wird für sie einfach sein, sich dorthin zu begeben, was für sie geschaffen wurde.

***

Ich denke, es ist wichtig, dass die erste und zweite Welle von Freiwilligen versteht, dass ihre eigenen Ängste und das Gefühl, nicht hier auf der Erde sein zu wollen, mächtige Blockaden schaffen können und ihren Fortschritt aufhalten. Viele sagen, dass sie einfach nicht hier sein wollen. Es ist zu schwierig, und sie wollen nur gehen. Wenn sie wirklich "nach Hause" zurückkehren wollen, dann sollten sie besser anfangen, diese Gefühle zu verstehen und damit zu arbeiten. Andernfalls werden sie hier festsitzen und ihren noblen Vertrag nicht erfüllen.

KAPITEL SIEBEN

NACH DEN KINDERN SEHEN

ICH KONNTE VIELE, VIELE Bücher mit Berichten über "normale" Regressionen des vergangenen Lebens FÜLLEN. Aus den Tausenden von Therapiesitzungen, die ich durchgeführt habe, habe ich nie jemanden gefunden, der nicht in der Lage war, zurückzukehren und ein anderes Leben zu finden. Viele Jahre lang berichteten sie alle über die Lebenszeiten auf diesem Planeten Erde in jeder erdenklichen Form und in jeder erdenklichen Umgebung. Ich erlaube dem SC nur, sie zur am besten geeigneten Zeit und am besten geeigneten Ort zu bringen. Ich weiß nie, wo das sein wird, also ist es meine Aufgabe, nur Fragen zu stellen und zu versuchen, die Relevanz für ihre aktuellen Probleme zu finden. Es kommen immer noch viele zu Sitzungen, die in diese Art von Leben gehen, aber ich bin jetzt überzeugt, dass es Menschen sind, die noch Karma zu erledigen haben, und das ist der Grund, warum sie ihnen diese Verbindungen zeigen.

Aus den Beispielen in diesem Buch wird nun deutlich, dass viele Seelen kommen, um andere Rollen zu erfüllen. Die Mehrheit hat noch nie zuvor auf der Erde gelebt und findet sie einen verwirrenden, unbequemen und fremden Ort. Das sind die, die ich die "Erstsemester" nenne. Aber andere sind für Aufgaben gekommen, die einzigartig für ihre Talente sind, die sie in anderen Zeiten und an anderen Orten perfektioniert haben. Wir haben bereits einige gesehen, die hier als Lehrer, Beschützer und diejenigen sind, die nur durch ihre unbewusste Präsenz und Energie beeinflussen können. In diesem Kapitel finden wir ein weiteres einzigartiges Wesen, das ein spezifisches Talent hatte, das die Kräfte hatte, von denen man annimmt, dass sie zu diesem Zeitpunkt hilfreich sein würden.

***

Laura kam vor einer mittelgroßen Pyramide herunter und war verwirrt, warum sie dort war. Sie entdeckte, dass sie ein junger, starker Mann war, der einen kurzen Rock mit Ledersandalen trug, die seine Beine hochschnürten. Dann sah sie, dass er einen großen Metallanhänger um den Hals trug. Es hatte etwas Ähnliches wie eine Sonne, die in es eingekerbt war, mit Strahlen, die in alle Richtungen austreten. "Es scheint, als wäre es kein Schmuck. Es ist ein Teil dessen, was ich haben oder tragen soll. Es scheint, als wäre es die ganze Zeit da. Es hat einen Zweck."

Als ich Fragen stellte, wurde der Zweck klar. "Es ist ein Sternentor. Es hilft mir, Orte zu erreichen. Ich starre in diesen Anhänger, und es ist ein Portal, das mich an einen Ort bringt." Er stand nun in der Pyramide und versuchte sich zu erinnern, wie man sie aktiviert. "Es ist seltsam, dass es niemanden mehr gibt. -Ich versuche mich immer noch zu erinnern. Der Anhänger scheint mit der Pyramide verbunden zu sein. Ich wusste früher, wie man es benutzt, aber jetzt erinnere ich mich nicht mehr ganz."

Ich bat Ihn, sich selbst dabei zu beobachten, was weiter passiert.

L: Ich halte meinen Anhänger hoch, um in die Mitte der Pyramide zu schauen.... Ich richte ihn auf die Mitte des Gipfels aus. Ich halte ihn flach. Bis zum Gipfel.... so werde ich es machen... die Energie, ja. Ich sehe das Licht, das jetzt durch die Pyramide fällt und meinen Daumen trifft. Und ich weiß, dass ich so dahin gehen kann, wo ich hin will. Ich weiß nicht, wohin ich gehen soll, aber ich weiß, dass ich dorthin gehen kann.

D: Wurde dir beigebracht, wie man das macht?

L: Ich weiß es einfach... aber ich bin gerade verwirrt. Weil es sonst niemanden gibt, und ich bin es gewohnt, viele Leute um mich herum zu haben. Wir haben alle zusammen gelernt. Wir waren eine Gruppe. Wir waren in einem Klassenzimmer. -Ich schätze, das ist meine Reise.... Ich sollte allein sein. Ich sollte über meine Kräfte und mich selbst lernen.

D: Was hast du gelernt, als ihr alle zusammen wart?

L: Über die Sterne.... über die Weite der Welt... Symbole.... Ich habe das Gefühl, dass ich andere unterrichten soll, aber ich habe nicht das Gefühl, dass ich es schon genug weiß, um zu unterrichten.

D: Jetzt, wo du in der Pyramide bist, bedeutet das, dass du deine Kurse bereits abgeschlossen hast?

L: Es muss so sein. Ich muss mit meiner Reise beginnen. Ich fühle mich, als sollte ich meine Kräfte testen.... meine Fähigkeit, das zu tun, was uns beigebracht wurde.

D: Wo sollten sie ihrer Meinung nach hingehen, wenn sie es testen wollen?

L: Ich fühle mich, als würde ich einfach den Anhänger entscheiden lassen, wohin ich gehen soll. Das Licht kommt von der Spitze der Pyramide herunter. Und es aktiviert den Anhänger, aber ich habe das Gefühl, dass ich ein Ziel für meinen Verstand haben muss, um mich dorthin zu bringen.

D: Was entscheidest du?

L: Es wäre schön, die gesamte Galaxie zu besuchen. Es wäre so.

D: Es gibt dort viel zu besuchen, nicht wahr?

L: Ja, das ist es wirklich.

D: Was ist der Zweck, wenn man das tut?

L: Es ist, als würde man nach den Kindern sehen, um sicherzustellen, dass es ihnen gut geht. An verschiedenen Orten.... wie ein Lehrer die Kinder überprüfen würde, um zu sehen, ob sie gut sind.

D: Glaubst du, das ist dein Job?

L: Ich weiß nicht. Ich fühle mich sehr glücklich, es tun zu können, also ist es keine Arbeit.

D: Denkst du, dass das Wichtigste ist, nach den Kindern und nicht nach den Erwachsenen zu schauen?

L: Ja, ich schätze, ich betrachte alle Menschen als Kinder. -Du hast Recht. Es muss mein Job sein.

D: Wenn es sich richtig anfühlt. Musst du jemandem über das, was du findest, Bericht erstatten?

L: Ich habe keine Lust dazu, aber vielleicht bin ich nur im Urlaub. Vielleicht sehe ich nur, was da draußen ist.

D: Wo war das Klassenzimmer? Wonach sieht das aus?

L: Draußen.... Leute sitzen im Schneidersitz auf dem Boden, und es ist lustig... das Klassenzimmer, alle sind männlich und wir alle haben Röcke an. Es gibt keine Frauen. Es gibt einen Lehrer. Er ist sehr strahlend.... sehr fortgeschritten. Wir haben großen Respekt vor ihm.

D: Das ist der Lehrer, der dich die Sterne und alles gelehrt hat? (Ja) Ist er derjenige, der dir beigebracht hat, wie man den Anhänger benutzt?

L: Ich glaube schon. Ich bin mir nicht wirklich sicher, wer. Der Anhänger war schon immer da. Es ist, als würden wir geboren, wenn wir es wissen.

D: Und eines der Dinge, die du gelernt hast, war über die Sterne?

L: Das ist wichtig. Damit wir zu bestimmten Zeiten kommen und gehen können. Du musst sicherstellen, dass du die Zeiten kennst. Es gibt Gräben, und die Gräben können gefährlich sein, wenn man nicht zur richtigen Zeit reist. Sie brachten uns bei, wie man reist. (Er hatte Schwierigkeiten, es zu erklären.)

D: Frag bitte jemanden dort, warum es gefährlich wäre, zu bestimmten Zeiten zu reisen?

L: Ich frage meinen Lehrer. Er weiß es. Er wird mich nicht erreichen. Er ist zu sachkundig und ich bin nicht sachkundig genug.

D: Bitte ihn, es dir in einer einfachen Sprache zu sagen, denn das kann etwas Wichtiges für dich sein.

L: (Flüstert zum Lehrer.) Er sagt, dass es Portale gibt und die Galaxien sich auf eine bestimmte Weise, eine bestimmte Zeit, ausrichten müssen, und dann kann man einfach durch die Dimension schlüpfen. Wenn ich es nicht tue, kann ich mich verlaufen. Ich kann in eine andere Dimension gehen, dann bin ich verloren.... Ich werde nicht mehr in meinem Zeitfenster sein, sagt er. Das ist es, was ein Riss ist, sagt er.

D: Du würdest nicht zurückkommen können? (Nein) Das wäre keine gute Sache. Kann er dir sagen, wie du das vermeiden kannst?

L: Wir sollen die Sterne und die Ausrichtung lernen und wissen, wann wir gehen und wann wir zurückkehren müssen. Er sagt, es ist wie eine Flussüberquerung und man muss mit den Stromschnellen fahren. Sonst wirst du weggezaubert und kommst nicht zurück.

D: Das macht Sinn. Aber weißt Du, wo die Portale sind?

L: Ich lerne. Ich lerne. Deshalb sind wir in dieser Klasse. Aber keine Mädchen. Warum keine Mädchen? Warum gibt es in unserer Klasse keine Mädchen? (Pause) Zu riskant.... es ist zu riskant. Es gibt nicht genug Frauen. Sie sind nicht entbehrlich. Sie müssen mehr Babys machen. Sie sind nicht entbehrlich. Das sind wir. Es gibt mehr Männer als Frauen, und die Frauen müssen wachsen.

D: Also sind die Männer diejenigen, die lernen müssen, wie man Zeitreisen durchführt. (Ja) Warum wollen sie, dass du weißt, wie man Zeitreisen durchführt?

L: Oh, wir sollen nach den Kindern sehen. Um sicherzustellen, dass es ihnen gut geht.... wie sie wachsen.

D: Die Kinder sind wichtig, nicht wahr?

L: Ja. Aber wenn sie sagen, die "Kinder", spielt es keine Rolle, wie alt sie sind. Sie nennen die Kinder diejenigen, die lernen.... die Menschen... die Lernenden.

D: Sie sind noch immer nur Kinder. (Ja) Du musst sicherstellen, dass sie in Ordnung sind, weil sie die Zukunft sind?

L: Ja, du hast Recht. Das ist mein Job. Ich melde mich beim Lehrer zurück. Ich gehe zurück zu ihm und sage es ihm, weil er derjenige ist, der uns auf die Reise vorbereitet.

D: Weißt du, was er mit den Informationen macht, sobald sie ihm gemeldet werden?

L: Noch nicht, nein. Er ist sehr weise. Manchmal schaut man ihn an und sieht nur weißes Licht.

D: Kannst du ihn bitte fragen, was er mit den Informationen machen wird?

L: Er stellt es in Diagrammen dar. Er hat Karten; viele, viele, viele Karten und er zeichnet die Informationen auf. Es gibt mehr als nur mich, die rausgehen. Es gibt viele Leute, die rausgehen und dann bringen sie ihm die Informationen und er plant sie.

D: Habt ihr alle unterschiedliche Jobs, oder ist es nur, um nach den Kindern zu sehen?

L: Das ist meine Aufgabe, nach den Kindern zu sehen. Ich weiß nicht, was die anderen tun, aber sie gehen auch. Sie wissen, wie ernst es ist, zur richtigen Zeit zu gehen.

D: Bedeutet das, dass du nicht wirklich einen physischen Körper hast, wenn du an einen Ort gehst?

L: Ich fühle mich nicht körperlich, wenn ich reise. Ich fühle mich überall. Ich kann sehen. Beängstigend.

D: Also musst du es nicht mit einem physischen Körper aufnehmen. (Nein) Als du dich an der Pyramide gesehen hast, war das ein physischer Körper? (Ja) Warum musstest du zu diesem Zeitpunkt einen haben?

L: Lernen.

D: Es könnte also Zeiten geben, in denen man einen Körper haben müsste? Ergibt das einen Sinn?

L: Ja. Wir alle haben dort Leichen.

D: Aber, wenn man rausgeht und Informationen findet, hat man keinen physischen Körper.

L: Vielleicht ist es zu viel Mühe, um es sich zu nehmen.

D: Das macht Sinn. Und du reist mit diesem Anhänger? (Ja) Sagen sie dir, wohin du gehen sollst?

L: Das müssen sie, aber ich höre sie nicht zu mir sprechen. Du denkst und weißt es schon.... vielleicht irgendwie implantiert. Das Wissen ist einfach da. -Das Wissen über die Planeten war nicht da. Sie mussten es uns beibringen. Er lehrte es uns mit einem Zeiger, der uns alle Sterne zeigt. Sie sind sehr weise.

D: Musstest du jemals auf den Planeten Erde kommen? Weißt du, was das ist?

L: Es ist möglich, aber ich glaube nicht.

D: Dein Heimatplanet ist also woanders?

L: Ich weiß nicht, wo er ist. Er ist sicherlich geerdet und sehr topographisch, aber ich weiß nicht, wo er ist.

Ich beschloss, Ihn auf einen wichtigen Tag vorzubereiten, und er ging zum Tag seines Abschlusses. Sie hatten alle alles beendet, was sie lernen mussten, und jetzt war es an der Zeit zu gehen.

L: Wir stehen alle in einer Halle und jeder einzelne.... er hat unsere Stirn berührt. Und sagte uns, dass wir ein drittes Auge hätten und dass wir jetzt rausgehen müssten.

D: Ausgehen und was tun?

L: Ich weiß nicht. Vielleicht nur noch mehr von unseren Jobs. Wir sind fertig damit, zusammen zu sein. Diese Gruppe ist fertig. Ich soll rausgehen und versuchen, das Wissen zu teilen.

D: Mit wem teilst du es denn?

L: Menschen, Bauern, Schäfer, Schafzüchter....

D: Können sie verstehen, was du versuchst, ihnen beizubringen?

L: Ein wenig.... Ich bleibe dran. Sie scheinen so geerdet zu sein. Sie denken, dass sie dort bei ihren Schafen bleiben müssen. Das müssen sie nicht. Sie können überall hingehen. Sie glauben nicht, dass sie es schaffen.

D: Glaubst du, dass es deine Aufgabe ist, sie zu lehren?

L: Ich weiß nicht, was mein Job ist. Ich bin verwirrt, dass ich keine Familie gründe. Ich laufe einfach umher.

Es klang, als wären wir in einer Sackgasse. Das würde er wahrscheinlich für den Rest seines Lebens tun. Und das war in Ordnung, denn er hatte anscheinend seinen Weg gefunden. Also brachte ich Ihn auf den letzten Tag des genannten Lebens. "Was ist los? Was siehst du da?"

L: Uff...ich bin auf einer Wiese, einem Feld, und ich werde von einer riesigen Katze angegriffen. Aber ich habe ein langes Leben gelebt. Ich bin allerdings immer noch allein, aber irgendwie bin ich nicht sauer deswegen, dass diese Katze.... es war in Ordnung. Ich bin in Frieden.

Ich brachte ihn dorthin, wo alles vorbei war, und er konnte das ganze Leben aus einer anderen und viel breiteren Perspektive betrachten. Ich fragte Ihn, was er aus diesem Leben gelernt hatte.

L: Es fühlt sich glücklich an, nur daran zu denken.

D: Warum macht es dich glücklich?

L: Das ist schwer in Worte zu fassen.... nur diese Energie. Energie ist Licht. Ich lernte zu glauben. Wir können wirklich absolut alles tun, worauf wir uns konzentrieren. Nichts ist unmöglich!

Dann rief ich das SC an. "Warum hast du dir dieses Leben ausgesucht, das Laura sehen soll?"

L: Damit sie weiß, dass sie alle Kräfte hat. Sie kann lernen, sie zu benutzen.

D: Alles, was wir jemals gelernt haben, verlieren wir nie, oder?

L: Nein, aber wir begraben sie leider.

D: Aber sie wird sie jetzt in diesem Leben nutzen können?

L: Einige von ihnen, ja. Sie kann sie benutzen, um Orte zu erreichen.

D: Mit ihrem Verstand, meinst du?

L: Mit ihrem Körper, ja. Sie muss nach den Kindern sehen.

D: Wie soll sie das machen?

L: Einsammeln, wo sie sind. Sie soll alle zusammenfügen. Sie sollen unterrichtet werden.

D: Wie soll sie die Kinder denn einsammeln?

L: Sie soll sie rufen - gedanklich. Sie werden es wissen. Ruf sie zusammen. Um die Kinder zu sammeln.

D: Ich denke, dass die meisten Kinder Eltern haben, Familien. Du kannst nicht einfach rausgehen und sie alle zusammenbringen, oder wie meinst du das genau?

L: Die Kinder sind schon groß geworden. Sie sind nicht klein. Es sind Erwachsene.

D: Das ist etwas anderes.

Ich bat das SC, ihr Ratschläge zu geben, was sie tun sollte.

L: Ich sehe einen Berg, der in der Mitte auseinanderbrechen wird. Die Menschen müssen sich vorbereiten. Veränderungen.... ihr Leben wird sich ändern. Sie brauchen Zeit zur Vorbereitung. Mutter Erde verändert sich. Sie müssen sich mit Mutter Erde zusammen ändern. Sie müssen es nur wissen. Kinder werden dort alt und sterben, ohne jemals erwachsen zu werden. Ihr Lebensraum wird sich verändern. Sie müssen sich ändern. Ich sehe viele Erdveränderungen, die vor meinem Gesicht blinken, wie ein Vulkan und eine Schlammlawine und Dinge, die das Gesicht der Erde nachhaltig verändern werden.

D: Was soll Laura deiner Meinung nach tun? Was ist ihr Job?

L: Hilf ihnen, sich auf Veränderungen vorzubereiten, sich anzupassen. - Sie weiß es nicht.

D: Nicht auf einer bewussten Ebene. (Nein) Wirst du ihr das Wissen vermitteln, das sie braucht? (Ja) Um sich an die Kenntnisse und Fähigkeiten zu erinnern, die sie vorher hatte?

L: Ja. Es wird zurückkommen, wenn es nötig ist. Sie muss es teilen. Die Kinder wissen es nicht.

***

Eine von Lauras Fragen befasste sich mit einem privaten Flugzeugabsturz, an dem sie beteiligt war und der ihr Leben veränderte. Sie wollte wissen, warum es passiert ist. Sie war eine sehr erfolgreiche Landesentwicklerin gewesen, und das hatte sie sehr wohlhabend gemacht. Ihre Karriere war der Schwerpunkt ihres Lebens, und sie hatte beschlossen, keine Kinder zu bekommen. Alles, woran sie dachte, war Geld und Erfolg, bis sie bei dem Unfall fast getötet wurde und lange Zeit im Krankenhaus verbrachte, um sich zu erholen. "Sie war auf dem falschen Weg. Sie wollte nicht zuhören. Harter Kopf." Es hat ihr Leben in vielerlei Hinsicht verändert. Sie wollte auf einmal gerne Kinder bekommen, und gleich beim ersten Versuch wurde Sie schwanger. Sie hat zwei Töchter geboren.

L: Die Kinder warteten darauf, hereinzukommen. Die Kinder sollten schon da sein.

D: Ja, aber sie war so sehr in ihr Geschäft involviert, dass sie sich nicht die Zeit nahm, sich um sie zu kümmern.

L: Die Kinder sollten dann in eine andere Familie abgegeben werden. Aber sie sagten: "Nein, wir warten." (Sie fing an zu weinen.)

D: Aber der Flugzeugabsturz hat ihr Leben verändert und sie ist jetzt auf dem richtigen Weg, nicht wahr?

L: Nicht ganz.

D: Was soll sie jetzt noch tun, um auf den richtigen Weg zu kommen?

L: Nur sich bewusst sein, dass die Kinder Hilfe brauchen werden.

D: Also wirst du ihr Nachrichten darüber geben, was sie als nächstes tun soll?

L: Ja, es ist noch nicht festgeschrieben. Die Dinge bewegen sich sehr schnell.

D: Deshalb willst du es ihr noch nicht sagen?

L: Ja, ich glaube nicht, dass es schon fertig ist.

D: Also willst du nur, dass sie geduldig ist und du wirst es ihr sagen.

L: Geduld ist nicht in ihr Ding. Sie hat keine. (Lacht) Sei einfach bereit. -Der Lehrer ist ihr immer gefolgt. Er ist hier, um sie vorzubereiten, damit sie keine Angst hat.

D: Jeder hat eine Aufgabe zu erledigen, und wie sie sagten, die Zeit vergeht sehr schnell. Mir wurde von der neuen Erde und den

Dingen, die sich ändern werden, erzählt. Ist das alles miteinander verbunden? (Ja) Um bereit zu sein, auf die neue Erde zu gehen?

L: Vielleicht gehst du auf einen Bahnhof. Einige Leute werden zu einer Art Haltestelle gehen, während die Dinge wiederhergestellt werden.

D: Einige von ihnen werden nicht direkt gehen, weil es noch nicht Zeit ist?

L: Ja, ihre Vorbereitungen dort sind noch nicht abgeschlossen.

D: Mir wurde gesagt, dass ihre Frequenzen und Vibrationen stimmen müssen, sonst können sie nicht gehen. Ist es das, was du meinst?

L: Die Vorbereitungen sind…es sind verschiedene Orte.... wir sortieren sie und sie gehen dann an den richtigen Ort.

D: So viele von ihnen werden zu den Wartestationen gehen? Ist das, nachdem sie die physischen Körper verlassen haben, oder vorher?

L: Sie werden ihre physischen Körper mitnehmen.

D: Dann werden sie zu diesen Orten gehen, wenn die Katastrophen hier auf der Erde geschehen. (Ja) Um bereit zu sein, sie darauf vorzubereiten, wo sie hingehen sollen?

L: Ja, es wird sehr schnell passieren.

D: Also muss sie den Leuten helfen, sich vorzubereiten.

L: Ja, die Kinder.... um die Kinder zu retten.

Abschiedsnachricht: Träum es einfach und tu es. Achte auf die Träume.

D: So kommuniziert man, nicht wahr?

L: Ja. Einfach lieben und liebevoll sein.

Dies war also eine weitere Person der ersten Welle, die ihre Mission auf der Erde nicht bewusst kannte. Es handelte sich um etwas, was sie im ganzen Universum getan hatte, indem sie sich um die Kinder kümmerte und schaute, wie es ihnen geht. Und ihnen dabei zu helfen, was sie in den kommenden Zeiten tun müssen. Sie hatte also eine bestimmte Mission, die aber durch ihre Beschäftigung mit ihrem Firmenjob fast ins Abseits geriet. Es brauchte einen Flugzeugabsturz, der sie fast tötete, um ihre Aufmerksamkeit zu erregen und sie wieder auf ihren Weg zu bringen. Wie sie gesagt haben, ist die Zeit knapp, und manchmal müssen sie drastische Maßnahmen ergreifen, um die Menschen umzudrehen.

KAPITEL ACHT

DAS EXIL

DORIS' HAUPTBEANSTANDUNG WAR, dass sie das Gefühl hatte, dass sie hin- und her schwankte und nicht wusste, in welche Richtung ihr Leben genau gehen sollte. Sie war bereits in mehreren erfolgreichen Unternehmen tätig und dachte nun darüber nach, ein metaphysisches Zentrum zu gründen. Sie fühlte, dass sie viele Talente und Fähigkeiten hatte, war aber offen für Ratschläge, wie man sie am besten nutzen kann.

Als wir die Sitzung begannen, hatte Doris Schwierigkeiten, etwas zu sehen oder zu identifizieren, wo sie war. Alles, was sie sehen konnte, war dunkel und das Gefühl von sehr viel Platz um sie herum. Nach einer Menge Fragen begann sie dann etwas zu spüren, als wäre sie an einem großen, kalten Ort. Dann spürte sie, dass ihre Arme schmerzten und sie konnte sie nicht bewegen. "Ich glaube, sie sind gefesselt. Ich bin mir nicht sicher. Ich kann mich nicht bewegen." Ich habe Vorschläge zum Wohlbefinden gemacht, damit sie sich nicht unwohl fühlt. Der Rest ihres Körpers fühlte sich von der Taille abwärts taub an. "Es fühlt sich an, als wäre mein Körper eingesperrt. Ich kann mich nicht bewegen."

Zumindest hatten wir einen Anfang gemacht, aber sie konnte immer noch nicht viele Informationen liefern. Also bewegte ich sie rückwärts, bevor sie in diesen engen Raum kam, damit wir herausfinden konnten, was die Ursache dafür war.

Doris: Ich wusste etwas. Ich wusste zu viel. Ich musste weggesperrt werden. Ich konnte Dinge erzählen. Es fühlt sich wie eine andere Zeit an. Wie das Mittelalter, aber nicht das Mittelalter. Ich sehe

Menschen in langen schwarzen Gewändern, aber das sind keine Menschen.

D: Was sind das für welche?

Doris: Ich weiß es nicht. Sie tragen schwarz. Sie verletzen Menschen. Auf dem Platz. Und die Menschen tun nicht das, was sie tun sollen. Sie kontrollieren sie mit etwas. Sie zwingen sie, etwas zu tun. Sie bringen sie dazu, sich fernzuhalten. Ich helfe den Menschen. Ich sollte den Menschen nicht helfen. Aber die Leute wissen es nicht.

D: Bist du männlich oder weiblich?

Doris: Ich bin einfach. Ich weiß nicht, was ich bin, aber ich bin nicht wie die Menschen. Ich bin wie "sie", aber ich will nicht wie sie sein. Ich will keine Menschen verletzen.

D: Kannst du sehen, wie Dein Körper aussieht?

Doris: Er ist sehr lang.... groß. Es ist wie ein großer Bleistift. Ich trage schwarz wie sie.

D: Warum tun sie den Menschen weh?

Doris: Sie tun nicht das, was sie tun sollen. Sie wollen sie kontrollieren.

D: Bist du schon sehr lange mit diesen Leuten dort?

Doris: Ja, ich bin schon sehr lange dort. Sie sind meine Freunde.... die Menschen. Ich habe ihnen geholfen. Ich habe es ihnen beigebracht. (Lachend sarkastisch.) Ich habe sie unterrichtet, aber jetzt werden sie verletzt, weil ich sie unterrichtet habe und jetzt wissen sie zu viel.

D: Was hast du ihnen beigebracht?

Doris: Wie man Landwirtschaft betreibt und wie man lebt.

D: Ich sehe nichts Falsches daran. Das sind doch gute Dinge.

Doris: Ich dachte, sie wären es. Ich dachte, ich sollte dorthin gehen und helfen, sie zu unterrichten.

D: Waren die in Schwarz da die ganze Zeit?

Doris: Nein, sie kamen nur, um zu sehen, was los ist. Ich bin schon lange dort.

D: Hat dir jemand gesagt, dass du kommen und helfen sollst?

Doris: Ich musste einfach kommen. Ich weiß nicht, warum. Das war mein Job, den Menschen zu helfen.

D: Waren die Leute anders, als du dort ankamst?

Doris: Ja. Sie waren grob.... sehr grob. Sie wussten nicht, wie sie sich gut ernähren sollten. Sie aßen Beeren, Rinde und Käfer. Sie wussten nicht, wie man etwas züchtet. Ich sollte ihnen helfen, sich weiterzuentwickeln. Ich dachte, ich tue das, was ich tun sollte. Aber sie kamen und sagten mir, ich würde ihnen zu viel beibringen. Sie wuchsen zu schnell. Sie sollten nicht so schnell lernen. Es war nicht gut.... aber sie lernten.

Als er das erste Mal an diesen Ort kam, zog er das schwarze Gewand an, um seine wahre Erscheinung zu verbergen. Er hatte tatsächlich einen Körper, der einer großen grünen Heuschrecke ähnelte. Auf seinem ursprünglichen Heimatplaneten hatten alle das gleiche Aussehen. Er musste sich verstecken, weil er nicht wie die Menschen war, und er wusste, dass sein Körper sie erschrecken würde. Er sagte, dass niemand ihm sagte, er solle weggehen und er ging an diesen Ort. "Das war mein Job, hierher zu gehen. Ich habe das schon immer getan. Ich helfe Menschen."

D: Also bist du an andere Orte gegangen, bevor du zu diesem gekommen bist?

Doris: Ja, aber das hier ist schiefgelaufen. Sie sagen, weil wir zu viel und zu schnell gearbeitet haben. Aber sie lernten, also lehrte ich sie und sie schienen zu verstehen. Ich habe ihnen beigebracht, wie man sich umeinander kümmert. Ich lehrte sie über das Land und das Wasser und die Bäume und Pflanzen. Ich lehrte sie, dass sie Nahrung finden können, und ich lehrte sie, wie man Aufzeichnungen führt. Ich sollte ihnen nicht beibringen, wie man Aufzeichnungen macht. Es war in Ordnung, ihnen das über Nahrung beizubringen, aber ich sollte ihnen nicht beibringen, Aufzeichnungen zu führen. Aber es ist wichtig, Aufzeichnungen zu führen, um zu wissen, wie man Zeit und Jahreszeiten verfolgt und wie die Dinge in der Welt laufen. Sie mussten wissen, wie man die Jahreszeiten nachvollzieht.... wann man pflanzt. Sie mussten wissen, wie man das macht. Sie konnten nicht einfach so weitermachen, ohne es zu wissen. Wie konnten sie sonst richtig pflanzen? Woher sollten sie das wissen? Sie mussten den Überblick behalten, wer sie waren.

D: Hast du ihnen beigebracht, wie man Häuser baut und so etwas?

Doris: Ja, sie haben es gelernt. Sie lernten, wie man mit Holz und Bäumen umgeht. Sie lernten, wie man im Inneren lebt. Sie lernten, als Gruppe statt einzeln zusammenzuleben, und das Leben war einfacher - dann kamen die anderen und sagten, dass ich das Falsche tat. Sie sollten nicht so viel wissen. Es war zu früh.

D: Aber das wusstest du nicht. Du dachtest, du tust, was richtig ist? (Ja) Dann sagtest du, sie würden das Volk verletzen?

Doris: Ja. Die Schwarzen begannen Kriege, und die Menschen fingen an, sich auch gegenseitig zu verletzen. Und sie würden das Wissen vergessen. Sie würden nicht weiter lernen.

D: Die Kriege sollten sie also davon abhalten, Fortschritte zu machen? (Ja) Vergessen, was du ihnen beigebracht hast?

Doris: Ja. Das Leben war zu ruhig. Sie lernten zu viel. Sie wuchsen. Sie hatten Angst, wenn sie so weitermachen würden, wie sie es taten, dann wäre es zu früh für sie.

D: Warum war das ein Problem?

Doris: Ich weiß es nicht. Ich habe nicht verstanden, warum das ein Problem war. Sie sagten nur, dass es falsch war.

D: Was siehst du jetzt?

Doris: Ich sehe Licht und ich sehe Raum und Sterne. Ich ging ins All und ging nach Hause.

D: Was geschah, als du dich gefesselt oder eingesperrt fühlst?

Doris: Sie haben mich in etwas reingesteckt. Sie wollten mich wegbringen. Aus dem Weltraum. Ich war in etwas drin, und ich konnte mich nicht bewegen. Sie haben mich den Menschen weggenommen. Ich habe mich zu sehr für die Menschen interessiert. Dann ließen sie mich frei. Ich bin in einem Fahrzeug im All und kann die Sterne sehen. Es ist wunderschön! -Aber ich kann nicht zurück.

D: Möchtest du denn gerne zurückgehen?

Doris: Ich weiß nicht.... Angst. Die Leute wurden so sehr verletzt, aber ich will nicht zurück.

D: Wie fühlt sich Dein Körper jetzt an?

Doris: Lose.... es fühlt sich locker an.

Es war niemand mit ihr in diesem Fahrzeug, der sie transportierte. Sie war ganz allein. "Es ist friedlich." Alles, was sie sehen konnte, war der Weltraum und die Sterne. Sie hatte keine Ahnung, wohin sie gehen würde. Also bewegte ich sie vorwärts, bis sie irgendwo anhielt und ich fragte dann, was sie sehen könne.

Doris: Ich weiß es nicht. Es fühlt sich sehr schwer an, wo immer ich bin. Ich weiß nicht, wo ich bin. Es sieht irgendwie karg aus. Es gibt nicht viel hier. Es gibt keine Bäume. Es ist nicht schön. Die Luft fühlt sich schwer an.

D: Also wurde dieses Fahrzeug vorprogrammiert, um dich dorthin zu bringen? (Ja) Wie fühlt sich dein Körper jetzt an?

Doris: Es ist ein sehr seltsames Gefühl. Meine Füße, meine Beine und meine Hände sind sehr dünn. Sehr, sehr dünn. Ich habe keine Finger oder Zehen. Mein Körper fühlt sich rund an. Er ist größer. Er ist groß und rund. Ich habe kein Gewand mehr darüber, um ihn zu verstecken, also ist es wie der Körper einer Heuschrecke, aber ich stehe auf.

D: Wie ist dein Gesicht?

Doris: Ich habe große Augen.... sehr große Augen. -Hier muss ich das schwarze Gewand nicht tragen, weil niemand hier ist. Ich bin's nur. Es gibt einige Löcher in den Felsen, in die ich ein- und aussteigen kann. Es gibt nichts zu tun.

D: Musst du essen?

Doris: Ich denke, ich bekomme, was ich brauche, aus der Luft. Es ist ein sehr schwerer Ort. Ich glaube nicht, dass ich hier lange bleiben kann.

D: Was wirst du tun?

Doris: Ich muss einfach da sein.

D: Es gibt keine Möglichkeit, dass du gehst?

Doris: Nein. Sie haben mich weggeschickt. Sie schickten mich dorthin, damit ich sie nicht mehr stören würde. Ich kann nicht gehen. Ich muss hierbleiben.

D: Wenn du zurückdenkst, als du zum ersten Mal zu diesen Leuten gegangen bist.... wie bist du dorthin gekommen?

Doris: Ich habe mich einfach entschieden, zu kommen. Ich beobachtete sie und sie brauchten Hilfe, und ich meldete mich freiwillig und sagte, ich würde gehen und ihnen helfen. Wir haben sie schon lange beobachtet. Wir gehen von Ort zu Ort.

D: Die anderen haben zugesehen, was du getan hast, nicht wahr?

Doris: Ja, das müssen sie gewesen sein, schätze ich, aber sie haben sich nicht in das, was ich tat, eingemischt. Es war, um zu sehen, was ich tue. Ich habe mich freiwillig gemeldet.

D: Aber jetzt haben sie dich an diesen kargen Ort geschickt, wo es nichts gibt?

Doris: Ja. Da ist absolut nichts. Ich mochte diese andere Welt. Es war so schön. Ich werde hierbleiben. Ich weiß nicht, was ich sonst tun soll.

Dies hätte eine außerordentlich lange Zeit dauern können, wenn das Wesen keine Nahrung benötigt hätte, und es hätte nicht einmal eine Möglichkeit zu sterben, wie wir es wahrnahmen. Also beschloss ich, sie zu einer anderen Szene zu bringen, um herauszufinden, was passiert war. Sie ließ plötzlich einen lauten Seufzer der Erleichterung los. " AH! Ich habe keinen Körper. Ich bin weg. Ich muss nicht mehr da sein. Ich kann gehen."

D: Was ist passiert?

Doris: Ich fühlte etwas und dann ging ich einfach weg. Ich bin gegangen. Ich war lange Zeit dort.

D: Du hast dort nie jemand anderen gesehen?

Doris: Nein. Es war sehr schwer, aber schön. Die Planeten, ich habe die Planeten beobachtet. Ich beobachtete die Sterne. Es war schön wie ein Orchester. Oh! Es war so schön!

D: Es war wie eine Bestrafung, dorthin geschickt zu werden, nicht wahr?

Doris: Das war es nicht. Am Ende war es wunderschön.

D: Hast du dich denn gerade entschieden zu gehen?

Doris: Ich weiß es nicht. Es war, als hätte ich mich geöffnet und ich war weg. Ich bin gerade gegangen.

D: Wo bist du jetzt?

Doris: Ich bin wie die Sterne und das Licht. Wie winzige Sterne.

D: Was hältst du von diesem Leben?

Doris: Es ist, als würde man zwei Leben in einem leben.

D: Hast du aus dieser Erfahrung etwas gelernt?

Doris: Die Dinge sind nicht immer das, was sie zu sein scheinen. Viel Gutes kann schlecht sein und viel Schlechtes kann gut sein. Es spielt keine Rolle. Am Ende ist es das Gleiche. (Lachen)

D: Es ist schwer zu sagen, wenn man mittendrin ist. Wo willst du jetzt hin?

Doris: Ich weiß es nicht. Es geht mir gut. Ich fühle mich sehr funkelnd.

Sie sah niemanden, der ihr sagen konnte, wohin sie als nächstes gehen musste. Also brachte ich sie vorwärts, um zu sehen, wo sie nun landete.

Doris: Ich gehe zum Licht. Wir gehen alle ans Licht.

D: Siehst du noch andere?

Doris: Ja. Wir alle sind funkelnde Dinge. Wir gehen alle ans Licht.

D: Wie ist das Licht?

Doris: Es ist großartig! Es ist wunderschön! Es ist sehr warm.

D: Weißt du, was das Licht ist?

Doris: Es ist alles. Oh, das fühlt sich wunderbar an! Jetzt bin ich zu Hause. Das Licht ist alles. Es ist alles.

D: Also ist es gut, jetzt wieder zu Hause zu sein.

Doris: Wunderbar. Aber sie sagen nein, ich werde nicht lange dortbleiben. Ich muss wieder raus. Ich weiß es einfach. Ich spüre es, ja. Ich werde nicht lange dortbleiben.

D: Aber du wirst es genießen, solange du kannst.

Doris: Ja. Das ist es, was ich tun soll. Ich habe andere Dinge zu erledigen. Ich weiß nicht. Ich muss etwas lernen.

D: Ist es etwas, das du an diesem Ort nicht erreichen kannst?

Doris: Alles ist da. Man kann nicht lernen, wenn alles da ist.

D: Also musst du etwas anderes lernen?

Doris: Ja. Es gibt immer mehr zu lernen.

Ich brachte sie voran, als sie beschloss, wieder zu gehen und woanders hinzugehen. Wir wussten, dass sie gegangen war, weil sie jetzt im physischen Körper von Doris war.

D: Sagt dir jemand, was du tun sollst?

Doris: Nein. Du weißt es einfach. Es ist Zeit. Du kannst es fühlen. Es passiert etwas. Ich bewege mich.

D: Weg vom Licht?

Doris: Ja, ich bin nicht mehr beim Licht. Ich bin wie ein Komet, der durch das Universum rast. So fühlt es sich an! Ich bin sehr schnell und ich habe eine Glitzerspur, wie bei Kometen. Es ist total hübsch. Es ist, als wäre man auf einem Schlitten und jemand zieht einen, aber man weiß nicht, wer. Und du gehst auf eine bestimmte Weise, aber du weißt nicht, wie. Du gehst einfach, aber es ist niemand da. Es ist, als ob man auf einem Weg ist und man nur diesen einen Weg gehen kann; man kann keinen anderen Weg gehen.

D: Aber du weißt, dass alles gut wird, nicht wahr?

Doris: Ja. Es ist immer in Ordnung.

D: Du bewegst dich also durch den Raum und die Sterne sind sehr, sehr schön.

Doris: Das ist der beste Teil.

Ich brachte sie vorwärts zu dem Punkt, an dem sie ankommen würde, und fragte sie, was sie sehen könne.

Doris: Ich weiß es nicht. Ich war noch nie hier. Es ist wie im Feuer zu stehen. Es ist wie in einer Flamme zu stehen, aber es ist nicht heiß. Der Himmel leuchtet in verschiedenen Farben. Es ist, als würde man in einer Flamme stehen. Du hast diese Farben um dich herum. Es fühlt sich gut an. Es ist einfach anders. Es ist nicht schwer. Es ist nicht heiß.

D: Gibt es noch andere Wesen in der Nähe?

Doris: Ja, es gibt Leute, aber sie sehen mich nicht. Sie sehen anders aus. Sie sehen alt aus, als wären sie faltig, aber sie sind aus Steinen gemacht. -Keine wirklichen Steine. Sie sehen groß und sperrig aus. Sie sehen mich nicht.

D: Lass uns weitermachen und herausfinden, was du dort tun sollt.

Doris: Sie haben dort Städte. Sie brauchten Hilfe. Ich werde ihnen helfen. Zuerst konnten sie mich nicht sehen. Ich musste mich umziehen. Ich musste mehr wie sie sein, damit sie mich sehen konnten. Es ist eine Vibration. Das ist es, was es ist. Das war eine andere Vibration. Ich musste sie studieren, damit ich meine Form ändern konnte, weil ich ihnen helfen sollte. Sie haben dort Probleme. Etwas mit dem Planeten stimmt nicht. Sie werden sterben, wenn sie etwas nicht ändern, was sie tun. Sie tun dem Planeten etwas an.

D: Was wirst du tun, um zu helfen?

Doris: Ich muss ihnen etwas beibringen. Ich muss herausfinden, was sie tun und ihnen etwas anderes beibringen. Das ist Teil meiner Arbeit, um herauszufinden, was sie tun und was sie brauchen.

Ich habe Doris vorwärts gebracht, damit wir herausfinden können, was es ist.

Doris: Etwas über die Mitte des Planeten; sie kommen der Mitte des Planeten zu nahe, und es wird die Umlaufbahn des Planeten verändern.... Sie bauen dort ab oder graben. Es wird etwas auf dem Planeten verändern. Es wird alles beeinflussen. Sie müssen aufhören. Sie müssen lernen, dass sie nicht das brauchen, was sie denken, dass sie brauchen. Ich muss vorsichtig sein und sehen, ob sie zuhören werden. Ich will keinen weiteren Planeten verlieren. Ich muss vorsichtig sein.

Dann brachte ich sie von dieser Szene weg, und ich fragte das Wesen, ob es wusste, dass es durch einen physischen Körper sprach. Es sagte: "Ich fühle es."

D: Ein physischer Körper, bekannt als Doris. (Ja) Warum hast du dich entschieden, in einen physischen Körper zu kommen, nachdem du all diesen Wesen auf anderen Planeten geholfen hast?

Doris: Ich muss immer wie alle anderen aussehen. Ich kann nichts tun, wenn es nicht so ist.

D: Also war es schon immer Dein Job, von Ort zu Ort zu gehen? (Ja) Wenn du mit einem Ort fertig bist, gehst du woanders hin? (Ja) Hat dir jemand gesagt, dass du zur Erde kommen sollst?

Doris: Ja, sie haben mir gesagt, dass sie meine Hilfe brauchen. Das ist mein Job.

D: Also musstest du diesmal in einen physischen Körper eintreten? (Ja) Warum dachten sie, dass du diesmal ein Mensch werden müsstest?

Doris: Letztes Mal hat es nicht funktioniert.

D: Glaubst du, dass es jetzt funktionieren wird, wenn du ein Mensch bist? (Ja) Was hältst du davon?

Doris: Ich tue, was ich tun muss. Es funktioniert besser. Es sind jetzt viele Leute da. Es gibt noch viel mehr. Viele der Beobachter sind hier.

D: Du meinst, es kommen mehr von ihnen?

Doris: Ja, und es gibt viele hier. Sie arbeiten zusammen.

D: Letztes Mal waren sie es nicht?

Doris: Es war nur einer. Viele von uns kamen auf diesen Planeten.

D: Warum haben sie sich alle entschieden, diesmal zu kommen?

Doris: Es ist eine wichtige Zeit. Es ist wichtig für alle.... nicht nur für diesen Planeten. Es ist wichtig für alle Planeten. Es hat mit der Vibration zu tun. Es ist die Schwingung von Planet zu Planet. Es geht durch Raum und Zeit und es verändert sich.

D: Und du bist hier, um bei der Vibration zu helfen?

Doris: Ja. Ich bin hier, um dem Planeten zu helfen.

D: Glaubst du, dass du besser helfen kannst, wenn du in körperlicher Form bist?

Doris: Diesmal war es der einzige Weg.

D: Aber du weißt, wenn du hierher kommst, gehst du durch den Schleier des Vergessens, nicht wahr?

Doris: Ja, es war hart. Ich habe es nicht verstanden.

D: Ist dies das erste Mal, dass du in einen physischen Körper kommst?

Doris: Ich war eine Heuschrecke.

D: Das ist wahr. -Was hältst du davon, auf der Erde Lektionen zu lernen?

Doris: Es ist schwer.

D: Stehst du unter irgendeiner Art von Einschränkungen, während du im physischen Körper bist?

Doris: Ich will mich nicht in das menschliche Leben einmischen.

D: Was meinst du mit Einmischung?

Doris: Manchmal versuche ich, den Leuten Dinge zu sagen, und sie verstehen es nicht.

Dann beschloss ich, das SC anzurufen, damit wir mehr Antworten bekommen, insbesondere zu den persönlichen Fragen von Doris. Zuerst wollte ich wissen, warum es ihr dieses Leben gezeigt hat.

Doris: Sie muss wissen, dass sie diejenige ist, für die sie sich hält.

D: Sie ist ein sehr mächtiger Geist, nicht wahr? (Ja) Dieser Geist hat eine Menge Fähigkeiten. (Ja) Also hat sie als Mensch kein Leben auf der Erde gehabt?

Doris: Ein paar, nicht viele.

D: Ich habe von anderen Geistern wie diesem gehört, die sich freiwillig gemeldet haben. Sie leisten großartige Arbeit, nicht wahr? (Ja) Aber sammeln diese Art von Geistern Karma an?

Doris: Nein.... Das können sie. Das müssen sie nicht.

D: Warum hat sie sich diesmal für ein so schwieriges Leben entschieden?

Doris: Um zu helfen. Zu wissen, wie man hilft und versteht, damit sie nicht das tut, was sie vorher getan hat.

D: Was meinst du damit?

Doris: Um mehr zu helfen, als sie es müsste.

D: Als sie die Leute zu viel gelehrt hatte?

Doris: Ja.... um darüber hinauszuwachsen.

D: In diesem Leben hatte sie als Kind beim aufwachsen viele Probleme.

Doris: Ja.... damit sie weiß, wie es als Mensch ist.

D: Ein Mensch zu sein mit all seinen Fehlern, all seinen Problemen. (Ja) Auf diese Weise urteilt sie nicht, oder?

Doris: Nein, sie urteilt nicht.

Doris hatte immer psychische Fähigkeiten und konnte viele Dinge tun. Sie wusste Dinge, die andere Leute nicht wussten. Sie konnte Dinge über andere Menschen sehen. Sie wollte davon wissen.

Doris: Wir helfen ihr. Um zu wissen, warum sie hier ist. Sie durfte diese Fähigkeiten haben, damit sie es nicht vergisst.

D: Warum ist sie hier?

Doris: Um sich zu ändern.... um eine Änderung vorzunehmen... um den Planeten zu retten.

D: Aber sie ist nur eine Person. Oder ist es eine gemeinsame Macht aller anderen, die gekommen sind?

Doris: Wie Teil eines Netzes zu sein. Sie ist eine von ihnen.... und sie hält das Licht, und die Leute, mit denen sie spricht, können es fühlen. Sie verstehen es nicht, und sie denken, dass sie anders ist. Das ist sie. Sie spricht mit Menschen. Sie pflanzt einen Samen, dann liegt es an ihnen, dass sich der Samen ausdehnt. Sie hat das schon immer getan. Sie verstand es einfach nicht.

D: Ist jeder dieser besonderen Geister Teil des Netzes?

Doris: Ja. Sie retten den Planeten. Es funktioniert. Sie muss lehren. Andere Leben... andere Planeten. Sie über das Universum und die Sterne lehren. Es gibt ein anderes Leben.

KAPITEL NEUN

EIN WESEN DES RATES

ICH TREFFE STÄNDIG AUF Klienten, die in Kontakt mit Räten stehen oder Teil eines Rates sind, wenn wir die Sitzungen durchführen. Ich habe festgestellt, dass es viele Arten von Räten gibt. Es gibt Räte über dem Sonnensystem, über der Galaxie, über dem Universum, etc. Es gibt klare Regeln und Vorschriften, die helfen, alles in Ordnung zu halten. Nichts wird dem Zufall überlassen. Es gibt auch Räte auf der geistigen Seite, die andere Arten von Jobs haben, die sich um die Aufzeichnungen derer kümmern, die auf der Erde leben. Alle diese Räte scheinen ein großes Interesse an der Ansammlung von Wissen und Informationen zu haben. Ich bin froh, dass sich jemand um all diese Dinge kümmert, sonst glaube ich, dass es ein totales Chaos geben würde.

Als Susan aus der Wolke kam, stand sie im warmen Wasser des Ozeans. Sie war in der Nähe des Ufers, weil sie Stufen ins Wasser steigen sah. Die Stufen gingen zu einem Tempel hinauf. Sie sah drei Frauen, die an der rechten Seite der Treppe standen. Dann erschienen drei weitere auf der anderen Seite und begrüßten sie.

S: Sie tragen einfache, helle Kleider. Diejenigen, die tiefer in den Stufen sind, werden bis zu den Knien und Oberschenkeln nass. Sie bringen mich rein. Ich denke, ich muss ihnen etwas sagen, um durchzukommen. Nicht jeder darf hierher kommen. Es gibt Worte, die sie sprechen.

D: Weißt du, was du sagen sollst, damit sie dich durchlassen?

S: Ich bin mit dem Kommando vertraut. Sie erwarten mich in gewisser Weise. Sie sind nicht unter meinem Befehl.

D: Was meinst du mit " Kommando"?

S: Eine Gruppe von Individuen, die sich mit der gleichen Sache beschäftigen.

Susan begann, komplizierte Handbewegungen zu machen. Ich fragte sie, wofür sie da seien. "Es ist ein Signal für einen Energieaustausch."

D: Ist das ein Teil dessen, was du tun musstest, damit sie dich erkennen?

S: Sie akzeptierten mich, für das, was ich Ihnen sage. Sie wussten von meiner Ankunft.

D: Sie wussten, dass du kommst? (Ja) Wo kommst du her?

Susan machte weiterhin Handbewegungen und zeigte nach oben. "Worauf zielst du?"

S: (Überrascht) Wow! (Lacht) Es ist eine Sternenbasis.

D: Sind sie damit vertraut? (Ja) Wie bist du dorthin gekommen?

Sie war überrascht von ihren Antworten und antwortete auf meine Fragen mit Unglauben und Humor. "Ich kam durch das Portal ins Wasser. Es ist fantastisch. Sie wussten, dass ich kommen würde."

D: Dieser Orden, dem du angehörst, ist der auf der Sternenbasis?

S: Er ist intergalaktisch. Ich musste mich an die Anforderungen der Oberfläche anpassen, indem ich physische Formen annahm, um an der allgemeinen Kultur der Zeit teilzunehmen. Ich sehe aus wie eine Frau, die so gekleidet ist, wie sie ist.

D: Wie ist deine normale Form, wenn du am anderen Ort bist?

S: Es ist leicht. Ich bin ein leichter Körper.

D: Sind die anderen an dem Ort, von dem du kommst, vom selben?

S: Richtig. Auf jeden Fall. Wir sind hier, um zu helfen.

D: Wenn man also an einen Ort wie diesen kommt, muss man den Menschen dort ähneln?

S: Zu diesem Zeitpunkt bin ich es. Andernfalls würde es zu Verwirrung führen.

D: Aber jetzt haben sie dich akzeptiert und begrüßt?

S: Es wurde von den Sternen und den Astronomen vorhergesagt. Es war ein festgelegter Termin.

D: Sie wussten, dass jemand kommt?

S: Sie vertreten die Delegation von Zeit zu Zeit für den Informationsaustausch.

D:Sie haben das in der Vergangenheit getan?

S: Ja, viele Male. Aber ich komme regelmäßig.

D: Du hast gesagt, wir wollen einen Austausch. Welche Art von Austausch?

S: Informationsaustausch.... für die Sammelunterstützung mit großer Sorge, die wir zu diesem Zeitpunkt nutzen müssen.

D: Warum gab es große Bedenken? Missbraucht jemand die Informationen?

S: Die Tendenzen sind da und die Samen der Gier beginnen zu wachsen. Wir sind uns dessen bewusst. Diese Menschen nutzen ihren Einfluss. Wir hoffen, dass sich die Dinge zu diesem Zeitpunkt ändern können, bevor die Samen der Gier aufgekeimt sind.

D: Hast du Informationen mitgebracht, die deiner Meinung nach missbraucht wurden?

S: Zu verschiedenen Zeiten.

D: Hast du es allen gesagt, als du gekommen bist? (Nein) Wem hast du es gegeben? Dieser Gruppe oder einer anderen Gruppe?

S: Einer anderer Gruppe. Es ist nicht das erste Mal, dass es eine Katastrophe auf diesem Planeten gibt.

D: Was hat es die anderen Male verursacht?

S: Die Manipulation der Materie. Die Manipulation von Naturgesetz und Materie zum menschlichen Vorteil.

D: Von den Wesen, die zu dieser Zeit lebten?

S: Ja. Sie kennen die Geschichte. Die Erde war mit Eis bedeckt, es war einer der Vorfälle.

D: Das war, um das zu stoppen, was sie taten?

S: Um neu anzufangen.

D: Es beginnt immer wieder von vorne, nicht wahr?

Sie haben mir das schon oft gesagt, und es wurde in meinen anderen Büchern berichtet. Es gab viele Zivilisationen in der fernen Vergangenheit der Erde, die den Höhepunkt der Vollkommenheit erreicht hatten, nur um dann von der dem Menschen innewohnenden Gier nach Macht gestürzt zu werden.

D: Wie wurden sie andere Male zerstört, außer dem Eis?
S: Große Explosionen. In diesem Sonnensystem fehlt ein Planet. Er explodierte.

Sie bezog sich auf den Planeten zwischen Mars und Jupiter, der explodierte und den Asteroidengürtel erschuf. Das wurde auch in meinen anderen Büchern erwähnt.

D: Ich habe davon gehört. Es verursachte viel Chaos, nicht wahr?
S: Das Naturgesetz soll nicht manipuliert werden.
D: Jemand, der sich damals am Gesetz zu schaffen gemacht hat? (Ja) Wie hat die Explosion dieses Planeten die Erde beeinflusst?
S: Es verursachte große Zerstörung und Feuer, das vom Himmel regnete.
D: Das waren also Zeiten, in denen Zivilisationen in der Vergangenheit zerstört wurden? (Ja) Aber du bist jetzt gekommen, um dich mit diesen Leuten zu treffen, und du hast erwähnt, dass etwas anderes passieren wird?
S: Wir befassen uns mit den Samengedanken der Gier, die in den Köpfen dieser Menschen zirkulieren.
D: Aber diese Gruppe führt es nicht aus?
S: Zurzeit nicht. Wir sind hier, um Ratschläge und Informationen zu geben.
D: Glaubst du, dass sie dir zuhören werden?
S: Wir haben große Hoffnung.

Sie sagte, sie würde zum Tempel gehen, um sich mit denjenigen dort zu treffen. Also nahm ich sie mit, bis sie im Tempel war. "Triffst du dich mit vielen Leuten?"

S: Nur die Delegation, die ausgesandt wurde. Mein Vater ist der Priester, der diesen Tempel leitet. Er hat Einfluss auf die anderen.
D: Was ist der Ratschlag, den du dieser Gruppe gibst?
S: Beenden sie die Experimente mit dem Naturgesetz.

D: Welche Experimente machen sie, die gegen das Naturgesetz verstoßen?

S: Genmanipulation.... Genmanipulation.

D: Warum tun sie das?

S: Weil sie es können. Sie sind mächtig.

D: Wie machen sie die Genmanipulation?

S: Ich bin mir nicht sicher, ob das geteilt werden kann.

D: Du denkst nicht, dass ich davon wissen sollte?

S: Es liegt nicht an dir.

D: Was wird passieren, wenn sie das, was sie tun, fortsetzen?

S: Zerstörung.

D: Sie sind sich dessen nicht bewusst?

S: Nein. Es beginnt sich zu teilen. Sie waren bis zu diesem Punkt selbstverwaltet, aber politisch gibt es einige Schwierigkeiten und verschiedene Denkschulen, die versucht haben, sich an den Weg des Lichts zu halten.

D: Darfst du es aufhalten, wenn sie nicht zuhören?

S: Sie werden auf einen Kurs der Selbstzerstörung gesetzt.

D: Ich habe mich gefragt, ob du reinkommen könntest, um sie davon abzuhalten, das zu tun, was sie tun.

S: Das würde gegen das Naturgesetz verstoßen. Wir können nur beraten.

D: Und wenn sie nicht zuhören, kannst du nichts dagegen tun?

S: So ist es.

D: Du sagtest, du hast das schon mal gesehen?

S: In vielen Fällen in vielen Welten.

D: Wenn sie dann nicht zuhören, müssen sie wieder aufbauen, nicht wahr? Beginnen sie diesen Zyklus wieder von vorne? (Ja) Aber diesmal hoffst du, dass sie zuhören.

S: Wir haben große Hoffnung dahingehend.

Sie sollte dem Priester die Informationen geben, und dann sollte er gehen und mit den Leuten sprechen, die das Falsche taten. Sie würde nicht bleiben; sie würde zurückkehren, wenn sie gebraucht würde.

D: Wirst du sehen können, was sie tun?

S: Ja. Wir das können wir alle.

D: Mit "wir" meinst du diejenigen in der Gruppe, aus der du kommst?
S: Der Rat. Sie sind diejenigen, die zusehen.
D: Sind sie auf der anderen Seite des Portals? (Ja) Aber sie dürfen sich nicht einmischen? (Nein)

Ich brachte sie vorwärts, um zu sehen, was passiert ist.

D: Geht der Priester und redet mit den anderen? (Ja) Hören sie zu?
S: Eine Zeit lang.... es sind über 962 Jahre vergangen, und sie wurde wieder durch ihre eigene Hand zerstört.
D: Was ist passiert?
S: Sie ist explodiert. Die Samen der Gier waren gewachsen. Das Naturgesetz war so weit manipuliert worden, dass große Zerstörungen wieder auf sich selbst niederschlugen. (Weint.)
D: Wie sieht es aus, als es passiert? Du kannst es als Beobachter sehen, auch wenn es schwierig ist.
S: Es ist, als würden Wellen von Energie auf dem Planeten nachhallen. Sie explodiert.... Schutt und Feuer, Wasser.
D: Was hat die Schockwelle verursacht?
S: Die Energiestrahlen kamen auf sich selbst zurück.
D: Wussten sie, dass das passieren könnte? (Ja) Aber sie gingen trotzdem weiter?
S: Es geht um Kontrolle. Wir können nur beraten und beraten.
D: Was siehst du, wenn du es betrachtest?
S: Ruine.... komplette Ruine. Es ist so traurig... Rauch, verbranntes Fleisch, Feuer.
D: Gab es Überlebende?
S: Ja.... ein paar.
D: Kannst du sehen, was mit ihnen passiert?
S: Umgruppierung und Wiederaufbau. Sie gruppieren sich neu.
D: Glaubst du, sie haben daraus etwas gelernt?
S: Das hoffe ich doch. Wow! Es gibt nichts, was wir tun können. Wir ziehen uns wieder zurück. An den Rat. Der große Rat.
D: Zurück am Portal vorbei?
S: Ja. Es ist eigentlich ein Sternentor.
D: Durch das du immer hin und her gehst?
S: Richtig. 14932-11
D: Was bedeutet das?

S: Das ist der Name des Sternen-Tores.

D: Das klingt nach einer langen Zahl, also muss es mehrere geben. Ist es das, was du meinst? (Ja) Wie wird diese Nummer verwendet?

S: Zur Identifizierung.

D: Also kannst du hin und her gehen? (Ja) Es ist also möglich, dass Menschen durch dieses Portal gehen?

S: Ja. Wenn sie sich in ihrem Lichtkörper befinden, würde sich die Fähigkeit zeigen.

D: Sie können nicht in ihren physischen Körper gehen?

S: Nein. Zurzeit nicht.

Menschen müssen aus ihrem Körper gehen, um diese Orte finden zu können, so dass sie nicht leicht zu finden sind.

D: Wie ist dieser Ort, wo sie den großen Rat haben?

S: Er ist wunderschön. (Seufzer) Wir sind leichte Wesen. Ich sehe viele Lichtkörper und Energie, und es riecht wunderschön.

D: Was verursacht den Geruch?

S: Das Licht. Die Erde stinkt.

D: Was machst du, während Du im großen Rat bist?

S: Wir planen, überall dort zu helfen, wo wir gebraucht werden, und wir sind hier, um zu beraten und zu unterstützen.

D: Du interessierst dich also hauptsächlich für die Erde?

S: Ich wurde in diesem Sektor eingesetzt.

D: Ist es das, was du meistens mit deiner Zeit machst?

S: Wir unterrichten. Die Menschen brauchen uns auf der astralen Ebene. Wir sind in der Lage, den Menschen Dinge beizubringen, die sie wissen sollten, die ihnen Güte in ihr Leben bringen würden.

D: Dann musst du nicht wie vorher körperlich runterkommen?

S: Nur unter Umständen, wenn eine Intervention erforderlich ist.

D: Du lehrst also Menschen, wenn sie im Astralraum sind? Meinst du, wenn sie nachts aus dem Körper reisen oder was?

S: Ja. Die menschliche Seele ist in der Lage, an vielen Orten und zu vielen Zeiten zu sein. Dann können wir Ihnen am besten helfen. Wir können dort helfen, aber auch hier darf der freie Wille nicht beeinträchtigt werden. Das ist das natürliche Gesetz.

D: Es stört nicht ihren freien Willen, wenn sie dich suchen?

S: Genau.

D: Der Körper ist ziemlich eingeschränkt, nicht wahr? (Ja) Ich habe gehört, dass viel davon nachts passiert, wenn Menschen schlafen.

S: Oder, wenn sie sich in anderen Zuständen befinden, hilfst du ihnen uns zu erreichen. Wir beobachten dich und helfen dir seit sehr langer Zeit auf der astralen Ebene. Du bist ein wunderbarer, williger Schüler.

D: Ich weiß, dass ich eine Menge Hilfe bekommen habe. Ich konnte es nicht alleine schaffen. Es gibt viele seltsame Orte, von denen du willst, dass sie davon erfahren?

S: Auf jeden Fall.

D: Aber das Physische ist das Geringste von allem, nicht wahr?

S: Aber notwendig zum Lernen.

Sie haben verifiziert, dass sie Kontakt mit Menschen haben, während sie nachts schlafen oder in diesen veränderten Zuständen, und sie können ihnen viele Informationen geben. Ich entschied, dass es Zeit sei, vorwärts zu gehen, also fragte ich sie, ob sie wüssten, dass sie durch den physischen Körper sprechen, der als Susan bekannt ist. Sie sagten, dass sie sich dessen bewusst seien.

D: Weißt du, wenn ich das tue, denken wir, dass wir in vergangene Leben gehen werden, nicht wahr?

S: Es ist Dein Rezept für die Heilung. Das ist es, was du mit deinen Teammitgliedern vereinbart hast, um die Heilung im Physischen zu erleichtern. Wir halten das für ein Rezept. Die Zutaten sind gut.

D: Aber sie ist nicht in ein vergangenes Leben gegangen, zumindest nicht ein typisches mit einem physischen Körper. (Lachen)

S: Nein. Das ist nicht nötig. Einige Leute brauchen das, aber sie tut es nicht. -Du weißt, dass es ihr nicht gefallen wird. (Lachen)

D: Warum nicht?

S: Sie will nicht an Sterne glauben.

D: Warum nicht? Ich weiß, dass sie echt sind.

S: Du hast Recht. Es wird ihr nicht gefallen. (Lautes Lachen) Wenn du ihr sagst, dass es ein Engel ist, wird sie sagen, okay.

D: Es ist also in Ordnung, wenn es ein Engel ist, aber kein Lichtwesen. (Lachen)

S: Genau.

D: Sie kann dich als Engel in anderer Form betrachten.

S: Das ist in Ordnung.

D: Als wir anfingen, klang es so, als wäre sie du. Bist du ein Aspekt von ihr?

S: Ja. Du weißt doch! (Scherzt)

D: Ich weiß, aber wir versuchen jetzt, ihr zu helfen. Einiges davon erfordert eine gewisse Anpassung.

S: Wir haben eine Weile daran gearbeitet. (Immer noch amüsiert.) Sie ist bereit, sonst wäre das nicht passiert.

D: Hast du ihr gesagt, sie soll in mein Büro kommen?

S: Auf jeden Fall.

D: Sie war überrascht, weil sie sagte, sie hätte noch nie zuvor von mir gehört.

S: Sind wir nicht klug! (Lachen)

D: Meine Tochter nennt dich meine PR-Leute.

S: Ich bin so froh, dass ich dir helfen kann.

D: Du machst das ziemlich oft, habe ich herausgefunden. Aber diese Sitzung wird sich von dem unterscheiden, was sie erwartet hat, mit ihrer Denkweise?

S: Oh, absolut. Wir glauben, dass sie zu diesem Zeitpunkt definitiv bereit ist; aber sie wird eine Anpassungsphase durchlaufen. Wir haben genügend Unterstützung arrangiert, um bei ihr zu sein, damit sie in der Lage ist, es auf ihre eigene Weise zu hören und zu verdauen.

D: Wir wollen niemandem etwas geben, womit er nicht umgehen kann.

S: Du weißt es sehr gut. (Lacht wieder.) Wir beobachten dich schon seit langem. Sie ist bereit, von dir zu hören, weil sie eine Verwandtschaft zu dir auf eine Art und Weise empfindet und sie wird in der Lage sein es zu verstehen und ihre Gefühle auszurichten. Und du wirst ihr helfen und sie auf ihrer Reise unterstützen können. Sie will glauben, dass sie nicht so wertlos ist, wie es ihr in jungen Jahren von anderen Menschen gesagt wurde.

D: Wie wird sie es sich jetzt erklären, dass du mit ihr sprichst?

S: Sie wird es in der Stimme hören. Wir manipulieren bereits ihre Stimme. Sie weiß es, aber sie wird die Autorität in der Stimme hören.

D: *Also ist es Zeit für sie zu wissen, dass sie größer ist, als sie denkt. Ist es das, was du meinst?*

S: Auf jeden Fall. Dieses schlichte Lächeln bringt niemanden weiter, und du weißt, dass wir alle die neue Erde fördern und den Menschen helfen müssen, sich auf die neue Erde einzustellen. Das ist unser Hauptmotiv hier. Die Dinge ändern sich. Die Menschen brauchen jemanden, der ihnen hilft, sich an die Dimension der Veränderungen anzupassen. Und Menschen wie du und sie sind so notwendig. Den Menschen helfen, sich an die neue Erde anzupassen und die Anpassung an sie zu erleichtern.

D: *Das ist es, was mir gesagt wurde. Die Dinge ändern sich so schnell, und man will nicht, dass alles wieder zerstört wird.*

S: Es kann nicht passieren. Du weißt das. Es kann und wird nicht geschehen.

D: *Es dauert einfach so lange, es immer und immer wieder zu tun. Deshalb erschaffst du die neue Erde?*

S: Du weißt, dass du in Sicherheit bist. Sie weiß, dass sie in Sicherheit ist.

D: *Wir wissen auch, dass nicht jeder auf die neue Erde geht. Das ist es, was mir gesagt wurde.*

S: Du wurdest richtig informiert. Du siehst die Aufteilung. Du siehst die Kluft. Du verstehst schon.

D: *Ich versuche es. Es ist kompliziert.*

S: Es ist sehr kompliziert. Deshalb brauchen wir einfache Rezepte für die Menschen.

D: *Du musst mit kleinen Babyschritten, den kleinen Krümeln anfangen. Warum hast du ihr am Anfang diese Zerstörung gezeigt?*

S: Sie hat ein zelluläres Gedächtnis in ihrem Körper aus dieser Zeit von einem Ort aus.... man würde sie parallele Existenzen nennen. Und nein, sie war nicht direkt an der Zerstörung beteiligt. Es ist in ihren Zellen verschlüsselt, als Beweis der Zerstörung.

D: *Warum wolltest du, dass sie das weiß?*

S: Sie unterschätzt die Kraft der Werkzeuge, die ihr zu diesem Zeitpunkt gegeben wurden, um sie mit dem Planeten Erde zu teilen. Eine Zeit des großen Erwachens.... eine Zeit der neuen Erde... die in die Erde integriert wird. Sie unterschätzt das. Wir wollten, dass sie sieht, wie wertvoll es ist, das Licht zu teilen. Sie unterschätzt ihre Macht. Das Licht muss an diesem Zeitpunkt verbreitet werden.

D: Aber sie tut sehr viel Gutes, nicht wahr?

S: Ja, das macht sie und wir sind stolz auf sie. Aber immer noch in kleinerem Umfang. Bis sie an sich selbst glaubt, ist es schwer, sie in eine größere Dimension zu bringen.

D: Möchtest du, dass sie in eine größere Dimension geht?

S: Nicht, bis sie sich damit in ihrem physischen Körper wohl fühlt.

Susan hatte schon lange Wesen mit ihr sprechen hören, aber sie nahm an, dass es ihre Engel waren. Eigentlich war es der Rat. Sie lachten: "Es wird ihr überhaupt nicht gefallen. Sag es ihr sanft, ja?"

S: Ihr Vertrag ist es, Menschen mit Quell-Licht zu verbinden. Sie hört nur das Verbindungsstück. (Lacht) Und das ist in Ordnung.

Susan hatte auch viele physische Probleme die ihr passiert sind. "Nüsse. Ziemlich harte Nüsse. Es ist nur notwendig, wenn alles andere scheitert, und wir bedauern, dass sie sich in irgendeiner Weise bestraft fühlt."

Das SC ging schnell durch ihren Körper und behob alle körperlichen Beschwerden, die Susan auf ihrer Liste hatte.

**** "Angst ist eine Illusion dieser Welt und das ist alles, was sie ist."

KAPITEL ZEHN

DIE ZERSTÖRUNG EINES PLANETEN

2009 WAR MEIN ERSTES Mal in Südafrika, und Cathy war die Person, die uns eingeladen hat, nach Johannesburg zu kommen und den Kurs organisiert hat. Ich entschied mich, Sie für die Demonstration am letzten Tag des Unterrichts zu wählen. Die Menschen dort in Johannesburg kannten sich in der Metaphysik nicht sehr gut aus, so dass sie sehr lernbegierig waren. Sie haben Bücher, aber kaum Lern-Unterricht. Alles in der Klasse war neu für sie, weil sie auf der elementarsten Ebene des Verständnisses waren. So waren auch meine Vorträge. Es war erfrischend, solch wundervolle Ehrfurcht und Begeisterung bei den Menschen dafür vorzufinden. Während des Unterrichts lief alles reibungslos, und ich hatte ihnen die Grundlagen beigebracht, wie ich meine Methode der Hypnose für einfache vergangene Leben und Heilung einsetzen konnte. Das war es, was wir in der Demonstration erwarteten, das Wiederaufleben eines normalen vergangenen Lebens. Das wäre die Grenze ihres Verständnisses in dieser Anfangsphase. Als wir also die Sitzung begannen, nahm sie eine Wendung, die sie völlig fassungslos machte. Es war normal für mich, aber das SC präsentierte Ideen, von denen sie noch nie gehört hatten. Die erstaunlichen Blicke waren auf ihren Gesichtern zu sehen. Sie sahen mich immer wieder an, um zu sehen, wie ich reagierte, denn es war eine völlige Abweichung von dem, was ich ihnen gerade beigebracht hatte. Ich war mir bewusst, dass die Sitzungen nicht mehr nur einfache vergangene Leben erforschten, sondern sich auch ins Unbekannte wagen konnten (insbesondere die drei Wellen von Freiwilligen). Ich denke, es überraschte sie, dass ich die Sitzung nicht beendet habe, sondern so weitermachte, als ob nichts Ungewöhnliches passiert wäre. Natürlich war es für mich nicht ungewöhnlich. Ich versuchte, ihnen ein beruhigendes Gefühl zu geben, als ich die Sitzung fortsetzte. Ich wusste, dass ich es später weiter erklären könnte. Ich hatte keine Gelegenheit gehabt, diese Möglichkeit der Entwicklung vor der Demonstration anzusprechen. Ich nehme an, "sie" denken, dass meine Schüler jetzt bereit sind, egal wo auf der Welt sie sich befinden.

Als wir die Sitzung begannen, mochte Cathy es, auf der Wolke zu sein und zögerte, von ihr zu schweben. Sie wurde emotional und fing an zu weinen. Es gab keine Hinweise darauf, warum es sie auf diese Weise beeinflusste, denn sie hatte sich noch nicht von der Wolke auf die Oberfläche bewegt. Dennoch ist es immer ein Hinweis darauf, dass wir etwas Wichtiges gefunden haben (oder in ihrem Fall - dass etwas Wichtiges kommen würde), wenn die Person Gefühle zeigt. Emotionen können nicht gefälscht werden und erscheinen dem Klienten später nicht einmal rational. "Warum habe ich denn geweint? Das ergibt keinen Sinn. Warum hat mich das verärgert?"

Ich wusste, dass ich sie von der Wolke lösen musste, also fragte ich, ob sie irgendwo hingehen könnte, wohin würde sie wollen, dass die Wolke sie bringt?

C: Ich will nach oben! Ich will nach Hause.

D: Du kannst alles tun, was du willst. In welche Richtung würdest du gehen wollen?

C: Nach Norden. Ich sehe dort Sterne. Sie sind wunderschön! Sie sind hell und drehen sich. Jetzt sehe ich ein rosa Land. Es ist die Farbe der Rosen. Es ist weit weg. Da wohne ich. Ich komme näher. Ich sehe eine Menge Wind.... eine Menge Wolken, die sich auflösen. Die Wolken haben eine zartrosa Farbe. Und es gibt Lichter.... sie kommen von den Sternen.

D: Willst du zur Oberfläche gehen, damit du runterkommen kannst? (Nein) Warum nicht?

C: Weil es nicht mehr da ist. Es ist nur Staub. Es ist weg.

Sie begann laut zu schluchzen. Die Schüler sahen mich sehr verwirrt an.

D: Ist ihm etwas zugestoßen?

C: Ich weiß nicht. Es gibt kein Leben. Es gibt nur Staubschalen und heiße Luft. Ich kann nicht in die Nähe kommen. Es lässt mich nicht. Es ist zu gefährlich.

Cathy konnte nicht erklären, warum es gefährlich war, aber während sie auf der Wolke schwebte, musste sie in sicherer Entfernung bleiben. Alles, was sie sehen konnte, waren Wolken und Staub. Es gab keine Anzeichen von Leben, Gebäuden oder Vegetation. Nur ein unfruchtbarer Planet. Es machte sie unglaublich traurig. "Ich kann nicht zurückgehen. Wir haben alles verloren. Es ist weg. Alle sind weg. Es ist nicht da. Alles ist verloren." Sie sagte, sie sei nicht da gewesen, als etwas passiert sei, aber sie wusste, dass es einst ein blühender Ort mit Menschen gewesen sei. Und sie wusste, dass sie dort für kurze Zeit gewohnt hatte. Da sie keine weiteren Informationen mehr bekommen konnte, beschloss ich, sie rückwärts zu bewegen, bevor die Katastrophe geschah, vor den schlechten Zeiten und um zu sehen, wie es war. Sie war begierig darauf, das auszuprobieren, und sie landete schnell in der besagten Zeit. "Ich sehe Kinder. Sie spielen im Wasser. Es gibt viel Wasser.

D: Ist es immer noch eine rosa Farbe?

C: Nein. Es ist ein Weißer. Und der Boden ist grün. - Die Kinder spielen. Sie tanzen.

Sie sagte, dass die Kinder menschlich aussehen. Als ich sie bat, auf sich selbst herabzusehen und mir zu sagen, wie ihr Körper aussah, sagte sie, sie könne ihren Körper nicht sehen. Ich fragte sie, ob sie ihren Körper denn spüren könne. "Ja. Es fühlt sich ruhig an. Ich sehe eine Stadt... eine weiße Stadt. Es gibt dort hohe, graue Marmorwände mit Gängen, und es wird viel gelacht. Es leuchtet. Es gibt immer Licht."

D: Hast du dort einmal gewohnt?

C: Ich glaube, ich war dort. Es war nicht mein Zuhause, aber ich lebte dort.

D: Warum bist du jetzt zu Besuch gekommen?

C: Lehren – um den Kindern Liebe und Glück zu lehren.

D: Wurde dir gesagt, dass du dorthin gehen sollst?

C: Ja. Es war wunderschön. Einfache Leute, aber es war gut.

Sie war an viele Orte gereist, zu denen sie sich hingezogen fühlte, um zu lehren, wo sie gebraucht wurde.

D: Ist es das, was du gerne tust?

C: Ich weiß es nicht.... (Seufzer).... nicht mehr. (Sie fing an zu weinen.) Weil es wehtut.

D: Es tut weh, weil der Planet zerstört wurde?

C: Ja, weil es passiert ist. Dann, wenn ich von dort weggehe, weiß ich nicht, was mit Ihnen passiert.

Sie würde intuitiv wissen, wann etwas passieren würde, aber die Leute wussten es nicht. Also ging sie lange bevor die Katastrophe passierte. Sie wusste immer noch nicht genau, was die Zerstörung verursachte. "Wenn ich gebraucht werde, gehe ich und lehre."

D: Was machst du, wenn du nicht gebraucht wirst? Wir können uns das ansehen. (Pause) Gibt es noch etwas anderes, was du dann machst?

C: Nein. Ich warte nur, bis ich gebraucht werde.

D: Wo wartest du? Du kannst es sehen.

C: Es ist schwer zu erklären.

D: Versuch dein bestes bitte, es zu beschreiben.

C: Es ist völliger Frieden. Es ist weich.

D: Sieht es physisch aus?

C: Nein. Es ist fast wie eine Bewegung... wie ein Lied.

D: Es klingt wunderschön. Ist jemand bei dir oder bist du ganz allein?

C: Ich bin nicht allein, aber es ist niemand physisch da. Doch ich habe das Gefühl, dass es immer andere um mich herum gibt.

D: Also gefällt dir der Ort?

C: Manchmal. Manchmal muss man weggehen und Dinge sehen. Es ist ein Ort, an dem ich warte, bis ich gehen muss, um zu lehren und anderen zu helfen. Danach komme ich hierher zurück.

D: Hast du jemals in einem physischen Körper gelebt?

C: Ich kann mich nicht erinnern. Das ist alles, woran ich mich erinnere, dieser Ort des reinen Friedens und der Schönheit.

D: Das ist sehr gut. Du bist ein sehr liebevolles Wesen. Man muss voller Liebe sein, um die Liebe zu lehren. Das ist wunderbar. -Bist du dir bewusst, dass du im Moment durch einen physischen Körper sprichst? (Ja) Warum hast du dich entschieden, in einen physischen Körper einzutreten, wenn e dort so schön war?

C: Ich weiß es nicht. (Lachen)

D: Willst du es herausfinden? (Sie lachte.) Wir können es. Es würde helfen, nicht wahr? (Ja)

Dann brachte ich sie zu dem Punkt, an dem es entschieden wurde.

C: Es war Zeit. Sie mussten Vorbereitungen treffen. Mein Job war noch nicht beendet. Ich musste mehr unterrichten.

D: Spricht jemand mit dir?

C: Wir reden alle miteinander. Wir entscheiden, was das Beste ist.

D: Was entscheidet ihr?

C: Wer es tun soll.

D: Wollen die anderen auch mitkommen? (Nein) (Wir haben beide gelacht.) Warum wollen sie nicht gehen?

C: Weil es groß ist. Es ist eine große Herausforderung. Sie halten es nicht für richtig, dass sie gehen.

D: Gibt es einen Grund dafür?

C: Weil sie nicht gebraucht wurden. (Sie fing wieder an zu weinen.)

D: Aber du denkst, du wurdest es?

C: Oh, ja!

D: Was glaubst du, was du tun musstest?

C: Die Dinge ändern... langsam... sie verschieben... den Menschen helfen, sich daran zu erinnern, dass es in Ordnung ist.

D: Was haben sie vergessen?

C: Sich selbst. Sie vergessen, wer sie sind.... wer sie wirklich sind. Wenn sie in das Physische kommen, vergessen sie es.

D: Wer sind sie wirklich?

C: Das müssen sie lernen. Sie glauben, dass sie etwas anderes sind und das sind sie nicht.

D: Also wirst du ihnen helfen, sich zu erinnern?

C: Das ist ein Teil davon, ja.

D: Was ist der andere Teil?

C: Um zu helfen, die Dinge zu ändern. - Der Fluss. Wie ein Strom.... den Fluss ändern.

D: Der Fluss von was?

C: Alles. Es geht in die falsche Richtung.

D: Was hat dazu geführt, dass es in die falsche Richtung ging?

C: Vergessen... Vergessen, zu lieben... Vergessen, zu lieben und zu spielen.

D: Als die Leute anfingen zu vergessen, verursachte das, dass der Strom in die falsche Richtung ging? (Ja) Wenn die Strömung weiterhin in die falsche Richtung geht, was würde passieren?

C: Sie würden sterben. Ihre Seele. (Schluchzend.)

D: Also hast du es auf dich genommen, zu kommen und einen Unterschied zu machen?

C: Ein kleiner.... kleiner Unterschied.

D: Das ist eine wichtige Entscheidung. (Ja) Es braucht viel Mut, das zu tun.

C: Es braucht Dummheit.

D: Glaubst du, dass du einen Unterschied machen kannst?

C: Ich weiß nicht. In einen physischen Körper zu kommen, war nicht das, was ich dachte.

D: Aber diese anderen Wesen, mit denen du zusammen warst, wollten sie das Risiko nicht eingehen? (Nein) Also hast du das Gefühl, dass du ganz allein bist und das machst?

C: Nein. Ich weiß, dass ich es nicht bin.

D: Weißt du, dass es auch andere gibt, die helfen? (Ja) Sind das Leute, die Cathy kennt? (Nein) Aber vielleicht wissen sie auch nicht, was sie tun.

C: Sie lernen.

D: Aber du sagtest, du vermisst dein Zuhause?

C: Ja. Ich war dort wirklich glücklich und das war auch ein Teil davon.

Ich beschloss, das SC zu rufen und Antworten auf ihre Fragen zu bekommen. Ich fragte, warum es sich entschieden hat, Cathy diese Szene zu zeigen. "Wir haben nach vergangenen Leben gesucht, nicht wahr?" (Ja) "Gibt es einen Grund, warum sie nicht dorthin gegangen ist?"

C: Sie kann sich nicht mehr an sie erinnern. Sie ist nicht dazu bestimmt.

D: Klingt, als wäre sie nur von Ort zu Ort gegangen, wie eine Geisterform? (Ja) Hat Cathy viel Gutes getan?

C: Sie versucht es.

D: Also kam sie auf die Erde, um eine weitere Mission zu erfüllen? (Ja) War es das, was du wolltest, dass sie es weiß?

C: Sie weiß es.

D: Aber sie wusste es nicht bewusst. (Ja) Glaubst du, das ist wichtig für sie zu wissen?

C: Es ist wichtig... ja.

D: Das wird helfen, viele Dinge in ihrem Leben zu erklären?

C: Ja. Deshalb haben wir sie zu dir geführt.

D: Ist sie eine der Freiwilligen, mit denen ich vorher gesprochen habe?

C: Sie sind anders.

D: Worin besteht der Unterschied?

C: Weil sie das normalerweise nicht tut. Wir mussten fragen.

Ich stellte die ewige Frage: Was war ihre Bestimmung? Was sollte sie in diesem Leben tun? "Willst du es ihr sagen?"

C: Nicht wirklich. (Lacht) Weil es größer ist. Sie ist auf dem Weg. Sie wird es wissen, wenn die Zeit gekommen ist.

D: Also ist sie im Moment nicht bereit, das ganze Bild zu kennen? (Nein) Muss ziemlich groß sein.

C: Ich kann es nicht sagen. (Lachen)

Da das SC das Gesamtbild nicht enthüllen wollte, konzentrierte ich mich auf ihren körperlichen Zweck. Sie war in die Unternehmenswelt involviert gewesen und wurde desillusioniert und stieg aus. "Sie versuchte, ein Mensch zu sein. Sie wollte sich anpassen. Sie wollte das Beste für diesen Planeten tun und dachte, sie könnte dort das Beste erreichen. Da sind mehr Leute." Als sie in der Unternehmenswelt arbeitete, wurde sie sehr krank. Das war einer der Hauptgründe, warum sie aussteigen musste. Sie sagten, es sei passiert, weil sie dort nicht wirklich glücklich war. Ich fragte sie nach ihrem physischen Körper und bat sie einen Körperscan bei ihr durchzuführen, aber sie waren mir voraus und arbeiteten bereits daran. Die Ärzte dachten, mit ihrem Blut sei etwas nicht in Ordnung. Sie diagnostizierten es als schwere Anämie, die dazu führte, dass sie sehr schwach war und unerwartet ohnmächtig werden konnte.

C: Wir arbeiten daran. Sie kann es spüren. Sie kann es spüren.

D: Was war mit dem Blut los?

C: Nichts Besonderes. Es war nur der Fluss. Sie hatte den Fluss gestoppt.

D: Sie sprach über den Fluss, aber ich dachte, sie meinte den Fluss der Welt. Aber sie hat sich da reingezogen?

C: Es gehört alles dazu. Es ist das Gleiche.

D: Die Ärzte sagten, es sei etwas sehr Ernstes.

C: Es war so. Aber sie hat zugehört. Sie ist aus der Firma ausgestiegen.

D: Was machst du jetzt mit dem Blut?

C: Ich gebe ihr Energie.

D: Wie energetisiert man das Blut?

C: Ich mache es einfach. Es wird besser werden.... viel besser. Wir haben es getan, während wir geredet haben. Lass sie raten... ja.

Die Ärzte sagten auch, dass mit der Leber etwas nicht stimmt. "Sie" sagten, es sei Teil des gleichen Problems, mit dem Fluss, und das führte dazu, dass das Blut schlecht wurde (vergiftet wurde).

D: Hast du es korrigiert?

C: Gib mir eine Minute. Wir brauchen noch eine Minute.

Dann konzentrierten sie sich auf ihren Rücken. Der Rücken hatte ihr Probleme bereitet, weil es ihr schwer fiel, loszulassen. Sie wollte in Verbindung bleiben. "Es ist wie mit einem Fuß rein und mit einem Fuß raus." Sie korrigierten das Problem: "Wir korrigieren den Fluss und nehmen es von dem, was sie war weg, und fügen es dem, was sie jetzt ist hinzu - wir werden es noch etwas genauer untersuchen, aber wir können es korrigieren. Wir wollen es nur in Abschnitten machen." Alle anderen körperlichen Probleme (Hals, Beine) waren mit der ursprünglichen Ursache verbunden - Sie würden nach der Sitzung weiter an ihr arbeiten.

Sie hatte in ihrem Leben von Verträgen oder Karma mit Menschen wissen wollen, aber wenn sie vorher nicht auf der Erde gewesen wäre, hätte es keine gegeben. "Sie hat Lehrer, die ihr beibringen, wie man lebt. Ihre Eltern waren diejenigen, die sie hergebracht haben. Nur um es ihr beizubringen." Als sie aufwuchs, fühlte sie viel Wut und Aggression. Sie wollte wissen, woher das kommt. "Es war Trauer. Dieser Planet... dieser Verlust."

D: Was ist mit diesem Planeten passiert?

C: Sie haben sich selbst aufgegeben.

D: Sie sagte, sie sei nicht da gewesen, als es passierte. Alles wurde zerstört.

C: Nein, sie haben sie mitgenommen. Sie hätte es gehasst, das zu sehen. Es war sehr traurig.

D: Was hat die Zerstörung verursacht?

C: Es ist schwer zu erklären, weil es so anders ist, aber die Absicht war, dass sie den Kampf aufgaben, um es besser zu machen.... zu lieben. Sie vergaßen, was sie zu tun hatten.

D: Also wurde alles zerstört.

C: Ja. Sie haben das selbst gewählt.

D: Ist das der Grund, warum sie jetzt auf die Erde kommen musste?

C: Weil die Leute sich entschieden haben, sich umzubringen, ja.

D: Und du willst nicht, dass es wieder passiert?

C: Wir möchten ihnen eine Chance geben. Wir versuchen es.

D: Du willst nicht, dass es sich wiederholt?

C: Wir mögen es nicht zu verlieren. (Lachen)

D: Sie will das nicht noch einmal durchmachen. Sie hat einen großen Job, für den sie sich freiwillig gemeldet hat.

C: Wir haben sie gefragt. Schließlich stimmte sie zu. Sie verstand, was es braucht. Wir sind sehr stolz auf sie, dass sie das Risiko eingegangen ist. Aber wir wussten, dass sie es tun würde. Sie tut viel für uns.

Eine weitere Frage, die sie hatte, war über Besuche, die sie nachts hatte, als sie ein Kind war, die sie erschreckt hatten.

C: Weil sie in beiden Realitäten lebt. Einen Fuß rein, einen Fuß raus. Sie hat es schwer, loszulassen, und sie hat diese Verbindung zurück zur Quelle.

D: Warum hat sie das als beängstigend empfunden?

C: Weil es so war. Es war sehr beängstigend. Negativität zu begegnen und wie erkläre ich das - nicht böse, aber nicht verständnisvoll. Sie empfand es als etwas Körperliches. Es war körperliche Energie. Sie konnte die Energie spüren. Es war ein Mensch, aber nicht das, was sie dachte. Es war aus der Geisterwelt.

D: Aber manchmal hat sie immer noch Besuch.

C: Weil sie bis zur nächsten Realität durchschauen kann.

D: Durch den Schleier? (Ja) Aber sie sollte keine Angst davor haben?

C: Nein, aber wir verstehen, warum sie es so empfindet. Das nächste Mal wird sie es verstehen.

D: Wenn du Dinge verstehst, hast du keine Angst davor, oder?

C: Das ist richtig. Das ist absolut richtig.

D: Wir haben noch eine weitere Frage. Sie fühlte, dass sie als Kind fliegen konnte. War das wahr oder ist das nur ihre Fantasie?

C: Nun, jeder kann fliegen. Alle.

D: Warum wissen wir es nicht?

C: Weil wir vergessen.

D: (Lacht) Wir fühlen uns einfach an die Erde gebunden?

C: Wir glauben, dass wir es sind. Als Kind wusste sie, dass sie es kann, also tat sie es.

D: Meinst du, wenn wir uns daran erinnern würden, könnten wir es immer noch tun?

C: Ja.... wenn wir lernen zu spielen. Wir müssen spielen. Einfach spielen.... einfach Freude und Liebe und Akzeptanz empfinden. Du wirst zu ernst. Du musst Freude in dein Leben zurückbringen, weil deine Seele stirbt, wenn du sie nicht hast. Es ist nicht so schlimm. Es sieht einfach so aus. Spielen, Spaß haben. Dann können wir den Fluss ändern.-Erinnerst du dich, wie es war, zu fliegen.

D: (Lacht) Ich sehe nur ein Bild von allen, die fliegen.

C: Es passiert.

D: Vielleicht ist es an der Zeit.

C: Das hoffe ich doch. Das tue ich wirklich.

D: Wie auch immer, du willst, dass wir uns daran erinnern, woher wir kommen, wie es war und warum wir hier sind?

C: Das musst du herausfinden. Das ist nicht mein Job. Werde aufmerksam.

D: Und wir können einen Unterschied machen?

C: Oh, ja. Jeder hat seinen eigenen Weg.

D: Oder die Welt würde so sterben wie die andere?

C: Vielleicht schlimmer. Das wollen wir nicht.

Ich war gerade dabei, mich zum Abschluss zu bringen, als mich das SC unerwartet fragte: "Gibt es etwas, das du wissen wolltest?" Das überrascht mich immer wieder, denn mein Hauptanliegen ist das Interesse meines Klienten. Also dachte ich über den Kopf hinweg: "Was will ich wissen? -Warum musste ich nach Südafrika kommen? Es ist mein erstes Mal. Warum wurde ich gebraucht?"

C: Wegen der Balance.

Sie haben diese Aussage nicht erweitert, also kann ich nur spekulieren. Vielleicht meinten sie, dass meine Energie gebraucht wurde, um diesen Teil der Welt auszugleichen. Sie haben mir oft gesagt, dass wir, wenn wir irgendwo hingehen, einen Teil unserer Energie dort lassen und mehr beeinflussen, als wir uns jemals vorstellen können.

Nach dem Mittagessen verbrachte ich viel Zeit damit, die Sitzung zu erklären, um das begrenzte Verständnis der Schüler zu verbessern. Es war auch schwierig, es Cathy zu erklären, weil sie keine Erinnerung daran hatte, was sie gesagt hatte.

***

Das war ein weiteres Beispiel für das, was ich die "zweite Welle" nenne. Sie war hier als Beobachterin, aber auch als Lehrerin, um den Menschen zu helfen, sich zu erinnern. In diesem Fall baten "sie" sie, anstelle ihrer Freiwilligenarbeit zu kommen, aber sie tat dies widerstrebend.

Eine weitere ungewöhnliche Sache passierte unmittelbar nach der Sitzung. In Südafrika war es zu dieser Jahreszeit heiß und Regen war ungewöhnlich. Aber unerwartet brach plötzlich ein heftiges Gewitter über dem Gebäude aus, in dem wir uns befanden. Es herrschte starker Wind, Regen und lauter Donner. Sie sagten, dass dies extrem ungewöhnlich sei und in dieser Jahreszeit noch nicht geschehen sei. Als wir zu dem Haus zurückkehrten, in dem wir wohnten, fragten wir Cathys Bruder James nach dem Regenschauer. Er sagte, es habe in diesem Teil der Stadt keinen Sturm gegeben. Es schien nur über dem Gebäude und der Straße lokalisiert zu sein, in der wir den Unterricht abhielten. Hatte es etwas mit der Energie zu tun, die von den beteiligten Einheiten oder dem SC erzeugt wurde?

Ungewöhnliche Wetterphänomene sind während einiger meiner anderen Kurse aufgetreten. Als ich einen Kurs in der Wüste von Dubai gab, brach ein plötzlich starker Staubsturm um das Gebäude herum aus, in dem wir den Kurs leiteten. Während einer meiner Transformationskonferenzen, die wir in Arkansas haben, erhielten wir plötzlich einen Tornadoalarm, und ein Tornado wurde direkt über dem Kongresszentrum gesichtet. Vielleicht ist eines der seltsamsten unerklärlichen Phänomene passiert, während ich im November 2010 meinen Kurs in Sydney, Australien, leitete. Dies war ein großer Kurs (über 60 Teilnehmer) und der Raum war voll. Ich habe das Interview kurz vor der Durchführung der Demonstration am letzten Tag des Kurses geführt. Plötzlich wurde der Raum ins Chaos gestürzt, als ein Schwall (ein wahrer Wasserfall) von Wasser durch die Decke spritzte, direkt über einige Teilnehmer, die an ihrem Tisch saßen. Das Wasser strömte aus der Umgebung der Leuchten. Sie schrien und sprangen auf, durchnässt, als jemand einen riesigen Mülleimer packte und ihn auf den Tisch setzte, um das Wasser zu sammeln, das nicht aufhören wollte. Es herrschte eine Störung, als jemand nach den Verantwortlichen für das Gebäude suchte. Zuerst dachte ich, es sei Regen, aber das machte keinen Sinn, denn wir waren im dritten Stock eines fünfstöckigen Gebäudes und die Sonne schien draußen. Die offensichtlichste Lösung war, dass eine Wasserleitung in der Decke geplatzt war. Der Regenguss setzte sich mindestens fünf Minuten lang fort, verlangsamte sich und nahm dann wieder zu. Ich fand es amüsant und sagte schließlich lachend: "Okay, Leute, ihr habt euren Standpunkt klargemacht! Ihr könnt es jetzt ausschalten!" Ich wusste es nicht genau, aber ich vermutete, dass es nur unsere freundlichen Gremlins waren, die wieder Streiche spielten. Als die Leute kamen, die für das Gebäude verantwortlich waren, standen sie verblüfft mit offenen Mündern da und starrten auf den Wasserfall und den Mülleimer halb voll Wasser. Sie sagten immer wieder: "Das ist noch nie zuvor passiert. Es gibt keine Wasserleitungen in der Decke. Es gibt nichts, was das verursachen könnte." Als das Wasser dann zu einem Rinnsal verlangsamte, fragten sie, ob ich wollte, dass sie es aufräumen. Ich sagte ihnen, dass es in Ordnung sein würde, da es der letzte Tag des Kurses war und ich keine weiteren Verzögerungen wollte. Die Teilnehmer gingen einfach auf trockene Tische und Stühle. Es war Monate später, als ich "Sie" während einer anderen Sitzung danach fragte. Sie sagten, dass es mindestens drei Personen in dem Kurs gab, die skeptisch waren, und sie dachten, dies wäre eine Möglichkeit, sie davon zu überzeugen, dass ich während meiner Sitzungen wirklich mit etwas Ungewöhnlichem arbeite.

Viele andere unerklärliche Phänomene sind im Raum während meines Unterrichts (sowie während meiner privaten Sitzungen in meinem Büro) aufgetreten. Ich glaube nicht, dass diese Dinge zufällig sind. Es kann die kombinierte Energie sein, die von den Teilnehmern, von "Ihnen" oder vom SC erzeugt wird. Es dient nur dazu zu zeigen, dass wir unsere eigene Macht nicht kennen. Denke daran, was wir tun könnten, wenn wir lernen würden, diese unglaubliche Energie zu nutzen. Die Welt retten? Oder vielleicht könnten wir fliegen.

KAPITEL ELF

DIE ZERSTÖRUNG EINES ANDEREN PLANETEN

TERRY WAR EINE WEITERE KLIENTIN, die versuchte herauszufinden, wer sie war. Der Planet hatte sich ihr immer sehr fremd gefühlt und sie versuchte, ihre Identität zu stabilisieren. Ein weiterer Fall von jemandem, der das Gefühl hatte, nicht hierher zu gehören, und der Schwierigkeiten hatte, sich anzupassen.

Diese Sitzung fand in einem Gästehaus statt, in dem ich außerhalb von Santa Fe, NM, übernachtete. Ich war dorthin gegangen, um meine Klasse am Northwestern New Mexico College auf dem Campus von El Rito zu leiten. Ich habe ein paar Klienten getroffen, während ich dort war.

Als Terry aus der Wolke kam, befand sie sich an einem "leeren Ort". Es herrschte Unsicherheit, die sie zu beschreiben versuchte. "Ich erkenne es nicht wieder. Es ist offen. Es ist ein großer Raum. Es scheint, als wäre hier mal etwas gewesen, und jetzt ist es nicht mehr da. Es ist, als ob etwas zerstört wurde. Es ist eine Verzweiflungstat. Und es fühlt sich nicht an, als gäbe es hier jetzt noch Leben. Das Gelände fühlt sich verbrannt an. Ein Gefühl, dass es Vegetation gab, vielleicht Bäume irgendeiner Art. Vielleicht Gebäude. Es gibt einen Eindruck von ihnen, aber ich sehe nichts mehr von ihnen. Nichts. Es ist seltsam. Und es fühlt sich an wie.... ein Verlust. Und ich fühle mich dort allein. Es fühlt sich an, als ob.... alle gegangen sind."

Ich bat sie, sich ihres Körpers bewusst zu werden. Sie trug ein glattes, nahtloses Kleidungsstück, das sie an Wildleder erinnerte, aber in Schichten. Ihr Körper wirkte sehr leicht und dünn, mit wenig

Substanz. Als sie ihre Hände ansah, waren die größer als erwartet, und die Finger waren außerdem noch ungewöhnlich geformt. Als ich nach ihrem Kopf und Gesicht fragte, sagte sie, dass sie eine eng anliegende Kapuze trug. Ihr Gesicht beschrieb sie mit: "Ich habe glatte Gesichtszüge. Eine ovale Art. Einen sehr kleinen Mund und eine kleine Nase. Meine Augen sind auch klein, aber breit. Mehr horizontal geformt - fast wie Schlitze." Sie war überrascht, dass sie keine Schwierigkeiten hatte, die Atmosphäre an diesem trostlosen Ort zu atmen.

T: Ich fühle mich, als wäre ich schon einmal hier gewesen. Das ist ein Ort, den ich früher einmal kannte. Ich habe das Gefühl, dass ich davon gehört habe, dass etwas passiert ist.

D: Und als du ihn vorher kanntest, war es nicht so?

T: Nein. Er war heil. Viele Menschen und Aktivitäten. Es war ein geschäftiger Ort. Ich habe es selbst nicht gesehen. Es ist traurig. Es gibt viele verschiedene Geschichten. Aber ich glaube, es war eine Art.... fast Selbstzerstörung. Einige haben gesagt, dass er von äußeren Kräften zerstört wurde, aber ich glaube nicht, dass das wahr ist. Ich glaube, es war etwas, dem man nicht widerstehen konnte. Nun, wahrscheinlich hätte man ihnen helfen können, aber sie wussten nicht, was sie tun sollten.

D: Glaubst du, das war dein Zuhause?

T: Ja, das tue ich. Ich glaube nicht, dass ich sehr lange dort war. Es scheint, als könnte ich die anderen, die Leute, die ich kannte, spüren, die nicht gehen konnten. Die auch zerstört wurden oder verloren gingen.

D: Dann durften einige gehen.

T: Ja. Ich weiß nicht, warum ich es tat, aber ich tat es. Und ich war nicht da, als es passierte.

Sie sagte, sie müsse an keinen Ort wie diesen reisen. Sie musste nur darüber nachdenken, und sie war sofort da.

D: Wo warst du, als du das gedacht hast? Lass uns dorthin gehen. Als du entschieden hast, dass du es sehen willst, wo warst du?

T: Es ist im Weltraum. Kein Planet. Gleich da draußen. Ein Teil von allem.

D: Was meinst du damit?

T: Es ist nur... ein Raum.

D: Kein Raumschiff oder etwas anderes Physisches? (Nein) Nun, wie kannst du da draußen existieren?

T: Man braucht nicht viel.

D: Was meinst du damit? Weil es so aussieht, als hättest du einen physischen Körper, nicht wahr?

T: Das tue ich nicht, wenn ich hier draußen bin. Wenn ich hier draußen im Weltraum bin, gibt es nichts Physisches. Ich fühle mich wie ein Lichtpunkt. Als ich erneut gehen wollte, verschwand der Körper einfach. Ich brauchte ihn nicht mehr.

Als sie davon sprach, sich wie ein Lichtpunkt zu fühlen, sah sie sich selbst so, wie sie wirklich war. Als wir alle zum ersten Mal erschaffen wurden, waren wir nur Lichtfunken, die ausgesandt wurden, um zu lernen und Erfahrungen zu machen. Wenn du den Körper und die physischen Merkmale, mit denen wir uns umgeben, um ein Leben zu führen, entfernst, ist alles, was wir wirklich sind, ein ewiger Lichtpunkt.

D: Du sagtest, du hast diesen Planeten verlassen, bevor die Katastrophe passierte? (Ja) Kannst du diese Zeit sehen? Hattest du damals einen physischen Körper?

T: Es sieht so aus, als hätte ich einen. Und ich bin in einer Art Raumschiff.

D: Gibt es noch andere bei dir?

T: Viele Personen. Das Raumschiff ist trotzdem eher klein.

D: Als du gegangen bist, wusstest du, dass etwas passieren würde?

T: Ich bin mir nicht sicher. Ich bin nicht gegangen, weil etwas passieren würde. Aber es wurde der Eindruck erweckt, dass etwas passieren könnte.

D: Gab es andere, die zur gleichen Zeit gegangen sind?

T: Ja. Aber nicht, weil sie das Gefühl hatten, dass etwas passieren würde. Die Leute kommen und gehen.

D: Was war dein Job?

T: Es ging darum, dass ich in diesem Vehikel flog. Ich flog lange Zeit weg, aber wir würden definitiv hin und her gehen.

D: Erzähl mir, was auf dieser Reise passiert ist, als du gegangen bist. Wo bist du hingegangen?

T: Es scheint, als wäre es weit vom Planeten entfernt. Es fühlt sich an, als hätten wir andere Planeten beobachtet? Andere Wesen? Vielleicht. Und wir waren weit weg von.... sogar von diesem Universum.

D: Und was war dein Job da draußen?

T: Ich schaue nur hin. Ich schaue nur zu. Sammeln von Informationen. Um zu sehen, was noch in den anderen Bereichen so passiert.

D: Ist es das, was deine Leute tun?

T: Es scheint ein Teil dessen zu sein, was wir tun. Es fühlt sich an, als würde man die Informationen erforschen und dann zurückbringen. Und dann mit anderen mit diesen Informationen zu arbeiten. Und wieder rausgehen.

D: Magst du diese Art von Arbeit?

T: Ja. Es ist interessant.

D: Du warst also an Bord eines kleinen oder größeren Schiffes, wenn du so weit draußen bist?

T: Es fühlt sich wie ein kleines an.

D: Landet ihr auf diesen anderen Planeten oder beobachtet ihr Sie nur?

T: Es fühlt sich an, als würden wir nur beobachten. Ich erinnere mich nicht an die Landung.

D: Du erinnerst dich dann nicht mehr daran, mit den Leuten interagiert zu haben.

T: Nein. Es fühlt sich an wie aus der Ferne. Aber wir können immer noch viel darüber sagen, was los ist, aus der Ferne.

Ich versuchte, die Geschichte voranzubringen und mehr über all das herauszufinden, also hatte ich sie an einen wichtigen Tag versetzt, an dem etwas für sie bedeutendes geschah.

T: (Verwirrung) Wir sehen einen ungewöhnlichen Planeten, der irgendwie....... Es ist wie eine flüssige Orange. Und er verändert ständig seine Form.

D: Ist es das, was ihn so ungewöhnlich macht?

T: Ja. Das haben wir noch nie erlebt. Er scheint nicht bewohnt zu sein, aber wir versuchen, eine Funktion und einen Zweck daraus abzuleiten. Weil es keine feste Form ist. Und es scheint tatsächlich so, als könnte er eine Störung verursachen.... (Verwirrung), die sich auf die Umgebung auswirkt. Und es sieht so aus, als würde er anderen Planeten Probleme bereiten - selbst Planeten, die keine Bewohner haben, scheinen einen Zweck zu haben. Und es ist, als ob dieser hier Amok läuft. Die Art und Weise, wie er seine Form immer wieder ändert, verursacht die Störung.

D: Schwankungen? (Ja) Sollst du irgendetwas tun?

T: Wir sollten meistens nur beobachten, aber es gibt ein gewisses Gefühl der Besorgnis. Und wir müssen zurückkehren und diese Informationen an die Verantwortlichen weitergeben. Es gibt eine Dringlichkeit. Und ein anderes Gefühl. Das ist es, was irgendwie unseren Planeten beeinflusst hat.

D: Auch, wenn er so weit weg war?

T: Trotzdem. Ich weiß. Ja. Er verursacht eine große Bedrängnis.

D: Im ganzen Universum?

T: Ja. Manchmal auf subtile Weise und manchmal auf bedeutende Art und Weise. Ich habe kein Verständnis dafür, wie, aber es fühlt sich dringend an. Es könnte eine Gefahr für unsere Welt und andere darstellen. Wir gehen zurück. Es gibt nichts mehr, was wir hier tun können, oder mehr Informationen, die wir sammeln könnten. Es ist Zeit, zurückzukehren und die Informationen weiterzugeben.

D: In Ordnung. Gehen wir mit der Zeit weiter zu dem Punkt, an dem du die Informationen meldest. Wie schaut dieser Ort aus?

T: Er hat Strukturen, die schwer zu beschreiben sind. Wir machen sie. Sie sind keine Naturformen, aber sie sehen aus wie Naturformen. Und im Inneren.... einfach viel Platz. Es ist ein Gebäude, aber es sieht so aus, als ob es aus dem Boden kommt.

D: Wo befindet sich dieser Ort?

T: Das ist dieser Planet, mein Planet. Und ich ging dorthin, um die Informationen weiterzugeben. Die Verantwortlichen sind in diesem Gebäude. Sie sind besorgt. Und sie werden andere - ein wissenschaftlicheres Team - aussenden, um herauszufinden, was mit diesem Planeten passiert. Sie haben andere Möglichkeiten, um zu testen oder Informationen zu sammeln. Wir sind diejenigen, die die Erkundung durchführen. Und jetzt werden Leute mit anderen Werkzeugen ausgesandt.

D: Du gehst nicht mit ihnen zurück?

T: Nein. Für eine Weile bleiben wir, wo wir sind. Wir bleiben dort nicht lange, oder nicht für lange Zeit. Dann werden wir mit einem anderen Auftrag entsandt.

Ich brachte sie zu einem weiteren wichtigen Tag, und nach einer langen Pause antwortete sie langsam und traurig.

T: Ich bin wieder in einem Schiff. Es gibt noch einen anderen in meinem Team hier. Und wir hören von unserem Planeten. Und.... es ist schemenhaft. Aber wir hören, dass es Zerstörung gegeben hat. Und.... (hatte Schwierigkeiten bei der Formulierung) und.... wir wissen nicht, was wir tun sollen.

D: Glaubst du, es wurde durch den Planeten verursacht, den du gesehen hast?

T: (Großer Seufzer) Wir wissen es in diesem Moment nicht. Es scheint.... es ist das erste, worüber wir nachdenken. Und... wir wissen nicht, was wir tun sollen. Wir wissen nicht, wohin wir gehen sollen. Wir schweben irgendwie. Es ist, als wären wir da draußen verloren. Unsere Mission war erfolglos. Ich weiß einfach nicht, wohin ich jetzt gehen soll. Uns wurde nie gesagt, was wir tun sollen, wenn so etwas passiert. Und ich weiß, dass es andere da draußen gibt, aber wir sind nicht in ihrer Nähe.

D: Keine Möglichkeit, sie zu kontaktieren.

T: Es sieht nicht so aus. Obwohl uns jemand erkannt hat.

D: Und eine Nachricht geschickt hat?

T: Ja. Wir scheinen aber nicht in der Lage zu sein, jemanden zu kontaktieren.

D: Nun, vielleicht wüssten sie auch nicht mehr was sie tun sollen, als du.

T: Nein, wahrscheinlich nicht.

D: Wie viele sind auf deinem Schiff?

T: Nur wir beide.

D: Musst du essen oder Essen konsumieren?

T: Es sieht nicht so aus.

D: Glaubst du, du kannst da draußen eine Weile leben?

T: Ja. Darüber sind wir gar nicht besorgt. Es ist.... wir wissen nur nicht, wohin wir jetzt gehen sollen. Und was genau soll ich nun tun?

D: Nun, lass' uns die Zeit vorantreiben. Wir können das sehr einfach machen. Beweg' die Zeit nach vorne und schau, was passiert. Wo gehst du hin? (Pause) Was beschließt du zu tun?

T: Wir beschließen, zu forschen und zu sehen, ob es einen anderen Ort gibt, an dem wir landen können. Wir würden gerne unsere Art finden, wenn möglich.

Hier begann ein lautes elektronisches Summen auf dem Band und verdunkelte teilweise die Worte. Es war während der Sitzung nicht in Erscheinung getreten. Es war nur während der Transkription auf der Aufnahme zu hören. Dieses Phänomen tritt manchmal auf, und ich denke, es beruht auf der Energieerzeugung. Das Band kann auch schneller und mit "Chipmunk-Stimmen" klingen oder langsamer werden, so dass die Stimmen tief und schleppend klingen. Es wird nie durch die normale Mechanik des Tonbandgerätes verursacht.

D: Also, was machst du da?

T: Wir haben die Erfahrung aus diesen Erkundungen und wir haben Karten. Also spüren wir, dass wir das machen sollen, aber wir haben noch keinen genauen Plan wie. Wir werden weiter forschen, aber jetzt.... für uns.

Es schien, dass sie während dieser Zeit der Erforschung auf den Planeten zurückkehrten, den sie zu Beginn der Sitzung sahen, und ihn leblos und abgerissen fanden.

D: Nun, lassen Sie uns die Zeit vorantreiben. Hast du jemals einen Ort gefunden, an den du gehen kannst? (Lange Pause) Damit du aufhören kannst zu erforschen und irgendwo sicher sein kannst?

T: (Pause) Es sieht nicht so aus. Es scheint, dass....... Wir ändern stattdessen unsere Form.

Das elektronische Summen stoppte so plötzlich, wie es begann.

D: Oh? Was meinst du damit?

T: (Verwirrt) Ich weiß nicht wie, aber wir konnten... unsere Form auf dem Schiff zurücklassen. Und einfach im Weltraum sein.

D: Wurdest du zu diesem Zeitpunkt zum Lichtpunkt?

T: Ich schätze schon.

D: Warum hast du dich entschieden, das zu tun?

T: Wir müssen das Wissen gehabt haben, dass wir es konnten. Und ohne unseren Planeten schien es nur, dass unsere Körper nicht viel Sinn machten.

D: Du dachtest nicht, dass du einen anderen Ort finden könntest?

T: Wir wollten es nie wirklich. Wir wollten sehen, ob wir das können, aber es schien zu diesem Zeitpunkt nicht so wichtig. Oder notwendig. Wir konnten nicht zurück. Und wir hätten uns auf einem anderen Planeten sehr einsam - auch wenn wir zu zweit waren - gefühlt.

D: Also habt ihr beide beschlossen, das zusammen zu machen? (Ja) Ist das eine Form des Sterbens? Verstehst du dieses Konzept?

T: (Großer Seufzer) Ich glaube schon. Ja. Es war absichtlich, aber, ja.

D: Weil ich mich gefragt habe, ob eure Körper sterben könnten.

T: Nun, wir haben sie einfach nicht mehr gebraucht. Es war nicht so, dass sie aufgegeben haben. Es war, dass sie niemals einem Zweck dienen würden.

D: Du hättest einfach weiterreisen und reisen können, aber du denkst nicht, dass das einen Sinn ergeben hätte?

T: Nein. Es schien sinnlos. Auch wenn es darum ging, ein neues Zuhause zu finden, dachten wir nicht, dass jedes Zuhause das gleiche gewesen wäre. Und das war irgendwie traurig.

Das Summen kehrte zurück, als ich das Ende des Bandes erreichte und es umdrehte.

D: Was wirst du jetzt tun?

T: Es fühlt sich gut an. Es fühlt sich an wie eine Art Fortsetzung.

D: Immer noch auf der Suche.

T: Nicht so sehr zum Erkunden, sondern zum Innehalten....... Ich möchte sagen, so etwas wie ein Stabilisator.

D: Gibt es jemanden oder etwas, der dir sagt, was du tun sollst?

T: Hmm. Ich weiß es irgendwie nur, aber ich glaube, ich wurde auch angewiesen. (Pause) Es ist mehr der stationäre Lichtpunkt, irgendwie, als all die Bewegungen, die ich gemacht habe. Und auf diese Weise gibt es eine Art von Unterstützung, die dies auf einer größeren Ebene bietet. Es ist ein winziger Lichtpunkt, aber er fühlt sich sehr groß an. Und es fühlt sich sehr solide an, in gewisser Weise, und stabilisierend. Es ist wie ein stabilisierender Punkt im Universum, der den Dingen hilft, so zu funktionieren, wie sie es brauchen.

D: Bleibst du lange Zeit da draußen und stabilisierst die Dinge nur?

T: Ja. Stabilisieren, die Dinge dort halten, wo sie sein sollten. Damit die Dinge nicht aus dem Ruder laufen.

D: Du meinst wie Planeten.... oder Dinge im Universum?

T: Nun, es ist neu.

D: Hast du jemals den Wunsch, aufzuhören, so zu sein und ein physischer Körper zu werden?

T: Es sieht nicht so aus. Das gefällt mir.

D: Brauchst du noch Anweisungen, was zu tun ist?

T: Ich habe vorläufig die ersten Instruktionen erhalten. (Pause) Im Moment nichts wirklich. Aber ich habe ein Gefühl dafür, was ich tun muss, wenn ich etwas anderes machen muss. Es könnte sich verändern, aber es wird alles sein, was sonst noch gebraucht wird.

D: Aber ist dir bewusst, dass du zu mir durch einen physischen Körper sprichst?

T: Ich glaube, das weiß ich. Ich tue es und ich tue es nicht. (Lachen) Ich bin mir bewusst, dass dieser Körper hier liegt.

D: Ja, dass du durch ihn sprichst. (Ja.) Aber du bist auch da draußen und stabilisierst die Dinge. (Richtig) Ich möchte dich nicht verwirren.

T: Es könnte passieren.

D: Nun, lass' uns in der Zeit voranschreiten, bis du dich entscheidest, zum ersten Mal in diesen physischen Körper einzutreten.-Was ist passiert, als du dich entschieden hast, in einen physischen Körper einzutreten?

T: Dieser hier? (Ja.) Nun...... Ich bin mir nicht sicher, ob es meine Idee war.

D: Ich habe mich gefragt, ob du vielleicht Anweisungen dazu erhalten hast?

T: Ja. Es war notwendig. Es gab etwas, was ich in einem Körper tun sollte oder musste. Ich fühlte mich ziemlich wohl dabei, das zu tun, was ich tat, und es ist so, als müsste das ein wenig erschüttert werden. Und es gab einige Erfahrungen, die ich machen musste, die ich nicht als dieser Lichtpunkt haben konnte.

D: Aber du hast Anweisungen bekommen, das zu tun?

T: Ja. Es war nicht meine Idee, weil ich ziemlich glücklich war.

D: Du warst bei der Untersuchung dabei. (Ja.) Aber warst du jemals im Physischen auf dem Planeten Erde gewesen? Weil wir von dort aus sprechen.

T: Richtig. (Pause) Ich weiß nicht.... es fühlt sich gut an. Ich versuche, zurückzublicken. Sie sagten, ich solle kommen. Ja, das sagten Sie. –Um etwas zu tun.... und es fühlt sich auch für mich an wie etwas. Etwas über das Erleben der Dichte. Und zu lernen, wie man mit der Dichte umgeht. Es fühlt sich ganz anders an.

D: Ist er anders als der andere Planet?

T: Ja. Obwohl wir eine Form hatten, war alles leichter. Es funktionierte anders.

D: Glaubst du, dass es einfach sein wird, diesen Körper zu erleben?

T: Es sieht nicht so aus. Ich bin trotzdem bereit zu gehen. Und ich weiß, dass es richtig ist, aber ich kann nicht sagen, dass ich mich darauf freue. Es scheint irgendwie seltsam zu sein.

D: Du hattest all die Freiheit da draußen.

T: Ja. Und all das Erkunden hat Spaß gemacht.

D: Aber es muss einen Grund geben, sonst hätten sie dich nicht gebeten, zu kommen. (Ja.) Es muss wichtig sein.

T: Das ist es, was sie sagen.

D: Gibt es eine Vorbereitung, bevor du in den Körper kommst?

T: Es scheint, als würde ich viele Bilder sehen. Ich bin irgendwo, wo mir so etwas wie Bilder vom Leben auf dem Planeten gezeigt werden, und es geht sehr schnell. Viele Informationen, schnell.

D: Dinge, die du wissen musst?

T: Ja. So ähnlich wie die Dinge hier laufen.

D: Es wäre schwer, ohne Wissen einzusteigen, nicht wahr?

T: Ja. Es ist eine Vorbereitung. Fast so wie eine Klasse. Und es macht Spaß zu lernen.

Sie beschrieb offensichtlich den Prägeprozess, der in meinen anderen Büchern ausführlich beschrieben ist. Dies geschieht in der Regel mit einem Geist, der noch nie zuvor auf der Erde war, um sie vorzubereiten. So war es offensichtlich, dass sie eine Erstbesitzerin war.

D: Damit du weißt, wie es sein wird, wo du hingehst.

T: Und es sieht anders aus, aber nicht... so schlimm. (KICHERN) Nicht so hart wie anfangs.

D: Wie fühlte es sich an, als du zum ersten Mal in den Körper eingetreten bist?

T: (Pause) Hmm. Nicht.... schwierig. Es ist ein unangenehmes Gefühl. Es fühlt sich an, als ob.... Ich bin mir da nicht sicher. Es ist ganz anders. Er ist.... schwer einzustellen.

D: Das kann ich verstehen. Nun, das war der Grund, warum ich diese Fragen gestellt habe. Weil ich mit dem physischen Körper spreche, und sie hat Fragen. Warum fühlte sie sich in diesem Körper anders auf der Erde? Warum glaubst du, dass ihr dieses vergangene Leben gezeigt wurde, wo sie die Forscherin war und der Planet, der zerstört wurde?

Das Summen hatte sich auf dieser Seite des Bandes fortgesetzt und wurde ziemlich laut und störend.

T: (Großer Seufzer) Sie musste ihre anderen Existenzen außerhalb dieses Planeten sehen.

D: Wo kommt sie her? (Ja.) Warum ist das wichtig für sie zu wissen?

T: Sie sehnt sich danach.

D: Aber das Leben auf dem anderen Planeten existiert nicht mehr, oder?

T: Nein. Aber sie musste wissen, dass es so war. Und dort kommt sie her. Sie wäre lieber dort, wenn sie könnte.

D: Aber natürlich ist es unmöglich, nicht wahr? (Ja) Und sie hätte im Weltraum bleiben und das auch tun können, nicht wahr?

T: Das hätte sie gerne getan. Aber sie musste dieses Leben haben. Es gibt Dinge, die sie zu diesem Zeitpunkt an diesen Ort bringen kann.

D: Weißt du, was sie in ihrem Leben im Moment tun soll?

T: Ja. Die Heilarbeit muss auf neue Weise erweitert werden. Aber sie ist auf dem richtigen Weg.

D: Sie hatte eine Frage. Sie hat sich ihr ganzes Leben lang darüber Gedanken gemacht. Sie fühlte sich, als wüsste sie nicht, wer sie war. Sie versuchte, sich selbst zu entdecken. Sie verbrachte viel

Zeit damit, Figuren zu erfinden, weil sie nicht wusste, wer sie war. (Ja.) Kannst du erklären, warum sie sich so fühlte?

T: Nun, es ist irgendwie amüsant, aber nicht sehr gut für sie. Sie weiß nicht, wie man das macht, dieses Erdenleben lebt. Sie hat irgendwie verschiedene Sachen ausprobiert, und nichts davon passte zu ihr. Und Sie hatte dann einen Anfall deswegen. Es war schwierig, und sie fängt jetzt an, mehr davon zu spüren, wer sie ist. Und das ist die Richtung, in die sie gehen muss. Aber sie hat sich fast völlig verirrt.

D: Weil sie nicht wusste, wer sie war.

T: Richtig. Es schwächte sie.

D: Aber du konntest ihr helfen zu verstehen?

T: Ja. Wir schickten die richtigen Leute zu ihr, um sie zu treffen und mit ihr zu arbeiten, um ihr zu helfen.

D: Damit sie sich mehr im physischen Körper verankern kann?

T: Mehr Veränderung. Sich mehr daran zu erinnern, wer sie wirklich ist, und den Weg zu finden, das körperlich zu manifestieren.

D: Deshalb wäre sie fast verloren gegangen, weil sie sich nicht sicher war, wer sie ist und was sie hier macht?

T: Richtig. Sie war verwirrt. Wir werden ihr helfen, weil sie es will, und es gut für sie ist. Wir werden alles tun, was wir können, um sie dabei zu unterstützen. Sie muss hier sein. Ob es ihr gefällt oder nicht!

D: Sie wird sich anpassen können, nicht wahr? (Ja.) Du wirst ihr helfen, ihre Identität zu finden und sich anzupassen. (Ja.) Das ist sehr wichtig. Aber noch etwas, das sie beunruhigt hat: Seit sie in diesen Körper kam, hatte sie körperliche Probleme. (Ja.) Warum ist das passiert?

T: Hauptsächlich war es die Anpassung. Es war keine leichte Anpassung an das Physische. Und es gab Zeiten, in denen sie sich nicht sicher war, ob sie bleiben würde. Und sie wurde in eine Umgebung gebracht, die nicht sehr rein und verschmutzt war. In Kombination mit der Neuheit des Körpers war das ein schwieriger Anfang. Und der Mangel an Selbsterkenntnis war auch eine schwere körperliche Belastung.

D: Ja, das kann ich verstehen. Mir wurde von anderen wie dir gesagt, dass die Energie manchmal so unterschiedlich ist, dass sie angepasst werden muss, wenn sie zum ersten Mal in einen physischen Körper kommt.

T: Ja. Wir haben einige Anpassungen vorgenommen. Die Umstände waren sehr schwierig, mit den Eltern und der Geburt. Und wir konnten nur so viel tun.

D: Warum war es schwierig?

T: Die Eltern waren ein anderer Typ von Wesen, und viel, viel, viel dichter energetisch. Sie waren die richtigen Wesen, aber keine sehr gute energetische Übereinstimmung. Aber es war das, was gebraucht wurde. Es machte es ihr jedoch schwer, sich anzupassen. Und sie versuchte es.

D: Aber sie hatte ihr ganzes Leben lang körperliche Probleme. Es ist Zeit, dass das aufhört, nicht wahr?

T: Ja, für sie, dass sie ihre Arbeit macht. Und um dorthin zu gelangen, wo sie hinmuss. Sie hat auch in der Vergangenheit weitere Anpassungen benötigt. Das war es, was die Kopfschmerzen und die Müdigkeit verursachte. Es waren auch Anpassungen, die wir machten, und auch durch ihre spirituelle Entwicklungsarbeit war sie daran beteiligt, selbst Anpassungen vorzunehmen. Aber wir sehen, dass sie jetzt darüber hinausgehen muss. Sie hat sich viel vorgenommen. Und auch, wenn man sich noch nicht ganz darauf eingestellt hat, auf diesem Planeten zu sein. Aber wir helfen, uns an das anzupassen, was sie tut. Der Körper reagiert. Und sie kann auf andere Weise ohne die körperliche Härte weiter vorankommen. Es ist Zeit.

Das SC fuhr fort, einen Body Scan durchzuführen, um durch den Körper zu schauen, um zu sehen, woran gearbeitet werden musste.

T: Im Gehirn geht etwas vor sich, das ist -ähm, es ist schwer zu erklären, aber eine Verbindung wird nicht hergestellt. Wir müssen uns nur wieder verbinden. Es braucht im Grunde genommen eine Anpassung.

D: Kannst du das machen?

T: Ja, wir machen es. Das sollte helfen. Und wir nehmen etwas Druck vom Kopf. Und es gibt eine Menge Stress im System, den wir abbauen werden. Überall in ihrem Körper.

D: Was siehst du noch, das Aufmerksamkeit braucht?

T: Die Nebennieren, Nieren, Leber. Die meisten Organe sind vergiftet. Nicht krank, sondern vergiftet. Sie haben Überstunden gemacht. Also werden wir helfen, die Gesundheit dort wiederherzustellen. Wir werden ihr helfen, die Ausdauer zu haben, die sie braucht, um alle zusammen zu funktionieren, damit sie tun kann, was sie tun soll. Sie wacht mit Kopfschmerzen auf und hat dann Schwierigkeiten, wieder einzuschlafen. Das wird also helfen. Die Organe werden wiederaufgebaut. Sie kann die Müdigkeit nicht mehr ertragen.

D: Vielleicht hat sie das getan, weil sie nicht im Körper sein wollte.

T: Ja, das war Teil davon. Es war etwas kompliziert. Von Zeit zu Zeit suchte sie nach einem Ausweg. Es war überwältigend. Aber wir haben sie nie wirklich krank gesehen, weil sie stärker ist, als sie denkt. Und sie hat hier etwas zu tun, das wichtig ist. Es ist nicht an der Zeit, dass sie geht. Und das weiß sie. Und sie hätte sich nie selbst herausgenommen. Das Leben wird für sie jetzt eine angenehmere Erfahrung sein - wir zirkulieren nur noch Licht durch ihr ganzes System, um sie zu regenerieren - es wurde für sie fast unmöglich.

D: Bist du gleich damit fertig?

T: Ja, wir sind nun fertig.

An diesem Punkt hörte das laute Summen plötzlich auf und kehrte für den Rest der Sitzung nicht mehr zurück.

D: Den ganzen Körper? Du hast alles durchgenommen?

T: Ja. Und es wird so weitergehen. Aber wir haben angefangen. Und jetzt ist viel mehr Licht in ihrem Körper. Und es gibt mehr Kraft.

Abschiedsnachricht: Wir sind immer hier. Wir sind hier, um ihr zu helfen. Und sie kann sich jederzeit an uns wenden. Und sie hat viel Unterstützung auf vielen Ebenen.

D: Wenn sie dich anruft, wie soll sie dich ansprechen?

T: Denk einfach an uns. Denkt nur an das Ganze.

D: Denke an das Ganze und rufe Sie, wenn du mit Ihnen reden willst. Das ist wunderbar. Ist das alles, was du ihr sagen willst, bevor wir gehen?

T: Ja. Und sie soll vollkommen auf das vertrauen, was wir heute hier getan haben.

KAPITEL ZWÖLF

NOCH MEHR ZERSTÖRUNG

ELLEN ZÖGERTE EINE WEILE, aus der Wolke zu kommen, und kündigte dann an, dass sie nicht herunterkommen wolle, sie wolle nach oben gehen. Ich sagte ihr, sie könne gehen, wohin sie wolle. Sie kicherte, als sie von der Erde wegflog. Nachdem sie durch den Weltraum schwebte, schwebte sie unerwartet in einer Höhle und kam dann aus dieser heraus. Das Gelände bestand aus sandrotem Boden mit flachem Horizont.

E: Es ist rötlich braun.... meistens rötlich. Zuerst erinnerte es mich an Sedona, aber das ist es nicht. Es ist aber so eine Art Farbe. Nur Steine und Sand. Keine Vegetation. Ich bin an der Öffnung der Höhle und schaue nach draußen. Da ist ein Tropfen, der geradewegs nach unten geht. Ich schwebe aus der Höhle und komme zur Öffnung. Es ist viel heller da draußen, es ist schwer sich anzupassen.

Ich wollte, dass sie ihren Körper ansieht, und ihr Bewusstsein versuchte immer wieder, sich einzumischen, und sagte ihr, dass sie nicht sehen konnte, was sie sah. Als ich weiter mit ihr sprach, antwortete sie: "Irgendwie stumpfartig.... Stummelfüße. (Lacht) Ich weiß nicht, wie ich sie beschreiben soll. Ich sehe keine Schuhe. Der Boden da draußen ist heiß. Ich stehe auf dem Sand, und es macht nicht viel Sinn. Ich habe nicht das Gefühl, ein Mensch zu sein. Irgendwie braun gefärbt, aber nicht wie Leute, die sich braun machen.... wie beige.... Ich bin nur irgendwie, ich weiß nicht.... ein seltsamer kleiner Körper. Es fühlt sich an, als würde ich es erfinden. Eine Art seltsames, beiges, matschiges, stumpfes Ding. (Lacht) Es fühlt sich nicht sehr groß an. Kurz. Meine Arme fühlen sich allerdings etwas lang an, kurze Beine und mollige, stumpfe Füße." Ich fragte, ob sie etwas trägt. "Es ist, als bräuchte ich keine Kleidung, aber ich fühle mich nicht nackt."

D: Fühlt sich der Körper männlich oder weiblich an?

E: Weder noch - mehr männlich.... es fühlt sich nicht weiblich an.

D: Wie fühlt sich dein Gesicht an?

E: Es ist eine Art großer Kopf mit größeren Augen. (Lacht) Es gefällt mir irgendwie, eine große Sonnenbrille zu tragen. Ich sehe nirgendwo Haare.

D: Hast du etwas bei dir?

E: Ich habe so etwas wie Instrumente, aber ich bin mir nicht sicher, was sie bewirken.

D: Wie sieht das Instrument aus? Vielleicht können wir es herausfinden, wenn du es beschreibst.

E: Lang und zylindrisch, und es hat eine Art Griff.... irgendwie wie eine Waffe, aber es ist keine Waffe. Ich denke, es ist, um den Boden zu testen. Als ob ich hierhergekommen wäre, um den Boden draußen zu testen. Ich denke, es sammelt die Bodenproben. Er könnte zwei Fuß lang sein.

D: Oh, also ist es nicht klein?

E: Vielleicht ist es nicht so groß. Vielleicht sieht es nur groß aus, weil ich so klein bin.

D: Wie testet man den Boden mit diesem Gerät?

E: Oh, schaufel´ einfach ein wenig davon da rein und führe eine Art Test auf etwas aus der Atmosphäre durch, um zu sehen, ob es noch verunreinigt ist.

D: Du testest also sowohl die Atmosphäre als auch den Boden?

E: Es ist, als hätte etwas in der Atmosphäre den Boden beeinflusst. Ich teste, um zu sehen, ob es klar ist, und um zu sehen, wie sehr es noch betroffen ist. (Sie fing an zu weinen.)

D: Warum macht dich das emotional?

E: Wir mussten früher nicht in der Höhle sein. Wir waren früher auf der Oberfläche, aber es ist etwas passiert.

D: Gibt es noch andere außer dir?

E: Sie sind da unten. Ich bin nur gekommen, um die Tests zu machen. Wir leben weit unten. Deshalb bin ich aus der Höhle aufgetaucht. Es ist alles weg.

D: Was suchst du im Boden?

E: Strahlung. Zur Überprüfung der Sicherheitsstufen. Und es ist etwas besser, weil wir auftauchen können. Es ist besser als früher. Wir sind schon lange da unten.

D: Als du an der Oberfläche gelebt hast, wie war das so?

E: Es war ähnlich wie auf der Erde. Es gab Pflanzen und Grün und Wasser und Leute und alles, was du in der Zivilisation hast. Es ist seltsam, denn was so aussieht, war schon vorher da.... es kommt einer glücklichen Erde sehr nahe. Aber das ist schon lange her, und der Körper, den ich jetzt habe, sieht nicht aus wie der Körper, den ich damals hatte, ich kann nicht so viel von dem Ort sehen. Es ist mehr das Gefühl, dass das, was da war, weg ist.

D: Warst du dabei, als das passiert ist?

E: Es ist als ob das Wesen, das den Boden überprüft hat, nicht das Wesen ist, das da war, als es eine Stadt war. Es ist verwirrend. Ich glaube, es war lange her, bis er herauskam, um die Proben zu entnehmen. Aber es ist, als hätte er diesen Ort später gefunden. Es scheint, dass die Gruppe unter der Erde dort unten lebt, weil sie es können. Aber sie kamen nach den anderen her, die von dem, was passiert war, verschwunden sind. Und sie lernen davon. Sie wussten, dass es passiert war, und sie wollten kommen und den Planeten nach der Zerstörung studieren. Sie kamen, um zu sehen, ob es das Leben dort wieder unterstützen würde.

D: Du und andere Leute kommen also von woanders? (Ja) Hat dir jemand gesagt, was die Zerstörung verursacht hat?

E: Es scheint, als wäre es entweder eine Atomexplosion oder eine Art große Katastrophe gewesen, aber ich kann nicht genau sehen, was passiert ist. Wir sollten über sie wachen (Ellen regt sich auf) und wir kümmerten uns sehr um sie, aber sie starben. Es gab einen Krieg, aber sie waren wehrlos. Sie wurden angegriffen.

D: Aber es macht dich traurig. (Ja) Du sagtest, viele Leute wären mit dir gekommen?

E: Ich bin mir nicht sicher, wie viele da unten sind, aber es gibt genug, um die Arbeit zu erledigen, die getan werden muss.

D: Mal sehen, wie es aussieht, wo du herkommst. Wo du warst, bevor du an diesen Ort gekommen bist. Wie sieht dieser Ort aus?

E: Ich kam mit einem Raumschiff. Es scheint nicht so viele auf dem Schiff zu geben. Es sieht etwas klein aus. Ich bin nur in einem Bereich. Es gibt Bildschirme und Paneele und Lichter und so weiter. Wir sind im Weltraum. Ich bin mir nicht sicher, woher ich vor dem Schiff kam.

D: Hat dir jemand gesagt, dass du zu diesem Ort gehen sollst?

E: Es war, als dürften wir uns nicht einmischen.

D: Jedenfalls bist du an diesem Ort gelandet und er war bereits zerstört worden? (Ja.) Aber du wusstest, dass du wegen der Strahlung nicht auf der Oberfläche leben kannst?

E: Etwas daran ist giftig, aber es gibt auch eine natürliche Öffnung, in der wir leben können, anstatt etwas da draußen aufzubauen.

D: Aber du wusstest, dass du nicht an der Oberfläche bleiben kannst?

E: Es ist nicht sehr angenehm. Es war schöner, in den Untergrund zu gehen. Es ist sehr hell da draußen und heiß. Die Höhle war eine natürliche Formation, in der wir leben konnten. Es ist wie eine Laboreinrichtung. Wir haben unsere Instrumente mitgebracht, um das zu tun, was wir tun müssen.

D: Gibt es viele von euch da unten?

E: Es ist keine hohe Zahl. Es ist schwer zu sagen.... vielleicht sechs oder zwölf von uns. Ich denke, einige gehen vielleicht in andere Bereiche, um Dinge zu tun.

D: Musst du Essen zu dir nehmen?

E: Ich sehe nichts in der Nähe, also dürfen wir es nicht. Es sieht auch nicht so aus, als ob wir schlafen würden.

D: Du könntest also lange dortbleiben. Aber dein Job ist es, an die Oberfläche zu gehen und den Boden zu überprüfen?

E: Ja, das ist es, was ich getan habe. Es ist seltsam. Es ist so, als ob die Körper, die wir jetzt haben, für unsere Umwelt geeignet sind. Es ist einfach schöner, Schutz zu haben. Ich denke, es ist auch der Ort, an dem wir nicht so sehr wahrgenommen werden.

D: Aber du hast gesagt, es macht dich traurig zu sehen, was passiert ist.

E: Es macht mich traurig. Ich weiß nicht, ob es ihn traurig gemacht hat. Es scheint so, als hätte es das getan, aber ich weiß nicht, wie seine Emotionen sind.

Ich brachte ihn auf einen wichtigen Tag. "Wir sind unter der Erde in unserem Labor. Wir bereiten uns auf die Abreise vor. Wir haben unsere Proben entnommen."

D: Hat sich die Atmosphäre verändert?

E: Es sieht besser aus, aber wir gehen weg. Es ist so, wie es war, und.... das war es. Es ist immer noch nur felsiger Sand. Es ist nichts, wo das Leben sein könnte. Der Boden ist im Vergleich dazu etwas weniger radioaktiv, aber es ist nicht das, was man als Ort nennen würde, wo man Dinge anbauen könnte.

D: Du fühlst also, dass dein Job dort erledigt ist?

E: Ja. Wir lassen einen Großteil der Ausrüstung dort. Also, wenn wir es brauchen, können wir später wieder zurückkehren. Es ist sehr unwahrscheinlich, dass es jemals jemand finden würde.

D: Wohin gehst du jetzt?

E: Es gibt ein Meeting. Wir sind auf dem Schiff, aber wir reden auch mit anderen, die nicht auf dem Schiff sind.

D: Worum geht es bei dem Treffen?

E: Es ist wichtig, sicherzustellen, dass sich das nicht wiederholt. Eine Menge Forschung ging verloren. Basierend auf unserer Analyse konnte der Planet nicht wieder aufgefüllt oder wieder aufgezogen werden. Das Leben konnte nicht in einem akzeptablen Zeitrahmen zurückgebracht werden, also muss dies in Zukunft vermieden werden. Alles wurde zerstört.

D: Also wird es einfach aufgegeben?

E: Derjenige, der zerstört wurde. Und es gibt andere Orte, an denen wir nicht wollen, dass dies geschieht.

D: Was hältst du davon?

E: Als ob wir versagt hätten.

Ich verlegte ihn wieder zu einem anderen wichtigen Tag. "Mir wurde die Möglichkeit geboten, zur Erde zu gehen."

D: Wie hast du die Gelegenheit bekommen?

E: Ich habe mich freiwillig gemeldet. Ich habe darum gebeten.

D: Haben sie nach Freiwilligen gefragt? (Ja.) Wo bist du, als das passiert?

E: Ich bin auf einem Schiff. Mein Vorgesetzter, mein Anführer, sagte, dass sie, um dies auf der Erde zu verhindern, Leute brauchen, die gehen.

D: Haben sie Angst, dass dasselbe mit der Erde passieren könnte? (Ja.) Und du willst gehen?

E: Das tue ich. Es scheint, als würde es sehr beängstigend sein. Angst ist nicht etwas, was ich gut verstehe, aber nachdem ich die Zerstörung aus erster Hand gesehen habe, war es sehr beängstigend.

D: Gibt es noch andere auf dem Schiff, die sich freiwillig melden wollen?

E: Ja, ja, ja. Wir wollen einen Unterschied machen. Unsere Crew ist unterwegs. Einige werden auf dem Schiff bleiben. Einige werden gehen. Diejenigen auf dem Schiff unterstützen diejenigen auf der Oberfläche. Sie werden uns helfen, uns zu erinnern, denn es ist schwer zu erinnern, wenn du da unten bist.

D: Was passiert mit dem Körper, wenn du das Schiff verlässt?

E: Ich muss wie ein Erdenmensch sein.

D: Ich dachte an den Körper, in dem du warst.... bleibt er auf dem Schiff, oder stirbt er oder was?

E: Es ist fast so, als wäre es ein Anzug oder ein Fahrzeug. Es war utilitaristisch. Es gab keine Freude daran oder was der Mensch als normales Leben betrachten würde. Es war einfach, um einen Job zu machen. Wir haben sie sehr oft angepasst.

D: Meinst du, es ist kein wirklich fester Körper?

E: Es war solide, aber es ist fast so, als wäre es aus einem synthetischen Material. Es ist auch biologisch.

D: Wenn du also den Körper verlässt, was passiert dann mit ihm?

E: Nun, er ist nicht tot. Er ist nicht lebendig. Er ist ein funktionierender Bio-Anzug.

D: Verschlechtert er sich, wenn du ihn verlässt?

E: Ich glaube nicht. Ich bin mir nicht ganz sicher. Vielleicht können andere ihn für ihre Arbeit nutzen.

D: Wenn du zur Erde gehst, um dich freiwillig für dieses Projekt zu engagieren, geben sie dir dann irgendwelche Anweisungen?

E: Zur Erinnerung. Dass wir viele Herausforderungen und viele Dinge haben würden, die wir nicht verstehen und.... uns einfach daran erinnern, glücklich zu sein. Glücklich zu sein ist sehr wichtig.

D: Glauben sie, dass es einfach sein wird, glücklich zu sein, wenn man auf der Erde ist?

E: Nein. Da ist eine Menge Unglück. Es gibt dort viele traurige Wesen, und wir wollen nicht, dass sie traurig sind. Man sagt, das Wichtigste ist, glücklich zu sein. Das ist für uns eine Art vages Konzept, denn wir sind uns nicht sicher, was das bedeuten wird.

D: Also gibt es keinen Job, den du erledigen musst?

E: Bleib am Leben. Behalte die Dinge im Auge.

D: Du hast gesagt, es würde viele Herausforderungen geben.

E: Dinge, mit denen wir noch nie zuvor zu tun hatten.

D: Aber du willst es trotzdem tun?

E: Nun, es ist sehr aufregend. (Lachen) Es ist viel aufregender, als Bodenproben zu sammeln. - Die Leute dort haben bestimmte Dinge vergessen und sie lehren sich gegenseitig alles falsch. Und wir wollen ihnen helfen, damit sie sich nicht selbst zerstören. Wir müssen ihnen helfen, sich zu erinnern.

D: Wenn du zur Erde gehst, um diesen Job zu erledigen, wirst du dann einen Körper nehmen?

E: Ja. Ich werde ein Mädchen sein. (Sie lachte spielerisch.)

D: Hattest du eine Wahl?

E: Ja. Ich denke schon, aber es ist irgendwie seltsam.

D: Was ist daran seltsam?

E: Ich habe es gewählt, weil es nicht die Dominante auf dem Planeten ist. Ich wollte sehen, wie es ist, nicht die Überlegene zu sein - nicht überlegen, nicht die Dominante - nicht die Bevorzugte. Wir sehen, dass Frauen viel Ärger haben. Männer auch.... aber die Frauen können Babys bekommen. Und die Frauen werden helfen, die Dinge zu ändern, da sie diejenigen sind, die die Babys tragen. Sie werden besonders hilfreich sein, um den Krieg und die Zerstörung zu verhindern. Wenn du ein Leben erschaffst, willst du es nicht zerstören.

D: Aber, wenn du das Baby betrittst, erinnerst du dich, warum du gekommen bist?

E: Zuerst, aber, wenn ich hierherkomme, ist niemand von meiner Crew um mich herum. Oder wenn sie es sind, erinnere ich mich nicht mehr, und ich kann es nicht sagen. Es ist sehr verwirrend.

D: Ich denke, du bist sehr mutig, es zu tun, ohne dass jemand da ist, der dir hilft.

E: Es gibt einige, die uns helfen können, aber es ist schwer, ... Ich weiß es nicht.

D: Aber du hast niemanden in der Nähe deiner eigenen Art, deiner eigenen Leute.

E: Nun, wir sind alle überall gleich, aber wir sind alle in verschiedenen Körpern. Es gibt Leute auf den Schiffen, die mit uns kommunizieren können. Sie können mit jedem kommunizieren, aber nicht jeder hört zu.

D: Die anderen Leute hören nicht zu?

E: Nicht so gut. Sie sind sich nicht sicher, was es ist. Es macht ihnen Angst.

D: Wenn sie in der Lage sind, mit dir zu kommunizieren, wenn du im menschlichen Körper bist, bedeutet das, das du nicht wirklich allein bist, oder?

E: Nein, aber in der physischen Realität zu sein, bedeutet, dass man sich sehr getrennt fühlt. Es gefällt mir nicht, dass man.... getrennt ist.

D: Wie werden sie mit dir kommunizieren, während du im Körper bist?

E: Sie werden Änderungen vornehmen, um die Vibrationen zu erhöhen. Es ist, als würde man ein Upgrade der Karosserie bekommen. Es fügt neue Programme hinzu. Irgendwie, weil wir es tun, hilft es den anderen, es zu tun.

D: Upgrade-Programmierung?

E: Es ist, als ob, wenn man einen Teil davon oder sogar mehrere Teile ändert, und dadurch beginnen sich noch mehr Teile zu ändern, ohne.... es ist schwer zu erklären.

D: Tun sie das dem physischen Körper an, bevor du ihn betrittst?

E: Vielleicht ein paar, aber es wird später mehr getan.

D: Es wird also ein laufender Prozess sein?

E: Ja. Sie sagten, wir würden es für eine Weile vergessen. Nicht alle, aber einige Leute. Abhängig von der Umgebung, in die sie sich begeben haben.

D: Das ist wichtig, um die Aktualisierung und Neuprogrammierung durchzuführen, damit Sie sich nicht verirren?

E: Sie sagen, dass wir uns nie verlaufen. Die menschliche Seite des Geistes ist jedoch eine Art Kampf mit der nichtmenschlichen Seite des Geistes. Der eine will sich entspannen und alles sein lassen, und der andere ist einfach völlig verwirrt.... zu viel los. Es bringt mich dazu, nicht die ganze Zeit alles verstehen zu wollen. Es bringt mich dazu, keine Sachen zu fühlen. Ich denke, der Teil, der verwirrt wird, ist der menschliche Teil. Dieser Teil ist sich nicht bewusst, dass es etwas anderes ist. Es ist wirklich seltsam. Es ist, als wären zwei Menschen in einem Körper.

D: Haben sie gesagt, wann du dich an diese Dinge erinnern wirst, wenn du im Körper bist?

E: Irgendwann. Ellen weiß jetzt etwas davon. Sie sorgt sich sehr darum.

D: Sollst du etwas tun, wenn du in den menschlichen Körper kommst? Du hast gesagt, du bist da, um zu helfen.

E: Indem man hier ist, hilft es.... ein Leben zu führen.

D: Nur, weil du am Leben bist? (Ja) Du musst nicht rausgehen und Dinge tun?

E: Indem du das Leben lebst, hast du Dinge gelernt und Dinge erlebt. Und die Informationen werden zurück an das Schiff übertragen, und sie analysieren sie und nehmen Korrekturen vor.

D: Wie überträgt man die Informationen zurück an das Schiff?

E: Indem sie.... indem sie leben... können sie alles lesen.

D: Nun, weißt du, dass du jetzt durch einen physischen Körper sprichst? (Ja) Und dieser physische Körper ist verwirrt. (Ja) Sie versteht nicht, warum sie hier ist.

E: Sie macht es komplizierter als es ist. Sie denkt immer wieder, dass sie körperlich aktiv sein und etwas tun muss.

D: Sie denkt, dass sie die Welt ganz alleine verändern muss.

E: Das liegt daran, dass sie dachte, sie sei so lange allein, dass all das Gewicht sie so fühlen ließ.

D: Sie sagte, sie wolle den Menschen helfen.

E: Das ist ihre Persönlichkeit. Tief im Inneren weiß sie, dass sie es ist, aber sie denkt, dass es nicht genug ist.

D: Sie hat versucht, den Planeten zu verlassen, nicht wahr? (Versuchte, Selbstmord zu begehen.)

E: Sie dachte, sie wäre allein, und sie war sich nicht sicher, was dieses Leben ist. Sie verstand den Schmerz nicht.

D: Sie hat in diesem Leben einige negative Dinge passieren lassen, nicht wahr?

E: Ja. Sie wollte so sehr, dass es hier nur Liebe gibt. (Lacht) Aber sie verstand nicht, dass sie allein durch ihr Erscheinen einen Unterschied machte. Ich glaube, sie dachte, es würde viel schneller gehen. Sie wollte zurückgehen und sich damit nicht mehr beschäftigen müssen. Es schien, dass sich die Dinge nicht ändern würden, aber jetzt weiß sie, dass es anders ist.

D: Wenn sie schnell davongekommen wäre, hätte sie ihren Job nicht getan, oder?

E: Nein, und sie wäre nicht dazu gekommen, das Ende davon zu sehen, von wo sie jetzt ist. Sie hätte direkt zurück zur Erde gehen wollen. (Lachen.)

D: Weil sie sagen würde: "Ich habe meinen Vertrag nicht erfüllt." (Lachen)

E: Das, ja. Es ist seltsam hier.

D: Sie sagte, dass die Erde schwierig ist. (Ja) Es ist nicht einfach, hier zu sein.

E: Nein, aber es ist nicht ohne Schönheit.

D: Glaubst du, dass es für sie jetzt einfacher sein wird, da sie verstehen kann, was sie tun soll?

E: Ich glaube schon. Sie hat schon seit langem versucht, es herauszufinden. Sie war auf der Suche nach einem größeren Projekt, aber die Sache ist, dass sie bereits Teil eines größeren Projekts ist. Sie muss nicht nach etwas anderem suchen.

D: Mir wurde gesagt, dass, wenn die Freiwilligen einfach so hereinkommen, ihre Energie viele Menschen betrifft.

E: Das tut es, und das ist es, was ihr Angst macht. Sie verstand diese Emotionen nicht, besonders die negativen. Sie mag die Art und Weise, wie sie sich fühlen, nicht, weil sie sich schlecht gegenüber anderen Wesen gefühlt hat, und das macht ihr Angst. Sie kam hierher, um zu helfen, Liebe zu bringen, und wenn sie sich schlecht fühlt, hat sie das Gefühl, dass sie keine Liebe verbreitet.

D: Sie soll also diese Menschen lieben, die sie schlecht behandelt haben?

E: Das tut sie.

D: Das ist wichtig, weil wir nicht wollen, dass sie Karma ansammelt. (Nein) Wir wollen nicht, dass sie hier festsitzt.

E: Nein, und sie hatte Angst, dass sie es bereits tut.

Eine von Ellens Fragen betraf ungewöhnliche geometrische Symbole, die sie gezeichnet hatte. Sie wollte wissen, woher sie kommen. Seit vielen Jahren beschäftige ich mich mit den Symbolen und dem Zwang der Menschen, sie zu zeichnen, also dachte ich, ich hätte die meisten Antworten darauf, aber ich will immer sehen, was das SC zu sagen hat. Verifizierung ist immer gut.

E: Die Symbole sind Teil der DNA-Upgrades.

D: Es hat also nichts damit zu tun, was auf dem Schiff passiert?

E: Irgendwie, weil das einer der Orte ist, von dem aus Informationen übertragen werden, besonders zu ihrem physischen Gefäß. Ich bin mir nicht sicher, ob sie übersetzbar sind. Ich denke, dass etwas von dem, was sie schreibt, eine Zusammenführung von Symbolen ist, die sie außerhalb der Welt gesehen hat, und alten Symbolen auf dieser Welt. Sie können nichts Böses tun. Sie sind in mancher Hinsicht mächtig und sie sind positiv, aber sie sollte es nicht erzwingen. Wenn es angebracht ist, wird es kommen. Sie muss in dieser Welt mehr über Energien erfahren.

D: Aber ein anderer Teil von ihr versteht, was diese Symbole bedeuten?

E: Auf einigen Ebenen, ja. Deshalb ist sie an ihnen interessiert. Sie hatte früher Angst, dass sie etwas Negatives wären, aber jetzt hat sie keine Angst mehr vor ihnen. Sie wusste nur nicht, woher sie kamen. Sie sprechen mit dem intelligenteren Teil des Geistes, der nicht sehr oft auftaucht. (Lachen) Sie muss sich keine Sorgen machen, sie zu interpretieren. Sie wird andere treffen, die auch die Symbole haben werden, und sie werden über sie sprechen.

Ellen hatte einige negative Erfahrungen mit Männern in ihrem Leben, und sie wollte wissen, ob es in ihrer Zukunft jemanden gibt, der positiv ist. Das SC sagte, dass jemand kommen würde, aber er wollte nicht ins Detail gehen, weil es die Überraschung nicht verderben wollte. Es fand das amüsant, also wusste ich, dass es eine positive Erfahrung sein würde, die sie erwartet. Sie war auch um ihren Sohn besorgt.

D: Mir wurde gesagt, dass es für Ihre Art von Wesen ungewöhnlich ist, Kinder zu haben, wenn Sie in den menschlichen Körper eintreten.

E: Sie wollte diese Erfahrung machen. Sie hatte Angst, die Erfahrung zu haben. Obwohl sie es erlaubte und wollte, dass es geschah, wurde entschieden, dass sie nicht bereit war. Sie hatte sich nicht angepasst. Sie arbeitet noch daran. Sie wird besser darin. Er ist auch wie wir.

D: Deshalb sind sie kompatibel? (Ja) Aber sie sollte nicht die Erfahrung haben, ihn aufzuziehen?

E: Es wäre anders. Es wäre nicht die volle Erderfahrung für ihn, oder besser gesagt, damit er sie verstehen könnte.

D: Deshalb musste er von den Großeltern aufgezogen werden?

E: Ja, eine Zeit lang. Die Dinge werden sich ändern.

D: Sie wollte wissen, ob sie das Sorgerecht für ihn bekommen kann. Was denkst du denn?

E: Es könnte in Zukunft kein Problem mehr sein. Die Dinge ändern sich. Die Verwahrung ist möglicherweise kein Problem. Es hängt alles von der Zeitachse und dem Zeitpunkt ab, an dem wir die Verschiebung vornehmen. In der neuen Erde wird es kein Thema sein. Ihm geht es vorerst gut.

D: Es wird also kein Problem sein, weil einige Leute sich nicht mit dem Aufstieg bewegen werden?

E: Nicht alle.

D: Aber der Sohn wird es, weil er auch einer der Freiwilligen ist. (Ja) Wahrscheinlich der einzige Grund, warum sie das Baby mit dieser Art von Seele bekommen konnte.

E: Ja. Er war wichtig, weil er sie am Laufen hielt, wenn sie es nicht wollte.

Ellen hatte mehrere Fragen über ungewöhnliche Dinge, die ihr als Kind passiert sind, aber das SC sagte, es wolle nicht dorthin gehen. Es war das Beste, wenn sie das in Ruhe ließ. Sie brauchte es nicht weiter zu erforschen. Dinge, die sie nur verärgern würden, um die sie sich keine Sorgen machen muss. Sie ist sich dessen bewusst, aber es dient ihr nicht. Sie musste vorankommen. "Dieser Teil ihres Lebens ist fast wie ein anderes Leben. Es war eine Menge Training.... eine Menge Erderfahrung. Ich versuche, die Wesen hier zu verstehen. Den Teil ihres Lebens, den sie irgendwie durchgeschlafen hat. Wenn ich sage "geschlafen", meine ich, dass ich mir nicht bewusst bin, was sie hier getan hat. Es sind ihre Erfahrungen im Bewusstsein. Sie hat vielen Menschen geholfen, die sie nie getroffen hat. Andere Leute wie sie halfen ihr sogar, damit sie sich erinnern konnte. Es geht nicht um den Körperkontakt. Es geht um die Frequenz und wenn sich Seelen durch schwierige Situationen bewegen, bewegen sie sich auf verschiedenen Wegen für andere. Meistens ist es in ihren Kämpfen, wenn sie durch sie hindurchkommen, so, als würde sie anderen Menschen eine Tür öffnen. Sie entschied sich, zu kommen und bei der Arbeit mit den Abhängigkeiten zu helfen. Das ist eine große Sache. Das ist eine große Herausforderung, es zu überwinden, und das Tun, das anderen hilft, es zu überwinden."

Ich fragte nach ihrem physischen Körper: "Sie passt ziemlich gut auf sich selbst auf. Sie hat eine Zeit durchgemacht, in der sie es nicht tat. Sie hat ihn bis an die Grenze gebracht. Er war fast "kaputt"."

Abschiedsnachricht: Wir versuchen, sie zu beruhigen. Sie ist traurig, dass wir gehen, aber wir gehen nicht wirklich. (Lachen) Wir wollen nur, dass sie sich keine Sorgen macht. Um sie wird sich immer gekümmert.

***

Ich habe ähnliche Fälle, die durch meine anderen Bücher von Leuten, die anwesend waren, als ein Planet zerstört wurde, gestreut werden. Sie waren entweder Zeugen davon, an der Oberfläche oder von einem Raumschiff aus, oder sie kehrten auf den Planeten zurück, um nichts als Zerstörung zu sehen. Das ist für sie immer ein sehr emotionales Erlebnis. Es hatte eine nachhaltige Wirkung, die sich in dem gegenwärtigen Leben fortführte, wenn auch auf einer unbewussten Ebene. Viele haben von einem tiefen Gefühl der Traurigkeit berichtet, das überwältigend war, aber keine logische Grundlage hatte. Einige haben mir gesagt, dass sie schon von Kindheit an eine starke Traurigkeit empfanden. Sie sagten, dass sich ihre Familie nicht daran erinnern konnte, sie jemals lächeln oder glücklich zu sehen.

Andere sprechen von einer irrationalen Angst, die sie verfolgt und ihr Leben zurückgehalten hat. Natürlich verursachten diese Art von zugrundeliegenden Emotionen Probleme in ihrem gegenwärtigen Leben. Es erklärt auch ihren Wunsch, sich freiwillig zur Erde zu melden, in dieser kritischen Zeit der Geschichte. Sie hatten die schreckliche Zerstörung aus erster Hand gesehen und wollten nicht, dass sie einem anderen Planeten widerfährt. Als ihre Vorgesetzten also sagten, dass die Erde in Schwierigkeiten sei, gehörten sie zu den ersten, die ihre Hände erhoben und sich freiwillig gemeldet haben. Doch sie erkannten nicht die Schwierigkeiten, die vor ihnen liegen würden, wenn alle Erinnerungen beim Betreten dieser Welt gelöscht würden. Es hilft jetzt, zu erkennen, dass sie eine wichtige Aufgabe zu erfüllen haben, auch wenn sie nicht dramatisch ist. Ihre Energie ist unglaublich wichtig, damit die notwendigen Veränderungen stattfinden können. Alles, was sie tun sollen, ist einfach nur sein!

KAPITEL DREIZEHN

DAS LEBEN ALS BAUM & LEMURIE

MARIAN ZOG AUF IHRER Ranch PFERDE AUF, war mehrere Jahre verheiratet und hatte keine Kinder. Sie sprach nicht über irgendwelche Probleme, sondern wollte nur etwas über ihren Zweck wissen. Ich sage den Leuten immer, wenn sie mich nur aus Neugierde besuchen, dass sie mehr bekommen werden, als sie erwartet haben. Dies ist ein typisches Beispiel. Ich muss immer das Unerwartete erwarten.

Anstatt aus der Wolke zu kommen, ging Marian sehr weit hinaus ins All. Sie konnte die Erde als eine wunderschöne, blaugrüne Kugel mit Sternen um sich herum sehen. Als sie schwebte, wurde sie auf eine Art Raumschiff aufmerksam, das da draußen "geparkt" war. Als ich sie fragte, wohin sie gehen wolle, oder was sie tun wolle, sagte sie: "Ich will auf dem Schiff live dabei sein. Ich mag die Idee, auf dem Schiff zu sein und nicht erdgebunden zu sein. In der Lage sein, rundum zu verschiedenen Galaxien zu fliegen und zu verschiedenen Planeten zu gehen. Ich will nicht wirklich zurück zur Erde." Ich fragte, ob sie das Schiff näher erkunden wolle. "Ich glaube, ich weiß bereits, wie das Schiff aussieht. Es scheint, dass ich bereits auf dem Schiff gelebt habe, und ich war eine Weile auf der Erde, aus irgendeinem Grund. Und ich will nach Hause zurückkehren. Das Schiff wird mich nach Hause bringen." Ich sagte ihr, sie könne alles tun, was sie wolle, und sie sagte, sie wolle an Bord gehen.

D: In Ordnung. Wie kommst du auf das Schiff?

M: Ich denke, ich kann mich einfach rüberbeamen. Ich kann einfach an mich denken-(Überraschtes Lachen). Ich komme auf das Holodeck, wo..... Ich komme in einen Mammutwald. Die schönen Bäume und der Ozean mit dem Sonnenuntergang, aber es ist wirklich das Holodeck auf dem Schiff. Ich bin da, und ich erschaffe es in diesem Hologramm. Es ist wunderschön. Diese Bäume sind meine Familie.

D: Warum denkst du das?

M: Weil ich in einem dieser Bäume an einem Punkt gelebt habe, für eine lange, lange, lange, lange Zeit. Ich denke, ich habe mich einfach entschieden, dass ich ein großer Baum sein wollte, und um zu erleben, dass ich ein riesiger Baum bin. Aber ich wuchs als Baby Baum auf, also waren die großen Bäume ringsum meine Eltern, Tanten und Onkel, wo wir alle eine Familie waren. Ich begann als eine kleine Nuss, die zu einem Setzling wurde, und wuchs und wuchs und wuchs und wuchs und wuchs. Und wir würden die heilende Energie der prächtigen Sonne aufnehmen. Und es würde Blätter aussenden, und es würde den Planeten ernähren. Und wir waren dort einfach so glücklich. (Emotional.)

D: Als großer Baum hättest du lange gelebt.

M: Ich habe Tausende und Abertausende von Jahren gesessen. Aber der Baum ist nicht gestorben, ich habe gerade den Baum verlassen.

D: Du hast alles erlebt, was du konntest. (Ja) Wie war es, ein Baum zu sein?

M: (Tief seufzt) Ahh.... wunderbar! Ich hatte all die Eichhörnchen und Vögel. Es war, als wäre ich ein Bewusstsein, und sie alle lebten in mir. Und ich liebte sie und nährte sie, und sie liebten mich.

D: Aber dann bist du so weit gekommen, dass du nicht mehr lernen konntest, ein Baum zu sein?

M: Es war, als hätte man mir gesagt -ich nicht weiß, wer es mir gesagt hat - aber mir wurde gesagt, ich solle für meinen nächsten Auftrag zurück zum Schiff gehen.

D: Dort bekommst du deine Aufträge, auf dem Schiff? (Ja) Also schaust du dir das gerade wieder auf dem Holodeck an, nur um dich zu erinnern?

M: Ja. Ich muss daran erinnert werden, warum ich immer noch so sehr mit Bäumen verbunden bin. Warum ich sie gerne male, warum sie zu mir sprechen.

D: So funktioniert es also? Du lernst alles, was du kannst, aus einer Erfahrung und gehst dann zur nächsten? (Ja) Also, was wirst du jetzt tun?

M: Ich werde zurück auf die Erde gebeamt, in das, was aussieht wie Lemuria, drüben bei Hawaii.

D: Du bist nicht nach Hause gekommen?

M: Nein. Ich wurde wegen eines anderen Auftrags zurückgeschickt. Ich wurde nach Lemuria geschickt. Ich war lange, lange, lange, lange, lange Zeit nicht zu Hause. (Wird emotional.)

D: Wo ist das Zuhause? Weißt du es?

M: (Leise weinend, dann ein Flüstern.) Ich glaube, es ist auf der Sonne. Es ist sehr hell. Es ist so voller Liebe (Emotionalität). Niemand hat Körper, wir sind alle nur Lichtwesen. Es gibt so viel Liebe. (Sie fing an zu weinen.)

Auf diese Weise haben viele meiner Klienten Gott beschrieben, die Quelle, aus der jeder von uns ursprünglich kam. Sie wird oft mit dem hellen Licht der Sonne verglichen und manchmal auch "Große Zentralsonne" genannt. Es wird immer als ein Ort unglaublicher Liebe beschrieben.

D: Aber du musstest dein Zuhause auf einmal verlassen?

M: Das sollte ich eigentlich. Mir wurde gesagt, ich solle. Mir wurde gesagt, es sei mein Job und dass ich wiederkommen könnte. Dass ich gehen und etwas Licht verteilen muss. (Weint.)

D: Bist du an vielen Orten gewesen?

M: Ja. (Seufzer) Ich war überall. (Weint immer noch leise.)

D: Nur auf der Erde, oder hast du andere Dinge erlebt?

M: Ich denke hauptsächlich auf der Erde. Ich denke, die Erde war dort, wo ich mich am besten fühlte.

D: Jetzt sehnt ihr euch also danach, nach Hause zu gehen, aber ich schätze, ihr könnt nicht zurückgehen, bis ihr den Job erledigt habt?

M: Ich glaube, ich kann bald nach Hause gehen. Ich denke, ich werde nach diesem Leben nach Hause gehen können, nachdem Marian fertig ist. Ich glaube, ich habe es mir verdient.

D: Hast du alles gelernt, was es zu lernen gibt?

M: Ja. Ich denke, ich gehe in einem Fahrzeug nach Hause, wie ein Merkaba, mit viel Licht und Farben. Es ist, als wäre es mein eigenes kleines Schiff.

Im Alten Testament bezieht sich die Merkaba auf die feurigen Wagen, die von verschiedenen Propheten, insbesondere Hesekiel, gesehen werden. In der heutigen Zeit scheint es sich um ein Ufo zu handeln, das in den besten Begriffen beschrieben wurde, die sie in diesem Zeitraum finden konnten.

Ich wollte mehr über ihre Erwähnung der Lemurie erfahren. Die Lemurie sollte ein verlorener Kontinent sein, der sich im Pazifik befand. Es wird angenommen, dass es das gleiche Schicksal erlebte wie Atlantis, das sich im Atlantik befand. Es wird angenommen, dass die Lemurie älter ist.

M: Hmm-Das Land von Mu. Ich sollte eigentlich eine Art Heiler sein, aber ich war ein Mann. Es ist so ähnlich wie die Kahunas jetzt, aber ich war eine Art Dorfschamane. Wir setzen Energie in Steine ein.

Kahunas sind die weiblichen heiligen Priesterinnen, die sich jetzt auf den Inseln von Hawaii befinden - ich bat sie, selbst zu sehen, wie sie die Energie in Felsen steckt.

M: Ich habe in einem Dorf gelebt. Es war wunderschön, es war am Wasser, und wir hatten diese großen Felsen wie Monolithen. Es waren wirklich riesige Felsen! Wir haben sie nicht dorthin gebracht, die Schiffe haben sie dorthin gebracht. Aber ich würde gehen und Energie in die Felsen stecken. (Pause) Ich lege einfach meine Hände auf die Felsen und durchdringe die Felsen. Ich berühre die Felsen. Und ich konzentriere mich sehr stark auf diese Energie, und sie geht in die Felsen. Und es bleibt dort. Dann können Kranke zu den Felsen gehen, um die Energie zu gewinnen und alles zu verbessern.

D: Die Energie bleibt also in den Felsen, damit sie später genutzt werden kann.

M: Ja. Immer noch da. Auch wenn die Felsen jetzt unter Wasser sind.

D: Du sagtest, die Steine wurden von anderen dort platziert? (Ja) Wie ist das passiert?

M: Sie haben sie mit ihren Schiffen in die Luft gebracht.

D: Von anderen Orten?

M: Ja, von anderen Orten, weil sie zu schwer waren. Es ist über Land, also würden sie sie einfach mitbringen - sie schwebten durch die Luft. Es war wirklich etwas zu sehen.

D: Du hattest das Privileg, es sehen zu können. Wonach sah es aus?

M: (Kichern) Scheint normal zu sein, weil ich daran gewöhnt war. Nicht jeder durfte es jedoch sehen. Normalerweise machten sie es früh am Morgen, bevor alle aufstanden. Aber es sah einfach aus wie ein großes Diskettenschiff, das mit einem dieser großen Steine, die wie lange, zigarrenförmige Steine waren, "jzhhhhhhhhhhhhhh" ging. Und sie würden sie in die Erde stecken.

D: Sie haben sie auf die Erde gelegt?

M: Nein. Sie würden ein Loch ausgraben und es da reinstecken. Und dann schnitzten sie manchmal den Felsen, wie Gesichter. Aber das war nicht mein Job. Meine war nur, die heilende Energie in die Felsen zu bringen.

D: Warum haben diese Wesen sie dorthin gebracht?

M: Ich glaube, sie wollten uns zeigen, wozu sie fähig sind, und sie wollten uns helfen. Es war irgendwie ein Lehrmechanismus, weil uns auch beigebracht wurde, Dinge mit unserem Verstand zu bewegen. Das konnten wir auch, weil die von uns bewegten Felsen kleiner waren. Einige von uns, nicht alle von uns. Du musstest wirklich, wirklich, wirklich, wirklich glauben, dass sie genau wie wir sind.

D: Du glaubst nicht, dass du einen großen mit nur deinem Verstand hätte bewegen können?

M: Nein, aber ich hätte mit anderen zusammen sein können, etwa zwanzig oder dreißig mehr.

D: Sie würden sich alle konzentrieren? (Ja) Und sie wollten dir zeigen, dass es möglich ist? (Ja) Natürlich haben sie es mit einem Schiff getan, nicht wahr?

M: Nein, sie haben es mit ihrem Verstand auf das Schiff getan.

Irgendwo hier drin begann sich das Band zu beschleunigen und wurde am Ende noch schlechter. Es beschleunigte sich so sehr, dass die Stimmen "chipmunky" klangen und schwer zu transkribieren waren. Ich fragte mich, ob es etwas mit dem Thema zu tun hatte: Energie in Objekte zu bringen?

D: Ich dachte, vielleicht erzeugt das Schiff eine Energie.

M: Nun, das Schiff und die Wesen auf dem Schiff waren alle wie ein Wesen. Sie haben das alles durch Magnetismus gemacht. Damit sie die Magnetik fokussieren konnten.

D: Also waren sie in der Lage, als ein Verstand zu funktionieren? (Ja) Und dann konnten wir diese Dinge bewegen. (Ja!) Haben sie dir gesagt, du sollst Energie in die Felsen stecken?

M: Nicht mit Worten - denn sie haben nicht mit Worten gesprochen. Sie sprachen mit Gedankenblöcken, also schickten sie mir diese Gedankenblöcke. Und es fühlte sich sehr gut an, dass ich das tun konnte.

D: Hast du diese Wesen jemals gesehen? (Ja) Sie waren also nicht immer im Raumschiff?

M: Oh, nein. Einige von ihnen kamen manchmal heraus. Sie haben jedoch einige Leute erschreckt. Aber sie waren meist Wesen aus Licht. Sie waren wie Kugeln. Sie konnten eine Form annehmen, aber meistens waren es nur Lichtsphären, die all diese schönen Farben ausstrahlten. Und sie waren beängstigend, weil sie so viel Liebe und Weisheit ausstrahlten. Und sie würden Formen annehmen, die so ähnlich wie eine menschliche Gestalt aussehen würden, aber sie war wirklich Licht. Lichtwesen. Sie hatten nicht wirklich Arme oder Beine. Sie waren groß und einfach nur lumineszierendes, flüssiges Diamantlicht.

D: Klingt wunderschön.

M: Sie waren von der Sonne.

D: Haben sie dir das gesagt?

M: Ich glaube, ich wusste es nur, weil ich dort herkomme. Und sie kamen gerade, um nach mir zu sehen, weil wir alle vom selben Ort waren.

D: Hattest du eine Erinnerung daran, dass du von der Sonne gekommen bist?

M: Irgendwie schon. Ich erinnere mich, dass ich einfach in den Körper eines Babys gerollt bin und dachte: Oh nein! Und das Gefühl, wirklich schwer - dicht zu sein.

Ich fragte, wie er und die anderen im Dorf aussehen. Er war sehr groß, mit langen, dicken, schwarzen Haaren und goldbrauner Haut. Er hatte Federn und Steine um Hals und Kopf. Und trug so etwas wie einen Rock. Die Frauen im Dorf waren wunderschön mit langen Lockenwicklern. Sieht eher aus wie moderne Indianer oder Hawaiianer.

D: Wurdest du zum Schamanen ausgebildet?

M: Ich glaube, ich bin dazu geboren. Meine Eltern, meine Mutter war eine Medizinfrau. Sie sind jetzt weg. Sie starben, aber ich habe das getan, was sie getan haben. Ich habe andere Dinge gejagt, und die Leute kamen und redeten mit mir. Und ich würde mit ihnen über die Dinge reden und ihnen Steine geben, an denen sie sich festhalten können.

D: Warum hast du ihnen Steine gegeben?

M: Weil das ihre Schwingungsfrequenz verändern würde. Es war Physik. Es würde sie sich anders und besser fühlen lassen. Und sie glaubten es. Weil sie es also glaubten, würden sie es so machen.

D: Waren das nur gewöhnliche Steine?

M: Nein, im Grunde sind es leicht gefärbte Steine, die wir am Strand finden würden - Edelsteine und Kieselsteine. Ich würde die heilende Energie in sie einbringen.

D: Genau wie bei den riesigen Felsen. (Ja) Ihr würdet diese also dem Volk geben, und es würde sie gesundmachen. (Ja) Aber dann wurde dir gesagt, dass du durch deinen Verstand auch die Energie in die großen Felsen stecken sollst?

M: Ja, weil es die Erde besser fühlen lassen würde. Es ist sowohl für die Erde als auch für die Menschen.

D: Wurden die großen Steine in irgendeiner Art von Design oder Formation eingesetzt?

M: Eine Art Antenne. Aber es ist eine Formation, die wie eine gerade Linie aussieht.

D: Was meinen Sie mit einer "Antenne"?

M: Es sendet Frequenzen in das Sonnensystem. Alle Wesen im Sonnensystem wissen zu lassen, wie wertvoll der Planet Erde ist.

D: Leben diese Wesen bei dir, oder bleiben sie in ihrem Raumschiff?

M: Sie gehen überall hin. Sie kommen einfach und schauen nach mir. Sie gehen überall hin. Sie gehen auf andere Planeten. Sie können es wirklich schnell machen. Sie öffnen und schließen einfach. Aber ich muss das mit ihnen machen, oder sie anrufen, und sie werden auftauchen. Sie gehören zur Familie. Ich rufe sie nicht an, es sei denn, ich brauche wirklich etwas.

D: Warum nennst du sie "Familie"?

M: Weil wir alle von der Sonne sind.

Sie waren alle verbunden, genau wie damals, als sie der Baum war und mit der ganzen Natur verbunden war, weil alles von der Sonne kam. Er hatte einmal eine richtige Familie, aber sie waren weggegangen. Aber es gab viele kleine im Dorf, und alle waren glücklich, dort zusammen zu leben. Sie kümmerten sich alle um einander. Es gab sehr wenig Krankheit, meist Unfälle, weil er die Menschen heilen konnte. Es schien an dieser Stelle nicht mehr viel zu erkunden, also brachte ich ihn auf einen wichtigen Tag und fragte ihn, was er sah.

M: Die ganze Insel ist gerade ausgelöscht worden. Eine große Flut. Wir sinken, die ganze Insel sinkt. Und dann sterbe ich. Aber wir sterben nicht wirklich, wir sind einfach alle mit Wasser bedeckt.

D: War es plötzlich?

M: Ja, auf einmal. Nur einen Morgen, wie ein Tsunami.

D: Du hattest keine Warnung, dass es kommen würde?

M: Nein. Aber es ist in Ordnung.

Ich fragte, ob die Wesen versuchten, sie zu warnen, aber er sagte, sie seien nicht da. Es hätte wahrscheinlich nicht viel gegeben, was sie ohnehin hätten tun können. Es geschah so plötzlich, dass die gesamte Insel bedeckt war.

M: Viele Menschen sind gestorben. Natürlich stirbt niemand wirklich. Sie sind einfach an einen anderen Ort gegangen. Es war natürlich beängstigend. Es war eine riesige Insel. So viele Tausende und Abertausende, Hunderttausende starben, von denen wir nicht einmal wussten. Es war, als würde ein Kontinent untergehen.

D: Ein Kontinent statt einer Insel?

M: Ein großer Kontinent. Wir waren gerade am Rande dessen, was wir für unsere Insel hielten. Aber wir wussten nicht, wie groß er war, denn wir gingen nur so weit. Aber als wir aus unserem Körper herauskamen und nach unten schauten und sahen, wie groß die Lemurie war, war sie so groß wie ein riesiger Kontinent. Wir waren nur eine weitere Gruppe auf der anderen Seite. Wir waren nur in der Nähe, weil es sicher war. Von hier aus kann ich sehen, dass der ganze Kontinent gesunken ist und gerade unter Wasser ist. Es war wie ein großer Riss in der Erde, wie ein Erdbeben. Das war es, ein riesiges Erdbeben. Und der Meeresboden öffnete sich und saugte unter der ganzen Sache. Hat es verschluckt. Und das ganze Wasser von überall kam herein. Der Pazifik ist sehr groß.

D: Ich frage mich, ob die Wesen etwas hätten tun können, selbst wenn sie dort gewesen wären.

M: Ich glaube, sie haben zugesehen und vielleicht etwas auf ihren Schiffen mitgenommen. Das war alles, was dazu bestimmt war.

D: Es gab nichts, was sie tun konnten, um es aufzuhalten, schätze ich.

M: Nein, es war Mutter Erde, die das getan hat. Sie kalibrierte sich selbst. Es gab einige Störungen auf der anderen Seite des Planeten, die eine Anpassung verursachten.

D: Was siehst du da?

M: Ich sehe, wie diese großen Wellen der Sonnenaktivität in die Erde kommen. Eine Anpassung. Ich weiß nicht, was es bedeutet, außer, dass es von einer Gruppe benötigt wurde, die das Gleichgewicht im Netz des Planeten durcheinandergebracht hat. Und das verursachte die Erdbeben und auch die Flutwelle darauf.

D: Was war die Anpassung auf der anderen Seite der Welt?

M: Ich glaube, es war ein anderes Experiment. Sie machten ein Experiment, um etwas anzupassen, es ging aber nach hinten los.

D: In deiner Situation kannst du eine ganze Menge wissen. Wer waren diejenigen, die das Experiment durchgeführt haben?

M: Sie sind nicht von der Erde, sie waren von einem anderen System. Ich weiß nicht, wer sie waren. Ich kann sie nicht sehen. Sie sind wie ein Gruppengeist, irgendwie, aber sie sind nicht von der Sonne. Unsere Gruppe hätte nie.... unsere Gruppe liebte den Planeten Erde, weil unsere Gruppe von der Sonne kam. So helfen wir, den Planeten Erde und seine Lebensformen zu erhalten. Wir haben geholfen - nicht nur wir - wir alle haben geholfen, sie in das üppige Paradies zu verwandeln, das sie ist. Unsere Gruppe liebt diesen Planeten immer noch.

D: Kannst du noch etwas über das Experiment herausfinden?

M: Ich denke, sie waren nur neugierig darauf, was passieren würde, wenn sie die Netze durcheinanderbringen würden. Ich sehe nur das Experiment. (Seufzer) Ich kann nicht aussprechen, woher sie kommen.

D: Das ist in Ordnung. Aber sie durften das tun?

M: Sie sind in dieser Dimension des freien Willens, und niemand hat sie aufgehalten. Sie hatten keine Rücksicht auf alle Lebensformen, die betroffen sein würden. Sie waren nur kalt und beobachtend, nicht bösartig. Genau wie: „okay, lass uns einfach mal sehen, was passiert, wenn wir das tun."

D: Weißt du, was sie dachten, nachdem es passiert war, und sie die ganze Zerstörung sahen?

M: Sie hatten keine menschliche Reue. Sie hatten nicht den genetischen Code, um Mitgefühl oder Reue zu empfinden. Sie sind gerade gegangen, um einen anderen Ort zum Experimentieren zu finden. Zurück zu ihrer eigenen Dimension, um Bericht zu erstatten.

D: Wenn du auf die Erde herabblickst, dauert es eine Weile, bis es wieder normal wird?

M: Oh, fast Hunderttausende von Jahren. Es ist, als ob sie sich nur ausruhen und ein Nickerchen machen und heilen müsste. Und lasst die Heilkraft der Sonne helfen.

D: Aber alle Menschen wurden nicht zerstört, oder?

M: Einige haben überlebt, und andere wurden mitgerissen. Die Wesen kamen herein, um zu helfen, die DNA so zu verändern, dass sie es zulässt.... es war alles ein Experiment, aber anders als das Säen. Der Rat der Neun nahm es auf sich, bei der Wiederbevölkerung der Erde zu helfen.

D: Warum mussten sie die DNA ändern?

M: Weil die DNA nur aus zwei Strängen bestand und die Lemurier zwölf hatten.

D: Macht das einen Unterschied?

M: Ja. Sie sind in der Lage, eins mit der Natur zu sein, und sie sind alle mit dem universellen Geist verbunden.

D: Deshalb konnten sie die Energie nutzen?

M: Ja, weil sie Kräfte haben.

D: Das liegt an der DNA?

M: Teilweise. Wir kamen von der Sonne.

D: Ich habe mich gefragt, was das Besondere an der zwölfsträngigen DNA ist?

M: Es hatte Größe - so groß, interdimensional-, es hatte die Kraft des Schöpfers. Sie waren sehr liebevoll.... nur zum Guten.

D: Nachdem diejenigen dort zerstört wurden und sie sich entschieden haben, sie neu zu bevölkern, warum konnten sie nicht einfach zulassen, dass es die zwölf Stränge sind, die sie haben?

M: Der Rat der Neun hielt dies für besser, weil sie dachten, dass uns zu schnell zu viel gegeben worden sei. Wir waren nicht bereit, also war es eine Möglichkeit, die Evolution zu verlangsamen.

D: Sie dachten, es wäre besser, rückwärts zu gehen?

M: Ja. Seltsam, denn die Höhlenbewohner und die Neandertaler und alten Menschen nach Lemuria hatten nur zwei Stränge. Und ihr Gehirn war nicht wie.... sie waren wie Tiere. - Sie kamen herein und vermischten sich mit ihrer DNA. Und es wurde sehr komplex, und dann waren wir wieder in die Anfangsphase zurückgekehrt, und sie gingen.

D: Aber sie dachten, es wäre besser, rückwärts zu gehen und die Leute wieder von vorne anfangen zu lassen? (Ja) Sie haben alle ihre Kräfte verloren, nicht wahr? (Ja) Glaubst du, das war eine gute Idee?

M: Es steht mir nicht zu, zu urteilen. Ich habe nur zugesehen.

D: Aber weißt du, was der Plan war, wenn er nur auf zwei Stränge zurückgeführt wurde? Sollte es sich danach weiter entwickeln?

M: Es ändert sich jetzt.

D: Wie verändert es sich?

M: Ich weiß nicht, wie ich es erklären soll, außer "es ist einfach so". Es ist Teil des Plans, allem zu erlauben, sich in das zu verwandeln, was es sein könnte, bereits gewesen ist, um uns alle auf die neue Frequenz zu bringen. Nicht jeder kann gehen. Nicht jeder wird seine zwölf Stränge bekommen.

D: Das wird eine Weile dauern, nicht wahr?

M: Es geht schon seit langem so.

D: Die DNA wird umstrukturiert?

M: Ja, es kommt. Es geht jetzt schneller.

D: Warum passiert es schneller?

M: Wegen der Beschleunigung.... wegen der Ausrichtung des Gitters... die Risse werden repariert.

D: Also darf sich die DNA jetzt wieder ändern? (Ja) Wie werden die Menschen das in unserer heutigen Welt bemerken?

M: Nun, einige Leute werden es nicht bemerken, aber diejenigen, die es wissen, werden sich gut mit "Allem" verbunden fühlen. Ihre Sinne werden gestärkt. Sie werden heller.... transparenter.

D: Werden die Leute um sie herum das bemerken?

M: Einige werden es tun. Einige werden einfach weiter schlafwandeln.

D: Ich dachte, wenn sie transparenter werden, sollte es auffällig sein.

M: Sie werden einfach unsichtbar werden.

D: (Das war eine Überraschung.) Irgendwann?

M: Ja. Aber sie werden trotzdem da sein. Es ist wie ein Senderwechsel im Fernsehen.

D: Aber, wenn sie unsichtbar werden, werden die Menschen um sie herum sie nicht mehr sehen? (Ja) Wo werden sie sein?

M: Auf einem anderen Kanal.

D: Eine andere Dimension? (Ja) Werden sie es bemerken? (Ja) Sie werden wissen, dass etwas passiert ist? (Oh, ja.) Aber die anderen Leute werden es nicht tun? (Nein) Wird sich diese Veränderung der DNA auf die psychischen Fähigkeiten auswirken?

M: Ja. Die Menschen werden viel telepathischer werden. Keine Worte nötig, Kommunikation durch das Herz und durch Gedankenblöcke. Keine Möglichkeit zu lügen oder zu betrügen. Das brauchst du nicht.

D: Jeder würde es wissen.

M: Ja, das ist eine gute Sache.

D: Das ist es. Aber warum passiert das jetzt? Es ist nun erlaubt, zurückzukommen.

M: Es ist Zeit. Es muss passieren. Die Zeit verging für Gaia (Mutter Erde), um ihren Abschluss zu machen und ihre besten Schüler mitzunehmen. Und die Zerstörung und Korruption und Negativität und Dunkelheit hinter sich zu lassen. Es ist, als würde sie sich trennen und sich in zwei verwandeln... eine Neue Erde... ein Neues Jerusalem, und es wird keinen nuklearen Holocaust geben. Dies alles ist Teil des großen Entwurfs des großen Lichts im Himmel, des Rates der Neun.

D: Diejenigen, die gehen, sind mit den zwölf DNA-Strängen verbunden?

M: Ja, diejenigen, die gehen - es werden einige sein, die zurückbleiben, um den anderen zu helfen, die übrigbleiben, weil sie so viel Angst haben werden. Einige werden sich aus dieser Opfergabe heraushalten, weil es Panik geben wird. Es ist sehr traurig.

D: Diejenigen, die zurückgelassen werden.... ihre DNA wird nicht verändert?

M: Nein, sie werden es nicht zulassen. Ich weiß nicht, wie es funktioniert, außer dass die Leute Bleischuhe an den Füßen haben und sie nicht aufhellen wollen.

D: Also ist es eine persönliche Entscheidung? (Ja) Okay, man kann von dort aus alles sehen. Du sagtest, Lemuria sei dort, wo Hawaii jetzt ist? (Ja) Das ist alles, was von diesem ganzen Kontinent übrig ist?

M: Ja, das und ein Teil von Japan und Singapur. Es war ein riesiger Kontinent. Die Halbinsel Baja, Kalifornien, war Teil der Küste. Es war riesig.

D: Gibt es noch andere Teile?

M: Ja, aber ich kenne die Namen der Inseln nicht.

D: Die Inseln im Pazifik?

M: Ja. Es ging bis nach Japan. Es war sehr groß.

D: Es klingt also so, als hätte es den größten Teil des Pazifiks bedeckt, nicht wahr?

M: Ich glaube schon.

D: Wir haben viel über Atlantis gehört. Kam das nach Lemuria? (Ja) Gab es Überlebende der lemurianischen Katastrophe?

M: Einige von ihnen gingen am Anfang hinüber. Sie waren die Guten. Ich glaube, sie wurden von einigen der Raumfahrtbrüder in die Luft geflogen, wo Atlantis sich entwickeln würde.

D: Also haben sie in diesem Teil der Welt eine neue Zivilisation gegründet? (Ja) Das sind Dinge, von denen wir heute nichts wissen.

M: Viele Leute wissen davon.

D: Nun, sie wissen von Atlantis, aber sie wissen nicht viel über Lemuria. (Ja) Und sie wissen nichts über die DNA. Aber das ist Teil meiner Arbeit, all diese Informationen zu bekommen. (Ja) Aber schließlich wurde dir gesagt, dass du im Körper von Marian leben sollst? Ist das richtig? (Ja) Warum hast du dich entschieden, in unserer Zeit wieder in einen menschlichen Körper zurückzukehren?

M: Ich bin gerade gekommen, um Teil des Aufstiegs zu sein.

Dieser Teil beantwortete die Fragen so gut, dass ich nicht dachte, dass es notwendig wäre, das SC zu rufen. Es stimmte zu, also wechselte ich zu Marians Fragen. Natürlich ist das erste immer das, was ich "die ewige Frage" nenne. Was ist ihre Bestimmung? Warum ist sie hier? Was soll sie denn machen?

M: Sie ist nur ein Lichtwesen von der Sonne, das hier ist, um die Schwingungen zu erhöhen, das Wasser zu reinigen und die Schwingungen zu erhöhen, damit sich jeder besser fühlen kann.

D: Es klingt nicht so, als hätte sie zu viele Leben auf dem Planeten Erde gehabt. Ist das richtig?

M: Sie hatte 500 oder mehr.

D: Auf der Erde? (Ja) Ich dachte nicht, dass es so viele sind.

M: Sie hatte viel Erfahrung und einige waren schnell.... nur um die Geburten und den Tod zu erleben. Das sind wirklich nicht viele Leben, wenn man über Millionen von Jahren nachdenkt.

D: Ja. Warum ist sie auf die Erde gekommen, um all diese Dinge zu erleben?

M: (Lacht) Weil sie die Eile liebt und sich erinnert, woher sie wirklich kommt. Sie liebt den Rausch der Liebe und des Gebens und Empfangens. Sie liebt diesen Planeten. Sie will nur Spaß haben. Sie will nicht, dass die Dinge zu schwer werden. Sie wird so traurig, wenn die Leute um sie herum traurig sind. Sie kann Gedanken lesen.

Eine ihrer Fragen befasste sich mit der Frage, ob sie Karma zurückzuzahlen hatte. Wenn ja, wollte sie es gerne loswerden. Sie sagten: "Sie hat ziemlich viel getan. Es hat lange gedauert." Marian lebte im Wesentlichen ein perfektes Leben, ein ruhiges Leben: konnte tun, was sie wollte, keine körperlichen Probleme. Sie sandte Licht zu allem aus, den Menschen, den Tieren und der Erde. Es klang, als wäre sie eine der zweiten Wellen: die Beobachter, die nur hier sind, um positive Energie zu erzeugen und an andere weiterzugeben. Und sie hat ihre Arbeit gut gemacht.

Ich fragte nach einigen Problemen, die sie in ihren frühen Jahren, als sie aufwuchs, hatte. "Sie war schon immer beschützt. Sie war ein Katalysator für andere, die ihrerseits an ihrem eigenen Karma arbeiten. Und es half auch ihr, aber meistens war sie immer der Katalysator. Damit die Menschen die Liebe lernen."

Bevor wir zum Ende der Sitzung kamen, dachte ich an ein paar weitere Fragen: "Die Felsen, die sich in Lemuria befanden, die, die dort platziert wurden, die die Energie hatten, gibt es sie noch oder sind sie auf den Meeresgrund gegangen?"

M: Einige sind immer noch auf der Big Island of Hawaii. Sie sind versteckt. Sie sind in der Lava vergraben.

D: Da ist eine Menge Lava. (Ja) Diese Insel hat also noch viel Energie von ihnen? (Ja, oh ja.)

KAPITEL VIERZEHN

DER RAT

ALS CAROL AUS DER WOLKE KAM, war sie verwirrt. "Es fühlt sich an, als wäre es der falsche Ort. Es fühlt sich nicht so an, als wäre es ein Erdenleben, nach dem ich suche. Ich fühle, dass ich in einer anderen Dimension bin. Ich sehe das Universum. Sterne und Galaxien. Die Wolke fühlt sich an wie ein Fahrzeug. Es führt mich durch ein Loch. Ich bin gerade da rausgezoomt und die Wolke ist eher wie eine Lichtkugel. Ich sehe viele Dinge.... Galaxien und es gibt einen Ort, an den ich gehen will. Ich gehe zu einem bestimmten System, in dem ich viel länger lebe als hier. Es gibt mehrere Sterne und mehrere Sonnensysteme und ich fühle mich, als würde ich zu meinen Freunden nach Hause gehen. Sie haben mich vermisst."

D: Bist du an einen bestimmten Ort in diesem System gereist?

C: Ja. Der Ort erschien einfach dort. Ich bin jetzt auf einem der Planeten. Es gibt ein sehr großes Gebäude. Und viele Leute laufen herum und machen ihr Ding. Und das Gebäude ist eine Art Hauptsitz. Ich komme jetzt dort rein.

D: Warum glaubst du, dass es eine Art Hauptquartier ist?

C: Mein Büro ist hier - Es gibt einige Leute, die wissen, dass ich einfach nur energetisch dorthin gehe. Ich habe hier viel Zeit verbracht.

D: Willst du in dein Büro gehen? (Ja) Sag mir bitte, wie das aussieht.

C: Es ist im obersten Stockwerk und es ist alles aus Glas. Ich sehe Berge in der Ferne und Wasserfontänen überall in der Stadt.

D: Was ist alles in deinem Büro?

C: Nicht viel. Es ist sehr groß und geräumig. Der Computer befindet sich auf meinem Desktop. Der gesamte Schreibtisch ist meine Datenbank. Der Bildschirm ist auf der Oberseite meines Schreibtisches.

Ich bat sie, sich ihres Körpers bewusst zu werden, und er schien menschlich, aber irgendwie anders. Sie fühlte sich weder männlich noch weiblich, "Auch nicht. Beides." Sie trug Hosen, ein Hemd und eine Jacke. Als ich fragte, ob sie sich jung oder alt fühlt, sagte sie: "Ich fühle mich sehr alt und jung gleichzeitig.... irgendwie zeitlos. Ich bin wie ein Mensch, der sich nicht als Mann oder Frau, jung oder alt identifiziert. Es ist eine sehr fortschrittliche menschliche Gesellschaft."

Neben ihrem gesamten Desktop als Computer gab es auch andere seltsame Dinge in ihrem Büro. "Da hängt eine Art Glaswand im Raum. Dies sind Fenster und Bildschirme für Datenbanken. Ich kann auf sie zeigen und sie aktivieren."

D: Also sind es nicht die Glasfenster, aus denen du schaust?
C: Richtig. Es sind nicht die Glasfenster. Eher wie Glasscheiben. Wenn ich auf sie zeige, aktivieren sie sich und die Dinge bewegen sich, während ich nach Daten suche. Verschiedene davon tun unterschiedliche Dinge.
D: Was ist dein Job in diesem Büro?
C: Ich bin eine Art Regisseur. Ich bin Teil eines Rates.
D: Benötigt man deshalb eine Datenbank?
C: Ja, wir überwachen Systeme.
D: Andere Systeme als deine eigenen?
C: Ja. Es gibt andere Gebäude auf anderen Planeten, die Teil dieses Netzwerks sind. Das sind wohlwollende Regierungen. Es ist das gleiche Gebäude auf vielen Planeten. (Sie fing an zu weinen.) Ich vermisse diesen Ort! Meine Freunde sind hier. Meine ganze Familie ist hier in diesem System. Ich war an diesem Projekt auf der Erde beteiligt.
D: Was meinst du mit dem Projekt auf der Erde?
C: Wir sind Teil der Experimentatoren des Projekts auf der Erde. Wir sind diejenigen, die es inszeniert haben. Wir sind Teil einer Gruppe von Spezies... viele... wir sind nicht die einzigen. Wir sind

Teil des menschlichen Experiments auf der Erde und haben ihm seine Herausforderungen gestellt und seine Projekte und Prozesse beobachtet.

D: Warst du am Anfang dabei? (Ja) Das wäre lange her gewesen, nicht wahr? (Ja) Aber du sagtest, du überwachst mehrere verschiedene Systeme.

C: Es gibt viele verschiedene Experimente auf anderen Planeten im Universum. Die Erde ist nicht die einzige. Es gibt noch mehr verpfuschte.

D: Die Erde ist eine der verwirrteren?

C: Nicht die Erde. Die menschliche Spezies ist vom Kurs abgekommen.

D: Sind sie überall vom Kurs abgekommen?

C: Nein. Einige haben sich recht gut entwickelt.

D: Was hat die Erde durcheinandergebracht?

C: Es war eine Störung.

D: Kannst du sagen, was es genau war?

C: Ich schaue es mir gerade an.... die Datenbank.... Ich überprüfe die Geschichte. Eine Art biologische Bakterieneinführung, die die DNA durcheinandergebracht hat, aber wir haben uns entschieden, mit ihr zu gehen und zu sehen, was passiert.

Das klang genauso, wie Phil in Keepers of the Garden über einen Meteoriten berichtete, der in der frühen Entwicklungszeit auf die Erde stürzte. Es trug ein unbekanntes Bakterium, das Krankheiten hervorrief. Es endete damit, dass es das große Experiment der Erschaffung des perfekten Menschen auf der Erde verdarb. Sie hatte Recht, dass der Rat sehr traurig war, dass ihr Experiment ruiniert worden war. Sie mussten eine Wahl treffen, entweder alles zerstören und neu beginnen oder es weitergehen lassen, in dem Wissen, dass es nie die perfekte Art sein würde, die es sein sollte. Es wurde beschlossen, dass, weil so viel Zeit und Mühe in das Experiment investiert wurde, es fortzusetzen. Dies ist auch eine Erklärung für einige der Experimente, die noch von Außerirdischen durchgeführt werden. Sie versuchen, die menschliche Rasse wieder zum ursprünglichen Plan zurückzuführen, einer Spezies, bei der die Individuen nie krank werden und erst dann sterben würden, wenn sie bereit wären.

D: Du meinst, der Meteorit hat den ursprünglichen Plan verdorben?

C: Ja, aber wir glauben, dass nichts ein Unfall ist.

D: Mir wurde gesagt, dass die menschliche Körperform die funktionellste ist. Wird sie deshalb an vielen Orten eingesetzt?

C: Ja, es ist eine Kombination aus vielen Arten. Es gibt Reptilien. Es gibt Silizium. Es gibt viele Arten, die zum menschlichen Bewusstsein beigetragen haben.

D: Wenn du von Anfang an dabei warst, bist du dann zeitlos, nicht wahr?

C: Wir haben eine andere Zeit. Wir sind nicht in der gleichen Zeit.

D: Auf der Erde betrachten wir es als eine große Zeitspanne, die vergeht, um sich von einer Zelle zu dem menschlichen Körper zu entwickeln, der es jetzt ist. Aber du erkennst die Zeit nicht?

C: Die Dinge manifestieren sich einfach. Wenn man an sie denkt, werden sie geboren.

D: Aber du warst anscheinend glücklich dort im Rat, nicht wahr? (Ja.) Warum hast du dich entschieden, zu gehen?

C: Ich entschied, dass ich es von innen heraus erleben wollte, anstatt zuzusehen. Ich wusste, dass es schwer werden würde, und ich wurde von anderen sehr entmutigt, es zu tun. Sie brauchten mich dort. Und sie wollten nicht, dass ich nicht verfügbar bin. Aber ich entschied mich zu gehen, weil ich dachte, ich könnte die Dinge von innen heraus regeln. Ich bin ein Meister.

D: Wenn du ein Meister bist, solltest du in der Lage sein, etwas zu erreichen.

C: Ja, aber so hat es nicht geklappt.

D: Klingt, als wärst du hartnäckig, wenn du gegen ihren Rat gehandelt hättest.

C: Ja, und das ist eine meiner Qualitäten. Weil ich ein Erfinder bin, und um zu erfinden und zu erschaffen, musst du die Schöpfung von allen Seiten kennen. Ich bin ein Schöpfer.

D: Du sagtest, du hast von Anfang an geholfen, Leben auf der Erde zu erschaffen?

C: Ich habe nur geholfen. Es gab ein großes Team.

D: Aber dann hast du dich entschieden, es zu erleben?

C: Ja, um mich klein zu machen. Um in einem Mikrokosmos zu sein.

D: Musstest du dort anfangen? Ich versuche zu verstehen, was du meinst.

C: Nun, der Mikrokosmos war auf der kleinsten Ebene des Seins, angefangen bei Molekülen mit Protokollen. Bevor wir zu den Formen übergehen.

D: Also musst du auf dieser Ebene anfangen, wenn du zur Erde gehst?

C: Das musste ich nicht. Ich habe getan, was ich wollte. Andere Leute sehen die Notwendigkeit dafür, aber ich habe es nicht getan.

D: Ist das also die erste Form, in die du gehst? Die Mikrokosmos-Ebene?

C: Partikel.... das Bewusstsein eines Partikels. Kleiner als eine Elektrode... kleiner als Kerne... kleiner als... klein. Kein Wort dafür in dieser Sprache.

D: Was wolltest du auf dieser Ebene erleben?

C: Energie, nur Energie. Es ist ein sehr großer Nervenkitzel, so klein zu sein.

D: Wirst du einen sehr langen Prozess durchlaufen müssen, bevor du zurückkehren darfst?

C: Ich kann jederzeit zurückgehen.

D: Wenn du damit anfangen wolltest, reine Energie zu sein, in welche Art von Form gehst du dann über?

C: Ich habe sie alle ausprobiert, als ich Baum war, Elektron war, Partikel war, Lichtwelle war, Kerne war, Stern war, Planet war, Ozean war, Wasser war, Tier war, Reptil war, Mensch war, ich war, Stein war, Kieselstein war, viele Dinge war.

D: Hast du etwas gelernt, während du all diese verschiedenen Formen warst?

C: Nein, nichts zu lernen... nur zu sein. Es geht nicht um den Unterricht. Es geht um Erfahrung. Nur zum Erleben.

D: Aber du hättest nicht kommen müssen. Es war deine eigene Entscheidung?

C: Ja, und ich musste darauf drängen. Sie versuchten zu blockieren und ich sagte: "Beweg dich."

D: Dann haben sie nicht mehr versucht, dich aufzuhalten?

C: Nein. Der freie Wille wird immer respektiert.

D: Du hast also all diese Formen durchgemacht und dich dann entschieden, in den menschlichen Körper zu gehen?

C: Ja, und ich war eine Weile menschlich, und hörte auf, menschlich zu sein.... ich war damals zu grob.

D: Als du Mensch warst, hast du viele verschiedene Arten von Leben erlebt?

C: Alle von ihnen haben ein Leben. Ich wollte alle erleben. Wollte herausfinden, was los war. Was ist falsch an den Verwindungen? Wie haben sich die Bakterien eingemischt und wie können sie repariert werden?

D: Wie kann man den Schaden beheben?

C: Schaden war die Umleitung in eine andere Art von Evolution. Der Schaden in dieser Situation kann nur von innen behoben werden. Kann nicht als Beobachter behoben werden.

D: Deshalb hast du also viele verschiedene Arten von Leben erlebt?

C: Ja. Ich musste mir alles ansehen.

D: Und einige der Leben waren sowohl negativ als auch positiv, nicht wahr?

C: Ja, aber negativ ist eine Illusion. Negativ und positiv sind beide Baustoffe. Negativ ist ein evolutionärer Katalysator.

D: Aber du weißt, dass Menschen etwas Negatives als schlecht betrachten.

C: Sie sollten es auf den evolutionären Katalysator umschreiben. Wir haben diese Katalysatoren für die Evolution absichtlich erhalten. Diese Dinge, die negativ erscheinen.... diese Dinge sind absichtlich.

D: Aber du machst das schon seit langem in Bezug auf die Erde, schätze ich.

C: Ich bin hin und her gegangen. Ich war nicht die ganze Zeit hier. Ja, und länger als menschliche Projekte auf der Erde laufen, hatten wir schon einmal mehr davon. Vor den Eiszeiten der Erde gab es weitere menschliche Experimente. Es gab sechs.... das sechste von vielen... von vielen.

D: Was meinst du damit? Erkläre, was die Sechs sind.

C: Die Erde ist seit Hunderttausenden von Jahren ohne Leben auf ihr. Und dazwischen sind kleine Fenster, um komplexe Lebensformen zu haben, und wir haben sie jedes Mal genutzt.

D: Das ist es, was ich mich gefragt habe, was die sechs Phasen sind.

C: Das sind keine Phasen.... nur Experimente. Sechs Zeitfenster, in denen die komplexe Lebensform des Menschen hier auf der Erde sein könnte. Wenn Mensch und Pflanze und Tier existieren könnten. Es war die ersten beiden Male nicht menschlich. Die ersten beiden Male waren nur andere Arten. Nicht unbedingt solche, die du in diesem Raum und dieser Zeit erkennen würdest. Die Menschen sind ein neueres Experiment mit Kombinationen, nachdem sie mit vielen anderen Lebensformen experimentiert haben. Der Mensch war vielleicht die beste Idee.

D: So wie sie jetzt sind? (Nein) Das war die sechste Phase?

C: Nein, es gab keine Phasen. Es waren nur Experimente. Und dies war das sechste Experiment hier, und die menschliche Lebensform war in den letzten vier Experimenten hier. Aber wir haben in vielen Galaxien mit Menschen experimentiert, und sie sind die jüngere Erfindung als die anderen älteren Arten. Aber wir hatten Fehler und wir finden mehr Bewusstsein, das mehr Bewusstsein halten kann. Und ein physisches Vehikel zu finden, das das Bewusstsein halten und leiten kann. Wir haben diese Idee des physischen Fahrzeugs noch nicht in irgendeiner Form perfektioniert, aber wir haben die Ewigkeit, dies zu entdecken.

D: Um zu versuchen, es zu perfektionieren?

C: Keine Perfektion.... mehr Erfahrung. Sobald man die Perfektion erreicht hat, ist sie nicht mehr perfekt, weil man etwas anderes ausprobieren will.

D: (Lacht.) Aber einige der Arten, die Menschen, die auf der Erde waren, haben nicht überlebt und sind nicht weitergegangen, oder?

C: Das ist richtig. Es wischt die Schieferplatte sauber ab. Ich habe neu angefangen.

D: Es hat nicht so funktioniert, wie es sollte?

C: Es gibt kein "soll" oder "nicht soll". Manchmal lassen wir es los, bis es so aussah, als wäre es nicht mehr konstruktiv. Manchmal würde die Dezentralisierung andere Experimente gefährden, und wir müssten das Experiment eindämmen.

D: Es ist ein sehr großes Projekt, nicht wahr?

C: Es ist universell. Es gibt auch andere Universen.

D: Und jedes von ihnen würde sich gegenseitig beeinflussen, so dass man alles überwachen müsste?

C: Ja, und sei vorsichtig, dass die Experimente nicht ineinander übergehen. Sie verursachen Schaden für den Fortschritt eines anderen. Das menschliche Experiment, bei dem sich der Mensch manchmal technologisch weiterentwickelt hat, hat andere Experimente gestört und eingedämmt werden mussten.

D: Gibt es andere Wesen wie dich, die auf die Erde gekommen sind?

C: Viele. Konkret jetzt.

D: Sie hätten auch da drüben bleiben können, nicht wahr? (Ja.) Sie alle haben sich freiwillig gemeldet, um zu kommen?

C: Niemand wird gezwungen.

D: Ich habe mit vielen verschiedenen Arten von Freiwilligen gesprochen, die sich entschieden haben, zu diesem Zeitpunkt in der Evolution zu kommen. Was ist dein Job, während du hier bist?

C: Umverdrahtung von innen nach außen.

D: Alle Menschen oder nur bestimmte?

C: Nur bestimmte, die andere lehren, sich neu zu verkabeln. Wir sind hier, um zu lehren. Jede Person kann sich neu verkabeln.... neu verkabeln... ihr neurologisches System ist beschädigt. Und so kann die neurologische Neuverkabelung nur von jedem Einzelnen in jeder Form durchgeführt werden. Und das ist ein Experiment, und wir helfen bei diesem Experiment, um es zu diesem Zeitpunkt in eine bestimmte Richtung zu bewegen. Wir werden nach dieser Zeit aufbrechen.

D: Warum muss der Mensch neu verdrahtet werden?

C: Um mehr Bewusstsein zu haben.

D: Es geht also nicht darum, mehr Wissen zu besitzen.

C: Nein. Erklären Sie: Die Entwicklung des Herzens und des Mitgefühls ist das, was technisch fehlt. Die Menschen sind zu technologischen Fortschritten gekommen, ohne dass sie beim Herzgleichgewicht, der Herzentwicklung vorankamen. Und es war eine Katastrophe. So sind wir hier, um zuerst das Herz zu entwickeln, bis das Herz mit diesem Wissen ausgerichtet ist.

D: Warum muss der Mensch mehr Bewusstsein haben?

C: Um die Macht wohlwollend auszuüben, denn Machtmissbrauch ist menschliche Fehlzündung. Dieser biologische Bakterienschaden am neurologischen System geschah früh im Experiment, bevor der Mensch vollständig gebildet wurde.

D: Also ist die Idee, die Negativität auf diese Weise zu stoppen?

C: Oder um umzuleiten, wie Negativität verwendet wird, weil sie jeweils benötigt wird. Sowohl positiv als auch negativ, kann nicht das eine ohne das andere sein. Und Dunkelheit und Licht sind Teil des Wandteppichs, der das Bild abbildet. Beides muss gelernt werden, um weise eingesetzt zu werden, denn auch das Positive kann missbraucht werden.

D: Ich weiß, dass viele Freiwillige kommen, die in menschlicher Form sein wollen, nur um zu helfen. Aber es scheint, dass du eine andere Mission hast.

C: Wir sind nicht hier, um die menschliche Rasse zu retten. Wir sind hier, um zu sehen, wohin das führen kann.

D: Ist das der Grund, warum du dich entschieden hast, in den Körper von Carol einzudringen?

C: Ja, und warum ich die schwierigste Fehlverdrahtung gewählt habe, um sie neu zu verdrahten. Denn nur so kann man anderen zeigen, wie man diesen tiefen biologischen Schaden verzerrt.

D: Du bist als Baby in ihren Körper gekommen?

C: Ich wurde in diesen Körper hineingeboren.

D: Du hattest bereits andere Leben als Mensch?

C: Mein ganzes Leben lang. Ich bin ganz allein. Es ist alles derselbe, der ein Leben lang lebt.

D: Der Zweck von Carol ist also, dass du sie neu verkabeln wirst, damit sie andere lehrt.

C: Ja, für diejenigen, die zuhören werden.

D: Du weißt, dass sie eine metaphysische Schule hat, in der sie versucht, andere zu unterrichten.

C: Ja, ich bin einer der Gründer der Schule. An der Gründung der Schule sind tausend Menschen beteiligt. Ich bin diejenige, die das Sagen hat - das Gehirn der Operation.

D: Also hast du ihr die Idee in den Kopf gesetzt, die Schule zu haben?

C: Nein, es war die Gruppe, die ihr die Idee in den Kopf gesetzt hat. Es ist eine Idee, mit der sie geboren wurde.... eine Idee, die ihr in den Sinn kam. Es war ihre Bestimmung.

D: Und es ist eine gute Idee. Sie hilft Menschen. (Ja) Aber sie hat gerade Probleme mit der Schule.

C: Sie identifiziert sich zu sehr mit den menschlichen Bedingungen.

D: Sie fühlt, dass es irgendwie ratlos ist, und es erreicht nicht so viele, wie es sollte.

C: Das ist richtig. Es erreicht nicht so viele, wie es sollte. Sie muss sich einfach entspannen und es fließen lassen. Zu viel menschlicher Zustand war im Spiel.

D: Kannst du ihr irgendwelche Ideen geben, wie man neue Schüler anzieht?

C: Wir sind dabei, das einzurichten. Wir sind das, was sie "in einem" nennt.

D: Sie macht es im Internet. Ich schätze, du weißt, was das ist.

C: Ja. Elementare Version von dem, was wir haben. Das Internet ist die Geburt des massenhaften bewussten Informationszugangs zu allen. Es ist der erste Schritt, aber wir werden das beenden, wenn das Herz bei dieser Art nicht im Gleichgewicht ist.

D: Wie willst du das Experiment stoppen?

C: Wir haben die Fähigkeit zur Zerstörung des Kosmos. Alles, was wir tun müssen, ist, die kosmischen Kräfte umzuleiten. Ihre Zerstörung wird geschehen, wenn der technologische Fortschritt ohne Herz weitergeht.

D: Aber das würde bedeuten, dass alle zerstört würden.

C: Nein, nichts ist zerstört.

D: Das würde das ganze Experiment zerstören.

C: Es wird weitergehen, aber es wird von vorne anfangen. Nichts wird jemals zerstört. Es wird nur in Energie umgewandelt und Energie kann wiederverwendet und so wieder zugewiesen werden, dass niemand getötet wird. Es ist nicht echt.

D: Aber wäre das nicht eine Niederlage, wenn Sie das Experiment wiederholen würden?

C: Nein, es gibt eine falsche Richtung zu.... eine andere Richtung.-Es besteht viel Vertrauen, dass es für diejenigen wie uns hier in die richtige Richtung geht. Denn wir schubsen das Experiment von innen heraus, anstatt wie früher von außen. Wir stoßen von innen statt von außen an. Denn dies muss eine Erweiterung aus dem Inneren der Form sein - wir sehen, dass die Richtung nicht vollständig abgeschlossen ist. Es gibt immer noch viele Menschen, die der.... Irreführung zuhören.

D: Hat das etwas mit der neuen Erde zu tun, die gebildet wird?

C: Es gibt nur eine Erde, aber sie wird verwandelt oder nicht.

D: Ich habe so viele verschiedene Dinge gehört. Ich habe davon gehört, dass Vibrationen stattfinden.

C: Es wird andere Dimensionen der Erde geben. Es wird mehr als eine.... viel mehr geben. Es werden mehr als zwei sein. Es wird viele Versionen der Erde geben.

D: Aber es wird immer noch Negativität auf einer Version geben?

C: Ja, und noch dunklere Realität als das, was du dir vorstellst. Es gibt Höllenversionen der Erde, denn wir testen das menschliche Fahrzeug, um zu sehen, wie viel es aufnehmen kann.

D: Mir wurde gesagt, dass diejenigen, die negativ sind, nicht zu den höheren Versionen der Erde gehen können?

C: Sie werden sich in der Version einrichten, die sie haben. Diejenigen, die bestimmte Schwingungen nicht erreichen können, werden sterben. Wir reinigen die Arten von fehlerhaften Proben. Jeder, der von innen heraus eine Wahl trifft, kann das "Los" passieren.

D: (Lacht) Das ist also Teil deiner Arbeit, die Leute darauf vorzubereiten, dass sie wissen, dass etwas passiert?

C: Alle wissen, dass etwas passiert. Es gibt viele Angebote für viele verschiedene Stile. Ihres ist eines von vielen verschiedenen Angeboten für verschiedene Stile. Es gibt einige, die zu verschiedenen Stilen passen.

D: Was meinst du mit verschiedenen Stilen?

C: Vom Erwachen. Es gibt ein Ziel, aber viele bestehen.

D: Es gibt keinen "Einen Weg", der es sein muss?

C: Es gibt nur einen Weg, wie es sein muss. Das menschliche Herz muss sich entwickeln, um weiter zu gehen, denn wir haben das menschliche Experiment mit dem technologischen Fortschritt in seinem gegenwärtigen Zustand ohne Entwicklung des Herzens fortgesetzt. Und wir haben diese sehr, sehr weit gehen lassen.... haben sie extrem weit gehen lassen, um zu sehen, was passiert. Und wir haben bereits gesehen, was passiert.... keine Notwendigkeit zu wiederholen. Jetzt entweder in eine neue Richtung oder gar nicht.

D: Also, was hast du gesehen, was passieren wird?

C: Star Wars ist wahr. Es geschah in einer weit entfernten Galaxie.

D: Wenn sie also weitermachen, was sie tun, können sie die Erde selbst zerstören?

C: Sie könnten ganze Systeme zerstören. Und andere Experimente, die wir nicht wollen, dass sie sich berühren.

D: Deshalb schaust du also zu, damit sie nicht in diese Richtung gehen?

C: Um Experimente einzudämmen, läuft verrückt.

D: Die Menschen wissen diese Dinge nicht, und sie tun dumme Dinge.

C: Sie wollte sehen, welches Leben mit diesem gegenwärtigen verbunden ist, und ich bin derjenige.

D: Du bist derjenige auf dem anderen Planeten, der sich freiwillig gemeldet hat, um herunterzukommen und in dieser verrückten Welt zu leben.

C: Ich bin nicht heruntergekommen. Ich kam rüber. (Ich habe gelacht.)

Dann rief ich das SC hervor und fragte es, warum es dieses Leben gewählt hatte, das sie sehen sollte.

C: Damit sie sehen kann, dass sie eine Gruppenseele ist. Das ist nicht nur ein Wesen. Sie sah einen Aspekt auf einem Planeten, aber es gibt eine Gruppe auf vielen Planeten, zu der sie gehört.

D: Der andere ist in dem, was er den "Rat" nannte. (Ja) Und sie ist ein Teil davon?

C: Ja, der Rat ist ein einziges Wesen.

D: Warum wolltest du, dass sie davon erfährt?

C: Damit sie sehen kann, woher die Schule wirklich kommt. Sie hat den Verdacht geäußert, dass dahinter eine Gruppenenergie steckt. Sie wusste das, aber sie wollte nicht glauben, dass es so groß ist, weil sie sich selbst nicht als "besonders" betrachten wollte. In gewisser Weise wollte sie nicht, dass es ihr zu Kopf steigt.

Dann fragte ich nach ihren körperlichen Problemen, besonders nach der Schilddrüse, gegen die sie Medikamente einnahm. Es war ein sehr ernster Zustand. Das SC sagte, dass es durch Angst verursacht wurde. "Auch Wut hat es verursacht... unglaubliche Wut. Es hat mehr mit Wut, als mit Angst zu tun."

D: Woher kam der Zorn?

C: Sie hatte eine holprige Fahrt.

D: Sie sagte, dass sie sich mit all den Dingen, die in ihrem Leben passiert sind, abgefunden hat.

C: In vielerlei Hinsicht hat sie das getan. Ihr Verstand hat es losgelassen. Ihr Herz hat vergeben. Aber der Körper hat nicht losgelassen. Es ist ein zelluläres Gedächtnis. Es war auch ein Selbstmordwunsch. Es war ein unbewusster Selbstmordwunsch.

Die Ärzte hatten Carol gesagt, dass sie sterben würde, wenn sie ihre Medikamente nicht nehmen würde. Ich ließ das SC an der Schilddrüse arbeiten und fragte, was sie macht. "Entspannen. Nur entspannen und sich wohlfühlen, wenn man in menschlicher Gestalt ist und noch vierzig oder fünfzig Jahre hier ist." Sie sagte auch, dass ihre Schule expandieren und in die ganze Welt gehen würde. "Du hast noch nichts gesehen. Sie ist schon seit vierzig Jahren hier. Das ist eine lange Zeit für ein Wesen, das nicht auf der Erde heimisch ist."

Abschiedsnachricht: Haben Sie keine Angst davor, ein Licht zu entzünden. Hab keine Angst davor, mächtig zu sein. Haben Sie keine Angst davor, etwas Besonderes zu sein. Sie hat Angst davor, etwas Besonderes zu sein als andere Menschen. Das ist sie nicht. Sie hat große Angst vor dem Ego, denn das Ego ist der Untergang des Größten und sie hat mehr Angst vor dem Ego als vor allem anderen. Sie hat so viele Egos gesehen, die gute Arbeit zerstören, und sie will nicht, dass ihr Ego jemals eine Arbeit zerstört, die sie getan hat. Und so hält sie sich in einem Minderwertigkeitsraum auf, um das Ego zu bekämpfen. Sie wird dahin geführt, wie sie damit umgehen soll, wenn die Leistungen größer werden; sie wird dahin geführt, wie sie damit umgehen soll.

***

So scheint es, dass sogar Meisterseelen freiwillig gekommen sind, obwohl ihnen geraten wurde, es nicht zu tun. Es wurde gesagt, dass sogar ein Avatar verloren gehen und im Dreck und im Sumpf der Erde stecken bleiben kann.

TEIL ZWEI

ET‘S UND LICHTWESEN

KAPITEL FÜNFZEHN

NOCH MEHR FREIWILLIGE

ES MAG EIN WENIG SELTSAM ERSCHEINEN, Ufos und ETs mit den drei Wellen der Freiwilligen und dem bevorstehenden Dimensionswandel in die Neue Erde zu kombinieren. Aber eigentlich passt es ganz bequem. Denn das ganze Thema Außerirdische ist von Anfang an mit Angst und Misstrauen überzogen. Die meisten Ermittler suchen und entdecken, was sie als böse und schrecklich empfinden. Das alles basiert auf ihren Glaubenssystemen; sie erschaffen genau das, was sie fürchten. Sie haben nie an das Konzept gedacht, das ich entdeckt habe: dass wir sie sind und sie wir sind. Diese Wesen haben uns erschaffen, so dass sie nicht den Wunsch haben, ihren Kindern zu schaden. Wegen des freien Willens und des Gesetzes der Nichteinmischung können sie nur zusehen und den Kopf schütteln über die Dummheit und das jugendliche Verhalten dieser Kinder. Wenn die anderen Ermittler ihre Klienten in Hypnose versetzen, halten sie die Person normalerweise in einem leichten Zustand der Trance, anstatt sie in den tiefen Zustand zu bringen, den ich verwende. Im leichten Trancezustand wird der Mensch in die Emotionen verstrickt sein, und die Angst regiert. Die ETs sind sich der Wirkung bewusst, die sie auf den Menschen haben, sei es durch ihr Aussehen oder ihre Handlungen, und sie möchten, dass die Person keine Erinnerung an die Begegnung hat. Sie sind für einen bestimmten Zweck hier, und es ist einer, den der Mensch, der seine Erinnerungen durch die Wiedergeburt in den physischen Körper gelöscht hat, nicht verstehen würde. Viele der Menschen sollen sich nicht an ihre Verbindung erinnern, bis es Zeit ist, bis ihre Mission das richtige Stadium erreicht hat, das sie verstehen können. Wenn die

Erinnerungen zu früh hervorgerufen werden, könnte das Experiment gefährdet sein. "Sie" haben gesagt, dass die ideale Situation wäre, dass die Person nie weiß, was passiert, warum sie Begegnungen hat. Sie wollen das Leben der Person nicht stören. Aber wegen der Zusatzstoffe in unserer Nahrung, der Schadstoffe in unserer Atmosphäre, wenn die Person auf Drogen (Freizeit oder Medizin) oder Alkohol ist, verändert dies die Chemie ihres Gehirns. Dies führt dazu, dass sie sich an jede Begegnung (sei es ein tatsächliches Ereignis oder ein Traum) verzerrt erinnern. Es ist von ihren Emotionen gefärbt, so dass sie wahrnehmen, dass ihnen etwas Schreckliches passiert ist, weil es den Rahmen ihres Bewusstseins sprengt zu verstehen. Deshalb ist es besser, wenn der Speicher durch die ETs gelöscht wird. Angst ist das stärkste Gefühl, das ein Mensch hat. Wenn er etwas nicht versteht, bringt es Angst hervor, die das Gedächtnis auf natürliche Weise verzerrt. In der Methode, die ich verwende, nehme ich den bewussten Geist aus dem Weg, damit wir mit dem SC kommunizieren können, dem Teil, der alles Wissen hat. Dann können wir die wahre Geschichte finden, oder so viel von der Geschichte, die das SC für angemessen hält. Es weiß, wo sich die Person auf ihrer Reise und ihrem Auftrag befindet, und weiß, wie viel sie damit umgehen kann. Sie geben der Person nie mehr, als sie verkraften kann, und das muss ich respektieren, wenn wir eine Sitzung machen. Wenn das SC sagt, dass es keine weiteren Informationen geben kann oder dass es nicht an der Zeit ist, etwas zu enthüllen, dann muss ich das respektieren. Das SC muss immer mit großem Respekt behandelt werden, und ich habe ein angenehmes Arbeitsverhältnis mit diesem Teil des Geistes des Klienten aufgebaut. Deshalb kann ich Informationen erhalten, die die anderen Ermittler nicht einmal versuchen würden zu finden.

Der Grund dafür, dass das Thema Außerirdische zu den Drei Wellen passt, ist, dass diese Freiwilligen oft aus anderen Dimensionen, Planeten oder von Raumschiffen kommen. Wie ich bereits gesagt habe, sind die Freiwilligen reine und unversehrte Seelen, die zu dieser Zeit auf die Erde kommen, um uns beim Übergang in die Neue Erde zu helfen. Die meisten von ihnen haben noch nie in einem menschlichen Körper gelebt und sind nicht im Rad des Karmas gefangen. In der Serie Convoluted Universe fand ich heraus, dass viele von ihnen direkt von Gott oder der Quelle kamen und noch nie in irgendeiner Art von Körper gelebt hatten. Sie waren schon immer eins mit der Quelle gewesen und nicht auf den langen Weg der Experimente und Lektionen geschickt worden, um das Wissen der Quelle zu erweitern. Sie waren sehr zufrieden damit, dort in dieser totalen Liebesumgebung zu bleiben, und stimmten nur zu, zu gehen, um der Erde zu helfen. In der Serie Convoluted Universe sprechen viele von ihnen von Begegnungen, die auf der spirituellen Seite und an anderen Orten stattfinden. Bei diesen Treffen wurde ihnen gesagt, dass die Erde in Schwierigkeiten sei und Hilfe von außen brauche. Sie baten um Freiwillige, und viele nahmen die Herausforderung an. Einer sagte: "Ich hob dummerweise meine Hand und sagte, dass ich gehen würde." Als sie "dumm" sagte, meinte sie, dass sie die Schwierigkeiten, für die sie sich meldete, nicht ganz verstanden hatte. Diese sanften Seelen wollten nur helfen, aus Liebe. Wenn sie hier ankommen, erkennen sie, warum es der schwierigste Planet im Universum ist. Auch in diesem Buch haben wir entdeckt, dass einige von ihnen Geister oder Energien waren, die reisten und erforschten, und nie den Drang verspürt hatten, körperlich zu werden. Es ist offensichtlich, warum diese Seelen Probleme hatten, sich an eine so feindliche und fremde Umgebung anzupassen. Sie gelten als mutig und werden sehr geschätzt, weil sie sich bereit erklärt haben, diese gewaltige Aufgabe zu übernehmen.

Jetzt werden wir die Fälle untersuchen, in denen ich gefunden habe, wo die Person auf Raumschiffen oder anderen Planeten und Dimensionen gelebt hat und eigentlich keinen Wunsch hatte, die Erde zu erforschen. In meinem Buch The Custodians schrieb ich über meine fünfundzwanzig Jahre der Untersuchung normaler Ufo- und Entführungsfälle. In diesem Buch dachte ich, ich hätte die Antworten auf alles gefunden, was man über dieses Phänomen wissen sollte. Aber ich lag falsch, es gibt noch viel mehr zu entdecken. Als ich dieses Buch schrieb, war ich noch nicht über die Verbindung zu den Freiwilligen und ihre schwierige Rolle auf der Erde informiert worden. Aus dieser Sicht sind die ETs nicht die Invasoren, sondern die Beschützer. Sie schützen und beobachten nur ihre eigenen. Obwohl diese Art von Freiwilligen sich dessen nicht bewusst sind, sind sie nie allein. Die Menschen, die sie zurückgelassen haben, wachen über sie, um sicherzustellen, dass sie sicher sind und sich gut an diese fremde Umgebung der Erde anpassen. Ich hatte bereits einige Fälle gefunden, über die in der Serie Convoluted Universe berichtet wurden, aber zu diesem Zeitpunkt hatte ich noch nicht das ganze Bild. Diese Fälle werden in diesem Buch erwähnt, während sich die fortlaufende Geschichte entfaltet.

DIE FEHLENDE ZEIT

Meine gesamte Arbeit nahm viele Wendungen und nochmals Wendungen und ging in eine andere Richtung. Warum also sollte ich überrascht sein, wenn auch meine Arbeit mit Ufos und ETs eine andere Wendung nahm? In meiner bisherigen Arbeit hatte ich fehlende Zeitepisoden und verdichtete Zeitereignisse untersucht (berichtet in The Custodians), aber ich konnte sie immer mit physischen Wesen auf Raumschiffen verbinden. Für mich war es dadurch etwas leichter zu verstehen, ob ich es innerhalb der Grenzen halten konnte, die unser Bewusstsein bewältigen konnte. Aber meine Arbeit ging nun in eine Richtung, die viele Ereignisse mit Wesen und Fahrzeugen verband, die nicht physisch waren. Das Unterbewusstsein erkannte es als natürlich, auch wenn das Bewusstsein der Person ein so seltsames Konzept nicht in Betracht gezogen hätte. Unser Verstand wurde tatsächlich geöffnet, und meine gesamte Arbeit war betroffen. Ich musste meine Sichtweise auf die Dinge völlig ändern.

Jackie war eine der zwölf Sitzungen, die ich in Laughlin, Nevada, direkt nach dem Angriff vom 11. September 2001 durchführte. Da es sich um eine Ufo-Konferenz handelte, traf ich natürlich viele Leute, die sehen wollten, ob jemand Erfahrungen dieser Art gemacht hatte. Jackie war eine von diesen. Ich hatte die Experiencer's Meetings jeden Morgen während der Konferenz mit Unterstützung von Barbara Lamb durchgeführt. Jackie wollte einen Vorfall von Zeitmangel untersuchen, der sie beunruhigte. Sie und ihre Freundin Elaine waren sehr früh (3:00 Uhr) zu einer Autofahrt nach Sedona, Arizona, aufgebrochen. Die Reise dauerte normalerweise etwa vier Stunden, und sie hätten gegen 7 Uhr morgens ankommen sollen. Stattdessen kamen sie Stunden später an (etwa zwei Stunden fehlende Zeit) und befanden sich auf einer seltsamen Autobahn, als sie Sedona erreichten. Ich wollte sichergehen, dass sie nicht einfach vom Highway abgekommen und eingeschlafen waren, weil es so früh am Morgen war, aber sie war sich sicher, dass sie es nicht waren. Zu dieser Zeit am Morgen hätte es sehr wenig Verkehr gegeben, und das war ihr Hauptgrund, so früh zu reisen. Es schien keine logische Erklärung für die Verzögerung zu geben. Dies wäre also der Schwerpunkt der Sitzung. Es half ihr, den genauen Tag und die genaue Uhrzeit des Vorfalls zu kennen. Sie hatte dieses in ihrem Tagebuch festgehalten.

Eine weitere Sache, die sie erforschen wollte, war, dass sie dachte, sie hätte ein Implantat in ihrer Nasenhöhle. Sie zeigte mir eine Reihe von Röntgenbildern, die ihr Arzt gemacht hatte, als sie sich für eine Untersuchung wegen einer körperlichen Angelegenheit entschied. Auf einem von ihnen befand sich ein winziger weißer Punkt in der oberen Nasenhöhle. Eine weitere Reihe von Röntgenaufnahmen, die einige Monate später gemacht wurden, zeigte kein solches Objekt mehr. In der Zwischenzeit sagte sie, dass ihr etwas aus der Nase gekommen sei. Da sie nicht wusste, was das Objekt war, warf sie es weg. Sie wollte herausfinden, ob etwas in ihrer Nase war und ob sie irgendwelche anderen Implantate in ihrem Körper hatte oder nicht.

Ich würde die fehlende Zeitepisode zuerst erforschen. Nachdem sie in Trance war, brachte ich sie in den frühen Morgenstunden des 1. Juli 1993 zu ihrem Haus zurück.

D: Es ist sehr früh am Morgen, da Sie sich auf eine Reise vorbereiten. Sie sind an diesem Morgen im Haus, während Sie sich darauf vorbereiten, zu gehen. Es ist jetzt früh, früh am Morgen des ersten Juli 1993. Was machst du da? Was siehst du da?

J: Die Lichter im Haus sind aus. Ich wollte gerade zur Tür hinausgehen.

D: Hast du alle deine Sachen gepackt, die du mitnehmen wirst? (Uh-huh) Wessen Auto wirst du nehmen?

J: Meinen Ford.

D: Wirst du fahren, oder ist Elaine?

J: Ich fahre. Es ist früh, fünf nach drei. Draußen ist es noch dunkel, und ich und Elaine sitzen im Auto. Ich mag meine Musik. Meine Musik hilft, mir die Zeit zu vertreiben.

D: Wie lange wird es dauern, bis du nach Sedona kommst?

J: Etwa vier Stunden. Ich habe das schon oft gemacht. Wir sprechen von einem neuen Weg, die Siebzehn zu nehmen, die dann direkt vom Lynn's (?) Park nach Sedona führt. Über eine Bergstraße. Weniger Verkehr. Wir sind noch nie in diese Richtung gefahren.

Wir hatten bereits etwas gefunden, das ihr nicht bewusst war. Sie nahm einen anderen Highway als den, an den sie sich erinnerte.

D: Sollte dieser Weg kürzer werden?

J: Nein, länger.

D: Warum hast du dich entschieden, einen neuen Weg zu gehen?

J: Der Termin. Ich habe zugestimmt, dort zu sein. Um diese Leute zu treffen.

D: Werden sie auf dem Highway sein?

J: Ja. Auf diese Weise wird es einfacher, sie zu sehen. Unterbewusst wusste ich, dass sie da sein würden. Nicht bewusst.

D: Was meinten Sie mit einem Termin? Ist das etwas, das arrangiert wurde?

J: Meine Leute. (Leider) Ich vermisse sie.

Sie wurde emotional und fing an zu weinen. Ich sprach mit ihr, um ihr Vertrauen zu gewinnen, damit sie darüber reden konnte. Sie weinte, als sie weitermachte.

J: Sie sind komplett.... leicht, sie sind aus Licht gemacht. (Schnüffelt) Ich habe dich so vermisst! (Emotional) Es ist ein seltsamer Ort hier.

D: Sind das Leute, die du von woanders kennst?

J: (Großer Seufzer) Ja!

D: Wann haben Sie diesen Termin vereinbart, um sich mit ihnen zu treffen?

J: Während ich schlief, sagten sie mir, wo ich hinsoll. (Schnüffelt) Das Treffen wird irgendwo auf dieser Straße stattfinden. Ich wusste nicht genau, wo, aber ich musste mich beeilen. Ich musste zu einem bestimmten Zeitpunkt dort sein.

D: Und deshalb wolltest du zu dieser bestimmten Zeit am Morgen gehen? (Uh-huh) Aber du hast gesagt, das sind Leute, die du kennst. Woher kennst du sie?

J: Das Licht. (Schnüffelt immer noch) (Emotional) Sie sind aus dem Licht. Sie sind leicht. Die Energie davon.

D: Woher kennst du sie?

J: (Emotional) Ich bin sie! (betont) Ich bin sie!

Ich versuchte herauszufinden, wovon sie spricht, ohne zu führen.

D: Haben sie also mit dir kommuniziert, während du auf der Erde warst?

J: Immer, aber ich verstehe sie nicht immer. Ich vergesse manchmal, wer sie sind. (Emotional) Eine konzentrierte Form des Lichts. Es ist eine maximale blaue Konzentration des Lichts. Ich bin sie!

D: Ihr seid sie. Nun, lass' uns in der Zeit weitermachen, dorthin, wo du an den Ort kommst, an dem du den Termin haben sollst. Dauert es eine Weile, bis wir dort ankommen?

J: Wir brauchen Benzin im Auto. Ich muss zum Tanken anhalten. Ich fühle mich gut! Ich fühle mich lebendig und wach. Voller Energie und aufgeregt. Aber als wir zum Tanken anhalten, fühle ich mich so schläfrig. In nur einer Minute wurde ich so groggy. Als ich um das Auto herumging, um Elaine fahren zu lassen, konnte ich meine Augen nicht mehr offenhalten.

D: Nun, es ist früh am Morgen.

J: Das war anders. Es war kein Schlaf. Sie fährt. Sicherheitsgurte anlegen. Ich schaue auf den Tacho. Und das ist das Letzte, was ich sah, fünfundsiebzig Meilen pro Stunde. Ich dachte, wir sind in zwanzig Minuten da.

D: Es gibt keinen anderen Verkehr?

J: Nun, ich sah ein Auto auf der anderen Seite vorbeifahren, eine geteilte Autobahn.

D: Was ist dann passiert? Weil dein Unterbewusstsein es weiß. Es schläft nicht. Es kann dir sagen, was passiert ist.

J: Wir haben angehalten. Wir fahren nach rechts ab, eine Straße. Es war ein Feldweg. An ihr befinden sich Zäune. Eine Art Bauernhof. Ich habe das Fenster unten. Es ist sehr dunkel.

D: Also fährt sie die Straße runter? Sie hat es nicht einmal in Frage gestellt?

J: Nein. Sie lächelte. Ich schaute nach rechts. Da war etwas.... silberne Kuppelform, wie ein Wassertank. Aber es war kein Wassertank. Zwei "Leute" kamen an meine Tür. Einer kam zu ihrer. Und wir gingen mit ihnen.

D: Wie sehen die Leute aus?

J: Grau.

D: Und du bist aus dem Auto gestiegen?
J: Uh-huh. Elaine ging es gut. Sie ging einfach nur leise.
D: Wohin bringen sie dich?
J: Wir sind auf diesem Schiff... in diesem Raum.

Anscheinend war das silberne Kuppelobjekt eigentlich ein Schiff.

D: Du bist im Raum. Was passiert dann?
J: Ich werde unterrichtet.... von diesen Robotern... den Grauen. Ich fühle, dass die Stimmen von ihnen kommen, dass ich ein Abgesandter bin. Dass ich wieder hiergelassen werden muss. Ich will nicht zurückgehen. (Emotional) Ich gehe zurück, aber ich würde lieber bei ihnen bleiben. Ich wollte wirklich mit ihnen zusammen sein. Ich bin ein Segment des Lichts. Segmentlicht. Ich segmentiere mich selbst. Geh zurück!
D: Was meinst du damit, dich selbst zu segmentieren?
J: Ich trenne mich sich wieder von ihnen und gehe zurück zur Erde. Ich muss wieder runter. Ich will bei ihnen bleiben. (Emotional) Sie sind so voller Liebe. Und jeder molekulare Raum ist Licht. (Schnüffelt) Ich weiß nicht, ob ich das tun kann, was sie von mir wollen.
D: Was wollen sie, dass du tust?
J: Verteile das Licht. Verteile das Licht. Gehe zurück und vergrößere die Quelle Gottes, indem du das Licht verbreitest. (Schnüffeln)
D: Sagen sie dir, wie du das machen kannst?
J: Man sagt, ich weiß, wie es geht.

Die Idee kam mir, dass dies den kleinen Lichtwesen in der Bartholomäus-Geschichte in The Convoluted Universe, Book One, ähnlich war, die auch auf die Erde kamen, um Licht zu verbreiten.

D: Sind es diejenigen, die es dir sagen, oder gibt es andere Wesen im Raum?

Sie hatte Recht, als Sie sie "Roboter" nannte, denn es sind biologisch hergestellte Maschinen, die nur das tun, was ihnen einprogrammiert wurde. Also wusste ich, dass sie normalerweise nicht für sich selbst denken. Sie erledigen nur die niederen Aufgaben.

Ich fragte mich, wo sie die Anweisungen herbekamen, die sie Jackie gaben.

J: Es ist mehr wie ein Telefon. Sie reden mit jemandem, der sehr weit weg ist.

D: Und sie wiederholen es für dich?

J: Sie sind wie ein Telefon. Sie senden. Sie enthalten die Nachrichten. Und sie sind auch aus dem Licht. Das ist so wunderbar.... aber ich fühle mich so zersplittert, wenn ich zurückkehre. (Schnüffeln)

D: Warum haben sie dich heute früh am Morgen auf dieses Schiff gebracht?

J: Ich brauchte ein.... Gerät. Es ist ein Gerät. Sie haben mir ein Gerät in den Kopf gesetzt. (Schnüffelt immer noch)

D: Wie haben sie das gemacht?

J: Mit einer Metallverlängerung. Es ging in mein rechtes Nasenloch.

D: Und das hat es ins Gehirn gebracht?

J: Nah am Gehirn. Damit ich mit ihnen noch mental kommunizieren kann. Während ich lebe, werde ich Konzepte haben, die sie mir projizieren. Um mir zu helfen zu leben. Um mir zu helfen, zu lehren. Die Konzepte werden in meinem Kopf wie Bilder erscheinen. Worte, aber wie Bilder.

D: Es wird dir also helfen, zu wissen, was du sagen und was lehren sollst?

J: Ja, aber manchmal denke ich, dass es nicht hilft.

D: Warum?

J: Ich versuche, Dummies zu unterrichten. (Lachen)

D: (Lacht) Nun, stört es dich, dass sie dir das in den Kopf gesetzt haben?

J: Oh, nein. Ich weiß, dass ich es brauche. Es ist meine.... sozusagen Telefonkarte.

D: Damit du mit ihnen kommunizieren kannst. Also ist es nicht wie Gedankenkontrolle oder so etwas, oder?

J: Oh, nein, denn ich bin sie. Ich bin sie.

D: Und es ist einfach ihre Art, dich anzurufen, wann immer sie Informationen schicken wollen?

J: Um mir zu helfen. Um mich vor Schaden zu bewahren. Um es mich wissen zu lassen. Um mich zu alarmieren, wenn es Schaden gibt.

D: Nehmen sie auch Informationen auf?

J: Ja, oh, oh, ja. An alle, mit denen ich rede. Jedes Konzept. Jede Idee. Jeder Wert. Jede Erfahrung. Es hilft ihnen, auch zu wachsen. Uns wachsen lassen.

D: Was machen sie mit den Informationen?

J: Es baut sich wie.... Kristalle auf? Es baut auf der Quelle Gottes auf. Fügt hinzu zu. Vervollständigung der Funktion. Fügt der Quelle Gottes hinzu. Fügt dem Wissen und dem Licht hinzu. Erstellen einer Funktion. Gottes Funktion. Er muss eine Funktion haben.

D: Ist das der einzige Weg, wie sie die Informationen bekommen können?

J: Nein, sie haben viele, viele Segmente wie mich, an die sie senden. Wenn ich meinen Job nicht mache, dann macht es jemand anders.

Vielleicht ist das einer der Gründe, warum ich so vielen Leuten begegne, die mir die gleichen Dinge erzählen. Ob ich mehr von den vielen Segmenten, die diese Arbeit auf der Erde verrichten finde? Wenn ja, scheinen sie über die ganze Welt verstreut zu sein. Vielleicht ist das der Zweck, damit sie Informationen von vielen verschiedenen Orten sammeln können.

D: Aber ist das die einzige Möglichkeit, Informationen zu erhalten, mit diesen kleinen Dingen, die sie dir in den Kopf einfügen?

J: Nein, es gibt einen anderen Weg, aber es ist nicht alles verbunden. Und wenn wir etwas denken, wissen wir alle gleichzeitig etwas. Das Wissen um die Existenz, telegrafiert miteinander und miteinander und miteinander und miteinander. Und das ganze Licht weiß das Gleiche zur gleichen Zeit. Aber das ist eine physischere Art, sich mit mir zu identifizieren, wenn ich auf der Erde bin.

D: Hattest du die schon mal in deinem Körper?

J: Ja, vor diesem Leben. Diesmal nicht.

D: Ich meine, als du jünger warst. (Ja) Warum mussten sie dann einen weiteren einbauen?

J: Manchmal absorbiert der Körper. Und manchmal müssen sie nur aktualisieren, damit sie das gesamte Wissen sammeln können, das sie brauchen.

D: Es kann also auch als Kind passieren, und dann müssen sie gelegentlich diese ersetzen?

J: Als ich sieben war. Ich war so einsam. Und sie ließen mich nicht einsam sein. Sie sagten mir, dass ich nicht allein war. (Schnüffelt) Ich fühlte mich immer noch allein. Diese Erde ist ein seltsamer Ort. Es ist schwer, mit Leuten zu reden. Es war schwer, mit den Leuten zu reden. Es wird einfacher.

D: Nun, an diesem Morgen, gibt es noch etwas anderes, was sie tun, während du da bist?

J: (Immer noch emotional) Sie sagen mir, ich soll aufhören zu warten.... aber ich werde tun, was ich tun muss. Das andere Mal war viel vollständiger. Als ich ein blaues Licht war, ein Block blauen Lichts an diesem anderen Ort. Ein ganzer Block blauen Lichts.

Ich versuchte zu verstehen, was sie meinte.

J: Als ich bei ihnen war. Es war immer komplett, wenn ich bei ihnen war. Zeit existiert nicht. Als ich ein Block war, ein fester Block aus blauem Licht, war das meine glücklichste Zeit.

Anscheinend habe ich bei meinen Fragen nicht verstanden, was sie sagte.

D: War das, als du jünger warst?

J: Wenn wir über deine imaginäre Zeit sprechen würden, wäre es in Jahren wahrscheinlich 500.000 Jahre her. Da war ich glücklich. (Kichern) Ein bequemes, massives, blaues Licht.

D: Und was ist dann passiert? Musstest du das Licht lassen?

J: Um die Funktion zu unterstützen. Wenn wir hierherkommen, ergänzen wir uns mit unseren Taten. Das sind wir in der Tat. Wenn wir schlechte Taten tun, dann reisen wir nicht im Licht. Und durch unsere Taten erschaffen wir Energie, um der Quelle Gottes zu helfen, um die Quelle Gottes zu erweitern. Es ist ein Lichtblock, der ursprünglich dazu gedacht war, jedes Mal neue und bessere Universen zu schaffen. Unendlich und unendlich. Und manchmal wird es auf physischen Planeten düster und kalt. Schwer und dunkel. Und einsam.

D: Was war der große Block aus blauem Licht?

J: Gott! Es war die Quelle Gottes. Wir alle sind auf unsere Weise eine konzentrierte Energie. In diesem besonderen Leben war ich derjenige, der Gott am nächsten stand, seit ich das erste Mal.... wegging? (Sie war sich nicht sicher, wie man es ausdrücken sollte.) Seit meinem ersten Ausbruch aus dieser Quelle Gottes. Es nimmt manchmal ab, wenn man in der Dunkelheit ist. Ich fühle mich getrennt und einsam. Sehr viel allein. Aber ich weiß, dass ich es nicht bin. Es ist nur, manchmal wünschte ich, es wäre einfacher.

D: Hast du dich freiwillig gemeldet, um dich zu trennen und in das Physische hinabzusteigen?

J: Ja. Verantwortung. Das Schwierigste, was wir lernen müssen, ist Verantwortung. Wir sind verantwortlich für unseren eigenen Funken, unsere eigene Erweiterung dieser Gottesquelle. Und es ist manchmal schwer zu verstehen, weil ich weiß, dass ich es tun muss, um zu helfen. Ich werde manchmal so müde.

D: Im gegenwärtigen Leben als Jackie, meinst du, oder einfach auf allen Reisen?

J: Auf allen von ihnen.

D: Warum wirst du müde?

J: Es ist nicht schnell genug.

Ich hatte das schon einmal gehört, dass die Dinge in unserer irdischen Dimension zu langsam sind. In den anderen Dimensionen, besonders auf der geistigen Seite, materialisieren sich Gedanken sofort. Alles ist so viel schneller. Unsere langsame und dichte Dimension ist frustrierend für Energiewesen, die es gewohnt sind, sofort zu erschaffen.

J: Es gab eine Zeit, in der es auf anderen Planeten und auch an anderen Orten langsam war.

D: Sie waren anders?

J: Es ist nie sehr dunkel.

D: Aber es sind alles Lektionen? Deshalb musst du an diese Orte gehen?

J: Ja, wir wissen, dass es immer Lektionen sind. Dieser besondere Planet funktioniert nicht so, wie er sollte, denn viele von uns erlauben sich, müde zu sein und die Füße hochzulegen. Wir müssen auf dem vertikalen Weg bleiben. Materielle Dinge spielen keine Rolle. Das ist nicht die Realität. Nicht die Realität mit dem großen R. Die Realität mit dem großen R ist das, was zählt. Das Leben mit dem großen L ist das, was zählt. Und das ist nicht das Leben mit dem großen L. Also fühle ich mich manchmal ärgerlich, weil ich hier bin, aber es ist notwendig, die Quelle, diese Energie, diesen Kristall zu vergrößern, um ihn zu erschaffen.

D: Das ist es, was Jackie verstehen wollte, warum diese Dinge mit ihr geschehen sind. Es wird ihr ein besseres Gefühl geben, wenn sie ihren Zweck versteht.

J: Ich verstehe den Zweck. Ich verstehe einfach nicht, warum ich mich selbst im Stich lasse, indem ich müde werde.

D: Nun, wenn du das betrachtest, hat Jackie irgendwelche anderen Implantate in ihrem Körper?

J: Ja, da ist einer in meinem Finger, die linke Hand.

D: Wofür ist das denn?

J: Ich möchte "Gesundheit" sagen, aber sie sagen mir, dass es für mein Blut ist. Mein Blut hat nicht genug Sauerstoff, weil die Erde ein schwerer Ort ist. Und mein Körper hat nicht genug gemacht.... es gibt nicht genug Sauerstoff in meinem Blut. Es entstehen mehr weiße Zellen, weil das Gleichgewicht nicht stimmt. Ich stelle mir Aufnahmen von Strahlen vor, wie Laserstrahlen, die durch dieses Ding in meinen Körper eingebracht werden. Es ist so ein kleines Ding.

D: Ist das ein Ausgleich für den Sauerstoff im Blut?

J: Ja, aber ich weiß nicht, wie. Ich verstehe nicht. (Eine Offenbarung.) Das Licht ist ein.... Treibmittel? Es gibt den kleinen Molekülen einen Tritt in den Hintern. (Lachen) Ich brauche es. Für weitere zwanzig Jahre muss ich stark sein. Sehr stark.

D: Noch zwanzig Jahre? Dies hilft dem Körper also, in Balance und Harmonie zu sein. Gibt es noch andere Implantate, von denen sie wissen muss?

J: Hinter meinem linken Ohr.

D: Welche Funktion hat dieses?

J: Kommunikation. Es gab mehrere hinter meinem Ohr. Eines, als ich sieben war, ist höher oben. Und vor kurzem eines.

D: Das, als du sieben Jahre alt warst, wofür wurde das da hingelegt?

J: Um mich dazu zu bringen, das zu befolgen, was ich gehört habe... über den Glauben. Um mir zu helfen zu hören, um meinem Gehirn die Wahrheit dessen zu verdeutlichen, was ich gehört habe. Und um auszusieben und zu sortieren, was Wahrheit war und was nicht.

D: Ist das Implantat, das in Jackies Nasenbereich eingesetzt wurde, das gleiche, das sie auf dem Röntgenbild gesehen hat?

J: Das war in meinem Nasenloch.

D: Aber was war der Zweck?

J: Kommunikation. Wenn sie etwas wissen wollen, oder etwas sehen wollen. Sie sehen alles und hören alles, was ich tue. Und wenn sie mir etwas sagen wollen, stecken sie es mir ins Gehirn. Und ich sehe es manchmal in Bildern und manchmal in Worten. Das, das auf dem Röntgenbild zu sehen war, ist ein Kommunikationsgerät.

Ich habe von allen die gleichen Informationen gehört, die ich in Trance über Implantate gefragt habe. Einige dieser Fälle werden in The Custodians berichtet. Die ETs sagten, es sei sehr wichtig, dass wir die Funktion der Implantate verstehen. Implantate haben eine sehr negative Konnotation erhalten und werden von einigen Prüfern sogar entfernt. Der Zweck derjenigen im Nasenbereich ist immer derselbe: Kommunikationsgeräte, die die Informationen sammeln, die der Betroffene in seinem Gehirn erhält. Diese Informationen werden direkt in Computer heruntergeladen, die die Geschichte unserer Zivilisation und unserer Erde aufzeichnen. Einige Implantate sind Monitore, damit das Objekt lokalisiert und bei Bedarf geschützt werden kann. Andere sind ähnlich wie Tabletten mit Zeitverzögerung oder Geräte, die Medikamente in den Körper abgeben, um bei Krankheiten oder Fehlfunktionen zu helfen. Ich habe festgestellt, dass die Implantate sehr positiv sind. Ich habe nie eine negative Implikation von ihnen gefunden. Die einzige Negativität wird von denen berichtet, die nicht die ganze Geschichte kennen.

D: Es ist also anders als das andere, das ins Gehirn gelegt wurde?

J: Das ist es. Es ist in der Nähe meines Gehirns. Die in meinem Ohr sind auch nahe am Gehirn. Eines, als ich sieben Jahre alt war, und eines, das ich seit 1995 kenne. Das von 1993 ist in meinem Nasenloch.

D: Ist das das, das auf dem Röntgenbild aufgetaucht ist?

J: '93. Das wurde zum Zeitpunkt der Reise nach Sedona eingeführt.

D: Warum ist es jetzt vom Röntgenbild verschwunden?

J: '96 hatte ich Zeit verpasst, wieder früh am Morgen. Und sie kamen. Es war locker. Und ich dachte, dass sie entweder kamen, um es herauszunehmen oder anzupassen. Aber am nächsten Tag kam es heraus. Sie kamen, um es zu lockern, glaube ich.

D: Warum haben sie es gelöst, damit es herauskommt?

J: Weil ich wusste, was sie taten, und es funktionierte nicht so gut, als ich es wusste.

D: Ist das das, das Jackie fand, als es herauskam, und wie ein kleines grünes Quadrat aussah?

J: Ja. (Kichern) Wenn ein Kind ein Fahrrad mit Stützrädern fahren möchte, wird es von den Stützrädern abhängig, bis es von jemandem weggebracht wird. Das Implantat, das sie nahmen, waren die Stützräder. Gott, ich bin auf mich allein gestellt! Ich wusste nicht, dass ich es alleine machen würde. (Das war eine überraschende und verstörende Offenbarung.) Ich bin allein.

D: Aber, wenn sie das herausgenommen haben, wie kommunizieren sie jetzt mit Jackie?

J: Kristalle. Die Kristalle. Das Telegrafensystem, das ich erwähnte, war am aktivsten. Sie wird jetzt immer effektiver. Wer braucht die Stützräder? Ich habe Kommunikation ohne sie.

D: Das bedeutet, dass Jackie nicht allein ist. Sie ist immer noch in Verbindung. Es ist einfach nur nicht durch ein physisches Objekt.

J: Sie sollten mich lehren, nicht-physischer zu sein. Spirituell. Um mit dem Geist zu lehren. Die Menschen lehren, mit dem Geist zu sterben. (Emotional)

D: Das ist sehr wichtig, nicht wahr? Und das ist der Job, den Jackie gerade macht. Ein sehr wertvoller Beitrag. Sie helfen ihr zu wissen, was sie diesen Leuten sagen soll.

Jackie arbeitete als Pflegehelferin in einem Pflegeheim und stand in ständigem Kontakt mit älteren und bettlägerigen Menschen.

J: Ich bin mir immer noch nicht sicher.

D: Nun, es ist ein Anfang. Wie gesagt, Jackie hat noch mindestens zwanzig Jahre Zeit. In dieser Zeit können viele Dinge passieren.

Aber Jackie hatte noch ein paar weitere Fragen. Sie wollte wissen, wie man das Karma ausräumt. Die schlechten Gefühle, die sie gegenüber ihrer Familie hat und die Leute, die sie nicht verstehen.

Jackie hatte in diesem Leben Probleme mit ihrer Familie gehabt. Es gab ein Missverständnis darüber, was sie in der Metaphysik tat. Dies geschieht oft, wenn eine Person ihre Lebensrichtung ändert, besonders, wenn sie dem Glaubenssystem ihrer Familie widerspricht. Viele Ehen scheitern, wenn ein Partner beginnt, in eine andere Richtung zu wachsen. Es braucht oft viel Verständnis und Liebe, um ihnen zu erlauben, ihr neu entdecktes Interesse zu entdecken.

J: Die Familie, die ich verloren habe... es ist eine kleine Familie, die ich verloren habe. Es ist ein Symbol für die große Familie, die ich verloren habe. Es hat mich einsam gemacht, hier zu sein. Es ist Teil des Experiments. Weil ich wissen musste, dass ich die Dinge ohne sie laufen lassen und trotzdem in ihrer Nähe sein konnte. Wie bei meiner leichten Familie. Die Familie von diesem Ort des Lichts.

D: Das ist die echte Familie, die ihr fehlt, die leichte Familie?

J: Und diese Familie, die ich hier verloren habe, war ein kleines Beispiel. Es sagte mir, dass sie mir meine Stützräder abnahmen, um mir Verantwortung beizubringen. Dass ich verantwortlich bin und mich nicht auf irgendetwas oder irgendjemanden stützen muss. (Weinen und Schnüffeln)

D: Und sie hat die Telefonanlage, wie sie sich mit der größeren Familie verbinden kann.

J: Es ist mehr wie ein Telegraf. (Lachen)

D: Aber Jackie macht einen sehr wichtigen Job mit ihrer Arbeit mit Menschen, die krank und im Sterben sind. Ist es das, was sie mit dem Rest ihres Lebens machen soll? Können sie es dir sagen?

J: Ich weiß. Ich muss verantwortlich sein und aufhören zu schnüffeln. Tu es! Mach es einfach! Erkläre den Menschen die Funktion. Erkläre Gottes Fähigkeit, immer neue und größere Universen zur Welt zu bringen. Ich muss das den Dummies beibringen.

D: Wird es Jackie klargemacht, damit sie es unterrichten kann? Weil du wissen musst, was es ist, bevor du es lehren kannst.

J: Schlechte Frage. Es sollte positiv sein. Sie wird bekannt gegeben. Alles klar. Es muss positiv sein. Sage von nun an alles Positiv. Aber dann habe ich damit Probleme. Denn wenn ich etwas Positives sage, ärgere ich mich über Menschen, die es nicht verstehen. Sie denken, es sei ein Befehl.

D: Aber es gibt immer Menschen, die sich wegen der Ebene, auf der sie sich befinden, ärgern werden.

J: Die Informationen werden von den Menschen aus dem Licht kommen. Die graduierten Seelen. Sie werden von den Geringeren getrennt. Sie haben das Verständnis bereits. Die Zeit ist knapp. Die Alumni sind die Erleuchteten. Sie sind im Licht gereist; sie beginnen, zurückzugreifen und die anderen zu lehren. Das sind die Alumni.

D: Es bezieht sich auf die Absolventen. Diejenigen, die den Kurs bereits abgeschlossen haben. Ist es das, was du meinst?

J: Nun, sogar die Absolventen sind Neophyten, aber die Geringeren wissen das nicht. Wenn ein Kätzchen in einem Raum mit Streifen geboren wird, sind die Streifen das Einzige, was es sein ganzes Leben lang sieht. Sie können nichts Horizontales sehen. Das ist eine Tatsache! Und der Verstand ist so. Also kann ich jemandem nicht beibringen, was er nicht versteht.

D: Sie war auch neugierig, ob sie ein früheres Leben hatte, in dem sie lehrte.

J: Ja. Sie hatte viele Leben, die bis ins alte Ägypten zurückreichen, wo sie versuchte, die beschleunigten Lehren zu lehren. Aber sie fühlte, dass sie Narren lehrte.

D: (Lacht) Ja, die Leute verstehen es nicht.

J: Die wenigsten. Diese Narren.

D: Aber sie soll jetzt die gleichen Prinzipien lehren?

J: Schwarz gegen das Licht. Sterne gegen das Licht. Negativ zu positiv. Ich muss es einfach tun. Ich muss es tun.

Es ist für mich erstaunlich, wie oft "Sie" der Person sagen, dass ihr Zweck darin besteht, Licht, Information und Verständnis zu verbreiten. Oft ist dies ihrem bewussten Denkmuster fremd. Und obwohl sie sich einig sind, dass es eine gute Idee ist, haben sie keine Ahnung, wie sie anfangen sollen. Vielleicht ist es das, was sie meinte, dass die Implantate, mit ihr kommunizieren. Vielleicht sagen sie ihr, was sie sagen soll und was sie tun soll. Und es erscheint natürlich, wie ein natürlicher Instinkt oder Impuls. (Wie oft habe ich das schon gehört? Menschen, die genau wissen, was zu tun ist, wenn sie in eine verzweifelte Lage gebracht werden.)

Jackie wollte von einem seltsamen Vorfall wissen, der passierte, als sie ihre Hände ansah und sie sehr rot waren. "Was geschah zu dieser Zeit?"

J: Das Geschenk an die Menschen ist auch zu heilen. Und mein Job war es, das zu tun. Und ich tue es mit meinen Händen, mit meinem Herzen. Meine Hände waren die Farbe meines Herzens. Tiefrot. Keine Hitze, sondern Energie. Energie, die hilft, diese sterbenden Menschen zu heilen. Das klingt komisch. Heilt die sterbenden Menschen.

D: Das klingt nicht lustig. Du hilfst ihnen, mit Liebe und nicht mit Angst hinüberzugehen.

J: Oh, ja. Sie sind so schön. Zweiundneunzig und sechsundneunzig Jahre alt und wunderschön. Du kannst nicht glauben, wie schön diese Menschen sind.

D: Und die Rötung in den Händen sollte helfen?

J: Um ihnen zu helfen, die Energie zu übertragen, wenn ich sie berühre. Berühre ihre Stirn, halte ihre Hand. Um es in sie hineinzuleiten, genau wie Strom in eine Maschine. Die Elektrizität in praktikable Energie in ihrem Körper zu verwandeln. Damals, als ich sah, wie meine Hände rot wurden, wollte ich mir einfach sagen, dass dies der richtige Weg war.

***

Dies wurde aus einer viel längeren Abschrift entnommen, die sich mit verschiedenen vergangenen Leben beschäftigt. Valerie ist eine examinierte Krankenschwester mit langjähriger Berufserfahrung in Krankenhäusern. Sie war auch in der Expeniencer-Gruppe, die jeden Morgen während der Ufo-Konferenz Laughlin 2001 stattfand. Sie hatte den Verdacht, dass sie außerirdischen Kontakt gehabt haben könnte, aber es gab keinen konkreten Vorfall, den sie untersuchen wollte. Dies ist der Teil, in dem ich dem Unterbewusstsein die Fragen stellte, die das Subjekt wissen wollte.

D: Eines der Dinge, auf die Valerie neugierig ist, sie denkt, dass sie Verbindungen zu dem hat, was wir ETs oder Außerirdische in diesem Leben nennen. Ist das wahr?

V: Sie muss erkennen, dass das Netz des Lebens sehr stark verwoben ist. Es gibt viele, viele Arten von Wesen im Universum. Und sie wurde viele Male unter diesen Arten inkarniert. Es war Teil ihres Weges des Lernens. Und die verschiedenen Arten lernen voneinander. Es gibt natürlich viele Ebenen, was mit den Außerirdischen geschieht. Es hat auf vielen Ebenen viele Ziele, aber das war eine Vereinbarung. Auf der einen Seite war es ein Ziel, dass diese Erfahrungen mit ihr von klein auf gemacht werden. Und es würde ihr helfen, sicher zu wissen, ihr helfen, ohne Zweifel zu wissen, dass es im Leben mehr gibt als das, was vor ihrem Gesicht geschah. Und es sollte ihr helfen, größere Fragen zu stellen, wie "Warum bin ich hier" und "Wie kann ich ein besseres Leben haben" und "Wie kann ich anderen beibringen, ein besseres Leben zu führen"? Und wenn es diese frühen Besuche nicht gäbe, hätte sie diese Fragen vielleicht nie gestellt. Es hilft ihr, sich daran zu erinnern, wer sie ist. Es war wie ein früher Weckruf. Diejenigen, die diese sehr, sehr frühen Weckrufe haben, auch als Kinder, sind die Glücklichen. Sie sind diejenigen, die einen Vorteil haben, weil es oft schwierig ist, sich daran zu erinnern, wer du bist und was dein Ziel ist. Wenn du nicht einmal den Anreiz hast, dich über die um dich herum zu erheben, die sich nur mit dem Hier und Jetzt beschäftigen.

D: Sie will auch etwas über diese Babys wissen, von denen sie träumt. Hatte sie diese Schwangerschaften?

V: Das hatte sie.

D: Sie will das verstehen.

V: Das ist etwas, womit viele Menschen Schwierigkeiten haben. Aber in diesem Stadium der Erdgeschichte ist es wichtig, dass es diese Fortsetzung der Gene gibt. Nicht nur eine Fortsetzung, sondern eine Modifikation der DNA. Du nennst es die "Gene". Es wird Zeiten in der Zukunft der Erde geben, in denen es notwendig sein wird, dieses Material zu haben und diese Wesen zu haben, die teilweise menschlich sind und teilweise, wie Sie es als "fremd" bezeichnen. Diese Arten sind wichtig zu kombinieren, weil es in

Zukunft Zeiten geben wird, in denen es notwendig sein wird, einige der Qualitäten beider zu haben. Und sie hat zugestimmt, das zu tun. Und sie ist sich auf einer tieferen Ebene der Auswirkungen dessen bewusst. Und sie hat in der Tat gerne zu diesem Projekt beigetragen.

D: Sie hat sich gefragt, was mit diesen Kindern passiert ist?

V: Sie sind sicher. Sie sind glücklich - auf ihre eigene Weise. Wenn sie alle Umstände ihrer Existenz im Moment kennen würde, würde ihr Bewusstsein sie wahrscheinlich davon überzeugen, dass dies nicht die richtige Art zu leben ist. Und sie können unmöglich glücklich sein. Es genügt also, wenn wir zu diesem Zeitpunkt sagen, dass sie sicher und glücklich sind. Und sie kann sich darauf verlassen. Sie muss die Details ihres Lebens nicht kennen, denn ihr Bewusstsein würde sie davon überzeugen, dass dies keine Art von Leben für ein Kind oder eine Person ist.

D: Es ist anders als das Leben, das sie kennt.

V: Es ist ganz anders. Es ist demjenigen, den sie kennt, sehr, sehr fremd. Aber es liegt auch an der Wahl dieser Kinder, dieser Seelen. Es war ihre Entscheidung, diese Arbeit zu tun und in dieses Leben zu kommen, so wie es ihre Entscheidung war, in ihr Leben zu kommen. Es ist ihre Entscheidung, und es ist ihr Karma. Sie tun, was sie tun wollen. Und sie machen es sehr gut.

D: Sie wollte auch wissen, ob sie diese Kinder jemals sehen oder sie besuchen kann?

V: Nein, das tut sie nicht. Es war ihr Pakt, dass sie ihnen den Start ins Leben ermöglichen würde. Und wenn sie eine "Mutter" brauchen, wie Sie es nennen, gibt es andere Frauen, die sich entschieden haben, mehr als ein Kind zu bemuttern. Und sie können damit umgehen, und sie genießen es tatsächlich. Sie fühlte, dass sie nicht die Fähigkeit hatte, von einer Situation zur anderen zu wechseln und hierher zurückzukehren. So ist es also.

D: Also muss sie sich keine Sorgen machen. Alles ist in Ordnung.

V: Alles ist in Ordnung.

D: In Ordnung. Sie hatte noch ein paar weitere Fragen. Manchmal ist sie mit dreieckigen Markierungen an ihrem Körper aufgewacht. Wovon kommt das?

V: Es gibt viele Dinge, über die wir lernen, und wir müssen lernen, wie man sich integriert, wie man Körper an andere Umgebungen anpasst. Und wir testen Menschen. Wir nehmen sie mit an Bord von Schiffen und testen sie, um zu sehen, wie sie auf die verschiedenen Dinge in ihrem Leben reagieren. Meistens Dinge in ihrer Umgebung. Wir wollen wissen, wie es sie beeinflusst. Ob es nun das Essen ist, das sie essen, die Getränke, die sie trinken, die Medikamente, wie sie ihre "Ergänzungen" nennen, die sie nehmen. Die Schadstoffe in der Luft und in der Nahrung. Wir testen diese Dinge. Wir haben unsere Instrumente. Und wir messen diese Dinge. Und manchmal hinterlässt unsere Instrumentierung Spuren am Körper. Diese Markierungen sind auf lange Sicht ohne Bedeutung. Es schadet ihnen in keiner Weise. Und oft machen wir Schäden rückgängig, die wir in den Leichen gesehen haben. Und wir lernen durch diese Tests. Wir können auch sehen, was notwendig ist, um diese "schlechten" Dinge, die im Körper geschehen, loszuwerden und um giftige Substanzen loszuwerden. Und es ist eine gute Sache.

D: Also muss sie sich keine Sorgen machen. Es ist nur eine merkwürdige Sache, wenn Menschen diese Spuren auf ihrem Körper finden.

Ich habe von vielen Menschen gehört, die erwacht sind, um diese seltsamen Spuren an ihrem Körper zu finden, und wir haben immer die gleiche Erklärung erhalten. Dass es durch verschiedene Maschinen und Instrumente verursacht wurde, die an Bord des Schiffes verwendet wurden. Ich wusste, dass es nicht negativ war, aber ich war froh, diese Überprüfung zu haben. Die Menschen haben am meisten Angst vor dem, was sie nicht verstehen.

***

Bei einer weiteren Sitzung mit einem anderen Klienten wurde eine weitere Besonderheit angesprochen. Eine ihrer Fragen befasste sich mit ihrer möglichen Beteiligung an ETs. Es gibt eine Theorie, dass, wenn eine Person Kontakt mit ihnen hatte, manchmal etwas auf ihrer Haut auftaucht, das nur bei Neonlicht sichtbar ist. Einige Ermittler verwenden dies als Beweis für eine außerirdische Beteiligung. Sie wollte das wissen, weil sie bei diesen Lichtern Dinge an ihrem Körper sehen konnte.

D: Was verursacht das? Woher kommt das?

M: Sie war ein beschäftigtes Mädchen. Sie hatten sie nachts sehr beschäftigt, als sie dachte, sie würde schlafen. Nein, sie war beschäftigt. Sie arbeitete mit anderen zusammen. Das Mädchen ruht sich nie aus.

D: Was macht die Spuren, die im Licht sichtbar sind?

M: Wann immer sie mit den anderen Wesen in Kontakt steht. Wenn die Wesen sie berühren, taucht es auf - es ist irgendwie ölig. Und sie kennt sie, sie war neugierig und sie hatte ihr Licht. Also holte sie es heraus und konnte dann die Spuren sehen. Sie waren dort wegen ihrer Interaktion mit ihnen und ihrer Arbeit mit ihnen. Es ist nur etwas, das beim Kontakt passiert. Wenn sie Dinge berührt, geht es sich einfach wieder ab.

D: Es schadet dem Körper in keiner Weise?

M: Nein, nein, nein. Es ist in Ordnung.

D: Es gibt andere Ermittler, die sagen, dass dies eine schlechte Sache ist.

M: Weißt du, es gibt viele Powertrips. Und wann immer sie herausfand, dass sie es sehen konnte, dann tat sie es. Sie dachte, sie würde schlafen - sie schlief nicht.

D: Was ist ihr Job bei ihnen?

M: Sie hilft den Menschen, keine Angst zu haben. Sie lernt viele Dinge, die sie später anwenden kann. Und sie muss es lernen, damit sie es lehren kann. Die Leute haben wirklich Angst. Und weil sie dort war und das getan hat, weiß sie, dass es ihnen gut gehen wird. Sie hat viel aus dieser Erfahrung gemacht, und sie weiß, dass es in Ordnung ist. Das ist einer ihrer Jobs - sie ist gut darin. Sie hilft also auf diese Weise und lernt verschiedene Dinge. Und das ist gut so. Sie will sich erinnern. Es gibt viele Dinge, die nachts passieren, und es gibt viele Dinge am Himmel.

D: Macht sie das immer noch, oder hat sie diesen Teil ihrer Arbeit beendet?

M: Nein, das ist immer noch so, und das wird auch so weitergehen. Eigentlich wird es noch mehr geben. Sie wird davon erfahren, und sie ist nicht die Einzige, die davon erfahren wird. Aber das ist okay, es wird alles gut. Sie ist eine gute Arbeiterin.

Damit die Ermittler richtig liegen, werden unter den Leuchtstoffröhren Markierungen erscheinen. Und das ist der Beweis dafür, dass die Person Kontakt zu außerirdischen Wesen hatte. Es ist also interessant für diejenigen, die Beweise brauchen, aber die Person wurde in keiner Weise verletzt. Es gibt immer noch keine Negativität.

KAPITEL SECHZEHN

DIE FAMILIE

DIESE SITZUNG FAND ANFANG 2002 statt, bevor ich die Theorie der drei Wellen entdeckt hatte. Aus meinen Fragen geht hervor, dass ich mehr an ETs als an dieses Konzept dachte. Victoria war Lehrerin an der High-School und hatte Kontakt zu vielen jungen Menschen. Ich führte sie durch ein sehr traumatisches vergangenes Leben, wo sie (zusammen mit mehreren anderen) getötet wurde, weil sie versuchte, Informationen und metaphysisches Wissen zu verbreiten. Als sie in diesem Leben starb, stieg sie auf und kombinierte sich mit den anderen zu einem schönen Licht. Sie wollte dortbleiben, weil der Frieden so wunderbar war, aber sie musste zurückkommen, um zu versuchen, das Wissen in dieser Zeit wieder zu verbreiten.

Victoria war hier auf der Erde nicht glücklich. Sie vermisste ihre "andere" Familie. Sie fühlte eine Trennung vom Licht, von der geistigen Seite, eine Traurigkeit, die sie nie erklären konnte. Aber sie versuchte zu helfen, indem sie die Liebe zu den Kindern in der Klasse und in den Hallen der High-School, wo sie lehrte, verbreitete. Sie versuchte, ihnen Liebe zu projizieren, und sie dachte, es würde helfen. Sie konnten die Liebe spüren, und das half ihr zu wissen, dass sie etwas Positives tat, auch wenn es auf einer unterschwelligen Ebene war. Natürlich wusste ihr Bewusstsein nichts davon, außer, dass sie sehr frustriert war.

V: Ich sehe die Kinder, die es brauchen, und ich versuche es zu verbreiten. Und sie wissen es vielleicht nicht, aber ich schicke es. Es macht einen Unterschied in ihrem Leben, aber sie wissen vielleicht nicht, wie oder wo. Und ich sehe überall Menschen und sende ihnen Liebe. Und ich muss diese Liebe weitersenden und diese Liebe teilen. Es gibt nicht sehr viele meiner Art. Und ich vermisse es, mit einer meiner Art zusammen zu sein. Jemand, mit dem wir Geister verschmelzen können und der eins ist. Als ich dort war, waren wir alle ein Geist, aber wir mussten uns trennen. Wir mussten hier runterkommen und das Licht verteilen. Die Dinge laufen jetzt schlecht. Und wir müssen alles tun, was wir können, um jetzt einen Unterschied zu machen. Wir müssen die Liebe so schnell wie möglich verbreiten. Und wir müssen versuchen, die Leute dazu zu bringen, zu sehen, dass sie lieben müssen. Liebe ist alles, was sie tun müssen. Wenn sie nur lernen würden, ihre Herzen zu öffnen, könnten sie die Welt verändern, bevor es zu spät ist.

D: Aber es gab immer Negativität.

V: Oh, ich weiß, aber jetzt gibt es Orte, an denen es einfach überwältigend ist. Und wir müssen versuchen, diese Orte verändern. Deshalb sind wir verteilt, weil es irgendwo beginnen muss. Und dann gibt es noch andere Menschen, die auch das Licht verbreiten, aber sie wissen es nicht. Sie machen es einfach.

Victoria wies darauf hin, dass die Personen, die an dieser besonderen Arbeit beteiligt waren, geschützt waren. Als ich fragte, wer die Beschützerin sei, antwortete sie: "Sie sind es. (lacht) Sie sind ich. Ich bin sie. Sie sind immer bei mir. Wir waren schon immer zusammen da. Und wir kamen wieder hierher zurück. Wieder zusammen."

D: Du bist Teil derselben Gruppe, meinst du?

V: Ja. Es gibt andere, die nicht bei mir sind, aber die, die jetzt bei mir sind, sind immer bei mir.

D: Es klingt, als ob du von Außerirdischen sprichst.

V: Ich mag keinen Namen. Ich mag es überhaupt nicht. Ich nenne sie meine Freunde. Sie sind sie, sie sind wir. Und wir sind sie von vor vielen, vielen Jahren. Sie waren hier, aber nicht mehr, sie sind gegangen. Aber wir kommen zurück und versuchen zu helfen und zu tun, was wir können.

D: Sind sie in einem physischen Körper?

V: Einige sind hier in einem physischen Körper. Wie ich und die anderen hier oder da drüben, die über die ganze Welt verstreut sind.

Ich fragte nach den Helfern, den Beschützern. Sie dachte anscheinend, ich beziehe mich auf diejenigen, die geschickt wurden, um die Arbeit zu erledigen.

D: Okay, aber die, die uns nur Informationen gegeben haben.

V: Das sind meine Freunde.

D: Sind sie irgendwo physisch?

V: Oh, ja, aber nicht auf der Erde. Es gibt nur ein paar von uns hier auf der Erde, die physisch sind.

D: Von wo aus sprechen sie mit uns?

V: Ich fühle sie genau hier, aber ich weiß, dass man sie nicht sehen kann.

D: Nein, ich kann nicht.

V: Nun, sie sind hier. Genau hier.

D: Dann hier im Raum.

V: Ja. Sie sind hier bei mir. Ich rief sie an und wusste, dass sie hier sein würden.

D: Ich dachte an so etwas wie Außerirdische oder Außerirdische an Bord eines Schiffes oder so.

V: Nun, sie reisen in ihrer Dimension. Aber sie sind gerade hier bei mir in dieser Dimension. Sie sind meine Familie. Und wir sind hier auf einer Mission und haben einen Job zu erledigen. Wenn der Job es erfordert, ist das im Moment wichtig, also sind sie hier. Und ich rief sie an.

D: Damit sie die Informationen weitergeben können.

V: Ich wusste, dass es wichtig ist, dass etwas herauskommt. (Die Stimme änderte sich.) Sie kennt die Wahrheit noch nicht, aber es wird ein Tag kommen. Und sie weiß ganz genau, was ihre Mission ist, aber sie wird sich dem noch nicht jetzt stellen. Sie bereitet sich immer noch darauf vor.

Eine weitere Sache, nach der Victoria fragen wollte, war eine seltsame Erfahrung, die sie gemacht hatte, von der sie dachte, sie könnte mit Außerirdischen in Verbindung stehen. Ich habe die Gelegenheit genutzt, um danach zu fragen.

D: Sie wollte von einem Vorfall wissen, der sich im Sommer 1995 ereignete, als der Himmel aufleuchtete, und sie drei Wesen sah.

V: Sie erinnert sich nicht an alles, aber sie weiß alles. Sie kennt die Wahrheiten.

D: Anscheinend will sie es bewusst wissen.

V: Ja, ich denke, vielleicht sollten wir anfangen, sie diese Dinge jetzt bewusst sehen zu lassen. Ich denke, es ist Zeit.

D: Wird es für sie sicher sein?

V: Oh, ja. Sie sind Freunde. Sie sind geliebte Menschen, die Familie.

D: Ja, aber wir wollen nichts tun, um ihr Leben zu stören.

V: Nein. Sie ist bereit. Sie ist schon seit langem bereit. Es geht ihr gut. Sie ist eine von ihnen, also... nein, ich denke, es ist Zeit, weil uns die Zeit davonläuft. Also denke ich, dass es jetzt an der Zeit ist.

D: Dann waren diese Dinge, die ihr passiert sind, tatsächlich echt? Waren es Kontakte?

V: Einige waren es und andere nicht, aber es spielt keine Rolle, weil es ihr die ganze Zeit passiert. Es ist die ganze Zeit schon so, weil es so viele Dinge gibt, die getan werden müssen. Hin und her, hin und her, hin und her.

D: Ich wollte nichts öffnen, was ihr schaden könnte.

V: Ja. Und sie schätzen das, weil du auf die Menschen achtest. Sie wissen das zu schätzen, weil sie alles überblicken. Sie alle haben im Moment Dinge am Laufen. Sie versuchen zu helfen und wissen zu schätzen, was du tust.

D: Kannst du ihr sagen, was in dieser Nacht passiert ist?

V: Ja, ich hörte ein summendes Geräusch, und ich stand auf und schaute hinaus, ging auf die Toilette und kam zurück ins Bett. Und dann stand ich auf und streckte die Hand nach den Wesen aus, und ich ging einfach mit.

D: Die drei Wesen?

V: Nun, mal sehen, waren es drei? (Pause) Ich glaube, es waren vier in dieser Nacht.

D: Wie sahen sie aus?

V: Nun, das waren andere. Das sind nur die Helfer, die gekommen sind. Sie sind nur gekommen, um mich zu begleiten. Ich war so glücklich, sie zu sehen, weil ich wusste, wohin ich ging. Sie helfen einem, weil sie so viele Menschen für Ihre Aufgabe erreichen müssen.

Dies ist ein weiteres gemeinsames Thema, das ich gefunden habe. Die Person wird immer von kleineren Wesen zum Schiff begleitet. Es ist, als müssten sie einen von ihnen auf beiden Seiten haben, um die Reise zum Schiff zu machen. Anscheinend können sie es nicht alleine machen. Sie können die Moleküle des Körpers aufbrechen und alleine durch Wände und Decken gehen, aber sie brauchen eine Eskorte, um nach oben zum Schiff zu gelangen. Sie sagten in meinem Buch The Custodians, dass es zwei verschiedene Prozesse gab.

D: Du hast gesagt, du bist mit ihnen gegangen. Wo bist du hingegangen?

V: Wir sind da rausgegangen, ja. (Sie zeigte nach links.) Da war das Licht. Wir gingen nach oben. Hoch und hoch und hoch und hoch und hoch und hoch und hoch und hoch und hoch und hoch und dann, dieses riesige Gebiet. Wir sind dann reingegangen. Setze mich hin und.... es war wie ein Klassenzimmer oder so. Und es gab so eine Art Großleinwand darin. Wir haben dann darüber gesprochen, was wir tun müssen. Wie viel bleibt noch zu erledigen? Wir müssen es schaffen, ja. Ja, ich weiß, wir müssen das erledigen. Ich stimme zu, ich stimme zu. Es muss getan werden, es muss jetzt getan werden. Ja, ich stimme dir zu, ja. Ja, das tue ich. Ja, mein Bruder. Ja. Ich bin bereit.

Es war offensichtlich, dass sie sich mit jemandem in diesem Klassenzimmer unterhielt. Ich habe das Klassenzimmer in The Custodians beschrieben. Es wurde von mehreren meiner Probanden gesehen und scheint sich auf einem der großen Mutterschiffe zu befinden.

D: Geben sie dir noch mehr Anweisungen oder was passiert jetzt?

V: Ja, wir sprechen darüber, was als nächstes drankommt. Wir planen es. Ich mache auch nachts Dinge. Ich habe Orte, an die ich gehen muss und Dinge, die ich tun muss. Und um Dinge, um die ich mich kümmern muss. Und das ist wie ein Zwischenstopp, um zu sagen, dass ich heute Abend das und das erledigen muss. Und so hebe ich von hier ab und dann gehe ich da rüber und.... wo bin ich hin? Ich hatte etwas Besonderes, das ich in dieser Nacht tun musste, ja.

Die Mehrheit der Menschen merkt nicht, dass jeder jede Nacht aus seinem Körper verschwindet. Der Körper wird müde und muss schlafen, aber das wahre Du, Dein Geist wird nie müde. Es wurde schrecklich langweilig, wenn man darauf wartete, dass der Körper aufwachte, damit er mit seinem Leben weitermachen konnte. Während du also denkst, dass du schläfst, geht der wirkliche Teil von dir dorthin, wo er hinwill, und hat alle Arten von Abenteuern. Fliegt um die ganze Welt, kehrt zur spirituellen Seite zurück, um weitere Anweisungen zu erhalten, und erkundet andere Planeten. Viele machen nachts wichtige Arbeiten, wenn sie denken, dass sie schlafen. Du brauchst dir keine Sorgen zu machen, dass du verloren gehst, denn du bist immer durch die "Silberkordel" verbunden, die sich erst beim Tod des physischen Körpers löst. Wenn es an der Zeit ist, morgens zum Körper zurückzukehren und aufzuwachen, wird die Schnur "eingezogen", so dass Sie in Ihr Leben zurückkehren können, ohne die Abenteuer zu vergessen, die das echte Du erlebt hat.

D: Ist das dein physischer Körper oder dein spiritueller Körper, der diese Dinge tut?

V: Nein, das war nicht mein physischer Körper. Ja, dieses ist meine natürliche Dimension. Hier bin ich normalerweise. Ich habe meinen Körper da hinten gelassen. Aber ich bin hier und ich unterweise jemand anderen dort. Ich mache da drüben eine Art Job. Und das war etwas Besonderes in dieser Nacht, jetzt erinnere ich mich. Ich musste etwas Besonderes machen, und dann kam ich zurück. Die Helferwesen begleiteten mich von dort zurück. Ich weiß nicht, warum. Warum sollten sie mir helfen müssen? Oh, nun weiß ich warum. Weil sie mir beim Übergang aus meinem Körper helfen müssen. Das ist es, was es ist. Sie müssen mir helfen, herauszukommen und mir zu helfen, wieder hineinzugehen, weil ich mich an diesen Körper gewöhnt habe, und es ist schwer, so rein und raus zu kommen, wie ich es muss.

D: Ja. Die Leute sagen, dass der Körper schwer und einschränkend ist.

V: Urgh, er ist ziemlich schwerfällig. Dieser, ja, magere Körper…. Er ist ein wunderbares Geschenk, jetzt versteh mich nicht falsch, aber er ist restriktiv. Er ist so anders. So beengend, aber wir werden uns um den Körper kümmern, weil sie noch viel zu tun hat.

D: Aber Victoria hat sich an nichts davon erinnert, weil es so besser ist?

V: (Lacht) Wir ließen sie sich daran erinnern, woran sie sich damals erinnern musste. Wir haben ihr nur ein paar Kleinigkeiten gegeben, und jetzt ist sie bereit. Sie hat hier und da genug gesammelt. Sie ist jetzt bereit und sie weiß es bereits. Sie wusste es, bevor sie zu dir kam. Sie kennt bereits die Wahrheit. Ich bin so traurig zu hören, wie Menschen manchmal sind. Aber man muss sie lieben. Man muss sie lieben. Ich denke, sie war zunächst ein wenig von den Helfern eingeschüchtert. Ich glaube, sie ist wirklich bereit. Ich denke, wir werden sie jetzt mehr davon sehen lassen. Das war nur, um sie da reinzubringen.

D: Aber, sei vorsichtig, wir wollen sie nicht überfordern.

V: Das werden wir. Wir werden das System nicht schocken. Es wird ihr gut gehen. Sie hat bereits schnelle kleine Einblicke von uns gesehen. Und sie hat die Einblicke nicht ganz bewusst registriert, aber es war im Unterbewusstsein und natürlich wissen wir alle, was hier vor sich geht.

D: Ich weiß, dass die kleinen Helfer nicht negativ sind, aber sie machen den Menschen auf den ersten Blick Angst.

V: Ja, Gott sei Dank sind es kleine Herzen. Sie tun mir auch ab und zu leid. Sie bekommen einen schlechten Ruf.

D: Das habe ich den Leuten immer gesagt, sie haben einen schlechten Ruf.

V: Sie sind nur programmiert, das zu tun, was sie tun müssen, und manchmal sind die Leute selbst nicht sehr freundlich zu ihnen, weißt du.

D: In meiner Arbeit versuche ich, den Leuten mitzuteilen, dass sie nicht negativ sind. Es gibt keine Negativität in all dem.

V: (Lacht) Sie sind wirklich süße kleine Jungs. Wenn man sie lange genug betrachtet, wachsen sie einem irgendwie ans Herz.

D: Ich finde sie wirklich sehr süß. Sie sehen sehr traurig aus. Ich habe kein Problem damit.

V: (Lacht) Arme kleine Dinge.

D: Hast du noch etwas anderes, das du ihr sagen willst, bevor wir gehen?

V: (Niedrige, weiche, schroffe Stimme.) Nein, ich muss jetzt gehen.

KAPITEL SIEBZEHN

EINE WEITERE BEGEGNUNG

ICH HATTE UNZÄHLIGE KLIENTEN, die nicht vergangene Leben erforschen wollten, sondern Erklärungen für seltsame Vorfälle im gegenwärtigen Leben, die sich der Logik widersetzten (zumindest für sie). Die Erinnerung und das Gefühl, dass etwas passiert ist, ließen sie nicht in Ruhe, und sie hatten den Vorfall nicht vergessen. Während meiner fünfundzwanzigjährigen Arbeit an diesen Fällen erwiesen sich viele von ihnen als typische Ufo- und ET-Entführungserfahrungen. Einige davon sind in meinem Buch The Custodians. Doch im Laufe der Jahre verlassen immer mehr von ihnen den Bereich der "normalen" außerirdischen Begegnungen und zeigen, dass etwas ganz anderes passiert ist. Ich habe einige dieser Fälle in meiner Serie Convoluted Universe angesprochen, und ich dachte, es wären isolierte Vorfälle. Doch jetzt werden sie zur neuen Norm, und ich bin von den typischen Fällen abgewichen. Natürlich geschieht dies in meiner gesamten Arbeit. Es wächst, entwickelt und erweitert sich ständig. Gerade als ich denke, dass ich es herausgefunden und verstanden habe, werde ich mit einem weiteren neuen Konzept konfrontiert, welches meine Untersuchungen auf einen neuen und unerschlossenen Weg führt.

***

Eines der Dinge, die Janet während dieser Sitzung erforschen wollte, hatte mit einer seltsamen Erinnerung an verpasste Zeit und eine Sichtung zu tun, die 1974 passierte. Ich habe sie an das vermutete Datum und die vermutete Uhrzeit des Ereignisses zurückgeführt. Sie trat in die Szene ein und fuhr mit ihrem Auto auf einer Autobahn sehr spät abends (23 Uhr). Ihre beiden Kinder saßen auf dem Rücksitz, und Janet fuhr ohne Ziel. Sie war sehr wütend auf ihren Mann und wollte nur aus dem Haus sein. "Ich wollte ihn nicht sehen. Ich musste weg von hier. Er hat mich verraten. Ich hatte ihm vertraut." Die Autobahn war fast leer, nur ein gelegentliches Auto war zu sehen. Es war zu dunkel, um noch etwas anderes zu sehen. Dann fiel ihr etwas auf: "Da leuchtet ein Licht. Ich weiß nicht, was es ist. Es fühlt sich wirklich seltsam an. So etwas habe ich noch nie gesehen." Dann fing sie an zu zittern: "Mir ist kalt." Ihr Gesichtsausdruck sagte mir, dass sie etwas beobachtete, das sie störte. Ich ermutigte sie, mit mir darüber zu sprechen.

J: Es hebt sich jetzt an. Es hebt sich am Himmel ab. –Kalt– Eine Scheibe. Sie dreht sich. Sie dreht sich. Sie kommt auf uns zu. Und ich fahre so schnell ich kann. Ich werde nicht noch schneller fahren. Dieses blöde Auto. Sie kommt auf uns zu und sie ist wirklich knapp über uns. Und ich kann nicht schnell genug sein. Ich habe meine Babys bei mir. Sie kam von rechts. Sie kommt auf uns zu, und ich fahre in die andere Richtung. Ich fahre nach Süden, aber ich kann nicht schnell genug fahren. Es ist der einzige Weg, den ich fahren kann. Sie kommt auf uns zu. (Sie wurde emotional.) Ich habe Angst! Ich weiß nicht, was passieren wird. Meine Auto-Lichter erlöschen. Und es gibt keine Musik mehr. Sie ist nun über dem Auto. Der Motor stoppt – Sie dreht sich. Die Lichter drehen sich. - Der Motor hat angehalten. Ich kann nicht wegfahren. Die Kinder schlafen. Sie haben sie zum Schlafen gebracht.

D: Wer sind "sie"?

J: Die Leute auf dem Schiff.

D: Woher weißt du das?

J: Ich weiß es einfach. Sie haben sie zum Schlafen gebracht, weil sie keine Angst haben sollten. Mir ist wirklich kalt. Ich weiß nicht, was jetzt mit mir los ist. Ich treibe jetzt hoch. Ich stecke in einem Licht.

D: Woher kommt das Licht?

J: Das Schiff. Ich sollte mich nicht erinnern.

D: Ist es in Ordnung, wenn du dich jetzt erinnerst?

J: Nicht alles.

D: Weil ich nichts tun will, das sie nicht wollen, dass wir es tun. Ich glaube, das verstehen sie, nicht wahr?

J: Das tun sie.

Ich konnte so denken und reden, weil ich so oft mit ihnen gearbeitet habe, dass ich denke, dass sie mich erkennen und mir vertrauen. Ich wusste, dass es nichts gibt, wovor man Angst haben müsste. Ich wollte nur Informationen, wie Janet sicher auch. Also würde ich "sie" das liefern lassen, was sie konnten.

D: Warum kannst du dich nicht an alles erinnern?

J: Zu viel.

D: Das kann ich verstehen. Wir wollen Janet nur Informationen geben, die sie im Moment verstehen kann. (Ja) In Ordnung. Ist Janet aus dem Auto gestiegen?

J: Nein. Sie ist aus dem Auto gehoben worden. Durch das Dach.

D: Wie wurde das erreicht?

J: Der leichte Körper.

D: Nicht der physische Körper?

J: Nein. Zeit für sie, es zu wissen. Der Körper bleibt im Auto. Der Lichtkörper ist bei ihnen. Geh mit uns.

D: Wo wurde er aufgenommen?

J: Auf dem Schiff.

Sie sagten, dies sei nicht das erste Mal, dass dies geschehen sei. Sie war als Kind viele Male körperlich mitgenommen worden, aber sie wollten keine Details nennen. Sie sagten, es sei nicht wirklich wichtig.

D: Warum hast du damals den physischen Körper genommen?

J: Zu helfen, sie zu überwachen. Es ist nicht einfach für sie, hier zu sein. Es gibt zu viel Trauma. Es ist Zeit, jetzt anzufangen. Zeit, ihren Prozess zu beginnen. Zeit für sie, sich jetzt zu erinnern. Damit sie ihre wahre Arbeit beginnen kann.

D: Was ist in dieser Zeit passiert, als sie als Kind aufgenommen wurde?

J: Einstellungen. In ihrem Geist und ihrem Körper. Sie war besser in der Lage zu verstehen. Zu akzeptieren.

Janet erinnerte sich nicht bewusst an all das, denn es hätte es schwieriger gemacht, hier auf der Erde zu sein. Sie hatte jedoch zugestimmt, hierher zu kommen. "Sie wollte hier sein."

D: Hatte Janet viele Leben auf der Erde?

J: Nein. Nein. Nein. Nein. Nein. Nein. Nein. Nein, sie arbeitete am Anfang mit dem Bewusstsein. Bewusstsein und Schaffung von Bewusstsein. Aussaat und....

D: Kannst du ihr erklären, was du mit Bewusstsein meinst?

J: Saatgut - ursprüngliche Aussaat des Bewusstseins auf diesem Planeten. Am Anfang, und dann zu mehreren verschiedenen entscheidenden Zeiten auf der Erde. Wenn große Veränderungen auftreten. Große Veränderungen.

D: Was meinen Sie mit "großen Veränderungen"?

J: Atlantis. Gute lange Zeit in Atlantis. Ägypten.

D: Warum musste sie zu diesen Zeiten hier sein?

J: Sie kommt gerne zu diesen Zeiten. Veränderungen in der Philosophie. Schwenkbewegungen sollen den Planeten in verschiedene Richtungen bringen.

D: Also hatte sie keinen Grund, zu kommen und das normale Leben zu leben. Ist es das, was du meinst?

J: Nicht wirklich. Nein.

D: Gerade, wenn etwas Großes passiert? (Ja) Damit sie wählen kann, wann sie kommen will?

J: Ja. Es gab Zeiten, in denen sie kommen wollte, aber es war nicht gut.

D: Gibt es jemanden, der sie berät oder ihr sagt, wann sie kommen soll oder nicht?

J: (Gelächter) Starrköpfig. Sehr eigenwillig. (Lacht) Ja. Viele. Es gibt eine Gruppe. (Lachen)

D: Eine Gruppe von physischen Wesen?

J: Oh, nein. Sie arbeitet für den Verband. Das ist das Bewusstsein. Das ist ihre Spezialität.

D: Kannst du ihr erklären, was du mit dem Verband meinst?

J: Ja. Welten. Viele Welten. Neues Leben schaffen. Neue Welten.

D: Ist es das, woran sie beteiligt war? (Ja) Und gelegentlich kommt sie auf die Erde, wenn die Zeit reif ist? (Ja) Wo ist sie den Rest der Zeit?

J: Andere Dinge tun. Nach neuen Orten suchen, die gestaltet werden können. Viele Orte. Viele Orte.

D: Wenn sie also nicht in einem Körper ist, arbeitet sie mit dem Rest von euch zusammen?

J: Deine Konzepte des Begreifens sind begrenzt.

D: Deshalb versuchen wir zu lernen.

J: Gut lerne. Deine Konzepte sind begrenzt. Einen Moment jetzt. Du kannst an vielen Orten sein und viele Dinge gleichzeitig tun. Um Fragen zu stellen, die linear sind. Ist sie hier oder ist sie da? Sie ist überall. Also, ja. Sie ist einfach nicht hier, aber sie ist überall. Sie ist nicht in deinem linearen Raum.

D: Ich beginne, viele dieser Konzepte von anderen zu bekommen, und es ist immer noch schwierig für unseren menschlichen Verstand, dies zu verstehen. (Ja) Sie hat also einen Auftrag, während sie auch dort ist. Ist es das, was du meinst?

J: (Lacht) Ja. Sie sieht auf einem Bildschirm zu. Das ist es, was sie mit der Erde macht.

D: Sie kann sich dabei zusehen, wie sie Dinge auf der Erde tut? (Ja) Was hält sie davon, wenn sie es sich ansieht?

J: Das gefällt ihr. (Lachen)

D: Ich weiß nicht, ob "Wesen" das richtige Wort ist. Aber was für ein Wesen ist sie, wenn sie dort ist?

J: Sie sieht menschlich aus, kleinere Frau. Es gibt noch andere Manifestationen, aber diese, ja. Es gibt viele. Es gibt mehr, als du dir vorstellen kannst. So weit, wie dein menschlicher Verstand gehen kann und gehen und gehen und gehen und gehen und gehen und dann noch weiter und weiter. Alle Wege, die Gott selbst erleben kann, sind alles, was ist.

D: Aber als Menschen sind wir uns all dessen nicht bewusst.

J: Manchmal schon. Manchmal. Ab und zu stellt sie eine Verbindung her. Nicht immer.

D: In der Regel sind uns die anderen Teile von uns selbst nicht bewusst.

J: Nein, keiner von euch ist sich dessen bewusst. Nein. Nein. Nein. Du wirst feststellen, dass du dir immer mehr als anderes "Ich" bewusstwerden wirst. Du wirst anfangen, dich in mehr von dem zu integrieren, was du wirklich bist. Die anderen „Ich´s“.

D: Aber wird das nicht verwirrend für den Menschen sein?

J: Für den Menschen, der du heute bist, ja. Aber im Großen und Ganzen integriert ihr alle immer mehr von dem, was ihr seid. Du kennst deine Kindheit, deine Jugend, deine anderen Lebenszeiten, deine anderen Erfahrungen, deine anderen Möglichkeiten.

D: Aber ich denke, dass die Art und Weise, wie der menschliche Geist funktioniert, dies sehr verwirrend wäre. Andere Teile von uns selbst zu kennen?

J: Das ist es, was sie jetzt tut. (Lacht) Deshalb ist sie verwirrt. Auf mehrdimensionalen Ebenen operieren, sich anderer Ich´s bewusst sein, die sie vielleicht nicht bewusst wahrnimmt. Aber sie ist sich dessen bewusst. Sie kann sich an nichts erinnern (Lachen), weil sie all diese Dinge auf verschiedenen Ebenen tut. So ist sie an vielen verschiedenen Orten, die sich mit verschiedenen Ebenen ihrer Existenz verbinden, alle zur gleichen Zeit.

D: Hat sie irgendwelche physischen Empfindungen, wenn diese Dinge passieren?

J: Manchmal, ja.

D: Wie fühlt es sich körperlich an, damit sie weiß, wie man das erkennt?

J: Warte mal. Wir werden für dich dolmetschen - du hast dies bereits bei anderen erlebt, wo sie sich von einem Moment auf den anderen nicht erinnern können. Das, was sie gerade gespeichert haben als Erinnerung, existiert nicht mehr. (Lachen) Von einem Moment auf den anderen ist diese Erinnerung verschwunden. Also kennst du das hier.

D: Du meinst, wie wir unser Kurzzeitgedächtnis nennen? (Ja, ja.) Was passiert zu diesen Zeiten?

J: Arbeiten auf anderen Dimensionen und Ebenen. Viele von euch erleben dies. Man kann heutzutage nicht mehr vielen Dingen festhalten. Kleine Dinge. Du musst mehr Balance erfahren.

Dies wurde auch in The Custodians berichtet, als man in einen Raum ging, um etwas zu holen, und sich dann nicht daran erinnerte, wofür man da drin war. Dann kehrt die Erinnerung nach ein paar Momenten der Verwirrung manchmal schnell zurück, mit einem "Oh, ja!". Sie sagten damals, dass du bereits in eine andere Dimension gegangen bist und zurückgekehrt bist, einfach total schnell.

D: Aber zurück in die Nacht, in der ihr Licht-Körper aufgenommen wurde. Warum ist das passiert?

J: Es war an der Zeit, dass sie sich jetzt daran erinnert. Es war das erste Mal, dass sie sich von ihrem Mann gelöst hatte. Das erste Mal, dass sie sich weg wagte. Das erste Mal, dass sie sich aus ihrer Besessenheit von ihm zurückgezogen hatte. Sie hatte Angst, jemals zu gehen. Es war der perfekte Zeitpunkt. Es war jetzt an der Zeit, dass sie sich daran erinnerte, dass es noch etwas anderes gab. Also hatten wir in dieser Nacht ein Meeting. Und es war ein Anfang.

D: Und es war nur für sie und nicht für die Kinder.

J: Die Kinder haben ihre eigenen Erfahrungen. Ihr Sohn, definitiv. Ihre Tochter hatte Angst, aber ihre Tochter ist viel mehr, als sie weiß, sehr mächtig. Das war für Janet. Das war ein Weckruf. Sie dachte, ihr Leben sei vorbei. Das war es nicht. Und regelmäßig mussten wir bei ihr eingreifen, weil sie am Boden zerstört ist. Das ist das Problem, dass sie nicht viele Erdenleben hat.

D: Und du hast gesagt, dass sie manchmal für körperliche Anpassungen geholt wurde?

J: Einige körperliche, andere emotionale.

D: Gibt es einen Grund, das zu tun?

J: Sie ist in Bezug auf die körperliche Erfahrung ziemlich am Abgrund.

D: Schon als Kind?

J: Ja. Als Kind war es verheerend. Enorme Einsamkeit und Missbrauch. Es musste Anpassungen geben, um sie im Gleichgewicht zu halten, damit sie im Physischen funktionieren konnte.

D: Janet denkt, dass sie mit ETs kommuniziert hat, und ich habe festgestellt, dass unser Verständnis von ETs sehr begrenzt ist. Können Sie erklären, mit wem sie kommuniziert, wenn sie ihre Arbeit macht?

J: Sie arbeitet mit vielen verschiedenen Rassen und Ebenen. Und sie alle arbeiten zusammen. Einige sind nichts anderes als ein Lichtstrahl. Einige sind Voraussetzungen für physische Körper verschiedenster Art. Und dann gibt es noch andere, einige sind nur Erkenntnis. Einige sind nur leicht. Einige sind alles.

D: Und ich habe mit fast allen von ihnen gesprochen.

J: Genau. Siehst du?

D: Ich denke, die Menschen sind es nicht gewohnt, an Mehrdimensionalität zu denken. Wir denken an ETs und Raumschiffe und an physische Dinge.

J: Was ist mehrdimensional? Mehrdimensional ist ein Wesen, das sich all seiner Lebenszeiten gleichzeitig bewusst ist: Vergangenheit, Gegenwart und Zukunft. Ein Wesen kann viele Wesen gleichzeitig sein. Das ist es, was ihr alle seid. Du bist dir deiner Mehrdimensionalität einfach nicht bewusst. Du bist dir nur deiner bewusst.

D: Weil es zu viel für uns wäre, wenn uns alles bewusst würde.

J: Zu diesem Zeitpunkt. Das könntest du in Zukunft tun. Das bedeutet, dass ein Wesen viele verschiedene Dinge sein kann. Also, wenn du dir das vorstellen kannst – lass es mich dir erzählen. Ihr könntet viele, viele Leben da draußen haben, die alle mit euch interagieren, die jetzt existieren. Könntest du das nicht auch?

D: Aber wir sind uns nicht bewusst.

J: Nein. Noch nicht.

D: Während der Sitzungen sagen mir immer mehr Leute, wenn sie in diesem Zustand sind - oder wie man das nennt - dass vergangene Leben nicht mehr wichtig sind. Es ist nicht mehr wichtig, sich zu erinnern, wer sie waren.

J: Nun, der Einfluss des anderen Lebens ist jetzt nicht mehr so stark. Er nimmt ab. Die Menschen kommen aus dem Traum heraus. Aus der Illusion heraus. Außerhalb des Einflusses, mehr in die kosmische Familie.

D: Was meinst du mit "Aus dem Traum kommen"?

J: Aus der Illusion der Trennung. Aus der Illusion heraus, in einer Blase der Biologie nur auf deinem Planeten zu leben, und sonst nichts. Diese Einflüsse sind nicht so stark. Deine DNA öffnet sich. Deine RNA öffnet sich.

D: Wir sind es so gewohnt, an vergangene Leben zu denken, die das gegenwärtige Leben beeinflussen.

J: In einem linearen Konstrukt ist das wahr, aber du arbeitest nicht mehr im linearen Konstrukt, wie du es vorher getan hast. Du bewegst dich in eine andere Dimension, was bedeuten würde, dass der Einfluss dieses linearen Konstrukts nicht so stark sein wird.

D: Ich habe immer noch einige Klienten, mit denen ich auf dieser Ebene arbeiten muss.

J: Ja. Und wenn sie immer noch innerhalb dieser linearen Funktion arbeiten, dann würdest du es tun. Sie sind nur noch nicht eingeschaltet. Das ist schon in Ordnung.

D: Sie sind alle da, wo sie sein sollten.

J: Genau. Nicht jeder muss am selben Ort sein. Wo wäre die ganze Vielfalt? Es würde nicht so viel Spaß machen.

D: Das ist wahr. Deshalb muss ich mit jedem einzelnen an dem Punkt arbeiten, an dem er sich befindet.

J: Genau.

D: Mir wurde auch gesagt, dass Karma jetzt anders ist. Ist das richtig?

J: Auf jeden Fall. An diesem Punkt, an diesem Punkt, ist Karma eine Wahl. Tritt ein, tritt aus. Es gibt diejenigen, die sich immer noch dafür entscheiden, in das Karma einzusteigen.

D: Fesseln Sie sich?

J: Auf jeden Fall. Sieh dich auf deinem Planeten um.

D: Das hat man mir gesagt, es ist wie eine klebrige Fliegenfänger-Rolle.

J: Das ist genau richtig. Und sie stecken fest, wenn sie es wählen.

***

D: Was ist 1996 mit Janet passiert, als sie sagte, dass sie sich selbst sterben sah. Sie hatte eine massive Infektion. Und sie sah sich selbst unten auf dem Boden liegen. Ich schätze, sie war nicht mehr im Körper. Was geschah zu dieser Zeit?

J: Sie ist gestorben.

D: (Das war eine Überraschung.) Verursacht durch die Infektion oder was?

J: Ja. Sie verlor die Hoffnung. Sie sah ihre Rolle auf der Erde nicht. Sie liebt zu sehr, und dann kann es sehr schädlich sein. So wurden Anpassungen vorgenommen. Die Dinge wurden korrigiert. Dabei wirkte es sich jedoch auf ihr bewusstes Gedächtnis aus. Und sie verlor viel von ihrem bewussten Gedächtnis.

D: Ist sie tatsächlich an diesem Tag gestorben? (Ja) Ist sie nach den Anpassungen sofort wieder in den Körper zurückgekehrt?

J: Nein, ist sie nicht. Das Bewusstsein kehrte fast 36 Monate lang nicht vollständig zurück.

D: Ich dachte, wenn der Körper stirbt, muss sie wieder in ihn einsteigen, um ihn am Leben zu erhalten.

J: Um sie wurde sich gekümmert. Aber sie konnte nicht - okay. Wir werden es dir so erklären. Es gab dort genug von ihr, um auf einem sehr niedrigen Niveau zu funktionieren. Doch in diesem Zeitraum, der Integration, die stattgefunden hat, kam mehr von ihr herein, wenn man so will, mehr von ihrem höheren Selbst, mehr von der Gesamtheit dessen, wer sie ist. Macht das für dich Sinn? Jetzt war sie sich dessen nicht bewusst, obwohl sie auf irgendeiner Ebene Verständnis dafür hatte, aber auch nicht wirklich. Warte mal. Warte mal. Ja. Sie durfte die Weißlicht-Phänomene, die der Mensch erlebt, nicht erleben. Dieser Speicher wurde freigegeben. Sie wäre sonst nicht zurückgekommen.

Ich hatte andere Fälle, in denen die Person eine NTE (Nahtoderfahrung) hatte und mit entweder keiner oder einer teilweisen Erinnerung an das Geschehene zurückkam. Es wurde als so schön, friedlich und vollkommen auf der spirituellen Seite beschrieben, dass sie, wenn sie eine volle Erinnerung daran hätten, nicht zu diesem chaotischen Leben zurückkehren wollten.

D: Mit anderen Worten, der Körper kann ohne die ganze Seele, den Geist darin, am Leben bleiben?

J: Es gab eine Verbindung zu ihrer Seele, die auftrat. Eine stärkere Bindung an ihre Seele, die sie dort warmhielt. Die Verbindung mit ihrer Seele war wegen des Schadens, den sie erlitten hatte, nicht stark genug. Nicht nur durch den körperlichen Schaden der Krankheit, sondern auch den emotionalen Schaden. Sie hat Schwierigkeiten hier zu sein. Der Seelenschaden sitzt sehr tief. Nun gab es einen Innervationsprozess, basierend auf der Bindung mit ihrer Seele, die in diesen 36 Monaten stattfand, der nicht mehr von dem, was diese Person ist, zurückbrachte. Während dieser Zeit war sie nicht in der Lage, als der Mensch zu fungieren, der sie vorher war. Hast du verstanden?

Das habe ich nicht wirklich, aber ich habe sie es so gut sie konnten erklären lassen.

J: Und auch in dieser letzten zweijährigen Periode, wiederum, damit dies alles stattfinden kann, gibt es einen Prozess, in dem sie Konflikte vom Bewusstseinszustand mit den anderen Dingen, die in den multidimensionalen Zuständen vor sich gehen, hat. Wo es für sie schwierig ist zu integrieren, und deshalb hat sie die Persönlichkeitsmängel, die sie sieht - und sie nennt sie "Mängel".

In Convoluted Universe, Buch Zwei, gab es zwei weitere Fälle, in denen die Person im Wesentlichen starb, und der größte Teil der Seele war für längere Zeit nicht im Körper. In beiden Fällen dauerte es eine ganze Weile, bis die ganze Seele zurückkehrte und der Körper wieder normal funktionierte. Die Person beschrieb es als das Gefühl des Schlafens oder des Lebens in einem Traum. Sie hatten Schwierigkeiten in Bezug auf ihre physische Umgebung. Auch andere um sie herum bemerkten definitiv, dass etwas nicht normal war.

***

J: Wir würden dir das sagen. Es gibt diejenigen von euch, die sich im Traumzustand treffen, die viel mehr mit den Orchestrierungen auf diesem Planeten zu tun haben, als ihr es euch zu diesem Zeitpunkt vorstellen könnt. Es gibt diejenigen unter Ihnen, die spezifische Informationen in das Wesen einbringen. Wir möchten euch auch sagen, dass es welche von euch gibt, die die Wahrheit weiterbringen. Das bringt die Wahrheit ohne versteckte Absichten, ohne Verzerrungen vorwärts. Und deshalb kennen sich die unter euch, die zusammenkommen, die von dieser Art sind, die von diesem Charakter sind, besser, als ihr wisst.

***

Abschiedsnachricht: Wir würden zu ihr sagen, dass wir viel Glauben und Vertrauen in alles haben, was sie tut. Um mit dem gleichen Engagement voranzukommen. Dass alles, was sie braucht, genauso da sein wird, wie sie es braucht. Wir würden das Gleiche zu dir sagen. Diejenigen von euch, die als Brücke auf diesem Planeten fungieren, werden sehr geliebt. Das soll nicht heißen, dass andere nicht geliebt werden. Wir würden Ihnen sagen, dass Sie einen großen Dienst auf dem Planeten leisten. Und es gibt viele, die dich lieben und schätzen. Bleib mit deinen Absichten sauber. Es kann nicht schiefgehen.

***

EIN ANDERER FALL

Ich hatte einen anderen Fall, der eine Beteiligung an ETs war, wo eine Frau helle Lichter gesehen hatte und etwas über sie wissen wollte. Sie liebte es, am Meer zu sein, und sie liebte es besonders, mit Delfinen zu schwimmen. Sie lebte eine Weile auf Hawaii, und das ist es, was sie dort tat. Jetzt lebt sie in Kalifornien, immer noch am Wasser.

"Sie" sagten, dass die ETs mit ihr in Verbindung stehen, aber sie merkt es nicht, weil sie ihr als Delfine erscheinen. Wenn sie schwimmen, tun sie viele Dinge mit ihr, von denen sie nichts weiß. Eines der Dinge wäre die Entfernung von Implantaten. Ich habe ihnen gesagt, dass ich gehört habe, dass die Implantate nicht negativ sind. Sie sind aus einem bestimmten Grund im Körper. Und sie sagten: Ja, sie dienen einem Zweck. Und wenn ihr Zweck erfüllt ist, müssen sie entfernt werden. Du brauchst sie nicht mehr. Aber auch die Delfine übermittelten ihr Informationen. So passierten verschiedene Dinge, wenn sie denkt, dass sie nur mit den Delfinen schwimmt. Sie erschienen ihr als Delfin, weil sie auch ein Teil deren Energie war, und sie fühlten sich wohl bei ihr. Sie war vom Wasserplaneten gekommen, und viele der Seelengruppen der Delfine stammten vom Wasserplaneten. Sie hatte Erinnerungen an diesen Ort, und deshalb wurde sie vom Wasser angezogen. Es gab ihr ein sehr gutes Gefühl, diese Erinnerungen wieder zu erleben. So präsentierten sich die ETs ihr gegenüber als Delfine, damit sie keine Angst hatte und sie akzeptierte, damit sie die Arbeit mit ihr machen konnten. Auch hier ist nicht immer alles so, wie wir denken.

KAPITEL ACHTZEHN

ANPASSUNGEN

JANICE WAR SOZIALARBEITERIN, glücklich verheiratet und hatte drei Kinder. Sie kam in mein Büro mit der Hauptanfrage, herausfinden zu wollen, ob sie eine Ufo-Erfahrung hatte oder nicht. Ihre einzige Erinnerung war das seltsame Gefühl, durch die Decke ihres Schlafzimmers zu gehen. Obwohl sie sich an nichts anderes erinnern konnte, hatte sie das Gefühl, dass ihr etwas Körperliches angetan worden war, und sie empfand es als negativ. Sie dachte, es könnte etwas mit Implantaten zu tun haben. Im Ufo-Bereich gibt es so viele negative Informationen, dass die Menschen denken, dass sie durch Implantate etwas zu befürchten haben. Ich erzähle der Person nie, was ich in meiner Arbeit entdeckt habe, weil ich sie nicht beeinflussen will. Ich würde es vorziehen, wenn sie ihre eigenen Informationen finden würden.

Wenn ich Dinge untersuche, die in ihrem gegenwärtigen Leben geschehen sind, nehme ich den Klienten nie direkt in das vermutete Ereignis mit. Ich lasse den Klienten immer in diese Art von Szene gehen, bevor es wirklich passiert ist, also können wir uns ihr aus dieser Richtung nähern, dann werden sie keine Widerstände aufbauen. Andernfalls haben sie Angst, dass sie etwas Traumatisches erleben werden, weil sie sich nicht vollständig daran erinnern und der Geist Angst erschaffen hat. Ich nenne das den "Backdoor-Ansatz". Dann können sie sich an die eigentliche Erfahrung annähern, ohne zu merken, was ich tue. Angst ist die stärkste Emotion, die ein Mensch erlebt. Wenn also etwas passiert, das sie nicht ganz verstehen, bringen sie Angst hervor, die das Gedächtnis verzerrt und färbt. Ich habe festgestellt, dass dies oft vorkommt, dass sich die unter Hypnose erzählte Geschichte von derjenigen unterscheidet, an die sich die Person bewusst erinnert. Doch es macht mehr Sinn und kann ohne Angst und Verzerrung gehandhabt werden. Mein Hauptziel ist es, ihr Leben nicht zu stören.

Als Janice in Trance war, brachte ich sie zurück zu dem Datum: 24. August 1995 (das sie aufgenommen hatte), und sie kam in dieser Nacht in ihr Schlafzimmer. Sie beschrieb das Zimmer und sagte, dass sie im Bett lag und las (was ihre normale Gewohnheit war). Sie konnte ihre Kinder unten hören. Nach einer Weile legte sie das Magazin auf den Boden neben dem Bett, machte das Licht aus und ging schlafen.

Dann fragte ich, ob sie die ganze Nacht geschlafen hat. Sie antwortete: "Da ist ein Licht oder so etwas. Etwas ist anders. Was ist das? Ich glaube, da ist ein Licht oder so etwas an der Vorderfront. Es ist nicht wirklich eindeutig. Es ist nicht etwas, das ich jemals zuvor bemerkt habe. Es ist, als ob ein Teil von mir diese Geschichte kennt, aber es passiert nicht, wenn ich mich daran erinnere.... Jetzt denke ich, dass das Licht mich anhebt! Unter mir, wenn ich mich hebe! Ich versuche herauszufinden, was los ist. Ich fühle mich leichter. Ich werde vom Bett gehoben. Ich kann nach unten schauen und den Boden neben dem Bett sehen, aber es scheint, als wäre es weiter weg. Moment mal! Ich gehe nach oben oder etwas geht nach oben. Ich fühle nicht so sehr nach oben zu gehen, ich schaue nach unten und die Dinge sind nicht so nah wie sie waren. Ich gehe irgendwo nach oben. Ich bin jetzt auf dem Dach. Ich weiß nicht, was los ist. Ich weiß nicht, wo ich hin will. Ich bin höher... höher... höher... höher... höher. Mein Haus ist weiter weg. (Unglauben) Ich kann nicht einfach alleine im All reisen."

D: Bist du allein?

J: Ich denke, ich könnte in einer Blase sein oder so. Ich fühle es nicht wirklich. Ich habe nur den Sinn von etwas um mich herum. Ich bin in dieser wirklich kleinen Sache. Es sieht aus wie eine Blase oder so. Es schwimmt schräg nach oben, aber es geht vom Haus weg.

D: Kannst du sehen, wohin du schwimmst?

J: Ich gehe da ins Licht. Ich spüre meine Füße nicht oder so. Ich fühle einfach, dass ich schwebe.

D: Kannst du sehen, wohin du gehst?

J: Nein. Ich sehe nichts. Ich denke, es gibt etwas, das mit uns verschmilzt; es gibt etwas, das sich öffnet. Es ist, als wäre eine Rampe runtergekommen und ich gehe hoch, wo diese Rampe ist. Ich glaube, es ist auf einem Schiff oder so, aber ich kann nicht das ganze Schiff sehen. Es ist, als hätte sich etwas geöffnet und es ist heruntergekommen. Ich habe immer noch das Gefühl, dass ich in einer Art Blase bin. Sie beschützt mich, beschützt mich, transportiert mich. Ich treibe in dieses Ding.

D: Was passiert als nächstes?

J: Scheint so, als würde es heller werden... etwas ist heller. Eine Beleuchtung in diesem Ort, zu dem ich komme. Es ist wie von einem dunkleren Raum in einen helleren Raum.

Sie war verwirrt und hatte Schwierigkeiten, zu beschreiben, was sie sah. Sie sah einen Schatten oder Umriss eines großen, personenähnlichen Dings. Dann erkannte sie, dass sie nicht mehr in der Blase war, weil sie ging. "Wo bin ich? Wo gehe ich hin? Es ist nur ein Flur. Es ist nicht sehr breit. Ich sehe niemanden, aber ich habe sie sagen hören, dass ich mit anderen Leuten in einen Raum gehe. Ich habe gerade einen Blitz von etwas gesehen. Es sieht nicht menschlich aus. Ich kann sie jetzt nicht mehr sehen. Wo sind sie? Es gibt Aktivitäten und es gibt verschiedene Arten von Formen. Ich habe nur das Gefühl, dass ich nirgendwo bin. Ich hatte einen Blitz gesehen von anderen Schatten, anderen Wesen, aber jetzt.... eine Art dunkler Raum und ich denke, da sind einige Sterne draußen. Aber es ist Nacht und es gibt etwas Glas, dunkle Fenster an den Seiten. Ich glaube, etwas treibt es an, was auch immer dieses Ding ist."

Ich fragte, ob jemand da sei, der unsere Fragen beantworten und ihr das erklären könne. "Jemand sagt mir, dass ich keine Fragen stellen darf. Ich höre: "Du musst es nicht wissen." Etwas ist zu groß. Sie sagen, dass etwas oder Informationen zu umfangreich sind.... unverständlich. - Was ist das? Ich höre das in meinem Kopf, aber ich weiß nicht, woher es kommt - etwas darüber, dass ich ein kleines Zahnrad im Rad bin. Aber ich bin wichtiger als ein kleines Rädchen, denn ich muss Teil von etwas sein, Teil von einem größeren etwas." Die Informationen kamen langsam und stoppend in kleinen Stücken. "Ich sehe einen weiblichen Typ. Ich höre "Schutz". Sie ist Schutz. Es ist wie ein Schutz der Vernunft, wie ein Gleichgewicht. Unsere

Familie hat einen Plan. Es hat etwas mit dem universellen Bewusstsein zu tun. Es ist Teil des Universums. Ich bekomme Informationen, die ich nicht verstehe. Es soll etwas auslösen."

D: Etwas, das Janice nicht bewusst weiß?

J: ch höre, "Ja, natürlich." Es ist ein Akronym. Es ist wie Anagramme oder so. Es ist eine Art, das Denken zu organisieren.... das Denken. Es ist eine mathematische Formel. Es ist eine Art, ihren Verstand zu trainieren, Informationen aufzunehmen. Es ist eine Öffnung. Es ist wie ein Durchgang. Es ist Clearing, eine Formel. Es ist wie eine Pyramide.

Ich bat um eine deutlichere Erklärung.

J: Es gibt eine Weite oder einen Durchgang oder eine Verengung, um die Informationen zu sammeln. Es ist nicht klar.

D: Ist das das erste Mal, dass dies passiert ist, in dieser Nacht? Oder war es schon vorher mit Janice passiert?

Nun wechselte die Stimme, und ich wusste, dass wir mit etwas in Kontakt standen, das mehr Informationen liefern konnte, ohne Janices bewusste Verwirrung.

J: Die Informationen kommen ihr ganzes Leben lang.

D: War es etwas in dieser Nacht, das das ausgelöst hat?

J: Ihr Lesen und ihre Neugierde, nach Informationen und dem Wunsch zu Wissen.

D: Das hat in dieser Nacht eine besondere Art von Ereignis ausgelöst?

J: Sie wurde als Geschenk zur Quelle gebracht.

D: Sie erinnerte sich daran, dass es eine echte körperliche Erfahrung war, nicht wahr?

J: Es war eine körperliche Erfahrung.

D: Ist sie in ihren physischen Körper gegangen?

J: Ja, sie wurde bei ihrer Untersuchung mitgenommen. Es war eine heftige Erfahrung, als sie sich dem gegenüber öffnete. Es war, als ob ihr Schutzschild zerbrechen würde. Sie dazu zu bringen, Dinge auf einmal zu verstehen, den Sinn zu erkennen, die alte

Denkweise zu durchbrechen. Sie war bereit, aus dem Nest geschubst zu werden.

D: War das ein echter physischer Ort, an den sie gegangen ist?

J: Es war ein Schiff. Sie ist auf ein Schiff gegangen.

D: Sie dachte, dass ihr in dieser Nacht auf dem Schiff etwas Körperliches angetan wurde. War das so?

J: Ja, es war Teil davon. Sie weiß, dass sie die Mutter von vielen ist. Ein notwendiger Teil eines größeren Plans. Ihr physisches Material wird für einen größeren Plan verwendet.

D: Die Mutter von vielen. Was meinst du damit?

J: Ihre physischen Teile wurden als größerer Plan verwendet. Sie will helfen. Sie bietet einen Service an. Sie kann anderen Kulturen, anderen Zivilisationen helfen. Ihre Gene und DNA werden chemisch gemischt oder verbessert oder in irgendeiner Weise gepushed.... Teil eines größeren Projekts und etwas, dem sie zugestimmt hatte. Sie stimmte zu, das zu tun. Wir würden das nicht tun, wenn sie nicht zugestimmt hätte.

D: Das habe ich gehört; du tust es niemals ohne Erlaubnis, oder?

J: Nein, das ist etwas, dem sie vorher zugestimmt hat.

D: Wann hat sie dem zugestimmt?

J: In früheren Leben war das immer so. Das ist nicht das erste Leben, in dem sie sich damit beschäftigt hat.

D: Was ist in den anderen Leben passiert?

J: Es war ähnlich. Was von uns gebraucht wurde, wurde von ihr wie vereinbart gesammelt. Sie trägt auf diese Weise dazu bei. Es ist genau so, wie wenn sie in diesem Leben Blut spendet, um zu helfen. Sie gibt Teile, die gebraucht werden, um anderen im Universum, ihrer eigenen Kultur, ihrer eigenen Zivilisation zu helfen.

D: Warum brauchen diese anderen Kulturen, Zivilisationen und andere Universen ihre Gene?

J: Einige sterben. Einige sind kränklich. Einige experimentieren gerade. Einige verstärken die vielfältigen Einsatzmöglichkeiten. Es gibt eine Weite in diesem Projekt, die schwer zu erklären ist.... sehr umfangreich.

D: Aber sie hat diesem Vorgehen in anderen Lebenszeiten zugestimmt. Sie hat einfach mit diesem Abkommen weitergemacht?

J: Ja, und in anderen Lebenszeiten war sie Teil der Wissenschaft, die diese Dinge tut. Sie war auf beiden Seiten dabei. Sie hat auf verschiedenen Ebenen dazu beigetragen, sie hat sie aufgenommen und mit einbezogen.

D: Also hat sie in diesem Leben zugestimmt, auf dieser Seite zu sein.

J: Ja, das ist wahr.

D: Warum hatte sie plötzlich diese Erinnerungen, die jetzt auftauchen?

J: Sie hat gefragt. Sie will wissen, warum sie hier ist, all die Fragen. Es war in Ordnung, sie bis zu einem gewissen Grad zu aufzuwecken.

D: Denn wenn man im physischen Körper ist, kann man nicht alles wissen, oder? Es wäre zu kompliziert.

J: Ja. Und sie weiß nicht alles.

D: Sie ist so besser dran, oder sie könnte nicht in dieser Welt funktionieren, oder?

J: Manchmal will sie nicht in dieser Welt funktionieren. Sie fühlt sich hier überhaupt nicht wohl.

D: Sie hat ein gutes Leben, einen Mann und Kinder. Sie hat ihre Arbeit.

J: Es scheint ihr nicht gut genug zu sein. Es ist nicht vollständig erfüllend für sie. Sie lebt ihr altes Muster, aber sie sucht nach mehr Bedeutung.

D: Deshalb ist das jetzt erlaubt, damit sie einige Informationen als Erklärung erhalten kann?

J: Es gibt ihr das Gefühl, mehr zu sein als sie bisher in diesem Leben war; ein Gefühl, Teil von etwas Größerem zu sein. Sie ist daran beteiligt, etwas zu tun, was ein Teil von ihr nicht versteht, aber es hat ihr einen gewissen Grad an Bedeutung gegeben.

D: Viele Menschen sind an diesen Projekten beteiligt, nicht wahr? (Ja) Viele von ihnen denken, dass etwas Negatives passiert.

J: So, wie sie es am Anfang getan hat.

D: Sie wissen nicht wirklich, was los ist oder passiert.

J: Die meisten wissen es nicht. Einige wissen es tatsächlich.

D: Sie sagte, sie fühlte, dass etwas in ihre Nase gesteckt wurde. Kannst du ihr davon erzählen?

J: Es ist etwas für die Kommunikation... etwas für ihr Gleichgewicht. Dieses Tool sollte sowohl ihr als auch uns helfen. Es war für die

Kommunikation und das Gleichgewicht gedacht, und um etwas einzubeziehen.... Energie, ähnlich... wie ein Prozessor. Wie ein Mikroprozessor in einem Computer. Das ist es, was ich höre.... Mikroprozessor. Ich denke, sie studieren Gefühle und Emotionen, so wie es auf sie zutrifft.

D: Warum wollen sie Gefühle und Emotionen studieren?

J: Es hat mit dem menschlichen Fortschritt zu tun. Es gibt eine Beschleunigung. Einige Menschen sind dafür nicht so Tolerant wie andere. Einige sind empfindlicher dahingehend und es gibt dieses Bedürfnis, besser verstehen zu wollen, was passiert.

Es klang, als würden sie sich auf die kommende Verschiebung/Aufstieg und die Beschleunigung von Vibrationen und Frequenzen beziehen.

D: Wie stellt sich der menschliche Körper darauf ein?

J: Es betrifft mehr als den Körper. Es ist auch mental und emotional. Die Veränderungen wahrzunehmen, aufzugreifen und sensibler zu werden.

D: Mir wurde gesagt, dass wir empfindlicher auf die sich ändernden Energien reagieren. Ist es das, was du meinst?

J: Ja, ebenso verändern, beschleunigen und bewegen sich die meisten. Einige haben damit mehr Schwierigkeiten, so dass diese Kommunikation und Balance eine Möglichkeit ist, aus einer anderen Perspektive zu verstehen, wie sie den Menschen beeinflusst. Es ist ein Monitor, aber es ist auch eine Art Verstärker, Stabilisator. Es gibt Balance für die Menschen, die beteiligt sind, also hilft es. Es unterstützt auch die Person, sich anzupassen, während sie den Fortschritt beobachtet und sich ausgleicht - es gibt viel zu Lernen mit diesem Fortschritt, der viele, viele Zivilisationen vor den Menschen mit einbezieht, aber der Fortschritt ist keine Konstante. Es ist nicht immer nur das Gleiche für alle. Es gibt Variablen und Probleme, die auftreten können, so dass sie Anpassungen überwachen, unterstützen und ausgleichen müssen. In einigen Fällen ist viel Hilfe erforderlich.

D: Weil es auch innerhalb der Zivilisationen Variablen geben würde. Alle Menschen wären anders. Das ist es, was du meinst? (Ja) Überprüfst du auch, ob der Geist durch diese Veränderung der

Schwingungen nicht geschädigt wird? Ist das Teil des Überwachungsprozesses?

J: Der Geist ist gewachsen.... der Expansionsprozess, es könnte Blockaden geben, Verwirrungen. So viel davon betrifft die Beschäftigung mit Emotionen. Lebenserfahrungen von Menschen, wenn sie missbräuchlich, negativ, emotional benachteiligt, verzerrt sind.... Ich kenne die Worte nicht.

Dies kommt oft vor, dass das SC oder ETs nicht die richtigen Worte finden können. Dies liegt vor allem daran, dass sie mehr auf der Ebene der mentalen Kommunikation arbeiten. Ich sage Ihnen immer, Sie sollen Ihr Bestes geben.

J: Es ist schwieriger für einige dieser Menschen mit der Expansion, wenn so viel Gefühl in allem steckt. All ihr Lernen, ihre Ängste, es gibt einfach so viel Emotion.

D: Gibt es einige Menschen, die sich wegen ihres Verstandes und ihrer Emotionen nicht darauf einstellen können?

J: Ja, das siehst du jetzt schon seit einiger Zeit. Es bricht so viel Wut und Gewalt aus, und es gibt Selbstzerstörung, Selbstmord; es ist einfach selbstzerstörerisch. Ja, einige werden nicht auf die gleiche Weise weitermachen können. Sie können sich nicht anpassen oder mit der bisherigen Art durchboxen. Es ist einfach so viel, dass sie festgehalten und blockiert werden, dass es wie ein Kabelsalat ist. Es sieht so aus, als wäre es nicht nur eine mentale Frage, wenn sich permanent Emotionen mixen. Emotionen verursachen Probleme für viele. Alle erhalten Energie für ihr System. Es liegt in dem Maße, wie sie es akzeptieren und verarbeiten und damit erweitern können. Ein sauberer Kanal/Tunnel und der Durchgang ist frei, es kann mehr durch ihn hindurchfließen, besser kann es nicht sein, wenn es keine Blockaden im Energiesystem gibt. Es kann seine beabsichtigte Aufgabe bei Blockaden nicht einwandfrei erledigen. Unsere Hilfe wird geleistet und Hilfe ist verfügbar, aber es liegt immer noch an der Person selbst.

D: Es ist also eine individuelle Sache. Jeder wird anders reagieren.

J: Bis zu einem gewissen Grad, ja.

Dann, nach einer Pause, schien es, dass die Verbindung unterbrochen wurde. Es kamen keine weiteren Informationen durch. Ich bat um eine Abschiedsnachricht: "Was ich höre, ist zu reisen und zu erleben. Ich schlage mich alleine durch und habe keine Angst. Sie soll erkunden, kreativ sein, auf ihre Intuition hören. Sie kennt den Rest."

KAPITEL NEUNZEHN

FREIWILLIGER ET

MIRIAM DACHTE, SIE HÄTTE eine Ufo-Begegnung gehabt, war sich aber nicht ganz sicher, ob es eine Erinnerung oder ein Traum war. Das war das Einzige, was sie während unserer Sitzung erforschen wollte. Ich brachte sie zurück zu dem verdächtigten Datum und ließ sie in dieser Nacht in ihr Schlafzimmer kommen. Als ich sie fragte, was sie sah, zögerte sie und wirkte verwirrt. "Ich weiß nicht, wo ich bin. Ich sehe nichts. Es fühlt sich nicht wie mein Haus an."

D: Wie fühlt es sich an?

M: Ich habe das Gefühl, dass es eine Menge Druck auf meinen Körper ausübt. Der Druck ist sozusagen vom Zwerchfell bis zu meinem Kinn. Es fühlt sich wirklich schwer an.

Ich machte Vorschläge, dass es sie nicht stören würde, und sie darüber reden konnte.

M: Es fühlt sich an, als wäre der Druck im Mittelteil, aber jetzt geht er über auf meinen ganzen Körper. Der ganze Körper ist jetzt sehr schwer. Es ist in meinen Händen und es ist in meinem Brustbereich. Es brennt fast. Es ist schwer. Es ist anders und ungewöhnlich, aber ich sehe nichts.

Ich gab Anweisungen, dass sie sich der Situation bewusster werden konnte, und dass, wenn sie darüber sprach, es klarer werden würde.

M: Fühlt sich an, als wäre ich vielleicht in einem Container und es übt Druck auf meinen Körper aus. Es übt Druck von der Taille nach oben aus, aber nicht von meiner Taille nach unten. Aber ich sehe nichts und höre nichts.

Was auch immer es war, es war solide, weil sie es nicht sehen konnte. "Ich bin sehr schwer. Ich kann nicht herausfinden, was das ist." Ich versuchte, sie rückwärts zu bewegen, bevor sie in diesem Behälter war, aber sie hatte immer noch die gleichen Empfindungen. Dann dachte ich daran, sie nach vorne zu bringen, wo sie nicht mehr im Inneren von dem war, was es auch immer war. Sie würde nicht mehr die unbequemen Gefühle haben und sehen können, was es war.

D: Worin warst du drin?

M: Es sieht aus wie eine Box aus Edelstahl. Es ist kein Edelstahl, sondern eine Art kompressionierter Edelstahl. Wie ein Behälter, eine Metallkiste von der Größe eines audiometrischen Ortes, an dem man sich gerade niedergelassen hat. Es ist eine Art Zylinder, und ich lag einfach da drin und mein Körper gleicht es irgendwie aus. Es ist alles Metall. Ich weiß nicht, wie ich da reingekommen bin. (Verwirrt) Ich fühle mich, als hätte es meine Brust ausgeglichen. Ich habe das Gefühl, dass es mit Energie zu tun hatte, die von gesunder Natur ist. Es ist eine gute Energie... eine heilende Energie. Es war nicht sehr bequem. Das war mir bewusst, denn es gab nichts anderes zu sehen. Es tat aber auch nicht weh. Und es glich die Energie in meinem Körper aus, glich sie aus. Einfach nur, weil sie aus dem Gleichgewicht war. Und ich weiß nicht warum, aber ich wurde so behandelt, geheilt.

D: Nun, du wirst wissen, warum. Es wird zu dir kommen.

M: Ich wollte es. Ich erinnerte mich daran. Ich wurde von diesen kleinen Leuten ohne Interesse behandelt. Sie sind wirklich nicht sehr emotional. Sie tun es einfach. Und ich weiß nicht, warum ich es getan habe, aber mein Körper war aus dem Gleichgewicht.

D: Kannst du diese kleinen Wesen sehen?

M: Ich sehe sie, aber sie kommunizieren nicht wirklich. Sie machen einfach nur einen Job.

Ich dachte, sie meint die typischen "kleinen Grauen", die nichts anderes sind als biologische Roboter, die ihre Arbeit ohne Emotionen oder Interesse verrichten. Aber als sie versuchte, sie zu beschreiben, war es schwierig, weil es nicht wie alles war, was sie je zuvor gesehen hatte. Es klang definitiv nicht nach einem typischen ET aus Filmen oder Literatur. Sie waren wie eine Mischung aus einer großen, dünnen Gestalt mit tierischen Eigenschaften. "Ich sehe sie nicht klar. Vielleicht will ich sie nicht sehen. Sie sehen seltsam aus. Ich habe so etwas noch nie in meinem Leben gesehen, in einem Buch, in meinen Träumen. Sie sind keine geschwätzigen Menschen, sagen wir es so. Sie machen nur ihr Ding, ihren Job. Sie scheinen einfach eher dafür da zu sein, um zu beobachten. Aber sie sehen wirklich neugierig aus. Sie sehen für mich etwas tierischer aus. Eher wie Tierhaut ohne Fell, fast eine Mausfarbe. Sie sehen nicht so aus, als hätten sie Angst. Sehr seltsam."

Weil es sie störte, bat ich sie, sich auf den Raum zu konzentrieren. "Die Box ist sehr klinisch, und gegenüber von mir sind Türen, wie Schränke. Und über den Tellerrand hinaus.... Ich weiß nicht.... es sieht aus wie eine große Maschine. Ich habe keine Ahnung wofür. Es scheint sehr komplex zu sein. Der Raum.... Ich bin nicht gut in Metern, aber vielleicht.... zwölf mal zwölf Meter."

D: Wie bist du in den Container gekommen? Wenn du dich nicht erinnerst, kannst du sie fragen und sie können es dir sagen. Sag ihnen einfach, dass wir neugierig sind.

M: Anscheinend ist mein Körper noch in meinem Bett, und was ich als meinen ätherischen Körper kenne, der den physischen Körper gut erhält, der wurde da in den Behälter getan. Sie mussten den physischen Körper dafür nicht verwenden. Wenn ich diesen ätherischen Körper mit zurücknehme und ihn in den physischen Körper lege, wird er den physischen dadurch heilen. Genau das haben sie mit mir gemacht.

D: Wofür ist dieser Ort, an dem du bist? Können sie es dir sagen?

M: Es scheint, als wäre es in der Nähe meines Hauses gewesen. (Verwirrt) Was sie sagten, ist, dass sie die Menschen im Auge behalten, damit sie einen guten physischen Körper in Schuss halten, und sie bringen nur Menschen hierher. Das ist wie eine kleine Spähklinik oder so, eine mobile Klinik. Einige der Leute, die sie beobachten, wenn sie Probleme sehen, werden mit diesem kleinen Scout-Mobil korrigiert. Und sie bringen dieses energetisierte Gleichgewicht ins Physische und sie tun das für bestimmte Menschen. Es ist nur eine Art Routinesache. Leute, die sie kennen oder die sie im Auge behalten, aber wir sehen nicht so aus wie sie. Ich sehe nicht so aus, wie sie es tun.

D: Ist das ein Ort in der Luft oder am Boden oder was?

M: Es liegt in der Luft.

D: Also sind sie in der Lage, deinen ätherischen Körper nach oben zu bringen. Ist es das erste Mal, dass sie das tun?

M: Sie haben es schon einmal getan. Sie taten es, als ich krank war. Ich hatte rheumatisches Fieber und sie nahmen mich mit. Ich war noch klein. Ich war sechs. Ich war krank.... wirklich krank.

D: Was haben sie damals gemacht?

M: Sie haben das Gleiche getan. Sie haben mich in einen dieser Behälter getan. Sie steckten mich in den Zylinder und das Gleichgewicht – ich hatte keine Balance - löschte das Problem. Und dann haben sie diese Energie wieder in meinen Körper zurückgespeist. Sie haben den physischen Körper nicht genommen.

D: Sie können ihn reparieren, ohne ihn zu nehmen. Sie haben dich davor bewahrt, noch kranker zu werden. Das ist sehr gut. Sie kümmern sich um dich.

M: Ich schätze schon.

D: Warum behüten sie dich?

M: (Erstaunt) Oh, Mann! Sie sagten, ich sei... oh, mein Gott! Sie sagten, dass ich einer von ihnen sei! (Ungläubig) Ich weiß nicht, ob ich einer von ihnen sein soll. Oh, mein Gott! Sie sind wirklich seltsam. Sie sind jetzt auf der Erde nicht mehr zu sehen. Sie sind sehr seltsam. Sie konnten nicht gesehen werden.

D: Sie haben Angst, dass sie die Leute erschrecken würden?

M: Nun, das würden sie! Und ich kannte sie früher, aber da sie nicht kommen können, wie bin ich dann jemals in diese Sache verwickelt worden? Ich bin nicht "sie", aber ich war es. Ich war eine Weile da, also behüten sie mich. Sie helfen mir, weil sie hier diesem Planeten helfen wollen, und sie können ihm selbst nicht helfen und so helfen sie mir.

D: Wenn sie versuchen würden, direkt zu helfen, würde es die Menschen erschrecken?

M: Oh, das würde es!

D: Also müssen sie Menschen haben, die die Arbeit machen? (Ja) Aber du hast gesagt, dass du einer von ihnen bist. Meintest du in einem anderen Leben?

M: Ja. Ich war viele Leben lang dort. Ich war dort, wo sie leben.... ihr Planet... ihre Heimatbasis. Sie zeigen es mir. Was ich sehe, ist.... es ist nicht sehr bunt. Es ist irgendwie grau wie sie. Aber sie sind sehr, sehr wohlwollend. Sie sind sehr freundlich. Sie sind sehr intelligent. Sie sind sehr effizient, sehr organisiert. Aber sie sind nicht emotional und haben keine Farbe. Sie haben auch nicht viel Farbe auf ihrem Planeten, in ihren Häusern, in ihren architektonischen Sachen. Sie haben Gebäude, die fast wie Metall aussehen. Es ist eine Zivilisation, und die Gebäude stehen in Winkeln statt in Kreisen, Rechtecken oder Feldern. Es ist irgendwie schräg.... groß und die Dinge sind schräg. Wir bauen nicht so. Ich hatte dort viele Leben.

D: Warst du dort glücklich?

M: Zufrieden? Ich war nicht traurig. War ich glücklich? Ich war sehr sicher und geschützt.

Das machte Sinn, weil sie sagte, dass sie nicht viel Gefühl zu haben schienen. Ich wollte mehr über die Wesen selbst wissen. Ich werde ihre Antworten umschreiben: Es können sexuelle Kreaturen gewesen sein, weil sie Männer und Frauen sah. Sie sah keine Kinder, aber sie hätten woanders sein können. Sie hatten ein Verdauungssystem und aßen so etwas wie eine Paste, die aus dem Licht und der Sonne zubereitet wurde, aber: "Es war keine Sensation zu essen. Es ist nur, dass sie essen, um zu essen, um zu bleiben, weil Essen nicht wichtig war."

D: Es klingt nach einem guten Ort. Warum hast du dich entschieden, dorthin zu gehen?

M: Ich wollte ein Abenteuer. Es war immer dasselbe. Ich musste gehen.

D: Musste der Körper sterben, damit du gehen kannst?

M: Das Wort, das ich verwenden möchte, ist "diskorporieren" (dt. entleiben). Diskorporieren. Er ist einfach nicht mehr da.

D: Woher wusstest du dann, wohin du gehen solltest?

M: Von dort aus hatte ich Bilder von diesem Planeten Erde gesehen. Es gab viele Möglichkeiten, aber die Erde ist so bunt und so interessant und so lebendig. Ich habe die Erde gewählt, weil sie alles hat: Abenteuer, Farbe, Vielfalt, Emotionen.

D: Musstest du dafür die Erlaubnis bekommen?

M: Das habe ich, aber es war völlig klar. Es war einfach völlig akzeptabel.

D: Wie kommst du zur Erde? Sag mir, was passiert, erzähle mir den Vorgang.

M: Der Körper ist weg. Der Körper löste sich an der anderen Stelle auf, und dann.... es erinnert mich irgendwie an eine "Haltestation". Es ist, als wärst du ein Schauspieler in einem Film oder auf einer Bühne. Du musst deinen Text vorbereiten. Du musst dich darauf vorbereiten, wie dieser Charakter sein wird. Ich möchte sicherstellen, dass dies die Figur ist, die ich spielen will. Es gibt einen angemessenen Zeitraum, und wenn du das immer noch willst, kommst du auf die nächste Stufe. Wenn es das ist, was du wirklich tun willst, dann stimme dich gut ein. Wo willst du wohnen? Was möchtest du erleben? Was willst du gewinnen? Und dann verfeinerst du es so lange, bis die Leute im "Wartebereich" mit deiner Zustimmung entscheiden, dass du wirklich dorthin gehst. Und dann gehst du durch die Geburt.

D: Wie war das so?

M: Ich weiß nicht. Ich beschloss, nicht in diesen Körper zu gehen, bis der Körper bereit war.... bis die Geburt abgeschlossen war.

D: Das ist eine gute Idee.

M: Das dachte ich mir.

D: Was dann?

M: Ich sehe ein paar Blitze von Leben.... jüngste Leben... interessant.

D: Neben dem Leben von Miriam?

M: Ja. Jüngste Leben wie in Wien, wo ich sehr reich war.... sehr berühmt.... sehr high Society. Ich bin auf so etwas wie einer Terrasse, wo du vor einem Restaurant isst. Ich bin eine Frau. Ich habe alles, was ich mir nur wünschen kann, und ich hasse mein Leben.

D: Oh? Warum hasst du es denn?

M: Ich will Abenteuer. Ich habe Farbe. Ich habe Stil. Ich will ein Abenteuer, und ich muss primitiv und ordentlich sein. Ich trage Hüte und zehn Schichten Kleidung und stolziere herum wie die prächtigste Frau.... und ich hasse es.

D: (Lacht) Dafür bist du nicht hergekommen, oder?

M: Nun, es waren Emotionen und es war Glamour und es war Stil. Ich hatte kein Abenteuer. Ich musste so protokoll-orientiert sein. Ich sah auch Blitze eines anderen Lebens. Von dort aus ging ich von Boston los, um Abenteuer im Westen zu führen. Ich bin wieder eine Frau, und es gibt keinen Glamour und keine Farbe und keine Musik und keinen Ruhm und Vermögen und Geld. Es ist alles ein Abenteuer!

D: Es ist das Gegenteil des anderen Lebens?

M: Ganz im Gegenteil. Voller Abenteuer, und ich hasse es! Ich habe zwei Kinder.... zwei Babys, die unterwegs geboren wurden. Wir begannen mit der Reise und meine beiden Babys starben (Weinen). Es war eine Wagenkarawane. Es war sehr schwer. Es schien für immer zu sein. Es hat Jahre gedauert! Wir sind nie am Ziel angekommen. Wir wollten den ganzen Weg nach Oregon fahren.... lächerlich! Wir hielten bei einigen anderen Leuten an und blieben dort, um zu leben. Es ist Wyoming. Und ich sagte: "Es gibt keinen Gott!" Ich werde noch einmal kommen. Ich beschloss, noch einmal zu kommen, um zu wissen, ob es einen Gott gibt.... um einen Gott zu kennen. Ich weiß nicht, ob dies die Zeit ist, aber die Zeit, in der ich jetzt hier bin, ist, diesen Gott zu kennen.

D: Also war jedes Mal aus einem anderen Grund, nicht wahr?

M: Ja, aber ich mag diesen Planeten mehr als den grauen. Ich mag die Erde.

D: Bist du aus einem bestimmten Grund hier?

M: Ich bin schon so oft auf die Erde gekommen, dass ich nichts anderes weiß, was mich zum Erkunden anlocken könnte. Ich möchte jetzt Gott so sehr kennen lernen, wie wir Gott im menschlichen Körper kennen lernen können. Das ist wichtiger als alles andere. Hier bin ich nicht ursprünglich hergekommen oder von diesem grauen Planeten. Der Ort, von dem ich wirklich komme, ist der, von dem ich das Gefühl habe, dass ich Gott kenne.

Und ich möchte, dass die Leute von der Erde von diesem Ort erfahren.

D: Wie sieht dieser Ort aus?

M: Ich sehe Farben. Ich sehe die Emotion, Freude in und an Farben. Ich sehe, es gibt einen Sonnenaufgang. Es ist wirklich ein ganz wundervoller Sonnenaufgang jeden Morgen. Es gibt Lieder, die gesungen werden. Die ganze Schöpfung ehrt den Morgen. Es gibt so viel Freude.... oh, mein Gott, mein Gott, mein Gott! Das ist mein Zuhause! Das ist mein Zuhause!

D: Ist es ein physischer Ort?

M: Es ist ein physischer Ort, nicht ein dichter physischer, aber es ist sehr physisch. Es gibt Gebäude, Amphitheater.... Kristalle werden verwendet. Der physische Ort ist ein Planet, aber es gibt keine Negativität. Wir kennen sie nicht. Negativität existiert nicht.

D: Es klingt nach einem perfekten Ort.

M: Es ist so perfekt, wie ich es kenne.

D: Aber du hast gesagt, dass du in den Körper von Miriam gekommen bist. Weißt du, was deine Bestimmung war? Wozu bist du gekommen?

M: Ich bin gekommen, um Gott zu finden! Als ich auf die Erde kam und als ich frei wurde, da wollte ich nur helfen, dass alle frei werden. Zu wissen, wie es ist, frei zu sein. Wow! Und ich weiß nicht, wie du den Leuten helfen kannst, frei zu sein.

D: Was ist deine Definition von frei?

M: Frei von Schuldgefühlen... frei von Scham... frei von Selbstermächtigung... einfach frei. Das ist es. Das ist es.

D: Du meinst, die Leute sind nicht frei?

M: Die Leute sind es nicht. Nein, sie sind nicht frei! Sie lernen von Anfang an, dass du schuldig bist. "Schäm dich, dass du das kaputt gemacht hast! Schämen Sie sich, dass Sie keine 1 bekommen haben! Schäm dich, du bist nicht gut genug, frommer Mensch! Schäm dich, du bist schuldig, du kommst in die Hölle!" Niemand ist frei.

D: Deshalb bist du gekommen? Um zu versuchen, etwas zum Besseren zu bewirken?

M: Ich bin gekommen, um frei zu sein, und wenn ich jemand anderem helfen kann, frei zu sein. Oh, ja, es gab eine Zeit in Ägypten, in dieser Schule, als ich frei war. Ich weiß nicht, was passiert ist, aber ich war frei... schwarzer Mann... so frei. Ich wusste, wie es war. (Tiefer Seufzer) Also sind wir hier wieder.... frei.

Ich wusste nicht, wohin das alles führen würde, aber ich dachte, ich sollte es auf den ursprünglichen Zweck der Sitzung zurückbringen. Um mehr über diese Erfahrung auf dem Schiff zu erfahren.

D: Also wurde dein Körper gelegentlich zu diesem Schiff gebracht, um daran zu arbeiten?

M: Genau das war der Grund. Ich weiß nicht, ob es jetzt oder in der Zukunft ist, aber es war so.

D: Um ihn zu energetisieren und im Gleichgewicht zu halten.

M: Anscheinend schon.

D: Sie behalten den Überblick über diejenigen von ihrem eigenen Platz aus, die diese Reise unternehmen. Ergibt das einen Sinn?

M: Das tun sie, weil mein Geist an dem grauen Ort - ich weiß nicht, wie er genannt wird, der graue metallische Ort – nach mehr verlangte. Und da ist immer noch eine Verbindung. Seltsam, seltsam aussehende Leute.

D: Aber sie fühlen sich verpflichtet, die Übersicht über dich zu behalten.

M: Es gibt eine Bindung.

D: Sie behüten dich.

M: Das ist gut.

D: In Ordnung. Kannst du ihnen noch mehr Fragen stellen?

M: An die seltsam aussehenden? (Ja) Okay.

D: Miriam fragte sich, ob sie irgendwelche Implantate in ihrem Körper hatte. Kannst du ihr etwas darüber sagen? (Pause) Wissen sie, was wir meinen?

M: Das tun sie... sie diskutieren darüber. Sie sagen - ich weiß nicht, wer spricht - sie sagen mir nur, dass ich Implantate habe.

D: In welchen Körperteilen hat Miriam denn Implantate?

M: Oh, mein Gott! Es klingt, als gäbe es eine Menge. Ich weiß nicht, ob das möglich ist! Da sind einige in den Ohren. Ich weiß nicht, was das ist. Oh! Die sind so eingerichtet, dass sie durch mein Ohr hören. Hört, was ich höre. Sie haben ein Implantat in dem Kniebereich, auf das ich schon immer neugierig war. (Pause) Den größten Teil meines Lebens hatte ich einen sehr empfindlichen

Verdauungs-Trakt. Ich muss das untersuchen. Sie sagten, dass das Implantat bei meiner schwachen Veranlagung zu Verdauungsproblemen helfen soll. Und ich muss nachsehen, ob das auf dem Milzmeridian der Akupunktur liegt.

D: Hat das Implantat im Knie etwas mit dem Verdauungstrakt zu tun?

M: Sehr wahrscheinlich.

D: Miriam denkt, dass sie eines auf der Stirn hat. Gibt es da etwas?

M: Ja. Die Idee dahinter ist, dass sie noch nicht wirklich sehen kann, also ist sie blockiert. Wenn sie sehen könnte, was sie jetzt nicht sehen kann, würde sie nicht bleiben wollen. Das würde ihr eine Verbindung zu den unglaublichen Weiten des Universums zeigen. Oh, ich will es sehen!

D: Ist das die dritte Augenpartie? (Ja) Wird sie das rechtzeitig sehen dürfen? (Ja) Also wird es irgendwann freigegeben?

M: Nach und nach wird es sich auflösen.

D: Sie dachte, sie hätte etwas in ihrem rechten Arm. Gibt es da etwas?

M: Nicht alles wurde entfernt, und was entfernt wurde, ist in Ordnung. Da ist ein Transistor. Um sie auf Trab zu halten.... sie hat die Tendenz, sehr introvertiert zu sein und innerlich zu denken. Dies war ein Transistor, um ihren Körper in Bewegung zu halten, aber die Energie, die im Körper aktiviert wurde, braucht sie jetzt nicht mehr. Es verursachte ihr viele Male Unbehagen, viele Male starke Schmerzen. Wir wollen das nicht, aber jetzt hat sie ihre Verpflichtungen erfüllt, frei von Schuldgefühlen zu sein; frei von Scham und sie hat ihre eigene Energie. Diese hat ihre Körperfunktionen nicht beeinträchtigt. Sie ist damit fertig.

D: Gibt es noch andere im Körper, von denen sie wissen muss?

M: Nein. Sie sollte sich keine Sorgen um Implantate machen. Sie sind alle von Vorteil.

D: Ich habe gehört, dass einige wie Tracking-Geräte sind. Ist das richtig?

M: Ja, wir können sie im Auge behalten. Sie muss nicht mehr auf das Schiff kommen. Wir können jetzt das Gleichgewicht herstellen, ohne dass sie auf das Schiff kommen muss.

D: Sie hatte eine körperliche Frage. Sie wollte etwas über ihren Blutdruck wissen.

M: Sie sollte beobachten, wann ihr Blutdruck hoch ist, ob sie die Verantwortung eines anderen übernimmt. Sie will die Welt in

Ordnung bringen, alle ihre Probleme lösen. Und sie geht von diesem vorübergehenden Karma aus. Sie sollte diese Last nicht tragen. Das ist nicht für sie. Lassen Sie sie beobachten, wann ihr Blutdruck hochgeht, dessen Last sie trägt.

D: Glaubst du, es sind ihre Klienten?

M: Nicht so sehr die Klienten, weil es ein Gleichgewicht gibt. Sie tut ihren Dienst. Sie wird für den Service bezahlt. (Miriam war Krankenschwester in einer Arztpraxis, aber sie hat auch Akupunktur gemacht.) Es ist ein Gleichgewicht-Thema. Freunde kommen zu ihr wegen ihrer Freiheit, ihrer Weisheit, ihrer Fürsorge. Sie fühlt eine Verpflichtung das zu tun, und es ist aber nicht ihre Aufgabe. Es hilft der Person nicht, die kommt und ihre Sorgen bei ihr abládt. Sie muss erkennen, dass es nicht ihre Verantwortung ist. Es ist wirklich sehr einfach. Es liegt nicht in ihrer Verantwortung, und wenn sie anfängt, es für andere Menschen zu übernehmen und zu reparieren, muss sie objektiv sein und erkennen, dass sie zuhören kann, aber sie muss nicht die Probleme aller lösen, wenn sie anfängt, sie zu übernehmen. Eine bloße Beobachtung würde ihr also sehr helfen. Was sie tun muss, ist, die Leute mit ihr über ihre Probleme sprechen zu lassen, aber von Vorteil für sie ist, dabei zu lernen, die Leute reden zu lassen, ohne sich deren Probleme zu sehr zu Herzen zu nehmen. Und wenn sie das kann, wird das ihre Reise verbessern. Wie sie sich mit ihrem angeborenen Wunsch, Gott zu kennen, annähert, wird er sie ganz automatisch auch in diese Richtung bringen, in die sie gehen will. Es ist nichts, dass sie aus einem Buch oder einer Klasse lernen kann. Alleine ihr Wunsch, Gott zu kennen, wird ihr Wesen erweitern und vertiefen.

D: Aber die Ärzte haben ihr Medikamente verschrieben.

M: Beobachten Sie nur, und wenn sie merkt, dass sich ihr Blutdruck stabilisiert und immer mehr im Rahmen eines gesunden Blutdrucks hält, wird sie in der Lage sein, die giftigen Medikamente allmählich zu eliminieren.

D: Ich weiß, dass du Medikamente nicht gutheißt.

M: Nein. Wir bevorzugen sie nicht. Natürliche Substanzen sind in Ordnung und beginnen ihr bereits zu helfen.

Miriam hatte mehrere ungewöhnliche Ereignisse in ihrem Leben aufgelistet, und sie wollte Antworten darauf. Einer war ein Vorfall, als Miriam und ihr Bruder nachts fuhren und sie drei Ufos sahen. Es machte ihr Angst, und sie wollte wissen, ob es echt oder ein Traum war.

M: Das war ein echtes Ereignis, das passierte, wie man sagen würde, "aus dem Körper heraus". Es war nicht die dritte Dimension. Es war so "aus dem Körper heraus" vereinbart.

D: Aber ihr Bruder war auch anwesend.

M: Das war das vereinbarte Treffen. Sie einigten sich auf ein Treffen.

D: Sie dachten, sie würden fahren, nicht wahr?

M: Sie sind gefahren. So wurde es in Erinnerung behalten. (Lachen) Die Erinnerung an das Fahrzeug war ein Auto. Sie hatten eigentlich gar kein Auto. Sie trafen sich astral, um Ufos zu beobachten. Sie wollten nicht in diesem Bereich bleiben, und beide kehrten sofort zu ihrem Körper zurück.

D: Sie sagte, es macht ihnen Angst.

M: Ja. Es gab noch andere Vorkommnisse in der Gegend.

D: Sie dachte, dass die Ufos negativ wären.

M: Es war keine negative Sache gegen Ufos. Sie musste gehen und zu ihrem Körper zurückkehren, und sie ging schnell. Das war keine Ufo-Korrelation. In ihren Köpfen waren die beiden verbunden. Aber es war keine negative Erfahrung.

Dies ist einer der sogenannten "Bildschirmspeicher" oder Überlagerungen. Wenn man denkt, dass man etwas in eine Richtung gesehen hat und es war wirklich eine ganz andere Sache. Jetzt sehe ich, dass es sich sogar darauf erstreckt, zu denken, dass du eine Sache tust, und es ist wirklich etwas anderes. Zu denken, dass sie ein Auto fährt, obwohl sie wirklich „aus dem Körper ist". Die Bildschirmspeicher werden von den ETs mit Hilfe des Unterbewusstseins der Person hergestellt, um eine Erinnerung zu präsentieren, die sicher und nicht beängstigend ist. In diesen Fällen heißt es also: "Sehen ist nicht unbedingt glauben."

Ein weiteres Ereignis, das sie klären wollte, ereignete sich, als sie auf ihrem Bauernhof in den Bergen lebte. Es gab eine Art von Energie, die sich im ganzen Haus niederließ und das Haus erschütterte. Es geschah mehrmals.

M: Bei beiden Ereignissen waren es reale Ereignisse, die von einer anderen Person beobachtet wurden. Dies war, um ihren Verstand vom Denkansatz zu befreien, dass sie ein dreidimensionales Vehikel sehen muss, um zu akzeptieren, dass es eine Vielzahl von Möglichkeiten gibt....... (Sie hielt inne und lächelte.) Die Ufos fliegen nicht nur als Untertassen. Einige Fahrzeuge sind biologisch. Sie sehen 1,5 Meter groß aus und man tritt ein und sie erstrecken sich über acht Kilometer. Es gibt Frequenzen, die den Planeten beherbergen könnten.

D: Es ist mehr eine Frequenz? Es ist nicht solide?

M: Es ist keine solide dritte Dimension. Es ist ein Frequenzfahrzeug.

D: Das war es, was das Haus zum Vibrieren und Zittern brachte?

M: Ja. Sie wird sich erinnern, dass sie hinter dem Haus in den Bergen Vehikel der dritten Dimension gesehen hat. Sie ging ins Haus, weil sie sich sehr unwohl fühlte. Und dann kam er wieder heraus und erkannte, dass, wenn jemand sie kontaktieren wollte, was würde das Haus nützen? Sie würden sowieso kommen. Und dann war es weg. Aber es gibt noch andere Vehikel und zweimal traf sie auf die Kraft und die Macht von Vehikeln, die nicht sichtbar oder dreidimensional sind. Du kannst sie nicht sehen, aber du kannst sie fühlen.

In meiner Arbeit wurde immer deutlicher, dass viele Begegnungen und physische Interaktionen mit ETs nur die Wesen waren, die den Überblick über ihr eigenes Volk behalten wollen. Die tapferen Seelen, die sich entschieden haben, auf die Erde zu kommen - Sie wurden hier nicht im Stich gelassen, sondern werden sorgfältig und liebevoll betreut.

KAPITEL ZWANZIG

DIE SICH UM IHRE EIGENEN KÜMMERN

JUDY WAR EINE THERAPEUTIN mit vielen gesundheitlichen Problemen, die unser Hauptaugenmerk bei ihr sein sollten. Sie hatte auch eine Geschichte von Problemen aus der Kindheit, die von ihren Eltern herrührten, was dazu führte, dass sie sehr ängstlich war und sich auf Negativität konzentrierte. Ich vermutete, dass all dies die wahrscheinliche Ursache für ihre körperlichen Probleme war. Doch diese Sitzung nahm eine unerwartete Wendung. Als Judy in die Szene kam, war es dunkel. Ich dachte, dass sie vielleicht nachts in ein vergangenes Leben gekommen wäre (was manchmal passiert). Aber sie sagte: "Ich bin an einem dunklen Ort. Es ist nicht Nacht, es ist dunkel. Ich will das Licht nicht an haben. Ich will es nicht sehen. Ich will nicht sehen, was da ist." Ich versicherte ihr, dass sie nichts sehen musste, was sie nicht sehen wollte. Aber ich stellte weiterhin Fragen, um den Informationsfluss zu starten. "Es ist ein Raum. Da drüben ist ein Licht. Sie tun da etwas, aber ich will nicht dorthin gehen. Ich will es nicht sehen. Ich sehe Bewegung. Es ist wie ein Balken. Es gibt eine Stelle im Raum, an dem es ein Licht gibt. Hell. Dieser Balken.... Ich will meine Augen nicht öffnen."

D: Du musst es nicht sehen, wenn du nicht willst. Du kannst es anders wahrnehmen. Wo bist du im Raum?

J: In der Mitte des Lichts. Der Raum ist dunkel, und in der Mitte ist ein Licht, und ich liege in der Mitte des Lichts. Es fühlt sich kalt an. Wie Stahl kalt.

D: Aber du sagtest, du hättest das Gefühl, dass noch andere im Raum sind?

J: Sie sind im Dunkeln um das Licht herum. Ich will sie nicht sehen. Sie machen mir Angst.

D: Das ist schon in Ordnung. Du weißt, dass du nicht allein bist. Ich bin hier bei dir. Wir werden nur das sehen, was du denkst, dass du bereit bist zu sehen. Wie alt bist du?

J: Vier.

D: Dann bist du also klein. Ich verstehe, dass du nicht zusehen willst. Wie bist du dorthin gekommen?

J: Keine Ahnung. Ich schlief und wachte auf. Sie machen mir Angst. Sie haben lustige Hände. Sie haben lustige Gesichter und ich will sie nicht sehen.

D: Sie sehen also anders aus. Du musst nicht hinsehen. Aber was ist an ihren Händen lustig?

J: Lange, gerollte Finger. Gerollt. Sie berühren mich. Ich will nicht, dass sie mich anfassen. Einer legt seine Hand immer wieder auf meine Hand. Ich fühle meine Hand. Ich weiß nicht, was sie will oder ob sie etwas will.

D: Wie fühlt es sich an, wenn sie deine Hand berührt?

J: Clammy. Fasst komisch an. Großer Kopf. Lange Finger.

D: Hast du versucht, mit ihnen zu kommunizieren und ihnen Fragen zu stellen?

J: Nein. Sie will es von mir. Das tut sie. Diejenige, die mich berührt, will es von mir, aber ich habe Angst vor ihr. Sie will, dass ich mit ihr rede, aber ich will nicht mit ihr reden.

D: Warum nennst du sie "sie"?

J: Keine Ahnung. Sie ist eine Sie. Es fühlt sich an, als wäre sie eine Sie.

Wenn dies passiert ist, erziele ich oft gute Ergebnisse, indem ich das Subjekt Fragen stellen lasse und das Wesen antworten lasse.

D: Nun, weißt du, es könnte interessant sein, mit ihr zu reden. Vielleicht können wir herausfinden, was los ist. Das ist eine gute Idee, nicht wahr? Dann können wir es verstehen. Weil wir immer Angst vor Dingen haben, die wir nicht verstehen, die wir nicht wissen. Aber du denkst, sie will mit dir reden?

J: Ich glaube schon. Sie weiß, dass ich Angst habe. Ich glaube, sie versucht mir zu sagen, dass ich keine Angst haben soll. Ich versuche, mich zu beruhigen oder so, aber ich traue ihr nicht. Vielleicht wollen sie mich nur austricksen. (Flüstert) Ich bin verwirrt.

D: Stellen wir ihr ein paar Fragen. Das könnte helfen. Frag sie, warum du da bist. Sieh, was sie zu dir sagt.

J: Sie sagt, dass ich krank bin. Sie versuchen, mir zu helfen. Etwas in mir ist gebrochen.

D: Wusstest du, dass du krank bist? (Nein) Frag sie, was in dir gebrochen ist.

J: Sie legt ihre Hände auf meinen Bauch, aber ich weiß nicht. Sie redet nicht wirklich. Ich weiß nicht, wie ich es erklären soll. Sie zeigt, und ich weiß einfach, was sie meint. Sie zeigt auf meinen Bauchbereich.

D: Willst du, dass sie das, was es ist, repariert?

J: Wenn es nicht wehtut.

D: Sag ihr, sie kann es tun, wenn es nicht wehtut. Was sagt sie dazu?

J: Es wird nicht wehtun. Andere kommen. Sie wird nicht gehen, aber andere kommen, um es zu reparieren.

D: Was machen sie da?

J: Etwas kommt herunter. Ich weiß nicht, was es ist. Da kommt etwas runter. Metall. Es ist auf meinem Bauch. Ich fühle gar nichts.

D: Dann hat sie dir die Wahrheit gesagt, nicht wahr?

J: Ja. Es tut nicht weh.

D: Wie fühlt es sich an?

J: Heiße Flüssigkeit.

D: Kannst du einem der anderen ein paar Fragen stellen? Vielleicht weiß einer der anderen mehr?

J: Ich habe das Gefühl, dass ich sie nicht dazu bringen kann, mit mir zu reden. Sie ist die Einzige, die mit mir spricht.

D: Vielleicht sind sie zu beschäftigt?

J: Vielleicht. Ich weiß es nicht. Aber es geht ihr gut. Sie ist nicht gemein.

D: Werden sie noch etwas anderes tun?

J: Fühlt sich an, als würden sie mich öffnen, aber ich weiß nicht. Eine Linie auf meinem Bauch bis zum Anschlag, aber ich verstehe nicht. Ich fühle nichts, aber es gibt eine Öffnung, eine Linie. Es ist, als würden sie etwas öffnen.

D: Frag sie, was sie tun, damit du es verstehen kannst.

J: Ich höre nur "Reparatur von Fehlfunktionen". Ich weiß nicht, was das bedeutet. "Reparatur von Fehlfunktionen."

D: Warum tun sie das?

J: Zu viel Missbrauch, zu viel Schmerz. Ich weiß nicht, es ist das, was ich höre. Ich weiß nicht, was das bedeutet. "Zu viel Missbrauch, zu viel Schmerz." Ich weiß es nicht.

D: Warum tun sie dir das an? Kennen sie dich?

J: Zugewiesen. Zugewiesen? Ich höre, "zugewiesen". Monitor. Zugewiesen, überwacht.

D: Es klingt, als wären sie gute Menschen, wenn sie sich um dich kümmern. Werden sie dich nach Hause bringen, nachdem sie alles repariert haben? (Ja) Also beobachten sie dich. Sie überwachen dich und wissen, wann etwas nicht stimmt?

J: Nicht beim ersten Mal.

D: Hast du vorher schon Reparaturen gebraucht?

J: Ich weiß nicht, ob es die erste Reparatur ist, aber es ist nicht das erste Mal, dass ich dort war. Sie überwachen, beobachten und beobachten.

D: Aber das ist gut, wenn man jemanden hat, der einen beobachtet und sich um einen kümmert. Wie ist dein Name?

J: Eleanore.

Ich dachte, wir betrachten eine Szene aus Judys Kindheit, obwohl sie in ihrem Interview den Kindesmissbrauch nicht erwähnt hatte. (Ich führe immer ein Interview mit jedem Klienten, das bis zu zwei Stunden oder länger dauern kann, damit ich sie vor der Sitzung kennenlernen kann.) Aber jetzt nahm es eine andere Richtung. Diese junge Vierjährige war keine Judy, sondern ein Mädchen namens Eleanore. Es gab definitiv einen Grund, warum Judy das gezeigt wurde, also musste ich es verfolgen. Eleanore sagte, sie lebte in einem großen Haus mit ihrer Mutter und ihrem Vater. Als ich sie fragte, ob sie gut zu ihr seien, antwortete sie: "Manchmal." Ich fühlte, dass ich nicht sofort herauskommen und nach etwas so Schrecklichem wie Kindesmissbrauch fragen konnte, besonders wenn es zu schweren Schäden geführt hatte, die eine Reparatur erforderlich machten. Also ließ ich sie rechtzeitig vorrücken, bis sie fertig waren und fragte, was passiert sei. "Wie bringen sie dich zurück?"

J: Weiß. Ich sehe Licht. Strahl. Sie kam mit mir im Licht und half mir zurück ins Bett. Es tut ein wenig weh, aber es ist okay.

Ich ließ sie diese Szene verlassen und ging weiter zu einem wichtigen Tag und fragte sie, was sie sah.

J: Ich sage meinen Leuten Lebewohl. Das sind meine Leute.
D: Meinst du deine Familie?
J: Nein, das sind meine Leute. Ich bin ihre Königin oder Prinzessin. Ich winke ihnen zu. Es sind Hunderte, Tausende von ihnen. Ich stehe irgendwo oben und schaue auf sie. Ich muss für eine Weile weg.
D: Wo musst du hin?
J: Eine Mission? Etwas, das meinem Volk hilft. Es wird mehr helfen als sie denken. Ich winke ihnen zu. Sie sind alle so liebevoll. Ich will nicht gehen, aber ich weiß, dass ich gehen muss. Ich entscheide mich, zu gehen. (Sie wurde emotional.) Ich habe so viel Liebe zu ihnen.
D: Weißt du, was die Mission ist?
J: Um zum Ursprungsort zurückzukehren und den Zyklus zu beenden.
D: Der Herkunftsort? Was meinst du damit?
J: Das, woraus wir kommen.
D: Weißt du, wie dieser Ort aussieht?
J: Schwierig, verglichen mit dem Leben, das ich hier habe. Dieses Leben ist freudig, das Leben ist schön. Schwierig, zum Ursprung zurückzukehren.
D: Warum ist es schwierig?
J: Mangel. Einschränkung. Schlechtes Verständnis. Schwierige Aufgabe, aber notwendig, um sie zu erfüllen.
D: Du sagtest, du müsstest den Zyklus abschließen? Was meinst du damit?
J: Ja, Zyklen. Alles ist im Fluss. Die Fertigstellung ist erforderlich, um den Zyklus zu beenden. Ich muss zum Ursprung zurückkehren. Der Ursprung ist alt. Alt. Alte Energie. Alte Lektionen. Umkehrung des Bewusstseins, die für die Vollendung notwendig

ist. Im Zyklus fehlen Teile. Ich muss zurückgehen und die Teile ausfüllen, damit der Zyklus abgeschlossen werden kann. Der Ursprung liegt in fehlenden Zyklen. Kann nicht abgeschlossen werden, jemand muss zurückkehren. Zu verstehen, Quelleninformationen zu verstehen, die benötigt werden, um zum Ursprung und zum vollständigen Zyklus zurückzukehren.

D: Aber du sagtest, es fehlen ein paar Teile?

J: In dem Zyklus, der begonnen hat, fehlen Komponenten. Komponenten, die für den Abschluss der Reise erforderlich sind. Fehlende Elemente im Ganzen.

D: Du musst eine andere Aufgabe bekommen, um diese fehlenden Elemente zu finden?

J: Die Zuordnung ist erfolgt. Ich gehe jetzt mit einem Auftrag.

D: Was ist der Auftrag?

J: Rückkehr zur Quelle. Fehlfunktion. Rückkehr zum Ursprung.

D: Wie ist der Ursprung? Wie sieht dieser Ort aus?

J: Dicht. Schwierige Energie. Sehr alt. Erfordert eine Neuanpassung an die alte Energie. Muster alt. Ich denke alt. Bewusstsein senkt die Schwingung. Es gibt einen Raum mit Wahlmöglichkeiten für die Anpassung an niedrigere Energien. Triff eine Entscheidung. Verfügbare Auswahlmöglichkeiten, um den Zyklus zu beenden. Gruppenentscheidungen, beteiligte Gruppe. Meine primäre Zweckwahl, primär ich, aber die primäre Gruppe war die Wahl.

D: Also helfen sie dir? Beratung mit Ihnen?

J: Beratung, ja. Viele, viele Entscheidungen zu treffen; viele, viele, viele Optionen. Ich erstelle einen Plan. Zeitpläne sind wichtig. Es ist wichtig, die Zeitpläne durchzusehen. Sie zusammensetzen. Bestimmte Themen werden herausgearbeitet, bestimmte Themen werden untersucht. Verschiedene Zeitachsen bieten denjenigen die Möglichkeit, den Zyklus zu vollenden, sobald er verfügbar ist. Die ultimative Wahl liegt bei mir.

D: Und du betrachtest alle Möglichkeiten?

J: Sofort, ja. Es benötigt einfach Zeit in diesen Dimensionen, um den Zyklus abzuschließen.

D: Weißt du, welche Stücke fehlen?

J: Positiv. Die Teile sind sich dessen bewusst. Wir sind uns dessen bewusst. Wir wissen, wohin ich gehen werde.

D: Was hältst du von den Möglichkeiten? Sehen sie leicht oder hart aus?

J: Irrelevant für die Zuordnung. Die Schwierigkeit ist irrelevant. Es ist notwendig.

D: Es ist also nicht immer einfach?

J: Positiv. Die Entscheidung, sein Zuhause, sein Volk, zu verlassen, ist nur schwer möglich, seine Gesellschaft zu verlassen. Die Entscheidung, die Möglichkeit zur Vollendung des Zyklus, ist notwendig und erforderlich. Es gibt viele Möglichkeiten, um den Zyklus zu beenden. Vielfältige, beschränken wir uns auf das, was auf vielen Ebenen als erlebt erscheint.

D: Lasst uns sehen, welche die endgültige Wahl war. Du hast alle Möglichkeiten eingegrenzt. Für welche entscheidest du dich schließlich?

J: Menschlich.

D: Warst du schon einmal in menschlicher Form?

J: Für den Menschen ist viel Zeit vergangen, seit ich früher ein Mensch war.

D: Es ist also schon lange her? (Richtig) Findest du es ratsam, wieder ein Mensch zu sein?

J: Der einfachste Weg, um den Zweck zu erreichen. Der Mensch erlebt alle Möglichkeiten für diese besondere Reise. Wichtig, um die richtige Wahl zu treffen, da es viele Optionen gibt. Der Mensch erlebt es zu diesem Zweck. Direkter Weg.

Nun, da sie die Entscheidung getroffen hatte, brachte ich sie zu dem Zeitpunkt, als sie in einem menschlichen Körper war, und fragte sie, wie es sich anfühlte. Sie runzelte die Stirn.

J: Fest. Engstirnig. Einstellungen schwierig.

D: Was meinen Sie mit der Anpassung?

J: Schwierige Form. Unterteilt. Schwieriger als erwartet, die Umstände anzupassen.

D: Bist du im Körper eines Babys?

J: Kleinkind. Sehr krankes Kind.

D: Was ist daran falsch?

J: Emotionale Probleme, emotionales Unbehagen. Die Verbindung ist unangenehm. Das Kind weint.

D: Du hast also Probleme, dich an das Physische zu gewöhnen. Aber das ist eine notwendige Sache zu tun, nicht wahr?

J: Richtig.

D: Du hast dich entschieden, das zu tun, aber jetzt musst du dabeibleiben, nicht wahr? (Richtig) Du kannst nicht zurückkehren, bis du die fehlenden Teile gefunden hast?

J: Schließen Sie den Zyklus ab. Muss den Zyklus abschließen.

D: Glaubst du, es wird ein einfaches oder ein schwieriges Leben werden?

J: Für den Menschen, schwierig.

Hier wurden ihre Antworten träger, bis sie nicht mehr antwortete. Ich wusste, dass sie sich mehr und mehr mit dem physischen Körper identifizierte, in den sie eingetreten war, und der andere, sachkundigere Teil trat in den Hintergrund. Ich wusste, dass es an der Zeit war, das Unterbewusstsein zu rufen, um Antworten zu bekommen.

D: Wir dachten, sie würde in ein vergangenes Leben gehen. Was war das, als sie das kleine Mädchen sah und sie an ihr arbeiteten?

J: Korrelierendes Material, das sie verstehen kann. Ihre Verdauungsstörungen in ihrem gegenwärtigen Leben gehen von diesem Zeitrahmen aus.

D: Das Leben von Eleanore? (Ja) Aber sie haben den Schaden behoben, nicht wahr?

J: Bis zu einem gewissen Grad. Es gab zusätzliche Verletzungen, die während dieses Lebens entstanden sind. Die Reparaturen wurden versucht, sie hielten nicht vollständig. Eleanore erlitt viel Trauma, und es beeinflusste das gegenwärtige Leben. Sie lebte nur als Teenager. Viel Schaden. Sie wurde in diesem Leben auch missbraucht und konnte nicht angemessen damit umgehen. Die Interventionen waren nicht alle erfolgreich.

D: Aber, wenn Judy es schon einmal erlebt hat, warum muss sie es dann in diesem Leben noch einmal erleben?

J: Unfähig, ihren Zyklus ohne vollständige Integration des Verständnisses der Wurzelquelle des Problems zu vollenden.

D: Dies war das erste Mal, dass sie nicht alles abgeschlossen hat, was sie lernen musste? (Richtig) Also musste es von vorne anfangen?

J: Nicht ganz von Anfang an. Nur aus diesem Zyklus. Teilweise abgeschlossen. Nicht alle Lektionen mussten erneut eingereicht werden. Das Gebiet, an dem gearbeitet wurde, war das verwundbarste in diesem Gebiet dieses besonderen Lebens.

D: Und dann den zweiten Teil, den du gezeigt hast, wo sie ihr Volk verließ und wo sie hingehen musste, um eine Entscheidung zu treffen. Ist das die Seele, die in die gegenwärtige Judy eingetreten ist?

J: Richtig. Das war ihr wahrer Ursprung.

D: Und sie sah, dass es einen Teil gab, der noch nicht fertig war?

J: Eleanore wurde nicht abgeschlossen. Also entschied sich die Seele, zurückzukommen und den Prozess zu beenden.

D: Aber es war ein sehr schwieriges Leben für Judy. Viele Herausforderungen.

J: Richtig. Sie benötigte viele Interventionen, um diese Aufgabe zu erfüllen.

D: Aber jetzt ist sie besorgt, weil sie diese körperlichen Probleme hat, von denen du sagtest, sie seien ein Ergebnis des anderen Lebens?

J: Ein Teil davon ist ein Ergebnis von Eleanores Leben. Die Interventionen sind nicht alle erfolgreich. Die Assimilation dieser Seelengruppe an diesen Menschen war schwierig. Die Aufgabe ist schwierig. Es gibt viel Schaden am Körper.

D: Wurde dies durch den Missbrauch als Kind verursacht?

J: Richtig. Dies ist Teil der Aufgabe. Es bringt die Vollendung des Zyklus. Bringt vielen Menschen Bewusstsein, um solche Bedingungen zu überwinden. Es werden Entscheidungen getroffen, um auf vielen Ebenen gleichzeitig zu interagieren.

D: Hatte sie dann Karma, das sie mit den anderen Beteiligten, ihren Eltern, zurückzahlen musste?

J: Etwas Karma, aber nicht so viel, wie man denken könnte. Sie (Judy) geht davon aus, dass viel mehr passiert ist, als sich in der karmischen Terminologie tatsächlich herausgestellt hat. Sie ist sich der verschiedenen Ebenen bewusstgeworden, aber das stört ihre Energie in dieser Form.

Ich wusste, dass es an der Zeit war, die körperlichen Probleme anzugehen, die Judy hatte. Dies war der Hauptgrund für die Teilnahme an der Sitzung. Ich wollte, dass sie die Probleme in die Vergangenheit zurücklässt, wo sie hingehören. Das Unterbewusstsein stimmte zu, dass es an der Zeit war, dies loszulassen. Judy hatte Probleme mit ihren Nieren und ihrer Blase.

J: Eine Freisetzung in ihren Nieren, um alte Energie aufzunehmen, stellt ein Problem dar. Sie muss die alte Energie loswerden. Die alte Energie hält sie sozusagen zurück, blockiert die Fähigkeit, sich vorwärts zu bewegen. Sie hat ihre Füße in der Gegenwart, sozusagen, und den Körper in der Vergangenheit. Es herrscht eine mangelnde Integration der beiden.

D: Was ist mit den Problemen mit ihrer Lunge?

J: Traurigkeit über den Austritt aus der Familie. Trauer. Es dauerte zu lange, bis sie sich integriert und es abgeschlossen hatte, länger als sie erwartet hatte. Traurig. Sie vermisst ihre Leute, ihre Familie. Ist sehr oft missverstanden. Und kompensiert den überforderten Körper. Sie hat viel erreicht, aber sie ist sich des Mangels bewusst. Es gibt einen unvollständigen Teil, den sie beenden möchte.

Dann machte sich das SC daran, Reparaturen an den beschädigten Teilen von Judys Körper durchzuführen. Ich finde diesen Teil immer faszinierend, und ich mag es, wenn es mir sagt, was es tut. "Energien werden entfernt. Assimilieren." Ich kenne die Kraft des SC und was es leisten kann, aber es geriet plötzlich in Schwierigkeiten. "Die Möglichkeiten für eine Entfernung sind begrenzt. Blockaden. Schaden. Ich arbeite." Ich fragte, ob es in Ordnung sei, wenn ich weiterhin Fragen stelle, während es an ihr arbeitet, und es sagte, dass ich es könnte.

D: Hat sie ihr ganzes Leben lang Reparaturen durchführen lassen? (Ja) Weil sie sich fragte, ob sie Verbindungen zu dem hat, was wir ETs nennen.

J: Ihre Aufgaben - sie sind Teil ihrer Aufgabe. Die Interaktion mit diesen Arten ist für sie eine Voraussetzung für diese Aufgabe.

D: Als wären sie mit Eleanore zusammen.

J: Richtig. Interaktionen sind Teil dieser Zuordnung. Im wahrsten Sinne des Wortes profitierte sie von der Interaktion. Die Angst vor Eleanore schuf einige Probleme, aber die Arten schadeten ihr nicht.

Ich wusste, dass dies wahr war, weil ich fünfundzwanzig Jahre lang daran gearbeitet hatte. Ich habe nie einen Fall gefunden, in dem die Person verletzt wurde. Es war nur ihre falsche Wahrnehmung und ihre Reaktion auf etwas, das sie nicht verstanden.

J: Der Schaden wurde in diesem Moment behoben, sie wird immer wieder beschädigt. Sie kann nicht jedes Mal repariert werden.

D: Was ist mit jetzt? Sie ist bereit, es loszulassen, die Blockaden zu lösen, die alte Energie loszuwerden. Kannst du es jetzt reparieren?

J: Freigeben. Der Bauchmuskel hat immer noch Ängste vor unbekannten Arten.

D: Dann wird es helfen, wenn sie merkt, dass sie ihr tatsächlich geholfen haben.

J: Ja. Verwirrung kommt von schlechtem Bewusstsein. Alle Zuweisungen an diesen Ort erforderten Interaktionen. Die Arten sind wohlwollend. Es nutzt Menschen für ihre Zwecke. Es ist ein gemeinsamer Vertrag. Diese Informationen können nicht verarbeitet werden. Sie lernen von der menschlichen Spezies. Sie sind sich einig. Der Schein wird oft missverstanden. Großes Missverständnis. Die Vervollständigung zwischen den Arten ist Teil ihrer Aufgabe.

Das Unterbewusstsein arbeitete weiter an Judys Körper und stieß immer wieder auf Schwierigkeiten. "Es gibt eine Läsion im Magenbereich, die wir behandeln. Ich versuche, daran zu arbeiten. Das ist eine alte Energie, ein altes Gewebe. Es gibt eine Verbindung. Es gibt mehr als einen Bereich in diesem Körper. Dieser Körper hat Schwierigkeiten, sich selbst zu versorgen."

D: Deshalb wollen wir es reparieren lassen, damit sie die Arbeit machen kann, die sie zu erledigen hat.

J: Es ist nicht ihre Zeit. Sie hat ihre Aufgabe nicht erfüllt. Sie wird nicht gehen. Ihr Wille ist stark.

D: Sie hatte Angst, dass sie vielleicht im Sterben liegt.

J: Sie hat viel zu tun. Sie wird ihren Tod wählen. Es gibt mehrere Verletzungen im gesamten Körper. Einige sind aus diesem Leben, andere nicht. Sie sind miteinander verflochten.

D: Sie sind alle durcheinandergeraten.

J: Richtig. Verwirrung, alte Emotionen. Ich versuche, es zu klären. Es gibt Verwirrung. Sie ist verwirrt, wer sie ist. Sie sieht sich als Mensch, und sie sieht sich als eine andere Spezies. Sie war auf einmal eine der Arten, mit denen sie arbeitet. Sie lehnt ihre Spezies ab. Sie hat die Lücke zwischen diesen Arten geschlossen. Teil ihrer Aufgabe, den Zyklus zu beenden. Brücke. Sie braucht eine Brücke zwischen den beiden Arten. Es entsteht eine energetische Brücke. Wir überprüfen es gerade. Es gibt eine Läsion in ihrem fünften Chakra, ihrem Energiefeld. Entfernen.

D: Wir haben dir viel zu tun gegeben.

J: Richtig. Wir assimilieren, passen uns an. Entfernen von Blockaden auf mehreren Ebenen. Überbrückung von Identitäten. Verwirrung, dimensionale Verwirrung. Sie ist nicht in der Lage, große Mengen an Verständnis allein zu verarbeiten. Sie erhöht das Bewusstsein so gut sie kann. Es bedarf mehr. Der Körper ist nicht so hoch wie das Bewusstsein, was Schmerzen, Unbehagen und Zerfall verursacht. Bewusstsein und körperliches Bedürfnis zu integrieren. Die Integration wird nachts versucht. Nicht richtig assimiliert. Zu viele Informationen. Der Körper kann nicht mithalten. Der Körper assimiliert nicht richtig. Der Körper funktioniert nicht richtig. Wir passen sie jetzt an. Keine Medikamente, keine Operation. Das ist der ultimative Wunsch ihrerseits. Sie ist einverstanden. Wir sind uns einig, dass sie sich anpassen kann, und es wird eine Anfrage an höhere Ebenen gestellt, um einen Weg für die Vollendung der Assimilation zu schaffen. Ich korrigiere noch. Dies ist eine fehlende Matrix. Neuausrichtung. Nach Abschluss der Neuausrichtung werden alle Matrixmuster abgeschlossen sein. Alles wird integriert. Dies erfordert keinen Aufwand. Läsionen werden entfernt. Sie muss sich entscheiden zu leben.

D: Ich denke, sie wird sich dafür entscheiden, zu leben, sobald sie sich nicht mehr unwohl fühlt.

J: Richtig. Die Vereinbarungen sind abgeschlossen. Die Zuweisungen sind abgeschlossen. Die Beziehung zwischen den Arten wurde abgeschlossen. Die Reparatur der Matrix ist im Gange. Ich suche nach Autorität auf höherer Ebene, um sie zu vervollständigen.

D: Wird dir diese Befugnis erteilt?

J: Wartend. (Pause) Zuordnung abgeschlossen. Wir haben alle Arbeiten am Körper abgeschlossen. Sie wird jetzt schlafen dürfen. Niedrigere Bewusstseinsebenen werden zugelassen, damit die physische Form vollständig heilen kann.

D: Weil sie schlafen muss, damit sich der Körper nachts verjüngen kann.

J: Verstanden. Es war notwendig, das Bewusstsein zu erhöhen, zu integrieren. Integration abgeschlossen. Ihr wird es erlaubt sein, ein tieferes Bewusstsein zu entwickeln, um in der Lage zu sein, zu schlafen und diesen Körper zu regenerieren, um die Aufgabe zu erfüllen. Alles wird vollständig sein, menschlich gesehen, drei Monate. Sie wird keine Medikamente brauchen. Sie wird keine Schmerzen spüren. Sie wird einige Unannehmlichkeiten spüren. Drei Monate bis zum Abschluss. Es wird sich verringern. Es wird nachlassen. Sie wird Bewusstsein haben. Sie wird keinen Schmerz spüren, er wird nachlassen. Das Gleichgewicht wird kommen. Die Beschwerden in ihrer Wirbelsäule sind genetisch bedingt. Wir passen an, korrigieren. Dies korrigiert andere Bereiche des physischen Körpers und ermöglicht es dem Körper, sich neu auszurichten, und allen Organsystemen optimal zu funktionieren. Blockaden innerhalb der Wirbelsäule haben zu Fehlfunktionen in jedem Organ geführt, das es betrifft. Dies wird gerade angepasst. Sie wird feststellen, dass ihre Hüften im Gleichgewicht sind. Sie wird in der Lage sein, ihren Körper zu tragen.

Dann gab das SC bekannt, dass er fertig ist. Normalerweise, wenn ich mit einem Motiv arbeite, gibt es nur ein oder zwei Bereiche des Körpers, auf die man sich konzentrieren kann. In Judys Fall gab es mehrere Dinge, auf die sich das SC konzentrieren musste. Es dauerte länger und erforderte mehr Hingabe und Konzentration. Dann hieß es: "Es ist Zeit für sie, am Leben zu sein." Dann fragte ich es, wie ich es immer tue, ob es eine Abschiedsbotschaft für Judy habe. "Wir heißen dich willkommen, sei in Frieden. Ihr seid eins, ihr werdet erwartet. Hab´ es nicht eilig. Sie wird mit vielen anderen für ihre Leistungen bei der Erfüllung ihrer Aufgabe geehrt. Sie hat dies mit großem Mut getan. Sie fühlt sich geehrt. Schau´ öfter vorbei. Es gibt eine andere Ebene des Bewusstseins. Das ist ihr bewusst. Wir freuen uns, dass du ihr hilfst.

D: Ich helfe vielen Menschen mit deiner Hilfe. Ich kann es nicht ohne dich tun.

***

Das außerirdische Wesen, das bei der kleinen Eleanore so fürsorglich und mitfühlend war, ist vielen meiner Klienten begegnet, die Ufo-Treffen erlebt haben. Es wird immer auf die gleiche Weise beschrieben: mitfühlend, fürsorglich und mit einer weiblichen Energie. Ich nenne sie den Typ "Krankenschwester", weil sie immer die Person zu beruhigen scheinen, an der die ETs arbeiten. Die kleinen Grauen oder wer auch immer die eigentliche Arbeit macht, werden in der Regel als beschäftigt beschrieben und sind sehr konzentriert auf das, was sie tun. Die "Krankenschwester" scheint die Aufgabe zu haben, die Person zu betreuen und ihr ein angenehmes und sicheres Gefühl zu geben. Auch wenn sie als hässlich und oft extrem faltig beschrieben werden, strahlen sie eine schöne und beruhigende Energie aus.

Dieser Fall zeigt auch die Schwierigkeit, die eine neue und reine Seele hat, wenn sie in einen physischen Körper kommt. Als Menschenkind hatte sie große Angst vor den Wesen, die an ihr arbeiteten, und wusste völlig nicht, dass sie zu ihnen gehörte. Die Erinnerung musste gelöscht werden, um in dieser Welt zu leben und ihren Verstand zu bewahren. Also betrachtete sie sie als fremd und beängstigend (wie die meisten Menschen), und verstand nicht, dass sie sich nur um ihre eigenen kümmerten und überwachten. Sie würden niemals einen ihrer Freiwilligen auf diesem fremden und feindlichen Planeten ohne Unterstützung im Stich lassen. Aber diese tiefe Angst hatte sich in ihr heutiges Leben als Judy übertragen und hatte ihr schwere körperliche Probleme verursacht. Die Probleme wurden auch durch den Missbrauch in der früheren Lebenszeit verursacht, der Zellrückstände hinterließ, so dass er verschlimmert und schwieriger zu lindern war. Sie hatte in diesem Leben Kindesmissbrauch erlebt, obwohl sie es mir gegenüber im Interview nicht erwähnt hatte. Ich weiß immer, dass das SC es zur Sprache bringen wird, wenn es angebracht ist. Es weiß alles über die Person. Es gibt keine Geheimnisse.

KAPITEL EINUNDZWANZIG

EINE BEGEGNUNG AUS DER KINDHEIT

ICH HABE DIESE SITZUNG im September 2002 in Charlotte, North Carolina, ABSOLVIERT, während ich auf einer Vortragsreise durch North Carolina, Raleigh, Charlotte und Greensboro war. Ich kam nach Charlotte, um bei einem lokalen Ufo-Meeting zu sprechen. Patricia war eine schöne Blondine, die wie ein Model aussah, weil sie wusste, wie man Haare anordnet und Make-up aufträgt. Das war es, was sie für ihren Lebensunterhalt tat, und sie war ein sehr gutes Beispiel für ihre Handarbeit.

Sie hatte sich schon sehr lange für Ufos interessiert, obwohl sie nicht dachte, dass sie jemals Erfahrungen gemacht hätte. Es gab nur eine Erinnerung an eine Sichtung aus kurzer Entfernung in den 1970er Jahren. Sie erinnerte sich, dass sie früh am Morgen aus ihrer Wohnung kam, um zur Arbeit zu fahren. Als sie ihre Tür schloss, sah sie zufällig nach oben. Direkt darüber befand sich ein riesiges Schiff mit wirbelnden roten und blauen Lichtern. Es war sehr schön. Sie beobachtete es einige Minuten lang, bevor es wegflog. Sie war überrascht, dass niemand sonst da war, um es zu sehen. Es war so klar, groß und deutlich. Die Erinnerung hatte sie seitdem fasziniert, obwohl sie sicher war, dass nichts anderes passiert war. Das ist es, was sie in dieser Sitzung erforschen wollte. Sie wollte zu diesem Tag zurückkehren und mehr Details über das Schiff erfahren. Ich warnte sie, wie ich es immer tue, dass man manchmal, wenn man diese Art von Sitzung aus reiner Neugierde haben will, eine Dose Würmer öffnen könnte, die unmöglich wieder dorthin zurückgebracht werden können, wo sie herkommen. Der Schutz meiner Klienten hat für mich immer oberste Priorität. Ich sage ihnen immer: "Wenn es nicht kaputt ist, repariere es nicht." Normalerweise erforsche ich Ufo und paranormale Erfahrungen nur, wenn sie Probleme im täglichen Leben der Person verursachen. Wenn nicht, und sie wollen es nur aus Neugierde tun, sage ich ihnen, dass sie vielleicht mehr bekommen, als sie erwartet haben. Diese Art von Dingen sollte man besser in Ruhe lassen. Sie verstand es, dachte aber, dass es in Ordnung sein würde, weil sie wusste, dass an diesem Morgen nichts anderes passiert war. Es war nur eine genaue Beobachtung eines großen Raumschiffs (oder was auch immer). Sie hatte es nicht vergessen können, und es hatte ihr Interesse an Ufos geweckt.

Als sie in den tiefen Trancezustand eingetreten war, ging ich sie auf den Morgen der Sichtung zurück. Normalerweise muss ich mich sozusagen von der Hintertür aus an die Veranstaltung anschleichen. Indem man kurz vor das Ereignis geht und das Thema sanft dort hinführt. Diesmal war es anders. Sie sprang sofort und ohne zu zögern hinein. Ich hatte sie gerade angewiesen, an diesem Morgen in den 1970er Jahren, als sie sich auf die Arbeit vorbereitete, aus der Wolke in ihre Wohnung zu kommen. Ich hatte gerade gesagt: "Du verlässt jetzt die Wohnung."

Sie platzte plötzlich heraus: "Sie beobachten mich!" Sie wurde emotional mit einem Hauch von Angst in ihrer Stimme: "Sie beobachten mich!" Ich wollte wissen, von wem sie spricht.

P: Diese Wesen, sie beobachten mich.

D: Welche Wesen?

P: Sie haben mich beobachtet. Sie sagen mir, dass es zwei von ihnen gibt, sie sind in einem Schiff und sie sind über meiner Wohnung.

D: Bist du jetzt draußen und siehst es dir an?

P: Ja, ja, ja. Als ich mich zum ersten Mal daran erinnerte, dachte ich, dass ich rote und blaue Lichter gesehen hatte, aber das ist es nicht. Es ist ein Schiff. Es sieht aus wie eine Glaskugel. Es sieht aus wie eine Weihnachtskugel an einem Weihnachtsbaum, aber man kann sie durchschauen.

D: Wie groß ist diese Glaskugel im Vergleich zum Haus?

P: Vielleicht 1,5 Meter. Es ist kaum groß genug; ich weiß nicht, ob ein Mensch da reinkommen kann oder nicht. Aber es ist transparent, es sieht aus, als hätte es ein kleines Oberteil darauf, wie eine dieser Glasornamente, die man auf einen Weihnachtsbaum legt. Es ist irgendwie schimmernd, aber man kann hindurchschauen. Ich dachte, es hätte Farbe, aber ich sehe keine Farbe. Nur eine transparente Kugel.

So hatte ihr Unterbewusstsein anscheinend einen Schutzschirmspeicher oder eine Überlagerung angebracht, damit sie sich daran erinnern konnte, dass es anders aussah, als es wirklich war. Ich habe viele andere Fälle untersucht, in denen wir entdeckt haben, dass das eigentliche Ereignis nicht wie das bewusste Gedächtnis war. Dies wird oft getan, um die Person zu schützen und sie nicht zu traumatisieren. So erinnern sie sich an das Ereignis anders als das, was tatsächlich passiert ist. Natürlich verursacht dies manchmal Probleme, die vom Unterbewusstsein nicht erwartet werden, denn oft wird das Ereignis mit Angst als negative Erfahrung in Erinnerung behalten. Anscheinend dachte das Unterbewusstsein, dass es Zeit für Patricia war, sich daran zu erinnern, weil es dem Gedächtnis erlaubte, jetzt ohne Blockaden durchzukommen. Auch habe ich andere Fälle gefunden, in denen das Objekt kleiner aussah als erwartet, als ob es nicht groß genug wäre, um sehr viele Menschen aufzunehmen. Aber als sie in das Objekt gingen, fanden sie das trügerisch. Die Innenseite war viel größer als die Größe von außen. Als ob die Außerirdischen Größe und Raum sowie Zeit manipulieren könnten. Diese anderen Fälle werden in The Custodians untersucht. Ein weiterer interessanter Aspekt war, dass Patricia jetzt ein Gefühl der Angst empfand, als sie das Objekt sah, obwohl ihr bewusstes Gedächtnis neugierig war. Dies geschieht auch während der Hypnose, dass eine andere Emotion auftaucht.

D: Du sagtest, da ist jemand drin?

P: Ja. Das Einzige, was ich sehen kann, sind Augen. Es ist wie bei Wesen mit Augen. Sie sind oben am Himmel und haben mich beobachtet. Und sie werden mich nicht verletzen, sie beobachten nur.

D: Woher weißt du, dass sie dich beobachten?

P: Ich kann es fühlen. Sie sagten mir, dass sie mich auch beobachten.

D: Ist das das erste Mal, dass du sie siehst? (Nein)

Dies war definitiv keine bewusste Erinnerung. Patricia hatte gesagt, dass sie noch nie eine Begegnung erlebt hatte.

P: Ich war drei Jahre alt (sehr emotional) und sie kamen durch das Fenster. (Weint entsetzt.) Sie kamen durch das Fenster. Sie kamen durch das Fenster (Schnüffeln). Ich muss aufwachen!

Sie versuchte, ihre Augen zu öffnen. Sie wollte versuchen, die Trance zu brechen. Ich wusste, dass sich die Erfahrung als positiv und nicht als negativ erweisen würde, also verhinderte ich, dass sie ihre Augen öffnete. Wenn sie die Trance an dieser Stelle gebrochen hätte, hätte sie sich Sorgen um die Erfahrung gemacht und sie als etwas Negatives wahrgenommen. Wenn sie viel Trauma erlebt hätte, hätte ich es anders gehandhabt, aber ich wusste, dass sie das Gefühl der Unvollständigkeit haben würde. Also wies ich sie scharf an, ihre Augen zu schließen. Sie widersetzte sich immer noch und bestand darauf, dass sie aufwachen musste. Ich hatte beschlossen, sie von der Szene zu entfernen und sie anders zu erforschen, als sie etwas sah, das sie dazu brachte, mich aufzuhalten. Ihre Neugierde überschritt ihre Angst, und sie versuchte, mich davon abzuhalten, sie zu bewegen.

P: Warte einen Moment. Oh, meine Güte, warte einen Moment!

Ich gab ihr Anweisungen, dass sie sicher und geschützt sei und dass sie die Szene als Beobachterin beobachten könne, wenn sie wollte.

D: Es ist dir nie erlaubt, dich an etwas zu erinnern, es sei denn, du bist bereit dafür. Du bist absolut sicher. Und wenn es Zeit ist, kannst du dich erinnern. Dein Unterbewusstsein wird es dir nur erlauben, dich an das zu erinnern, was du zu diesem Zeitpunkt wissen musst. Schließe deine Augen.

P: (Flüstert) Ich dachte nicht, dass sie offen sind.

D: Jetzt kannst du es als objektiver Beobachter betrachten, wenn du willst. Was ist passiert, als du drei Jahre alt warst?

P: Sie kamen in mein Zimmer durch das Fenster. Sie krochen durch das Fenster. Ich liege da auf meinem Bett. Und sie kamen durch das Fenster.

D: Ist es dunkel im Raum?

P: Es ist hell genug, um sie zu sehen. Sie sehen nicht so aus, wie ich gedacht hätte, dass sie aussehen würden. So dürfen sie nicht aussehen! Sie sehen nicht richtig aus. Sie sehen nicht so aus.... das kann nicht sein, was ich sehe.

D: Sag mir, was du siehst.

P: Es sieht aus wie eine Art rötliche Augen. Ein faltig aussehendes Gesicht. Und keinen Hals. Irgendwie gebeugt. Und.... sie sehen nicht richtig aus.

D: Sind sie sehr groß?

P: Nein, vielleicht 1,70 Meter.

D: Welche Farbe haben sie?

P: Ich kann eine Farbe nicht erkennen. Es ist nur, dass sie einen seltsamen Blick haben. Zwischen Mund und Nase ist alles zusammengedrückt. Und sie haben diese großen, offen aussehenden Augen, nicht schräg, diese sind groß und offen. Und sie gehen durch den Raum. Es ist, als würden sie mich nur beobachten. Einer kommt ins Bett. Er macht etwas mit meinen kleinen Nachthemd, knöpft mein Nachthemd auf. Er ist wie ein Arzt. Er schaut mich nur an. Er will sicherstellen, dass die Funktionen meines Körpers richtig funktionieren. Ich hatte Scharlachfieber und er will sichergehen, dass es mir gut geht.

D: Du warst krank. (Ja.) Scharlachfieber kann dazu führen, dass man sich schlecht fühlt, nicht wahr? (Ja.)

Als Patricia erwachte, sagte sie, dass ihre Mutter ihr gesagt hatte, dass sie Scharlachfieber hatte, als sie noch sehr jung war, aber sie erinnerte sich nicht daran.

D: Also überprüft er nur deinen Körper. Wie macht er das?

P: Es ist, als würde er Druck auf meine Brust ausüben. Und vielleicht steigen die Vibrationen oder so etwas und er weiß, ob es mir gut geht oder nicht. Das ist alles, was ich sehen kann. Er legt seine Hand auf meine Brust.

D: Wie viele Finger hat er? Kannst du sehen?

P: Sie sehen dick aus, und es sieht aus wie vielleicht drei große Finger und vielleicht ein Daumen oder so. Sieht groß und hässlich aus, nicht wie unsere Hände. Er ist groß und trotzdem hässlich.

D: Nun, was wir für hässlich halten.

P: Er ist hässlich. Sicherlich habe ich noch nie jemanden so aussehen sehen.

D: Aber er legt seine Hand auf deine Brust und sendet Schwingungen durch deine Brust. (Ja.) Fühlt es sich gut an?

P: Das tut es. Es ist wie Wärme. Er weiß, dass es mir gut geht.

D: Also ist er sehr freundlich, nicht wahr?

P: Uh-huh. Zuerst hat er mich erschreckt. Es sieht so aus, als würde er mir sagen, dass er zurückkommen und noch einmal nach mir sehen wird. Dann dreht er sich irgendwie um und geht einfach aus dem Fenster.

D: Was hältst du davon, dass er zurückkommt und nach dir sieht?

P: Er hat mir nicht wehgetan. Er sieht hässlich aus. (Ich lachte.) Er sieht aus wie ein alter Goblin. Meine Mutter liest mir Feenbücher vor, und er sieht aus wie einer der Goblins.

D: Das ist eine interessante Art, ihn zu beschreiben.

Es war offensichtlich, dass Patricia nicht mit den verschiedenen Arten von Außerirdischen vertraut war, obwohl sie sich für das Ufo-Phänomen interessiert. Ich bin diesem Typ durch meine Arbeit oft begegnet, und ich bin dazu gekommen, ihn den Typ "Krankenschwester" zu nennen. Obwohl sie es als männlich beschrieben hat, sagen viele andere, dass es ein weibliches Gefühl hat, obwohl es nie eine Beschreibung von Geschlechtsorganen gibt. Ich nenne sie die "Krankenschwester", weil sie mehr Mitgefühl zu haben scheinen als die typischen Grautöne. Sie scheinen mehr eine physische Kreatur als die robotischen kleinen Grauen zu sein, und sie scheinen für sich selbst zu denken, anstatt die Aufgaben automatisch auszuführen. Sie werden immer als faltig und hässlich beschrieben, sind aber sehr freundlich. Allerdings könnte dies ein anderer Typ sein, da die Krankenschwester selten den eigentlichen Heilungsprozess durchführt.

Oft, wenn sich das Subjekt an Bord der Raumsonde und auf dem Tisch mit einer Untersuchung oder einem Verfahren befindet, haben sie viel Angst, weil sie nicht verstehen, was los ist. Zu diesem

Zeitpunkt erscheint die Krankenschwester neben dem Tisch und beruhigt sie. Sie haben immer das Gefühl, dass sie ihnen versichert, dass alles in Ordnung sein wird. Die kleinen Grauen gehen immer sehr mechanisch und methodisch ohne Emotion an die Arbeit. Die Krankenschwester scheint ein anderer Typ zu sein. Auch wenn ihr Aussehen verblüffend ist, ist ihr Verhalten sanft.

D: Aber jetzt ist er weg?

P: Ja, aber sie beobachten mich immer noch. Ich glaube, sie haben etwas in meinen Körper gesteckt.

D: Wann haben sie das getan?

P: Als ich jünger war. Als ich ein echtes Kind war.

D: Nun, drei Jahre alt ist ein Kind.

P: Nun, als ich jünger war. Ich bin jetzt groß.

D: Drei Jahre alt ist groß? (Ja.) Wann glaubst du, haben sie das getan?

P: Ich denke, als ich geboren wurde. Sie haben mir etwas in den Körper gesteckt, als ich geboren wurde.

D: In welchem Teil des Körpers befindet er sich?

P: Lass mich mal sehen. (Pause) Es scheint etwas um meine Hypophyse herum zu sein. Irgendwas liegt um meine Stirn herum. Sie haben sie da reingesteckt, wie einen Chip oder so. Es ist wie Glas, aber ich glaube nicht, dass es Glas ist. Ich weiß nicht, was es ist. Ich weiß nicht, ob der Mann es getan hat; vielleicht einer seiner Freunde. Ich habe gesehen, wie sie es reingesteckt haben. Sie taten es, bevor ich in meinen Körper sprang.

D: Sie haben es reingesteckt, während dein Körper noch in deiner Mama war?

P: Es war, bevor ich hineingesprungen bin, bevor ich in meinen Körper kam. Sie haben da etwas reingesteckt.

D: Das können sie tun, obwohl es in deiner Mutter ist?

P: Ja, sie haben es mit mir gemacht. (Lacht) Ja, das haben sie! Etwas, mit dem ich geboren wurde. Es ist etwas, von dem sie sagten, dass ich es für den Rest meines Lebens haben werde, damit sie immer wissen, wo ich bin. Ein Ortungsgerät.

D: Was hältst du davon?

P: Sie haben mir nichts getan. Ich fühle, dass sie gut sind. Sie waren nett zu mir. Sie spielen mit mir, wenn Mama weg ist. Wir gehen in den Hof und niemand würde da sein. Meine Schwester ist älter und sie war weg und Papa war weg und sie haben immer mit mir gespielt. Sie sagten mir immer, ich solle es niemandem sagen.

D: Warum nicht?

P: Weil es ihnen Angst einjagen könnte. Zuerst hat es mich erschreckt, weil sie hässlich aussahen. Einige Leute mögen Angst haben.... nun, sie sehen immer noch hässlich für mich aus, aber sie haben mit mir gespielt. Sie waren immer gut.

Dies ist ähnlich wie ein Fall, über den ich in The Custodians von einer Frau geschrieben habe, die Erfahrungen gemacht hat, als sie ein Kind war und einen Außerirdischen hatte, der sagte, dass er ihr echter Vater war. Er kam in ihr Zimmer und sprach mit ihr und zeigte ihr, wie man ihr Spielzeug zum Schweben bringt. Er nahm sie sogar mit an Bord seines Schiffes, um ihr einige der Tiere zu zeigen, die er auf seinen Reisen von anderen Planeten gesammelt hatte. Er hörte auf zu kommen und löschte die Erinnerungen, als es ihrem jungen Leben Probleme zu bereiten begann. Sie hatte keine Kenntnis von der Interaktion, bis sie unter Hypnose zutage kamen. Ich hatte andere Fälle, in denen sich der Erwachsene unter Hypnose an angenehme Interaktionen in der Kindheit mit kleinen Grautönen erinnert. Normalerweise waren dies einsame Kinder und sie genossen die Aufmerksamkeit sehr. Es gab nie irgendwelche negativen Vorfälle, die mir aus der Kindheit berichtet wurden. Die Außerirdischen scheinen zu verstehen, dass sie es mit Kindern zu tun haben, und sind sehr freundlich und beschützend. Obwohl die bewussten Erinnerungen gelöscht oder verdeckt wurden, vermute ich, dass die Person spürt, dass es etwas Ungewöhnliches gab, das als Kind geschah, aber sie können sich nicht erinnern. Oft wird sie durch eine seltsame Sehnsucht ersetzt, die sie nicht erklären können.

D: Welche Art von Dingen hast du gespielt?

P: Sie würden mir Dinge zeigen. Sie nahmen mich mit auf den Hof und zeigten mir Pflanzen und erklärten mir alles über Pflanzen. Und sie würden mir Dinge über die Erde erzählen. Und die Bäume, und sie würden erklären, warum die Dinge hier so gewachsen sind, wie sie wachsen. Und sie erklärten mir den Planeten, damit ich ihn verstehen würde.

D: Hast du es interessant gefunden?

P: Absolut, sie haben mich einmal in eine Höhle gebracht.

D: Außerhalb deines Gartens.

P: Ja, sie haben mich in eine Höhle gebracht. Wir hatten eine gute Zeit. Sie brachten mich zu verschiedenen Orten in der Höhle. Und jeder einzelne sollte ein Meilenstein oder ein bestimmtes Ereignis in meinem Leben sein.

D: Was meinen Sie mit verschiedenen Meilensteinen?

P: Verschiedene Ereignisse, die in meinem Leben passieren können. Sie würden mich diesen Weg in der Höhle hinunterbringen. Und sie zeigten mir kleine Steine, große Steine. Und jedes Mal, wenn wir an einem Stein in einer Höhle ankamen, würde das bedeuten, dass, wenn ich an diesem Punkt in meinem Leben ankam, sie mir mehr zeigen würden. Ich schätze, über mich selbst und was ich hier mache und ihren Job hier. Und es ist auch, als würden sie mir in dieser Höhle Ereignisse geben, die zu dieser Zeit in meinem Leben passieren werden.

D: Es sind also nur verschiedene Teile in einer Höhle.

P: Verschiedene Teile und jeder Stein, oder Kristall, zu dem wir kommen - ich weiß nicht, was es ist, es ist ein glänzender Stein, aber er ist glatt. Und die Dinge bewegen sich im Inneren des Steins und es erzählt dir verschiedene Dinge über den Planeten und über dich selbst in dieser Zeit. Und sie brachten mich dorthin und erklärten mir den Prozess, damit, wenn ich dort ankomme, es nicht so ein großer Schock wird. Weil die Erde ein anderer Ort ist, ist es ein Schock für mich. Und sie wollen, dass ich die Dinge verstehe. Die Höhle war nur, um mir mein Leben zu erklären, bevor ich dorthin komme, damit ich mehr von dem verstehe, was los ist.

D: Können sie dir alles zeigen, was du in der Zukunft tun würdest? (Ja.) Können sie dich mitnehmen, um zu sehen, was du im Jahr 2002 machen wirst? Das ist eine lange Zeit voraus, nicht wahr?

P: Absolut, das ist es. Ich bin erst drei Jahre alt.

D: Frag sie, ob sie dir diese Zeit in deinem Leben zeigen können. Du wirst erwachsen sein, nicht wahr?

P: Ja. Ich sehe, wie ich nach unten gehe.... es ist ein großer Stein. Es sieht so aus, als hätte er Facetten. Und jede Facette hat mit meiner Arbeit und den Dingen zu tun, die ich mache. Es ist, als würde ich mit vielen Menschen arbeiten, aber die Menschen wissen nicht, dass ich sie wirklich auf eine Weise beeinflusse, die sie nicht verstehen. Und es waren nur meine Energien oder meine Anwesenheit. Und die Dinge, die sie mit meinem Körper gemacht haben, beeinflussen diese Menschen. Ich kann die Haare der Leute machen, ich kann meine Demonstrationen machen. Ich kann einfach zwischen den Leuten in einem Einkaufszentrum laufen und sie sehr positiv beeinflussen. Weil sie Dinge mit meinem Körper gemacht haben, und diese Energien kommen aus mir heraus und sie gehen auf die Menschen über.

D: Was haben sie mit deinem Körper gemacht, damit das passiert?

P: Lass mich fragen. (Pause) Sie sagen mir, dass es etwas mit der Seele und auch auf molekularer Ebene zu tun hat. Sie sind auf molekularer Ebene da reingegangen und haben meinen Körper verändert. Du weißt, dass jeder eine Energie in seinem Körper hat, wie eine Aura. Und wenn Menschen in meine Aura eindringen, verändern sie sich. Und das auf molekularer Ebene. Und es wird auch auf der Seelenebene getan. So sind Menschen betroffen, nicht nur geistig, sondern auch körperlich, geistig und emotional. Und das war mir nicht bewusst.

D: Wurden diese Veränderungen in der Molekularstruktur über einen längeren Zeitraum durchgeführt?

P: Ich bin gekommen, um das zu tun. Ich kam mit den Facetten in meinem Körper herein, um das zu tun. Die Facetten auf dem Kristall, die ich betrachte, sind wie die Facetten in meinem Körper. Und es ist, als wären es verschiedene Energiepunkte in meinem Körper. Und sie laufen auf und ab über meine Wirbelsäule. Und diese Energien, sie können einen Computer auf dem Schiff benutzen, und sie können Dinge in meinem Körper geschehen lassen, um Dinge auf dem Planeten und die Menschen um mich herum zu beeinflussen. Es wird alles durch eine Kleinigkeit gesteuert, die sie auf dem Schiff haben.

D: Also bist du so reingekommen.

P: Ja! Sie nehmen Einstellungen vor, um sicherzustellen, dass es richtig abgestimmt ist, und sie nehmen dieses Gerät und benutzen es. Ich spüre, dass sie es irgendwie durch meine Wirbelsäule oder in meinen Kopf laufen lassen. Und so richten sie es aus. Und es ist nicht mehr richtig ausgerichtet, und ich war sehr müde. Ja, ich habe viel gearbeitet, aber es ist im Jahr 2002 aus dem Gleichgewicht geraten. 2003 wird es besser werden. Ich bin zu müde geworden, und aus dem Gleichgewicht geraten. Und sie wissen, dass ich nichts dagegen tun kann. Ich kann diese kleinen verschiedenen Facetten auf dem Kristall sehen. Sie sind wie die Facetten an meinem Körper, die Energiepunkte an meinem Körper. Und sie stimmen sich auf das ein, was auf dem Schiff ist. Und sie manifestieren Energie durch sie wie die psychischen Punkte eines Körpers. Aber es wird auf einer molekularen Struktur gemacht, die mich molekular beeinflusst, also auch andere molekular. Sie kommen mit meiner Energie-Aura in Berührung und sie verändert sie. Ich kann in einem Einkaufszentrum sitzen, Menschen können sich bis auf 30 Meter nähern und sie sind auch von der Energie betroffen. Und deshalb wurde es so formuliert.

D: Wenn sie diese Anpassungen vornehmen, müssen sie dich dann physisch überall hin mitnehmen?

P: Absolut, aber ich bin mir dessen nicht bewusst. Sie bringen mich an Bord des Schiffes. Es gibt dort alle Arten von Wesen. Ich sehe jetzt einige große, dünne. Sie sind nicht hässlich wie die ersten. Diese sind dünn und sehen anders aus. Sie haben Dinge wie Anzüge über ihnen oder so.

D: Wie kommt man an Bord des Schiffes?

P: Sie nehmen mich einfach mit. Sie verändern die Molekularstruktur meines Körpers und er entmaterialisiert sich und sie nehmen mich mit an Bord des Schiffes. Ich kann nicht körperlich gehen, weil ich nicht durch die Wände passen würde (lacht).

Das wurde mir auch mehrmals berichtet und steht in meinem Buch The Custodians. Die Außerirdischen sind in der Lage, die molekulare Struktur des Körpers zu durchbrechen, so dass er durch feste Objekte hindurchgehen kann. Es ist üblich, dass die Person durch die Wände oder die Decke ihres Raumes geht.

P: Ja, sie müssen mich ändern, also gehe ich durch die Wände.

D: Passiert es, wenn du schläfst?

P: Ja, manchmal haben sie mich aus dem Auto geholt. Denn wenn ich in meinem Auto sitze, befinde ich mich in einem anderen

Bewusstseinszustand. Und manchmal denke ich an andere Dinge und sie können reinkommen und mich holen. Ich kann immer noch das Auto fahren, und doch können sie an meinem Körper arbeiten.

D: Ohne die Gefahr, einen Unfall zu verursachen oder so etwas.

P: Nein, nein, nein, nein, nein. Es ist mir bewusst, dass ich etwas anderes tue, und sie können hereinkommen und können meinen Körper beeinflussen, weil ich mit deren Computer verbunden bin.

D: Wenn sie dich aus deinem Bett holen, wird dann der physische Körper an Bord des Schiffes genommen?

P: Ich muss sie fragen. (Lange Pause) Das Einzige, was ich bekomme, ist, dass sie mich körperlich mitnehmen. Ich schaue in mein Bett zurück und es sieht so aus, als würde ich dort etwas sehen, aber ich bin nicht da. Es ist, als würde ich eine leere Hülle sehen, aber ich bin nicht da. Es ist wie eine leere Hülle dort, aber ich bin nicht im Bett.

D: Aber sie tun das und du erinnerst dich an nichts davon.

P: Nein, nein, nein, sie haben es mir nie gesagt.

D: Ist es in Ordnung, wenn du es jetzt weißt?

P: Sie wollen, dass ich es weiß. Ich habe noch nie etwas von all dem gewusst. Sie haben es mir nie gesagt. Ich hatte noch nie irgendwelche Spuren an meinem Körper.

D: Aber jetzt ist es an der Zeit, dass du es weißt? (Ja.) Patricia wollte etwas über ihren Zweck wissen. Was wird Patricia zu diesem Zeitpunkt in ihrem Leben tun? 2002. Von da an, was sollte sie tun? Können sie es dir sagen?

P: Absolut. Sie wollen, dass ich mehr Verständnis für andere Menschen habe. Und ich soll wissen, dass Erdlinge Grenzen haben. Ich erwarte, dass die Menschen auf der Erde liebevoll sind und liebevoller miteinander umgehen und keine Kriege führen. Und das tun sie nicht. Und ich bin frustriert, weil ich es selbst nicht ändern kann, im Moment. Sie haben geistige Gesetze des Universums oder so. Ich weiß nicht, was es ist, lassen Sie mich sie fragen. (Pause) Sie sagten, sie hätten ein Buch mit Symbolen und sie wollen, dass die Symbole auf den Planeten kommen, denn wenn die Menschen die Symbole betrachten, verändert das ihr Bewusstsein. Und die Symbole sind nur von Frieden und Licht und Liebe. Es gibt keine schlechten Dinge in den Symbolen. Und es verändert die Meinung der Menschen. Anstatt an Mord und Hass und Gier zu denken und den Planeten zu zerstören. Sie denken nur an Licht und Frieden und Harmonie. Sie wollen, dass dieser Planet ein Planet des Lichts, der Liebe und Fürsorge ist. Und sie wollen, dass ich ein paar Symbole aufschreibe. Sie wollen, dass ich ein paar Worte in einige Bücher schreibe. Den Menschen von den guten Dingen zu erzählen, die sie für die anderen tun können. Aber mein Wortschatz ist im Moment nicht so groß, dass ich es dir genau sagen könnte. Ich bin jetzt jung.

Patricia sah die Dinge noch immer aus der Sicht des Kindes. Das hatte ich vergessen. Ich müsste sie diese Informationen aus der Perspektive der erwachsenen Patricia betrachten lassen.

D: Frag' sie bitte: Ist es das, was im Jahr 2002 passiert? Viele Leute sagen, dass sie Symbole zeichnen? Ist es das, was hier passiert?

Ich arbeite bei diesem Projekt mit anderen Ermittlern auf der ganzen Welt zusammen. Uns allen werden Zeichnungen von Symbolen und seltsamen Schriften geschickt, von denen wir hoffen, dass sie von einem Computer entschlüsselt werden können. Die Ähnlichkeit ist erstaunlich, und es breitet sich immer weiter aus. Mir wurde auch gesagt, dass dies der Zweck der Kornkreise ist. Ein ganzer Batzen an Informationen kann dem Bewusstsein durch die Beobachtung eines einzelnen Symbols im Kreis vermittelt werden. Die Person muss nicht physisch im Kreis sein. Sie müssen nur das Symbol für die Informationen sehen, die auf ihr Unterbewusstsein übertragen werden sollen. Die Kreise sind eine Sprache, die auf der unterbewussten Ebene verstanden wird. Es ist nicht beabsichtigt, vom Bewusstsein verstanden zu werden. Mehr zu diesem Thema erfahren Sie in The Custodians. Sie haben mir Beispiele dafür gegeben, wie unser Verstand ganze Informationsblöcke aus einem einzigen Symbol erhält, auch in unserem Alltag. Sie haben mir gesagt, dass die Informationen auf zellulärer Ebene in das Gehirn eingefügt werden, und sie werden für den Zugriff zur Verfügung stehen, wenn wir sie brauchen. Es wird spontan sein, und wir werden nie wissen, woher die Informationen stammen.

P: Die Symbole sind ein Versuch, mit der Menschheit zu kommunizieren. Die Symbole, wie ich bereits erwähnt habe, sind von reinem göttlichen Licht und Frieden und Harmonie. Und wenn die Menschen auf der Erde auf diese Symbole schauen und sie in ihr Unterbewusstsein aufnehmen können, werden sie die Schönheit und den Frieden verstehen, um die es bei uns geht. Wir sind die Schönheit, der Frieden und das Licht und wir wünschen dies für alle auf dem Planeten. Wir haben große Liebe zu denen auf dem Planeten.

D: Deshalb werden diese Symbole den Menschen vermittelt?

P: Ja, ja, ja, ja, ja! Es gibt diejenigen auf dem Planeten, die ihre Bedeutung kennen, und sie werden hervorkommen und das Wissen allen auf dem Planeten bekannt machen, weil es in dieser Zeit so wichtig ist. Das ist 2002.

D: Aber du meinst, dass die Leute die Symbole nicht verstehen müssen? Sie müssen sie nur sehen.

P: Sie gehen in das Unterbewusstsein. Das Unterbewusstsein hat alles Wissen. Das Unterbewusstsein kam aus der Quelle des Einen. Der Eine hat das Wissen. Wenn sie auf diesen Planeten kommen und die Symbole wieder sehen, erinnern sie sich. Es ist eine Kommunikationsform, die sie auf der Seelenebene kennen. Sie wissen es nicht auf einer bewussten Ebene. Wenn sie also diese Symbole lesen, kennen sie die Bedeutung von ihnen, und es gibt diejenigen auf dem Planeten, die sie für die anderen interpretieren können. Und deshalb tun wir das hier. Es geht nicht darum, zu schaden, es geht nicht darum, Angst zu haben; es geht nur darum, auf der Seelenebene zu kommunizieren.

D: Das ist es, was mir gesagt wurde, also glaube ich das.

P: Ich arbeite mit ihnen zusammen. Sie haben mich hierhergeschickt. Ich wollte nicht kommen, weil ich wusste, dass es schwer für mich sein würde. Körperlich, und die Atmosphäre ist hier anders, und es ist schwer für mich zu atmen. Ich habe Nebenhöhlenprobleme. Es verursacht manchmal Bauchschmerzen.

D: Woher kommst du, dass es so anders für dich ist?

P: Ich kam von einem Planeten, auf dem es gasförmiger war. Ich sehe keinen physischen Planeten, es scheint ein Gasplanet zu sein. Viele Gase, aber wir haben dort Städte. Wenn du schauen würdest, würdest du sie nicht sehen, denn wo wir existieren, ist eine andere

Dimension oder eine andere Ebene. Wenn du unseren Planeten sehen könntest, würdest du Gase sehen. Du würdest unsere schönen Städte nicht sehen. Wir haben Paläste, wir haben großartige Städte und wir leben in perfekter Harmonie.

D: Welche Art von Körpern habt ihr da?

P: Das sind leichte Körper. Tatsächlich kannst du uns sehen, weil wir eine äußere Hülle haben, die sichtbar ist. Es ist wie eine Form. Es ist so ähnlich wie der Mann, der durch mein Fenster kam. Er ist nicht einer von ihnen, er arbeitet nur für mein Volk. Deshalb sieht er so hässlich aus. Mein Volk hat einen Körper, und man kann den Körper sehen, aber im Inneren gibt es nichts als Energie. Wir haben keine Organe, wir haben kein Blut und wir essen nicht. Wir leben auf einer hohen spirituellen Ebene, einer hohen spirituellen Ebene. Und wir haben Lichtkörper. Und deshalb können wir uns durch Zeit und Raum bewegen und die Menschen sehen uns nicht.

D: Warum wurde dir gesagt, du sollst zur Erde kommen, wenn du nicht kommen willst?

P: Nein, ich wollte nicht kommen, weil ich wusste, dass ich an einen dichten Ort gehen musste. Es fühlt sich hier dick und schwer an. Und wenn ich mich in meinem Körper bewege, fühlt er sich schwer an. Unsere Atmosphäre ist nicht so. Und ich mag es nicht, und die Leute sind manchmal gemein. Die Leute sind nicht gemein, wo ich herkomme.

D: Warum musstest du dann hierherkommen?

P: Sie wollten, dass ich hierherkomme, um den Planeten zu verändern. Und sie haben diese Dinge in meinen Körper gelegt, damit ich es konnte. Sie wollten, dass jemand kommt und das Leben der Menschen im Alltag beeinflusst. Wenn wir in einer besonderen Position wären, wenn ich der Präsident der Vereinigten Staaten wäre, hätte ich die Anzahl der Menschen nicht beeinflusst, wie ich es jetzt tue. Ich erreiche alltägliche Menschen. Der Präsident der Vereinigten Staaten ist mit einigen wenigen ausgewählten Menschen auf dem Planeten zusammen und hat auf diese Auswirkungen.

D: Er ist von den normalen Menschen isoliert?

P: Das ist richtig. Sie wollten, dass ich die alltäglichen Menschen beeinflusse. Und deshalb haben sie diese Dinger in meinen Körper gelegt. So dass ich, wenn ich mit alltäglichen Menschen zusammen bin, die Masse erreiche. Obwohl ich nie gedacht hätte, dass ich die Massen erreichen würde. Das ist es, was ich wollte, ich war frustriert, weil ich mich fühlte, als würde ich nur die Haare von ein paar Leuten machen. Oder wir gehen einfach in den Lebensmittelladen, nur dumme Dinge, die wir hier tun müssen. Ich hatte nie das Gefühl, dass ich wirklich da draußen war und das tat, was ich wirklich tun wollte. Aber sie sagten, nein, das ist nicht wahr. Das liegt an dieser Energie in meiner Aura, die Menschen, an denen ich sogar vorbei gehe, sind verändert. Menschen, mit denen ich spreche, sind verändert. Wenn ich an einem Telefon spreche, können die Energien durch die Leitungen gehen. Es ist einfach so. Sie sind alle verändert. Das haben sie mir nie gesagt. Sie haben mir nie etwas gesagt. (Lacht) Sie wollten nicht, dass ich es weiß. Ich bin so froh, dass sie es mir jetzt gesagt haben. Weil ich wirklich nicht hierherkommen wollte, weil es sich so schlecht anfühlt. Ein Körper fühlt sich schwer an. Ich hasse es, in diesem Körper zu sein, weil er dick ist.

D: Aber es gibt viele andere, die dem gleichen Zweck dienen, nicht wahr?

P: Ja, es sind Tausende hier. Sie sind nicht alle von meinem Planeten; sie können aus anderen Reichen, anderen Dimensionen stammen. Das ist schwer zu erklären.... es ist wie ein Aufzug. Wenn Sie in einem Aufzug nach oben gehen, gibt es viele Ebenen und es gibt viele verschiedene Stockwerke im Aufzug. Und so sind die Wesen auf diesem Planeten. Es ist wie ein Aufzug. Es gibt hier Wesen aus vielen verschiedenen Ebenen und sie alle arbeiten hier in ihrer eigenen Ebene, die den Planeten beeinflusst. Als ob jemand im zehnten Stock seine oder ihre Arbeit macht, aber es ist nicht größer oder besser als die Person im ersten Stock. Es ist einfach anders. Diese Tausende von Seelen wurden aus dem ganzen Kosmos geschickt, um dem Planeten zu helfen, weil sie besorgt waren, dass der Planet im Sterben liegt. Die genetische Struktur hatte sich verändert und das ganze Experiment musste durch eine Katastrophe in die Luft gejagt werden. Und wir beschlossen, dass wir das nicht tun würden, dass wir es ändern würden. Und das ist es, was wir hier tun.

D: Aber es ist sehr schwer für diese Leute, weil sie nicht an die Erde gewöhnt sind.

P: Nein, ich wollte nicht kommen. Für Leute wie mich ist es besonders schwer, weil wir nicht einmal Münder hatten und keine Organe zu berücksichtigen hatten. Wir mussten nicht essen. Und wir konnten überall hingehen, wo wir wollten, und jetzt muss ich in einem Auto hin. Ist das nicht dumm? Ich muss in ein Auto steigen.

D: Aber Patricia glaubt, dass Wesen in ihrem Kopf mit ihr kommuniziert haben.

P: Die Wesen, die seit ihrer Kindheit mit ihr kommunizieren, das sind wir. Wir sind ihre Familie vom gasförmigen Planeten mit den schönen Städten. Wir sind groß, dünn und haben die großen Augen. Das sind wir. Sie ist eine von uns.

D: Aber du hast gesagt, sie sei wie glühende Energie im Inneren.

P: Ja, das ist richtig, im Inneren sind wir alle Licht. Wenn ein anderes Wesen uns anschauen würde, würden wir diese schimmernden dünnen, hohen Körper mit großen Augen manifestieren, so dass dies ein Schwerpunkt ist. Durch die Evolution haben wir uns weiterentwickelt. Wir sahen ursprünglich nicht so aus. Ursprünglich hatten wir einen sehr kleinen Mund. Ursprünglich hatten wir Organe, aber durch Millionen und Abermillionen von Jahren veränderte sich unser Körper, unser Planet. Es ist nicht mehr physisch. Der Körper ist von physisch zu Gas übergegangen. So hat er Millionen von Jahren spiritueller Evolution hinter sich. Und jetzt sind wir nur noch Wesen des Lichts. Unser Planet ist auch aus Licht.

D: Du hast also ihr ganzes Leben lang mit Patricia kommuniziert, damit sie sich nicht einsam fühlt? (Ja.) Sie hat sich über dich Gedanken gemacht. Und sie wollte wissen, ob du einer Organisation oder einem Rat angehörst?

P: Wir gehören einem Rat an. Ich sehe.... lass mich schauen.... willst du, dass ich drei Jahre alt werde?

D: Wir können in deinem Alter jetzt als Erwachsener vorankommen.

P: Okay, damit ich etwas besser verstehen kann, was du willst.

D: Kommen wir zum Jahr 2002. Im Jahr 2002 hat Patricia mehr Wortschatz und mehr Verständnis. Betrachten wir es aus dieser Perspektive.

P: Der Rat, dem wir angehören, ist ein geistlicher Rat. Es ist kein Regierungsorgan, es ist ein spiritueller Rat. Wir folgen den Gesetzen des Einen. Diese Gesetze kommen direkt aus der Quelle zu uns. Und wir sind Hüter des Lichts und der Erkenntnis des Einen. Und deshalb ist Patricia hier. Sie erhält ihre Informationen direkt von der Quelle. Aus der Erkenntnis des Einen. Und wir lassen es durchkommen. Das sind spirituelle Lehren. Das sind mehr als nur Lehren. Das ist eine Existenz. Das beinhaltet nicht nur gut miteinander umzugehen, sondern auch ein Licht sein, das du selbst bist, Gott zu sein. Deshalb ist sie hier, um den Menschen beizubringen, wie man Gott ist.

Ich komme auf die Fragen von Patricia zurück:

D: Sie wollte auch wissen, ob es andere Arten von Wesen gibt, die mit ihr kommunizieren, oder ob es nur du bist?

P: Wir haben noch andere. Sie sind hier unter unserer Leitung. Und sie machen Experimente mit ihr, um herauszufinden, wie der Mensch auf uns reagiert. Nicht unbedingt bei uns, sondern bei den anderen Wesen, die uns bei den Experimenten helfen. Wir haben die kleinen Grauen, wir haben ein paar Reptilien. Wir haben einige Wesen, die in deinem Kopf sehr seltsam wären, wie Kugeln auf Kugeln auf Kugeln. Wie drei miteinander gehende Bälle, aber in Wirklichkeit ist es ein Wesen. Wir haben einige sehr ungewöhnliche Wesen bei uns, aber sie arbeiten mit ihr zusammen, um die Reaktion der Menschen auf uns oder die verschiedenen Arten von Wesen zu bestimmen. Sie sieht verschiedene Arten von Wesen, aber sie erinnert sich nicht daran, weil sie Sie vielleicht erschrecken könnten. Wir haben es schon einmal versucht und wir haben sie erschreckt. Wir ließen zu, dass diese spezielle Spezies hereinkam, sich körperlich manifestierte und sie hatte Angst. Deshalb wissen wir, dass, wenn sie in einer Großstadt oder so etwas landen, die Menschen in Angst reagieren und Atomwaffen oder Vergeltungsmaßnahmen in irgendeiner Art und Weise einsetzen werden.

D: Was für niemanden gut wäre.

P: Nein, nein, nein. Also benutzen wir sie nur dafür. Sie ist sich dessen auf einer anderen Ebene bewusst.

D: Angst, das ist die menschliche Seite der Leute.

P: Ja, aber sie müssen lernen zu wachsen, um zu erkennen, dass die körperliche Erscheinung nichts mit der Spiritualität der Seele zu tun hat. Wir sind sehr geistliche Wesen. Sehr liebevoll, sehr fürsorglich, und sie schauen uns an und fühlen sich ängstlich. Und wir versuchen, mit verschiedenen Menschen auf dem Planeten zusammenzuarbeiten, um diese Angst zu überwinden. Wir kommen zu Menschen wie Patricia und manifestieren uns. Manchmal erinnern sie sich, manchmal nicht. Um sie daran zu gewöhnen, uns anzusehen, so dass es keine Angst gibt, wenn wir persönlich kommen.

D: Menschen, Menschen sehen nur den äußeren Teil.

P: Das ist richtig, und sie müssen erkennen - und sie werden es wollen -, dass es eine spirituelle Seite gibt und die Menschen nach ihrer spirituellen Essenz beurteilt werden sollten. Sie muss lernen, sich an die Kommunikation mit uns in einem physischen Bereich zu gewöhnen. Bislang haben wir nur meist durch Gedanken kommuniziert. Deshalb hat sie uns nie gesehen, sie war nicht bereit. Wir müssen sie daran gewöhnen, körperliche Geräusche zu hören. Deshalb wecken wir sie mitten in der Nacht. Sie muss sich an spirituelle Manifestationen gewöhnen, die Lärm machen, weil wir in Zukunft mit ihr kommunizieren werden. Wir werden sie körperlich besuchen. Und sie muss das akzeptieren können. Wir werden ihr einige Lehren geben, und wir werden verschiedene Arten von Wesen haben, die hereinkommen und ihr Informationen geben, und sie werden körperlich herunterkommen. Und sie wird wirklich Angst haben. Sie wird sehr, sehr große Angst haben. Sie wird nicht in der Lage sein, damit umzugehen. Und deshalb machen wir diese Experimente mit ihr, um sie in Zukunft so vorzubereiten, dass sie direkt mit unseren Wesen kommunizieren kann. Und wir haben viele verschiedene Organisationen. Viele verschiedene Arten von Wesen. Ich würde das nicht als Organisation bezeichnen. Dies sind Gruppen von Wesen, die zusammen für einen Zweck gebildet werden. Deshalb nennen wir es eine Organisation in Ihrer Sprache. Aber in unserer Sprache ist es ein göttliches Ziel. Jede Gruppe von Wesen hat eine göttliche Bestimmung. Die Menschen, mit denen sie jetzt kommuniziert, ihr eigenes Volk, wir haben eine göttliche Bestimmung, die wir direkt von der Quelle erhalten. Es gibt auch andere Wesen, die direkt von der Quelle empfangen, aber sie haben unterschiedliche Missionen.

Und sie wird mit all diesen Wesen kommunizieren. So wie du selbst deine eigene Gruppe von Wesen hast, die mit dir durch Hypnotherapie arbeiten. Es verursacht eine bestimmte Energievibration, die diese Seelen anzieht, die in diesem bestimmten Energieniveau oder dieser Vibration arbeiten.

D: Aber sie war besorgt, ob sie andere Typen anzog, die negativ sein könnten.

P: Keiner von ihnen ist negativ.

D: Das ist es, was mir gesagt wurde.

P: Nein, sie versteht es nicht, weil sie nicht bereit war. Und wir wollten ihr nicht zu viel sagen, bevor sie bereit war. Sie hatte viele Dinge auf der Erde zu erledigen, aber das war notwendig, um durch diese Dinge auf der Erde zu gehen, um sie stärker zu machen. Wenn sie schließlich unsere Arbeit tut, wird sie nicht nur geistig, sondern auch körperlich stark sein, und sie kann mit den Dingen auf der Erde viel einfacher umgehen. Sobald sie geschickter im Umgang mit den Dingen auf der Erde wird, wird es ihre geistige Arbeit nicht beeinträchtigen. Und deshalb sind wir nicht früher zu ihr gekommen.

D: Einige Leute haben die falsche Vorstellung, dass es viele negative Wesen da draußen gibt. Aber mir wurde gesagt, dass diese wegen des Rates nicht erlaubt sind, die Menschen auf der Erde zu stören. Ist das richtig?

P: Es gibt Wesen, die wir für nicht sehr spirituell entwickelt halten. Das bedeutet nicht, dass sie negativ sind. Wir haben keine Negativität im Universum. Es gibt kein Positives und kein Negatives. Es gibt nur die Schönheit des Einen. Was wir haben, sind Wesen, die sich nicht geistig so entwickelt haben, wie wir es uns wünschen würden, aber wir würden sie nicht negativ nennen. Ich wollte zum Beispiel die außerirdischen Wesen hervorheben, die mit Ihrer Regierung zusammenarbeiten. Diese Wesen sind für ihre eigenen Zwecke hier, um Metalle von der Erde zu holen und verschiedene Chemikalien, Elemente und Dinge, die sie benutzen können. Manchmal nehmen sie mehr davon heraus, als sie der Regierung sagen. Wir sind damit nicht einverstanden, aber wir haben ihnen erlaubt, herunterzukommen, weil die Schwingung des Planeten niedriger ist und sie in diese Schwingung kommen und mit den Regierungen kommunizieren können. Das bedeutet nicht, dass sie negativ sind. Sie wachsen spirituell. Und wir erlauben ihnen, hereinzukommen. Sie schaden dem Planeten nicht, weil sie gelernt haben, dass sie geben müssen. Und sie geben der Regierung Technologie. Also ist es ein Geben und Nehmen. Wir sind anderer Meinung, aber sie sind nicht negativ. Ich kenne keine negativen Wesen, die auf diesem Planeten operieren.

Dies wurde in meinem Buch The Custodians behandelt, dass es einige Wesen gibt, die erst in den letzten 1000 Jahren gekommen sind, die Metalle und Mineralien sammeln dürfen, die sie brauchen. Das sind gewöhnliche Materialien auf der Erde, also schaden sie diesem Planeten nicht, indem sie sie nehmen. Sie stehen unter strenger Beobachtung durch den Rat, um sicherzustellen, dass sie nichts tun, was sie nicht tun sollten.

P: Einige Wesen hier denken in Bezug auf Gut oder Böse, und das ist wirklich nicht der richtige Weg, um es zu betrachten. Es sollte im Hinblick auf den spirituellen Fortschritt betrachtet werden. Einige dieser Wesen sind einfach nicht so spirituell fortgeschritten wie andere. Das bedeutet nicht, dass sie negativ sind.

D: Einige der anderen Ermittler denken, dass einige der Dinge, die Menschen berichten, die ihnen angetan wurden, negativ sind. Und ich sehe es anders, weil ich Informationen darüber bekomme, was wirklich passiert. Aber ich finde es nicht negativ.

P: Nein, du siehst so, wie wir wollen, dass du es siehst. Du siehst es so, wie es wirklich ist. Aber der Versuch, den Menschen auf diesem Planeten zu erklären, dass einige von uns nicht negativ sind oder einige dieser Handlungen nicht negativ sind, kann ihr Bewusstsein zu diesem Zeitpunkt nicht akzeptieren. Vielleicht in der Zukunft. Du musst deine positiven Gedanken über uns verfolgen und weitermachen, denn das ist es, was sie von uns wissen müssen, denn das ist die Wahrheit.

D: Das ist es, was ich in meinen Vorlesungen und Büchern versucht habe, ist, es so zu präsentieren, wie es sein soll. Eine Frage, die ich mir oft gestellt habe, und mir wurde gesagt, dass ein Teil davon mit den Rinderverstümmelungen zu tun hat. Viele

Menschen empfinden das als negativ. Kannst du uns etwas darüber sagen?

P: Ja. Es gibt verschiedene Arten, die mit Rinderverstümmelungen arbeiten. Hier in den Vereinigten Staaten haben sie viele.... Hormone verwendet - ich denke, das ist es, wie man sie nennt - Chemikalien bei Rindern. Und einige Arten untersuchen die Auswirkungen dieser Hormone auf das Vieh. Deshalb nehmen sie die Organe und Stücke der Kuh, die davon betroffen sein könnten, und bestimmen die Ergebnisse - die negativen Folgen dieser Hormone für die Kühe. Es gibt noch eine andere Art von Spezies, sie verwenden das Blut dieser Tiere. Nicht nur Kühe, sondern auch Schafe, Hunde und Katzen. Und sie bestimmen die molekulare Struktur des Blutes. Und da denken die Leute wieder, dass diese Dinge schlecht sind, die diese Wesen tun. Aber es ist nicht schlecht; sie untersuchen das Blut, um die negativen Auswirkungen der Schadstoffe dieses Planeten auf diese Pflanzen und Tiere zu bestimmen. Du bemerkst es nicht an den Pflanzen, weil - was ist schon eine Pflanze? Aber wenn ihre beste Kuh verstümmelt wird, dann werden sie es überprüfen.

D: Das macht für mich Sinn. Weil ich weiß, dass du viele Dinge untersuchst. Ich hatte einige Informationen, aber ich hatte nicht die vollständige Antwort. Danke, dass du mir die Information gegeben hast.

Endlich eine Antwort, die Sinn ergab. Mir wurde gesagt, dass sie sich große Sorgen um die Schadstoffe in unserer Luft und die Konservierungsmittel usw. machen, die wir unseren Lebensmitteln hinzugefügt haben. Sie befassen sich mit den Auswirkungen auf die Gesundheit unseres Körpers und auch damit, dass diese Zusatzstoffe eine Zunahme von Krebs verursachen. Dies ist der Grund für viele der Experimente, über die sogenannte "Entführte" sprechen. Die ETs untersuchen die Auswirkungen dieser Additive und Schadstoffe auf den menschlichen Körper. Und auch zu sehen, ob es die genetische Struktur beeinflusst. Was könnte natürlicher sein, auch die Lebensmittel, die wir essen, auf Schadstoffe zu überprüfen, die unseren Körper betreffen? Irgendjemand muss es tun. Unsere Regierung ist es sicherlich nicht.

D: Mir wurde auch von deinen Leuten gesagt, dass sich die Ernährung der meisten Menschen verändert. Ich weiß, dass sich meine geändert hat.

P: Das liegt daran, dass sich die Energien des Planeten verändern. Wenn Sie Ihre Ernährung nicht ändern würden, würden Sie sehr krank werden und sterben. Die Nahrung auf dem Planeten verändert sich. Alles auf dem Planeten verändert sich allmählich. Das ist, bevor wir diese große Explosion des Lichts initiieren, die wir in Zukunft planen. (Siehe Abschnitt Neue Erde.) Sie verändert sich. Wir müssen es ändern, denn wenn wir es nicht täten, würdest du wegen all der Schadstoffe sterben. Sie müssen Ihre Ernährung ändern, weil Ihr Körper im Laufe der Jahre empfindlicher auf die Schadstoffe reagiert hat und sich verschlechtert. Die göttlichen Kräfte haben diese Veränderung durch die Genetik angestoßen, um den Körper der Menschen dauerhaft zu erhalten. Wir wollen, dass sie durchhalten. Und sie halten nicht stand, sie verschlechtern sich. Und das wird dazu beitragen, das umzukehren.

D: Das ist es, was mir gesagt wurde; wir bewegen uns weg von schweren Lebensmitteln hin zu leichteren Lebensmitteln.

P: Richtig, denn wenn sich die Körper des Planeten verändern, werden sie weniger dicht. Und natürlich benötigen weniger dichte Körper leichtere Nahrung. Du weißt, dass die Kühe sehr dicht sind. Hühner sind besser. Sie sind leichter. Meeresfrüchte sind besser. Pflanzen sind das Nonplusultra, denn eure Körper werden immer weniger dicht. Du wirst weniger dichtes Essen zu dir nehmen. Das ist selbstverständlich. Deine Ernährung wird sich ändern, und das ist zum Schutz deines Körpers. So wird das Erbgut nicht vollständig zerstört.

D: Deshalb passiert es auch mir.

P: Auf jeden Fall! Du wohnst hier, nicht wahr?

D: Ja, das ist wahr. (Lachen) Mir wurde gesagt, dass es auf der ganzen Welt geschieht.

Sie sagten mir, wenn wir unsere Ernährung ändern, werden wir auf mehr Flüssigkeiten wie Suppe und Smoothies umsteigen und weg von schweren Lebensmitteln.

Als wir zum Ende der Sitzung kamen, hatten die Wesen noch eine Botschaft für Patricia:

Ich möchte ihr sagen, dass wir sie sehr lieben und wir ständig an ihrer Seite sind. Sie braucht keine Angst zu haben. Wir werden immer hier sein, um sie zu beschützen. Wir können nicht physisch erscheinen, weil unsere Körper so sind, dass es für uns fast unmöglich wäre, physisch zu erscheinen, weil wir Lichtwesen sind. Und wenn wir herabsteigen und physisch erscheinen, würde es die in unserem Wesen enthaltenen geistigen Energien durcheinanderbringen. Und es dauert eine Weile, bis wir über so etwas hinwegkommen. Also machen wir hier einfach keine körperlichen Ausflüge. Wir haben Wesen, die sie körperlich besuchen wollen, und sie wird sich freuen, das zu wissen, denn das ist es, worüber sie uns in der Vergangenheit gefragt hat. Sie ist im Moment noch nicht bereit. Du musst sicherstellen, dass sie weiß, dass sie noch nicht bereit ist. Aber sie wird in etwa zehn Erdjahren bereit sein.

KAPITEL ZWEIUNDZWANZIG

EIN ANDERER BEOBACHTER

DIESE SITZUNG WURDE als Demonstration für meinen Hypnosekurs auf Hawaii DURCHGEFÜHRT. Teresa praktizierte bereits Hypnose und arbeitete als Heilerin, aber sie wollte wissen, ob sie auf dem richtigen Weg war. Sie war von vielen Zweifeln und Unsicherheiten geplagt. Sie ging in ein Leben, in dem sie eine Art Tagelöhner war, ein Mann, der von Ort zu Ort ging und eine Weile arbeitete und dann weitermachte, wobei er kein richtiges Zuhause zu haben schien. Aber es störte ihn nicht, obwohl er zugab, dass er manchmal einsam war.

T: Ich bin gerne allein, aber man lernt diese Leute nicht so gut kennen, weil man für sie arbeitet. Ich bleibe vielleicht zwei Monate, dann mache ich weiter, wenn meine Arbeit erledigt ist. Ich weiß nur, wann meine Arbeit erledigt ist, oder jemand sagt mir, dass wir fertig sind, dann ist es Zeit zu gehen. Ich sehe gerade diesen Stern. Ich sehe diesen Stern immer wieder erscheinen, während du mir diese Fragen stellst. Manchmal sagt mir der Stern etwas. Manchmal weiß ich es. Wenn es Zeit ist zu gehen, gehe ich einfach. Oder jemand kommt und holt mich ab, und ich gehe zum nächsten Job.

D: Was meinst du damit, der Stern sagt es dir?

T: Das ist das Lustige daran. Ich sehe nur noch diesen Stern und ich weiß, dass er mir Dinge erzählt, und ich höre zu.

D: Wie sagt er dir Dinge?

T: Es ist dieser goldene Lichtstrahl, der herunterkommt und ich weiß Dinge.

D: Woher kommt der Lichtstrahl?

T: In einer dunklen Nacht weit draußen am Himmel. Ich weiß nicht, ob es ein Planet oder ein Stern ist, aber es ist etwas da draußen. Wenn es wichtig ist, weiß ich einfach Dinge in meinem Kopf. Deshalb muss ich im Freien sein. Ich fühle mich einfach, als wäre ich näher dran.... näher an allem, wenn ich draußen bin.

Das hätte eine ganze Weile so weitergehen können, also brachte ich ihn zu einem für ihn wichtigen Tag. Als wir dort ankamen, sagte er, ihm sei schwindelig. "Alles fängt gerade an, sich zu drehen. Das ist es, was ich gerade in meinem Körper fühle. Als würde ich immer wieder herumlaufen." Ich habe Vorschläge zum Wohlbefinden gemacht, damit sie keine körperlichen Empfindungen verspürt. "Mein ganzer Körper dreht sich, als wäre ich in dieser Zentrifuge. So fühlt es sich auf jeden Fall an. Ich sehe gar nichts. Es ist, als wäre alles orange und mein ganzer Körper dreht sich und ich kann das Drehen nicht aufhalten. Es ist alles dunkel.... ein orangefarbenes Dunkel, eine orange Farbe. Es ist, als wäre ich in etwas verwickelt und es dreht sich. Ich bin definitiv in etwas verwickelt."

D: Willst du herausfinden, was es ist? (Ja) Das kannst du tun.

T: Ich weiß, dass ich es kann. Ich ziehe mich zurück und bin in einer Art Schiff. Ich betrachte das Schiff von außen. Es ist flach auf der Unterseite und hat eine Kuppeloberseite und Kanten, die wie eine Schale herauskommen, die auf den Kopf gestellt ist, und darunter ist etwas. Licht. Ich sehe, es ist nicht sehr groß. Und.... Ich drehe mich.

D: Dreht sich das ganze Schiff, oder ist es etwas dort, wo du dich befindest?

T: Ich glaube, es ist das Zimmer, in dem ich bin. Es verlangsamt sich jetzt. Der Raum ist im Inneren des Schiffes. Es gibt ein Wesen. Ich bin nicht allein, aber sie sind nicht in dem Raum, in dem ich bin.

D: Wie sehen sie aus?

T: Ich kann es nicht wirklich genau sehen. Ich bekomme nur einen Eindruck davon. Es ist ein großes Wesen.... groß. Ich möchte "Kreatur" sagen, aber es ist keine Kreatur. Es ist ein Wesen. Das sehe ich von außen. Ich bin an zwei Orten gleichzeitig. Ich bin im

Raum, und ich sehe die Außenseite des Raumes. Ich sehe die Spitze dessen, was es ist. Es ist wie eine Art Material aus Glas. Man kann hineinschauen, aber es ist kein Glas.

D: Ist das der Kuppelteil, von dem du sprichst?

T: Ja. Ich kann Kontrollen oder so etwas sehen. Ich würde denken, es wären Kontrollen. (Sie lächelte.) Ich weiß, dass es andere Wesen gibt... kleinere. Es ist lustig, weil sie einfach so anders aussehen. (Großes Lachen.) Sie sind nicht so, wie ich es mir vorstellen würde. Sie sind klein und irgendwie bläulich, und nicht wie ich es auf Bildern gesehen habe. Sie sind blau, und die andere hat eine andere Farbe, wie Orange.

D: Kannst du sehen, wie ihre Gesichter aussehen?

T: Nein, ich sehe sie von hinten. (Lacht) Und eigentlich bin ich eine von ihnen. Ich sehe mich noch nicht, aber ich weiß, dass ich eine von ihnen bin. Ich weiß noch nicht, welche. Ich möchte nur die Maske abnehmen. Nimm die Maske ab, um zu sein, wer ich bin.... nicht die Person, die da reingekommen ist. Das ist nicht das, was ich bin.

D: Als du da reingekommen bist, hast du anders ausgesehen? (Ja) Was glaubst du, warum du an diesem sich drehenden Ort warst?

T: Um wieder zu dem zu werden, was ich bin. Das Drehen trägt zu deiner Molekularstruktur bei. Es verändert deine Moleküle. Ich weiß nicht, ob es meine wahre Form ist, aber in eine andere Form. Und ich bin eines der großen Wesen.

D: Hast du deinen Job beendet? Bist du deshalb jetzt dort?

T: Nein, ich glaube nicht, dass ich fertig bin. Ich denke nur, dass ich zurückkommen und für eine Weile auf dem Schiff sein musste. Sie müssen mir Dinge sagen, und die Dinge haben sich verändert, und sie konnten sich aus irgendeinem Grund nicht mit mir verbinden. Sie konnten mir nichts sagen und so musste ich dorthin kommen und mehr lernen. Etwas hat sich geändert.

D: Sie wollten also die Verbindung wiederherstellen?

T: Ja. Ich denke, ich musste wieder bei ihnen sein. Ich brauchte es. Es ist einsam da unten. Es ist nicht einsam hier.

D: Was ist dein Job, wenn du dort bist?

T: Ich bin so eine Art Kapitän oder so etwas in der Art.

D: Was siehst du dich selber tun?

T: Ich tue nichts, weil ich nicht mehr in der gleichen Verfassung bin. Aber ich kann das Schiff steuern und reisen und Dinge tun, von denen mir gesagt wurde, dass ich sie tun soll. Und es gefällt mir.

D: Wer sagt dir, was du tun sollst?

T: Die Person, mit der ich arbeite und für die ich arbeite. Es ist ein anderer Planet. Ich war auf der Erde, aber ich bin nicht von der Erde.

D: Ist das der einzige Ort, an den du gehst?

T: Nein, ich war an anderen Orten, aber im Moment ist es die Erde. Ich habe einen Job auf der Erde. Ich habe nur vergessen, was das ist.

D: Was war der Zweck, zur Erde zu kommen und diese Dinge zu tun?

T: Zuerst erkunden und sehen, wie die Menschen waren, sehen, wie sie sich entwickelt haben und was ihre Ängste waren.

D: Deshalb hast du dich wirklich nicht so sehr mit ihnen vermischt? (Ja) Nur beobachten? (Ja) Was machst du mit den Informationen, sobald du sie gesammelt hast?

T: Es jemand anderem geben, und er findet es heraus. Und danach gehen wir auf eine andere Reise. Ich war schon an vielen anderen Orten als auf der Erde. Ich denke, es ist sehr interessant.

D: Was hieltest du von den Menschen auf der Erde, während du sie beobachtet hast?

T: Nun, wo ich war, gab es nicht so viele Menschen, und sie überleben einfach nur. Sie leben, aber noch nicht auf besondere Art und Weise.

D: Was wirst du als nächstes tun? Weißt du es?

T: Nein, das haben sie mir noch nicht gesagt. Vielleicht zurück zur Erde. Was immer sie wollen, ist für mich in Ordnung. Ich hoffe, sie ziehen in eine andere Zeit.

D: Einen anderen Zeitraum oder einen anderen Ort?

T: Beides. Sie wählen.

Ich ging die Zeit voran, bis die Entscheidung getroffen wurde, zur Erde zurückzukehren. "Haben sie dir gesagt, wohin du gehen sollst und was du tun sollst?"

T: Nein, sie haben mich einfach dorthin gebracht.

D: Ich denke, du würdest mitreden wollen, nicht wahr? (Wir haben beide gelacht.)

T: Nein, es ist in Ordnung. Sie haben mich dorthin gebracht. Dann sagen sie mir alles, was ich wissen muss.

D: Wo haben sie dich hingebracht?

Sie sah sich selbst am Rande eines Waldes stehen. "Haben sie dir gesagt, was du tun sollst?"

T: Nein. Ich weiß es einfach. Ich werde es wissen, wenn ich ihn sehe, aber ich bin trotzdem ein Beobachter. Ich bin nur ein Beobachter.

D: Solltest du dich nicht zu sehr einmischen?

T: Nein, das tue ich nicht. Ich bin nur ein Beobachter. Ich schaue zu. Ich sehe nicht aus wie ein Mensch. Ich weiß nicht, was ich bin. Ich bin groß und dünn.... Ich weiß nicht, ob ich ein Mensch bin. Ich fühle mich, als wäre ich auf einem anderen Planeten. Der Wald.... es gibt Strukturen, die Kuppeln sind, die mir bekannt sind. Sie sind aus Metall mit großen Kuppeldächern. Und ich sehe anders aus. Ich bin sehr, sehr blass und dünn und anders. Vielleicht bin ich eine Kreatur dieses Ortes, aber jetzt ist es kein Mensch mehr. Ich bin ein Beobachter. Es ist ein interessanter Job. Ich schaue und sehe nur zu. Es ist eine Art wie der andere Job, aber es ist schöner. Es ist wärmer.

Das hätte eine Weile so weitergehen können, und ich hätte auch dieses außerirdische Leben erforschen können. Aber an diesem Punkt in der Sitzung war es an der Zeit, das SC zu rufen, damit wir Antworten und Therapie bekommen konnten. Außerdem war es eine Demonstration für die Klasse, und ich hatte nicht so viel Zeit wie in einer privaten Sitzung. Ich fragte nach dem Grund, warum es Teresa dieses Leben gezeigt habe.

T: Damit sie mehr über das, was sie gesehen hatte, versteht und tiefer geht. Sie muss ihre Vergangenheit verstehen.

D: War sie schon immer eine Beobachterin?

T: Nicht immer.

D: Aber in diesen Lebenszeiten war sie es?

T: Ja. Sie musste auch wissen, wie man Menschen hilft. Alle Facetten des Menschen zu sehen.... tiefer zu gehen.

D: Die Menschen haben viele Facetten, nicht wahr? (Ja) Kompliziert.

T: Sehr. Sie sieht unter die Oberfläche, aber sie versteht nicht immer. Sie zweifelt an sich selbst.

D: Warum hat sie sich entschieden, Mensch zu werden, wenn sie dieses Leben als anderes Wesen hatte?

T: Um in ihrer Entwicklung schneller zu sein. Dann war sie nur eine Beobachterin, eine Beobachterin. Sie kann in einem menschlichen Körper viel schneller sein. Sie beschloss, dies zu tun, aber die meisten vergessen es.

D: Wolltest du sie deshalb daran erinnern, warum sie hier ist?

T: Ja, sie hat viel zu tun. Sie ist eine Reisende. Sie geht von Ort zu Ort, aber sie ist schon lange an einem Ort geblieben.... zu lange. Diesmal wählten sie einen fernen Ort (Hawaii). Nur um zu reisen.... sie vergaß, dass sie es mag. Sie muss ihre Arbeit jetzt erledigen, so schnell sie kann. Aber sie erfindet immer wieder neue Gründe, warum sie es vergessen hat.

D: Was soll sie tun, wenn sie auf Reisen ist?

T: Mit Menschen sprechen, auf Menschen hören, ihnen helfen und ihre Arbeit machen. Helfen, dass sich die Menschen wieder wohl fühlen.... wieder glücklich sind, ihren Schmerz heilen. Die Menschen werden sie erkennen und sie werden kommen. Sie wird ihnen helfen können. Frage und höre dann zu. Fragen sind Teil des Zuhörens. Andere Dinge sind nur Türen. Sie haben sie gerade erst hierhergebracht. Neue Dinge werden für sie kommen. Sie wird es teilen.

***

D: Sie erkannte, dass sie dreihundert Jahre lang hier sein würde. (Wir haben beide gelacht.) Was meinst du?

T: Sie könnte es sein, wenn sie es wirklich will.

D: Wir haben die Kontrolle über den menschlichen Körper, nicht wahr?

T: Ja, aber sie wusste nicht, dass das wahr ist.

D: Ich habe gehört, dass man so lange leben kann, wie man will, weil man den Körper kontrollieren kann, nicht wahr?

T: Ja, das können wir.

***

"Wir verschieben Dinge in ihr... ihre DNA... sie verändert sich."

D: Es passiert bei vielen Menschen, nicht wahr?

T: Ja, das ist so.

D: Warum verändert sich die DNA?

T: Weil sich alles verändert. Der Planet verändert sich. Deine DNA verändert sich. Es muss sich ändern.... um die Energie zu halten, um die Frequenz zu halten.

D: Einige Leute können damit nicht umgehen, oder?

T: Nein, und sie müssen gehen. Und sie sind glücklich zu gehen. Sie wissen, dass sie das tun müssen. Es ist eine gute Sache.

D: Diejenigen, die bleiben, passen ihre Frequenzen an, und die DNA verändert sich, um sich anzupassen.

T: Ja. Man kann es manchmal spüren. Du spürst Dinge in deiner Wirbelsäule.

D: Inwiefern?

T: Nur Wirbel. Dieser Körper spürt es jetzt.

D: Einige Leute würden sagen, dass das nur die Kundalini sind.

T: Nein. Das ist nicht Kundalini. Das ist DNA.

D: Das bedeutet, wenn sich die Dinge ändern, werden wir Vibrationen im Körper spüren?

T: Ja, und manchmal Kopfschmerzen, wenn wir uns anpassen. Rückenschmerzen.... Kopfschmerzen. Aber sie werden verschwinden. Sie sind nicht chronisch.

D: Und wenn wir uns immer mehr an die Frequenzen anpassen, hören sie auf?

T: Ja, das tun sie. Wir geben ihr viel mehr Energie. Sie wurde zur Ruhe gebracht, um sich zu ändern. Deshalb fühlte sie eine geringe Energie. Viele Dinge in ihr veränderten sich, und jetzt wird sie sich mit dieser Verschiebung, mit der DNA zusammen, verändern.

***

T: Sie war sich unsicher, in diese Klasse zu kommen. Sie wollte kommen, aber auch wieder nicht.

D: Was meinst du damit? Erkläre es.

T: Das werde ich, aber sie musste sich mit dir verbinden, nicht nur mit einem deiner Schüler. Sie musste hier bei dir sein, dich hören und fühlen, weil es ihre Energie verändert hat. Deine Energie verändert andere Menschen, nur, weil du in der Gegenwart bist. Es geht nicht nur darum, was man lehrt. Das ist es, was du tust.

D: Du hast gesagt, sie wollte nicht kommen?

T: Nein. Sie wollte kommen, aber sie wusste nicht, wie wichtig es war, zu kommen. Das war heute sehr wichtig, um in dieser Zeit und diesem Raum mit dir und diesen Menschen zu sein.

D: Glaubst du, dass diese Gruppe in der Lage sein wird, das zu tun, was ich ihnen beigebracht habe?

T: Oh, ja... nicht alle, aber die meisten von ihnen. Einige wollen es nicht tun. Einige kamen nur, um es einmal zu erfahren, aber andere werden es tun.

D: Wir müssen so viele Menschen wie möglich erreichen.

T: Ja, das tun wir.

Nachricht: Um sie wird sich immer gekümmert. Sie wird geliebt und wir sind immer hier. Wir sind immer für alle da. Niemals allein.

KAPITEL DREIUNDZWANZIG

DIE BESTE AGENDA FÜR DIE ERDE

RANDY ARBEITETE ZU HAUSE mit seinem Computer. Er beschäftigte sich intensiv mit der Metaphysik und nutzte sie, um nach dem Sinn seines Lebens zu suchen. Er war verheiratet und hatte Kinder, war aber frustriert, weil er das Gefühl hatte, dass es etwas gab, was er tun sollte, um der Erde zu helfen. Dies war der Hauptgrund für die Sitzung, um herauszufinden, warum er hier war.

Als Randy aus der Wolke kam, beobachtete er eine seltsame Szene. Er befand sich irgendwo in schneebedecktem Gelände an einem isolierten Ort und beobachtete zwei Raumschiffe, die auf dem Schnee gelandet waren. "Sie befinden sich an einem wirklich abgelegenen Ort auf der Erde. Es sieht aus wie einer der Pole.... der Nordpol." Eines der Schiffe hatte ein rautenförmiges Abzeichen. Sie schienen alle groß genug zu sein, um etwa zehn Personen aufzunehmen. Er fühlte, dass sie zwei verschiedene Fraktionen vertraten, obwohl er nicht wusste, was das bedeutete. Da waren Leute um das Schiff herum. "Sie tragen leichte Kleidung. Ich weiß nicht, ob es eine Uniform ist, aber es ist eher so etwas wie eine Schutzschicht. Eher wie ein Raumanzug als Kleidung. Ihr ganzer Körper ist bedeckt, sogar ein Helm. Sie sind gut vor Kälte geschützt." Er schien dies nur zu beobachten und nahm nicht teil. So waren sich die Anwesenden seiner nicht bewusst.

R: Sie sind wie zwei verschiedene Fraktionen. Sie reden von einer Art Verhandlung.

D: Meinst du zwei verschiedene Länder?

R: Nein, es sind zwei gegensätzliche Ansichten oder Ideen. Es hat etwas mit der Erde zu tun. Beide wollen, dass die Evolution der Erde stattfindet. Sie haben Input zu Ideen, wie dies am besten geschehen kann. Eine Gruppe will einen direkten Einfluss, und die andere Gruppe will einen weniger direkten Einfluss. Es sind die beiden verschiedenen Perspektiven. Die beiden verschiedenen Ideen; ob es sich nun um einen direkten oder indirekten Einfluss handelt.

D: Jeder von ihnen könnte unterschiedliche Ergebnisse haben, nicht wahr? (Ja) Du hast gesagt, dass sie sich beide über die Evolution der Erde einig sind?

R: Richtig. Das ist ihr gemeinsames Ziel.

D: Was sehen sie als Evolution der Erde an?

R: Die Evolution des menschlichen Bewusstseins. Schnappt sie aus dem Zyklus, in dem sie sich befinden. Eine Gruppe möchte also einen radikalen Ansatz vertreten - ich meine nicht radikal im negativen Sinne. Ein direkterer Ansatz, und die andere Gruppe wäre für einen subtileren Ansatz.

D: Aber sie sind sich beide einig, dass es an der Zeit ist, dass sich das Erdbewusstsein entwickelt?

R: Ja. Und sie sind sich auch einig, dass sie zusammenarbeiten wollen. Sie wollen nicht die einzelnen Fraktionen haben. Sie wollen nicht zwei gegensätzliche Modelle haben. Das ist ein Teil dessen, wovon sie reden. Sie versuchen nur, die Perspektiven des anderen zu sehen, damit sie ein gemeinsames Ziel erreichen können.

D: Weißt du, ob jemand ihnen gesagt hat, dass sie das tun sollen?

R: Nein, es scheint, dass sie sich auf einer höheren Bewusstseinsebene befinden, wo sie die Gedanken des anderen sehen können.

Dann fragte ich ihn, wie er seinen Körper wahrnahm. Ich fragte mich, ob er einer von ihnen war. "Nun, zu diesem Zeitpunkt bin ich nur noch reines Bewusstsein. Ich beobachte nur."

D: Als reines Bewusstsein kannst du ihre Gedanken aufgreifen?

R: Genau.

D: Waren sie schon einmal daran beteiligt, den Menschen auf der Erde zu helfen?

R: Ja, sie waren schon immer hier.

D: Also ist das keine neue Fraktion, die reingekommen ist? (Nein) Wenn sie schon immer hier waren, in welchen Teil waren sie dann involviert?

R: Subtile Einflüsse. Sie werden auf mehreren verschiedenen Ebenen gehalten, also in einem Sinne, nur ihre Anwesenheit, ihre Frequenz.

D: Was hat diese Präsenz und Frequenz erreicht?

R: Ich schätze, man könnte sagen, dass es Licht gebracht hat. Ich sehe bereits den Zusammenhang.

Als er anfing zu erklären, wurde er plötzlich sehr emotional. Ein Weinen deutete sich an, aber er versuchte, es zurückzuhalten.

D: Warum macht es dich emotional? (Randy versuchte immer noch, die Kontrolle über sich selbst zu erlangen.)

R: Es ist so ähnlich wie ein Elternteil zu sein.... zu versuchen, eine gesunde, glückliche Umgebung zu schaffen. Es wird zu einem Verantwortungsbewusstsein.

D: Also, was hat das damit zu tun, warum du hier bist?

R: Also kann ich zurückgehen und mir diese Wesen ansehen, die hier sind. Sie arbeiten in mehreren Dimensionen. Auf einer Dimension haben sie Schiffe. Sie haben physische Formen manifestiert. Sie haben die Fähigkeit, andere Wesen und ihre Absichten zu beeinflussen. Und operieren in dieser Dimension, da sie allein durch ihre bloße Anwesenheit Einfluss nehmen können. Dies wird die Anzahl der anderen Wesen, die hierherkommen und Einfluss nehmen können, begrenzen. Obwohl sie sich also auf nichts einlassen, ist ihre Gegenwart bekannt, und auf einer höheren oder einer anderen Dimension hilft die Frequenz ihres Bewusstseins, ihre Absicht auch, den Schutz um die Erde herum zu schaffen. Es ist keine Hülle. Es gibt immer noch absoluten freien Willen, freien Fluss, aber es gibt eine Energie, die additiv ist.

D: Es wäre gegen den freien Willen, wenn sie das Bewusstsein beeinflussen würden. Ist das richtig?

R: Ja, aber das sind sie nicht. Sie liefern einfach eine Frequenz und eine Energie, deshalb sage ich, dass es wie ein Licht ist.... ein heiliges Licht.

D: Sie haben also die besten Absichten?

R: Auf jeden Fall.

D: Aber du hast gesagt, es gibt andere Wesen, die nicht die höchsten Absichten haben würden?

R: Ja, auf mehreren Ebenen. Dort liegt die Reibung.... in den beiden verschiedenen Perspektiven. Es gibt eine Fraktion, die direktere Einflussnahme anstrebt, also im weitesten Sinne, was bedeuten könnte, dass sie hier sind, indem sie sich in die andere Gruppe einmischen. Das ist eine Ebene, und sie könnten beeinflussen, indem sie materielle Veränderungen in dieser dimensionalen Realität vornehmen.... beobachtbare Veränderungen. Eine Fraktion denkt, dass es vorteilhafter wäre, und die andere Gruppe ist passiver. Sie sind sich immer noch nicht sicher.

D: Es ist also noch offen, in welche Richtung die Erde gehen soll?

R: So sollte die Erde nicht laufen. Es ist nur eine Frage der Intervention oder vielleicht auch nicht. Es geht darum, wieder zur Erziehungssache zurückzukehren. Wann führst du, oder wie führst du, und nicht einzugreifen oder einzugreifen? Das ist also der schmale Grat zwischen Einmischung und Intervention oder so etwas. Sie sind sich einfach nicht sicher, ob die Intervention, ihre Einmischung oder was auch immer die andere direkte Aktion, die die andere Gruppe in Betracht zieht, ohne Folgen ist.

D: Gibt es jemanden, der sie berät?

R: Es scheint ein Kollektiv zu geben.

D: Es klingt so, als wollten sie, dass sich die Erde entwickelt; als wäre es etwas, das passieren soll.

R: Oh, ja. Ja, das ist klar.

D: Bedeutet das, dass sie wollen, dass sie sich positiv entwickelt und weg von der Negativität kommt?

R: Ich bin mir nicht sicher, ob sie es so sehen. Ich denke, sie sehen es als eine Entwicklung, sich ihres freien Willens und ihrer freien Wahl bewusst zu sein. Also schätze ich, dass die eine Gruppe, die die direkte Aktion will, ein wenig ungeduldig ist. (Lacht) Das ist meine Interpretation. Sie denken, dass es zu lange dauert und dass einige ihrer Aktionen beschleunigt werden können. Aber auch hier respektiert die Gruppe, die mehr der Beobachter oder der weniger direkte Einfluss ist, die Bewusstseinsebene. Und es ein bisschen so, als ob sich der Hund in den Schwanz beißt, als ob sich das Bewusstsein des Menschen nicht des freien Willens bewusst ist, und es weiß nicht, dass es eine Wahl hat, und es ist schwierig für es, voranzukommen. Wie können wir also einführen, dass es die Möglichkeit des freien Willens gibt, ohne ihren freien Willen zu beeinträchtigen? Mit anderen Worten, wenn sie sich nicht natürlich zu dem Bewusstseinszustand entwickeln, in dem sie den freien Willen erkennen, dann könnte das potentiell so sein, als wäre es nie passiert. So muss es in ihrem kollektiven Bewusstsein durch Evolution geschehen, oder wie die eine Gruppe vorschlägt, könnte es durch Einfluss schneller gehen. Und Einfluss könnte einfach durch die Einführung in neue Ideen und neue Konzepte und Glaubenssysteme entstehen. Es muss nicht unbedingt durch Körperkontakt oder Interaktion geschehen.

D: Dann können sie neue Ideen in das kollektive Bewusstsein der menschlichen Rasse einbringen?

R: Ja, aber es ist bereits da. Es geht darum, wie man die Leute dazu bringt, es sich anzusehen. Wie man Menschen dazu bringt, sich dessen bewusst zu werden. Im Moment schauen die Leute nur auf ihre Füße. Sie können nichts als ihre Zehen sehen, aber das Wissen und die Gaben aller Universen sind genau dort. Sie scheinen es nicht zu wissen. Sie haben keine der Werkzeuge auf einer bewussten Ebene, wie man diese Informationen erhält.

D: Sie wissen wahrscheinlich nicht einmal, dass es existiert.

R: Richtig. Es gibt noch einen weiteren Aspekt der Intervention oder was auch immer, und das ist, wie man diese Fähigkeit nutzt. Es ist eine Fähigkeit. Nun, es an sich ist nur eine Idee. Wie bringt man sie dazu, ihr Bewusstsein zu erweitern?

D: Haben sie eine Ahnung, wie das erreicht werden kann?

R: Es gibt auch verschiedene Ideen innerhalb dieser Gruppe. Am kühnsten wäre es, wenn sie ihre Präsenz bekannt machen würden, aber das scheint ein riesiges positives und negatives Ereignis zu sein. Die Menschen, die bereit sind, würden es leicht erkennen, und die Menschen, die nicht bereit sind, wären leicht anfällig für ihre Angst und Unsicherheit und Zweifel und würden in die entgegengesetzte Richtung laufen. Für einige wäre es also äußerst vorteilhaft, aber es könnte möglicherweise katastrophal sein. Nicht katastrophal im globalen Sinne, aber nicht hilfreich. Das ist einer der Punkte, die auf dem Tisch liegen.

D: Was sind einige der anderen?

R: Ein paar ausgewählte Leute zu kontaktieren, die bereit sind und mit ihnen zusammenzuarbeiten, um eine Idee zu entwickeln.

D: Sollte das Körperkontakt sein? (Ja) In einer Weise, die die Person nicht erschrecken würde.

R: Richtig. Das ist der springende Punkt. Das ist eines der Dinge, die auf dem Tisch liegen. Es ist eine wirklich schwierige Situation. Du stellst dich ihnen vor, schlägst dann Potenziale vor, und dann bringen sie ein paar Leute dazu, das Potenzial zu verfestigen. Lassen Sie es sehr intensiv werden. Dann wissen Sie, dass Sie nicht gegen den freien Willen verstoßen würden, und dann wäre der Plan, in großem Stil mehr Menschen an die Idee heranzuführen. Vielleicht ist das also die heilende Person, die die Ideen schafft, die sie verbreiten, so dass sie eine auf dem menschlichen Bewusstsein basierende Evolution einflößt.

D: Auf diese Weise geht es nicht gegen den freien Willen. (Richtig) Der Trick ist, andere Leute dazu zu bringen, zuzuhören.

R: Das wäre die Verantwortung oder Aufgabe des Menschen. Die Sache wäre also, die Impulsträgheit zu erhalten. Um kritische Masse zu erhalten und die kritische Masse kann die Samen des kollektiven Bewusstseins anpassen.

D: Steht es auf der Tagesordnung, mit den Regierungen Kontakt aufzunehmen?

R: Nein. Es gibt viele andere Ideen. Das scheint nicht dominant zu sein. Es wären Individuen, die bereit sind.

D: Gibt es noch andere Ideen auf dem Tisch?

R: Die letzte, über die wir gesprochen haben, scheint die bestmögliche, wahrscheinlichste Idee oder Lösung zu sein, wenn sie in diese Richtung geht. Die andere Richtung ist also die passivste Richtung, in der sie sehen, dass sie sich irgendwann natürlich entfalten würde, was länger dauern würde.

D: Nun, wenn sie diese Menschen kontaktieren, welche Art von Informationen werden sie ihnen geben oder mit ihnen teilen?

R: Ich denke, es basiert auf dem Individuum. Es gibt keine Möglichkeit, den Verstand zu teilen, so dass sie wissen, an was die Leute, an die sie sich wenden werden, interessiert sind oder - interessiert zu sein scheint das beste Wort zu sein - wissen, was ihre Neigung ist. Und sie würden mit dieser Person zusammenarbeiten, basierend darauf, was die Nische oder die individuellen Interessen dieser Person sind. Zuerst einmal gäbe es eine individuelle Nachricht an jede Person.

D: Wäre die Person in der Lage, den Kontakt mit etwas zu akzeptieren, das definitiv nicht menschlich ist?

R: Die Leute, die sie kontaktieren, hätten kein Problem damit. Weil sie den Verstand der Menschen sehen können.

D: In den letzten vielen Jahren haben die Menschen das Schiff, die Schiffe in der Luft gesehen; und immer mehr Menschen sprechen davon, Kontakt zu haben.

R: Ich denke, das ist eine andere Gruppe. Dies ist eine Gruppe, die noch nie gesehen wurde. Dies ist eine ganz andere Gruppe. Dies ist eine Gruppe, die nicht eingegriffen hat.... hat sich nicht eingemischt. Sie waren schon immer die Beobachter. Sie waren hier immer nur anwesend. Sie werden in Zukunft direkter sein. Im Moment machen sie nichts.

D: Ich dachte, wie schwierig ihre Mission war, die ganze Zeit ein Beobachter zu sein und sich plötzlich zu ändern. (Richtig) Aber sie denken, dass dies die beste Idee sein könnte?

R: Eine Fraktion tut das, ja.

D: Wie würden sie den Menschen erscheinen?

R: Wie auch immer, diese Person sie am besten akzeptieren würde. Die Wesen, die ich betrachte, haben mehrere gleichzeitige Potentiale. Sie können in jeder Dimension sein, die sie benötigen, also können sie in einer physikalischen Form sein, oder sie können Äther sein, so dass sie mehrere Ebenen der Realität gleichzeitig beeinflussen können. So erscheinen sie in der akzeptabelsten Form.

D: Was ist ihr normales Aussehen?

R: Das ist das Interessante daran. Es ist parallel. Sie können ätherisch oder einfach physisch sein, und sie können beide gleichzeitig sein.

D: Sie haben also keine normale physische Form?

R: Ja... nein. Ich schätze, man könnte sagen, dass die Form der niedrigeren Frequenz eine Projektion ihres höheren Bewusstseins ist, aber irgendwie ist sie völlig symbiotisch.

D: Du siehst, dass diese Wesen Anzüge tragen, um sich an die Umgebung anzupassen, also dachte ich, sie hätten eine Art physische Form darin.

R: Das war das Interessante daran. Vielleicht war das nur für die Kontakte, denn, ja, sie haben eine physische Form. Ich bin mir nicht ganz sicher, wie die Frequenz der Form ist, aber das scheint auch flexibel zu sein. Sie waren auf der Erde, um dieses Treffen zu haben, das vielleicht nur zu meinem Vorteil ist.

D: Erklärt das, warum du hier auf der Erde bist?

R: Also, warum bin ich hier? Ich sah die Parallele zwischen ihrer Absicht und meiner Absicht. (Lacht) Ich scheine etwas mehr "drin" zu sein. Es geht darum, hier zu sein, zu leben, die Frequenz zu halten, das Gute zu halten und es zugänglich zu machen. Ob die Leute wissen, dass es da ist oder nicht. (Wird wieder emotional.) Und es geht auf meine Frustrationen zurück, ob ich eingreifen oder stören oder.... ob ich einen direkteren Einfluss haben will.

D: Und was ist deiner Meinung nach dein Job?

R: Mein Job in diesem Bewusstseinszustand oder mein Job in menschlicher Form?

D: Was auch immer. Du kannst über beides reden.

R: Es sieht so aus, als ob man es individuell beobachten muss. Ich glaube, es ist so oben wie unten.... es wäre zu beobachten. Es ist schwierig, ein leidenschaftsloser Beobachter zu sein. Ich denke, ein Teil der Herausforderung besteht darin, der Beobachter zu sein und nur der Beobachter mit einer bestimmten Perspektive. Auf irgendeiner Ebene ist das, was sich ereignet, angemessen. Und ich habe das Gefühl, dass es ein Recht und ein Unrecht gibt, oder ein Gut und ein Böse, oder ein Licht und ein Dunkel, oder einen besseren Einfluss oder einen negativen Einfluss. Und ich entscheide mich dafür, dort zu agieren oder einen Unterschied zu machen oder nicht einzugreifen oder einzugreifen. Wenn ich auf dieser Ebene operiere, bin ich dann die Heilung oder ein Teil des Problems? Und wieder würde das eine andere Ebene des Betrachtens erfordern, also schätze ich, dass ich mir nicht sicher bin, wie man spielt.

D: Welche Rolle sollst du im Spiel spielen?

R: Ich sehe, ob ich beeinflusse, dann beeinflusse ich nur aus dem Bewusstseinszustand, den ich an diesem bestimmten Ort habe. Aber wenn ich nichts tue und nur beobachte, erscheint mir das wie ein natürlicherer Zustand. Deshalb fühle ich mich dort allein.

Das war sicherlich ein Rätsel, und obwohl wir einige Informationen erhalten hatten, wusste ich, dass es mehr gab, als wir auf diese Weise herausfinden konnten. Also ließ ich ihn von der Szene wegtreiben, und ich rief das SC hervor. Ich fragte, warum Randy diese Szene gezeigt wurde, in der ihm alles hätte gezeigt werden können (besonders, wenn wir beabsichtigten, vergangene Leben zu finden.).

R: Es war die logischste Analogie.

D: Warum wolltest du, dass Randy es sieht?

R: Um es zu relativieren. Der Grund, warum man in physischer Form ist.

D: Erkläre es ihm. Das ist eines der Dinge, die er wissen wollte.

R: Es gibt mehrere Ebenen der umhüllten und gefalteten Realität, die diese breitere Schöpfung erleben. Und ich sehe für ihn zu diesem Zeitpunkt keine Aufgabe per se in körperlicher Form. Er hat einen freien Willen und weiß nicht, was er damit anfangen soll. Das ist ein Teil des Zukunftsaspekts, denn was ist die nächste Stufe, wenn man erkennt, dass man freien Willen hat? Was machst du damit? Und er ist auf dem neuesten Stand der Technik. Wenn er das herausfindet (Lacht), dann wird es der Evolution des Bewusstseins hinzugefügt.

D: Kannst du ihm irgendwelche Hinweise geben, um es herauszufinden?

R: Deshalb haben wir gelacht, weil das die Mühe ist, dass wir jemals die Intervention gegen Interferenz gegen Evolution ausprobiert haben.

Randy hatte viele metaphysische Klassen besucht und viele verschiedene Wege und Modalitäten erforscht. Das SC hielt das nicht für wichtig. "Das Einfachste ist, nur seinen freien Willen auszudrücken. Alles, was er tun muss, ist, es auszudrücken. Das ist das Einzige, was übrigbleibt. Es gibt kein Wissen mehr, keine Einsicht mehr, die erforderlich ist. Es gibt nur einen Punkt der Selbstwahrnehmung. Ich schätze also, das ist die Selbsterforschung, die versucht, herauszufinden, was man mit dem freien Willen anfangen soll. Jetzt, da er den freien Willen versteht und an den freien Willen glaubt und den freien Willen sieht, muss er sich nun seine

Absicht setzen, wie er diesen freien Willen ausdrücken kann. Das wird auf dem Planeten geschehen, und jeder, der den freien Willen versteht, wird in die gleiche Situation geraten. Also haben wir den freien Willen, wir erkennen ihn jetzt. Wir können dies wählen, wir können das wählen, aber auch hier müssen sie eine Absicht setzen, um die Realität zu manifestieren. So einfach zu wissen, dass sie die Fähigkeit haben, den freien Willen zu wählen oder richtig oder falsch, von links nach rechts, von oben nach unten, zu wählen, muss manifestiert werden, um die Erfahrung zu haben.... um das Wissen zu haben... um die Weisheit zu haben, die Evolution zu machen. Wenn wir das Konzept einer Idee sehen würden, wäre es nicht die Evolution in ihrer freiesten Form."

D: Also muss er es selbst herausfinden?

R: Das ist Teil des Entdeckungsprozesses, ja.

D: Schließt er seine Zyklen ab?

R: Ja, richtig.

D: Wenn er also alle seine Studien abgeschlossen hat, sollte dies das letzte auf der Erde sein?

R: Es gibt wirklich keine Studien. Es gab keine Anforderungen. Es gab dort kein traditionelles Verfahren.

D: Ich dachte an eine ähnliche Schule.

R: Nun, sicherlich gibt es überall und überall etwas zu lernen, wo man die Möglichkeit hat, eine Erfahrung zu machen. Der Grund für diese Erfahrung ist zu wissen, dass die Erfahrung des freien Willens aus mehreren Ebenen besteht. Die Wesen, die hier traditionell inkarniert werden, steigen auch im Bewusstsein höher, und ihr Reinkarnationsprozess wird sich ziemlich dramatisch verändern. Und ein Teil unserer Inkarnationsmanifestation auf mehreren Ebenen parallel ist es, in diesen Ebenen parallel zu helfen.

D: Wie wird sich das Reinkarnationsmuster ändern?

R: Es gibt Glaubenssysteme, die auf der Dimension der Realität existieren, die auch von Bewusstseinsebenen innerhalb dieser Realität hergestellt werden, die selbstbegrenzend sind. Und genau wie auf der Erde findet die Evolution des Bewusstseins, um sich etwas Breiterem bewusst zu werden, auch auf der nächsten Bewusstseinsebene statt.

D: Aber es gibt immer noch einige Leute, die immer wieder zurückkommen müssen, um wiedergeboren zu werden, nicht wahr?

R: Ja und nein und möglicherweise. Die Menschen, die glauben, dass sie wiedergeboren werden müssen, die nicht bereit sind, sich für Chancen zu öffnen, können diese Realität auf unbestimmte Zeit fortsetzen. Die Wesen, die sich erlauben, empfänglicher für andere Ideen und Überzeugungen zu sein, werden die Möglichkeit haben, andere Optionen zu erforschen und sich in verschiedene Realitäten zu bewegen. Dann gibt es noch die Wesen, die sehr lange darauf gewartet haben, dass dies geschieht. Also die Menschen, die Wesen, die darauf gewartet haben, dass dies geschieht, kann man sagen, dass sie einige der Meister sind, die noch auf diesem Planeten existieren und hiergeblieben sind, um zu helfen, ihre Unterstützung, ihre Fähigkeiten, ihr Wissen, ihre Weisheit, ihre Einflüsse anzubieten. Sie wissen, dass es noch etwas mehr gibt, und sie können weitermachen.

D: Also ändert sich alles?

R: Absolut alles verändert sich.

D: Er sagt, dass er nach der Wahrheit sucht. Und was ist eigentlich Wahrheit?

R: Die Wahrheit ist aus der weitesten Perspektive alles, und sie ist unverständlich. Man sieht entweder das breiteste Bild oder man betrachtet die kleinsten Details. So ist die Wahrheit - um die Frage zu beantworten - nichts, was Unstimmigkeit ist, sondern seine Gedanken und seinen Glauben und seine Ideen. Dass es keine Unwahrheiten gibt, mit anderen Worten. Er hat die ganze Arbeit erledigt. Er hat das Wissen. Er hat die Erfahrung. Er hat die Weisheit. Er muss sich nur entscheiden, was er damit machen will. Wenn er seine Absichten strukturiert, gibt es keine Grenzen. Er hat unbegrenztes Potenzial. Das wird auf der Erde passieren. Sein Bewusstsein wird zu seinem Potential erwachen, und es wird immer noch nicht seinen akademischen Wert manifestieren.... seinen Intellekt. Es muss Absicht und Trägheit und Motivation und Richtung und eine Verfestigung dieses Wissens geben, bevor es in dieser Realität zur Wirklichkeit wird. Und nur sehr wenige waren in der Lage, das zu tun, und das ist Teil seines Jobs.

D: Klingt kompliziert.

R: (Lacht) Es ist so einfach wie das Betätigen des Schalters.

D: Legt er den Schalter um oder du?

R: Das tut er. Wir haben uns nie eingemischt. Lass´ uns die Aussage neu formulieren. Halten wir es in seinem Kontext als Bezugspunkt. Hier ist er mit der Fähigkeit, alles zu erschaffen. Er hat das Glaubenssystem, das es ihm ermöglicht, seine Absichten und Wünsche zu manifestieren.... um seine Absichten und Wünsche zu unterstützen. Es gibt keinen Konflikt zwischen seinen Glaubenssystemen und der Fähigkeit zur Manifestation. Der springende Punkt ist, obwohl er glaubt, dass er die Fähigkeit hat, was er tut, hat er diese Fähigkeit nicht in Gang gesetzt. Also sagen wir, es ist ein Schalter, aber es ist ein Schalter der Absicht. Es ist kein Schalter in einem anderen Begriff oder einer anderen Weise. Aber es geht einfach darum, sich selbst als das zu akzeptieren, was man selbst wahrnimmt. Und es ist keine Absicht, ob man in einem breiteren Begriff des menschlichen kollektiven Bewusstseins sagen könnte: "Wer willst du heute sein?" Und das zu definieren, dann wird die Manifestation folgen. Ich habe eine sehr schwierige Zeit, es zu beschreiben, aber wenn er an einen Punkt kommt, an dem er mit sich selbst verschmilzt.... einen Punkt, an dem er sich integriert... den Punkt, an dem er sich nicht mehr als einen separaten Aspekt sieht. Wenn er zu diesem Punkt kommt, wird er einfach "Sein". Und wenn er zu diesem Punkt wird, dann wird er hier einen Einfluss haben, und so hat er freien Willen. Und es ist nicht vorher festgelegt oder vorherbestimmt, aber wenn er diesen Punkt erreicht, wird er sich zeigen. Wir sind an einem Punkt, an dem er eine Entscheidung treffen muss, um voranzukommen. Er muss eine Entscheidung treffen, um seine Absicht festzulegen und seine Absicht zu definieren und seine eigene Realität zu schaffen.

KAPITEL VIERUNDZWANZIG

EIN ALIEN WIRD VON EINEM ALIEN ENTFÜHRT

MICHAEL WAR EIN JUNGER GESCHÄFTSMANN, der von Russland in die Vereinigten Staaten ausgewandert war. Obwohl er verheiratet war und mit seiner Arbeit einigermaßen zufrieden war, hatte er große Unsicherheit und Ängste. Er fühlte, dass er blockiert war und hatte ein ständiges Gefühl der Einsamkeit, der Nichtzugehörigkeit. Das waren die Dinge, die er während der Sitzung erforschen wollte. Ich wusste, dass das SC die Antworten finden würde, aber diesmal hat es sicherlich einen seltsamen Weg genommen. Erwarten Sie immer das Unerwartete!

Das erste, was Michael sah, als er die Szene betrat, war roter Boden und ein Himmel, der nicht die richtige Farbe zu haben schien. Als er sich dann umsah, wurde er auf einige Gebäude in der Ferne aufmerksam, aber als er näher hinsah, schienen sie die Überreste von Gebäuden zu sein, ähnlich wie Trümmer oder Ruinen. Keine Bäume oder Vegetation, nur der nackte rotbraune Boden und die Ruinen. Keine Anzeichen von Kreaturen. "Es gibt das Gefühl, dass es Zerstörung gab. Ich habe keine Angst. Ich spüre keinen Schrecken oder so etwas. Ich stehe allein an diesem Ort und verstehe nicht, warum ich da bin. Es sieht aus wie eine Art Schutt am Horizont." Als er sich den Ruinen näherte, lag ein verbrannter Geruch in der Luft, obwohl er kein Feuer sah. Es gab die Überreste mehrerer Steingebäude, die in irgendeiner Form zerstört worden waren. Ich fragte, ob er eine Verbindung zu diesem Ort habe. "Ich fühle, dass es vielleicht kein Ort ist, an dem ich gelebt habe, aber ich gehörte zu diesem Ort und ich kam und sah, dass er verschwunden war. Ich fühle Traurigkeit in mir. Ich sehe mich selbst nicht vor Ort, während es passiert ist." Er nahm sich selbst in einem weiblichen Körper wahr, der im Grunde genommen menschenähnlich war, und trug eine Art lose fließende Kleidung.

Ich nahm an, dass, wenn sie eine Verbindung zu diesem Ort hatte, sie wahrscheinlich irgendwo anders war, als es geschah. In dem Wissen, dass wir uns während dieser Sitzungen in jede beliebige Richtung bewegen können, bewegte ich sie rückwärts, um zu sehen, wo sie war, bevor sie hierherkam. "Im Moment bin ich im freien Raum und sehe die Kurve des Planeten vor mir. Ich sehe die Sterne. Sieht aus wie eine Galaxie irgendwo, aber die Farbe des Planeten ist eine dunkle Farbe. Wie die dunkle Seite des Morgens, aber der Rand ist hell. Ich bin auf der dunklen Seite dieses Planeten."

D: Ist das die, auf der du gerade warst, oder weißt du das?

M: Ich weiß nicht, aber ich bin im Weltraum.

D: Reist du in etwas?

M: Ich weiß nicht, wie ich es erklären soll. Es gibt ein Fenster, aber das Fenster ist.... aufgehängt. Es ist nicht wie eine fliegende Untertasse, aber das Fenster ist halbkugelförmig vor mir, abgerundet mit einer Kurve oben und gerade unten. Ich schaue da gerade durch. Und es sieht so aus, als würde ich in diesem Fahrzeug fliegen oder so.

D: Ist sonst noch jemand im Fahrzeug bei dir?

M: Ich drehe mich um. Sieht aus wie jemand. Ich kann die Form nicht sehen, aber es sieht so aus, als gäbe es einige Wesen. Ich bin nicht allein. Es sieht aus wie eine silberne Uniform und ich habe lange Arme. Es ist heiß. Mir ist heiß.

D: Was ist dein Job auf diesem Schiff? Was machst du dort?

M: Vor mir liegt eine Art Flugsystem.... ein paar Lichter. Und es sieht so aus, als würde ich etwas navigieren, weil sich die Systemleuchte vor diesem Fenster befindet. Und ich sehe aus, als würde ich dieses Fahrzeug manövrieren.

D: Hast du ein Zuhause, von dem aus du gestartet bist?

M: Ich sehe: Mars. (Lacht) Das ist es, was ich als erstes sehe.

Ich bat sie, an den Ort zurückzukehren, den sie ihr Zuhause nannte, und zu beschreiben, wie es aussah. Sie sagte, dass sie sich immer noch heiß fühlte, und ich machte Vorschläge, dass sie sich kühler und wohler fühlen würde. "Es sieht so aus, als wäre ich in einem Gebäude, das eine rötliche Farbe hat. Ich sehe kein Fenster, aber der Boden ist aus Stein. Ich versuche, aus dieser Behausung herauszukommen, und der Himmel nicht blau, er ist eher wie ein Grau. Ich sehe keine Sonne. Ich weiß nicht, ob ich hierbleibe, wenn ich nicht reise, aber ich habe diesen Ort auf diesem Planeten gesehen." Als ich sie fragte, ob sie gegessen hat, sagte sie, sie habe nicht gesehen, dass Essen involviert war. Ich brachte sie auf einen wichtigen Tag und fragte sie, was sie jetzt sehe. "Ich sehe mich selbst in einer viel leichteren Umgebung vor einem Raumschiff, das vertikal steht. Dieses Fahrzeug ist silberfarben und steht auf dem Boden. Wenn ich mich umsehe, ist in der Ferne eine grüne Vegetation zu sehen."

D: Du stehst also vor einem Raumschiff. Ist das dein Schiff, auf dem du lebst?

M: Nein. Ich sehe dieses Schiff überrascht an.

D: Worüber bist du überrascht?

M: Das Schiff zu sehen und es aus Neugierde zu betrachten.

D: Also ist es keines, das dir bekannt ist? (Nein.) Sag mir, was passiert.

M: Ich sehe eine Öffnung auf dem Schiff unter der Tür, und es sieht so aus, als ob jemand vom Schiff herunterkommt. Seine Farbe ist irgendwie grünlich, aber mit einem großen Kopf und großen Augen.... dünne Arme... und es kommt auf mich zu.

D: Es ist anders als deine Leute?

M: Ja, anders... kleiner, und es fühlt sich für mich fremd an. Ich fühle etwas anderes.... etwas Angst im Inneren, weil ich nicht verstehe, was es ist.

Dann sah er einen Lichtstrahl aus der Spitze des großen Schiffes kommen und in einem senkrechten Winkel zu seiner Linken gehen.

D: Was ist der Zweck des Lichts? Weißt du es?

M: Ich kenne den Zweck nicht, aber ich habe Angst, dass dies etwas ist, was ich nicht verstehe. Und ich habe Angst, dass es etwas haben könnte - wie sagt man negative Motive oder etwas, das ich nicht verstehe. -Ich habe das Gefühl zu laufen, und plötzlich werde ich vom Boden gehoben und fühle mich, als würde ich horizontal mit meinen Beinen zum Schiff hin schweben. Es sieht so aus, als würde mich etwas hineinziehen. Ich spüre, wie mich die Energien aus dem Schiff ansaugen, ich lasse mich darauf ein. Jetzt bin ich drinnen und es sieht nicht sehr riesig aus, aber was ich sehe, sind Abteilungen, ein Raum.... es ist wie ein Holodeck oder so. Ich sehe ein anderes Wesen, das sich von dem ersten unterscheidet. Sehr dünne Beine, sehr dünne Arme, kleinerer Kopf, ein silbernes Halsband.

D: Aber sie unterscheiden sich von deinem Volk?

M: Sie sind anders, ja, und ich habe jetzt das Gefühl, dass ich nichts zu fürchten habe. Es ist, als würden sie versuchen, mich zu beruhigen. Es ist ein anderes Gefühl.

D: Kannst du sie fragen, warum sie dich da reingebracht haben?

M: Ich fühle Experimente. Ich stelle die Frage, warum? "Die DNA. Es hat mit deinen Mustern zu tun. Muster. Wir müssen sie neu ausrichten." Ich versuche, mehr Informationen zu erhalten. Ich höre, dass..... Es ist eine Umstrukturierung der Ausrichtung. Sie versuchen, die DNA-Muster zu restrukturieren. Warum? Zur Verbesserung der Funktionalität. Welche Art von Funktionalität? Bessere Fähigkeiten. Um mehr Quellen zu öffnen. (Er sprach mit ihnen.) Quellen wofür? Um Energie zu manipulieren. In eine neue Richtung voranschreiten.... eine neue Dimension kommt mir in den Sinn.

D: Was wollen sie, dass du mit dieser Energie machst, sobald sie alles neu ausgerichtet oder die DNA verändert haben?

M: Den Frieden auf die Erde bringen ist das, was mir in den Sinn kam. Friede auf Erden.

D: Wollen sie, dass du zur Erde gehst? (Ja) Mit diesen Fähigkeiten passen sie sich an? (Ja) Warum haben sie dich ausgewählt?

M: Zerstörung. Ich war damals dabei? Ich versuche es herauszufinden. Ich soll die Energie produktiver nutzen. Es ist nicht gut, dass ich während der Zerstörung da war, aber was war der Grund?

D: Sie wollen, dass du mit diesen Fähigkeiten zur Erde gehst? (Ja) Wie willst du das machen?

M: Wie? Durch Reinkarnation.

D: Bedeutet das, dass man in diesem Körper sterben muss? Ich versuche nur zu verstehen.

M: Mir wird heiß. Ich bekomme andere Wörter, aber keine vollständigen Sätze. Ich versuche, Informationsblitze herauszufinden.

D: Diese neuen Fähigkeiten haben also mit der Manipulation von Energie zu tun?

M: Energie produktiver strukturieren. Sich mit anderen Menschen zu verbinden.... nur Worte zu transzendieren und ich höre "grafische Darstellung". Es ist etwas schwierig, die Punkte zu verbinden. (Lachen) Ich höre nur in meinem Kopf, wie sie das tun werden. Ich frage mich, ob ich allein bin, oder gibt es andere Wesen, die sie zur Erde schicken? Ich höre.... als Gruppe.

D: Warum sollten sie dich wählen?

M: Wegen der Fähigkeit, Energie zu überbrücken. Mehr Fokussierung und Konzentration.

D: Das sind also natürliche Fähigkeiten, die du bereits hast?

M: Ja, und sie wollten, dass sie konzentrierter eingesetzt werden. Ich muss sie benutzen, wenn ich auf die Erde komme.

D: Ist es also ihre Aufgabe, Wesen zu finden, die sich ändern möchten, damit sie auf die Erde kommen können?

M: Ja. Sie wissen, wo du bist und wer du bist. Ich beziehe mich auf eine Gruppe von Wesen, und sie werden wissen, wer diejenigen sind und wo diejenigen zu finden sind.

D: Und sie finden diejenigen und ändern die DNA, damit diese dann die Arbeit erledigen können?

M: Ja. Ich versuche, sie nach den Datenbanken zu fragen. Es ist ein riesiger Speicher in der Galaxie von Wesen mit unterschiedlichen Fähigkeiten.

D: Geht das gegen den freien Willen?

M: Es ist genau da, wo ihre Gruppe ist. Es ist sehr verwirrend.

D: Das ist in Ordnung, denn es ist etwas, das du nicht kennst. Aber sie wollen, dass du diese Fähigkeiten zur Erde bringst und sie nutzt?

M: Es sieht so aus.

Ich dachte dann, wir könnten mehr Informationen erhalten, indem wir Michaels SC kontaktieren. Also brachte ich ihn aus dem Leben und rief das SC hervor. Ich fragte, warum es diesen seltsamen Umstand wählte, den Michael sehen konnte.

M: Es war wichtig.
D: Was soll er darüber wissen?
M: Über seine Fähigkeiten. Wie man sie benutzt.
D: In diesem Leben war er eine andere Art von Wesen, nicht wahr?
M: Ja. Er hatte die Fähigkeit, Energie zu manipulieren.
D: Das andere Wesen hat seine DNA verändert, um diese Fähigkeiten zu erhöhen. Ist das korrekt?
M: Ja, aber er hat seine Energie missbraucht. Diesmal geht es darum, zu lernen, es zum Wohle der Menschen richtig anzuwenden. Der Missbrauch von Energie war generisch und hatte schwerwiegende Folgen.
D: Also, das muss jetzt zurückgezahlt werden, meinst du?
M: Die Art und Weise, wie die Energie kreativer genutzt wird, musste verändert werden.
D: Ist es das, was du willst, dass Michael das tut? Hast du ihm deshalb das Leben gezeigt?
M: Es war ein Beispiel.
D: Soll er diese Fähigkeiten jetzt nutzen?
M: In gewisser Weise dekodieren.... dekodieren was? Energiemuster.... zurück zu den Energiemustern. Eine Art von Energiemustern. Übungs-Schwerpunkt. Konzentriere dich auf Energie. System der Energiemanipulation. Wiederherstellung des Friedens. Das Universum und das Gleichgewicht.

Während der Sitzung herrschte ein lautes Gewitter, das das Transkribieren des Bandes erschwerte.

M: Andere Menschen zu organisieren und ein gesundes Leben zu fördern. Er kann seine Organisationsfähigkeiten nutzen, um Menschen zu organisieren und mehr Einfluss auf der Erde im Leben vieler Menschen zu nehmen. Es ist kraftvoller und aufregender. Eine Organisation, in der Menschen gemeinsam Energie auf positive Weise transformieren können, so dass es keine Negativität, keine Angst und kein Leid gibt. Es ist eine gewaltige Aufgabe. Er soll sich vorbereiten, und es wird allmählich zu ihm kommen. Ein dimensionaler Körper und organisierende Menschen und sie gehen auf eine neue Erde. Um das Bewusstsein dafür zu schärfen, die Neuordnung zu ändern. Um den Menschen zu helfen, dies zu verstehen. Eine größere Nutzung von Energie.... über eine größere Nutzung eines Magnetfeldes. Klang ist sehr kraftvoll dabei, eine strukturelle Komponente. Er wird dabei helfen, wenn er sich konzentriert und um Unterstützung bittet. Ich werde alle Quellen zur Verfügung stellen, die er benötigt, um mit diesem Zweck fortzufahren. Wann immer er sich entscheidet, sind wir da. Er weiß das.

Dies war eine ziemlich verwirrende Sitzung, und ich hoffte, mehr Informationen vom SC zu erhalten, aber es scheint, dass ein Außerirdischer auch entführt werden kann und Experimente an ihm durchgeführt werden. Alles für den gleichen Zweck. Es scheint kein rein menschliches Erdling-Phänomen zu sein. Die Außerirdischen werden auch in die Gruppe der Menschen aufgenommen, die zu diesem Zeitpunkt zur Hilfe für die Erde gebracht wurden.

KAPITEL FÜNFUNDZWANZIG

EIN UNGEWÖHNLICHES AUßERIRDISCHES WESEN

DOROTHY KAM DEN GANZEN Weg aus Australien, um diese Sitzung haben zu können. Sie war Krankenschwester in einem Büro für Schönheitschirurgie und hatte nie geheiratet. Sie hatte viele persönliche Fragen über die Richtung ihres Lebens, besonders über die Suche nach jemandem, der ihr Leben teilt. Sie wünschte auch Ratschläge zu ihrer Karriere. Unter normalen Umständen sollte dies eine routinemäßige, normale Regression des vergangenen Lebens sein. Aber das SC hatte andere Pläne, und es war definitiv keine Routine.

Dorothy kam durch blaues Licht in einen weißen Licht-Fleck hinunter. Sie fühlte sich davon umgeben.

"Alles, was ich jetzt sehe, ist weiß. Ich spüre, wie ich es berühren will. Ich kann es fühlen. Es zieht sich nicht auseinander, aber ich kann durch es hindurchgehen. Es fließt. Es ist nicht solide. Jetzt gehe ich durch es hindurch und sehe verschiedene Lichter an den Wänden, wie einen Tunnel. Die Wände sind aus diesem Licht gemacht. Die Wände sind die Lichter." Als sie es untersuchte, sah sie, dass die Lichter tatsächlich Kristalle waren, die ihre eigenen Lichter hatten. "Ich gehe durch diesen Tunnel und fühle, wie meine Hände diese berühren, und sie werden bei der Berührung fest und kalt. Ich berühre die Kristalle und sie schimmern im Licht, und jetzt ist es nur noch ein weißes Licht. Ich gehe eigentlich auf den Kristallen, weil es Kristalle unter mir gibt und sie die Lichter haben. Die Farbe kommt von den Kristallen.... natürliches Licht. Ich kann es an meinen Füßen spüren und mit meinen

Händen berühren." Die Kristalle waren überall, so dass sie von ihnen und ihrem wechselnden farbigen Licht umgeben war. Obwohl sie auf ihnen ging, waren sie nicht unangenehm.

Als sie dann weiterging, wurden die Tunnelwände zu klarem Glas und sie konnte durch sie hindurchsehen. Sie sah, dass sie in einer Art Schiff im Weltraum war und blickte auf einen Planeten, der teilweise mit Wolken bedeckt war. Sie war erstaunt über die extreme Schönheit, als sie in diesem Schiff um den Planeten schwebte. Dann wurde sie sich ihres Körpers bewusst, und er klang definitiv nicht menschlich. "Meine Hände.... man kann es nicht Hände nennen, aber es fühlt sich wie Hände an, weil ich sie berührt habe. Ich sehe einige lange kleine Dinge, aber es ist nicht ganz wie Finger. Es ist wie Gelee um sie herum. Nicht wie die Tentakel des Oktopusses, aber er hat die kleinen saugenden Dinge des Oktopusses darunter. Sie sind dunkelblau und oben etwas orange. Ich dachte, ich hätte Füße, aber es ist etwas anderes. Sind es Tentakel? Seltsam.... es ist wirklich seltsam. Es verändert sich ständig."

Dann fragte ich nach dem Rest ihres Körpers. Es schien aus dem gleichen Material zu bestehen. "Es sieht aus wie eine Art Plasma... ein geliertes Ding? Es ist anders. Es ist kein menschlicher Körper. Ich versuche, mein Gesicht zu berühren. Es fühlt sich an wie eine Blume, die Textur eines Blütenblattes. Weich und seidig, aber ich kann weder Augen noch Mund unterscheiden. Dennoch kann ich atmen. Ich bin in der Lage zu sehen. Es ist sehr schwer zu beschreiben. Es ist wie ein Stück.... das wie eine Spiegelei-Textur aussieht. Und wenn es sich bewegt, kann es sich ändern und es schafft diese Tentakel-Dinge, und ich kann mich sehr seidig verändern. Vielleicht eher eine Plasma-Sache. Ganz anders.... wie eine Qualle."

Das klang ähnlich wie die Kreatur aus der Terminator-Filmreihe, die die Form ihres Körpers verändern konnte. Normalerweise wäre eine solche Beschreibung gelinde gesagt verblüffend, aber nach all den Jahren der Erforschung dieser Fälle klingt nichts ungewöhnlich, denn unser Kostüm, das wir während dieser Lebensabenteuer tragen, ist genau das: ein Kostüm. Es ist die Seele im Inneren, die wichtig ist.

DO: Ich bin immer noch in diesem Glas Ding, das ich berühren kann, und es erlaubt mir, nach draußen in den Weltraum zu sehen, aber dieses Glaskristall-Ding erlaubt es mir auch, überall hin zu sehen.

D: Bist du allein an diesem Ort oder gibt es andere bei dir?

DO: Ich dachte, ich wäre allein, aber es sind noch zwei oder drei andere bei mir. Wir schauen auf den Planeten. Sie machen sich Notizen.

D: Sehen sie aus wie du?

DO: Nein, sie sehen anders aus als ich... verschiedene Arten... verschiedene Arten... verschieden.

D: Machst du auch Notizen?

DO: Ja. Nicht so, wie ich es tun würde, wenn ich ein Mensch wäre. Es ist alles rein durch Gedanken getan, ich gehe in diese Kammer und es zapft das Gehirn an. Wenn du das Glas berührst und hinausschaust, geht die Information durch dich durch und zu diesem Objekt, und dieses Objekt wird die Aufzeichnung dessen, was du siehst, aufbewahren.

D: Als ob es absorbiert? (Ja) Wie sieht das Objekt aus, in das du die Informationen überträgst?

DO: Es ist solide, schwarz und doch so winzig. Es hat kleine Lichter, die durch es hindurchkommen. Es fühlt sich nicht kalt an, nicht warm, und ich dehne mich darauf aus. Eine Hand gegen das Glas und die andere - was man eine Hand nennen könnte - geht auf die andere Seite und berührt das Objekt. Und alles, was ich gesehen habe, geht durch mich hindurch bis in diese Maschinen.

D: Es ist also wie eine kleine Maschine, die sich dort befindet.

DO: Ja. Es ist seltsam, es ist eine Kammer. Und ich kann andere Wesen sehen.... lustige Wesen. Sie sind größer und anders, und sie berühren die Dinge vor ihnen. Sehr seltsame Wesen, aber sie sind alle sehr beschäftigt. Sie achten nicht auf mich. Sie machen ihre eigene Arbeit, und ich soll meine eigene Arbeit mit diesem Kristall-Ding machen, das ich mit den verschiedenen Lichtern habe. Ich schaue sie nur an, aber sie machen weiterhin ihre Notizen.

D: Aber du beobachtest nur diesen Planeten?

DO: Beobachten, ja, ja, Beobachten der Form dieses Planeten. Die Wolken bilden sich aus einer Art Gas, das die Wolken erzeugt. Wir bleiben sehr nah am Planeten, und das Schiff absorbiert einen Teil des Gases und es fliegt durch das Gas hindurch. Und du kannst sehen, wo es durchfliegt, weil es dann klar wird. Wir wollen sehen, worum es auf dem Planeten geht. Woraus er besteht, und wir machen Notizen und nehmen Proben vom Gas. Und man sieht, dass es durch die Wand kommt, weil es so klar ist. Das Gas geht durch kleine Kammern gegen diese Kristalle, und es hält sich da drin, und dann wird es fest und wir sehen es nicht mehr. Unser Schiff schwebt im Gas des Planeten, und irgendwie absorbiert es etwas. Und dann kommt es in diese Kammer und man kann sehen, wie wir durch-, durch-, durch-, durch-, durchfliegen, und es geht in etwas hinein, und man kann es nicht mehr sehen. Es geht da rein, aber ich werde das nicht tun. Jemand anderes macht das. Meine Sache ist es, es mit diesen Händen, diesen Tentakeln zu berühren. Die Informationen gehen in viele, viele kleine Lichter in meinem Körper und sie gehen in dieses Instrument, das wir berühren.

D: Ist es deine Aufgabe, auf verschiedene Planeten zu gehen, zu beobachten und Informationen aufzunehmen?

DO: Ja, aber die Informationen dienen dafür, um zu sehen, was wir mit dem Planeten machen können.

D: Glaubst du, dass es etwas gibt, das du mit diesem Planeten zu tun haben solltest, den du betrachtest?

DO: Ja, es hat mit einem anderen Planeten zu tun, den wir gesehen haben. Es hat mit den Lichtern zu tun. Diesen anderen Planeten konnte ich sehen, wir hatten Informationen, die voller verschiedener, unterschiedlicher Lichter waren. Leute, Wesen, sind bereits da. Und das Gas ist sehr wichtig für die Ressourcen ihres Planeten. Also werden wir ausgesandt, um zu sehen, ob wir es nutzen können. Und das ist ein sehr kleiner Planet, und dieser andere Planet ist ein riesiges, riesiges, riesiges, riesiges, riesiges, riesiges Ding.... sehr groß. Wir waren dort, und wir waren auf diesem kleinen Planeten, wo wir die Ressourcen nutzen werden. Aber wir werden den Planeten nicht erschöpfen. Wir werden die natürlichen Ressourcen nutzen, die diesem großen Planeten helfen werden, aber wir werden diesem kleinen Planeten keinen Schaden zufügen. Derjenige, der in der Nähe von Zuhause ist, ist so riesig, und dieser hier ist wie eine Erbse.

D: Bist du dazu bestimmt, auch andere Orte zu überprüfen?

DO: Ja. Weil diese Planeten, ihre Ressourcen.... wir würden gerne sehen, wie wir sie auf diesen großen Planeten einsetzen können. Dieser winzige Planet ist in Ordnung. Es ist gesund, aber es gibt kein Leben darauf. Er hat viele Ressourcen, die auf unserem Planeten genutzt werden. Dieser kleine Planet ist wie eine kleine Erbse und unser Planet ist wie eine orangener Riese.

D: Musstest du einen langen Weg zurücklegen, um diesen Planeten zu finden?

DO: Nein, nein, nein. Das ist das Schöne daran. Du bekommst diese Ruhe und hältst dich an diese Lichtspuren, und sie werden dich dorthin bringen, wo du hinwillst.

D: Du musst also nicht in ein Schiff steigen?

DO: Wo wir sind, ist eine Art Blase - wenn man es so nennen könnte, aus diesem Glas, das man fühlen kann, aber dann kann man dieses Licht berühren.

D: Es ist also wie ein Fahrzeug. (Ja, ja, ja, ja, ja.) Und du hast keinen Treibstoff?

DO: Nicht, dass ich etwas sehen könnte, aber wir müssen diese Lichtscheibe berühren. Und diese Platte aus Licht bewegt sich, und als sie sich bewegte, hielten wir an, wo wir sein mussten. Es ist das Licht, die Platte der Lichter, an der wir befestigt werden, und dann gehen wir.

D: Sagt dir jemand, wohin du gehen sollst?

DO: Es ist bereits in der kleinen Kapsel, die wir haben vermerkt. Es ist schon vermerkt und wir müssen uns mit den verschiedenfarbigen Lichtern verbinden. Wir alle wussten, dass es sehr gut werden würde. Wir nehmen nur Muster und kommen später wieder.

D: Du sagtest, du würdest es nicht erschöpfen?

DO: Nein, nein, nein, nein, nein, so etwas passiert nie. Wir stellen sicher, dass es weder dem Planeten noch den Bewohnern dort schadet. Die Gase werden sehr gut für uns sein. Es gibt bestimmte Kompositionen, die wir benötigen, die wir verwenden können, um alle Dinge auf unserem Planeten zu erschaffen.

D: Weißt du, was das für Kompositionen sind?

DO: Ich konnte sie nur in Farben sehen, und wir sind hinter diesen Gasen mit einer Art gelber Farbe her. Und wir sehen, dass dieser Planet das hat, aber wir müssen ihn reinigen, um diese Farbe hervor zu bringen.

D: Was wirst du jetzt tun? Wirst du die Informationen zurück zu deinem Heimatplaneten bringen?

DO: Ja. Wir wussten, wo wir es bekommen würden. Wir wollen nur sicherstellen, dass es sicher ist, dass es richtig ist und dass es das ist, was wir brauchen. Wir nehmen eine Probe und sammeln die Informationen, und dann gehen wir.

D: Kannst du schnell hin und her gehen?

DO: Ja. Wir gehen nicht auf die gleiche Weise zurück, wie wir reingekommen sind. Wir kommen nur auf einem Weg her, und dann gehen wir auf einem anderen Weg zurück, wie Wurmlöcher, denke ich. Wenn wir bereit sind zu gehen, gehen wir einfach durch diese Wurmlöcher, die Ströme von Dingen oder Fetzen von blauem Licht haben. Und wir gehen es durch und dann bringt es dich nach Hause. Jemand weiß genau, wie man das macht.

D: Wie sieht es aus, wenn du zurückkehrst?

DO: Ich schwebe hier. Wir sind gerade dabei, reinzukommen. Wir schweben. Ich bin erstaunt, und ich sehe immer diesen Planeten aus Licht.... lange Ströme von blauen und weißen Lichtern. Man kann den Himmel sehen. Er ist fast marineblau und du hast kleine Sterne so weit weg. Und wenn man auf den Planeten herabblickt, ist er nur aus diesen Lichtströmen gemacht, die hereinkommen. Wenn du zu diesem Lichtstrom gehst, nimmt er dich ganz natürlich auf. Wir bestimmen nur, wo wir hinwollen und dann geht es los. Wir sind irgendwo gelandet. Ich schaue nach oben und da ist der Weltraum und der Himmel hat keine oder kaum Sterne. Ich sehe viele kleine Rohre, die dich zu vielen Orten führen, aber es sind nicht wirklich viele Leute da. Weil wir hier arbeiten. Hier leben nicht alle, sondern nur diejenigen, die dazu bestimmt sind, hier zu sein. Es gibt viele Röhren, und man sieht andere Röhren mit Fenstern, die sich überkreuzen, und sie gehen überall hin.

D: Dann arbeitest du also hier und nicht dort, wo du wohnst.

DO: Jetzt führt es mich irgendwo vorbei, als wäre ich in einer Achterbahn. Ich bin in dieser Art von Plasma-Gel-ähnlichem Körper, und es macht Spaß, diese Fahrt mit zu machen. Ich habe angehalten und komme herunter, und mein Plasma kann sich dehnen, um Arme oder Beine zu bilden, wenn ich will, oder es schwimmt einfach.

D: Was auch immer es braucht, es macht es?

DO: Ja. Da ist eine weiße Plattform, auf der ich angehalten habe. Und es ist mein Zuhause. Und da ist dieser Humanoide, aber er ist anders als ich. Es ist nicht wie ich. Ich fühle mich wie eine Frau. Das ist unser Zuhause.

D: Wie sieht dieser Ort aus?

DO: Es ist aus diesem Kristall und weißem Metall gefertigt. Und du hast Fenster, aus denen du hinausschaust. Und wenn man nach draußen schaut, kann man den Weltraum sehen und es gibt kaum Sterne. Wir verwenden glasartige Fenster. Du kannst nach draußen sehen und die Wände sind eine Mischung aus Metallen und Kristallen und du hast dieses weißliche Material, und du hast verschiedene Größen. Es geht rein. Es erlischt. Es geht umher und ist weiß. Und wenn du es berührst, erscheinen Lichter, und du weißt genau, welche du drücken möchtest, in welche Richtung du gehen willst. Du kannst nicht laufen. Du schwebst und ich spreche jetzt mit dem Wesen. Und das Wesen ist begeistert von dem, was wir entdeckt haben. Und es sieht mich einfach an und wir schweben.

D: Musst du an diesem Ort Essen konsumieren?

DO: Nicht wirklich. Wenn ich etwas essen wollte, wusste ich, dass ich nur eine Handbewegung machen oder Licht benutzen musste. Und ich drücke dagegen und bekomme, was ich brauche.

D: Du musst also etwas konsumieren?

DO: Es ist nichts Festes. Es sind vor allem kleine Energiekugeln, die schweben. Du hast kleine Tentakel. Ich weiß, dass diese kleinen weißen Lichter da sind, und wenn ich meine Hand drücke, kommt sie in mich und ich fühle viel Energie.

Er erklärte, dass seine Frau eine andere Art von Wesen sei. Ich fragte, ob sie Fortpflanzung, Vervielfältigung auf diesem Planeten hätten, und er tat sein Bestes, um es zu erklären. "Das kannst du, aber es wird von anderen Orten aus gemacht. Wie machen wir das? Oh, ja. Es ist, als würdest du deine Hände gegen dieses Ding drücken, und es braucht ein bisschen von dir und es kann ein bisschen von ihr nehmen. Und sie können es miteinander vermischen und es entsteht etwas anderes. Ich bitte sie, mir zu erklären, wie sie sich fortpflanzen können, und ich höre sie sagen: "Oh, wir tun das einfach. Und dann können wir vor uns selbst sehen, wie das neue Wesen erschaffen wird, und es geht in etwas anderes über, bis es reift. Aber wir behalten sie nicht. Sie sind nicht bei uns. Es geht woanders hin und muss dort wachsen. Und nachdem es gewachsen ist, entwickelt es sich weiter. Wir können sie sehen, wenn sie älter sind. Sie müssen an einen besonderen Ort gehen, um zu wachsen." Es klang wie eine Art Labor-Genmanipulation, die außerhalb des Körpers durchgeführt wurde. Wahrscheinlich mit Zellen und Genen.

Sie mussten wegen der Arbeit, an der sie beteiligt waren, in diesen Gehegen leben. "Wir kommen in diese zugewiesenen Stationen. Wenn du geboren wirst, weißt du das irgendwie. Deshalb kannst du das tun. Du bist damit geboren." Die normalen Leute lebten außerhalb dieser Gehege an der Oberfläche. "Es gibt viele verschiedene, unterschiedliche Lebensformen. Der Planet bietet das. Und sie leben in Frieden."

D: Und das ist eine der Hauptaufgaben, Dinge zu finden, die der Planet nutzen kann?

DO: Ja. Das ist mein Job. Es ist ereignisreich. Ihre ist anders, aber sie geht nicht so aus wie ich. Sie bleibt da drin und ich würde sagen, dass sie forscht.

Weil sie anders aussah, bat ich ihn, sie zu beschreiben. "Sie hat eine Humanoide Form. Ein langer Hals mit einem kleinen Kopf und einer Art kleinen Armen. Aber ich sehe keine Füße, vielleicht, weil sie nicht läuft."

Ich dachte, es wäre an der Zeit, zu einem wichtigen Tag überzugehen, und etwas Chaotisches geschah plötzlich. "Etwas ist sehr schief gelaufen. Es gibt eine Menge sehr, sehr schlechte Energie und alle sind in Panik. Es ist in der Station, in der ich arbeite, das ist auf dem Planeten. Eine Explosion! Etwas ist passiert. Etwas ist durchgesickert. Ich kann die Explosion sehen. Ich kann nichts dagegen tun. Ich bin mittendrin und alles, was ich sehen kann, ist die Explosion. Es blendet meine Augen. Es ist so hell. Es kommt einfach aus dem Nichts." Er schien benommen zu sein, als er wiederholte: "Eine Explosion. Er ist explodiert. Der Ort, an dem ich bin. Er explodierte und alles ging in den Weltraum. Es war groß.... etwas verursachte die Explosion, und es brach durch diese Station, in der wir uns befinden, und die Explosion reichte bis weit nach oben in den Weltraum. Niemand.... niemand hat überlebt! Es war schlimm."

D: Du sagtest, es sei so hell gewesen, dass es dich geblendet hat?

DO: Ja. Ich habe es mir angesehen. Es war mitten am Tag, und es explodierte, es zerstörte alles, brach durch das Glas und ging den ganzen Weg hinaus. Ich konnte die Explosion sehen. Ich konnte mir vorstellen, wie ich versuchte, es nicht anzusehen, aber.... es ist nichts mehr übrig. Wir haben alles verloren. Nach der Explosion der Station war nichts davon mehr übrig. Alle sind da drin gestorben. Jemand bemerkte nicht, was er tat. Etwas ist ausgelaufen und hat diese Verbrennung verursacht, und niemand hatte Zeit, zu entkommen.

So können trotz ihres großen Wissens und ihrer Erfahrung Unfälle passieren. Er war nun nicht mehr in seinem Körper, war aber immer noch vom Nachhall der Explosion betroffen. Es drängte ihn hinaus und weiter weg. "Ich bin müde. Ich sehe immer noch die Masse der Explosion. Aber ich habe das Gefühl, dass ich mich ausruhen muss. Ich muss wegtreiben. Es ging schnell. Ich sehe, was passiert ist, aber es beeinflusst mich jetzt nicht mehr."

D: Wurden auf diesem Planeten normalerweise Leute krank und starben?

DO: Ja. Wie hier jetzt bei der Explosion höre ich verschiedene Schreie. Es gibt nichts, was sie tun können. Sie müssen die Bereiche abdichten und sehen, ob es weitere Schäden gibt. Ich bin gestorben, aber ich kann spüren, wie meine Frau das Geschehen beobachtet. Und es gibt nichts, was sie tun kann, weil sie diesen Bereich abgeriegelt haben. Sie weiß, dass ich bei der Explosion gestorben bin.

D: Aber wurden die Menschen auf diesem Planeten jemals krank?

DO: Nicht wirklich. Sie leben sehr lange.

D: Aber ist es möglich zu sterben?

DO: Ja, ja, ja. Du könntest entscheiden, wann du sterben willst. Aber diesmal war es nicht meine Entscheidung. Das war ein Unfall. Aber auf diesem Planeten könntest du dich wieder jung und gesundmachen, oder dich einfach friedlich gehen lassen.... keine Krankheiten. Du entscheidest dich einfach, dich gehen zu lassen.

D: Also hat das alles mit dem Verstand zu tun?

DO: Es ist nicht im Kopf. Es fühlt sich wie die Essenz an. (Großes Gähnen.) Ich sah die Explosion und jetzt sehe ich sie mir an, und ich fühlte mich schläfrig. Ich treibe irgendwo hin. Ich schwebe nur. Ich bin Teil der gelben, cremigen Wolken. Alles, was ich sehe, ist diese gelbe Lichtmasse, in die ich gehen muss. (Sie gähnte weiter.) An einen Ort zum Ausruhen.

Sie ging dann in die Ruhestätte, was nach einem so gewaltsamen und unerwarteten Tod natürlich war, dass es schwierig war, weitere Informationen zu erhalten. Normalerweise, wenn der Geist die Ruhestätte betritt, können sie dort für sehr lange bleiben, wenn es nötig ist, bevor sie sich entscheiden (oder gesagt bekommen), zum karmischen Rad zurückzukehren. Also ließ ich Dorothy von dieser Szene abweichen und rief das SC hervor. Die erste Frage, die ich immer stelle, ist, warum das SC dieses bestimmte Leben gewählt hat. Es hat immer seine Gründe.

DO: Ihr zu zeigen, dass alles, was sie für möglich hielt, möglich ist.

D: Vom menschlichen Standpunkt aus gesehen war das ein sehr seltsames Leben, nicht wahr?

DO: Nicht zu ihr, nein. Sie scheint das gewohnt zu sein. Um etwas über andere Welten zu erfahren. Sie kann damit umgehen.

D: Warum wolltest du, dass sie das weiß?

DO: Also ist sie sicher, dass es Leben gibt und sie hat es gelebt, wie sie sich immer gefragt hat. Und es ist möglich und es ist wahr, und sie kommt von - wie sie sagt, "von den Sternen". Wir wollten ihr nur sagen: "Ja, du hattest Recht." Du warst die ganze Zeit da oben.

D: Sie sagte, dass sie sich schon immer für andere Welten interessiert hat. (Ja) Ist das der Grund? (Ja) Hatte sie viele Leben auf anderen Welten?

DO: Viele von ihnen.... viele.

D: Dieser hatte einen sehr seltsamen Körper.

DO: Nein, das ist normal.

D: Als Dorothy, ist dies das erste Mal, dass sie in einem menschlichen Körper lebt?

DO: Nein, nein, nein, nicht ihr erstes Mal.

D: Aber du bist in keines dieser Leben gegangen.

DO: Das ist nicht nötig. Nicht nötig. Das ist wichtiger. Sie hat Leben in einem menschlichen Körper gehabt, aber nicht so viele wie auf anderen Planeten. Sie brauchte nichts über den menschlichen Körper zu wissen. Sie musste von ihrem Leben auf diesem Planeten erfahren.

D: Eine ihrer Fragen war: Hat sie Karma, das sie zurückzahlen muss?

DO: Erledigt.... erledigt. Jeder Tag ist ein neuer Tag für sie. Sie muss ein wenig mehr über die Liebe lernen. Viel.

Dann brachte ich die ewige Frage auf, die jeder wissen will: ihr Ziel. Sie war unsicher, ob sie in ihrer jetzigen Karriere als Krankenschwester bleiben sollte, und wollte Ratschläge. "Sie muss lernen, zu vertrauen und sich zu manifestieren. Deshalb haben wir ihr das hier gezeigt, um sie aufzuwecken. Sie hat das Wissen, etwas anderes zu sein. Die Schwingungen werden ihr in dieser Zeit helfen. Sag ihr, sie soll sich auf Vibrationen konzentrieren. Sie ist auf dem richtigen Weg. Vibrationen, Geräusche.... sie braucht die Geräusche.... wichtig. Wenn sie Geräusche hört, werden die Schwingungen besser. Sie tut nicht genug mit ihrer Musik. Sie vergaß, glücklich zu sein. Sie hört sich ihre Musik an. Sie hatte früher Musik in ihrem Leben, braucht jetzt mehr davon. Vieles und viel davon. Die Art von Musik, die ihren Körper bewegt, ist gut. Es ist gut für ihre Schwingungen. Das tut sie jetzt nicht."

D: Sie sagt auch, dass Gerüche, Parfüms, für sie sehr wichtig sind.

DO: Ihre Sinne werden auf den Duft von Parfüm eingestellt. Das ist es, was sie braucht, die Parfüms. Deshalb haben wir die Parfüms in ihr Leben gebracht. Es ist gut für sie. Es klärt ihre Sinne. Das ist es, was sie braucht. Sie muss sich mit mehr Parfümpflanzen umgeben. Es klärt die Nebenhöhlen. Sie muss sich auf die Schulung ihres Geistes konzentrieren. Wir zeigten ihr, wie man sich manifestiert, und sie flippte aus. Kein Grund zum Ausflippen. Es liegt in ihrer Natur, das zu tun. Es wird eine Explosion von Wissen und Bewusstsein sein, und sie wird so harmonisch eingestimmt sein. Es wird ihr guttun. Sie denkt, dass sie es nicht verdient, dabei verdient sie das und noch mehr. Wir können ihr mehr geben. Sie muss es nur erlauben. Sie muss sich jeden Tag konzentrieren... jeden Tag, bis es für sie ganz normal wird. Dann kann sie zu den nächsten Ebenen ihres Studiums gehen, aber ihr Verstand ist so mächtig, dass sie sich ausdehnen kann. Wir brauchen sie, damit es mehr Resonanz findet. Wir brauchen ihre Vibrationen. Es ist uns wichtig. Sie muss uns und ihren Schwingungen mehr zuhören, um höher zu kommen. Je höher die Schwingung, desto leichter wird sie der Liebe lauschen. Sie muss dafür Parfüm tragen, fröhlich sein, und ihre Musik hören.

KAPITEL SECHSUNDZWANZIG

DAS LEUCHTFEUER

ALICE KAM IN DIE Szene und stand an einem Strand mit Blick auf den Ozean. Sie konzentrierte sich auf einen schönen Regenbogen am Horizont, der das Wasser berührte. Dann sprang sie ins Wasser und schwamm zum Regenbogen hinaus. "Schwimmen mit den Farben, auf die Farben zugehen. Ich bin jetzt in ihnen. Gelb, orange, rosa, weiß. Wunderschön. Ich schwamm hinein. Ich bin im Regenbogen." Sie seufzte tief, "Es ist wunderschön! Umgeben von den Farben. Und dann drehen sie sich um, oder sie drehen sich um mich. Ich gehe in die Farbe über. Es ist wunderbar! Es ist warm und so friedlich. Ich bin in einer neuen Schwingung. Ich bin in der Kristallenergie."

D: Wem sagst du das. Was meinst du damit?

A: Kristallenergie. Es ist Allwissend. Warum weine ich?

D: Weil es so wunderschön ist. Warum nennst du es die Kristallenergie?

A: (Tiefer Seufzer) Es ist eine Frequenz. Sie umfasst dich. Es ist sehr beruhigend. Es ist sehr weiß mit.... Ich kann es nicht erklären. Es hat nicht wirklich eine Form. Es hat nur etwas Farbe. Es ist keine Form.

D: Du hast auch gesagt, dass die Kristallenergie allwissend ist.

A: Es ist nur.... ein Ort. Ich fühle mich vom Licht umgeben. Aber ich empfange auch die Vibration. Das ist also der Unterschied. Es ist schwer zu erklären.

D: Das ist schon in Ordnung. Ich habe schon mal von diesem Ort gehört.

Es klang wie die Rückkehr zur Quelle, die oft als schönes, angenehmes weißes Licht beschrieben wird. Es wird auch als mehrere Pastellfarben bezeichnet.

D: Es ist ein guter Ort. Wie nimmst du dich selbst wahr?

A: Ich schmelze. Nicht schmelzend im eigentlichen Sinne, aber ich habe keinen Körper. Als ich in die Farbe ging, zerstreute ich mich in die Farbe.

D: Du brauchst also keinen Körper an diesem Ort?

A: Nein. Ich würde keinen wollen. Da man erdgebunden ist, muss man den Körper haben, und das ist sehr frustrierend. Ich bin körperlich in dieser anderen Schwingung. Ich nehme die Form der Vibration an.

D: Es hat also einen physischen Sinn, meinst du?

A: Ja. Weil ich immer noch da bin.

D: Bist du allein, oder hast du das Gefühl, dass es andere gibt?

A: Hier ist niemand.

D: Nur du und die Vibration?

A: Du bist hier. Oder ich kann dich hören.

D: Ist das ein Ort, der dir bekannt ist?

A: Er ist nicht neu. Ich verlasse ihn jetzt.

D: Wohin gehst du?

A: Ich weiß nicht. Ich bin dort weggegangen und gehe an einen anderen Ort. Ich schwebe. Ich bin auf der Durchreise, und es ist nichts. Nichts. Ich bin nur auf der Durchreise. Da ist nichts zu sehen. Nur die Energie in diesem Raum jetzt. Lila. Ich gehe hinein. Es ist eine starke Energie in deinem Raum - in diesem Raum. Sie ist sehr stark.

D: Wohin gehst du?

A: Frag mich nicht. (Lacht) Ich bin mir nicht sicher. Ich gehe jetzt durch die Energie. Da ist nichts zu sehen. Nichts.

Ich beschloss, sie in ihr Haus in Las Vegas zu bringen, damit sie sich etwas vorstellen konnte, und dann konnte ich sie in ein angemessenes vergangenes Leben versetzen. Sie fand sich in ihrem Bett wieder. Aber das nächste, was sie sah, war ein helles Licht, das durch ihr Schlafzimmerfenster kam. Das war unerwartet, weil sie die Möglichkeit einer ET-Begegnung nicht erwähnt hatte.

"Es ist ein sehr helles Licht. Oh Mann! Es blinkt. Es ist riesig. Es ist vor dem Haus. Das ist zu hell! Es zieht mich nach draußen! Es tut mir jetzt in den Augen weh. Wir gehen nach oben! Es zieht mich jetzt in dieses Licht. Nun, das ist alles, was da ist. Es blinkt, als wäre es in meinem dritten Auge. Sie stecken mir etwas ins dritte Auge. Ich bekomme Informationen über meine Stirn. Ich bin im Licht und es strömt mir in den Kopf. Ich kann es jetzt spüren. (Ein Flüstern) Mann! Ich möchte mich darauf konzentrieren. (Pause) Weisheit erlangen. Klingt lächerlich. (Pause) Whoa! Diese kristalline Weisheit zu erhalten. Es kommt zu mir. Es strömt herein. Das ist es, was passiert. Ich weiß nicht, wo ich bin. Es ist sehr hell. Ich kann es kaum ertragen, es ist so hell! Ich kann meine Augen nicht öffnen."

D: Aber du hast das Gefühl, dass Weisheit in deinen Kopf kommt. (Ja, ja, ja, ja.) Weißt du, was für eine Art von Weisheit?

A: Ja. Verfolgen. Ich muss in Kontakt bleiben. So kommuniziere ich. Oh, Gott! Ich werde wieder weinen! (Emotional) Ich vermisse, woher ich komme. Sie kamen ins Haus, weil sie versuchten zu kommunizieren, denn - ich schwöre, das ist lächerlich. -Ich bin von diesem Schiff! Ich will zurück. (Weint) Ich vermisse das Schiff! Ich bin damit verbunden. Ich kommuniziere mit meinem dritten Auge. (Dann ein tiefer Seufzer und eine plötzliche Offenbarung.) Oh, Gott! Ich bin eine Schwingung! Ich bin eine Schwingung von etwas, das so riesig ist - so riesig. Ich sehe es. Ich sehe es. Es ist erstaunlich - es ist wie ein großes Stroboskoplicht. Ich bin damit verbunden. Oh, Gott! Es ist so weit! Ich vermisse es.

D: Wie bist du hierhergekommen, wenn du von dort kommst? Kannst du sehen, wie es passiert ist?

A: Ja, das kann ich. Ich krache durch eine.... es sind eine Million kleiner Stücke.... Ich sehe es. Oh, Gott, es ist eine Million.... Herausschießen. Sehr klein, aber sehr hell.

Das klang wie die Trennung von der Quelle ganz am Anfang, als sie explodierte und all die kleinen Funken herausflogen. Die Funken, die schließlich unsere individuellen Seelen wurden.

D: Hat dir jemand gesagt, du sollst da rausschießen?

A: Ja, es war ein Plan.

D: Kennst du den Plan?

A: Ja, das tue ich. Ich fühle mich bei diesem Plan nicht wohl. Ich musste hierherkommen. Aussaat.... Es ist lächerlich. Die Erde säen. (Pause) Weisheit aus dem Jenseits. Weisheit aus dem Jenseits teilen, über Jahrhunderte hinweg. Und ich meine über Jahrhunderte. (Pause) Ich sehe den alten Mann, den alten Weisen. Ich war blind. Ich war ein alter Mann und ich war arm. Ich kam von außerhalb, ich kam aus dem Weltraum, und sie brachten mich in einen schrecklichen Körper. Ich hatte so viel Weisheit, aber ich war arm. Aber mein Gehirn, ich konnte alles sehen, obwohl ich blind war. Also hatte ich einen altersschwachen Körper, aber ich wusste alles. Ich war sehr weit weg. Ich war arm. Die Leute dachten, ich sei blind und erbärmlich. Und ich sah alles, was ich jetzt sehe, und fühlte alles. Sie gaben mir keinen guten Körper, als sie mich hierherschickten, aber sie gaben mir die Weisheit.

D: Konntest du es zu diesem Zeitpunkt mit jemandem teilen?

A: Nein. Sie haben nicht zugehört. Sie hatten Angst wegen der Art und Weise, wie meine Beine waren, und wegen meiner Blindheit. Es war Teil des Plans, und es gefiel mir nicht. Und ich mag es auch jetzt nicht mehr. (Lachen)

D: Du bist immer noch Teil des Plans?

A: Ich bin Teil des Plans. Ich glaube nicht, dass es ein sehr guter Plan ist, um ehrlich zu sein.

D: Aber du bist nicht diejenige, die den Plan gemacht hat.

A: Nein. Nicht diejenige.

D: Was ist danach passiert, bist du zu anderen Körpern gegangen? (Ja) Konntest du jemals die Weisheit teilen?

A: Ja. Ich teilte sie aus der ständigen Kommunikation mit dem Weltraum. Ich bin immer ein Teil. Und sie besuchen mich und bringen mich zurück.

D: Wenn sie kommen, wohin gehst du dann?

A: Ich gehe mit ihnen. Ich gehe auf das Schiff. Das tue ich. Ich liebe es.

D: Ist das, was passiert, wenn sie dir mehr Weisheit hochgeladen haben?

A: Ja. So ist es. Ich bin auf das Schiff gekommen. Ich gehe hoch und ich gehe rein, und ich sehe die Wesen jetzt. Ich liebe sie und sie sind meine Leute.

D: Am Anfang hast du gesagt, es sei nur aus diesem Licht.

A: Ich sehe es jetzt. Ich bin auf dem Schiff. Oder ich bin auf einem Planeten. Sie kommen und holen mich. Sie können dich in einem Licht wieder runterschießen. Ich verstehe es jetzt. Sie schießen dich durch Licht und Vibration hinein.

D: Und sie kommen und holen dich ab und zu? (Ja) Was machen sie in diesen Momenten?

A: Sie regenerieren mich. Es ist wunderbar. Ich habe jetzt Heilung erhalten. Ich habe mehr Energie. Ich verfüge über mehr Telepathie. Sie haben.... es ist wie eine Energieladung.

D: Und haben sie das getan.......

A: Ja, für immer. Für immer.

D: Während deines ganzen Lebens als Alice auch?

A: Für immer. Ich musste mehr besorgen. Es hat begonnen, mich mehr zu beeinflussen. Sie mussten zurückkommen und weitere Anpassungen vornehmen.

D: Was hat begonnen, dich zu beeinflussen?

A: Neue Dimensionen. Ich bin mehrdimensional, und ich muss in der Lage sein, schneller aus dem Körper zu kommen. Ich muss in der Lage sein, schneller zu gehen. Und ich muss in der Lage sein, schneller ins Licht zu wechseln, und sie mussten etwas tun, um das zu erreichen - das klingt wirklich verrückt.... das ist verrückt. -Aber ich musste in der Lage sein, in eine neue Art von Lichtenergie überzugehen.

D: Um die Dinge zu tun, die du jetzt tun musst, meinst du?

A: Ja. Ich muss in der Lage sein, zurückzuschlagen, weil sie auch neue Technologien haben.

D: Sie wachsen auch?

A: Sie wachsen, sie wachsen, sie wachsen im großen Stil. Ich glaube, ich habe eine Nachricht für dich. Ich kenne die Nachricht.

Das ist immer eine Überraschung, aber nicht ohnegleichen.

D: Hast du etwas für mich?

A: Sie wollen, dass du weißt, dass sie sich erhöhen, und dass sie dich erhöhen. Und dass eure Energien wie unsere Energie sind. Dass du in der Lage sein wirst - du flipperst auch - nenne ich das Flippern. Du kannst jetzt schneller reinflippern- und rausflippern, und sie arbeiten an dir. Und ihre Schiffe werden immer zahlreicher, und sie sind auf dem ganzen Planeten. Und sie wollen, dass du weißt, dass du schneller sein wirst. Und dass sie dich auch mitnehmen. Und das.... (Ein tiefer Seufzer) Es ist erstaunlich. Das weißt du wahrscheinlich schon, aber es wird immer schneller. Es wird so viel heller, und was auch immer sie hier auf der Erde tun, sie werden nie aufholen. Und sie umkreisen den Planeten mit so viel Licht und so viel Strom - es ist nicht wirklich elektrisch, wie unsere Physik auf der Erde weiß. Aber sie umkreisen es, weil das, was die Erde tut, in der Lage sein wird, einzudringen, weil sie so viel fortschrittlicher und viel schneller sind. Hab keine Angst.

Das klang wie die Lichtblitze, die die ETs auf die Erde schickten, um die Schäden auszugleichen, die Menschen dem Planeten zufügen. Dies wurde in Convoluted Universe, Buch Zwei erklärt.

D: Gibt es einen Grund, warum das passiert?

A: Ja. Weltraumtechnologie und Weltraum auf der Erde. Es gibt eine große Veränderung. Verschiedene Sterne. Es ist ein Schutz, es ist eine Schicht. (Fest) Die Regierung wird sich nie rantrauen.

D: Das ist gut, aber was meinen Sie mit einer Schicht um die Erde herum?

A: Sie legen eine Schicht um ihre Schiffe. Es ist eine neue Technologie. Sie werden nicht mehr in der Lage sein, an sie heranzukommen. Nur weil sie es in einem Licht tun mussten. Es ist eine sich drehende Frequenz. Sie müssen es tun, um zu überleben. Sie werden hier noch zusehen können. Sie müssen pendeln, weil sie so viele von uns hiergelassen haben, und sie sind immer noch nicht mit uns durch. Und so müssen sie uns beschützen, und sie müssen sich selbst schützen.

D: Und das ist der Grund, warum sie immer noch mit denen in Kontakt sind, die sie hiergelassen haben?

A: Ja. Ich bin nur ein Kanal. Alles, was ich tue, ist, Informationen darüber zu übermitteln, was um mich herum vor sich geht. Ich nehme viel auf. Ich schicke es zurück. (Pause) Es gibt einen großen Plan. Sie verstärken die Menschen. Es geht nicht nur um mich, es geht um sehr viele Menschen. Sie tun es durch Vibrationen. Du musst dich jedoch in einem klaren Bereich befinden. Es gibt viele Störungen. Deshalb ist es gut, wo du bist. (Ich lebe an einem abgelegenen Ort im Land auf einem Berg.) Ich zum Beispiel muss Las Vegas verlassen - es gibt dort zu viele Störungen.

D: Ja, es ist eine sehr chaotische Energie dort.

A: Ja, es ist eine Störung. Also versuchen sie, uns an Orte zu bringen, wo es klarer, sauberer und nicht verunreinigt ist. Keine Verschmutzung, keine Störungen. Sie brauchen uns, weil wir ihnen aus irgendeinem Grund Feedback geben. Ich kann nicht sehen, wie sie es machen.

D: Lass sie es dir zeigen.

A: (Pause) Was soll ich tun? (Pause) Nichts. Ich denke, ich bin wie ein Leuchtfeuer. Ich verstehe es auch nicht.

Ich habe schon einmal über einige Leute gesprochen, die einfach Kanäle, Antennen oder in diesem Fall Leuchtfeuer sind. Sie müssen nichts tun, um bei den kommenden Veränderungen zu helfen. Sie müssen es einfach sein. Auf diese Weise helfen sie, indem sie unbewusst Informationen übermitteln.

D: Was meinst du, mit Feedback geben?

A: (Flüstert) Was sagst du mir? (Pause) Es ist so lächerlich. Soll ich es dir sagen? Es ergibt keinen Sinn.

D: Ja, ja, sag es mir. Es könnte für mich Sinn ergeben.

A: (Tiefer Seufzer) Okay. Ich bin ein Leuchtfeuer. Wenn die Drähte in einem bestimmten Bereich zu stark gekreuzt sind, kann ich ihnen Energiefelder zurückschicken. (Sie machte Handbewegungen.) Ich schicke sie zurück, wenn es sicher ist, hereinzukommen. Ich kann sie jetzt spüren. Es ist so seltsam, weil sie nicht reinkommen können, wenn es zu viel Chaos gibt. Sie überwachen die Erde, und ein Teil davon wird zerstört werden. Vieles davon wird zerstört werden. Und sie folgen uns, weil wir verbunden sind, um uns an die sichersten Orte zu bringen (leise zu sich selbst: "Das ist so bizarr."), weil einige Orte komplett durcheinander sind. Die Verkabelung ist komplett verworren. Also bewegen sie uns, damit wir Gruppen zusammenstellen können. Sie wollen uns zusammenbringen. Es ist eine Kristallenergie. Sie werden die Menschen zusammenbringen. Sie brauchen Kristallenergie. Es ist die Art und Weise, wie sie mit der Erde in Kontakt bleiben, ohne auf der Erde zu landen. Sie müssen nicht hier landen, wenn sie uns brauchen. Wir sind nicht erdgebunden. Wir sind mit ihnen verbunden. Es ist sicherer für alle. Es ist sicherer. Es ist klarer.

D: Sie wollen also nicht, dass alle am selben Ort sind, aber sie wollen, dass alle verbunden sind?

A: Ja, sie wollen, dass wir alle verbunden sind. Ich spüre diese intensiven Kristallschwingungen, die herunterkommen, und wir sind so weit, so weit, so weit, geradewegs verbunden. Es ist wunderschön! Und wir haben etwas in uns. Warum wollen sie uns überall haben? Sie wollen, dass wir verstreut sind, denn es wird Orte geben, die getroffen werden. Und sie wollen ein schönes Muster von verstreuten Energien, die sie durchlassen können. Sie wollen Sender, mit denen sie verbunden bleiben können, wenn viel Zerstörung geschieht. Weil sich bestimmte Orte gleich in die Luft jagen werden. Direkt!

D: Meinst du wörtlich oder natürlich?

A: Es gibt etwas Natürliches, und es gibt auch nichts Natürliches. In bestimmten Gebieten gibt es überwältigende Zerstörungen. Es kommt natürlich ein Krieg. Natürlich wissen wir, dass es einen Krieg gibt. Aber es gibt ihnen ein wenig zusätzliches Wissen aus erster Hand darüber, was auf der Erde passiert, wenn sie uns zerstreuen. Wir sind auch viele von uns. Es gibt viele.

D: Also können wir in Kommunikation sein, ohne zu wissen, dass wir es sind? Als Alice in dieses Leben kam, kam sie mit diesem Plan rein? Dass sie ein Teil davon sein sollte?

A: Ich wollte nicht Teil des Plans sein. (Lachen) Ich sah das Bild, bevor ich reinkam. Ich wusste, dass ich das Gefühl hatte, dass dies kein guter Plan für mich war, denn ich sah ihn und ich hatte ihn schon einmal gesehen. Ich würde mich wirklich gerne zur Ruhe setzen. Ich bin sehr alltäglich. Ich möchte nur in der einen

Schwingung bleiben. Und ich mag kein Chaos. Ich mag kein Drama und Chaos.

D: Du sagtest, diese anderen Wesen sammeln die Informationen, die wir aussenden?

A: Das sind sie.

D: Was werden sie damit machen?

A: Ich möchte Ihnen die richtigen Informationen geben. Sie stellen es zusammen. Es ist wie eine Radiosendung. Sie untersuchen es für zukünftige Generationen. Sie bewahren die Geschichte auf. Planeten. Sie protokollieren es. Ich sehe sie jetzt. (Lacht) Lustige Kreaturen. Ja. Das sind lustige Kreaturen. Ihnen wird gesagt, sie sollen es tun.

D: Woher bekommen sie ihre Anweisungen?

A: Lass mich mal sehen. (Pause) Sie sind programmiert. Wir sind alle programmiert, wie es scheint. Sie bekommen ihre Anweisungen vom Mutterschiff, der Mutterquelle. Es gibt eine große Quelle, die ist wie die Mutter der Erfindung. So lustig, die Mutter der Erfindung. (Lacht) Es ist, als würden sie immer testen. Okay. Ich werde es nicht erfinden. Willst du wirklich, dass ich dir sage, was ich sehe? (Ja) Auf diesem Schiff gibt es kleine blaue Grillen. Da ist ein kleines Büro. Es ist so süß. Sie legen kleine Dinge weg und arbeiten wirklich hart. Sie arbeiten ständig. Sie haben lange Arme, wie kleine Arbeiterbienen, aber sie sind keine Bienen. Und sie arbeiten hart. Sie sind sehr mechanisch, wenn sie dieses Zeug wegräumen, wenn man erst einmal da oben ist.... Bin ich das? Vielleicht. Ich weiß es nicht. Ich führe Dinge ein und aus. Die Dinge an ihre Stelle setzen. Alles läuft an einem Ort ab. Ich mag es, Dinge wegzuräumen. Ich mochte diesen Job, das war ein guter Job. Ohhhh, es wird angesammelt! Und es ist wie eine Art Bibel, so dass sie sich darauf beziehen können. Sie wollen in der Lage sein, sich darauf zu beziehen. Es ist ein Referenzhandbuch für die Zukunft, falls sie Menschen von der Erde holen. Dann wollen sie wissen: "Okay, ist es angenehm, mit dieser Person zu sprechen? Wir wollen eine Referenz haben." Sie werden genau wissen, wohin sie gehen müssen. Wir integrieren unsere Gesellschaften jetzt, und sie wollen eine Aufzeichnung wie eine Krankenhausakte haben. Sie wollen wissen, wie man sich verbindet. Und deshalb stellen sie an verschiedenen Orten

Leuchttürme auf. So können sie die Aufzeichnung haben, in die Geschichte zurücklesen, damit sie sie verfolgen können. Siebenhundert Jahre später werden sie in der Lage sein, zurückzublicken. So lange leben sie, siebenhundert Jahre. Das ist es, was sie für ihr Leben tun. Sie müssen in der Lage sein, zu kommen und einen Job zu erledigen, und für uns sind es sieben Jahrhunderte, aber für sie ist das nur ein Leben. Sie müssen sich das Zeug ansehen, es aufnehmen. Sie haben keine Meinung. Sie beobachten nur. Aufzeichnung.

D: Du sagtest, es gäbe auch eine Integration?

A: Es ist eine Integration von Gesellschaften. Wir müssen uns integrieren. Wir werden zu fortgeschrittenen Seelen. Sie wollen uns voranbringen. Ich bin eine fortgeschrittene Seele, du bist eine fortgeschrittene Seele. Sie wollen sehen, wie weit sie mit einem menschlichen Körper gehen können, um uns auf ihre Ebene zu bringen. Ich bin mehrdimensional, während ich hier bin. Ja, ich soll diese dumme, verfaulte Energie ansammeln. (Lacht) Ja, ich bin wie die Forschungsratte.

D: Soll Alice das in irgendeiner Weise benutzen? Oder einfach ansammeln und weitergeben?

A: Das ist eine große Frage. Ich habe die Fähigkeit, dies mit anderen zu teilen, indem ich meine Hände benutze. Ich habe die Fähigkeit, meine Energie auf die Stirn von jemandem zu bringen. Ich kann es weitergeben. Ich weiß nicht, ob ich das tun soll.

D: Was sagen sie dazu?

A: Ich soll Weisheit vermitteln, und ja, das soll ich tun. Ich kann diese Weisheit weitergeben. Es ist in mir. Ich kann es jetzt sofort spüren.

D: Und du würdest nicht einmal wissen, woher es kommt.

A: Nein, das würde ich nicht. Nun, jetzt weiß ich es. Mit dem dritten Auge arbeiten. Es geht nur um das dritte Auge.

D: Aber du hast gesagt, sie wollen, dass ich mit dem weitermache, was ich tue?

A: Du bist ein Leuchtfeuer. Deshalb muss man überall hingehen. (Lacht) Sie schicken dich überall hin, weil es unbedingt notwendig ist.

D: Sie haben gesagt, dass sie Alices Körper regenerieren.

A: Sie regenerieren auch dich. Sie regenerieren dich, weil du immer wieder an diese verschiedenen Orte gehen musst. Und jedes Mal, wenn du einen Ort verlässt, lässt du einiges von dir dort, und sie können es finden. Sie lieben dich. Du musst gehen.

D: Ich versuche, die Informationen weiterzugeben.

A: Ja, du lässt sie dort und sie werden sie finden. Leute, die du unterrichtest, werden sie finden, weil du etwas dalässt.

D: Regenerieren sie meinen Körper?

A: Ja. Sie regenerieren dich, und das weißt du. Sie wollen nicht, dass du an die Erde gebunden bleibst. Sie wollen dich bei sich haben. Sie wollen dich leichter. Sie wollen dich in klarem Licht sehen.

D: Also werden sie sich um meinen Körper kümmern, damit ich diese Dinge weitermachen kann?

A: Das ist es, was sie wollen, du Entfacher. Du wirst selbst wie ein Kristall werden. Sie machen deinen ganzen Körper neu. Sie machen alles an dir neu. Sie erneuern dein Gehirn.

Das Gleiche wurde mir gleich zu Beginn meiner Arbeit gesagt. Bevor ich jemals angefangen hatte zu reisen, sagten sie mir, dass ich in viele Länder gehen würde, und dass ich überall, wo ich hingegangen bin, einen Teil meiner Energie zurücklassen würde. Es würde mich nicht erschöpfen, und ich würde es nicht einmal bemerken, aber es würde an dieser Stelle bleiben und von anderen gefühlt werden. Sie sagten auch, dass meine Bücher eine Energie tragen würden, die andere spüren würden. So scheint es, dass viele Dinge ohne unser bewusstes Wissen geschehen.

KAPITEL SIEBENUNDZWANZIG

DER ZUGANG

WÄHREND DER SITZUNG wollte Pamela etwas erforschen, von dem sie dachte, dass es eine Ufo-Erfahrung sei. Sie erinnerte sich, dass sie etwas sah, was sie für ein Ufo hielt, wusste aber nicht, ob noch etwas anderes passiert war. Ich brachte sie zu dieser Nacht zurück. Sie kam in die Szene, sie fuhr dort gerade in ihrem Auto nach Hause. Sie sah etwas am Himmel, aber sie hatte Schwierigkeiten, es zu beschreiben. Zuerst dachte sie, es sei ein Licht in den Bergen. Aber dann, "Nein, es war kein Licht. Es war ein Schiff, das wie ein riesiger Mond aussah. Und ich wusste, dass es wirklich nicht der Mond war. Es hatte nur die Form eines Mondes, und so erschien es mir. Es schien, als wäre ich in meinem Auto geblieben, und ich erinnere mich, dass ich in der Einfahrt geparkt habe. Aber ich wusste, dass ich auch da hoch bin. Ich sah mich selbst fahren. Ich sah, wie ich dann weiter zum Haus ging, aber ich wusste auch, dass ich da oben war. Dass ich zu diesem Schiff gebracht wurde. Ich kann nicht einmal erklären, was ich sehe."

D: Gefällt es dir, an zwei Orten gleichzeitig zu sein?

P: Ja, weil ich wusste, dass ich im Auto saß und es nach Hause ging, aber ich wusste auch, dass ich nicht in meinem Körper war. Doch ich wusste, dass der Körper nach Hause gegangen war. Jetzt sehe ich lange.... Ich muss sie "Schächte" nennen, weil ich nicht weiß, was sie sind. Es ist nur Energie mit Punkten darauf. (Handbewegungen von etwas, das horizontal verläuft.) Sie sind flach, aber es ist Energie. Ich glaube nicht, dass es Metall ist. Ich glaube, es ist ganz aus Energie. Es gibt einen Kern, und es gibt ein

Zentrum, und das Zentrum sieht dunkel aus. Und um das Zentrum herum ist strahlend gelbes Licht, aber man kann auch Lichtstrahlen sehen, die dort herauskommen. Es muss von hier drüben kommen, irgendwo zu meiner Linken. Alles ist nur Energie. Es gibt keine Struktur. Alles scheint zusammenzuarbeiten, aber auch in verschiedene Richtungen zu gehen. Und ich sehe ein Rad hier oben. (Über ihr.) Oben, ein riesiges großes Rad. Und hier drüben (links) gibt es etwas, das ein brillantes Licht ausstrahlt. Es ist brillantes Licht. Es ist fast so, als ob man es nicht sehen kann, weil es so brillant ist. Es scheint so zu sein - ich möchte die "Sonne" sagen, aber ich bin mir nicht sicher, ob es das ist.

D: Hat das etwas mit dem Rad zu tun?

P: Nein, das Rad ist jetzt weg. Es ist nur das brillante Licht. Ich dachte an das Schiff, und da brachte es mich hin, zurück an diesen Ort. Hier gehöre ich hin.

D: Warum fühlst du das?

P: Weil es bequem ist. Das ist es, was ich bin, dieses Licht. Wo auch immer dieser Ort ist, wo immer er existiert, das ist meine Heimat. Das ist es, was ich bin, dieses Licht. Und es projiziert - es ist fast wie Speere oder große Projektionen, die herauskommen. Ich weiß wirklich nicht, was es tut, aber es ist sehr hell und sehr komfortabel, und es gibt eine Menge Energie. Es gibt viele Wesen dort und sie sind alle Energie. Sie sind alle eins.

D: Und du glaubst, dass du schon mal an diesem Ort warst?

P: Oh, ja. Es ist sehr vertraut hier. Und es glitzert. Ich kann mir nicht einmal eine Analogie vorstellen, um es zu erklären. Aber es ist einfach da.

D: Ist das in diesem Schiff oder Vehikel?

P: Nein. Ich weiß nicht einmal, wie das Schiff damit zusammenhängt. Aber als ich in das Schiff stieg, sah ich diese Wellen - es schienen Wellen zu sein, die schräg nach unten kamen - und dann gab es Wellen, die von diesem brillanten Licht, diesem Zuhause wegführten. Es ist einfach nur ein Zuhause, und dort ist alles friedlich und unglaublich. Es hellt einfach alles auf. Es gibt dort eine Menge Energie, und es ist alles eins. Du wirst erst dann getrennt, wenn du diesen Raum verlässt. Aber in diesem Körper, der hier ist, kann ich spüren, dass alles molekular ist. Als ob man jedes Molekül fühlen kann, aus dem es besteht. Und ich kann fühlen, dass es eine Verbindung zwischen den beiden gibt. Ich weiß nicht, wie das zusammenhängt.

D: Zwischen dem Körper und dem Ort?

P: Und dem Licht. Es ist ein Aspekt davon. Ich schätze, man würde den Körper ein Teil davon nennen.

D: Aber du hast gesagt, das ist kein Schiff oder Vehikel mehr?

P: Es ist ein anderer Ort. Das Schiff war ein Portal, um dorthin zu gelangen, als Ausgangspunkt. Sobald du dort angekommen bist, wurdest du hierhergebracht. Es war also fast wie ein Dreieck, hier zu sein, und dann dort, und dann hier drüben. So ist es also verbunden.

D: Zuerst musstest du zu dem gehen, der wie ein Mond aussah.

P: Ja, und das war wie ein Eingang. Das ist es, was es war. Es (das Schiff, das Schiff) war nur ein Eingang, ein Durchgang zu diesem Ort. Dieser Ort ist alles eins. Es ist ein ganzer Körper aus Energie. Es ist ein Raum, in dem sich die ganze Energie vermischt. Und wir verlassen diesen Ort, um die Körper zu erleben. Dieses brillante, schöne Licht, aus dem die Kugeln kommen. Und es ist brillant und funkelnd.

D: Aber du lebst in einem Körper auf der Erde. Warum bist du in dieser Nacht, als du gefahren bist, dorthin zurückgegangen?

P: Nur zum Besuch. (Ihre Stimme brach, als sie emotional wurde.) Ich muss dorthin zurückkehren, nur um mich an ein Zuhause zu erinnern. Nur um mich daran zu erinnern. Nur um zu wissen, dass ich dorthin gehöre. Und es ist nichts als Energie. Es gibt keine Struktur. Es ist einfach nur ein Zuhause. Man sollte meinen, ich könnte dir den Namen sagen, aber es gibt keinen physischen Namen dafür. Abgesehen davon, dass ich dir einfach sagen kann, was sie auf der Erde sagen würden, ist "Zuhause". Aber das ist das Zuhause. Es ist nur eine liebevolle Erinnerung.

D: Ist es das, warum du an diesem Abend zurückkehren durftest?

P: Ich gehe oft dorthin zurück. Ich erinnere mich nur nicht daran.

D: Warum hast du dich in dieser Nacht daran erinnert?

P: Ich schätze, weil ich frustriert bin über das, was auf diesem Planeten vor sich geht. Wegen all der Traurigkeit und all der Dinge, die hier vor sich gehen. Und ich fühle mich hilflos, dass ich es nicht richtigmachen kann.

D: Es ist ein herausfordernder Ort, nicht wahr?

P: Manchmal ist es ein hässlicher Ort.

D: Du sagtest, da wären noch andere. Kannst du mit ihnen reden?

P: Du musst nicht mit ihnen reden, denn wenn du erst einmal da bist und im Ganzen verkörpert bist, weiß und versteht es jeder, und es ist wie eine Erneuerung. Du redest nicht. Du musst es einfach nur sein. Und du weißt, dass es in Ordnung ist. Und dass du hier sein musst, um zu helfen. Aber ab und zu muss man zurückkehren, nur um zu fühlen. Denn wenn man hier auf der Erde ankommt, wird man in irdische Dinge verwickelt und in verschiedene Richtungen gezogen. Und du musst das Ganze wieder fühlen. Du musst diese Liebe und den Trost im Licht spüren. Du musst das einfach nur fühlen.

Es scheint also, dass sich diese reinen, unschuldigen Wesen, die noch nie auf der Erde waren und in der Zeit der Not der Erde hierher gerufen wurden, isoliert fühlen. Ich hatte viele Fälle, in denen die Wesen auf den Ufos mit jemandem interagierten, und die Person weinte, weil sie mit ihnen gehen wollte. Sie wollen nicht hiergelassen werden. Sie fühlen sich diesen Wesen so nahe, näher als ihrer Erdenfamilie. Aber die Wesen erinnern sie normalerweise daran: "Du kannst noch nicht gehen. Denke daran, dass du auf einer Mission bist. Du kannst nicht gehen, bis es fertig ist. Aber vor allem, denk daran, dass du nie allein bist." Es wäre also sinnvoll, dass sie manchmal nach Hause zurückkehren dürfen (und sich dennoch nicht bewusst daran erinnern, weil die Erinnerung den "Plan" stören könnte), um das Leben auf der Erde erträglich zu machen. Auch wenn sie sich zu sehr daran erinnern würden, würden sie nicht hierbleiben wollen.

Dieses Haus klang auch sehr ähnlich wie die Art und Weise, wie die Quelle oder Gott von Menschen beschrieben wird, die dorthin zurückkehren. Sind die ETs also auch in der Lage, der Person bei der Rückkehr zu helfen? Wenn sie bei der Überwachung der Person erkennen, dass sie wirklich einen Blick darauf werfen müssen, woher sie kommen, können sie ihnen helfen, sie für einen kurzen Besuch dorthin zu bringen. Es scheint viele verschiedene Gründe dafür zu geben, dass Menschen etwas erleben, was sie für eine Entführung halten. Wenn sie die wahren Gründe verstehen, ist es nicht negativ und kann äußerst lohnend sein - Zu wissen, dass sie so schön und liebevoll gepflegt werden.

D: Wenn dieser Ort so schön war und du dort so glücklich warst, warum bist du dann in einen physischen Körper gekommen?

P: Weil ich wirklich dachte, dass ich einen Unterschied machen könnte.

D: Hat dir jemand gesagt, dass du kommen sollst?

P: Nein. Du entscheidest dich, zu kommen. Es ist nicht so, dass du es leid wirst, im Ganzen zu sein, weil du das Ganze bist. Aber du gehst und tust andere Dinge. Ich sehe jetzt eine ganze Reihe von verschiedenen Dingen. Ich weiß nicht, was diese anderen Dinge sind. Aber du gehst an verschiedene Orte, und ich bin auf die Erde gekommen, weil ich helfen wollte.

D: Von diesem Ort aus konnte man die Erde sehen und was war los?

P: Nein, ich habe nicht gesehen, was los ist.

D: Woher weißt du dann, dass die Erde Hilfe braucht?

P: Du weißt es einfach. Es ist ein Teil von dem, was du bist. Es ist ein Teil des Wissens, weil man Teil des Ganzen ist. Du bist Teil von allem, was ist. Du bist das Licht. Du weißt es einfach. Aber die Erde ist kein schlechter Ort, um zu sein. Es ist nur so, dass man ab und zu nach Hause gehen muss, nur um zu wissen, dass die Dinge ruhig und schön und friedlich sein können.

D: Was dachtest du, wie du etwas Gutes beitragen kannst?

P: Ich weiß nicht. Ich sehe das Portal wieder. Es ist dieser Mond, und jetzt ist er auf dem Kopf stehend. Nur weil ich hier bin. Nur durch die Unterbrechung der Frequenz, die hier vor sich geht. Ich dachte, meine Frequenz würde einen Unterschied machen. Es gibt viele von uns, die das denken. Und es jetzt zu sehen, im Moment macht es einen Unterschied. Es ist nur, dass die Frequenz, die Energie, die Massenenergie, das Ganze, die Ebene auf diesem Planeten Erde.... feststeckend war? Ist das das richtige Wort? Es klemmte. Es änderte sich nicht. Verschiedene Scherben, dringen an verschiedenen Orten ein und durchdringen die Energie dieses Planeten, so dass es etwas Gutes beitragen würde.

D: Fast so, als würde die Energie des Planeten stagnieren? Wäre das ein gutes Wort?

P: Ja, es klemmt. Das ist es, was ich gesehen habe. Diese Lichtstrahlen waren die Scherben, die hereinkamen. Und die Wellen, die in die andere Richtung gingen, waren Energien, die gingen. Diese langen Scherben, hatten spitze Enden, die herauskamen, bevor ich "zu Hause" sah. Und als sie das Licht verließen, sahen sie nicht mehr wie Licht aus. Sie fingen an, bräunlich auszusehen, oder so, als hätten sie mehr Substanz. Das waren Energien, die gingen, um an andere Orte zu gehen, und ich weiß nicht, wohin sie alle gingen. Einige kamen auf die Erde und drängten sich in das Ganze, die Masse. Und sie würden Löcher machen und die Energie trennen. Ja, genau das ist es. Das ist es, was den Unterschied ausmacht. Es gab Trauben von ihnen, die auf einmal gingen, aber ich weiß nicht, wohin der Rest von ihnen ging. Einige von uns kamen hierher, aber sie gehen alle an verschiedene Orte.

D: Was ist mit der Energie der Wesen, die bereits hier auf der Erde sind? Könnten sie nicht etwas tun, um Änderungen vorzunehmen?

P: Sie stecken fest. Sie haben das Gleiche schon so lange getan, dass sie festsitzen.

Besonders, wenn sie unzählige Leben auf der Erde gelebt haben und in Karma verstrickt sind. Wie ich schon sagte: "Sie tragen so viel Gepäck und Müll mit sich herum." Sie müssen all das freigeben, bevor sie beginnen können, etwas zu bewirken. Und viele, viele meiner Klienten sind nicht in der Lage, das Karma freizusetzen, genau das, was sie hier bindet. Sie sagen: "Wie kann ich ihm (oder ihr) verzeihen? Du weißt nicht, was sie mit mir gemacht haben." Scheinbar, solange diese Einstellungen bestehen bleiben, sind sie festgefahren und nicht in der Lage, die dringend benötigten Veränderungen zu schaffen oder daran teilzunehmen.

P: Also mussten wir das Geschehen durchbrechen, damit die Energie verteilt werden konnte. Und das ist der einzige Weg, wie sie Änderungen vornehmen können. Es wäre, als ob du einen großen Klumpen einer Sache hättest - und das ist es, was es ist, einfach ein Klumpen. Und wenn du Scherben hineinschicktest, würde der Klumpen aufbrechen. Und dann würde die Energie anfangen, anders zu sein.

D: Und das war es, was du beschlossen hast zu tun.

P: Als ich das Licht verließ, kam ich genau hierhin. Andere auch.

D: Ist dies das erste Mal, dass du in einem physischen Körper bist?

P: Nein, aber ich sehe mich noch nie so aussehen. Ich sehe mich selbst als eine Substanz. Dicker als Energie, aber ich sehe mich nicht als der Körper, in dem ich jetzt lebe. Ich sehe mich nie so, nie wieder. Ich schaue nach. (Pause) Ich sehe nichts Physisches. Ich sehe Substanz. Ich sehe hauchdünne, ätherische Energie, aber ich sehe keine feste Substanz. Es ist anders als der Erdkörper.

D: Aber es ist anders als das, aus dem du kommst.

P: Oh, ja. Die, aus der ich komme, ist…. Ich kann das Gefühl und die Euphorie nicht einmal erklären, weil es einfach wunderbar ist. Es ist leicht, es ist klar und es ist hoch. Jeder ist eins, oder alles ist eins. Alle Energie ist eins, und alles ist symbiotisch. Ich schätze, so könnte man es erklären. Und dann, wenn du anfängst zu gehen, fühlst du, dass es nicht so bequem ist, aber wir gehen alle. Wir können in andere Bereiche gehen und Formen annehmen. Und ich kann Formen sehen, aber sie sind nicht dick, auf der Erde ist dick. Sie sind nicht so verdichtet.

D: Kannst du sehen, welche Art von Formen das waren?

P: Ich kann eine Parade von Formen sehen, wo einige dünn und groß sind, und einige sind einfach nur hauchdünn und andere sind zerbrechlich. Es sieht so aus, als ob die Dinge wieder in einen Kern gehen, in einen Ball. Das sieht immer dunkel aus, wenn es anfängt, das zu tun. Es wird richtig dick und man kann nicht mehr durchschauen.

D: Glaubst du, dass du mehr oder weniger mit verschiedenen Formen und Substanzen experimentiert hast?

P: Das machen wir alle. Wir gehen und experimentieren, um zu sehen, wo wir leben können. Wo wir das Beste tun können. Wo es am bequemsten ist.

D: Und einige von ihnen mochtest du nicht?

P: Eigentlich, wenn ich sie mir ansehe, sehen sie alle gut aus. Ich denke, das Beste ist, wenn man keine feste Form hat, aber trotzdem genug Form hat, um sich zu bewegen, zu fliegen und zu schweben. Es scheint, als ob von all den Orten, an denen ich war, der Planet Erde der dichteste ist. Es ist einfach der Ort, der viele Erfahrungen hat.

D: Viele Lektionen. Viele Dinge zu lernen?

P: Ja. Ich verstehe nur nicht, wie es möglich ist, all das zu lernen. Vielleicht macht es mehr Sinn, wenn ich zurückkomme.

D: Dann ist der Körper von Pamela der erste, den du als physischen Körper hattest?

P: Ich habe das Gefühl, dass dies der erste physische Körper ist, den ich so habe. Es fühlt sich anders an. Es fühlt sich nicht wirklich gut an. Es gab keine Einschränkungen bei den anderen. Du konntest dich frei bewegen, und dieser Körper… du steckst fest. Stillstand ist nicht gut. Du weißt, dass du mehr tun kannst.

D: Pamela sagte, als sie ein Kind war, konnte sie Dinge schweben lassen und sie bewegen.

P: Ja, das waren lustige Zeiten, als man noch klein war. Sie konnte auch direkt durch Dinge gehen, die du für solide hältst. Aber das kann sie nicht mehr tun. (Emotional) Ich weiß nicht, was passiert ist. Deshalb macht es keinen Spaß, hier zu sein, weil man nicht sein kann, wer man ist. Du musst tun, was alle anderen tun. Du kannst nicht die Dinge tun, von denen du weißt, dass du sie tun kannst. Als Kind wusste sie, dass sie diese Dinge tun konnte. Und sie weiß immer noch, dass sie es kann, aber es funktioniert nicht mehr. Es hat alles mit dem Glauben zu tun. Wenn sie da hochgeht, hakt es nicht, weil die Energie anders ist. Und du kannst dich bewegen, und du kannst sehen, sehen und fühlen. Und du kannst all die Dinge tun, die du nicht tun kannst, wenn du in einem Körper festsitzt. Du kommst hier runter und fängst an zu denken, dass du das kannst, und das kannst du auch. Und dann fängst du an zu versuchen, etwas Gutes zu bewirken, und da liegt das Problem. Deshalb musste ich zurück zum Licht, damit ich mich daran erinnere und daran erinnert werden konnte.

D: Also muss sie erkennen, dass sie nicht versuchen soll, alle Leute zum Positiven zu verändern.

P: Nein, das ist nicht das, worum es ihr geht. Das ist nicht ihre Energie. Ihre Energie ist es, einfach nur zu sein, wer sie ist. Dort ist einfach alles perfekt. Tief im Inneren weiß sie diese Dinge. Es ist nur so, dass sie nicht praktiziert, was sie weiß. Das ist wirklich herzzerreißend, wenn man etwas weiß, und dann versucht man immer wieder, etwas anderes zu tun. Daher kommen all die körperlichen Probleme. Wir versuchen immer wieder zu leugnen, wofür wir hier sind. Hier unten sind viele von uns. Und es gibt auch Leute von vielen anderen Orten, die hier sind, die helfen. Es gibt viele Leute.

D: Sind sie alle für den gleichen Zweck gekommen?

P: Nein. Viele Energien kamen hierher, um zu spüren, wie es sich anfühlt. Einige kamen herunter, um zu lernen. Ich schätze, alle von ihnen haben ihren eigenen Grund. Ich kenne ihre Energien nicht. Es fühlt sich an wie jetzt, als wären sie auf ihre eigene Weise gekommen, um zu helfen. Ich würde sagen, ja, das wäre wahr.

D: Sind sie alle vom selben Ort gekommen?

P: Oh, nein. Es gibt viele Orte.

D: Sie kamen also nicht alle aus dem Energiezentrum.

P: Oh, nein. Nein, ich sehe einen Ort, der wie eine reflektierende Substanz aussieht. Und da kommt ein blaugrünes Licht her. Manchmal sieht es so aus, als hätte es eine genaue Grenze. Und manchmal sieht es so aus, als würde es bis in die Unendlichkeit gehen. Viele der Energien kamen von diesem Ort der reflektierenden Substanz. Ich weiß nicht, wo dieser Ort ist. Es ist weit weg. Ich spüre diese Energien. Ich sehe auch noch einen anderen Ort. Ohhhh, dieser Ort sieht nicht wirklich gut aus, weil es dunkel ist um ihn herum. Es ist ein dunkler Ort, und diese Energien sind nicht wirklich gut. Aber die Energien, die von dieser reflektierenden Substanz kommen, kommen um zu Helfen.

D: Kommen viele von ihnen zum ersten Mal in einen physischen Körper?

P: Lass mich nachsehen. (Pause) Einige. Was ich bekomme, ist, dass wir alle, wenn wir in unserem Energiezustand sind, das Gefühl haben, dass wir helfen können, unabhängig davon, wohin wir gehen. Und wir alle entscheiden uns dafür, uns zu verschiedenen Zeiten zu trennen, um an verschiedene Orte zu gehen, weil wir das Gefühl haben, dass unsere Energie ein Gewinn für das Ziel wäre. Und die meiste Zeit, würde ich sagen, ist es das. Ich verstehe, dass wir - ich sage "wir", weil alles Energie ist - an viele verschiedene Orte gehen, wo wir denken, dass wir ihn erhöhen können, oder etwas erleben können, was wir noch nie zuvor erlebt haben.

D: Aber natürlich, wenn man hier unten ist, ist es anders, nicht wahr?

P: Oh, es ist ganz anders. Es ist ganz anders.

D: Meistens, weil sich die Menschen nicht mehr daran erinnern, sobald sie in den physischen Körper eingedrungen sind.

P: Es ist fast so, als wären Sie von dem, was Sie wirklich sind, abgeschnitten. Ich gehe oft zurück. Mir ist gerade aufgefallen, dass ich oft zurückkehren kann. Und ich erinnere mich, dass ich zurückgehen und dortbleiben wollte. Und ich weiß nicht, wer sie sind, die es mir sagen, oder vielleicht bin ich es, die mir sagt, dass ich hierbleiben muss. Ich bin es. Es gibt sie nicht. Ich muss bleiben und das tun, wofür ich hergekommen bin. Wenn ich es kurz machen könnte, wäre ich schon vor langer Zeit hier raus gewesen. Ich wäre weg gewesen, aber darum geht es bei der Energie nicht. Und ich weiß, dass es nicht darum geht. Es ist nur so, dass, wenn du zur Erde gehst und dich dort unten engagierst, du das Gefühl hast: "Ich will nicht da sein. Dieser Ort ist hässlich. Ich möchte gehen." Aber es ist nicht so einfach. Und das ist es, was ich jetzt sehe, die Energie, die wir zurückgelassen haben, uns noch nicht zurückkommen lässt, weil sie das erleben, fühlen muss.

D: Es muss Erfahrung sein?

P: Was ich jetzt bekomme, ist, dass ich das erleben wollte. Stell dir das mal vor. Aber das ist es, was ich bekomme.

D: Und du kannst nicht zurückgehen, bis du deinen Job erledigt hast. (Nein) Aber viele der Dinge, an die sich Pamela erinnerte oder fühlte, hatte mit ETs und Raumschiffen zu tun. Das klingt nicht so.

P: Lass´ mich das vollständige Bild hier betrachten. (Pause) Jetzt sehe ich viele Schiffe. Oh. Weißt du, was es ist? So reisen wir manchmal. Das ist das Schiff, mit dem wir reisen. Ich sage "wir", weil ich an die denke, die gekommen sind. Ich nicht - wir hatten kein Schiff, als wir auf die Erde kamen. Wir sind in unserer Energieform heruntergekommen. Ich sehe jetzt ein kleines, klitzekleines Baby. Ist das nicht lustig? Da ist diese riesige Energie, die wir sind, und wir kommen in dieses kleine, winzige Baby hinein. Es scheint unglaublich, denn wohin würde der Rest der Energie gehen?

D: Hattest du die Erlaubnis, in ein Baby zu gehen?

P: Irgendwie war das alles geklärt.

D: Ich dachte, dass es Regeln und Vorschriften geben muss.

P: Es gibt eine Anleitung. Alles ist Führung. Das sehe ich jetzt nicht.

D: Nun, was ist der Zweck des Reisens mit dem Schiff?

P: Es geht zu anderen Orten, wo du mit deiner eigenen Art von Energie reisen musst. Denn wo wir sind -selbst wenn ich sage, dass ich die schöne, brillante, riesige Lichtkugel sehen kann- ist das eine bestimmte Energie. Das ist eine heimische Energie. Wenn man also außerhalb seines Reiches reist, muss man das in einem Schiff machen, das aus der Energie, in der man lebt, die man ist, besteht.

Mir wurde auch gesagt, dass diese einzigartige Energie eingedämmt werden muss, sonst würde sie mit anderen Energien verschmelzen, die sie durchquert. Dies war eine Form des Schutzes. So viele der Wesen, die auf diesen Ufos reisen, sind Lichtwesen. Viele von ihnen haben auch die Fähigkeit, ihre Form zu ändern, um sich an die Umgebung anzupassen, in der sie sich befinden.

D: Macht sie das in ihrem physischen Körper?

P: Nein, nein, nein. Das ist nur ein weiterer Teil von ihr, der auf Reisen ist. (Eine Erkenntnis.) Das ist so, weil sie eng mit diesen anderen Teilen verbunden ist. Also fühlt sie diese anderen Teile, während sie Dinge erledigen, aber das Bild davon ist nicht ganz eindeutig. Ich sehe einen Teil von ihr, der jetzt in einem Schiff zu einem Ort reist, der sehr, sehr hohe Säulen hat. Es gibt Kristalle und Energiewesen. Und es weit entfernt, also muss sie in ihrer eigenen Energie reisen, um dorthin zu gelangen. Ich weiß nicht, was sie da macht. Eigentlich ist es keine "sie".

D: Aber es ist ein anderer Teil von ihr? (Ja) So, als wenn sie in verschiedene Teile aufteilte, als sie sich von dem Licht zuhause, dem Heimatort, trennte?

P: Ja, es gibt viele verschiedene Teile.

D: Und eines davon ist Pamela?

P: Sie sind alle aus demselben Stück, wie wenn sich die Wellen vom Ganzen trennen. Dieser Schaft kann dann an viele verschiedene Orte in verschiedenen Bereichen gehen, um unterschiedliche Erfahrungen zu machen. Irgendwie kann ich mich nicht mit all diesen Dingen verbinden. Ich weiß nur, dass das passiert. Es wurde ein Band um ihren Kopf gelegt. Es fühlt sich an wie eine kleine Einengung, über der Stirn. (Handbewegungen, die zeigen, dass es über die Stirn geht.) Es versiegelt diese Verbindung. Es ist dafür, damit sie die anderen Teile nicht mitbekommt. Ich schätze, das sollte sie nicht. Es ist einfach nur um zu wissen, dass es andere Funktionsteile gibt, andere Energien die arbeiten. Es soll ein Trost sein, zu wissen, dass es in Ordnung ist. Dass alles in Ordnung ist. Dass alle Teile zusammenarbeiten und tun, was sie tun sollen, und sie werden bald wieder zusammenkommen. Das ist die Botschaft, es soll ein Trost sein.

D: Du weißt, wie Menschen sind. Wenn sie etwas nicht verstehen, fürchten sie es entweder oder machen eine überproportional große Sache daraus.

P: Weißt du, was es ist? Es liegt an den Einschränkungen, die es hier gibt. Ich denke, sobald du aus dem Körper bist, bist du, wer du bist, und du bist mit allem verbunden. Es ist wie ein großer Topf Suppe. Du magst eine Karotte oder eine Kartoffel sein, aber du bist immer noch eine Suppe und du bist mit allem verbunden. Wenn man dann aus der Suppe genommen und an verschiedenen Orten oder Stellen platziert wird, dann wird man vom Ganzen getrennt. Du verstehst es nicht und es ist verwirrend. Dann macht es keinen Sinn. Aber sobald du wieder zu Hause oder wieder zusammen bist, dann weißt du, dass es in Ordnung ist und alles genau so ist, wie es sein soll.

D: Wenn sie diese Ideen über Raumschiffe und ETs hat, bekommt sie nur die Erinnerungen oder die Erfahrungen dieser anderen Teile von sich.

P: Ja, das ist es, was passiert.

D: Sie hat sich über Implantate Gedanken gemacht. Weißt du, ob es welche in ihrem Körper gibt?

P: Ja, es gibt Implantate. Es gibt einen im Tempel, auf der rechten Schulter.

D: Wer hat sie da reingesteckt? Oder wie sind sie dorthin gekommen, lasst es uns so sagen.

P: Als sie hereinkam, hatte sie die, und sie sind energetisch von dort, wo sie herkommt. Sie waren schon immer da. In den letzten Jahren hat sie sich darüber gewundert, aber sie weiß, dass es ihnen gut geht.

D: In meiner Arbeit weiß ich, dass andere Wesen aus verschiedenen Gründen Implantate in Menschen einsetzen werden.

P: Sie kommen von dort, wo sie herkommt.

D: Was ist der Zweck von ihnen?

P: Es sind Informationen, auf die sie zurückgreifen kann. Das hilft ihr, Portale zu finden, damit sie weiß, wie man nach Hause kommt.

D: Es war fast so, als ob sie reingesteckt worden wären, als sie hierherkam, damit sie sich nicht verlaufen würde. Wäre das eine gute Art, es zu sagen?

P: Ja, das wäre der richtige Weg, um es auszudrücken.

D: Damit sie sich nicht im Physischen verliert und sie die Portale finden kann, um nach Hause zu gehen.

P: Richtig. Es ist wirklich gut. Und es ist auch eine Erinnerung daran, wer sie ist. Mir wird gesagt, dass, wann immer sie jucken und sie dazu bringen, es zu bemerken, das bedeutet, dass sie gerade Kontakt mit Zuhause hat. Ich glaube nicht, dass sie das merkt.

D: Ich sehe verschiedene Arten von Menschen. Ist sie ein anderer Typ als die, mit denen ich gearbeitet habe?

P: Nein, ich glaube, du hast schon mit vielen von uns gearbeitet.

D: Natürlich wurde mir gesagt, ich solle diese Leute nicht zusammenbringen.

P: Das ist wahr. Sie sind alleine effektiver. Sie kommen zusammen, und das verstärkt nur den Wunsch, zurückzugehen. Und sie müssen hierbleiben.

D: Mir wurde gesagt, dass die Energie verdünnt würde, wenn sie in Kontakt miteinander gebracht würden.

P: Es würde verdünnt werden.

D: Mir wurde gesagt, dass ich mehrere treffen würde, aber ich weiß nie sicher. Das ist dann diese Art von Energie.

P: Es ist eine andere Art von Energie. Es gab alle Arten von Energien. Wir kommen von verschiedenen Orten; wir haben verschiedene Dinge, die die Teile des Ganzen ausmachen. Und den Teil, aus dem ich komme, habe ich noch nie zuvor getroffen. Ich fühle, dass du es getan hast. Aber ich glaube auf diesem Planeten Erde nicht, dass diese Energien miteinander in Kontakt kommen müssen, weil sie allein stärker sind.

D: Mir wurde die Analogie gegeben, dass sie wie zwei Wellen in einem Ozean sind.

P: Das ist wahr. Sie gehen verschiedene Wege.

D: Aber, wenn die Wellen zusammengesetzt werden, dann verdünnt es ihre Kraft.

P: Dann fangen sie an, in eine Richtung zu gehen.

D: Deshalb ist es für mich in Ordnung, etwas über sie zu wissen, aber ich darf sie nicht miteinander in Kontakt bringen. (Nein) Auch, wenn sie einsam sind.

P: Ich habe nicht festgestellt, dass ich im Körper von Pamela einsam bin. Ich fühle mich sehr stark, wenn ich allein bin. Ich habe mehr Kraft allein als ich hätte, wenn ich mich mit den Menschen vermische, weil sie so verstreut zu sein scheinen. Sie sind so sehr in das Geschehen auf ihrem Planeten verwickelt, dass sie vergessen, wer sie sind. Und der Körper von Pamela, wenn sie allein ist, erinnert sie sich daran und fühlt sich sehr stark. Aber wenn sie mit anderen Menschen zusammen ist und anfängt, Dinge zu tun, die Menschen tun, zieht es sie in Richtungen, mit denen sie sich nicht wohl fühlt. Und deshalb ist sie gerne allein.

D: Aber als sie zum ersten Mal das Licht sah, wollte sie zurückkehren. Also dachte ich, sie sei einsam.

P: Es war ein Gefühl der Verzweiflung, als ob man es kaum erwarten könnte, nach Hause zu kommen. Es gibt viele aus verschiedenen Teilen des Kosmos, die kommen, um zu helfen und die Energie, die hier ist, zu verteilen. Und es wird dringend gebraucht.

KAPITEL ACHTUNDZWANZIG

EIN ANDERER ASPEKT (EIN HÖHERER?) SPRICHT

DIESE SITZUNG WURDE als Demonstration in meiner Klasse am Northwest New Mexico College in Santa Fe, New Mexico, durchgeführt. Dieses College ist einzigartig, weil es einen vierjährigen Kurs in allen Phasen der Alternativmedizin und Naturheilkunde anbietet.

Jane war eine schöne junge Frau, die durch ihre Arbeit als Psychoheilerin bekannt wurde. Sie wurde mit vielen Fähigkeiten geboren, die sie behalten und nutzen konnte. Sie waren nicht zurückgedrängt und vergessen worden, wie es bei solchen Kindern so oft der Fall ist. Sie wollte vor allem Informationen über ihre Anfänge. Das ist eine weitere häufige Frage: "Woher komme ich?" Natürlich ist die Antwort immer die gleiche. Die Menschen denken, dass sie von einem bestimmten Heimatplaneten stammen, aber das ist nur ein Schritt auf ihrer langen Reise. Wir alle kamen von demselben Ort, als wir von Gott (oder der Quelle) erschaffen und ausgesandt wurden, um unsere Reisen zu erleben. Sie wollte auch Informationen über ihren Lebensweg.

Als Jane aus der Wolke kam, ging sie nach oben und nicht zur Erde. Sie zog in die Sterne hinaus und wurde dabei sehr emotional. Sie sagte, es fühlte sich wie eine Heimkehr an, "Wegen dem, woher ich komme." Sie sagte, sie habe diesen Ort vermisst, und es wäre gut, ihn wiederzufinden. Sie wollte nach Norden gehen, und als sie das tat, sah sie, dass sie von Kristallen am Himmel umgeben war. Als sie sich dann sehr schnell durch den Raum bewegte, kam sie an den Ort, den sie suchte. In der Ferne sah sie Schiffe kommen. "Sie sind klein und rund, schwarz und silberfarben. Und sie kommen, um mich willkommen zu heißen. Sie kommen nicht wirklich von dort, wo ich herkomme... sie sind nur Grüße." Dann fühlte sie, dass sie plötzlich in eines der Schiffe gesaugt wurde. Als nächstes geschah ein seltsames Phänomen, das ich schon einmal erlebt hatte. Ich bin immer auf das Ungewöhnliche vorbereitet, denn für mich ist es nicht ungewöhnlich. Für eine Klasse kann es jedoch überraschend sein. Eine andere Stimme kam durch, und es schien, als wäre ich in Verbindung mit einer Art von Wesen, das sich an Bord des Schiffes befand, und nicht mit Jane. Wenn das passiert, mache ich einfach mit.

D: Was siehst du, nachdem du jetzt drinnen bist?
J: (Verwirrt) Ich verstehe deine Sprache nicht.

Ich gab Anweisungen, dass es in der Lage sein würde, mich zu verstehen und mit mir zu kommunizieren. "Kannst du auf den Teil von Janes Gehirn zugreifen, der versteht, was ich sage? Ich würde wirklich gerne mit dir sprechen. Wird das okay sein?" Es stimmte zu. Ich erklärte, dass ich wusste, dass es keine Sprache verwendet, sondern meist mental kommuniziert. Wir müssen jedoch Worte verwenden, um zu kommunizieren. "Ich möchte, dass du dich wohl fühlst und wir kommunizieren können. Wirst du das schaffen?" Es stimmte zu, also fing ich an, Fragen zu stellen.

D: Wir suchen nach Informationen. Ist es in Ordnung, wenn du uns von diesem Ort erzählst? (Ja) Ist es ein kleines Schiff?
J: Ja. Es ist sehr klein, weil ich nicht viel Zeit hier verbringe. Es wird nur zum Hin- und Her bewegen verwendet. Es sieht aus wie ein kleines Flugzeug im Inneren, nur, dass es keine Sitze hat. Es hat eine kleine Metallküche. Ich bin mir nicht sicher, wie ich es erklären soll. Ich mache dort irgendwie Essen, aber ich verstehe die Küche nicht wirklich.
D: Wenn es eine Küche ist, musst du dann etwas essen?
J: Ich muss nicht essen....... Ich weiß nicht, wie ich das erklären soll. Die Menschen nennen es Nahrung, aber wir erschaffen Mineralien... nein, das ist nicht das richtige Wort. Wir schaffen nur Dinge, die unsere Struktur für die Energiegewinnung nutzt.

Ich kann es nicht erklären. Ich fühle es einfach, aber ich werde gebeten, es zu lassen.... es gibt Leute, die diese Informationen wissen müssen, weil sie mit dieser Energie arbeiten müssen.

Ich bat um eine Beschreibung seines Körpers. "Ich sehe aus wie nichts. Ich kann mich selbst nicht sehen. Ich fühle mich wie eine Energie.... Menschen nennen sie eine Kugel. Wir sind jedoch in der Lage, uns in verschiedene Formen zu verwandeln, je nachdem, wohin wir reisen."

D: Machst du es genau dann, wenn du willst, oder wenn die Umstände so sind.......

J: Nur, wenn es nötig ist. Wir missbrauchen unsere Fähigkeiten nicht.

D: Hattest du einmal einen physischen Körper?

J: Ja, ich bin sehr vertraut mit einem physischen Körper. Ich verstehe es nicht, aber ich kenne dieses Gefühl aus meiner Kindheit und mein Körper würde zu Energie werden und ich würde einfach verschwinden.

D: Du hattest also schon einmal einen physischen Körper?

J: Ja. Ich hatte viele Formen.

D: Ist das die Fähigkeit deines Volkes? (Ja) Sie können als das Physische beginnen und sich dann ändern? (Ja) Oh, das ist sehr schön. Also brauchst du den Körper nicht mehr. Du wirst einfach zu Energie? (Ja) Nun, was macht ihr als Energie?

J: Wir lehren Menschen. Wir tun viele Dinge. Es gibt eine Menge Arbeit im Universum zu tun, weil Menschen viele Dinge durcheinanderbringen.

D: (Lacht) Oh, das glaube ich.

J: Wenn sie also ihre Energie ausstrahlen, müssen wir die Sterne neu ausrichten und wir müssen ihre Gase herausnehmen. Ich verstehe nicht, was diese Energie ist, die sie projizieren. Es gibt fremde Energien, die in das Universum gehen und das ganze Universum verschmutzen. Es ist sehr beunruhigend.

D: Kommt es von Menschen? (Ja) Bist du in der Nähe der Erde? (Nein) Es erstreckt sich also über einen langen Weg? (Ja) Was projizieren sie, was so negativ ist? (Jane fing an zu weinen.) Es ist schwer, damit umzugehen, nicht wahr? Du musst das Chaos beseitigen. Du hast einen wichtigen Job. Warum macht es dich emotional?

J: Oh, ich verstehe einfach nicht, warum alle Menschen nicht verstehen, was sie mit uns machen. Sie missbrauchen ihre Alchemie auf dem Planeten. Sie erschaffen Chemikalien, die sich in verschiedenen Universen verbreiten, und das verstehen sie nicht.

D: Sie wissen nicht, dass es nicht nur in ihrer eigenen Welt enthalten ist?

J: Das ist richtig.

D: Dass es ausströmt und deine Welt beeinflusst?

J: Ich habe keine Welt. Ich gehöre einfach zum Universum.

D: Das war einmal, nicht wahr?

J: Ja.... (Weinen), bevor er zerstört wurde.

D: Erzähl mir, was passiert ist.

J: Ich lebte auf dem Planeten der Kristalle. Und die Gase waren so stark, dass sie den Planeten auflösten, also mussten wir ein Schiff bauen, damit wir irgendwo hingehen konnten.

D: Warum hat es sich aufgelöst?

J: Es waren die Gase aus der menschlichen Welt. Sie waren zu stark und es schmolz.

D: Die Gase, die mit der Zeit immer stärker wurden?

J: Ja. Die Gase zerstören viele Planeten, also müssen wir auch viele Wesen retten. Viele verschiedene Wesen auf anderen Planeten. Wir sammeln verschiedene Wesen.

D: Also hat es viele Planeten zerstört?

J: Ja, es zerstört ständig Planeten und wir versuchen es immer weiter...

D: Du meinst, die Energie geht immer noch aus?

J: Ja, und wir filtern es weiter und versuchen es zu reparieren, aber sie tun weiterhin Dinge, um ihre Ozonschicht zu öffnen, und es kommt heraus und.... (Tief durchatmen) es ist sehr beunruhigend. Es muss so viel passieren.

D: Als dein Planet zerstört wurde, sagtest du also, du wärst gegangen?

J: Wir hatten ein Schiff gebaut, damit wir losfahren und trotzdem unsere Arbeit machen konnten. Und dann wurde uns klar, dass wir keinen Planeten mehr haben.

D: Hattest du zu der Zeit, als du auf dem Schiff warst, einen physischen Körper?

J: Er hatte eine Struktur.

D: Was ist dann passiert, dass du dich entschieden hast, nicht mehr körperlich zu sein?

J: Das mussten wir nicht. Es war ein Segen, den Planeten zu verlieren, weil wir uns bereits so weiterentwickelten, dass wir kein Zuhause mehr brauchten. Und wir brauchten keine physische Struktur, um unsere Energieform zu enthalten.

D: Du hast dich darüber hinaus entwickelt. (Ja) Wann wurdest du also dieses Energiewesen, die Kugel, die du jetzt bist?

J: Es war danach.

D: Hat dir jemand gesagt, dass du diesen Job machen musst?

J: Es wurde vom Rat beschlossen. Nun, nicht nur mein Job. Es gibt mehrere von uns, die das tun.

D: Hast du dich mit dem Rat getroffen?

J: Ich habe das Gefühl, dass sie Anweisungen gegeben haben. Wir sehen sie nicht. Wir kommunizieren nur energisch mit ihnen, und sie sind überall um uns herum.

D: Und du hast zugestimmt, im ganzen Universum auszugehen und zu versuchen, diese Dinge zu korrigieren, die geschehen? (Ja) Wie ist es, wenn man die Energie findet, die von der Erde kommt? Wie erkennt man das?

J: Es hat eine sehr dichte, niedrigere Frequenz, und ich verstehe nicht einmal, wie es in diese Dimensionen gelangt. Es ist fast wie eine schwarze, rauchige Schlange, die durchschlittert, aber sie hat uns nicht überwältigt. Es ist einfach genug, es zu reinigen. Es ist einfach unnötig, dass wir unsere Zeit so verbringen müssen, wenn es andere Funktionen gibt, die ausgeführt werden müssen.

D: Ich habe mich gefragt, wie es von der Erde so weit in diese anderen Dimensionen gelangen konnte.

J: Ja, es geht über unsere Galaxie hinaus. Es geht darüber hinaus und in andere Universen. Es ist sehr weit verbreitet, und wir wissen, dass die Menschen es nicht so beabsichtigen. Es ist sehr beunruhigend, es zu sehen.

D: Sie denken, dass es nur auf der Erde bleibt und sie verletzen sich nur gegenseitig.

J: Ja. Wir haben viele dieser Türen geschlossen, leider haben die Menschen das Gefühl, dass sie noch bestimmte Lehrer brauchen. Die Menschen haben das Gefühl, dass sie die Dinge auf die harte Tour lernen müssen, also ziehen sie Energien an, die ihnen Lektionen auf die harte Tour vermitteln.

D: Nun, es ist ein Planet der Lektionen.

J: Ja, das ist richtig.

D: Du sagtest, diese negativen Energien seien leicht zu reinigen? Wie macht man das?

J: Ich verstehe das Wort dafür nicht.... wir umgeben sie mit einer sehr starken Flüssigkristallart einer Energie. Wir dämmen es ein und nehmen dann verschiedene Berechnungen vor. Wir müssen die Frequenz davon testen und eine Frequenz herausfinden, die stark genug ist, um sie aufzulösen. Und dann löst es sich wieder in Energie auf, aber wie gesagt, es ist sehr zeitaufwendig. Es gibt andere Aufgaben im Universum, die für das Kollektiv viel vorteilhafter sind.

D: Was ist das Kollektiv?

J: Die Gesamtheit des Universums und der Bewohner im Universum. Es gibt viele andere Arten, und der Mensch versteht das nicht. Aber wir mögen die Menschen. Sie sind ein Teil von uns, und sie entdecken das, wenn sie ihren Körper verlassen. Wenn sie das wüssten, würden sie sich anders verhalten. Sie sind sehr schön. Sie meinen es gut, und sie alle haben diese Liebe in ihrem Herzen, und wir wollen nur, dass sie von Herzen lieben. Und wenn sie von Herzen lieben, werden sie diese Dinge, die geschehen, nicht erschaffen.

D: Liebe ist doch das, worum es überhaupt geht, oder?

J: Richtig. Der Schöpfer ist sehr liebevoll. Sie haben nur einen flüchtigen Eindruck davon, wie sehr der Schöpfer sie liebt.

D: Aber ich denke, das ist ein Teil davon, warum sie auf der Erde sind, um diese Dinge zu entdecken.

J: Das ist richtig. Sie sehen nicht, wie die Bäume ihnen zuwinken, und sie zwinkern und hallo sagen. Sie hacken sie einfach ab.

D: Sie sehen nicht, dass alles lebendig ist. Sie denken, dass alles hier zu ihrem Vorteil ist.

J: Das ist richtig.

D: Wenn du nicht so viel Zeit damit verbringen müsstest, das Chaos aufzuräumen, was würdest du tun wollen?

J: Oh, es gibt viele Projekte. Es gibt viele Planeten, die darauf warten, geboren zu werden, aber sie wissen, dass es nicht sicher genug ist, um geboren zu werden. Und es gibt viele andere Arten, die Teil des Prozesses der Entwicklung zum Kollektiv werden wollen.

D: Das ist also ein Teil dessen, was du tun könntest?

J: Ja. Es ist sehr einfach, Planeten zu erschaffen, so wie es sehr einfach ist, Planeten zu zerstören. Oder sie in andere Galaxien und Formationen verlagern, die dem Kollektiv dienen.

D: Ich habe mit anderen Leuten wie dir gesprochen, die Planeten erschaffen. Es ist Teil der Co-Creator-Gruppe, nicht wahr? (Ja) Machst du das mit Energie?

J: Ja. Es ist mehr als nur Energie. Wenn der Mensch es verstehen würde... wir denken, dann passiert es.

D: Deshalb sind Gedanken so mächtig, nicht wahr? (Ja) Vielleicht ist das der Grund, warum die Menschen nicht an diesem Punkt sind.

J: Die Menschen sind in ihrem Gehirn sehr einfallsreich. Und wenn sie ihr Denken und ihre Absicht anders nutzen würden, würden sie eine viel friedlichere Existenz schaffen. Als wir den Planeten erschufen, wurde er als Oase geschaffen. Sie sollen nicht leiden. Jemand lehrte sie zu leiden.... nicht wir. Aber sie alle wissen in ihrer tiefen Weisheit, dass ihr Gehirn sehr mächtig ist. Sie verwenden nur eine kleine erdnussgroße Form ihres Gehirns, aber ihr Gehirn ist sehr groß. Und wenn sie auf all diese Energie in ihrem Gehirn zugreifen, wird es ein ganz anderer Ort auf dem Planeten sein. Und tatsächlich wissen sie, was los ist. Sie spüren es. Sie verändern es. Und dieser Planet Erde wird nicht zerstört. Ich möchte wirklich, dass sie sich nicht darauf konzentrieren, denn sie konzentrieren sich auf die Zerstörungsenergie und erschaffen sie daher.

D: Alles, worauf sie sich konzentrieren, erschaffen sie.

J: Das ist richtig.

D: Bist du zufrieden mit dem, was du tust?

J: Ja, ich liebe meinen Job wirklich. Wenn ich "Job" sage, würden die Menschen das sagen.

D: Ja, das ist es, was wir sagen würden. Und du reist einfach von Ort zu Ort und tust, was du tun sollst. (Ja) Das ist wunderbar und du bist sehr zufrieden damit? (Ja)

Es war nun an der Zeit, die Verbindung zu Jane herzustellen. "Ist dir bewusst, dass du durch einen Menschen sprichst?"

J: Was ich fühle, ist lustig, seltsam. Hier gibt es eine gewisse Behinderung.

D: Deshalb musstest du eine Sprache verwenden. (Ja) Stört dich das?

J: Einen menschlichen Körper zu benutzen?

D: Um mit mir zu kommunizieren.

J: Nein. Es ist notwendig.

D: Ich möchte etwas klarstellen. Ich will wissen, ob du sie bist, oder bist du ein Teil von ihr oder was? Wie nimmst du das wahr?

J: Sie ist ein Teil von uns.

D: Ist sie ein Teil deiner Gruppe? (Ja) Erzähl ihr davon. Sie sucht nach Antworten.

J: Sie kennt bereits die Antworten.

D: Ja, aber sie kennt sie nicht bewusst. Kannst du es ihr sagen, damit sie es versteht?

J: Ja. Sie ist hier, um den Leuten beizubringen, wie man erschafft. Wie man ihre Energie dort nutzt, wo sie herkommt.

D: Energien von dort, wo du herkommst? (Ja) Sie ist wirklich du, nicht wahr? (Ja) Das wird kompliziert, wenn wir versuchen, es in unsere Sprache zu übersetzen.

J: Ja. Es bringt sie oft in Situationen, die sehr kraftvoll sind. Und oft hatte sie in ihrer menschlichen Existenz viele von denen, was man "hochkarätige" Situationen nennen würde. Und die Leute verstehen nicht, dass sie ihnen nur beibringen will, wie man erschafft.

D: Wenn du mit deinem Job dort zufrieden warst, warum hast du dich entschieden, ein Mensch zu werden?

J: Es ist notwendig.

D: Es ist restriktiv, nicht wahr?

J: Ja, und das gefällt ihr nicht.

D: Was ist passierte, als du das erste Mal ein Mensch werden musstest? Wurde dir gesagt, dass du es tun sollst?

J: Ja. Es ist schwer zu erklären, weil sie sich noch nie als Mensch registriert hat. Aber sie hat ihre Aufträge immer angenommen.

D: Du meinst, sie hat sich nicht freiwillig gemeldet?

J: Das ist richtig.

D: Es gibt Freiwillige, nicht wahr?

J: Ja. Es gibt viele, die die Menschen auf eine "Warteliste" setzen würden, um sie schnell auf den Planeten zu holen.

D: Aber sie hat sich nicht freiwillig gemeldet.

J: Nein, sie mag keinen Körper.

D: (Lacht) Dann wurde ihr gerade ein Auftrag gegeben oder was?

J: Es gibt sehr viele von uns - viele Teile von dem, mit dem du sprichst -, die derzeit in anderen Dimensionen existieren, und sie hat sich entschieden, auf dem Planeten Erde zu sein. Aber es gibt im Moment viele andere Abteilungen von uns anderswo.

D: Ich denke, ich verstehe das mehr als die meisten Leute, weil ich verstehe, dass wir viele Teile haben. (Ja) Wir sind nicht nur ein Teil. (Ja) Damit sie als Mensch existieren kann, und auch als sie selbst.

J: Das ist richtig. Aber sie hat eine große Pflicht, und sie versteht, dass es ein Gesamtbild gibt. Und sie muss die Frequenzen und Lehren durchbringen, die notwendig sind, damit der Mensch seine Energie bündeln kann. Seine Gehirnaktivität neu auszurichtet, um seinem Schöpfer und seinem Universum mehr zu dienen. Und wenn sie ihren Körper verlassen, verstehen sie das.

D: Oh, ja, dann ist es sehr einfach. (Ja) Aber trotzdem entschied sie sich, diese Aufträge anzunehmen und menschlich zu werden?

J: Ja. Sie streitet nie darüber. Deshalb geben wir ihr die harten Aufgaben. Das gefällt ihr. Sie mag herausfordernde Aufgaben.

D: Es ist nicht einfach, wenn man ein Mensch ist und diese verschiedenen Fähigkeiten (ihre psychischen Fähigkeiten) hat. Das stimmt doch?

J: Ja. Sie hat ihr Bestes getan, damit sich die Menschen um sie herum wohl fühlen, bevor sie ihnen zeigt, was wirklich los ist.

D: Nun, diese, durch die du sprichst, ihr Name ist Jane. (Ja) Hatte sie andere Leben auf der Erde? (Ja) Gibt es etwas, von dem sie wissen muss?

J: Nein, es ist nicht notwendig, es zu diesem Zeitpunkt zu wissen.

D: Also ist das Leben, auf das sie sich im Moment konzentriert, das wichtigste.

J: Das ist richtig.

D: Was ist diesmal ihre Aufgabe?

J: Sie muss viele Menschen lehren, und es gibt viele Heiler, die sich daran erinnern müssen, wer sie sind und was ihre Frequenzen und ihre Energien sind, die sie hierherbringen. Damit sie ihre Arbeit mit dem größtmöglichen Potenzial verrichten können.

D: Es klingt nach einem großen Auftrag. (Ja) Sie sagte, sie erinnere sich, selbst als sie ein Baby war, dass sie in der Lage war, sehr seltsame Dinge zu tun.

J: Ja. Sie kommunizierte mit uns von ihrer Krippe aus. Wegen ihrer Aufgabe musste sie nicht das gleiche Maß an Vergesslichkeit haben wie andere Menschen.

D: Weil sich die meisten Menschen nicht mehr daran erinnern, wenn sie Babys sind.

J: Das ist richtig. Die meisten Leute würden sich das nicht merken wollen. Aber diese Seelen sind sehr schön, und die Menschen erkennen sie nicht so, aber sie müssen ohne Erinnerung hereinkommen, damit sie den Menschen dienen können, die dem Planeten dienen.

D: Aber sie konnte sich schon als Baby daran erinnern, dass sie diese Dinge tun konnte. (Ja) Und ihre Familie war sehr verständnisvoll.

J: Ja, aber sie waren kompliziert.

D: Dennoch musste sie diese Fähigkeiten auf Eis legen, wenn du verstehst, was ich sage. (Ja) Denn um als Mensch zu leben, muss man sich anpassen. (Ja) Sie möchte wissen, ob es möglich ist, diese Fähigkeiten jetzt wiederzuerlangen?

J: Ja, es ist Zeit dafür. Sie weiß, wie man sie benutzt, aber sie musste sie eindämmen, denn es gab viele - was die Menschen "graue" Energien nennen - im Schulsystem, in dem sie arbeitete. Und sie wusste, dass sie sehen konnten, was sie tun konnte. Um die Informationen zu schützen, musste sie also die Fähigkeiten auf Eis legen. Sie schützte sich selbst, aber sie schützte auch die Informationen.

D: Also musste sie sich damals anpassen und menschlich werden. (Ja)

Ich wusste, dass der Teil, mit dem ich sprach, die Fragen beantworten konnte, die Jane wissen wollte, also wusste ich, dass ich das SC nicht anrufen musste. Es stimmte mit mir überein, dass ich bereits mit ihm sprach. Dies ist manchmal schwierig zu wissen, um den Unterschied zwischen einem Führer oder einer anderen Einheit und dem SC unterscheiden zu können. Das Wesen oder eine andere Stelle hat möglicherweise keinen Zugang zu der Art von Informationen, die benötigt werden. Manchmal wird es mir sagen, dass ich das SC anrufen sollte, weil es die Fragen nicht beantworten kann. Es geht alles auf die Tatsache zurück, dass wir sowieso alle eins sind. Alle anderen Teile von uns selbst sowie das SC sind alle Teil der Quelle. Zuerst klang dies wie ein typischer ET oder Außerirdischer, der diesem kleinen Raumschiff zugeordnet war. Dann klang es wie ein Schöpferwesen, und dann identifizierte es sich als ein anderer Teil von Jane. Es waren also viele Dinge, wie wir alle. So wusste ich, dass ich in der Lage sein würde, Informationen für Jane zu erhalten, ohne das SC zu rufen.

D: Wir können einfach reden und Informationen erhalten, nicht wahr?

J: Ja, und du bist ein sehr wunderbarer Kanal für diese Informationen, und wir danken dir für alles, was du tust.

D: Ich arbeite die ganze Zeit mit dir zusammen.

J: Ja, das tust du.

D: Ich kenne deine Macht und respektiere sie. Aber wenn sie diese Fähigkeiten zurückbringen darf, wird es dann gut sein? Wird es sicher sein?

J: Ja, wir werden die Schutzmechanismen um sie herum schaffen, um das einzubringen. Es gibt viele Menschen auf dem Planeten, die darauf warten, dass diese Informationen durch sie kommen. Es ist an der Zeit.

D: Ich bin sehr beschützend, und wir wollen nichts tun, was ihr schadet oder ihr Leben stört. Sie muss doch hier wohnen.

J: Das ist richtig. Deshalb haben wir ihre Atome umstrukturiert.

D: Erzähl mir davon bitte.

J: Sie halten mehr Kohlenstoff und sind in der Lage, mehr Wasserstoff aufzunehmen, so dass die Ausdehnung der Energie und die Stärke der Energie in ihrem Energiefeld erlaubt ist.

D: Warum mussten die Zellen umstrukturiert werden?

J: Du kannst dir vorstellen, wie viel Frequenz nun durch sie kommen wird. (Ja) Wir wollen also nicht, dass ihr physischer Körper zerstört wird.

D: Mir wurde das schon einmal gesagt. Einige Energien sind so stark, dass sie ihre physischen Körper zerstören könnten.

J: Das ist richtig, und das ist vielen Menschen passiert.

D: Viele Male, wenn deine Art von Wesen versucht, hereinzukommen, kann der Körper des Babys die Energie nicht halten. (Ja) Er bricht ab oder wird tot geboren. Das ist es, was ich gehört habe. (Ja) Sie müssen es also erneut versuchen, indem Sie Anpassungen vornehmen.

J: Dem Fötus geht es gut. Es ist die Mutter, die sich nicht um die Energie kümmert, die den Fötus umgibt.

D: Es ist zu viel für die Mutter. (Ja) Musstest du Jane etwas antun, bevor sie geboren wurde?

J: Oh, ja. Jane trat erst nach etwa sechs Monaten in die Gebärmutter ein, weil sie an ihrem Wirt arbeitete. Der Körper der Mutter. So konnte sie erst nach sechs Monaten im Uterus eindringen.

D: Das Baby wurde also sechs Monate entwickelt, bevor es das Wasser testen durfte, sozusagen?

J: Ja. Aber sie war damit beschäftigt, andere Dinge zu tun. Ich weiß nicht, wie ich es erklären soll, aber im Grunde aktiviert das höhere Selbst des Menschen seine eigene Weisheit, wie man seinen Körper erschafft. Und wie man den Fötus auf zellulärer Ebene strukturiert, damit die Energie eindringen kann.

D: Oft bist du so beschäftigt, dass du erst in letzter Minute kommen willst.

J: Ja. Das ist es, was Jane getan hat.

D: Du meinst die Seele, den Geist, der reinkommen wird?

J: Das ist richtig. Sie kommen nicht rein.

D: Sie strukturieren den Fötus so, wie sie es sich wünschen?

J: Ja. Der Fötus strukturiert sich immer gleich, und wenn der Fötus bereit ist, wird er für die Seele vorbereitet, die hereinkommt, und sie kommt an.

D: Also manipulieren oder verändern sie den Fötus nicht?

J: Nun, das werden sie, ja, aber die Mutter muss die... die Seelen müssen sich formen. Manchmal sagen die Energien oder die Seelen der Mutter, dass sie kommen, dann sind sie damit beschäftigt, andere Dinge zu tun und vergessen manchmal, in den Körper zu kommen.

D: Das passiert?

J: Ja, dann wird das Baby ohne eine Seele im Körper geboren, und das liegt daran, dass andere Dinge Vorrang haben.... das ist alles.

D: Wie kann ein Baby ohne eine Seele im Körper existieren?

J: Nun, der menschliche Körper der Mutter ist so konzipiert, dass er das gesamte Blut und den gesamten Sauerstoff an die Zellen sendet, um es zu erschaffen. Und so übernimmt die Weisheit des menschlichen Körpers die Bildung des eigentlichen Fötus oder der physischen Struktur, damit die Seele ankommt.

D: Der Körper ist eine eigenständige Einheit, nicht wahr?

J: Ja. Es ist also fast wie eine Werksproduktion. Immer wieder weiß der Körper, wie man den Fötus erschafft. Deshalb kann die Seele darauf vertrauen, dass sie später ankommen kann, weil die Arbeit bereits erledigt ist.

D: Deshalb habe ich den Leuten erzählt, dass der Fötus von der Mutter lebt, und ihre Lebenskraft hält ihn am Leben. So muss die Seele nicht im Baby sein, bis sie sich von der Mutter trennt.

J: Nein. Manchmal kommt die Seele und checkt ein, und das passiert, wenn die Mutter das Treten und andere Dinge fühlt. Und sie geht wieder weg, und deshalb kann die Mutter die Tritte nicht vorhersagen, weil die Seele hereinkommt, und etwas von ihrer eigenen Prägung dalässt, und dann wieder geht. Natürlich kann die Seele an vielen Orten gleichzeitig sein.

D: Das ist es, was ich den Leuten sage. Sie muss nicht im Körper bleiben, bis das Baby sich von der Mutter separiert. (Ja) Dann muss es da sein, sonst lebt das Baby nicht mehr. (Ja) Aber du sagtest, alles müsse umstrukturiert werden, damit Jane mit dieser Energie umgehen könne. (Ja) Und sie hat die Erinnerungen an ihre Fähigkeiten als Kind. (Ja) Und jetzt wird sie die hier benutzen können? (Ja) Wie willst du es reaktivieren?

J: Wir werden heute Abend in ihrem Schlaf zu ihr kommen und sie daran erinnern. Sie daran erinnern, wie man sicher damit umgeht und wie man sich bei anderen Menschen verhält. Wie man es sicher lehrt, wie man es sicher anwendet. Es ist sehr mächtig, weißt du. Sie ist bereit.

D: Welche Fähigkeiten wirst du zuerst zurückbringen?

J: Nun, sie muss wirklich an vielen Orten auf einmal sein. Und so wird sie das meistern und es dann lehren.

D: Der Bi-Standort, von dem sie sprach?

Dies war eine weitere der Fähigkeiten, an die sie sich erinnerte, dass Sie sie als Kind hatte. Sie konnte ihren physischen Körper sofort von einem Ort zum anderen bewegen, indem sie nur daran dachte.

J: Ja. Es ist mehr als das. Sie reist viel in die Zukunft und bereitet ihre Zukunft bereits vor. Es wird mehr davon geben, und es wird Reisen in mehrere Länder geben, während gleichzeitig die Bedingungen für ihre Ankunft vorbereitet werden, um ihnen die Informationen beizubringen, die sie benötigen.

D: Werden die Leute sie als einen soliden Menschen sehen?

J: Ja, ja, ja, sie wird verschiedene Formen annehmen.

D: Du meinst, sie wird nicht als Geist durch die Bi-Location reisen?

J: Nein, sie wird eine Form auswählen und annehmen.

D: Wird sie so aussehen, wie sie jetzt aussieht?

J: Nein.... nun, manchmal. Es kommt darauf an, wohin sie geht und wie sie sich anpassen muss.

D: Also werden andere Leute sie als einen physischen Menschen sehen? (Ja) Wird sie in ihrem Körper als Jane wissen, dass sie diese Dinge tut?

J: Ja. Sie macht es bereits. Sie ist sich dessen einfach nicht bewusst.

D: Also ist es okay, wenn sie es jetzt weiß?

J: Ja. Sie hilft den Menschen immer.

Eine von Janes Fragen war über das Gefühl, dass etwas nachts zu ihr kommt. Sie schienen verschiedene Arten von Wesen zu sein.

J: Oh, es sind ihre vielen Aufgaben. Basierend auf dem, was sie im Universum tut, checken die Leute bei ihr ein und lassen sie wissen, wie sie mit ihren Aufgaben umgehen, und bitten sie, an deren Projekten teilzunehmen und dort zu helfen.

D: Sie sagte, dass es sie manchmal stört.

J: Ja, nun, sie ist gerne beschäftigt.

D: Sie sagte, dass sie manchmal das Gefühl hatte, dass Anpassungen vorgenommen wurden.

J: Ja. Es ist sehr schwierig für sie, den Körper ständig zu verlassen, und deshalb müssen wir sie immer wieder so anpassen, dass sie sich jedes Mal, wenn sie in den Körper zurückkehrt, daran erinnert, dass sie in einem Körper ist. Also machen wir das nachts.

D: Wenn sie das versteht, wird es einfacher. (Ja) Welche andere Fähigkeit möchtest du zurückbringen? Willst du, dass sie sie einer nach der anderen beherrscht?

J: Sie wird es gleichzeitig tun. Sie hat viel Bewegung um sich herum und muss lernen, wie man Dinge leichter bewegt, und sie verbraucht weniger Energie, beim Versuch, Dinge zu bewegen. Sie kann sie einfach bewegen.

D: Die Kraft des Schwebens, die sie als Kind hatte? (Ja) Erkläre bitte, was du meinst.

J: Mir wird ein Bild von ihr in ihrem Fahrzeug gezeigt, und manchmal sind Hindernisse auf der Straße, oder es sind andere Fahrzeuge im Weg. Oder andere Situationen, die auf dem Weg, den sie fährt, auftreten, die sie davon abhalten, dort zu sein, wo sie sein muss. Und so werden diese verschoben.

D: Sie wird das einfach wissen und in der Lage sein, sie zu bewegen? (Ja) Das ist ein sehr interessantes Talent.

J: Ja, das ist es. Manchmal vergisst sie, dass ihr Auto kein Raumschiff ist. (Ich lachte.) Sie fährt schnell. Es gibt dort einige größere Projekte. Es gibt einige Vulkane in dem, was die Menschen das "Hawaii-Gebiet" nennen, die sich auf den Ausbruch vorbereiten. Also wird sie mit diesen zusammenarbeiten müssen, um sie zu verlangsamen. Diese Art von Bewegungen.

D: Oh? Das sind Aufgaben, die du ihr nachts gibst? (Ja) Wird sie das in ihrem Schlafzustand machen? (Ja) Sie wird also kein bewusstes Gedächtnis haben?

J: Sie wird sich erinnern. Wir müssen ihr erlauben, sich irgendwann auszuruhen.

D: Auf jeden Fall. Wir wollen sie nicht erschöpfen.

J: Das ist richtig.

D: Wenn sie also diese Aufgaben erledigt, wird sie das Gedächtnis haben? (Ja) Sie muss es nicht allen erzählen, oder?

J: Sie würde nicht die richtigen Worte finden, um es zu beschreiben.

Ich habe ihr noch ein paar weitere Fragen gestellt. Eine davon war, ob sie aus Kanada wegziehen sollte.

J: Sie muss sich bewegen. Es ist nicht ganz an der Zeit. Es gibt eine Menge sehr starker Energie, wo sie lebt, die aufgelöst werden muss. Es gibt eine Menge giftige Energie im Umkreis der Stadt. Es gibt eine Menge Umweltverschmutzung. Ich werde sie daran erinnern, wie man das auflöst und wie man die Luft filtert, aber sie weiß.... sie sieht den Beginn dieser Chemikalie, die sich über der Stadt bildet. Und sie sieht die großen Engel um sie herum, wenn sie hereinfährt.

D: Das ist eine ihrer Aufgaben?

J: Ja. Es gibt eine Menge Verschmutzung dort.... eine Menge Verschmutzung im Wasser.

D: Also muss sie das tun, bevor sie Kanada verlässt. (Ja) Sie wollte den besten Ort kennen, an den sie gehen kann... den idealen Ort, an dem sie sein kann.

J: Sie sollte nach Seattle gehen. Die Leute würden sie dort verstehen. Und es gibt Reparatur-Arbeit, die in dem Land durchgeführt werden muss. Sie werden von Energie überwältigt. Sie wird in etwa einem Jahr, in menschlicher Zeit, dorthin ziehen. Wir werden sie in die Küstengebiete schicken. Es gibt dort eine Menge Arbeit zu erledigen. Sie will sich bewusst mit uns verbinden. Wir bereiten uns auf ein Treffen mit ihr in ihrem Wohnzimmer vor. Was sie will, ist, uns zu sehen, weil sie uns vermisst. Und ihr menschliches Gehirn versteht nicht, dass unsere Form formlos ist. Aber sie möchte uns sehen, und so werden wir von Zeit zu Zeit ankommen. Wir werden eine Form auswählen, mit der sie sich wohl fühlt.

Körperlich: Wir haben einen Körperscan gemacht. "Die Chemikalien sind nicht ausgewogen. Die Hormone. Das endokrine System stellt das jetzt wieder her. Es war überarbeitet. Sie muss etwas entspannen. Ihre Wirbelsäule wurde von so vielen uninformierten Praktizierenden manipuliert, dass wir auch ihre Wirbelsäule neu ausrichten müssen. Sie arbeiteten mit einem anderen Körpertyp, als sie es gewohnt sind. Wir passen es an, aber es wird ein paar Tage dauern. Sie sollte nicht zulassen, dass jemand anderes an ihr arbeitet. Andere Heiler verstehen diesen Körper nicht. Außerdem merkt sie nicht, dass sie die Energien anderer Menschen aufnimmt. Sie muss ihren Magen schützen. Sie spürt diese Dinge dort. (Sie kümmerten sich darum.) Wir schufen einen energetischen Schild in ihrem Bauchbereich, um sie vor den Energien der Menschen zu schützen, mit denen sie arbeitet."

Abschiedsnachricht: Wir sind sehr stolz auf sie und wir wissen, dass sie sehr hart arbeitet. Sie hat eine wichtige Aufgabe zu erledigen, und sie liebt alle. Wir sind mit der Arbeit, die sie leistet, zufrieden.

D: Wir wollten in vergangene Leben gehen, aber du sagtest, das sei nicht wichtig?

J: Nein. Sie hat all ihre multidimensionale Realität integriert. Dieses Leben ist das Wichtigste.

D: Uns wurde also die Kugel gezeigt, weil das eine ihrer Hauptenergien war? (Ja) Und ich musste Sie nicht bitten, sich zu melden. (Nein) Du wusstest, was wir vorhatten, nicht wahr?

J: Das ist richtig.

KAPITEL NEUNUNDZWANZIG

EIN LEHRER WIRD GETÖTET

LORETTA WAR EINE Massagetherapeutin, deren Hauptanliegen viele Erinnerungen an außerirdische Erfahrungen waren. Sie wollte wissen, ob es nur Träume oder ob die Erfahrungen echt waren. Erwarten Sie immer das Unerwartete, denn die Sitzung nahm einige interessante Wendungen. Loretta hat keine Zeit verschwendet. Sobald sie in Trance war, ging sie sofort zu einer großen Pyramide in Ägypten. Sie sah, wie sich eine große Tür in der Pyramide öffnete, und ohne zu zögern ging sie hinein und durch einen dunklen Tunnel. Sie ging an Räumen vorbei, von denen sie wusste, dass sie nicht eintreten durfte, und fuhr fort. Als Antwort auf meine Fragen sagte sie, sie sei eine junge Frau mit langen schwarzen Haaren. Ihre Stimme knackte, als ob sie verärgert und verängstigt wäre. "Es gibt eine ganze Menge Emotionen. Ich habe keine Angst. Es ist Energie. Ich kann es in meinem Solarplexus spüren. Ich glaube, ich spüre die Energie der Pyramide. Es gibt eine Leiter. Ich soll die Leiter hoch und in diesen Raum gehen. Also bin ich in diesem Raum und hier vor mir stehen zwei große Statuen von schwarzen Katzen. Sie bewachen eine Tür. Es sieht so aus, als wäre da hinten ein Licht drin, aber es ist schwarz in der Tür. Ich will wissen, was da drin ist. Hier drüben ist eine Fackel. Ich werde die Fackel nehmen und nachsehen. Nun, es gibt noch eine andere Tür. Ich nehme einen Schlüssel und öffne die Tür. Ich sehe kein Zimmer. Ich sehe nur überall violettes Licht. Ich möchte fragen, ob es eine Botschaft ist. Es heißt: "Weisheit der Jahrhunderte". Er sagte, das ist alles.... Weisheit aller Zeiten. Das ist ein violettes Licht, das ich schon einmal gesehen habe. Ich sehe es oft, und wenn dieses violette Licht kommt, vermittelt es die Weisheit der Zeit."

D: Wie wird es vermittelt?

L: Nur im Wissen... manchmal weiß ich Antworten. Ich weiß Dinge und ich weiß nicht, woher.

D: Magst du es um weitere Informationen bitten?

L: Ich frage nicht. Es kommt einfach. Ich weiß nie, was es mir sagen wird.

D: Was will es, dass du heute weißt?

L: Es kommt aus dem Tempel. (Erstaunt) Kommt aus einem Tempel.... das sind die Worte, die durchkommen, aber ich bin in einer Pyramide. Oh! Es ist ein Tempel, der in der Pyramide gebaut wurde.

D: Bist du in irgendeiner Weise mit dem Tempel verbunden?

Sie erhielt Informationen, dass die von den schwarzen Katzen geschützte Türöffnung die Öffnung zum Tempel war. Das violette Licht war im Inneren. Sie sah, dass es ihre Aufgabe war, mit den Toten zu arbeiten.

L: Da ist eine Platte mit einem Körper drauf, und ich werde den Körper vorbereiten.

D: Was machst du, wenn du den Körper vorbereitest?

L: Es sind Käfer... Käfer und dass sie wie eine Mumie eingewickelt werden.

D: Was meinst du mit Käfern?

L: Käfer.... etwas mit Käfern. Ich habe Käfer auf den Körper gelegt. Es gibt Gläser, und die Gläser enthalten verschiedene getrocknete Pflanzen. Ich habe das auf den Körper aufgetragen, wenn ich den Körper umwickle.

D: Warum machst du das alles?

L: Es ist eine Ehre, den Körper für die Gräber vorzubereiten.

D: Sind die Gräber an der gleichen Stelle?

L: Nein. (Sie wurde emotional.) Es ist, als würde ich die Körper vorbereiten, dann kommen sie und nehmen sie mit.

D: Warum macht dich das emotional?

L: Es scheint schrecklich traurig zu sein. Ich will das nicht tun.

D: Warum ist es traurig?

L: Hat etwas mit den Käfern zu tun.

D: Ich dachte, du wärst traurig, weil die Person gestorben ist.

L: Nein. Das ist nicht schlecht. Ich denke, die Käfer krabbeln über den ganzen Körper, damit sie den Körper essen können.

D: Sind sie unter der Mumifizierung?

L: Ja. Das muss Teil des Prozesses sein. Ich kann jetzt sehen.... sie kriechen auf den Körper. Ich weiß nicht, ob sie im Körper sind.

D: Aber warum macht dich das traurig, wenn es Teil des Prozesses ist?

L: Es bringt Tränen hervor. Ich frage mich, ob die Leiche noch lebt. Würden sie mir jemanden bringen, der nicht tot ist? Vielleicht bringen sie mir Leute, um mich einzuwickeln, um die zu begraben, die nicht wirklich tot sind. Hmm.

D: Kannst du anhand des Blicks auf sie erkennen, ob sie tot sind oder nicht?

L: Nein. Ich glaube, es gibt ein Koma. Sie können sich in einem solchen Zustand befinden und ich weiß nicht.

D: Sie würden nicht atmen? (Nein)

Loretta hatte eine plötzliche Einsicht, die sehr unangenehm war. "Also was ist, wenn das.... vielleicht bin ich es nicht, der sie vorbereitet? Vielleicht ist es jemand, der mich vorbereitet, und ich liege auf dem Tisch? Ich glaube, das war's." Sie wurde sehr verärgert und verängstigt. Ich habe sofort Vorschläge zum Wohlbefinden gemacht. Dass sie in der Lage wäre, objektiv zu sehen, wenn sie es wollte, und darüber zu sprechen. "Sie haben mich eingewickelt, als ich noch am Leben war.... (Gequält…) ... und mich mit Käfern bewerfen. Sie haben mich in ein Grab gesteckt. Ich war nicht tot! (Weint.) ...dachten sie, ich sei tot?" Sie begann schwer zu atmen.

Dieses Tauziehen, ob sie die Beobachterin oder die Teilnehmerin war, war typisch für den Schutz, den das SC unternimmt, um sicherzustellen, dass der Person nicht mehr gegeben wird, als sie vertragen kann. Ich beschloss, sie rückwärts zu bewegen, bevor das passieren würde. Es wäre ein Weg, sie aus dieser unangenehmen Situation herauszuholen und herauszufinden, was dazu geführt hat. Sie begann sich selbst zu beschreiben: "Ich kann den Hinterkopf sehen und ich habe lange, schwarze Haare, und ich bin das junge Mädchen, das ich vorhin gesehen habe. Ich habe Gold in meinen Haaren. Und mir wird gesagt: "Zum Wohle des Volkes. Hmm.... macht keinen Sinn. "Zum Wohle der Menschen werdet ihr begraben werden."

D: Warum? Wie würde das den Menschen helfen?

L: Es scheint, als wäre ich eine sehr freimütige junge Frau, und das wird den Frauen zeigen, dass sie nicht so sein können. Durch ein Beispiel. Ich war sehr freimütig. Ich zeigte ihnen mit gutem Beispiel, wie ich mein Leben lebte, also machten sie ein Beispiel aus mir. Ich sehe das violette Licht. Ich kann mich vor einem Mann stehen sehen und er sagt mir, dass sie ein Exempel an mir statuiert haben. Und jetzt kann ich mich nicht mehr sehen. Ich sehe das violette Licht.

D: Aber du hast gesagt, du lehrst sie mit gutem Beispiel?

L: Ja, ich war ein gutes Beispiel. Dieser Mann wollte nicht, dass ich es ihm beibringe. (Trotzig) Aber, wenn ich etwas Schlechtes lehrte, warum sollte ich das violette Licht sehen? Ich sehe, wie sie mich wegzerren. Zwei Männer.... einer auf jedem meiner Arme mit schleppenden Füßen. Sie schlugen mich auf die Seite des Kopfes. Das haben sie mit mir gemacht. Sie müssen mich einfach k.o. geschlagen haben. Dann brachten sie mich zu.... legten die Käfer auf mich und trockneten das Zeug, wickelten mich ein und legten mich in eine Box! Sie dachten, ich sei tot. Sie haben mich lebendig begraben!

Das alles war sehr emotional für sie, und ich musste mich immer wieder daran erinnern, dass das SC der Person nie mehr zeigen würde, als sie verkraften konnte. In vielen Fällen hat sich das SC geweigert, dem Klienten von gewalttätigen oder schrecklichen vergangenen Leben zu erzählen, weil er sie nicht verärgern wollte. In diesem Fall muss es gedacht haben, dass es wichtig für sie war, diese beunruhigende Information zu erhalten. Ich brachte sie von dieser Szene weg, damit sie die Emotionen nicht erleben musste. Ich wollte immer noch herausfinden, wofür sie bestraft wurde. Was hatte sie getan, um einen so drastischen Tod zu verdienen? "Warst du Lehrerin?"

L: Ich habe Magie unterrichtet. Magie ist gut. Es hatte mit den großen, schwarzen Katzen zu tun. Ich sehe, was an diesem Ort passiert ist.

Es gab einen Kreis von Frauen im Tempel mit den beiden Katzen. Ich lehrte sie im Kreis und ich denke, ich lehrte sie möglicherweise, was das violette Licht mich lehrte.

D: Du sagtest, die Weisheit der Zeitalter?

L: Ja. Den Männern gefiel es nicht.

D: Sie wollten nicht, dass die Frauen diese Dinge wissen? (Ja) Deshalb haben sie beschlossen, dich zu töten?

L: Ja. Wenn du diese Dinge tust.... schau, was mit dir passiert.

D: Sie wollten dem Rest von ihnen Angst einjagen. (Ja) Nun, jetzt bist du aus diesem Körper heraus und kannst das ganze Leben aus einer anderen Perspektive betrachten. Jedes Leben hat einen Zweck. Gibt es etwas, das du aus diesem Leben gelernt hast?

L: Ich habe gelehrt, was ich für richtig hielt, und wurde in einer Kiste versiegelt.

D: Also, was glaubst du, was du gelernt hast?

L: Um vielleicht härter zu kämpfen, für das, woran ich glaube.

D: Auch, wenn du dafür getötet wurdest?

L: Entweder man kämpft härter für das, woran ich glaubte, oder man sagt, dass ich unnötig gestorben bin. Ich mag es nicht, unnötig zu sterben. Ich weiß nicht, warum es ein Kampf sein muss.

D: Glaubst du, das war es, was es dir beibringen wollte? Du kannst für das kämpfen, woran du glaubst?

L: Ja, sie hatten bereits das Schlimmste getan. Einer meiner Lieblingssprüche ist: "Was habe ich zu verlieren?"

Als ich sie von dieser Szene wegzog, um zu versuchen, ein anderes Leben zu finden, sah sie sich einfach im Raum schweben, ohne einen Körper. Es gab nur das sehr gute Gefühl, Energie zu sein. Es war ein friedlicher Ort, an dem sie sich von allem getrennt fühlte. Ich versuchte, sie zu etwas anderem zu bewegen, aber: "Ich sehe nichts als Energie vorbeiziehen. Es sind Blobs. Violette Flecken.... dunkleres Violett und Grau und Orange. Ich scheine in einer Welt des Lichts zu sein. Viel Energie. Ich bin immer noch in dieser Energiewelt, in der diese Farben auf mich zukommen."

D: Sollst du diese Energie in irgendeiner Weise nutzen?

L: Mir wurde gesagt, ja. Um diese Energie zu nutzen.... farbige Lichter. Wie soll ich diese Energie nutzen.... mit meinen Augen?

Wie mache ich das.... indem ich einfach nur zuschaue und bin? Ist das so einfach? Es ist so einfach. Ich projiziere die Energie mit meinen Augen. Sie lehren mich, mich zu konzentrieren.

D: Wohin geht es, wenn man es fokussiert?

L: Zu der Person, mit der ich arbeite. Ich arbeite mit alten Menschen. Ich arbeite mit jungen Menschen. Ich arbeite mit Leuten auf der Straße.

D: Nur indem du sie ansiehst?

Loretta war offensichtlich eine der Zweiten Welle.

L: Ja. Die Leute kommen zu mir, um zu reden, und sie wissen nicht, warum. Es liegt an mir, sie mir anzusehen.

D: Das erfordert keine Anstrengung, oder? (Nein) Wusstest du, dass du das tust?

L: Ich dachte kürzlich, vielleicht. Ich weiß, dass ich mehr mit meinen Augen mache; besonders bei alten Menschen, weil meine Augen ihre Aufmerksamkeit erregen und sie dann auf mich hören.

D: Ist das Loretta, über die wir hier reden? (Ja) Du bist also in Loretta's Körper gekommen? (Ja)

Dann änderte sich die Stimme und sie identifizierte sich als jemand oder etwas von einem Schiff, von dem man sagte, dass es ihr Schiff war. Sie begannen, Energie in ihren Körper zu leiten, um zu heilen und es ihr leichter zu machen, die Energie, mit der sie arbeiten würde, zu bündeln.

L: Sie sieht die Leute an und sie werden besser. Ob es nun körperliche oder geistige Dinge sind. Sie arbeitet mit Menschen zusammen und sie wissen es nicht einmal, aber sie werden besser. Sie hat das getan, aber sie wusste es nicht. Es ist in Ordnung für sie, es jetzt zu wissen, denn das ist ihre Arbeit. Sie wird reisen, Leute treffen. Genau wie der Wind. Der Wind berührt viele Menschen. Und es ist so einfach. Es muss nicht schwer sein. Gehe dorthin, wo der Geist dich hinschickt. Oh, da ist etwas Größeres. Sie wird mit einem anderen Licht arbeiten. Dieses andere Licht ist goldgelb und hell. Erschließe eine größere Erfahrung.... eine größere.

Ich habe nach mehr Informationen über das Schiff gefragt. "Warum interessiert es sich für Loretta?"

L: Da steht: "Du bist meine Tochter. Du wirst mit deinen Augen arbeiten. Du bist ein Kind des Lichts."

Die Informationen blieben stehen, als ich nach mehr Informationen über das Schiff fragte. Sie schien Angst zu haben, und das überschritt die Kommunikation. Also rief ich das SC an und fragte, warum es das Leben wählte, das wir durchgemacht hatten.

L: Sie müssen nicht alle so sein. Es war falsch, das zu tun, und sie muss das nicht noch einmal tun. Sie denkt, dass sie immer bestraft wird, wenn sie die Wahrheit sagt. (Sie wechselte zur ersten Person, was bedeutete, dass Loretta versuchte, sich einzumischen.) Ich denke, dass ich in vielen, vielen, vielen, vielen Leben bestraft wurde und vielleicht weiß ich jetzt nicht, wie ich es in diesem Leben akzeptieren soll.

Ich benutzte positive Vorschläge, um die Dinge, die in diesem Leben geschahen, loszulassen, damit sie sie nicht mehr festhalten konnte. Dies dauerte eine Weile, bis sie ausrief: "Ich habe es gesehen. Ich habe gesehen, wie die Energie freigesetzt wurde!" Ich kam dann auf die Fragen zurück und betonte, dass sie es dem SC gestatten sollte, zu antworten.

D: Sie hatte einen Vorfall, der vor Jahren geschah, als sie in Edmond, Oklahoma, lebte, wo sie einige Wesen in ihrem Zimmer sah. Sie wollte wissen, was mit ihr in dieser Nacht passiert ist. Kannst du ihr davon erzählen? War es ein echtes Ereignis?

L: Ja. Es war eine Freundin, die wegen ihr zurückkam. "Ich bin zurückgekommen, um dich für eine Weile nach Hause zu bringen."

D: Wohin hat sie sie gebracht?

L: Zu einem blauen Planeten. Es gab Bäume und Gras, aber, wenn man den Planeten aus dem Weltraum betrachtet, sieht er blau aus. Dort gibt es auch eine Stadt. Sie nennen sie die Goldene Stadt.

Glückliche Menschen. Sie hatten eine Feier, um ihre Heimkehr zu feiern. Sie war schon eine Weile weg.

D: Wenn sie glücklich war, warum hat sie dann diesen Ort verlassen?

L: Soll Hilfe geben.... freiwillig, um dem Universum zu helfen. Sie meldete sich freiwillig, um ein Mensch zu sein.

D: Wie sollte sie sich freiwillig melden, um zu helfen?

L: Indem du ein Mensch bist. Mit ihrer Energie helfen.

D: Als die Erfahrung in dieser Nacht begann, sah sie etwas, das wie ein Dreieck aussah.

L: Ja. Strahlend weiße Dreiecke! Es geht zurück auf das Raumschiff. Direkt zurück zum Raumschiff in einem Lichtstrahl. Die Dreiecke waren an der Decke. Sie sind Energie. Das ist die Energie, die nötig war, um sie dazu zu bringen, durch den Tunnel zu gehen.... durch das Wurmloch.

D: Um sie für einen Besuch zurückzubringen?

L: Ja, und sie waren aus weißem Licht gemacht. Die Dreiecke waren die Energiequelle. Und die Dreiecke waren auch Lichtwesen. Sie waren Energiewesen. Es brachte mich zurück zu dem Schiff, das den Lichtstrahl auf mir hatte. (Loretta begann wieder einzuspringen.) Ich glaube nicht, dass all diese Schiffe gut sind. Sie wollen an mir arbeiten. Ich erinnere mich, dass ich auf einem wirklich kalten Tisch lag, ohne Kleidung. Sie sind alle um den Tisch herum.

D: Frag sie, warum du da bist.

L: Wir versuchen, dir zu helfen. Mir bei was zu helfen? (Fragt sie.) Ihr müsst mit mir reden. Sie kennen meine Sprache nicht. Was meinst du damit, du kennst meine Sprache nicht? Ich kann dich hören. Sie sagten, sie wollten mir helfen. Ich glaube nicht, dass sie versuchen, mir zu helfen. Sie haben mich festgehalten. Das hilft mir nicht weiter. (Trotzig.) Warum stecken sie eine Sonde in meine Nase zu meinem Gehirn? (Verärgert) Du willst, dass ich dir das antue?

D: Sag Loretta, warum das passiert. Erkläre es ihr. Sie wird keine Angst haben, wenn du es ihr erklärst. Menschen lassen sich gerne Dinge erklären.

L: Die Hypophyse optimieren.... optimieren?

D: Warum muss es optimiert werden?

L: Nicht groß genug.... mehr Wissen.

D: Möchtest du, dass sie in der Lage ist, etwas von dem Wissen, das sie vorher hatte, zurückzuholen?
L: Ja. Menschen helfen.

Sie erklärten, dass sie nicht diejenigen seien, die ihr das Wissen schicken würden. Es würde von woanders kommen, aber die Hypophyse musste groß genug sein, um sie zu empfangen. Dann wurde sie wieder wütend. "Sie haben etwas in meine Vagina gesteckt. Eier? Willst du Eier?"

D: Warum willst du die Eier?
L: Embryo.... außer... für sie? -Sie heben es für mich auf?
D: Warum müssen sie für Loretta aufbewahrt werden?
L: Ein anderes Leben. Zukunft... zukünftiges Leben.
D: Warum müssen sie für dieses Leben gerettet werden?
L: Biologie ist jetzt wichtig.
D: Was meinst du damit? Wird sie im zukünftigen Leben nicht in der Lage sein, ihre eigenen Eier zu produzieren?
L: Nicht so.
D: Was ist daran anders?
L: Die Dinge ändern sich.... mutieren... mutieren... verwandeln... mutieren... mutieren.
D: Meinst du, sie sind es jetzt, oder sie werden es tun oder was?
L: Jetzt... die Dinge sind jetzt anders. Eier sind jetzt anders.
D: Sie ändern sich? (Ja) Und du willst sie bewahren?
L: Ja. Ich komme vielleicht nicht mehr in diesen Zustand zurück.
D: Ändern sie sich zum Guten oder werden sie schlechter oder was?
L: Nicht schlechter.... nur anders. Sie werden später verwendet.
D: Also werden sie in Zukunft die Eier nicht mehr so herstellen?
L: Nein, nicht so.
D: Was verursacht die Veränderung der Eier?
L: Vibration.
D: Ich weiß, dass die Vibrationen den Körper verändern. (Ja) Aber es verändert auch die Eier?
L: Ja.... die DNA verändert sich.
D: Aber sie kann keine Kinder mehr bekommen. Macht das einen Unterschied?
L: In diesem Leben bekommt sie keine Kinder.

D: Aber die Eier sind immer noch lebensfähig?

L: Muss so sein.

D: Also müssen die Eier genommen und aufbewahrt werden? Ist es das, was du meinst? (Ja) Damit sie ihr in einem zukünftigen Leben implantiert werden können? (Ja) Was wird mit den Eiern im zukünftigen Leben nicht stimmen?

L: Nicht falsch.... nur anders. Dies scheint eine besondere Zeit des Tragens wirklich hoher Vibrationen zu sein. Es bringt die Dinge dazu, sich zu ändern.... lässt die Dinge ihre Macht mehr behalten.

D: Aber in Zukunft werden die Eier nicht mehr so hoch schwingen?

L: Nicht für sie. Sie wird in Zukunft keine Eier mehr produzieren.

D: Werden die Leute aufhören, Eier herzustellen, oder ist es nur sie?

L: Ich kann es nicht wirklich sagen. Das wird sie nicht. Sie hat in Zukunft etwas anderes zu tun, und Kinder werden anders sein.... verschiedene Prozesse, nicht wie hier auf der Erde. Also hebt sie die Eier auf, um später im neuen Prozess mit ihnen zu arbeiten.

D: In dieser Zeit wird sie es verstehen?

L: Ja, sie wird es verstehen. Sie wird es in dieser Zeit wissen.

D: Wird sie einen physischen Körper haben?

L: Wahrscheinlich nicht.

D: Werden die Eier zur Produktion anderer Menschen verwendet?

L: Andere Hybride.... nicht menschlich. Es wäre ein sehr vibrationsstarker Hybrid. Vielleicht auf der neuen Erde!

D: Es klingt so, als würde es sehr wichtig sein.

L: Ja. Es gibt ein Team, das solche Dinge tut. Sie ist Teil davon.... ein Team.

Abschiedsnachricht: Liebe dich selbst. Liebe dich selbst. Das tun wir.

KAPITEL DREIßIG

DIE INFORMATIONSFLUT

EVELYN WAR EINE KRANKENSCHWESTER, die mit sterbenden Patienten arbeitete. Sie zeigte großes Mitgefühl und genoss diese Art von Arbeit. Sie wollte jedoch von einem vermuteten Ufo-Vorfall wissen. Sie hatte eine Erinnerung daran, dass sie in ihrem Zimmer besucht wurde, und das war es, was sie während der Sitzung erkunden wollte. Sie hatte auch irrationale Erinnerungen daran, Außerirdische in einem Inkubator zu sehen und die Animation zu unterbrechen. Als sie in Trance war, brachte ich sie am angeblichen Tag des Vorfalls, kurz vor dem Schlafengehen, zu ihrem Haus zurück. (Was ich den "Hintertür"-Ansatz nenne.)

Sie beschrieb ihre kleine Wohnung und sagte, dass ihre Katze und ihr kleiner Hund gerne mit ihr in ihrem großen Bett schlafen würden. "Wir holten den Hund (einen Cockapoo) aus dem Tierheim, und das Kätzchen war obdachlos. Ich habe ihn schon seit Jahren. Sie haben ein gutes Zuhause. Sie sind verzogen." In dieser Nacht war sie unruhig und hatte Schwierigkeiten beim Einschlafen, obwohl es nach Mitternacht war. Dann begann etwas zu geschehen, das diese Nacht anders machte. "Diese Figur kam durch die Decke. Ich bin überrascht. Die Tiere sehen es, aber es gibt nichts, was sie tun können." Ich bat um eine Beschreibung, und jetzt beschrieb sie zwei Wesen: "Sie haben lange Arme... menschliche Arme... menschliche Arme... sie haben Kleidung.... schwarze Anzüge an... und schwarze Hemden... schwarze Schuhe..."

D: Sie fügen sich in den abgedunkelten Raum ein, nicht wahr? Wie sehen ihre Gesichter aus?

E: Fast menschlich, aber sie sind nicht menschlich.... große schwarze Augen und rund, wie ein Mensch, aber sie sind größer. Keine Emotionen. Sie reden nicht. Sie lächeln nicht. Sie sehen nicht wütend aus. Sie sehen gar nicht aus.... nur ein Gesicht.... kurze dunkle Haare.

D: Was passiert?

E: Hat meinen Arm gezogen.... meinen rechten Arm, aber er hat ihn an der falschen Stelle gepackt oder so. Es tut weh. (Ich habe Vorschläge gemacht, dass es sie nicht stören würde.) Stark... er ist sehr stark. Er zieht mich an meinen Armen. Der auf der anderen Seite ist vorsichtiger, schätze ich, aber der rechte, er zog meinen Arm.... und ich bin schwer. - Wir sind durchs Dach gestiegen.

D: Sie müssen stark sein, wenn sie das können.

E: Sie müssen nicht stark sein. Es funktioniert auf andere Weise. Es hat etwas mit der Schwerkraft zu tun. Sie wissen, wie man das macht.

D: Also gehst du zur Decke hoch?

E: Nein, wir sind schon über dem Dach.

D: Wie fühlte es sich an, durch das Dach zu gehen?

E: Lustig. Wenn man da hindurchgeht, wird man eins mit dem Dach. Man spürt die ganze Dachkonstruktion, aus der sie besteht, und sie sehen aus wie Luftblasen oder so. Die Decke wird anders. Fast wie ein Gemälde und nicht wirklich existierend.

Es gab mehrere ähnliche Fälle, die bei Custodians gemeldet wurden. Zuerst war es für die Menschen verwirrend, zu entdecken, dass sie dazu in der Lage sind. Die ETs erklärten, dass die molekulare Struktur der Person aufgelöst wurde, um der Struktur des Objekts, durch das sie gingen, zu entsprechen. In jedem dieser Fälle wurde die Person von zwei Wesen begleitet, eines auf jeder Seite. Als ob das notwendig wäre, um ihnen zu helfen, durch feste Gegenstände zu gehen und zum Schiff zu gehen.

E: Das hat mich überrascht. Wir sind gerade noch hindurchgegangen. Jetzt bin ich draußen und schaue auf das Gebäude. Es geht zu schnell. Ich weiß nicht mal, was ich denken soll.

D: Wohin gehst du? Kannst du sehen?

E: Nein... irgendwo nach oben, aber ich kann nichts sehen. Es geht sehr schnell.

D: Was ist das nächste, was du siehst?

E: Es ist ein Raum. Es ist dunkel. Irgendwo gibt es Licht, aber es ist immer noch dunkel hier. Keine Fenster.... keine Türen.

D: Sind diese beiden Wesen noch bei dir?

E: Ja. Sie stehen direkt hinter mir. Ich denke, das passiert nicht wirklich gerade.

D: Was meinst du damit?

E: Das ist ein Schiff. Das ist ein Raumschiff, und die beiden Typen hinter mir sind keine Menschen. Meine logische Schlussfolgerung sagt mir also, dass mich jemand einfach mitgenommen hat.

D: Woher weißt du, dass es ein Raumschiff ist?

E: Woher weiß ich das? Ich weiß es einfach.

D: Was passiert als nächstes?

E: Nichts. Wir stehen nur da und warten auf etwas.

Ich hatte keine Möglichkeit zu wissen, wie lange das dauern würde, also ließ ich sie die Zeit verdichten, damit sie sehen konnte, worauf sie warteten. Dann sah sie, wie Lichter in einem langen Flur aufgingen und eine Kreatur näherte sich ihr. "Diese Kreatur ist sehr, sehr groß. Er ist sehr nett, aber ich erinnere mich nicht, dass ich so etwas schon mal gesehen habe. Sein Gesicht ist wie eine Birne geformt.... kein Haar und kein Kinn, und er ist sehr intelligent, klug. Ich glaube, er ist eine Art Anführer. Seine Haut ist ganz anders als unsere. Es ist fast so, als hätte er eine feste Haut, keine Kleidung, keine Schuhe oder so."

D: Was meinst du mit fester Haut?

E: Keine Poren, die auf der Haut atmen, wie es Menschen haben. Aber es ist weich. Es ist sehr, sehr weich.... dünne, sehr, sehr lange Finger.

D: Wie viele Finger?

E: Vier Finger, aber sie sind fast gleich lang. Es scheint, als gäbe es einen Daumen, aber ich denke, dass diese nicht wirklich auf die gleiche Weise angeordnet sind, sie sind nur näher beieinander.

D: Hat er Augen, Nase und Mund wie wir?

E: Ja, aber er benutzt sie nicht. Sie haben nicht wirklich eine Funktion. Er benutzt seine Nase nicht zum Atmen. Und er benutzt seinen Mund nicht zum Essen oder Trinken. Und er hat auch keine Zähne oder eine Zunge. Es ist einfach da, für… ich weiß nicht, Dekoration oder so.

D: Was ist mit seinen Augen?

E: Sie sind lang, oval geformt.... sehr hübsch. Ich habe diese Farben noch nie zuvor gesehen. Genau wie meine.... grünliches Blau... die gleiche Farbe wie meine. Er muss die Augen nicht so benutzen, wie wir es tun. Er sieht, aber alles was er tut, macht er im Kopf. Er benutzt sie nicht zum Lesen oder für eine der Funktionen, die wir ausüben, aber es sind auch sehr empfindliche Augen.... sehr weich.

Zu diesem Zeitpunkt begann Evelyn zu husten und es fiel ihr schwer, aufzuhören. Ich gab ihr Tipps, um es zu erleichtern, damit wir weitermachen konnten und es sie nicht ablenken würde.

E: Er erzählt mir etwas über meine Lungen. Verschmutzt.... zu verschmutzt.

D: Kann er deine Lunge sehen?

E: Ja. In seinem Kopf.

D: Er kann in deinen Körper sehen?

E: Er muss es nicht sehen. Er kann es spüren. Er weiß einfach alles.

D: Gibt es etwas, was er gegen die Lunge tun kann, oder ist es das, was er tut?

E: Er macht viele Dinge. Er macht alles. Er sagt, dass unsere gesamte Umwelt verschmutzt ist.

Evelyn hatte immer noch Probleme beim Husten, also musste ich mehr Vorschläge machen.

E: Er sagte, dass die Verschmutzung einen entscheidenden Punkt erreicht hat, also muss sie gereinigt werden. Das Klima selbst.... er zeigte mir, dass große Winde kommen müssen, um die ganze Verschmutzung wegzublasen.

D: Ist es möglich, das zu tun?

E: Alles ist möglich, weißt du. Er versucht, es mir in Worten zu sagen, die ich verstehen kann, und sagt, wenn die großen Winde auf die Oberfläche kommen und im Uhrzeigersinn um die Erde kommen, mit irgendeiner Art von Elementen oder Energien darin, braucht es nur das ganze dunkle, graue Gift. Die Verschmutzung ist nicht nur die Luftverschmutzung, es sind all die menschlichen und negativen Emotionen, die die Umwelt verschmutzen. Es ist alles verbunden. Er zeigt, dass alles kombiniert ist.... dass alles eins ist.

D: *Aber, wenn sie einen starken Wind schaffen, der kommt und versucht, das wegzublasen, wird das die Menschen betreffen?*

Zu diesem Punkt konnte ich sagen, dass Evelyn nicht mehr als Beobachterin fungierte, die nur Antworten von der Entität erhielt. Wie üblich übernahm das Wesen die Leitung und begann, die Fragen direkt zu beantworten. Oder es könnte das SC gewesen sein, weil es anfing, die gleiche Terminologie und Formulierung zu verwenden, mit der ich vertraut bin. Jedenfalls wurde Evelyn aus dem Gespräch genommen. Wenn dies geschieht, kann ich Antworten direkt erhalten, ohne den zensierenden Gedankenfilter der Person zu durchlaufen.

E: Es müsste die Menschen nicht töten, denn die Kombination des Windes würde Energiepartikel enthalten, wie Energiekräfte, die in diesen Wind eingebaut sind. Hunderte und Aberhunderte von verschiedenen Partikeln drinnen. Es würde nicht nur die Luft reinigen, sondern auch die Vibrationen beseitigen. Es würde den menschlichen Körper wie eine Energiewelle durchblasen und ihn und all die Berge, Flüsse und Tiere reinigen, also ist es nicht nur ein Wind. Es besteht aus vielen verschiedenen hundert Komponenten. Er sagte, ich würde es nicht verstehen.

D: *Also ist es nicht wie ein Hurrikan oder so ein Wind?*

E: Sehr starker Wind, aber er enthält auch Energie. Es bläst einfach über den ganzen Planeten.

D: *Wir betrachten starke Winde immer als destruktiv.*

E: Dies ist die Simulation, bei der sie sich im Uhrzeigersinn um den Planeten drehen würde wie ein Wind, ein Nebel im Wind. Es ist ein starker Wind, aber er wird keine Schäden wie ein Hurrikan verursachen. Es ist wie eine neblige, saubere, klare Energie. Es wird eine Menge neutralisierende Energie haben. Sie werden

Energien, schlechte Energien, Gift, Elend, Depressionen, Geld.... neutralisieren, keine dieser Dinge würde auch nur eine Rolle spielen. Wenn dieser Wind durch den Planeten weht, würden die Menschen Dinge vergessen, die in der Vergangenheit passiert sind. Amnesie, sie hätten eine Amnesie. Diese Partikel würden viele Dinge klären.

D: *Was meinst du damit, sie würden Dinge vergessen, die in der Vergangenheit passiert sind?*

E: Sie werden einen Neuanfang haben.

D: *Du meinst, sie werden die Dinge vergessen, an denen sie sich festgehalten haben?*

E: Nein. Was auch immer sie hatten, sie werden es haben, aber sie werden die Dinge jetzt viel anders sehen.... eine andere Perspektive, eine andere Ansicht, ein anderes Verständnis, ein anderes Bewusstsein. Das ist der einzige Weg, wie wir diesen Planeten reinigen können. Es ist so viel Schaden entstanden.

D: *Glaubst du, dass es alle Menschen hier betreffen wird?*

E: Oh, ja.... der ganze Planet. Es muss. Wir können nicht einfach die Hälfte und nicht die andere Hälfte machen.

D: *Aber einige Leute sind so tief in der Negativität.*

E: Das spielt keine Rolle. Sie werden stärker. Es wird ihnen Amnesie von den schlechten Dingen geben, und sie müssen mit den guten Dingen weitermachen.... viel Licht und Liebe. Es wird meistens ein Ende der Zeit bedeuten und wir haben nur eine neue Seite. Keine Frage zu deiner Vergangenheit. Darauf freuen sich viele. Sie wissen, dass etwas kommt.

D: *Sie wissen, dass es Zeit ist, die Vergangenheit loszulassen?*

E: Ja, und arbeite mit einem Leitlicht.... arbeite mit dem Universum.

D: *Aber, wenn du das tust, gehst du gegen ihren freien Willen vor?*

E: Nein, denn Zeit existiert nicht, also setzen wir dieser Zeitrechnung einfach ein Ende. Und wenn sie in der nächsten Inkarnation an einen anderen Ort gehen sie können sie damit weitermachen meinetwegen. Einfach Verschieben, wenn man sich die Zeit nehmen will, verschiebe sie einfach.

D: *Aber ich dachte, dass der freie Wille so wichtig ist. Ich dachte, sie dürften sich nicht in den freien Willen einmischen.*

E: Wir verstehen, was du sagst, aber wir werden mehr Zeit haben, es zu erklären. Sagen wir es mal so. Priorität.... ihr habt Priorität.

Unsere Priorität ist... nein, das ist keine gute Erklärung. - Wir sind eine. Wir sind Gott.... mit Gott... Energie. Du spielst deine Spiele seit vielen, vielen Millionen Jahren. Du bist in einem kleinen Laufstall und wir beobachten dich die ganze Zeit beim Üben deiner Spiele. Aber du schädigst den Laufstall, und wir wollen nicht, dass sich diese Krankheit auf andere ausbreitet, die sich noch im Lernprozess befinden.

D: Mit anderen meinst du andere Planeten?

E: Andere Planeten.... andere Wesen, die immer noch irgendwie in einem Sandkasten stehen und spielen.

D: Sind wir nicht alle in unterschiedlichen Lernphasen?

E: Du lernst, was du lernen möchtest, aber du weißt es bereits. Du hast wirklich nichts zu lernen. Du bist Gott. Ihr seid das Allwissende aller Lichter. Wir sind alle Licht.

D: Aber du weißt, wenn wir auf die Erde kommen, vergessen wir all diese Dinge.

E: Weil man sich dafür entscheidet, im Sandkasten des freien Willens zu spielen. Und du kannst tun, was du willst, also ist es wirklich nicht störend, weil du den Gott als einen nicht stören kannst. Es ist einfach eine Entscheidung. Du spielst im Sandkasten und wir beobachten dich, und wir wollen sicherstellen, dass dein Spiel nicht wie bei kleinen Kindern außer Kontrolle gerät. Es läuft außer Kontrolle, also haben wir dich mit der Zeit spielen lassen, und jetzt räumen wir einfach den Sandkasten aus. Das ist alles. Einfach die Dinge verschieben.

D: Wenn wir also in diese neue Zeit einziehen, wird dann, wie du gesagt hast, etwas mit der alten Erde passieren? Wir sprachen über die Winde, aber wird sonst noch etwas passieren?

E: Wasser.... steigendes Wasser... läuft aus dem Ruder, Ozeane und sehr große Wellen. Es ist nicht nur, dass der Wind unsere Oberfläche reinigen wird, sondern er wird auch dem Planeten helfen, sobald er den Planeten durchquert hat, nicht nur die Oberfläche, den ganzen Planeten von innen und außen. Innen.... außen.

D: Ich weiß, dass es Städte unter der Oberfläche gibt, nicht wahr?

E: Ja.... für sie, damit sie auch ihren Sandkasten aufräumen können... einige von ihnen. Also machen wir den Job trotzdem. Sie sind nicht alle perfekt, und einige spielen sogar noch schmutzigere

Spiele als die auf der Oberfläche. Also lasst uns alle reinigen. Du denkst, dass sie alle sterben müssen. Das bedeutet das nicht. Es ist nur so, dass diese Windvibrationen innen und außen durchdringen.

D: Ich dachte, Wasser wäre auch eine Reinigung.

E: Oh, es braucht viel mehr als Wasser, um den Sandkasten zu reinigen. Jede einzelne Sache wird sich auf eurem Planeten ändern. Es tut mir leid, dass ich die Details nicht erklären kann, aber jede einzelne Sache wird sich von dem, was du heute erlebst, ändern. Wir haben das Wissen, das wir heute haben, weil wir nie wirklich zum Spielen gegangen sind. Das haben wir nicht gewählt. Viele taten es, was in Ordnung ist, das ist es, was sie tun. Wir blieben im Licht. Zu allen Zeiten der Menschheit haben wir uns nicht dafür entschieden, aber das bedeutet nicht, dass wir nicht wissen, was auf deinem Planeten oder anderen Planeten vor sich geht. Die Schwingung des Planeten wird höher sein. Obwohl sie noch nicht in der Lage sein werden, die Schwingung, die wir tragen, zu gewinnen, wird es dennoch bedeutende Veränderungen geben. Die Frequenzen ändern sich. Wie Radiowellen Frequenzen.... Energiekörper, Energien.

D: Werden wir unsere physischen Körper behalten?

E: Viele können, absolut, ja, mit einigen Änderungen. Veränderungen werden vom Licht, von den Nahrungsmitteln kommen. Die Menschen werden mehr in Frieden mit der Umwelt und mit ihrem Körper leben. Sie werden verstehen, dass der Zweck dieses Körpers darin besteht, dem Zweck des Spiels zu dienen. Und so werden sie angewiesen, diesen Körper so auszurichten, dass er dem Spiel entspricht, das sie spielen. Sie werden bewusster sein - wenn das das richtige Wort ist - bewusster gegenüber ihrem Körper, bewusster gegenüber dem Geist, wacher und erwachter gegenüber dem Spiel.

D: Wie werden sich die Körper verändern?

E: Sie werden sprudelnder sein.... schwingender.

D: Werden wir immer noch Essen konsumieren?

E: Nun, du wirst aufhören, Tiere zu töten, um sie zu essen, denn das Essen der Schwingungen einer Kreatur wird dich jetzt sehr, sehr krank machen. Du wirst mehr wässrige Dinge essen, und wenn du deine Nahrung pflanzt, wirst du nicht auf pure Menge, sondern qualitativ mit Liebe anpflanzen. Und es wird die höheren Schwingungen einbringen, wenn du deine Bäume pflanzt, und die Früchte werden höher schwingen, so dass du nicht mehr so viel essen musst.

D: Wir werden das Essen nicht wirklich brauchen?

E: Nicht wirklich... nur minimal, um den flüssigen Teil aufrechtzuerhalten. Er enthält mehr Flüssigkeit als Feststoff. Alles, was du pflanzt, wird andere Schwingungen haben. Die Wurzeln der Pflanze, die du in den Boden legst, pflanzt du in einer höheren Schwingung, weil deine Hände und deine Gedanken, dein Geist, eine geistig höhere Schwingung, in die Pflanzung geben, so dass alles mit einer höheren Schwingung ausgerichtet ist.

Während des Interviews hatte Evelyn erwähnt (und es war eine ihrer Fragen), dass sie nun vom Essen angewidert war. Ich fragte mich, ob das die Ursache war. "Erhöht ihre Vibrationen zu schnell. Sie ist sehr stur und jetzt macht sie das Essen krank."

D: Warum passiert das?

E: Sie will die Schwingung schneller erhöhen, und so ist der Körper nicht konform mit den Informationen, die sie unterbewusst kennt. Wir verstehen nicht, warum. Wir können den Körper nicht richtig synchronisieren. Aus irgendeinem Grund kristallisiert der Körper nicht. Wir hatten einige Probleme im physischen Körper, ihn zu kristallisieren, um die höchste Schwingung einzubringen.... ihre ursprüngliche Schwingung. Wir sehen ihre Gedanken, dass sie Essen mag; das aufgibt, was sie vermissen wird, aber wir müssen es schneller machen.

D: Aber du weißt, dass sie essen muss, um am Leben zu bleiben.

E: Sie bleibt mit ihren guten Flüssigkeiten am Leben und ihr Kristall braucht Reinheit. Um die Schwingung im Körper zu erhöhen, musst du den Körper kristallisieren und von Vergiftungen im Körper reinigen. Er braucht einen schnelleren Prozess. Je mehr wir am Körper arbeiten, desto giftiger wird er durch die Erde, so dass er einen Schritt vorwärts, zwei Schritte rückwärts.... einen vorwärts... zwei rückwärts... zwei rückwärts... kann damit aus irgendeinem Grund nicht Schritt halten. Wir machen viele

Abstimmungen und viele andere Dinge mit dem physischen Körper.

D: Meinst du, sie widersetzt sich dem aus irgendeinem Grund, oder ist das das das richtige Wort?

E: Viel Traurigkeit, dass sie nicht wusste, was sie tun sollte, und der Grad des Widerstands.... die Traurigkeit davon.

D: Woher kommt die Traurigkeit?

E: Einsamkeit auf der Erde, sehr, sehr, sehr einsam. Wir verstehen, dass sie nach Hause kommen will. Wir wissen das, und es macht sie sehr, sehr traurig.... sehr einsam.... Isolation... isoliert sich selbst.

D: Sie will nicht verletzt werden. Sie wurde sehr schwer verletzt.

E: Siehst du, das Problem hier ist der Verstand. Es ist das Denken. Ihr anderer Geist, mit dem wir denken, dein höherer Geist.... sie weiß, was sie ist. Sie weiß, wer sie ist.... sie weiß es.

D: Wir wissen diese Dinge nicht bewusst. Das ist es ja gerade.

E: Wir verstehen nicht wirklich, warum wir euch Leuten alles in Worten sagen müssen.

D: Ich verstehe. (Lacht) Ich arbeite viel mit dir zusammen. Wir machen es auf die langsame Art und Weise.

E: Ja, aber, weil wir alles wissen, weil wir uns auf den Ratgeber, die Gotteskenntnis, das Licht, das dich blenden wird, wenn du das sagst, einstellen. Es blendet dich nicht. Es ist nur ein Ausdruck davon. Ich habe es noch nie gemocht, in diesem Körper zu sein. Ich hatte nie physische Finger, okay? Also, ich schätze, in gewisser Weise verstehen wir diesen Teil wirklich nicht. Wir verstehen nicht, ob du von zu Hause kommst, woher du kommst, woher sie kommt, wie kann man das nicht wissen? Sie weiß es, aber sie weiß es auch nicht. Was bedeutet das? Wie kann man gleichzeitig wissen und nicht wissen? Siehst du, wenn du eine Abdeckung oder etwas über deinen Augen hast, dann entfernst du es, oder welchen Ausdruck du auch immer verwendest. Deine Gedanken sind nicht verbunden? Wir verstehen das, aber warum müssen Sie all diese Fragen stellen, wenn Sie bereits wissen, wer Sie sind und was Sie sind?

Evelyn begann während dieses Teils zu wandern, und es ergab keinen Sinn, also habe ich etwas davon eliminiert. Ich versuchte, mich an das zu halten, was mir am wichtigsten erschien.

E: Das liegt an ihrer Traurigkeit. Sie muss alles Bewusstsein entfernen, es entfernen, weil du ohne es funktionieren kannst, ob du es glaubst oder nicht. Nein, das ist nicht wahr, denn wir sehen, dass du eine Sprache sprechen musst, Mathematik machen und ein Auto fahren musst. (Lachen)

D: Weil wir das Bewusstsein brauchen, um in dieser Welt zu leben.

E: Ja, das verstehen wir jetzt. Wir unterrichten uns gegenseitig. Okay? Also müssen wir sie ein wenig mehr aus dieser Dimension herausholen und ihr erlauben, ein wenig mehr zu verstehen, ihr erlauben, ein wenig mehr zu sehen, also wird ihr anderer Geist, ihr bewusster Geist, entspannt sein und uns erlauben, den Frequenzaustausch vorzunehmen, um ihre Schwingungen zu erhöhen.

D: In dieser Nacht haben wir mit der Untersuchung angefangen. Sie denkt, dass dies das erste Mal ist, dass sie zum Schiff ging und dich traf. (Evelyn lachte.) Ich arbeite oft genug mit dir, ich weiß, dass es wahrscheinlich nicht ihr erstes Mal war. (Wir lachten beide.) Warum wurde sie in dieser Nacht dorthin gebracht?

E: Um sie bewusst zu erinnern. Deshalb haben wir ihr erlaubt, sich an jedes Detail zu erinnern, damit ihre Neugierde siegt und mehr Fragen stellen kann, anstatt einfach zu sagen: "Oh, ja, was auch immer."

D: Das war Teil ihrer Neugierde, was geschah sonst noch in dieser Nacht?

E: Was passiert ist, ist, dass die Oberseite ihres Kopfes symbolisch entfernt wurde. Dies ist symbolisch, nicht physisch. Wir hacken ihr nicht den Kopf ab. (Lachen)

D: (Lacht) Ja, das weiß ich.

E: Und lass sie die Fülle des Lichts voll erfahren. Also will sie, dass alles in Worte gefasst wird. Nun, wir haben keine fünfzig Millionen Jahre, um alles in Worte zu fassen. (Lacht) Es ist also sehr schwer. Man kann es nicht in Worte fassen. Es gibt nicht genug Zeit im Universum. Es ist nur nervig.

D: Ich weiß. Mir wurde oft gesagt, dass die Worte ineffizient seien.

E: Wir haben nicht einmal Worte. Es ist ärgerlich. Eines nachts wird sie sich an das Licht erinnern.

D: Warum wolltest du, dass sie sich daran erinnert?

E: Das Licht? Es ist ihr Ursprung. Es war immer da. Es war nur verdeckt. Wir wollen, dass sie sich vollständig erinnert und weiß.... das volle Wissen... keine Worte. Deshalb ist dies die fehlende Zeit, die sie nicht erklären kann, weil es keine Zeit für das Allwissen gab. Ein volles Gedächtnis zu haben und sich keine Sorgen um andere Dinge zu machen und Dinge in Frage zu stellen. "Ist es wahr, oder nicht wahr?" Es ist einfach so. Es gibt keine Erklärung. Gott ist Licht, die Energie. Der, den du Gott nennst... es ist einfach.... keine Worte.

D: Glaubst du, diese Erinnerung wird ihrem Leben helfen?

E: Ja. Wenn sie dann Energie in das Bewusstsein bringt, wird sie sie auch überall verbreiten. Siehst du, das ist ein Teil des Windes. Dieses Wissen und die Partikel, die sie verbreitet, sind Teil des Windes. Es ist ja nicht so, dass ein Körper explodiert und in Millionen Stücke zerfällt. Die Energie davon, auch wenn sie nicht aus dem ganzen Körper, sondern aus dem Geist kommt, wird Teil des Windes sein. Aber die Verbreitung dieses Wissens ist vollständiges Wissen und es geht hauptsächlich von deinem dritten Auge aus. Sie bringen das ein, was ich jetzt sehe. Weißt du, was ich jetzt sehe? (Was?) Nichts. Es gibt nichts. Keine Worte, keine Gedanken, kein Nichts und gleichzeitig ist es alles. Sobald man das, dieses Wissen, projiziert, wird alles und nichts Teil des Windes.

D: Aber du existierst auf diesem Schiff auch als dieses Wesen, nicht wahr?

E: Der mit den blauen Augen? Nein.

D: Ich bin mir nicht sicher, mit wem ich hier kommuniziere.

E: Das Original mit den blauen Augen. Aber ich bin kein Körper. Ich bin ein Licht. Das Bild, das ich projiziere, ist eine Projektion. Es ist wie ein Film. Es ist nur für das Auge um es zu sehen.... einen Bezug zu haben, aber es ist nicht wirklich ich.... nein. Es ist für das Auge um es zu sehen und sich zu erinnern.... etwas Greifbares. Du musst den Menschen Bilder geben. Damit sie dir die Geschichte erzählen kann: "Ich habe einen großen Mann gesehen." Denn wenn sie sagte, dass sie das Licht sahen.... würde niemand wissen, was sie sagten.

D: Das würde ich, weil ich damit arbeite.

E: Aber das tun sie nicht. Ungeduldig. Sie hat diese Ungeduld. Jetzt, da ihr das Wissen gezeigt wurde, erwartet sie, dass alle anderen es auch wissen, und es trägt zu einer anderen körperlichen Sache bei. Denn jede negative Emotion, Ungeduld, Frustration, all das wird nur ein weiteres Hindernis sein, das wir wahrscheinlich zu diesem Zeitpunkt überwinden können, weil sie es bewusst loswerden muss. Es muss ausgerichtet werden - du weißt, dass es traurig ist - was sind die Worte - je mehr du weißt, desto mehr verstehst du die anderen nicht. Je mehr man etwas versteht, das man nicht einmal in Worte fassen kann, desto weniger Geduld hat man gegenüber anderen. Wie kommt es, dass sie das Licht nicht verstehen, wenn sie alle aus dem Ursprung stammen? Wie kannst du das vergessen? Wie kannst du nur so -das Wort, das sie benutzt, will ich nicht sagen- sein. Es beginnt mit "d" (flüstert: dumm.) Wie kannst du das nicht verstehen? Wie könnt ihr es nicht wissen und einfach etwas in euch haben, das Güte und bedingungslose reine Liebe auslöst? Sie will nicht den ganzen Menschen.... dieses Lichtwesen. Sie will, dass nur, dass ein einziges mikroskopisches Licht in jedem Menschen ausgelöst wird. Sie hat die Fähigkeit, diese auszulösen, und doch fügt sie sich selbst Schaden zu, weil sie keine Geduld hat und es nicht versteht. Sie verstehen es nicht und in gewisser Weise, auf einer bewussten Ebene, versteht sie es auch nicht. Was ist also besser? Weniger wissen oder mehr wissen? Wie können wir das gleichmäßig ausbalancieren? Wie hast du herausgefunden, dass ich keinen Körper habe?

D: Ich habe schon einmal mit eurer Art von Wesen gesprochen, die vollständig Licht sind. Und viele von ihnen projizieren ein Bild, das für den Menschen leichter zu verstehen ist.

E: Oh, absolut. Und wir sind mit Menschen vertraut, die hierhergekommen sind, um als Person mit dem Licht zu arbeiten. Es ist nur sehr schwer, Dinge zu erklären. Aber wir legen die Leute rein, wenn wir ihnen ein Bild von einem Körper geben, so, dass wir jetzt Hunderte von Körpern haben. (Lacht) Verwirrend, was? Das ist ein netter Witz für dich.

D: Die Leute denken immer, dass du negativ bist, und ich weiß, dass es nicht darum geht.

E: Wir verstehen nicht einmal, was negativ ist. (Lacht) Wir können es nicht einmal verstehen.

D: Aber die, die es nicht verstehen, sagen, dass du negativ bist.

E: Das liegt daran, dass sie das Licht nicht sehen und Angst haben. Die Angst. Und das werden wir auch wegwaschen. Auf jeden Fall zumindest deutlich filtern.

D: Sie wollte wissen, ob sie öfter mit dir kommunizieren kann?

E: Ja, das ist ein Teil ihrer Traurigkeit. Weißt du, wir haben immer die Verbindung. Ich weiß nicht, wie ich das erklären soll, aber du weißt, dass wir alle die Verbindung haben. Es war vom ersten Tag an immer da, wenn sie in diesem Leben auf diesen Planeten kam. Schon in der Sekunde vor der Geburt hatten wir die Verbindung. Also werden wir ihr wahrscheinlich einfach öfter das Licht zeigen. Wie jetzt ist es so hell und so brillant und dies ist der einzige Ort, an dem sie Frieden findet. Nicht in ihren weltlichen Aktivitäten. Nichts ließ sie jemals etwas fühlen, nur, wenn wir uns im Licht vollständig verbinden konnten.

D: Aber sie hatte als Kind so viele negative Dinge erlebt, dass sie es natürlich vergessen hat. Sie wurde ein Mensch.

E: Sehr beschäftigt, ja, sehr beschäftigt mit dem Leben. Sehr beschäftigt, weil wir die Umgebung um sie herum aufräumen mussten. Wir mussten etwas von diesem Licht verbreiten und es auslösen, und dann, wie sagtest du, freien Willen. Einige folgten und andere nicht. Und jedes Mal, wenn sie sehr schlechte Erlebnisse hatte, wusste sie nicht, dass sie immer hier bei uns war. Wir haben sie nach Hause gebracht. Auf diese Weise konnte sie weiter und weiter und weiter und weiter und weiter.... einen Tag nach dem anderen. Deshalb findet keine so genannte "Selbstzerstörung" statt; sie existiert nicht, sondern im physischen Körper. Es ist nicht erlaubt, aber sie war hier bei uns. Sie war zu Hause.

D: Was ist mit diesem Ton, den sie ab und zu in ihrem Ohr hört?

E: Wir haben versucht, die Schwingung zu erhöhen, indem wir den Körper stimmen. Wir versuchen, ihn anzupassen. Es ist kein physischer Chip, der sich implantiert - es ist einfach so. Ich weiß nicht, wie ich es erklären soll. Also muss sie darauf achten und wissen, dass sie einige Änderungen vornehmen muss.

D: Wenn Evelyn meditiert, projiziert sie sich zurück auf dieses Schiff, und sie sieht sich manchmal in einem Inkubator. Kannst du ihr davon erzählen?

E: Das ist ihr physischer Körper. Wir helfen nicht nur bei physikalischen Teilchen, den Atomen und der dreidimensionalen Manifestation, sondern auch jedes Mal, wenn wir ein wenig mehr Schwingungsabstimmung auf die Frequenzen machen. Es ist wie eine Stimmröhre.

D: Du meinst, zu diesem Zeitpunkt wird an dem physischen Körper von Evelyn gearbeitet?

E: Ja, auch der physische Körper muss gestimmt werden. Die Röhre ist wie ein Stimmgerät, aber sie hilft nicht nur dem physischen Körper zu heilen. Gleichzeitig kommst du nach Hause und verbringst deine Zeit mit uns im Licht, es ist aus dem physische Körper raus. Wenn du die Seele entfernst, ist der Körper mehrdimensional. Wir können es nicht durchschauen, also würde ich nicht mehrdimensional sagen, aber es ist holographisch. Bilder.... also diese Partikel, wenn wir ein bestimmtes Licht in die Frequenzen projizieren, nehmen diese holographischen Bilder das auf und tragen es durch sich, als ob man diese Maschinen oder so einstellt.

D: Sie wacht rechtzeitig auf, um zu sehen, dass sie sich in einer Art Behälter befindet.

E: Das ist ein Teil des Wissens, das wir ihr erlauben, zu wissen und zu sehen. Damit sie tatsächlich sagen kann: "Ich bin nicht verrückt." Ich habe es berührt. Ich sah es und der Körper liegt da drin, und dann aufgrund von Maschinen, Lichtern und so weiter, das Hologramm. Aber gleichzeitig ist sie in der Lage, ins Licht zu kommen und sich vollständig zu verjüngen, und wenn sie also auf den Planeten zurückkehrt, ist alles anders. Alles ist perfekt. Nichts ist passiert. Alles ist erträglich. Alles ist einfach anders.

D: Sie hat auch Tausende von anderen Menschen in anderen Containern gesehen, also bedeutet das, dass es anderen passiert?

E: Tausende.... Millionen. Wir brauchen jetzt viele von ihnen, um zu helfen. Wir müssen uns regenerieren oder generieren. Nicht alle von ihnen sind Wesen wie sie. Wir nehmen auch andere

Einheiten, die physische Körper tragen könnten oder auch nicht, und wir diskriminieren nicht. Wir sind alle eins und versuchen, so viele physische Körper wie möglich so einzustellen, dass sie die höheren Schwingungen tragen, sie überleben, sie verbreiten und an ihr teilnehmen können.

D: Aber nicht jeder ist dazu in der Lage?

E: Nicht alle, nein. Aber wir machen uns jetzt ziemlich gut.... ziemlich gut. Es wird einen großen Unterschied machen. Das ist eine gemeinschaftliche Sache, weißt du. Du musst die holographischen Bilder ändern, um dich an den menschlichen Körper auf dieser Erde anzupassen, denn nichts anderes wird toleriert. Der ursprüngliche Körper – der den physischen Körper haben kann - hält also niedrigere Schwingungsfrequenzen von uns aufrecht, aber er ist hoch genug.... das ist kompliziert, nicht wahr? (Ja) Aber wie auch immer, sie haben die Fähigkeit, den menschlichen Körper zu projizieren oder auch darüber zu schattieren, als würde man einen Film auf einen Film legen. - Dieser Körper wird auf das Schiff zum Inkubator gebracht und stellt sich den physischen Körper als nichts anderes als holographische Bilder vor, die von dem Licht im Inneren besetzt sind.

D: Ich würde sagen, dass, sobald der Funke des Lebens verschwunden ist, sich der Körper verschlechtert?

E: Nein, denn die holographischen Bilder sind diejenigen, an denen wir arbeiten, denn das ist es, was sie in diesem Leben benutzt.

D: Ich meine, dass das, was wir "Tod" nennen, eintritt, wenn der Funke des Lebens den Körper verlässt und sich dann der Körper verschlechtert.

E: Die holographischen Bilder verschlechtern sich, ja, weil der Verstand die Gedankenmuster nicht mehr hält.

Ich hatte andere Fälle (die in meinen anderen Büchern berichtet werden), in denen die Person sah, wie ihr außerirdischer Körper konserviert und in einer Art Zylinder oder Behälter gepflegt wurde. In einigen dieser Fälle wird der andere Körper in irgendeiner Form der suspendierten Animation am Leben erhalten, während die Seele zur Erde reist, um den menschlichen Körper zu erleben. Es wird dort aufbewahrt, so dass die Seele, wenn das vorübergehende Leben auf der Erde beendet ist, zum Raumschiff zurückkehren und dort ihr

Leben fortsetzen kann. Ich habe viele Klienten dies beobachten lassen und fühle eine Identifikation mit dem Körper im Zylinder.

Die Seele (oder ET) hat zugestimmt, der Erde in Zeiten der Not zu helfen, aber sie will nicht hierbleiben. Sie will ihr Leben auf dem Schiff wirklich fortsetzen, denn sie ist sehr fortgeschritten. Außerdem ist die Erde ein hektischer Ort zum Leben, und sie wollen nicht bleiben. Ein weiterer Grund sich zu schützen, um kein Karma ansammeln, denn Karma würde erfordern, dass sie im Erdzyklus bleiben. Es ist sehr mutig und tapfer für eine reine oder fortgeschrittene Seele, sich freiwillig zu melden, weil sie sich einer sehr realen Gefahr aussetzt, hier gefangen zu sein. Dies würde erklären, warum die Energie der Seele angepasst werden muss (und die Energie der Mutter), bevor die Seele eintreten kann. Manchmal kann nur ein kleiner Teil der Seele am Anfang eintreten, weil es für den Körper zu viel wäre. Dies führt oft zu einer spontanen Abtreibung des Fötus, weil die Energie zu stark ist. Wenn das Kind wächst, können mehr Teile der gesamten Seele integriert werden. Aber der alte Körper des Freiwilligen wird in einen Ruhe-Status versetzt und überwacht, während er auf die Erfüllung der Mission wartet. Eine silberne Schnur wurde gesehen, die die Seele mit dem Körper im Zylinder verbindet. Ich weiß, dass wir eine Schnur haben, das uns mit diesem physischen Körper verbindet, und diese Schnur trennt sich beim Tod. Das würde also bedeuten, dass wir, da wir viele Körper haben, die alle gleichzeitig leben (alle unsere gleichzeitigen Leben: Vergangenheit, Gegenwart und Zukunft), mehrere Silberbänder haben müssen, die die Splitter (viele Körper) mit der Hauptseele verbinden. In einigen meiner anderen Bücher wurde dies als Hauptquelle angesehen, wobei etwas, das Tentakeln ähnelt, in alle Richtungen geht. Der ET-Körper auf dem Schiff soll am Leben bleiben, damit die Seele zurückkehren kann. Manchmal wurde gesehen, wie Lebenserhaltung durch Röhren ging, die wie pulsierendes Licht (Energie) aussehen.

Es ist auch eine Möglichkeit, die Fähigkeiten des ET in suspendierter Animation in unseren Zeitrahmen zu übertragen.

Andere ETs wurden beobachtet, wie sie ihre Arbeit an Raumfahrzeugen durchführten (und nicht in eine Schwebe gebracht wurden), während ein Splitter oder ein Teil von ihnen als Freiwilliger zur Erde reiste und in einem menschlichen Körper lebte. Diese Art kann ihr Leben fortsetzen und befindet sich im Wesentlichen an zwei Orten gleichzeitig. Dies geht einher mit der Vorstellung, dass wir viele Leben gleichzeitig leben. Doch jeder Teil ist sich des anderen nicht bewusst. Wenn sie dann mehr darüber verstehen, was in diesem Prozess vor sich geht, werden sie sich des Teils ihrer Seele bewusst, der auf der Erde lebt, obwohl das irdische Gegenstück nichts davon weiß. Es wurde angenommen, dass vor allem der Mensch sich dessen nicht bewusst sein sollte, weil die Konzepte für den menschlichen Geist zu schwierig sind, aufzunehmen. Doch während der Schleier immer dünner wird, sickert mehr und mehr Wissen durch, und sie dürfen sehen, was das SC denkt, dass sie damit umgehen können. Es wird kompliziert, nicht wahr?

Ich wollte mich auf Evelyns körperliche Probleme konzentrieren. Kopfschmerzen seit der Kindheit waren ein echtes Problem. Es war für dieses Wesen schwierig zu verstehen und auf unsere Verständnisbedingungen zu reduzieren, weil es alles als holografische Bilder sah, die sowieso nicht real waren. Ich musste ihm erklären, dass diese für Evelyn real waren, weil sie Probleme verursachten, also wollte ich mein Bestes tun, um sie zu lindern. Es musste wirklich auf Grundlagen ankommen, die ich verstehen konnte, um dies zu erklären.

E: Es ist fast so, als würde man versuchen, diese Flasche zu füllen, und man füllt sie mit Energie und originellerem Zeug. Es ist eigentlich sehr schwierig, sie auf diese Größe zu reduzieren. Weißt du, was ich meine, um die Energien zu reduzieren? (Ja) Das Licht, das wir haben, warum verkleinern wir es so? Es ist viel kompliziertere Technologie, wenn man sie so anwendet… viel schwerer, sie zu verringern. Ich denke, es zu erhöhen wäre viel einfacher zu lernen, so wie wir es sehen, als es zu verkleinern.

D: Verursacht dies auch das Blutdruckproblem?

E: Absolut, das ist eine der Hauptursachen für die Frequenzen im Moment. Um ihr bei diesen Problemen zu helfen, brauchen wir mehr Abstimmung. Wir müssen den Körper säubern und ihn auf höhere Vibrationen ausrichten. Verstehst du das?

D: Kannst du das tun, während sie an Bord des Schiffes ist?

E: Das ist es, was wir tun. Ich sehe es mir gerade an. Es gibt Druck auf das Gehirn links. Ich sehe mir gerade die holographischen Bilder an. Wir müssen die Schwingungsmuster aller Arterien und

Venenmuster in ihrem Herzen und allen Organen erhöhen. So werden wir es also machen.

D: Es wird nicht schaden?

E: Nein, nein, kein Problem. Manchmal, wenn Sie die holographischen Bilder mit den Bildern innerhalb der holographischen Bilder ausbalancieren, werden wir sie alle schön ausbalancieren.

D: Das wird also den Druck ablassen?

E: Wenn Sie zu viele verschiedene Quantenteilchen zusammensetzen, müssen sie perfekt ausgerichtet sein, damit Sie die Schwingung hier erhöhen und dort senken können. Du weißt, dass ich Grafiken mache, also werden wir mit den Venen und Arterien im Herzen arbeiten, und es ist ein gesunder Körper. Sie hat viel Energie. Deshalb sagt sie, dass sie nicht schlafen kann.

D: Das habe ich mich auch schon gefragt.

E: Deshalb kann sie nicht schlafen, denn als wir das taten, entspricht eine Stunde Schlaf vielen für dich, verstehst du?

D: Ja, und wir wollen den Körper ins Gleichgewicht bringen.

E: Ja, und zwar nicht nur, um ihn ins Gleichgewicht zu bringen, sondern wir erhöhen ihn auch auf eine höhere Schwingung.

Sie sprachen mehr über Essen und schlugen ihr vor, sich von fester Nahrung fernzuhalten und zu mehr Flüssigkeiten überzugehen. Ich fragte nach Suppe, und sie sagten, das sei in Ordnung, solange es feste Suppen seien. "Keine großen Sachen in deiner Suppe. Mach sie ganz weich. Mach feste Dinge in deiner Suppe flüssig. Es braucht viel weniger Energie, um das zu verdauen." Ich bemerkte, dass wir oft in Restaurants essen und manchmal können wir nicht vermeiden, Feststoffe zu essen.

E: In Zukunft wirst du das tun. Wenn all diese Dinge geschehen, werden sich viele Dinge ändern. Im Moment ist es schwieriger, aber wenn Sie anfangen, feste Säfte zu trinken, wird es sehr leicht durch Ihr Verdauungssystem gehen. Es hat nicht diese zusätzliche Arbeit von der Leber oder der Gallenblase, um bestimmte Arten von Zeug freizusetzen, weil die Flüssigkeit leichter zu bewegen ist, ohne die Organe so sehr zu belasten. Wir lassen sie einfach schön durchgehen, reibungslos und dann verwenden wir die

Energie, die wir nicht für die Verdauung verwenden, für andere Dinge.

D: Aber gelegentlich können wir im Moment feste Nahrung haben.

E: Oh, ja, aber das wird nicht in der Zukunft in deinem Leben sein, es könnte Hunderte von Jahren von jetzt an sein... fünfzig Jahre vielleicht... das wird es sein.

Ich glaube, er meinte, dass dies die normale Ernährungsweise bis in die Zukunft sein wird. "Im Moment ist es so, um sie an festere Flüssigkeiten zu gewöhnen, damit sie weniger Energie verbraucht. Wir verschwenden wenig Energie, um sie zu verdauen."

Ich hatte Klienten, die sagten, als sie geboren wurden, dass sie nicht gestillt werden wollten. Sie mussten im Krankenhaus bleiben und intravenös gefüttert werden, bis sie anfingen zu saugen. Das SC sagte, sie seien von Orten gekommen, an denen der Körper keine Nahrung brauchte. Natürlich mussten sie sich anpassen, um hier zu überleben.

Ich ermutigte das SC, weiter an den körperlichen Problemen zu arbeiten, während Evelyn meditierte oder schlief, oder im Inkubator war. Ich sagte: "Das ist mein Job, zu versuchen, ihr so gut wie möglich zu helfen. Du siehst das eventuell anders, aber ich muss versuchen, den Menschen im Physischen zu helfen, während wir hier leben."

E: Ja, und das ist eine der kniffligen Aufgaben. Dein Job ist härter als mein Job.

D: (Das war eine Überraschung.) Findest du?

E: Ja, denn du musst sie verstehen lassen, was sie nicht einmal begreifen können.

D: Ja, aber du hast so viel Macht, dass ich denke, dass das einfacher zu machen ist.

E: Nein, weil ich den Prozess davon verstehe. Ich verstehe das Programm, das Hologramm, die Gedanken. Ich kenne das Programm und du lebst innerhalb des Programms, also ist es eigentlich, um realistisch zu sein, wie du sagst, schwieriger für dich, zuerst zu erkennen, dass du in einem echten Programm bist. Und dann aus dem Programm ausbrechen und dann versuchen, andere glauben zu machen, dass sie in einem Programm sind, verstehst du?

D: Ja. Du hast mir oft gesagt, dass es eine Illusion ist.

E: Es verfügt über gar keine Existenz in der Art. Deshalb ist es für uns so lustig.

D: Es ist ein Spiel. Es ist ein Theaterstück.

E: Ja, es ist ein Film. Es ist nicht einmal ein Film, weil er so einfach ist.

D: Aber du weißt, wenn wir daran beteiligt sind, ist es so real. Das ist der schwierige Teil.

E: Das ist das Design. Es ist absichtlich so konzipiert.

D: Um es real und lebendig erscheinen zu lassen.

E: Ja. Und sobald du gehst, wirst du feststellen, dass du in einem Programm warst. Aber während du dabei bist, kannst du es dir nicht einmal vorstellen - nicht, dass es andere Programme gibt -, dass es nur ein Programm gibt, und das ist das Gottesprogramm. Jedes Spiel muss sich real anfühlen, damit ihr miteinander interagieren könnt. Du weißt schon, interagieren? (Ja) Und was passiert, ist, dass du hierherkommst. Und als Lichtwesen sehen wir dich an wie: "Oh, sieh dir diese Babys an. Schau, wie sie spielen. Sie sind so süß." (Wir lachten.) Wir verstehen deinen Schmerz und deine Qualen wirklich nicht, weil wir wissen, wie das Programm funktioniert. Aber wir wissen auch, dass es nur ein Programm ist, also müssen wir in diesem Programm leben, um es zu realisieren, genau wie du. Aber trotzdem gibt es nichts zu lernen, wenn man zum Ursprung von allem zurückkehrt. Mit ihm oder ohne das Programm gibt es nur eines. Ich würde es so sagen: Du hast dich zu sehr gelangweilt, also hast du ein Programm erstellt. Weißt du, es gibt einige Möglichkeiten, es zu erklären.... nur etwas als Beschäftigung.

D: Hoffentlich lernen wir etwas.

E: Da das Programm ein Programm innerhalb des Programms ist, siehst du, was ich meine. Ein Lernerfahrungsprogramm, aber du hast ein Original gestartet, bevor das Programm überhaupt erschien, oder danach wird das Programm geschlossen. Wie auch immer du es betrachtest. Das Programm kann ewig weitergehen, aber der Anfang und das Ende ist nur der Eine.

D: Hat die Quelle.... die Gottquelle es dann entworfen oder haben wir es getan?

E: Es gibt keine Gottquelle. Es gibt nur einen. Er ist es.

D: Hat er dieses Programm entworfen, oder haben wir es selbst gemacht?

E: Okay, wir müssen zur ursprünglichen Quelle zurückkehren, richtig? Du kannst nicht verstehen, dass diese Quelle eins ist. Du zerlegst es in Individualitäten. Ich weiß nicht, ob das eine gute Erklärung sein wird. In dieser einen Einheit, die euer Gott genannt wird, sind Milliarden und Abermilliarden von Denkmustern, Spielen, Matrix und alle möglichen Dinge. Es wurde nie von etwas getrennt. Es war immer eins und wird immer eins sein. Das ist der beste Weg, wie ich mich vielleicht integrieren kann. Ich kann fünf Milliarden Dinge haben, aber es ist immer noch mein Kopf. Siehst du, was ich jetzt meine? Ist es einfacher zu verstehen? Ich habe einen Kopf, aber ich habe Millionen und Abermillionen von Denkmustern in diesem einen Kopf. Ich kann gute Dinge haben. Ich kann viele Dinge haben. Ich könnte haben, was ich will, aber es bleibt immer noch eines. Dieser eine Kopf ist nie in viele andere Köpfe explodiert. Es war immer so, also.... spielen wir in meinem Kopf. Wäre das gut? (Ja)

Mein Kopf drehte sich und versuchte, die Flut von Wörtern und Analogien aus diesem Wesen zu verstehen. Doch ich wusste, dass ich Evelyn viel länger als sonst in Trance gehalten hatte, also musste ich sie unterbrechen und wieder zum Bewusstsein bringen. Und dieses Wesen freizugeben, um dorthin zurückzukehren, wo auch immer es herkam.

E: Die Informationen sind für dich verständlich?

D: Ich bekomme sie von vielen Leuten. Die meisten Leute verstehen sie nicht, aber ich schreibe darüber und verbreite die Informationen an die Leute. Du willst, dass ich die Informationen habe, damit ich es anderen Leuten sagen kann.

E: Ja, es ist sehr wichtig, das Licht und die Nachrichten zu verbreiten. Du hast den Funken. Ich meine, man weiß, was man weiß, wenn man es weiß. Das ist gut so.

D: Nun, ich lerne noch.

E: Siehst du, du weißt schon alles. Du musst nur die kleine Sonnenbrille abnehmen und das absolute Licht sehen und dann wirst du es wissen. Es ist schwer, es sie verstehen zu lassen, danach wirst du es wissen. Wir können sie es nicht verstehen lassen, was es bedeutet, aber sie werden es wissen, wenn sie es wissen.

Abschiedsnachricht: Sucht nicht nach meinem Körper. Ich könnte mich selbst als alles darstellen. Suchen Sie nicht nach Bildern, Ähnlichkeiten, sondern schau einfach zu dem Licht, wo es ist. Und dort werden alle Antworten aller Zeiten kommen. Anstatt sich mit der Suche nach Veränderungen und der Suche nach bestimmten Wesen zu beschäftigen, schaue einfach ins Licht, und die Antwort wird kommen. Die menschliche Art zu verstehen und zu kommunizieren ist nicht die einzige. Ich kann jede Form wählen, jede Augenfarbe wählen, auf jedem Schiff sein, oder jede Sprache durch Bilder wählen, die ich erschaffen kann. Es ist nicht konsistent. Wir haben keinen Körper, also muss ich etwas projizieren. Deshalb habe ich ihre Augen aufgegriffen. Ich schaute ihr in die Augen und es ist blau. Es ist einfacher für sie, sich damit zu identifizieren.

Ich sagte dem SC, dass es Zeit sei zu gehen. Da stand: "Ich würde sagen: "Gott sei mit dir", aber wir sind alle Gott und wir sind alle eins, also sind wir alle die ganze Zeit zusammen."

Was also als typischer Ufo-Fall begann, erweiterte sich und nahm viele Wendungen an und wurde zu etwas ganz anderem. Es scheint, dass, wenn sich die Person an das Ereignis erinnert, sie sich nur daran erinnert, was sie in ihrem Bewusstsein bewältigen und aufnehmen kann. Und selbst diese begrenzte Version ist verzerrt, so dass es unmöglich ist zu wissen, was real und was Illusion ist. Je tiefer wir an dem Bewusstsein vorbei forschen und uns in das SC wagen, desto mehr Antworten finden wir, die den Geist erschüttern. Ist es deshalb besser, es in Ruhe zu lassen und nur die oberflächliche Bedeutung zu akzeptieren? Nur das zu akzeptieren, was unser Verstand und die Gesellschaft im Allgemeinen bewältigen können? Oder tiefer zu graben und nach viel komplizierteren Erklärungen zu suchen, die nur die Wahrheit offenbaren könnten, wenn unser Verstand bereit ist, sie zu akzeptieren. Und wie "sie" sagen: Was ist Wahrheit überhaupt?

KAPITEL EINUNDDREIßIG

DIE BEWAHRER DES NETZES

DIESE SITZUNG MIT JOAN hat nichts mit ETs oder Lichtwesen zu tun, aber sie ist so wichtig, dass ich sie in dieses Buch aufnehmen wollte. Aber wo soll man sie hinstellen? Es ist eine Abkehr von den anderen Arten von Freiwilligen, die ich beschrieben habe, weil sie eine andere Gruppe vorstellt, die zu diesem Zeitpunkt für einen ganz besonderen Zweck gekommen ist. Ich denke, dass sich auch andere mit dieser Gruppe identifizieren werden, obwohl sie weniger zahlreich sind. Es gibt wahrscheinlich noch viele andere Gruppen von besonderen Wesen, die ich noch nicht entdeckt habe. Eine von Joans Fragen beschäftigte sich mit ihrer Faszination für Kristalle. Dieses Interesse war so groß, dass sie einen Laden hat, der Kristalle verkauft. Sie wollte wissen, woher dieses überwältigende Interesse kommt.

Joan kam in eine wüstenartige Szene: Sand, keine Vegetation. Sie konnte eine sehr große Pyramide sehen, und sie sah auch viele Menschen in sehr einfachen Tuniken, die ihr Geschäft machten, Karren und Ochsen, etc. Dann bemerkte sie einen bärtigen Mann, der sich dadurch hervorhob, dass er anders gekleidet war: einen grünen Kaftan mit seinem schwarzen Haar, das von einem weißen Schal bedeckt war. Als sie sich selbst ansah, sah sie, dass sie auch anders gekleidet war: rote, weiche und fließende, seidige Gewänder. Sie war eine junge Frau in ihren späten Zwanzigern mit langen schwarzen Haaren und brauner Haut. Sie sah auch, dass sie viel Goldschmuck trug: Ringe und Armreifen und Halsketten und Verzierungen. Sie mochte das Gefühl des Goldes.

Als der Mann auf sie zukam, wurde sie unerwartet emotional und begann zu weinen. Ein Teil davon war, weil sie ihn wiedersah: "Ich habe diesen Ort sehr vermisst."

D: Glaubst du, dass du irgendwo dort wohnst?

J: Ja. Ich würde sagen, im Palast. Es ist weiter links weg und hat Stufen, die sich erheben.... breite, breite, breite, breite Stufen zu einem Eingang mit Säulen. Ich glaube, dass ich dort geboren wurde. Alles ist aus Stein und es ist sehr glatt und kühl und bequem für mich.... geräumig. Es scheint Frauen zu geben, die sich um meine Bedürfnisse, und sich um die Kinder kümmern.

Ich fragte, ob es etwas gibt, was sie mit dem Großteil ihrer Zeit getan hat, und sie wurde wieder emotional. "Ich glaube, in den Heiltempeln zu sein."

D: Warum weinst du?

J: Oh.... weil mir alles leidtut, was verloren gegangen ist.

D: Du denkst, es ist verloren gegangen? Aber jetzt siehst du es und es ist alles da. Wo ist der Heiltempel? Ist er im Palast?

J: Ja. Es gibt verschiedene Pyramiden in verschiedenen Farben. Sie befinden sich in unmittelbarer Nähe des Palastes. Das sind Lichtpyramiden und ich habe meine Zeit dort verbracht.

D: Und sie haben verschiedene Farben?

J: Ja, verschiedene Lichtfrequenzen.

D: Wie färben sie die Pyramide? Ich bin neugierig, was du mit Farben meinst.

J: Du kannst Frequenzen erzeugen, indem du die Kristalle benutzt, um verschiedene Lichtfrequenzen zu erzeugen und.... das ist es, was wir tun.

D: Das verändert die Farbe der Pyramiden?

J: Ja. Je nachdem, was zu diesem Zeitpunkt benötigt wird. Du kannst die Refraktion mit Kristallen anpassen, um verschiedene Heilungsfrequenzen zu erzeugen. Wir tun dies durch Absichten.

D: Musst du in die Pyramide gehen, oder machst du das von außen?

J: Du machst es von außen. Es ist schwer zu erklären, denn es ist beides in gewisser Weise. Du befindest dich innerhalb der

Pyramide, aber du befindest dich außerhalb der farbigen Pyramiden, die zu den Frequenzen erzeugt werden.

D: Ich versuche das zu verstehen. Diese Farb-Pyramiden sind getrennt von der großen Pyramide?

J: Die Farb-Pyramiden sind ätherisch. Es sind ätherische Energien, die durch die Manipulation der Kristalle erzeugt werden. Ich befinde mich in der unteren rechten Ecke der Pyramide, auf einer flachen Plattform eines geräumigen Raumes. Ich fühle mich, als wäre ich bei der Steuerung.... fast so, wie man sich Flugzeug- oder Schiffssteuerung oder elektronische Steuerung vorstellen würde. Etwas Körperliches.

D: Mechanisch?

J: Ein wenig, aber es ist anders als das. In diesem Sinne ist es nicht mechanisch. Es geht mehr darum, die Hände darauf zu legen und Absichten aus dieser Art der Ebene zu generieren. Und mit den Kristallen zu kommunizieren, um die ätherischen Frequenzen zu erzeugen, die die ätherische Pyramide manifestiert.

D: Wo sind die Kristalle?

J: Einige der Kristalle sind auch ätherisch. Aber der Boden dieses Raumes besteht aus einem Kristall. Der ganze Raum ist ein Kristall auf einem Kristall. Die Bedienelemente befinden sich in dieser unteren rechten Ecke. Und auf diesem großen, glatten Boden erzeugt man die ätherischen Kristallpyramiden. Der ganze Raum besteht aus Kristall.

D: Es ist wie ein heiliger Raum. (Ja) Hat dir jemand beigebracht, wie man das macht?

J: Ich wurde geboren, um genau das zu tun. Ich wusste es einfach immer. Ich musste nicht unterrichtet werden.

D: Wenn du die ätherischen farbigen Pyramiden erzeugst und deine Absichten festgelegt hast, was machst du dann damit?

J: Du kannst alles heilen oder erschaffen oder wachsen lassen. Du könntest es benutzen, um alles zu heilen.... einen Planeten oder Gedankenmuster oder…

D: Hier kommt die Absicht ins Spiel?

J: Ja. Du kannst es benutzen, um alles zu erschaffen, was du willst. Wir können Lebensmittel anbauen und die Ernten verbessern.

D: Wie benutzt man es, um diese Dinge zu steuern?

J: Es scheint, als ob Dinge in ihm geschehen. Ich sehe gerade die grün gefärbte Pyramide, wo man das Essen anbauen kann. Vielleicht, wenn wir über das Erdenleben reden, indem wir uns mit den Kristallen auf die Erde einstimmen, um die grüne Frequenz des Wachstums zu aktivieren. Und diese energetisch in den ätherischen Bereichen aufzustellen, in denen es Gärten oder irgendwelche Pflanzenstrukturen gibt.

D: Welche Farbe haben die anderen ätherischen Pyramiden?

J: Ich sehe auch, dass du wahrscheinlich die Ozeane mit den blauen Strahlen heilen könntest. Und als wir uns zum ersten Mal näherten, war mir die gelbe Pyramide und die blaue Pyramide sehr bewusst. Aber als wir dann über die Pflanzen sprachen, wurde die grüne deutlich.

D: Wofür würdest du die gelbe Pyramide verwenden?

J: Für die Herstellung von Gold. (Sie fing an zu weinen.)

D: Warum macht dich das emotional?

J: Ich bin mir nicht sicher, warum, weil es so tief im Inneren ist. Es ist so tief. Der Schmerz kommt von dem, was verloren gegangen ist.

D: Du hilfst den Menschen sehr, nicht wahr?

J: Ja, aber die Leute, die ich gesehen habe, sind sehr einfache Leute. Und es ist fast so, als wären wir eine andere Spezies, die hier in diesem Palast lebt. Sie sind so einfach, und wir handeln mit Äther und Manifestation, und es ist fast so, als wären wir die Schöpfergötter.

D: Sie würden nicht verstehen können, was du tust, oder?

J: Nein, das könnten sie nicht.

D: War deine Familie wie die Schöpfergötter? (Ja) Was macht ihr dann dort unter den einfachen Leuten? Hat dir jemals jemand die Geschichte erzählt, woher du kommst und wie du dorthin gekommen bist?

J: Ja. Ich habe das Gefühl, dass es wie die Geschichten ist, die wir von den Anunnaki hören, die von einem anderen Ort gekommen sind, um hier zu sein, um mit den Energien der Erde zu arbeiten und zu erschaffen.

D: Und um den Menschen zu helfen?

J: Weißt du, ich möchte ja sagen, aber es fühlt sich nicht wirklich so sehr an, dass es um diese einfachen Menschen geht. Es fühlt sich eher an, als würden wir den Schöpfergöttern helfen.

D: Was ist das Werk der Schöpfergötter?
J: Mit der DNA des Planeten zu arbeiten... darum geht es.
D: Der ganze Planet? (Ja, ja, ja.)

In meinen anderen Fällen haben wir von der Arbeit mit der DNA des menschlichen Körpers gehört, weil sie sich derzeit verändert. Ich hatte noch nie an die DNA eines Planeten gedacht.

J: Es fühlt sich nicht so an, als wären wir von hier. Ich war schon immer da. Ich muss dort geboren worden sein, aber mein Vater kam nicht von dort. Ich frage mich, was mit meiner Mutter ist. Ich weiß nicht, was sie ist. Sie ist so, wie ich bin.
D: Magst du die Arbeit, die du machst, mit den Kristallen zu arbeiten und die Energie zu erzeugen?
J: Und mit den Lichtfrequenzen und mit den Frequenzen der Energien zu arbeiten. Es ist wichtig, sich zu manifestieren und zu erschaffen. Es geht darum, die Gitter zu erstellen und das Gitternetz zu erstellen. Es sind die planetarischen Gitter.... der Geist und das Herz, die Reinheit des Herzens... die Integrität des Geistes.

Ich dachte, wir hatten genug über diese mysteriöse Frau und ihre Arbeit gelernt. Also brachte ich sie zu einem wichtigen Tag. Sie begann zu weinen, als sie rief: "Die Gitter sind weg! Die Gitter kollabieren! Die ätherischen Gitter kollabieren und erzeugen Zerstörung, so dass diese schönen Lichtfrequenzen verloren gehen. Die Lichtfrequenzen erzeugen die Gitter, aber wenn das Gitter zusammenbricht, zerstört es die Kristallpyramiden der Lichtfrequenzen. Und ich habe das Gefühl eines Risses, eines großen Risses. Es ist fast wie Beton, aber es ist nicht Beton. Es ist wie die Grausamkeit der Zerstörung, die die Technologie und die ätherische Schöpfung verschlingt. "

D: Ist etwas passiert, das dazu geführt hat, dass die Gitter zusammengebrochen sind?
J: Es scheint sich um den Riss im Erdmantel zu handeln, denn das ist es, was ich spüre. Ich spüre einen tiefen Abgrund und da ist eine Spalte. Da ist ein Riss. Was hat den verursacht? Ich weiß es nicht.

Etwas muss aus dem Gleichgewicht geraten sein. Etwas ist aus dem Gleichgewicht geraten. Und es ließ die Netze einstürzen.

D: Sie sind also alle miteinander verbunden? (Ja) Kannst du sehen, was aus dem Gleichgewicht gekommen ist? Wurde es von Menschen verursacht oder von etwas anderem?

J: Nun, wir hören Geschichten, und was ist die Wahrheit? Aber ich spüre, dass es an der Notwendigkeit der Reinheit der Absicht liegt. Dass es die Frequenzen der Gier und dergleichen waren, die das Ungleichgewicht verursachten. Ich weiß nicht, was sie getan haben. Es war nicht meine Gruppe.

D: Weil du die reine Absicht hattest? (Ja) Es wurde also nicht an dem Ort verursacht, an dem du bist?

J: Nein, aber es hat alles zerstört.

D: Kein Wunder, dass du verärgert bist. Gibt es etwas, was deine Gruppe dagegen tun kann, weil du Macht mit deinem Verstand hast?

J: Wir können es nicht aufhalten. Wir retten nur die Technologie, die wir haben. Wir sammeln die Kristalle und bergen sie später.

D: Wie macht man das?

J: Es liegt in den Zeitachsen. Du nimmst einfach die Erinnerungen in die Zeitlinien in den Kristallen auf. Das ist die Technologie.

D: Du legst Erinnerungen in die Kristalle?

J: Die Speicher und die Frequenzen.

D: Und die Kristalle können sich an diese Dinge erinnern?

J: Ja, die Kristalle wissen alles, aber wir können dann auf die Informationen zugreifen, die wir in die Kristalle legen.

D: Also machst du das mit deinem Verstand.... bringst die Informationen zurück, die du in die Kristalle gelegt hast?

J: Ja, mit den Lichtfrequenzen, mit dem Geist, mit der Absicht. Wir können die Informationen retten.

D: Sind das große Kristalle, in die du sie reinsteckst?

J: Nein, das scheinen sie nicht zu sein. Sie scheinen Ihr typischer Quarzkristall zu sein. Sie erfassen die Informationen. (Zu sich selbst.) Was haben wir aufgenommen?...... Es wurde heruntergeladen.... alle Informationen. Der Einsatz von Computertechnologie…man dachte, dass all dieses Wissen, all das, was auf die Netze übertragen wurde, durch.... es muss unser Verstand gewesen sein. Vor dem Zusammenbruch wurden alle

Frequenzen, die gesamte Geometrie, alle Muster der Schöpfung in sie eingebracht. Wie, als wenn man sie in die DNA des Kristalls legt.

D: Es klingt kompliziert, aber dann kann man rechtzeitig weiter darauf zugreifen?

J: Ja, ja, ja, die Zeitlinien sind in den Kristallen.

D: Ist das ein bestimmter Kristall?

J: Nein, nicht ein Kristall. Es gibt viele, viele, viele, viele Kristalle, die die Informationen enthalten.

D: Müssen Sie in Zukunft, wenn Sie darauf zugreifen, diese bestimmte Art von Kristall finden?

J: Ich kann auf die Informationen der meisten Kristalle zugreifen. Weißt du, es ist irgendwie so wie jetzt, es gibt diese Kristalle, die wie gewöhnliche Menschen sind, und dann gibt es Kristalle, die wie ich sind. Die mehr Wissen haben.

D: Also haben sie alle nicht dieses Wissen. (Nein.) Wenn du einen Kristall halten würdest, wie kannst du dann spüren, ob er irgendwelche Informationen enthält?

J: Ich kann nur sagen, ob es dort Informationen gibt. Es liegt in dem Gefühl. Es liegt alles an der Frequenz, die sie halten. Es liegt in den Zeitlinien. In diesem Leben und in zukünftigen Leben muss ich auf die Informationen zugreifen, um die Netze wiederherzustellen. (Sie wurde wieder emotional.)

D: Wäre das nicht kompliziert, um die Netze wiederherstellen zu können?

J: Nicht kompliziert. Es geht mehr darum, deine DNA mit der DNA des Kristalls zu verschmelzen.... einfach auf die Schlüssel zuzugreifen, und zu beabsichtigen sie zu erwecken. Sobald du auf die DNA in dem Kristall zugreifst, bist du mit ihr verbunden. Und du kannst die Erdgitter durch die Kristalle aktivieren, weil die Kristalladern durch die Erde laufen. Und wenn man einen berührt, der Schlüssel, die Schlüssel, die Portale.... Portale sind ein Wort, aber das ist nicht so ganz wahr. Da es sich um Schlüssel handelt und sie Energiefrequenzen halten, werden, wenn du die Schlüssel aktivierst, die Gitter neu ausgerichtet und wieder zusammengesetzt.

D: Früher waren es Gitter im Ätherischen, und diesmal soll es die Gitter auf der Erde geben?

J: Ja, sie sind es, die Erde ist jetzt ätherischer.

D: Und du sagtest, es sei wie ein Portal?

J: Ja, aber Schlüssel sind ein besseres Wort als Portale. Es ist wie das Entriegeln eines Schlosses. Es gibt verschiedene Orte auf der Erde, an denen die Gitter verriegelt sind. Kristalle haben die Informationen wie ein Schlüssel, um die Sicherheitsverriegelungen zu öffnen. Ich habe nie an dieses Wort "Verkehrskollaps" (Engl. gridlock) gedacht.

D: Es passt doch, oder? (Ja, ja.) Aber du sagtest, einige davon sind in der Erde eingeschlossen. Was hat dazu geführt, dass einige dieser Gitter gesperrt wurden?

J: Wir mussten Informationen abschalten, bevor die Leute zu destruktiv werden. Wir mussten unsere Technologie wegen der Respektlosigkeit des Lebens zurückziehen. Der einzige Weg, es zu stoppen, war, es zu zerstören.

D: Das muss eine sehr schwierige Entscheidung gewesen sein. (Sie wurde emotional: Ja.) Weil du Angst hattest, dass die Leute es falsch benutzen würden?

J: Sie haben es falsch benutzt. Sie hätten das Universum zerstören können! (Verärgert.)

D: Was passierte damals, als du dich entschieden hast, die Gitter zu schließen?

J: Deshalb merke ich, wenn wir es auf der Erde nicht gestoppt hätten, wäre das Universum zusammengebrochen.

D: Die ganze Sache? (Ja) Erkläre bitte, was du meinst.

J: Es wäre einfach eine vollständige Replikation im Kleinen, im Makrokosmos in dieser Reihenfolge gewesen. Wie das Herausziehen des Schlüsselstiftes. Es wäre ein Zusammenbruch gewesen, es wäre einfach alles in Vergessenheit geraten.

D: Weil eines der beiden auf dem anderen aufbaut? (Ja) Das liegt also daran, dass diese Menschen es aus den falschen Gründen benutzen und aus der Harmonie bringen? (Ja, ja.) Also musstest du die Gitter in der Erde zerstören oder sie abschließen oder was?

J: Wir mussten es zerstören - ich will "Atlantis" sagen. Wir mussten den Kontinent zerstören, um den Missbrauch zu stoppen.

D: Ich dachte, es sei ein Wunsch nach Macht, und das Volk brachte die Zerstörung auf sich.

J: Nein. Es musste gestoppt werden, weil es eine Replikation in allen Räumen und Zeiten gegeben hätte.... alle Netze. Und wir mussten das zusammenbrechen lassen, um es hier zu stoppen.

D: Hätte es einen Dominoeffekt verursacht? Von der Erde aus angeführt? (Ja) Die Erde wäre einfach zusammengebrochen?

J: Ja. Es war nur eine Kleinigkeit im Vergleich zu dem, was im Kosmos geschehen wäre.

D: Es hätte also einen Nachhall gegeben?

J: Ja. Es wäre eine Replikation vom Mikro zum Makro und vom Makro zum Mikro gewesen.... beide Richtungen. Es hätte alles zerstört.

D: Damals wurde beschlossen, stattdessen den Kontinent zu zerstören? (Ja) Und genau da aufhören?

J: Ja, um das Gitter zu komprimieren. Das ist es, was wir getan haben. (Sie fing an, laut und emotional zu weinen.)

D: Aber du musstest es tun. (Ja) Es wäre viel schlimmer gewesen. (Ja) Aber es war nicht alles verloren, weil du sagtest, du hättest das Wissen in den Kristallen bewahrt. (Ja, ja.) In diesem Leben wurdest du zerstört, wann immer der Kontinent zerstört wurde? Was ist mit dir passiert?

J: Nein, wir sind gerade vom Planeten verschwunden. Mit unserer Absicht sind wir einfach gegangen.

D: Du brauchst kein Fahrzeug oder so etwas?

J: Nein, ich spüre kein Fahrzeug. Wir waren nur ein Bewusstsein.

D: Wo warst du, als du den Planeten verlassen hast?

J: Zurück zu den ALLEM. Es gab keine andere Möglichkeit.

D: Nun, von dieser Position aus kann man alles über dieses Leben sehen. Wo kommst du her, als du nach Atlantis gegangen bist? Du hattest dieses große Wissen erworben.

J: Aus einer anderen Dimension von Zeit und Raum. Wir haben die Erde als perfekten Ort gewählt.

D: Was war deine Absicht, ursprünglich auf die Erde zu kommen?

J: Heilung zu bringen, Bewusstsein entwickeln, Licht und Liebe zu erweitern, Bewusstsein zu erweitern.

D: Du sagtest, die Leute, die es gab, waren ziemlich gewöhnliche Leute.

J: Ja, das sind sie... das sind sie.

D: Hast du das Bewusstsein erweitert?

J: Ja.... das Bewusstsein des ALLEM zu erweitert.

D: Und es funktionierte, bis diese andere Störung die Dinge irgendwie veränderte? (Ja) Hast du jemals herausgefunden, woher die andere Störung kam?

J: Es gab Täuschungen innerhalb der Gruppe. Es gab Leute, die andere Pläne hatten. Sie waren für die persönliche Macht da und ihre Erkundungen hatten eine dunkle Wendung genommen.

D: Was haben sie erkundet?

J: Dunkle Materie.... Macht und Dunkle Materie. Es ist das Gegenteil von Licht. Es verursachte das Ungleichgewicht. Sie haben die Dunkle Materie angezapft.

D: Was hofften sie zu erreichen, indem sie die Dunkle Materie erschlossen haben?

J: Ich bekomme das Gefühl von Wurmlöchern oder Reisen. Oder es ist fast so, als wollten sie die Dunkle Materie nutzen, um ihr eigenes Universum zu erschaffen.

D: Hätten sie das tun können? (Nein) Aber sie dachten, sie könnten es? (Ja) Weil sie nicht die Schöpferwesen waren, oder? (Nein) Haben sie bei ihrer Erkundung Kristalle verwendet?

J: Es fühlt sich nicht wie Kristalle an... nein. Es ist das Gegenteil. Es ist, als würde sich das Licht ausdehnen und sich dunkel zusammenziehen. Sie nutzten kontrahierte Energie. Sie fanden heraus, wie man sich einklinken kann.

D: Hatten sie irgendeine Logik dahinter, oder wollten sie nur sehen, was sie tun konnten?

J: Ihre eigene Macht und Gier, Kontrolle, Manipulation und Verzerrung. Meine Gedanken zeigen, dass Neugierde sie getötet hat. Wahrscheinlich, waren sie nur neugierig, wie der Tod aussieht. So waren sie nun mal.

D: Sie wussten nicht wirklich, was passieren würde. (Nein... nein... nein... nein.) Aber es hätte wirklich außer Kontrolle geraten können?

J: Es wäre so gewesen.

D: Dieses ganze Universum hätte zerstört werden können. (Ja, ja.) Weil es ihnen nicht gelungen ist, ihre eigenen zu schaffen. (Nein) Sie schufen nur Macht, die eine negative Macht war. (Ja) Aber du konntest es stabilisieren?

J: Ja, beim Zusammenbruch der Netze.

D: Und das Wissen war nicht verloren. (Wahr) Auf diese Weise kann das Wissen in Zukunft genutzt werden?

J: Ja, wir können jetzt darauf zugreifen.

D: Das ist es, was ich denke.... diese zukünftige Zeit, von wo aus wir jetzt sprechen.-Im Laufe der Jahre habe ich viele Informationen über die Zerstörung von Atlantis erhalten, aber ich habe diese Geschichte noch nie zuvor gehört.

J: Das liegt daran, dass wir es noch nie jemandem gesagt haben. Wir denken, dass es jetzt an der Zeit ist, dass es bekannt wird. Es darf nicht wieder vorkommen.

War es nur ein Zufall, dass diese Informationen 2010 zur gleichen Zeit durchkamen, als eine Kontroverse über das Collider Experiment tobte? Die Ähnlichkeit der Informationen ist beunruhigend. Der Large Hadron Collider (LHC) befindet sich unterirdisch vor den Toren Genfs in der Schweiz und wird als eines der tiefgründigsten wissenschaftlichen Projekte beschrieben, die je konzipiert wurden. Es wurde von der Europäischen Organisation für Kernforschung (CERN) gebaut und ist das teuerste wissenschaftliche Instrument, das je gebaut wurde. Es ist die größte Maschine der Welt, in der die Wissenschaftler mit Antimaterie, "dunkler Materie" und "dunkler Energie" im Weltraum experimentieren. Es wurde gesagt, dass sie versuchen, ein Wurmloch oder sogar ihr eigenes Universum zu erschaffen. Es ist kompliziert, aber der Kollider schießt Protonen- oder Leit-Ionenstrahlen aus entgegengesetzten Richtungen. Die beiden Strahlen, die aufeinandertreffen, verdoppeln die abgegebene Energie auf das 100.000fache der Wärme im Zentrum der Sonne! Skeptiker sagen, dass sie eine gewaltige Macht entfesseln könnten, die sie nicht kontrollieren könnten. Die Wissenschaftler sagen, dass sie nur mit unbekannter Energie experimentieren, die im Kosmos leicht verfügbar ist. Meine Forschung sagte: "Kurz gesagt, das Experiment Large Hadron Collider ist eine große wissenschaftliche Anstrengung, um einen Blick in den Geist Gottes im Moment der Schöpfung zu werfen." Für mich klingt es nach der gleichen Art von Experimenten, die die Wissenschaftler durchgeführt haben, als sie die Atomenergie entdeckten. Sie hatten auch damals keine Ahnung, womit sie spielten. Es erinnert auch an die HAARP-Experimente, die in Alaska durchgeführt werden, um das Wetter zu kontrollieren, indem man

Strahlen in die Atmosphäre schießt. (Weitere Informationen über diese Experimente finden Sie in meinen anderen Büchern.) Viele Male, wenn mir Informationen über den Untergang von Atlantis gegeben wurden, haben "sie" gesagt: "Du musst das wissen, weil deine Zivilisation den gleichen gefährlichen Weg geht." Ich finde es zu ähnlich, um Zufall zu sein, und ich denke, dass unsere Wissenschaftler ein Seil über eine Feuerstelle ziehen. Sie können die gleiche schädliche Kraft entfesseln, die die Netze haben zusammenbrechen lassen und das gesamte Universum fast zerstört haben. Die Collider-Experimente arbeiten nun mit halber Leistung. Es wird nicht erwartet, dass es bis 2014 mit voller Leistung läuft.

D: Muss ich das Unterbewusstsein anrufen oder kannst du weiterhin die Fragen beantworten? Du machst das sehr gut.

J: Was sind die Fragen? Ich werde sehen. (Wir haben beide gelacht.)

D: Eines der Dinge, die Joan wissen will, ist, wie kann sie Informationen von den Kristallen bekommen? Kann sie auf diese Informationen zugreifen, die sie selbst dort abgelegt hat?

J: Sie greift jeden Tag darauf zu.

Joan hat einen Kristallspeicher, so dass sie ständig von Kristallen aller Formen und Größen umgeben ist.

J: Sie weiß nicht, dass sie es tut, aber es gibt einen größeren Plan, der umgesetzt werden muss. Es geht darum, bewusst mit den Netzen zu arbeiten und diese Portale und Schlüsselknoten auf den Energienetzen zu identifizieren und zu aktivieren und ihre Aktivierung neu zu stimulieren. Dies kann durch das Platzieren von Kristallen oder das Arbeiten mit Absicht geschehen.

D: Müssen Kristalle an einer bestimmten Stelle platziert werden?

J: Ja, die Menschen haben das in diesem Erdenleben getan, indem sie herumgingen und Kristalle platzierten. Ich konnte wirklich sehen, wie ich um den Planeten herumging und die Gitterarbeit reaktivierte.

D: Muss Joan physisch um den Planeten reisen oder kann man das auf eine andere Weise tun?

J: Ja, das ist es, was sie getan hat, als sie nach St. Croix und Alaska ging. Es ist die Reparatur der Gitter und das Folgen der Linien.

D: Was soll sie jetzt machen? Wird sie weiterhin mit den Kristallen arbeiten?

J: Ja. Um die Erdkristalle, die großen Kristalle zu erschließen und die Gitter zu reaktivieren.

Das klang wie etwas, was Joan tun wollte, aber als Mensch brauchen wir einen Prozess oder Anweisungen. Ich fragte, ob es etwas Bestimmtes gäbe, was sie von ihr wollten, damit sie die Informationen, die in den Kristallen sind, freischalten könne.

J: Reinigen Sie den Erdenkörper.... trinken Sie viel Wasser. Halten Sie Ihre Füße auf der Erde und halten Sie den Kristall fest und bitten Sie andere um Hilfe. Und bei der Aktivierung der Gitter fungieren die Kristalle als Vermittler zwischen den etablierten ätherischen Gittern und den Erdgittern, die wir zu reaktivieren versuchen. Indem das menschliche Gefäß also die Kristalle hält, während es auf der Erde verankert ist, wird es zur Verbindung zwischen dem ätherischen Gitter und den Erdgittern, die wir zu reparieren versuchen.

D: Kann sie das alleine machen oder wäre es besser, es mit anderen Leuten zu machen?

J: Es ist besser, es mit mehreren zu machen. 3, 6, 9.... jeder der Faktoren von 3 ist der Schlüssel zur Aktivierung der Netze.... Triangulationen von Energien.

D: Sie operieren in 3 'er Schritten?

J: Ja, um zu triangulieren. Innerhalb der DNA von sich selbst auf dem Planeten. Sie sollten dies draußen in der Nähe von Wasser tun. Sie werden mit den anderen im Ätherischen zusammenarbeiten. Diejenigen, die das ätherische Gitter an Ort und Stelle halten. Sie sind Wesen des Bewusstseins und des Lichts.

D: Und es ist ihre Aufgabe, die Netze der Erde zu erhalten?

J: Ja. Die Gitterwächter.

D: Das wäre ein guter Name, sie, die "Grid Keepers", zu nennen und sie um Hilfe zu bitten.

J: Ja, um die Gitter zu reparieren.

D: Und sie können die Energie des menschlichen Körpers und die Kristallenergie nutzen?

J: Ja, und um all die verschiedenen Punkte auf der Erde zu triangulieren.

D: Auf diese Weise müsste sie nicht physisch an diese Orte gehen, oder?

J: Nein. Es wäre eine Triangulation zwischen dem Erd-Team, dem Netz-Team und dem Aktivierungs-Punkt. Dem Gitter-Schlüssel.

D: Wissen sie, auf welchen Aktivierungspunkt sie sich konzentrieren sollen?

J: Ja. Es wird der Ort sein, der sich ihrem Bewusstsein zeigt. Sie werden es einfach wissen. Es wird in ihren Verstand und in ihr Bewusstsein kommen. Sie könnten die verschiedenen Orte für die Arbeit auf einer Weltkarte erkennen, es zeigt sich an den Naturkatastrophen, die sich ereignen, von Erdbebengebieten dominiert. Schau, was jetzt im Golf vor sich geht.

Diese Sitzung wurde Anfang Mai 2010 durchgeführt, als die Ölpest im Golf von Mexiko die Nachrichten dominierte.

J: Es gibt Meinungsverschiedenheiten über die Energie. Die maximale Diskrepanz ist ein Hinweis auf die Schlüssel, die "gepaart", ausgerichtet oder geöffnet werden müssen. Die Vulkane, die Hurrikane, die Ölverschmutzung, die Erdbeben, der Krieg.... all das sind Anzeichen.

D: Von Störungen im Netz?

J: Die Gitter, ja. Und auch einige der Vulkane, das ist kein Ungleichgewicht im Netz. Das ist eigentlich eine Balance im Raster.

D: Es wieder ins Gleichgewicht bringen?

J: Ja, und das ist eine gute Sache. Eine Freisetzung von Energie.

D: Und diese Gitterwesen werden ihnen das Wissen geben?

J: Ja, die Wächter wissen es, weil sie den Überblick haben.

D: Kann sie diese Informationen über die Kristalle auch zur Heilung nutzen?

J: Nun, das ist die Erdheilung, und so nutzt sie sie natürlich zur Heilung. Wenn Sie ein System wieder ins Gleichgewicht bringen, ist das Ergebnis Heilung.

D: Das ist also wichtiger als die Arbeit an einer individuellen Heilung?

J: Ja, ja, ja. Um mit den Erdnetzen und den Energienetzen zu arbeiten. Es ist wichtiger, den Ozean zu heilen, als einen Einzelnen zu heilen.

D: Wir bekommen immer mehr neue Informationen, dass wir in eine neue Erde einziehen. Ist das mit dieser Heilung verbunden?

J: Es ist, als ob man sich um das Kind sorgt. Wir heilen die Mutter, damit es dem Kind gut geht. Wir heilen die Mutter, damit sie die Neue Erde gebären kann. Um es zur neuen Erde zu machen.

Deshalb müssen wir die alte Erde heilen.

D: Sie hat die Informationen in die Kristalle gelegt, also sollte sie in der Lage sein, sie zurückzubekommen.

J: Ja, und dazu gibt es ein Timing... alles in der richtigen Zeit. Es ist wie die Blütenblätter einer sich entfaltenden Blume, und man kann die Knospe nicht überstürzen, sonst wird die Blüte zerstört. Ich spüre, dass alles in göttlicher Zeit geschieht und sich so entfaltet, wie es sein sollte. Wir können die Gitter wiederherstellen. Das ist der erste Schritt.... um den Planeten zu heilen.

D: Du hast mir vorhergesagt, dass du nicht wieder eine ganze Zivilisation zerstören willst. Es dauert zu lange, es wiederaufzubauen.

J: Ja, und da ist so viel verloren.

D: Du hast mir gesagt, dass jedes Volk oder jede Zivilisation einen freien Willen hat, und es ist dir nicht erlaubt, dich in den freien Willen einzumischen. Du hast gesagt, dass du dich wegen des freien Willens nicht in die Entwicklung der Zivilisationen einmischen darfst.

J: Das ist wahr, ja.

D: Aber die Leute haben uns gefragt, warum Atlantis zerstört wurde, weil es nicht erlaubt war, den freien Willen zu haben, um diese Dinge zu tun? Ich glaube, du hast sie beantwortet.

J: Gut, ja. (Lachen)

D: Weil auch der freie Wille seine Grenzen haben kann.

J: Ja, aber wenn jemand nicht weiß, was er tut…

D: Wie ein Kind, das mit dem Feuer spielt. (Ja) Du hast vorhin gesagt, dass du nur dann eingreifen könntest, wenn wir die Welt zerstören würden, weil es einen Nachhall verursachen würde. (Ja, ja.) Vielleicht hast du mir also das fehlende Stück gegeben, das ich in meiner Geschichte nicht hatte. Es macht viel mehr Sinn und ist jetzt klarer. Das ist also sehr wichtig. Ihr seid auch wie "Beobachter". (Ja) Und Joan war eine Beobachterin, als sie sich um den Planeten kümmerte?

J: Ja, das war sie.

Als unser menschliches Leben auf diesem Planeten geschaffen wurde, wurde beschlossen, diesem schönen Ort eine Kreatur mit Intelligenz und freiem Willen zu geben. Um zu sehen, was sie damit machen würde. Es gibt nur sehr wenige Planeten im Universum, denen der freie Wille erlaubt wurde. Ich habe einige davon in meinen anderen Büchern untersucht. Aber eine andere Regel war die oberste Direktive der Nichteinmischung. Dies wird in der "Star Trek"-Serie oft erwähnt, aber es ist keine Fiktion. Es ist sehr real und wird von allen Weltraummenschen sorgfältig befolgt. Das bedeutet, dass sie die Entwicklung einer Zivilisation nicht stören dürfen. Sie haben gesagt, dass es nur eine Ausnahme von dieser Regel gibt, und zwar, wenn die Zivilisation so weit kommt, dass sie diesen Planeten zerstören kann. Dann durften sie eintreten und es aufhalten, denn, wenn wir so etwas tun würden, könnte es in der ganzen Galaxie einen Nachhall geben. Wer hätte gedacht, dass ein so kleiner Planet wie die Erde diesen Einfluss haben würde? Wir sind ein kleiner Planet, und wir werden hier in unserer kleinen Ecke des Sonnensystems bewusst isoliert und unter Quarantäne gestellt. Sie haben Angst vor uns, Angst davor, was wir mit unserer Gewalt tun könnten. Das ist der Hauptgrund, warum sie uns seit so vielen Äonen beobachten. Der Nachhall könnte sich im gesamten Sonnensystem, in der Galaxie und sogar in anderen Dimensionen ausbreiten, wo wir andere uns unbekannte Zivilisationen stören und zerstören würden. Die Folgen wären erschreckend. Wir wissen jetzt, dass dies der Grund dafür war, reine Seelen als Freiwillige zu schicken, um der Erde in dieser Zeit zu helfen, um dies zu verhindern.

Ich weiß jetzt durch meine Arbeit, dass viele Zivilisationen im Laufe der Zeit zerstört wurden. "Sie" haben mir gesagt, dass sie jedes Mal, den Höhepunkt des intellektuellen Wissens erreicht hatten und ihren Geist soweit perfektioniert hatten, dass sie wunderbare Dinge tun konnten. Aber in jedem Fall (einschließlich Atlantis) hatte das Volk seine Kräfte missbraucht und begann, Dinge zu tun, die eher der Gier und Macht als der Besserung des Volkes dienten. Im Falle von Atlantis wissen wir, dass sie die Kristalle für extreme Leistung verwendet haben. Sie verstießen auch gegen die Naturgesetze, indem sie die Genmanipulation einsetzten, um Halbmenschen/Halbtierwesen zu kombinieren und zu erschaffen. Sie haben definitiv ihre Grenzen überschritten. Aber, wie meine Tochter Julia bemerkte, übten sie immer noch nur ihren freien Willen aus. Es machte für sie keinen Sinn, dass "sie" diese Zivilisation zerstören mussten. Sie sagte: "Schließlich ist eine Regel eine Regel, eine Regel ist eine Regel." Sie ist sehr streng bei der Einhaltung der Regeln und weiß, dass sie aus gutem Grund gemacht wurden. Die Atlanter taten also Dinge, die sie nicht hätten tun dürfen, aber sie hatten den Planeten nicht in Gefahr gebracht, in die Luft zu gehen. Zwar waren die Kristalle mächtig und wurden nicht richtig eingesetzt, aber wo war die gefährliche Bedrohung, die "sie" dazu brachte, sich zu entscheiden, die gesamte Zivilisation zu vernichten? Das war das fehlende Stück, an das ich nicht gedacht hatte, bis sie es zur Sprache brachte. Nun wurde es offensichtlich. Die Atlanter hatten den gleichen Punkt erreicht, an dem wir uns gerade jetzt in unserer Zeit befinden. Sie experimentierten mit Dunkler Materie und wussten nicht, dass die Auswirkungen nach hinten losgehen und den gesamten Planeten zerstören könnten. Deshalb mussten sich "sie" also gegen die oberste Direktive stellen. Dies war in der Geschichte unserer Erde so oft geschehen, dass sie es nicht noch einmal tun wollten. Jedes Mal, wenn die Fähigkeiten weggenommen und die Zivilisation aus einem primitiven Zustand wiederaufgebaut werden musste, ging viel Zeit und Technologie verloren, während die Menschheit wieder aufstieg. Dieses Mal wollten sie diesen Weg nicht noch einmal gehen. Um zu verhindern, dass es wieder passiert, erfolgte der Ruf, dass die Freiwilligen kommen sollen, dem Planeten Erde zu helfen.

D: Hatte Joan andere Leben auf der Erde? (Das war eine ihrer Fragen.)

J: Nur ein paar oberflächliche in körperlicher Form. Die meisten ihrer Leben waren in den Lichtbereichen.

D: Aber Joan ist nicht die Einzige, die das tut, oder? (Nein) Es wäre ein zu großer Job.

J: Ich höre die Zahl: zehntausend von uns. Über den ganzen Planeten verstreut.

D: Alle machen die gleiche Arbeit bei der Wiederherstellung der Gitter?

J: Ja.... subtile Abweichungen, aber alle mit der gleichen Absicht. Wir alle wissen, warum wir hier sind. Einige bewusster als andere. Vielleicht ist das ein Teil davon, um andere zu wecken.

D: Damit sie Mutter Erde heilen können?

J: Ja. Es hat auch mit der DNA zu tun. Die DNA ist wie die Brücke des Lebens und das Erwachen der Schlüssel ist wie das Erwachen der Pakete in der DNA, die inaktiv waren.

D: Die menschliche DNA?

J: Die menschliche DNA... es ist alles DNA von allem. Es ist die kosmische Leiter, die auf alles zugreift. Das verbindet alles, das heißt die menschliche DNA, die planetarische DNA, es ist alles das Gleiche.

D: Also müssen diese alle aktiviert oder geändert werden?

J: Um die DNA-Pakete zu erwecken, die abgeschaltet wurden, als wir die Gitter zusammenbrechen ließen.

D: Als du also die Gitter hast zusammenbrechen lassen, hast du auch Teile der DNA geschlossen? (Ja, ja.) Hatte das einen Grund?

J: Ja, weil du es damit verlangsamst... weil du es verlangsamst. Die Teile wurden deaktiviert, in denen das Wissen in der DNA war. Es ist jetzt an der Zeit, sie zu stimulieren.

D: Mir wurde auch gesagt, dass die psychischen Fähigkeiten zurückkommen. (Ja) Ist das Teil des Erwachens der DNA?

J: Ja.... der Zugang zu den Lebenscodes.

D: Wie wird das aktiviert?

J: Mit Lichtfrequenzen. Erhöhung unserer Lichtfrequenzen.

D: Innerhalb des Körpers?

J: Ja. Sie kommt von außen durch die kosmischen Strahlen, die in unser Planetensystem eindringen. Es stimuliert die DNA-Pakete, die schlummern, also aktivieren wir die Lichtcodes.

D: Das betrifft den Menschen und auch den Planeten?

J: Ja, der Planet und alles Leben oder Licht.

D: Das Licht ist sehr wichtig. Es ist wirklich das ALLES. Es ist alles, was es gibt. (Ja)-Was ist mit den Menschen, die negativ sind? Diejenigen, die nicht im Licht stehen? Wird auch ihre DNA aktiviert?

J: Es fühlt sich an, als würden sie einfach weiterschlafen. Es ist eher so, als wären es Seelen, die schlafen. So sehe ich das. Sie schlafen. Ich bekomme das Gefühl eines "Zusammenfaltens", wie ein Schlafen, ein Einrollen.... ein Zusammenfalten von Energie. Aber das bedeutet nicht, dass an einem anderen Punkt.... weißt du, wir sprechen jetzt darüber als Zeitknoten. An anderen Zeitknoten wird es Zeit sein, dass ihre Codes geweckt werden. Es ist keine schlechte Sache, zurückgelassen zu werden. Irgendwann werden die Codes von jedem aktiviert, aber weißt du, wenn du nicht wach bist, ist es in Ordnung. Das ist nicht deine Zeit. Wieder einmal geht es um das Timing.... die Zeitlinien. Es ist wie Samen. Man kann nicht jeden Samen auf einmal sprießen lassen. (Lachen)

D: Was meintest du mit "Zeitknoten"?

J: Ein Zeitknoten ist eine enthaltene Energie aus Licht und Raum. Wir existieren in Zeitknoten und diese aktuelle Erde auch. Wir würden sagen, dass die Erde im Jahr 2010 ein Zeitknoten ist.

D: Okay. Aber ich möchte einige Dinge gerne klarstellen, die ich gehört habe. Wird es schließlich zwei getrennte Erden geben, wenn wir in die neue Erde einziehen und die alte Erde zurücklassen?

J: Ich glaube nicht. Ich spüre nicht, dass das wie eine neue Erde ist. Ich spüre, dass es nur eine Erweiterung, eine Dimension oder eine Erweiterung gibt. Als ob du einen Punkt hättest. Wenn du das mit einem anderen Punkt verbindest, hast du eine Linie. Nun, ist dieser erste Punkt verschwunden, als er zu einer Linie wurde? Es ist das Gleiche. Es ist nur, dass es eine Dimensionsverschiebung sein wird. 3 D wird noch existieren, aber wir werden auch mehr in die Lichtfrequenzen expandieren.

D: Es ist also wie zwei getrennte Erden.... eine in der anderen Dimension?

J: Nicht getrennt. Ist dieser Punkt von der Linie getrennt? Ich schätze, so stelle ich das in Frage. Dieser Punkt existiert noch, und dieser Punkt ist immer noch dieser Punkt. Aber die Linie ist etwas anderes, genau wie die Erde etwas anderes sein wird. Die alte Erde wird weiterhin existieren. Die neue Erde wird existieren, aber sie wird in dieser Analogie von Punkt und Linie sein.

D: In einer anderen Dimension.... in einer anderen Frequenz?

J: Eine weitere erweiterte Frequenz.... eine Frequenz der Expansion.

D: Also die, die Licht sind, ihre Frequenz verändert die DNA, und sie werden mit der neuen Erde gehen, schätze ich.

J: Ja. Als gäbe es eine gleichzeitige Existenz. Es ist nur eine Dimensionsverschiebung.

D: Das ist es, was für die Leute schwer zu verstehen ist. Wir existieren ohnehin in anderen Dimensionen.

J: Ja. Wir haben unser Bewusstsein nicht, und wir haben unsere DNA nicht geweckt, um sie zu erkennen.

D: Diesmal werden wir bewusst sein? (Ja) Wir werden uns unserer alten Erde bewusst sein, derjenigen, auf der die Menschen schlafen?

J: Es wird uns nichts ausmachen.

D: Wir werden weitermachen. (Ja) Jedes Mal, wenn ich ein wenig mehr Informationen bekomme, wird es klarer, weil ich Leute habe, die so viele Fragen stellen, wenn ich darüber referiere - du hast mir einmal gesagt, dass nicht einmal du weißt, was wirklich passieren wird. (Lachen)

J: Nein, tun wir nicht.

D: Weil es das erste Mal ist, dass es passiert. Das ist es, was mir gesagt wurde.

J: Das erste Mal, als es auf der Erde passiert. (Lachen) Viele Planeten haben Dimensionsverschiebungen durchgemacht.

D: Weil die Erde lebt und sich entwickeln muss? (Ja) Aber dies ist das erste Mal, dass dies in diesem Teil des Universums geschieht? (Ja)

***

Joan hatte mit Lasern experimentiert und dachte, sie könnte sie irgendwie zur Heilung nutzen.

J: Ich sehe, dass die Laserlichter verwendet werden können, um die Gitterpunkte zu verbinden, die ätherischen Gitterpunkte mit den Erdnetzen. Dafür soll sie die Laser benutzen.

D: Aber du hast gesagt, das wäre für die Zukunft. (Ja) Wie soll sie den Laser benutzen?

J: Einfach in den Kosmos leuchten und Punkte definieren und mit dem Licht triangulieren, um die ätherischen Gitter im Erdgitter zu verankern.

D: So gut wie die Kristalle?

J: Ja, das muss ein Teil davon sein. Das Licht verankert sich im Kristall.

Wir beantworteten den Rest ihrer Fragen, und das SC übernahm die Heilung des physischen Körpers.

Abschiedsnachricht: Hab keine Angst vor dem Scheitern. Es sind nur mehr Möglichkeiten.

Nach vielen Jahren der Arbeit an diesem Projekt, hatte ich die Drei Wellen der Freiwilligen entdeckt, die gekommen sind, um der Erde in dieser sehr wichtigen und essentiellen Zeit zu helfen. Aber während dieser Sitzung entdeckte ich eine andere Gruppe, die gekommen ist: 10.000 Wächter des Netzes. Sie sind hier für einen anderen Zweck, um die Schäden an den Netzen der Erde durch die Zerstörung von Atlantis wiederherzustellen. Um sie wieder ins Gleichgewicht zu bringen. Sie sind auch hier, um das verborgene Wissen zu entdecken und zugänglich zu machen, welches in den Kristallen platziert wurde. Es ist ein sehr wertvolles Wissen, das darauf gewartet hat, dass es in dieser besonderen Zeit wieder offenbart wird. Lasst es uns diesmal richtig verwenden!

TEIL DREI

DIE NEUE ERDE

DIE NEUE ERDE

DAS GESAMTE VORLIEGENDE Buch konzentriert sich auf die Freiwilligen, die zu dieser Zeit auf die Erde gekommen sind, um an dem Aufstieg zur Neuen Erde teilzunehmen. Doch was genau ist diese Neue Erde, von der alle sprechen? Woran werden wir erkennen, dass wir dort ankommen? Werden wir einen Unterschied bemerken?

Die Informationen über die Neue Erde kamen schrittweise über die letzten fünf oder mehr Jahre hervor. Ich habe die Bruchstücke von Hunderten von Klienten gesammelt, und es hat lange gedauert, bis sich ein Muster abzeichnete. Es war über einige meiner anderen Bücher verstreut (insbesondere über die Reihe Das Gewundene Universum). Viele Leute schlugen mir bei meinen Vorträgen und mittels E-Mail-Korrespondenz vor, alle Informationen über die Neue Erde in ein Buch zu packen. Also nahm ich die Informationen aus diesen Büchern und fügte sie hier zusammen. In den Sitzungen in diesem Buch gibt es noch weitere Bruchstücke. Das Erstaunliche daran ist, dass keines von ihnen im Widerspruch zu den anderen steht. Alle meine Klienten sagen die gleichen Dinge, nur mit anderem Wortlaut. Das verleiht dem Ganzen noch mehr Aussagekraft, weil sich alles gegenseitig ergänzt. Das Folgende sind Informationen aus meinen anderen Büchern.

KAPITEL ZWEIUNDDREIßIG

DIE NEUE ERDE

ALS WIR UNSER GANZES LEBEN LANG in der Kirche waren, hörten wir die folgenden Verse aus der Bibel: "Ich sah einen neuen Himmel und eine neue Erde; denn der erste Himmel und die erste Erde sind vergangen.... Und ich, Johannes, sah die heilige Stadt, das neue Jerusalem, von Gott aus dem Himmel herabsteigen.... Und ich hörte eine große Stimme aus dem Himmel sagen: Siehe da, die Hütte Gottes ist bei den Menschen, und er wird bei ihnen wohnen, und sie werden sein Volk sein, und Gott selbst wird bei ihnen sein und ihr Gott sein. Und Gott wird alle Tränen von ihren Augen abwischen, und es wird keinen Tod mehr geben, weder Leid noch Schreien, noch Schmerz mehr; denn die früheren Dinge sind vergangen. ... Siehe, ich mache alles neu. Und er sprach zu mir: Schreibe; denn diese Worte sind wahr und treu. ... Und die (neue) Stadt brauchte weder die Sonne noch den Mond, um in ihr zu leuchten; denn die Herrlichkeit Gottes hat sie erhellt.... Und es wird nicht in sie eindringen, was schändet, und was auch immer, das wirkt gegen den Gräuel oder lügt.... Und es wird keine Nacht dort sein, und sie brauchen keine Kerze, kein Licht der Sonne; denn Gott, der Herr, gibt ihnen Licht, und sie werden für immer und ewig herrschen." (Offb. 21-22) (aus dem Engl.)

Seit dem Schreiben der Bibel hat die Kirche viele verschiedene Erklärungen gegeben. Aber das Buch der Offenbarung ist bis heute rätselhaft geblieben. Die Erklärungen in diesem Buch, die von vielen Menschen in tiefer Trance hervorgebracht wurden, scheinen die Antworten zu bieten. Sie haben das Reich Gottes oft als einen Ort des Lichts beschrieben, an dem sie große Freude haben, wieder mit dem Schöpfer, der Quelle, vereint zu sein. Zu dieser Zeit ist jeder von ihnen zu einem Wesen des Lichts geworden, und es besteht kein Wunsch, zur irdischen physischen Form zurückzukehren. Dies erklärt einige der Bedeutungen der Verse, aber was ist mit der Prophezeiung der Neuen Erde? Auch hier scheint die Antwort durch viele meiner Themen während meiner Sitzungen zu kommen. Erst als ich das Buch zusammenstellte, wurde die Ähnlichkeit mit der Bibel deutlich. Wir reden alle über das Gleiche. Johannes, der das Buch der Offenbarung schrieb, legte seine Vision in die Worte, die er in seiner Zeit und seinem Vokabular finden konnte. Heute ist es genauso. Meine Probanden mussten die ihnen vertraute Terminologie verwenden. Ich weiß daher, dass wir nur einen kleinen Teil des Gesamtbildes der kommenden neuen Welt sehen, aber es war das Beste, was sie tun konnten. Es gibt uns zumindest einen Einblick in diesen wunderbaren und perfekten Ort.

Während meiner Arbeit habe ich viel darüber gehört, dass alles aus Energie besteht und die Form nur durch die Frequenz und Schwingung bestimmt wird. Energie stirbt nie, sie verändert nur die Form. Mir wurde gesagt, dass die Erde selbst ihre Schwingung und Frequenz ändert, und sie bereitet sich darauf vor, sich in eine neue Dimension zu erheben. Es gibt unzählige Dimensionen, die uns die ganze Zeit umgeben. Wir können sie nicht sehen, denn wenn sich die Schwingung beschleunigt, sind sie für unsere Augen unsichtbar, aber sie existieren trotzdem. In meinem Buch The Custodians habe ich erklärt, wie die Außerirdischen dies nutzen und reisen, indem sie die Schwingungen ihres Schiffes erhöhen und senken. Manchmal gehen wir auch in andere Dimensionen und kehren zurück und sind uns dessen nicht bewusst. Darüber wurde in The Legend of Starcrash geschrieben. Also, ich habe das Thema im Laufe der Jahre angesprochen, aber ich habe die volle Bedeutung nicht verstanden, bis ich anfing, immer mehr Informationen darüber zu erhalten. "Sie" wollen, dass wir mehr darüber wissen, denn es kommt bald. Und es wird ein bedeutsames Ereignis sein. Natürlich wurde es auch in der Bibel als "bald" beschrieben. Aber jetzt können wir die Auswirkungen überall um uns herum sehen und spüren, während sich die Welt darauf vorbereitet, in eine neue Dimension zu wechseln.

"Sie" sagten, dass wir die physikalischen Effekte mit zunehmender Frequenz und Vibration stärker wahrnehmen werden. Viele von uns können auf einer anderen Ebene unseres Seins spüren, dass etwas passiert. Mit den subtilen Veränderungen, die um uns herum stattfinden, muss sich auch unser physischer Körper verändern, um sich anzupassen. Einige dieser körperlichen Symptome sind unangenehm und geben Anlass zur Sorge. "Du wirst sehen und bemerken, dass du mit zunehmender Frequenz des Planeten in Bezug auf seine Schwingung weniger Schwierigkeiten mit Symptomen von Energieblockaden haben wirst."

Während meiner gesamten Arbeit wird meinen Probanden gesagt, dass sie ihre Ernährung ändern müssen, um sich an die neue Welt anzupassen. Unser Körper muss leichter werden, und das bedeutet die Beseitigung schwerer Lebensmittel. Während der Sitzungen werden meine Klienten immer wieder gewarnt, kein Fleisch mehr zu essen (insbesondere Rind- und Schweinefleisch), vor allem wegen der Zusatzstoffe und Chemikalien, die den Tieren zugeführt werden. Sie sagten, dass sie Chemikalien und künstliche Komponenten in unseren Organen deponieren, die dort für bis zu sechs Monate bleiben. Es ist äußerst schwierig, sie zu filtern und aus dem Körper zu entfernen. Wir wurden besonders davor gewarnt, tierisches Eiweiß zu essen, und frittierte Lebensmittel, die als Reizmittel für den Körper wirken. "Diese wirken nach vielen Jahren des Missbrauchs als Verschlimmerer für Ihr System. Wir wollen nicht verurteilend sein, aber die Karosserie ist für eine bestimmte Art von Fahrzeugverkehr gebaut. Der Körper kann nicht in der Frequenz in höherdimensionale Bereiche aufsteigen, wenn die Dichte und die Toxine die Umwelt des menschlichen Körpers belasten."

Natürlich, wenn Sie das Glück haben, organisches Fleisch zu finden, das keine Giftstoffe enthält, wäre das sicher -in Maßen. Sie sagten, Huhn sei besser, und Fisch, weil es leichteres Fleisch sei, aber das Beste von allem sei "lebendiges" Obst und Gemüse. Das heißt, diejenigen, die nicht gekocht, sondern roh gegessen werden. Wir wurden auch auf die Eliminierung von Zucker und den Konsum von reinem, abgefülltem Wasser und Fruchtsäften ohne Zucker hingewiesen. Schließlich, wenn die Frequenz und die Vibration weiter ansteigen, werden wir uns auf eine flüssige Ernährung einstellen. Der Körper muss leichter werden, um den Aufstieg zu ermöglichen. "Da die Energien auf dem Planeten immer höher und seltener werden, muss sich dein Körper mit ihm bewegen." Natürlich ist nichts davon neu. Über diese Fakten der Ernährung wird uns seit vielen Jahren berichtet. Aber es scheint jetzt notwendig zu sein, unserer Ernährung besondere Aufmerksamkeit zu schenken, da sich alles zu ändern beginnt.

Im Jahr 2001 stiegen "sie" ein, um meine Aufmerksamkeit zu erregen und mich dazu zu bringen, meine Ernährung und meinen Lebensstil zu ändern. Während der Sitzungen schrien sie mich buchstäblich an, um ihre Botschaft zu vermitteln. Im Jahr 2001 hatte ich in Florida Probleme mit der Dehydrierung und hatte unangenehme körperliche Auswirkungen. "Sie" tadelten mich und zwangen mich, mein Standardgetränk, "Pepsi", aufzugeben, dem ich viele Jahre lang nachgegeben hatte. Sie drehten meine Ess- und Trinkgewohnheiten komplett um und änderten meine Ernährung zum Besseren. Im Jahr 2002 hatte ich einen Großteil der Giftstoffe aus meinem System entfernt, und ich bemerkte den Unterschied. Es dauerte noch einige Monate, bis ich sozusagen "entgiftet" wurde. Jedes Mal, wenn sie eine Chance bekommen, lassen sie mich wissen, dass sie mich immer noch überwachen, und ich schimpfe, wenn sie sehen, wie ich wieder in alte Gewohnheiten zurückfalle. Während einer Sitzung in England sagten sie: "Um die neuen Energien zu verstehen, in denen du arbeiten wirst, wird dem Körper beigebracht, wie man damit umgeht. Man darf nie vergessen, dass es Energien gibt, die nicht mit euch arbeiten werden. An diesem Punkt sollen diese Energien vielleicht nicht weggedrückt werden. Weil sie einem nicht bekannt sind, denkt man: „Sie sind nicht korrekt. Sie sollen in dich hineingezogen und gefragt werden: Was sind sie genau? Tatsächlich sind es neue Energien. Vielleicht passen sie den eigenen Körper wieder an, und damit entfernen sie Giftstoffe. Vor allem die Nieren werden mit einer nicht akzeptierten Energie der Vergangenheit arbeiten. Akzeptiere einfach, dass der Reinigungsprozess stattfindet und stattfinden wird."

Dann wurde mir ein Prozess gegeben, um das Wasser, das wir trinken, mit Energie zu versorgen und bei der Entgiftung zu helfen. "Wasser, auf der Basis von siebzig Prozent von dir selbst und siebzig Prozent des Planeten, ist so unglaublich wichtig. Deshalb ist die Resonanz des Wassers, das du in deinen Körper bringst, so wichtig. Wenn du Wasser trinkst, energetisiere es mit dem Wissen, das du hast. Schicke dieses Wissen in das Wasser. Wickel es damit ein. Stelle dir eine Wasserspirale vor, die einen Wirbel erzeugt, sowohl im Uhrzeigersinn als auch gegen den Uhrzeigersinn. Damit wird der positive und negative Schlüssel erstellt. Du musst es aus dem Gleichgewicht bringen. Stelle dir eine Energie vor, die in das Wasser eindringt und einen spiralförmigen Wirbel erzeugt. Das ist alles, was du tun musst. Der Gedanke wird dann das Wasser mit Energie versorgen. Das wird dann wieder Lebenskraft ins Wasser zurückbringen, was die akzeptierte Lebenskraft des Planeten ist. Alles Flüssige auf diesem Planeten, egal in welcher Weise, ist flüssig in einer langsameren oder schnelleren Bewegung. Alles hat die Resonanz und die Erinnerung daran, was es ist. Die Menschheit hat die Resonanz und die Erinnerung an das, was sie ist, verloren, aber Wasser kann uns wieder energetisieren. Das Gedankenmuster des Menschen arbeitet sich zurück in seine Resonanz und hilft bei der Arbeit mit ihr. Sie müssen bedenken, dass diese Energetisierung einer Wasserflasche nur wenige Stunden halten kann. Möglicherweise müssen Sie es danach wieder erneuern. So kann der richtige Weg sein, dass, bevor man eine Flüssigkeit trinkt, den gleichen Prozess wieder durchführt. Du kannst das Gleiche auch mit Essen tun. Das sind Lebensmittel, die einfach in einer langsameren Bewegung flüssig sind. Das wird dem Körper helfen. Dies wird auch zum Klären/Reinigen förderlich sein, und es hilft einen Ort der "Klarheit" genannt wird, innerhalb deines Kopfes zu erschaffen. Weil man etwas von der Klarheit verloren hatte. Diese Klarheit wird zurückkommen."

***

Aus einer E-Mail, die mir von einer unbekannten Quelle geschickt wurde:

Die Zeit beschleunigt sich tatsächlich (oder kollabiert). Seit Jahrtausenden beträgt die Schumann-Resonanz oder der Puls (Herzschlag) der Erde 7,83 Zyklen pro Sekunde. Das Militär hat dies als eine sehr zuverlässige Referenz verwendet. Seit 1980 steigt diese Resonanz jedoch langsam an. Es sind jetzt über 12 Zyklen pro Sekunde! Das bedeutet, dass es statt der alten 24 Stunden weniger als 16 Stunden pro Tag gibt.

Einer der Hinweise, dass die Frequenz und die Vibration auftreten, ist die Beschleunigung und Verkürzung der Zeit.

***

Klient: Ab 2003 wird es einen Energiezufluss geben, der die Erde wirklich antreiben wird. Es wird eine größere Spaltung zwischen der Gruppe der Menschen, die zurückbleiben werden, und den Menschen, die vorankommen, geben. Das Ergebnis wird ein höherer Schwingungsanstieg auf der Erde sein. Das betrifft das ganze Universum. Das ist nicht nur die Erde. Das ist galaktisch.

KAPITEL DREIUNDDREIßIG

DIE ALTE ERDE

ANNE SAGTE, SIE WOLLE nach Hause gehen und erleben, wie das Zuhause aussieht, also gaben "sie" ihr an dieser Stelle in der Sitzung einen Blick darauf und sie wurde emotional. "Sag mir, was gezeigt wird. Wonach sieht es aus?"

A: (Sehr sanfte) Energie. (Sie weinte jetzt offen.) Es ist, als würden sie mich mit Energie oder so aufladen. (Flüstert) Ich kann es überall spüren........ (Weint) Es ist wie Liebe.

Ich ließ Anne eine Weile weinen, dann beruhigte ich sie, damit das andere Wesen zurückkehren und die Fragen beantworten und ohne Emotionen Informationen geben konnte. "Wir lieben sie sehr."

D: Ich weiß, dass es viel Mut gekostet hat, diesen schönen Ort zu verlassen und sich freiwillig zu melden, um zu dieser Zeit hierher zu kommen.

A: Sie hat das Gefühl, dass sie ihren Zweck nicht erfüllt. Das ist ihre größte, allergrößte Frustration - dass sie nicht das tut, wozu sie gekommen ist. Sie will es zu Ende bringen. Sie hat viele Fähigkeiten und Talente, und sie hat das Gefühl, dass sie sie auf eine bestimmte Weise nutzen sollte. Und das kann sie nicht alleine tun.

D: Du hast gesagt, dass sie sich freiwillig gemeldet hat, um während der Veränderungen hier zu sein. Sind das die Änderungen, die mir mitgeteilt wurden? (Ja) Möchtest du über diesen Teil sprechen?

A: Viele Veränderungen. An welchen Dingen hast du gearbeitet?

D: Dass wir auf neue Frequenzen und Vibrationen umsteigen?

A: Das ist richtig. Hast du Fragen?

D: Mir wurde oft gesagt, dass sich alles beschleunigt, und sich die Schwingungen und Frequenzen unserer ganzen Dimension ändern. Ist das richtig?

A: Turbulenz, sehr bald kommt viel Turbulenz. Und es besteht die Notwendigkeit, sehr geerdet zu sein. Viel Aufruhr. Es wird Ihre Stabilität und alle, die hier sind, brauchen, denn die Menschen werden verloren und verwirrt sein und viel Schmerzen haben. Hast du verstanden?

D: Meinst du mit Turbulenzen mehr von den gewaltigen Erdbewegungen, die stattgefunden haben?

A: Situationen, die von Menschen verursacht werden, und Situationen, die durch die Veränderungen der Erde verursacht werden. Und das Durchkommen neuer Energien und Wesen, die der Mensch nicht gewohnt ist zu sehen. Das wird zu viel Chaos führen, dass nur diejenigen, die verstehen, was sich ereignet, ruhig bleiben und für die Verwirrten eine Beruhigung sein werden. Denke daran und sei einfach darauf vorbereitet, denn es ist sehr einfach zu theoretisieren, bis die Situation physisch wird. Dann muss der physische Körper darauf vorbereitet sein, mit den Veränderungen der Energie und dem Schock, der mit dem Prozess der Veränderung einhergeht, fertig zu werden. Es ist eine Sache zu fühlen, dass man verstehen kann, was passiert. Aber es ist etwas anderes, inmitten des Chaos zu sein und sich ruhig zu verhalten, wenn es passiert.

D: Das ist schwierig für Menschen, nicht wahr?

A: Es ist schwierig. Und das ist ein wichtiger und praktischer Bereich, auf den man sich in dieser Zeit konzentrieren sollte, denn es ist das Physische, dem man hilft. Es gibt andere Ebenen, die helfen, aber du bist in der physischen Ebene, wie sie ist, und andere Wesen sind es auch. So konnten sie im Physischen die Ruhe vermitteln, die in Zeiten des Chaos notwendig sein wird.

D: Aber werden sie uns zuhören?

A: Es liegt nicht an dir zu entscheiden. Es liegt an dir, dafür zu sorgen, dass du die Ruhe und geerdete Energie für diejenigen hast, die auf dich hören wollen. Das allein erfordert viel Arbeit im Physischen, um diese Energien an Ort und Stelle zu halten, denn dazu seid ihr gekommen. Anne ist sehr gut ausgebildet, weil ihre Lebenserfahrungen es erforderlich gemacht haben, dass sie inmitten des Wahnsinns ein Maß an Ruhe aufrechterhält.

Anne hatte eine Kindheit mit missbräuchlichen und instabilen Eltern verbracht, und dann eine chaotische Ehe.

A: Das war ein guter Trainingsplatz für sie, so dass es für sie, wenn die Zeit gekommen ist, nicht so schwierig ist, diese Ruhe im Physischen zu bewahren. Hast du verstanden?

D: Ja, das tue ich. Mir wurde gesagt, dass diese Veränderungen eine Trennung in zwei Erden bewirken werden. Die alte Erde und die neue Erde, wenn die Schwingungen und Frequenzen zunehmen. Ist das richtig?

A: Das ist richtig. Es gibt eine andere Welt, wenn man so will, in der einige Seelen bleiben oder sich entscheiden, nach den Veränderungen zu leben. Die Welt, die das Niveau der Schwingung hält, in dem sie bleiben wollen, und das wird es sein, wo sie bleiben oder sich bewegen. Aber die neuen Energien werden nur für diejenigen lebenswert sein, die ihre eigene Energie bis zu dieser Schwingung hochgearbeitet haben.

D: Aber die Turbulenzen, von denen du gesprochen hast, wird das auf der alten Erde sein?

A: Es passiert jetzt, dass wir diese Veränderungen durchlaufen. Dies ist die Zeit der Transformation in den nächsten Jahren, und das Ergebnis wurde von vielen prophezeit. Ich habe nicht viel hinzuzufügen, außer dass diejenigen, die jetzt hier sind, sich an ihre wichtige Rolle erinnern müssen, die sie im Physischen spielen, bevor die Änderungen stattfinden oder bevor die endgültigen Änderungen stattfinden. Inmitten des Prozesses besteht Bedarf derjenigen die hier sind, Hilfe zu leisten. Es ist an der Zeit, dass sie aufwachen und sich bewusst sind, dass sie aufgerufen sind, sehr präsent und bereit zu sein. Und ihre Stellung zu halten, denn es kann Situationen geben, in denen sich eine Seele an einem entscheidenden Punkt befinden könnte, an dem sie entweder/oder schwingungsmäßig gehen könnte. Und vielleicht kannst du zu diesem Zeitpunkt etwas Positives bewirken.

D: Was meinst du mit Entweder/Oder?

A: Ihr spirituelles Wachstum kann sich in einer Grauzone befinden, in der sie sich qualifizieren können, zu einer höheren Schwingung aufzusteigen, wenn sie nur den Mut haben zu springen. Oder sie entscheiden sich vielleicht dagegen, und das ist ihre Entscheidung. Aber deine Rolle, wenn du deine Energie hältst, kann für jemanden in dieser Situation entscheidend sein, denn du kannst ihm vielleicht deine Hand reichen, damit er springen kann.

D: Um den Sprung in die höhere Schwingung zu machen. (Ja) Aber die höhere Schwingung, die neue Erde, wird diese Turbulenz nicht erleben? (Nein) Es scheint, als ob wir uns gerade jetzt in diesem Teil befinden, der die Turbulenzen erlebt.

A: Es ist nur der Anfang. Es hat begonnen, aber das Chaos hat noch nicht begonnen. Das Chaos, der Wahnsinn der Menschen, die verwirrt herumlaufen, weil alle ihre Illusionen zerbrochen sind. Das wird die Zeit der Prüfung der Kraft sein, die für diejenigen von euch, die hier sind, um bei diesem Prozess zu helfen, hervorgebracht werden muss. Es wird eine Zeit geben, in der die Menschen verwirrt und in Angst auf den Straßen rumlaufen, genauso wie beim Hurrikan in Louisiana.

D: Das ist es, woran ich gedacht habe, ein Tsunami und Hurrikan.

A: Aber das, was sich in den meisten Städten weltweit multipliziert, ist ein ganz anderes Szenario.

D: Wird es in vielen Städten ähnliche Katastrophen geben?

A: Einige sind verursacht durch die Natur, andere verursacht durch die Machthaber, die alles daransetzen, die Dinge so zu halten, wie sie sind. Sie sind sich der Veränderungen sehr bewusst. Sie weigern sich aber diese zu akzeptieren. Es ist wie ein Kind, das die Wahrheit nicht hören will. Und sie weigern sich zuzugeben, dass sie nicht mehr das Sagen haben. So klammern sie sich weiterhin an diesen Weg und es führt zu noch mehr Verwirrung. Sie haben das Gefühl, dass sie in der Lage sein könnten, den Prozess zu verlangsamen und eine geringere Vibration aufrechtzuerhalten, indem sie Angst verbreiten.

D: Sie versuchen, den Menschen Angst einzujagen.

A: Angst gab es schon immer bei den Menschen, denn so haben die meisten, wenn nicht sogar alle Gesellschaften dieser Welt seit vielen Jahren funktioniert. Angst ist die Art und Weise, wie sie die Macht behalten haben, und fast jeder auf dieser Welt ist in

Angst. Es gibt verschiedene Ebenen der Angst, aber diese Veränderungen und die Technologie, die es jedem ermöglicht hat, frei zu kommunizieren, hat bei den Machthabern große Besorgnis ausgelöst, denn jetzt verschwindet die Angst. Viele Dinge, die sich ereignen, selbst die Katastrophen, wirken als Katalysator, um Angst hervorzurufen, damit sie überwunden wird. Und so ist es eine Reinigung in gewisser Weise. Aber die Machthaber wollen nicht, dass dieser Prozess stattfindet, und sie ziehen es vor, ein gewisses Maß an Angst unter der Wasseroberfläche zu halten, wenn du so willst. Und wie ein verzweifeltes Kind versuchen sie jedwede Taktik, die ihnen in dieser Zeit einfällt, um diese Angst nicht verschwinden zu lassen, denn genau das geschieht. Die Angst löst sich auf, trotz allem, was sich oberflächlich zu zeigen scheint.

D: Die Menschen beginnen, selbstständig zu denken.

A: Das tun sie. Sie konfrontieren ihre eigenen Dämonen, wenn man so will, denn das Leben führt sie an Orte, an denen sie Dinge sehen mussten, mit denen sie sonst nie zu tun hatten. Deshalb kommen ihre Ängste, obwohl sie sehr präsent sind, zumindest an die Oberfläche, während sie es vorher nicht taten. Es handelt sich also um eine Reinigung, die, wenn sie weitergeht, nur immer mehr freisetzen wird, welches ein Prozess ist, dem sich die Machthaber sehr wohl bewusst sind. Sie wollen es verlangsamen und denken, dass es einen Weg geben könnte, es zu verhindern. So werden sie alles bis zum Äußersten treiben, bis die Situation extrem schwierig wird. Und viele Menschen werden nicht auf den Abgrund vorbereitet sein, auf den sie vordringen.

D: Ist der Krieg eines der Dinge?

A: Der Krieg, absolut die Kriege, auch ihre Krankheiten, mit denen sie die Menschen erschrecken.

D: Diese Krankheiten sind nicht wirklich da, oder?

A: Sie können es sein, wenn Menschen sich dafür entscheiden, diese Energien in ihren Körper eintreten zu lassen. Aber in den meisten Fällen sind sie nur in den energetischen Feldern. Und wie alles andere, worüber gesprochen oder gedacht wird, kann es im Physischen Realität werden.

D: Ja, wenn genügend Menschen es als ihre Realität akzeptieren.

A: Aber die Krankheiten sind extrem übertrieben, und es sind keine Epidemien, wie sie dargestellt werden. Die Medien und die Filme zeigen Ihnen ihre Verzweiflung, während sie darauf bestehen, den Massen Informationen zu präsentieren, die völlig negativ und angstbasiert sind. Themen wie Mord, Tod und Verrat, Angriffe und dergleichen, die das Bewusstsein auf diese Dinge konzentrieren, anstatt in den Medien Bilder von Hoffnung und Inspiration darzustellen. Aber dennoch gibt es zu diesem Zeitpunkt genug von diesen positiven Botschaften, die wie ein Dominoeffekt nicht mehr aufzuhalten sind.

D: Eine weitere Angst, die die Regierung zu fördern versucht, ist der Terrorismus.

A: Ja. Es ist nur ein weiteres Instrument, wie die Krankheiten, um Ausreden zu finden, um den Menschen einen Grund zu geben, Angst zu haben und sich nicht zu einigen, sondern darauf zu vertrauen, dass die Regierung ihre Probleme löst. Es sind imaginäre Probleme, und im Unterbewusstsein werden sich viele Menschen dessen bewusst. Sie glauben ihnen das nicht mehr, obwohl viele in der Menge sind, die es tun. Aber auf ihrer unterbewussten Ebene beginnen sie zu erwachen, und die Machthabenden wissen das. Das ist der Grund, warum sie auf lächerliche Geschichten zurückgreifen, die nur diejenigen, die sich entscheiden das zu glauben, es abkaufen, weil jeder mit einem logischen und vernünftigen Verstand ihnen nicht glauben konnte.

D: Ja, jeder, der selbstständig denkt.

A: Also präsentieren sie den Massen die Möglichkeit einer Wahl, weil sie auf einen Abgrund zusteuern. Und auf diese Weise erfüllen sie einen Zweck, indem sie auf den Abgrund zusteuern, so dass jeder eine Wahl treffen muss, denn dies ist eine Zeit der Wahl. Dies ist keine Zeit der Mitte und Neutralität mehr.

D: Du hast vorhin gesagt, dass wir hier sein werden, wenn das Chaos ausbricht. Würde dies durch viele dieser Katastrophen verursacht werden?

A: Durch Katastrophen und den Zusammenbruch der Regierungsstrukturen. Und der Zusammenbruch des Sicherheitsnetzes, zu dem sich die meisten Menschen hingezogen fühlen. Wie ihre Sozialversicherung und ihre Gehälter, ihre Jobs und ihre religiösen Überzeugungen. Besonders wenn und wann Schiffe und/oder andere Dinge wie diese anfangen, Teil des Bewusstseins zu werden, auf das viele nicht vorbereitet sind. Deshalb können sie unter Schock und Verwirrung herumirren, unsicher darüber, was real ist und was nicht. Die Struktur der Regierung zerbricht, und es wird sich bis zum Chaos verschärfen. Wie ein Dominoeffekt. Wie etwas, das Zerbröckelt.

D: Wenn die Schiffe ankommen, was wäre ihr Zweck, wenn sie kommen würden?

A: Sie sind immer hier. Es ist nur eine Zeit, in der sie sichtbar werden, wenn sich die Berechtigungen öffnen, denn es ist eine Zeit, wo es nicht nur den freien Willen gibt, wie jetzt, sondern auch eine Zeit, in der andere ihren Platz in der neuen Welt einnehmen können. Nicht nur die Menschen, sondern auch andere, die ebenfalls hierhergehören, befinden sich in einer anderen Schwingung. Also ist es teilweise nicht so, dass sie sich dafür entscheiden, auf einmal sichtbar zu werden, sondern dass die Energien sie einfach sichtbar werden lassen.

D: Ich bin mir bewusst, dass sie hier waren. Ich habe mit ihnen zusammengearbeitet. Ich weiß, dass sie positiv sind. Ich hatte keine Probleme mit ihnen.

A: Aber dadurch, dass sie sichtbar und Teil des Bewusstseins des Volkes werden, und die Regierungen zerfallen, und es Chaos und Naturkatastrophen gibt, kannst du erkennen, wie die Mehrheit der Menschen völlig schockiert wäre. Und ihre Religionen und ihre Vorstellung von einem strukturierten Leben würden zerstört. Also hätten sie jetzt nichts mehr, woran sie sich festhalten könnten. Das verursacht große Angst bei denen, die nicht vor Ihre eigene Haustür getreten sind. Diese Angst kann zu Wahnsinn, Schizophrenie oder anderen Arten von Reaktionen führen. Es ist genau zu diesem Zeitpunkt, diese Art von Reaktion, die die Menschen am verwundbarsten macht, wo man am nützlichsten sein kann.

D: Dann sind andere wie ich und Anne einige von denen, die hier sind, um zu helfen?

A: Diejenigen, die bereit sind, diese Veränderungen zu sehen und nicht vor Angst zu zerfallen, werden die Säulen sein, auf die sich andere stützen werden, wenn für sie nichts mehr Sinn ergibt. Es bedeutet nicht, dass du ihnen die Wahrheit liefern wirst, es bedeutet nur, dass du nicht so umfällst, wie sie es tun.

D: Weil ich überlegte, was wir denn bitte tun können, wenn alle im Chaos versinken?

A: Wenn du deinen Verstand nicht verlierst und ruhig bist, spielt es keine Rolle, was du tust. Die Menschen werden die Ruhe in dir sehen und das in dir suchen, weil sie nicht wissen, was sie aus dem machen sollen, was sie sehen. Und du weißt vielleicht nicht, was du aus dem machen sollst, was du siehst, aber du bist vorbereitet worden. Deshalb wirst du es wissen und ein gewisses Vertrauen darin haben, dass die Dinge in Ordnung sind. Du bist nicht verrückt.

D: Wenn es die anderen überrascht.

A: Genau.

D: Du weißt, dass in den letzten zwei Jahren viele, viele Menschen zu mir gekommen sind, die entweder Heiler sind oder von dir, dem unterbewussten Teil, gesagt bekamen, dass sie Heiler sein sollen. Wir fragen uns immer wieder, warum die Welt so viele Heiler braucht?

A: Kennst du die Bevölkerungszahl des Planeten?

D: Ja, es sind ziemlich viele.

A: Das könnte ein Grund dafür sein. Außerdem ist es eine Zeit, die für viele Seelen wegen der verfügbaren Lektionen sehr wertvoll ist, da es eine ungewöhnliche Zeit ist, die dieser Planet noch nicht erlebt hat. Daher ist es eine gute Gelegenheit, eine sehr einzigartige Seelenreise zu erleben. Und es ist eine Gelegenheit, auf der Seelenebene aufzusteigen, erfahrungsgemäß wegen der Herausforderungen, die sie mit sich bringt. Deshalb sind viele fortgeschrittene Seelen an der Möglichkeit für sich selbst interessiert.

D: Ich dachte, wenn Strukturen zusammenbrechen, würde der medizinische Beruf definitiv einer von ihnen sein. Vielleicht wäre das ein Grund, Heiler zu haben, die Energie und natürliche Heilung nutzen können.

A: Es kommt eine Zeit, in der die Energie hoch genug sein wird, dass Krankheiten anders sein werden, als du sie heute kennst. Und obwohl die Hilfe dieser Heiler unbedingt notwendig ist, wird es eine Zeit geben, in der diese Krankheiten nicht mehr existieren werden. Daher ist die Heilung nur vorübergehend. Die Heiler werden heilen, wenn es notwendig ist. Wenn es keine Krankenhäuser gibt, weil zum Beispiel alle die Stadt verlassen haben, oder wegen Überschwemmung (bezieht sie sich auf die überflutete Stadt?), dann gibt es Heiler, die helfen können. Aber das ist nicht der einzige Grund, warum sie hier sind. Sie sind für ihren eigenen Lernzweck hier, da ihre eigene Seele daran interessiert ist, diese Veränderung zu erfahren.

D: Deshalb haben wir uns alle entschieden, zu diesem Zeitpunkt hier zu sein?

A: Das ist ein sehr wichtiger Grund.

D: Mir wurde auch gesagt, dass unsere DNA verändert wird, damit wir uns an diese Veränderungen anpassen können. Ist das wahr?

A: Es gibt viele Gruppen, die an der Beschleunigung von Energien teilnehmen, und sie haben ihre eigene Technologie. Aus unserer Sicht würden wir sagen, dass sie durch die Einwirkung höherer Schwingungen auf den Planeten auf die Menschen zurückfällt. Es ist also nicht ihre DNA, die angepasst wird, zumindest aus unserer Sicht. Es sind die höheren Schwingungen, die ihre DNA, die in einigen Bereichen schlummert, natürlich beeinflusst. Und dadurch wird sie aktiviert.

D: Ich habe gehört, dass dies der Grund für viele körperliche Symptome ist, die Menschen zu diesem Zeitpunkt erleben.

A: Blockaden im Körper, ob es sich nun um karmische Probleme handelt, oder um eigene Krankheiten, die durch mangelnde Selbstdisziplin bei den Essgewohnheiten oder andere Dinge verursacht werden, unabhängig von der Ursache der Krankheit. Aber es sind im Grunde genommen Blockaden, die mit diesen neuen Energien an die Oberfläche gebracht werden, während sie vorher vielleicht schlummerten. Es wird einfach nur an die Oberfläche gebracht, genau wie die karmischen Probleme, die an die Oberfläche gebracht werden. Diese Energien zwingen diese Bereiche, sich mit der dunklen Negativität auseinanderzusetzen, damit die Energie frei fließen kann, so dass diese Blockaden beseitigt werden. Damit dies geschehen kann, müssen die Probleme, die diese Krankheiten verursachen, angegangen werden, was eine angemessene Beteiligung der betroffenen

Menschen erfordert. Und das ist ihre Entscheidung, ob sie sich um diese Dinge kümmern möchten oder nicht.

D: *Was ich gehört habe, ist, dass viele dieser körperlichen Symptome, die Menschen erleben, durch die Veränderung der Schwingung verursacht wird, während sich der menschliche Körper darauf einstellt.*

A: Das ist richtig.

D: *Wenn das Chaos zur alten Welt gehört, wird dies dann zur gleichen Zeit geschehen, wenn die beiden Welten getrennt sind? Ich weiß nicht, ob ich es richtig formuliere. Die neue Erde soll in eine neue Schwingung und eine neue Dimension eintreten. Und es wurde als Trennen beschrieben, als das Werden von zwei Welten. Ergibt das einen Sinn?*

A: Es gibt viele Theorien. Je nach Perspektive handelt es sich um eine energetische Schwingung. Eine Schwingung ist sichtbar, und einige Schwingungen sind aber für einander nicht sichtbar. Wenn also eine Schwingung - die niedrigere oder langsamere - zurückbleibt, ist es nicht so, dass sie zu einer separaten Welt wird, sie ist einfach nicht mehr sichtbar. Es ist die neue Welt, die im Grunde genommen eine Abspaltung wegen der höheren Schwingung ist.

D: *Aber in der neuen Welt sind die Dinge anders als in der alten Welt. Das stimmt doch, oder? (Ja) Sie werden das Chaos nicht erleben?*

A: Nein, das Chaos ist meist ein Zusammenbruch der Glaubenssysteme. Das Chaos wird dadurch verursacht, dass die Glaubenssysteme herausgefordert und an einen Ort gebracht werden, an dem eine komplette leere Tafel, oder eine reine Tafel steht. Und das ist das Chaos für viele. Diejenigen, die in die neue Welt gehen, sind mit neuen Glaubenssystemen vertraut und werden daher nicht mehr so kämpfen müssen, wie sie es jetzt tun. Es ist nicht so, dass es eine Transformation ist, bei der Menschen plötzlich zu irgendetwas werden, was sie gar nicht sind. Es sind nur die Änderungen. Entweder können die Leute von da an weitermachen, von sich aus, oder nicht.

D: *Das ist es, was ich versucht habe zu verstehen. Mir wurde gesagt, die neue Welt würde schön sein, wir würden diese Probleme nicht haben. Und sie sagten, schau nicht zurück. Du willst nicht sehen, was mit der alten Welt passiert.*

A: Es ist im Grunde genommen ein Abschreckungsmittel, zurückzublicken. Es ist nicht so, dass man nicht zurückschauen kann, es ist nur so, dass man die Entscheidungen anderer Leute nicht ändern kann. Und deshalb, wenn du zurückblickst und es dir Kummer bereitet, verlangsamt es dich nur.

D: Aber du hast gesagt, dass wir uns mit diesen Leuten beschäftigen sollen.

A: Wir sind hier in der Zeit der Veränderungen. Wir sind hier, um unsere Energie zu erden. Es geht nicht unbedingt darum, mit denen zusammen zu sein, die eine höhere Schwingung haben, weil die für sich selbst sorgen können. Und wir müssen auch nicht neben denjenigen stehen, die sich in tiefer Negativität befinden. Es ist für diejenigen, die sich inmitten der Verwirrung befinden, aber vielleicht bereit sind, einen Sprung zu machen – für die sind wir am hilfreichsten.

D: Bedeutet das, dass wir als Arbeiter/Helfer in der alten Welt bleiben müssen?

A: Du wirst nur bleiben, bis es Zeit ist für dich zu gehen. Und während der Zeit, in der du bleibst, kannst du deinen wertvollen Dienst tun. Wenn es Zeit ist für dich zu gehen, wirst du es wissen, und dann wirst du für die nicht mehr verfügbar sein. Es geht nicht darum, "Wie lange soll ich bleiben?" Das ist eine Frage, die dir beantwortet werden wird. Es geht darum, zu wissen, was zu tun ist, während du hier bist.

D: Ich habe gedacht, wir wären getrennt von denen, die das Chaos erleben. Wir wären in einer anderen schönen Welt.

A: Für eine Weile seid ihr, durch den Prozess der Transformation, nicht unbedingt getrennt. Es ist nicht so, dass es von einem Tag auf den anderen eine neue Welt gibt, zu der man gehört, und die alte Welt verschwindet. Es gibt einen Prozess. Irgendwann werden sich die Dinge ändern. Aber in dem kleinen Prozess, ob er nun einen Monat oder fünf Jahre dauert, es ist ein Prozess, an dem du immer noch teilnimmst, wie du es jetzt tust. Du bist jetzt dabei. Solange du hier bist, ist es deine Aufgabe, die geerdete Energie für diejenigen zu halten, die verwirrt sind. Wenn der tatsächliche Schub/Aufstieg (zur nächsten Stufe) stattfindet, kannst du nicht mehr hier sein, selbst wenn du wolltest.

D: Diejenigen, die ihre Schwingungen erhöht haben, werden dort weitermachen.

A: Das ist richtig.

Dies beantwortete eine Frage, die mir während eines Vortrags im Ashram auf den Bahamas gestellt wurde. Eine junge Frau sagte, dass sie bei der Alten Erde bleiben möchte, um denen zu helfen, die zurückgelassen werden. Ich sagte ihr, das sei nobel, aber ich hätte nicht geglaubt, dass es so passieren könnte. Nun, hier war die Antwort. Es hat mit Schwingungen zu tun, und wenn deine Schwingungen die richtige Frequenz erreicht haben, gehst du einfach automatisch auf die nächste Stufe. Sie sagten: "Selbst, wenn du bleiben willst, kannst du es nicht." Deine Absicht spielt keine Rolle. Das ist einfach größer als wir.

D: Und so versuchen wir, denen zu helfen, die noch versuchen, sich zu entscheiden und klarzukommen? (Ja) Deshalb habe ich versucht, eine Erklärung zu erhalten. Ich habe es von vielen Leuten schon gehört, aber manchmal ist es ein wenig verwirrend.

A: Aus der Sicht eines Menschen ist es verwirrend.

D: Dann siehst du mehr Turbulenzen.

A: Ja, absolut. Das ist der Anfang, denn die Machthaber sind mit ihren Strategien nicht annähernd fertig. Sie werden noch viel mehr Ereignisse verursachen. Und es wird andere Ereignisse geben, natürliche Ursachen. Das Chaos ist also viel größer, als wir es uns in Einzelfällen vorstellen können. Aber natürlich könnten sich all diese Dinge ändern, denn es gibt keine feste Zukunft.

D: Mir wurde gesagt, dass das Alter nicht mehr wichtig ist.

A: Das Alter ist eine Illusion. Es wird deutlicher werden, wenn wir im Laufe des Evolutionsprozesses voranschreiten.

D: Ich habe auch gehört, dass wir, wenn der Übergang stattfindet, unsere physischen Körper mitnehmen dürfen, wenn wir wollen. Ist das richtig?

A: Das ist wahr, aber es wird nur für kurze Zeit sein. Kurz darauf wird es einen weiteren Übergang geben.

D: Was wird dann passieren?

A: Die Menschheit wird zu reiner Energie.

D: Diejenigen, die den Aufstieg machen.

A: Das ist richtig.

D: Ich habe auch gehört, dass nicht jeder den Übergang schaffen wird.

A: Jeder wird die Möglichkeit erhalten. Ob sie diese Schwingung halten können oder nicht, liegt an ihnen selbst. Es wird kein Urteil über sie gefällt werden. Sie werden einfach in der Lage sein, die Energie zu halten, oder nicht. Aber keiner wird zerstört, wenn die Bemerkungen gehört wurden. Sie werden in einem geeigneten Ort für die von ihnen ausgehenden Vibrationen platziert.

D: Und das meinst du, wenn du sagst, dass sie zurückgelassen werden.

A: Im Plan Gottes werden alle zu Gott zurückkehren.

D: Nur in verschiedenen Abständen.

***

Während einer anderen Sitzung sprach ich mit dem Unterbewusstsein.

D: Du sagst immer wieder, dass sich die Dinge ändern.

S: Sie beschleunigen die Veränderungen, und Ihre Wissenschaftler haben es nicht im Griff. Diese globale Erwärmung ist verheerend für die Ökologie. Es geht so viel schneller, als die Wissenschaftler sagen.

D: Sie glauben es nicht wirklich?

S: Sie glauben es, aber sie denken, dass die Gefahr Jahrzehnte entfernt ist. Ist es nicht, es ist hier! Die Gefahr liegt vor unserer Haustür. Es wird einige sichere Orte in den USA geben.

D: Was verursacht die globale Erwärmung?

S: Du weißt schon, Beschleuniger. Ich meine die Aerosole, das Gas, alles, was die Umwelt belastet - die Umweltverschmutzung. Das ist es, was der Mensch tut. Deshalb sind unsere Sommer so heiß. Und es wird noch mehr Stürme geben. So viele, viele, viele, viele, viele mehr. Unglaublich. Du wirst nicht glauben, was auf dich zukommt. Die Küsten werden richtig, richtig lustig werden... Die zunehmenden Stürme und Tsunamis werden es beschleunigen. Der Zeitplan ändert sich.

D: Ursprünglich gab es einen anderen Zeitplan?

S: Ja. Es geht voran. Es ist eher, als es sein sollte. Leider wegen dessen, was die Menschheit macht.

***

Aus einer anderen Sitzung sah ein Subjekt ein schreckliches Zukunftsszenario:

D: Eine letzte Frage, die Janice wissen will. Sie wollte rechtzeitig auf das Jahr 2325 vorgehen dürfen. Dreiundzwanzig, fünfundzwanzig. Schaue bitte, ob sie zu diesem Zeitpunkt im Physischen sein wird, oder ob sie im Geistigen sein wird. Kannst du sie zu dieser Zeit mitnehmen und ihr eine Szene oder ein Bild zeigen?

Sie ging sofort zu einer Szene und begann zu berichten, was sie sah.

J: Ich bin Ausbilderin. Ich unterrichte die Leute darüber, wie man die Coogies wachsen lässt (Phonetisch). (Kichern)

D: Wie man was wachsen lassen kann?

J: Coogies. Die Coogies. Weißt du, es ist eine Pflanze, die für die Nahrung auf der Erde angebaut wird. Es ist fast wie Rosenkohl. Sie wächst in einer riesigen Basis. Und Menschen berühren die Metallkante des Behälters, in dem sich diese Pflanze befindet. Es verursacht Vibrationen, damit die Pflanze wächst.

D: Warum musst du diese Art von Pflanze für Lebensmittel anbauen?

J: Auf der Erde kann nichts wachsen. Es ist im Weltraum gewachsen, auf Schiffen. Mit den Reben, die über die Seiten der Mauern ragen. Durch das Netz, um die Pflanzen, den Raum und das Schiff mit Sauerstoff zu versorgen. Ich nenne es "Coogies". Das ist ein lustiger Name, Coogies. Die Arbeiter reisen in Raumanzügen an Halteseilen, die mit dem Boden verbunden sind. Und sie reisen wie ein Aufzug die Seile hinauf zu den Raumstationen, um sich um diese Pflanzen zu kümmern. Und ich gebe einen Kurs. Ich bin diejenige, die diese Arbeit überwacht. Es ist wichtig.

D: Was ist mit der Erde passiert, dass sie keine Nahrung anbauen kann?

J: Die Dummies haben es vermasselt! Sie haben die Ökologie der Erde zerstört. Die Erde heilt sich zu diesem Zeitpunkt noch selbst.

D: Was haben die Dummies mit der Erde gemacht, um die Ökologie zu zerstören?

J: Kämpfen. Hass. Vernachlässigung. Missbrauch. Verschwendung. Die Ökologie, sie haben sie nur ruiniert. Die Leute ruinierten die lebenden Tiere, bis sie selber dort nicht mehr leben konnten.

D: Wo wohnen die Menschen?

J: Sie sind hybride Völker. Sie sind Völker der Überreste der Erdlinge und eines anderen geistigen Planeten. Sie sind hybride, um die kommenden Dimensionen zu akzeptieren. Von wenn wir jetzt reden, bis zu diesem Zeitraum. Diese Körper werden benutzt. Die Grauen hybride.

D: Leben die Menschen auf der Erde?

J: Ja, sie leben auf der Erde, aber sie leben in Anzügen. Feuer. Ein Teil der Erde schießt Feuer durch den Boden. Bis zum Jahr 2030 gibt es Brände, die aus dem Boden in der Gegend von Arizona kommen. 7,50 Meter bis 15 Meter, hochschießend wie Geysire. Und Menschen kämpfen. Auf dem Boden reisen sie in Anzügen, die sie vor der Hitze schützen, aber sie bekämpfen sich gegenseitig. Es gibt einen Krieg zwischen Mexiko und den Vereinigten Staaten. Sie kommen herauf und kämpfen sich durch dieses Land. Es ist so sinnlos. Sie können da unten nicht existieren.

D: Warum kämpfen sie mit den Amerikanern?

J: Landbesitz. Bestimmte Ländereien sind noch bewohnbar, aber nicht sehr viele.

D: Meinst du, dass es bis dahin große Teile des Landes geben wird, die nicht bewohnbar sind?

J: Ja. Das kommt jetzt schon, durch die Zerstörung.

D: Und das wird dazu führen, dass ein Teil des Landes nicht bewohnbar ist?

J: Es wird dazu führen, dass das ganze Land unbewohnbar ist, je nachdem, wie der menschliche Körper lebt. Im Jahr 2001 werden wir bereits.... es wird schwieriger zu atmen und jetzt schon schwerer zu leben.

D: Aber was ist mit der Erde passiert, dass das Land unbrauchbar wurde?

J: Vibrationen. Als sie damit anfingen, die Ökologie der Erde zu ruinieren, löste dies eine Kettenreaktion aus. Und diese Schwingungen setzen sich nacheinander fort. Zuerst ein Tier, dann eine andere Spezies, dann eine andere Spezies. Eine Kettenreaktion. Als sie die Atombombe zum ersten Mal zündeten, kam es auch zu einer Kettenreaktion. In der Natur gibt es Schwingungen, wie Kreise, wenn man einen Stein ins Wasser wirft. Weniger konzentrische Kreise sind bereits sehr stark verblasst. Das erste Mal, als sie jemals eine Art eliminierten, war das tatsächlich der Auslöser für das Aussterben. Die Bomben, die sie zünden, verursachen Auswirkungen, die sie sich nicht einmal vorstellen können. Sogar in ihrem eigenen Geiste. Schwingungen, die die Schöpfung erschüttern.

D: Ich habe mich gefragt, ob es ein Krieg war, der dazu führte, dass das Land erschöpft war. Aber du denkst, es sind nur Menschen.

J: Es ist alles der Krieg. Jedes Mal, wenn du etwas Negatives tust, ist es immer der Krieg. Sich gegenseitig umzubringen ist real das, was man "Krieg" nennt, es ist schon zu spät. Ich meine, wenn man etwas tut, kann man nicht ändern, was man tut. Es verursacht die Kreise. Es verursacht Auswirkungen, von denen man nicht einmal träumt. Und es verursacht die Störung der Natur. Wenn wir die Natur stören, ist es wie eine Sackgasse, weil sie nicht mehr so integer sein kann, wie es die Natur beabsichtigt. So wie es Gott wollte.

D: Ist dies ein Teil dessen, was wir die ETs nennen, die 2001 hier sind, um zu versuchen zu helfen?

J: Sie sind so voller Liebe. Und sie sind so freundlich. Lichtwesen. Die Energie, die durch sie kommt. Die Grauen, von denen ich rede, und die anderen auch. Sie sind nur auf verschiedenen Ebenen. Sogar die Reptilien. Sie alle helfen auf ihre eigene Weise. Aber vor allem die Grauen sind Abgesandte ihres Volkes. Mit mehr Liebe geschickt als die anderen, denke ich. Ich mag nur an diesem speziellen Licht interessiert sein, aber sie haben mehr Liebe.

D: Aber in dieser Zukunft, die Janice gezeigt wurde, hat viel davon die Erde beeinflusst. Und sie hilft, Nahrung anzubauen, um die Menschen zu ernähren.

J: Es braucht sehr wenig, um einen physischen Körper zu erhalten, aber die Menschen erkennen es nicht. Du kannst mehr von Liebe und Sauerstoff und Osmose leben als von Nahrung.

D: Aber die Leute verstehen das nicht. Sie mögen Essen.

J: Sie werden es verstehen, wenn sie hybride werden. Und sie kämpfen dagegen an. Sie wollen es nicht. Sie denken, dass die Grauen die Welt erobern, und.... wie beängstigend! Was geben sie auf? Sie geben die Kriege, ihren Hass und ihre dunklen Seiten auf. Ziele? (Lachen)

D: Aber sie werden es verstehen, wenn der Körper so weit korrigiert wird, dass er sich selbst versorgen kann. Aber das sind die Dinge, auf die wir trotzdem zusteuern.

Auch dies ist nicht das erste Mal, dass ich von diesem Zustand auf unserem Planeten Erde höre und schreibe. In Legacy From the Stars beende ich das Buch mit einer Sitzung, in der das weibliche Subjekt in die Zukunft ging, anstatt in die Vergangenheit zu gehen. Sie lebte in einem Ameisenfarmtunnel unter der Erdoberfläche. Die Oberfläche war so weit verunreinigt, dass dort nichts mehr wachsen würde. Die Atmosphäre war in ein giftiges Gas umgewandelt worden, in dem sie nicht mehr existieren konnten. Der einzige Weg, wie sie an die Oberfläche gelangen konnten, war das Tragen einer Art Anzug, und sie konnten dort nicht sehr lange bleiben. Diese Zukunft hatte sich durch das Leben im Untergrund zu etwas entwickelt, das den heutigen Menschen nicht mehr ähnelte. Sie sahen aus wie die bekannten kleinen ETs namens "Greys", was die Theorie aufkommen lässt, dass sie in Zukunft möglicherweise wir sind. Und vielleicht sind sie in unsere Zeitspanne zurückgekehrt, um uns darüber zu informieren, was passieren wird, wenn wir unseren derzeitigen Kurs fortsetzen. Es kann auch den Wunsch geben, ihre eigene trostlose zukünftige Zeitspanne zu ändern.

Auch ich habe dieses gleiche Szenario gefunden, wenn ich Regressionen meiner Gruppe auf der ganzen Welt durchführe. Dies ist ein Workshop, den ich mache, bei dem ich das gesamte Publikum gleichzeitig in Trance versetze. Es ist ein lustiger Workshop, und ich lasse sie in der Zeit zurück in ein vergangenes Leben reisen, um Informationen zu entdecken, die ihnen in ihrem gegenwärtigen Leben helfen werden. Ich habe auch andere Teile zu diesem Workshop, einschließlich eines, wo ich sie in die Zukunft reisen lasse, um zu sehen, was ihr Leben sein könnte. Ich weiß, dass sie wahrscheinliche Zukünfte sehen könnten, die vielleicht Realität werden oder auch nicht, so dass dieser Teil des Workshops nicht ernst genommen werden sollte. Aber zu meiner eigenen Information als neugieriger Reporter bin ich erstaunt zu sehen, wie oft sie die gleichen möglichen Szenarien wiederholen. Einige sehen sich an Bord von Raumschiffen im Orbit, wo sie unter hydroponischen Bedingungen in Abwesenheit der Schwerkraft Nahrung anbauen. Sie tun dies, weil die Erde Nahrung braucht, und sie wird nicht mehr an der Oberfläche wachsen. Einige haben sich in einem Unterwasserlabor gesehen, wo sie Nahrung aus dem Meer holen, damit die Menschen auf der Erde Nahrung zu sich nehmen können. Das sind traurige, wahrscheinliche Zukünfte, die dem ähneln, was Janice gesehen hat. Es ist nicht die Art von Zukunft, die ich meinen Nachkommen wünschen würde, aber es zeigt die erstaunliche Widerstandsfähigkeit und Innovationskraft der menschlichen Rasse, um zu überleben.

KAPITEL VIERUNDDREIẞIG

EINE FRÜHERER AUFSTIEG

ICH HABE VIELE INFORMATIONEN über den kommenden Aufstieg ERHALTEN. Vieles davon wurde bereits im Zweiten Buch der Serie Convoluted Universe beschrieben. Und doch erhalte ich weitere Informationen. Das betrifft unser Schicksal, unsere Zukunft. In dieser Sitzung wurde mir ein weiterer fehlender Part der Geschichte gegeben. Das ist schon einmal auf der Erde passiert - Gruppen von Menschen waren in der Vergangenheit in der Lage, sich massenhaft in eine andere Dimension zu verschieben. Dies sind in der Regel Gruppen, die von Geheimnissen umgeben sind, weil sie einfach verschwunden sind und keine Hinweise darauf hinterlassen, was mit ihren Zivilisationen passiert ist. Es gab viele Spekulationen, und verschiedene Theorien wurden von den sogenannten "Experten" vorgebracht. Aber nur wenige haben die Tatsache berücksichtigt, dass sie einfach von dieser Erde weggegangen sind und eine andere Dimension betreten haben, ohne Spuren zu hinterlassen. Die Mayas sind ein Paradebeispiel, auch einige nordamerikanische Indianerstämme. Mir war durch meine Arbeit gesagt worden, dass diese Gruppen in ihrer Entwicklung sehr weit fortgeschritten waren und sich entschieden hatten, Vibrationen zu verändern und sich massenhaft zu verschieben. Mir wurde gesagt, dies sei eine der logischsten Erklärungen für den Mayakalender, der im Jahr 2012 endet. Wenn sie in ihrem fortgeschrittenen Zustand in der Lage gewesen wären, dies zu erreichen, konnten sie sehen, dass in Zukunft der gesamte Planet folgen und dieselbe Leistung vollbringen würde. Dies wäre ein noch größeres Ereignis als das, was sie erreicht hatten. So markierten sie auf ihren Kalendern, dass die Zeit, in der der gesamte Planet und alles darauf die Frequenz änderte, in die andere Dimension wechselte und jedes Lebewesen mitnahm. Mir waren diese Dinge gesagt worden, und es klang für mich vernünftig. Ich hatte jedoch nicht erwartet, eine Regression zu haben, bei der jemand in ein Leben zurückkehrte, als er ein solches Ereignis tatsächlich erlebte. Diese Frau konnte etwas berichten, worüber wir derzeit nur spekulieren können. Es war ein weiteres Teil des Puzzles, das eine Stimme aus der Vergangenheit gab. "Sie" sorgten dafür, dass mir alle Teile gegeben wurden. Meine Aufgabe war es, sie zu organisieren und zu einer stimmigen Geschichte zusammenzufügen.

Nach dem Tod durch einen Unfall, in der Zeit des römischen Reiches, schaute Suzanne nach unten und sah den Weg, auf dem sie gegangen war, auf einmal eine Spirale. "Es scheint der Weg zu sein, aber sie ist auch symbolisch. Fast wie diese Schalen, die man in zwei Hälften schneidet. Das ist ein gutes Beispiel dafür. Es ist, als ob man durch den Blick auf die Spirale einen Einblick in das Universum erhält und ein tieferes Verständnis dafür bekommt, was die Dinge zum Laufen bringt. Deinen Platz auf der Spirale zu sehen, zu sehen, wie die Spirale in das Universum passt, passt in die Zeit."

Dann verlagerte ich sie von der Todesszene weg und sagte ihr, sie solle zu etwas anderem gehen, entweder vorwärts oder rückwärts, etwas, das für sie angemessen sei. "Ich kam auf einer Holztreppe mit Holzgeländern herein, die von links nach unten führte. Eine Art Holzstruktur befindet sich vor mir, und da ist niemand. Fast so, als ob man in einem Fort oder so wäre, und man durch die Struktur hinausschaut. Es ist an der Seite eines Berges gebaut, aber sie haben sich geschickt in den Berg gegraben. Dort befindet sich der Hauptteil des Gebäudes. Es ist in den Stein des Berges gebaut. Das ist ein indianischer Ort. Und ich verstehe, dass dies auf dem Ätherischen liegt, oder etwas im Astralbereich irgendwo. Oder es könnte jetzt fünftdimensional sein, aber es ist nicht mehr 3-D."

D: Nicht körperlich?

S: Es scheint physisch zu sein, aber nicht von der Erd-Ebene. Es fühlt sich an, als würde die Erde woanders vibrieren. Als ob es eine Überlagerung der Dimension über der Erde gäbe, diese wäre in der Überlagerung. Es könnte einmal auf 3-D gewesen sein und dann erhöhte es sich in der Vibration. Und es ist jetzt fast wie eine

Parallele in diesem Universum oder etwas, das mit der Erde zu tun hat, aber nicht die dreidimensionale Erde ist.

D: Fühlt sich dieser Ort für dich vertraut an?

S: Es ist mein Zuhause.

D: Diese Dimension?

S: Ja, und es ist sehr ähnlich wie die Erde, da es Steine und Bäume gibt. Und das ist definitiv in den Bergen. Es ist mehr wie unser Südwesten. Es ist sehr bequem hier. Meine Interessen und meine Arbeit beziehen sich auf spirituelle Dinge und auf die Heilung.

D: Wie nimmst du deinen Körper wahr?

S: Ich fühle mich wie ein Mann, und ich bin jung - noch kein alter Mensch, vielleicht um die dreißig. Erfahren. Ich mache meine Arbeit, ich bin immer noch sehr fit.

D: Wie bist du gekleidet?

S: Sehr einfach. Eine Art gewebtes Material. Es ist sehr funktionell, so ähnlich wie eine Tunika. Sehr einfach.

D: Aber du hast gesagt, dass du nicht das Gefühl hast, dass du auf der Erde bist.

S: Nein, es ist nicht die Erde, aber es ist mit der Erde verbunden.

D: Aber du hast einen physischen Körper? (Ja) Wie könnt ihr dann zu diesem Ort gehen, wenn er nicht von der Erde ist? Du kannst es dir ansehen und verstehen, wie es funktioniert.

S: Jetzt scheint es, dass alles sehr natürlich ist, nicht anders als die Erde. Menschen wurden geboren und aufgezogen. Aber ich habe versucht zu sehen, ob wir vielleicht einmal auf der Erde waren und uns irgendwie verändert haben. Vielleicht war es so, wie es war.

D: Du hast gesagt, dass es in irgendeiner Weise mit der Erde zu tun hat. Was meinst du damit?

S: Ich denke, wir haben ein Bewusstsein für die Erde, fast so, als wären wir in einer anderen Dimension. Entweder können wir es von dort aus wahrnehmen, wo wir sind, oder wir waren einst auf der Erde und sind irgendwie weggegangen.

D: Wenn du also von der Erde weggezogen bist, dann hast du diesen physischen Ort mit dir genommen?

S: Es scheint, dass das, was passierte, die Gruppe war - ich sagte "Gruppe", weil es nicht so viele Leute gibt. Und irgendwie haben wir einen Punkt erreicht, an dem sich die Frequenzen ändern, als ob wir alle eine ähnliche Erfahrung machen würden - wenn Menschen Dinge als Gruppe machen. Aber es war, als ob die ganze Gesellschaft in der Lage wäre, zu transzendieren.

D: War das eine absichtliche Sache? (Ja) War es etwas, worüber gesprochen wurde?

S: Ich habe darüber gesprochen und dafür gearbeitet. Die Menschen strebten danach.

D: Also hat nicht jeder das getan, nur eine bestimmte Gruppe deiner Leute?

S: Es waren damals alle bekannten Leute. Wir waren ein Indianerstamm, und wir wussten, dass es andere Stämme gab, aber sie waren nicht Teil unserer Welt, der Erdgesellschaft. Wir waren ganz allein. Wir haben uns nur darum gekümmert, was mit uns passiert ist.

D: Wie konntest du das machen? Wurdest du unterrichtet?

S: Es gab einige Generationen lang Lehrer, die Weisen. Und wir wurden mit Meditation unterrichtet. Wir alle. Vielleicht sind wir nur ein paar hundert Menschen, aber das war unsere ganze Welt. Ich denke, wir haben es erlebt, bevor wir eingezogen sind. Wir gingen und kamen einzeln und in Gruppen. Die Frequenz wurde erhöht, wir merkten das und verschoben uns zurück.

D: Woher wussten sie, dass das passieren würde?

S: Ich habe mich gerade darüber Gedanken gemacht. Es ist, als ob die Leute es einfach wüssten. Ich weiß nicht, ob es ihnen irgendwann jemand gesagt haben könnte. Ich spüre jetzt, dass wir vielleicht nicht ganz von der Erde kamen, aber wir kamen auf die Erde und gründeten eine Kolonie. Aber wir wussten, dass wir uns mental transportieren und bewegen konnten.

D: Warum wolltest du das tun?

S: Ich glaube, es war eine Erkundung. Nur um zu sehen, ob es möglich ist. Wir machten die 3-D-Erfahrung, und dann wechselten wir in eine andere Dimension.

D: Es gab also eigentlich keinen Grund, die Erde zu verlassen, die 3-D-Erfahrung?

S: Nein, keine unmittelbare Gefahr.

D: Ich dachte, wenn du glücklich wärst, in der 3-D-Erfahrung, auf der Erde, hättest du keinen Bedarf oder Wunsch gehabt, aufzusteigen, dich zu verschieben.

S: Es bringt mich zum Lächeln. Es ist, als ob eine spirituelle Natur immer zum Lernen da ist. Selbst wenn die Dinge gut sind, heißt es: "Hmm, was ist um die Ecke, und was gibt es da zu entdecken?"

D: In der 3-D-Welt, wart ihr eine spirituelle Gruppe?

S: Sehr doll. Wir hatten großen Respekt vor der Erde und den Kräften in ihr.

D: Aber du hattest nicht den Wunsch, dort zu bleiben. (Nein) Also wurde beschlossen, dass ihr das alles auf einmal tun würdet? (Ja) Du sagtest, du gehst vor und zurück.

S: Zuerst, ja. Es war, als würde man versuchen, der erste zu sein. Und als wir darin Erfahrung gesammelt hatten, konnten wir alle die Verschiebung/den Aufstieg vornehmen. Ich sehe einen blauen Stein, Lapislazuli. Er scheint mit dem verbunden zu sein, woher wir kommen, und er ist symbolisch dafür. So wie Türkis für die Südwestindianer und die Tibeter. Lapislazuli wird irgendwie mit diesen Menschen in Verbindung gebracht. Es scheint, dass sie von woanders im Kosmos kommen.

D: Also waren sie nicht ursprünglich von der Erde?

S: Ich denke, es wurde vor unserer Zeit getan, aber nicht vor der Generation der Großeltern.

D: Haben sie dir Geschichten darüber erzählt, was passiert ist?

S: Das müssen sie getan haben, aber ich erinnere mich nicht an sie.

D: Vielleicht ist es das, was es dir erleichtert hat, in die andere Dimension zu wechseln?

S: Vielleicht. Sicherlich das Wissen. Aber ich möchte auch sagen, dass die Menschen klüger sind, als sie denken. Jeder weiß, wie man das macht. Sie wissen vielleicht nicht, dass sie es können.

D: Und deine Leute nahmen ihren physischen Körper und ihre Umgebung mit. Ist das richtig?

S: Da bin ich mir nicht sicher. Ich denke, entweder manifestierten sie eine ähnliche Umgebung, in die sie gingen, oder sie bewegten sich in eine andere Dimension, die das dort bereits hatte.

D: Gefällt es dir dort?

S: Es ist eher die Aufregung, Dinge zu lernen. Das "dort" spielt keine Rolle. Die Spannung liegt beim Lernen. Ich bin sehr aktiv in meinem Denken.

D: Musst du dort essen? Musst du etwas konsumieren?

S: Wir essen, aber es scheint, als wäre das Essen leichter, schwingender. Es hält länger vor, für uns. Die Anforderungen sind nicht so hoch.

D: Und du willst nicht zurück zur Erde?

S: Wir sind weitergegangen. Es scheint der nächste Schritt in der Evolution von uns zu sein.

Ich brachte ihn nach vorne, um zu sehen, ob dort etwas Wichtiges passiert ist. Es schien ein so idyllischer Ort zu sein, was konnte er finden, das von Bedeutung sein würde?

S: Ich sehe, dass wir gebeten werden, zurückzukommen. Und ich habe jetzt Tränen in den Augen. Wir werden gebeten, zur Erde zurückzukehren.

D: Die ganze Gruppe?

S: Einige von uns. Wir wissen einige Dinge, die den Menschen helfen würden. Und wir haben großes Mitgefühl für die Menschen.

D: Aber du willst nicht gehen?

S: Ja und nein. Es ist, als ob man die erste Reise zur Erkundung macht. Ja, du willst gehen, aber du bist innerlich zerrissen. Es ist traurig, das Haus zu verlassen. Wir sind Leute, die sehr liebevoll und mitfühlend sind. Und wir möchten dies mit anderen teilen.

D: Aber dieser Ort ist nicht wie die Geisterseite, oder?

S: Nicht ganz. Es scheint eine andere physische, aber weniger dichte Existenz zu sein. Nicht ganz Geist, glaube ich nicht.

D: Es ist nicht wie der Ort des Geistes, an den man geht, wenn man stirbt und den Körper verlässt.

S: Ich weiß nicht. Wir scheinen ziemlich zeitlos zu sein. Wir haben uns von dem physischen Bereich entfernt, in dem wir hätten sterben können, zu einem Ort oder einer Frequenz, wo es nicht notwendig ist zu sterben. Ich denke, wir haben es tatsächlich geschafft. Eine Art Übergang sogar der Molekularstruktur unseres Körpers. Ich glaube, wir wurden irgendwie zum Geist.

D: Du meinst, sie hat sich irgendwie verändert?

S: Ja, es war eine gewisse Verwandlung, als wir gegangen sind. Ich denke, wir haben unsere Körper mitgenommen, als wir gegangen sind. Ich denke, wir haben die physischen Körper, die sich verändert haben, mitgenommen.

D: Du sagtest, die Molekularstruktur wurde verändert?

S: Ja, ja, absolut. Ja.

D: Das war der einzige Weg, wie Sie die Änderung vornehmen konnten?

S: Ich denke, wir hätten sterben können, aber wir hätten es nicht in Massen tun können. Ich meine, wir hätten massenhaft sterben können. Aber das war eine Art Experiment. Es war die Verschmelzung eines Gruppengeistes aus dem 3-D. Es war der Vorläufer dessen, was wir jetzt tun können, wie ich sehe.

D: Es war also eine Gruppe, die anfangs experimentierte.

S: Ja. Ich denke, es gab andere, die verschiedene Wege ausprobiert haben. Das war unsere Art.

D: Du warst nicht unzufrieden mit der Erde. Du wolltest nur etwas anderes ausprobieren, etwas Spirituelleres.

S: Beide sind gleichermaßen spirituell, aber es scheint, dass wir weniger Einschränkungen jenseits des 3-D haben. Das hat Vorteile.

D: Sagt dir jemand, dass du zurückkommen musst?

S: Nicht nötig. Es ist, als gäbe es einen Anruf, als gäbe es ein Bedürfnis. Es gibt eine Möglichkeit.

D: Woher weißt du das?

S: Es wurde darüber gesprochen. Mehr mentale Telepathie, aber sie wird kommuniziert, sie ist bekannt. Es ist, als ob die Dinge auf der Erde viel schlimmer geworden sind, seit wir gegangen sind, seit wir weggegangen sind. Die Dinge haben sich verändert.

D: Also hast du einen Weg zu wissen, was auf der Erde passiert.

S: Ja, eindeutig. Deshalb sage ich, dass wir verbunden sind. Wir können diese Dinge wissen. Es gibt ähnliche holographische Denkprozesse, die stattfinden. Jeder von uns kann sich einschalten, oder fast jeder kann sich auf das einstellen, was er will. Und es gibt eine gewisse Beziehung zwischen unserem Volk und den Menschen, die auf der Erde geblieben sind. Es ist, als hätte jemand diese Idee. Jemand erkannte dort ein Bedürfnis, über das wir alle Informationen erhalten. Aber es ist jetzt an der Zeit.

D: Du hast es getan, damit du weißt, wie man es erlebt.

S: Ja. Oh, es gibt einen großen Vorteil, wenn man Erfahrung mit der schweren Erde hat.

D: Also, was willst du tun?

S: Oh, definitiv losgehen. Ich denke, da kann ich hilfreich sein, ja.

D: Es macht dir nichts aus, diesen schönen Ort zu verlassen?

S: Ja, das tut es. (Lachen) Aber man kann nicht gleichzeitig hier und da sein.

D: Wie willst du das machen? Weißt du es?

S: Ich komme irgendwie als Baby rein. Ich kann nicht sehen, ob es sich um eine Fusion des Bewusstseins handelt. Aber es ist eine echte Erfahrung. Also schließt man sich irgendwo mit einem Fötus zusammen. Es fühlt sich an, als würde unser ganzes aktives Bewusstsein verschwinden.

D: Also, was passiert mit deinem Körper dort?

S: Ich bin mir nicht so sicher, ob es ein Körper war, jetzt - oder nur ein Bewusstsein, ein Schwingungsbewusstsein. Energie.

D: Dann kommt also dein Bewusstsein wieder in ein Baby zurück?

S: Es scheint so zu sein, ja.

D: Das bedeutet, von vorne anzufangen, nicht wahr?

S: Ja. Nun, fast.

D: Aber es ist wichtig. Glaubst du, dass der Erde wieder dasselbe passieren wird?

S: Dieselbe Situation?

D: Du hast gesagt, du wärst hier, um ihnen zu zeigen, wie es geht.

S: Die Dinge sind hier in gewisser Weise traurig. Die Menschen haben grundlegende Dinge vergessen oder nicht gelernt. Ich denke, es ist mehr, dass sie etwas über Liebe und Vergebung lernen müssen. Es spielt keine Rolle, in welcher Dimension du bist, die Lektion scheint immer die gleiche zu sein. Dass wir Liebe sind und vom einen Schöpfer stammen. Menschen werden auf so vielen Ebenen in das Überleben hineingezogen.

D: Aber, wenn du als Baby zurückkommst, wirst du dich daran erinnern, was du tun sollst?

S: Es ist programmiert. Es fühlt sich an, als gäbe es Programme, die sich abschalten werden. Ja, wir vergessen es. Auf diese Weise entsteht eine Wolke. Aber es gibt Programme, die irgendwie aktiviert werden können. Es scheint, als wäre es eine Zeitfreigabe-Sache. Ein Teil davon wird durch Assoziationen mit Menschen oder Ereignissen ausgelöst. Erdbeben, Vulkanausbrüche, schwere Stürme. Ich spüre das alles in meinem Körper. Es gibt einen Weckruf, der passiert.

D: Wenn also Erdereignisse passieren, löst es Dinge aus?

S: Das ist eines der Dinge, ja. Ich spüre das alles in meinem Körper mit großer Energie.

D: Wenn also diese irdischen Dinge passieren, lösen sie das Programm aus, das in den Menschen steckt? (Ja) Diejenigen, die für diese Mission reingekommen sind?

S: Ja, wer dieses Programm hat. Die Teilnahme an Zeremonien aus der Antike sind ebenfalls große Auslöser.

Ich entschied, dass es an der Zeit war, das Unterbewusstsein anzurufen, um die Fragen zu beantworten und die Dinge besser zu erklären. Obwohl dieser andere Teil von Suzanne gute Arbeit leistete, schlug er auch vor, das Unterbewusstsein zu rufen: "Obwohl es wahrscheinlich sowieso alles eins ist". Ich fragte das SC, warum es sich dieses Leben ausgesucht hatte, das Suzanne sehen konnte.

S: Sie muss verstehen, dass sie zuerst eine Forscherin ist und immer in neue Situationen eintauchen wird. Und dass diese Zeit auf der Erde eine Zeit der Erforschung ist. Die Erde ist kein fertiges Produkt.

D: Wo sie war, schien eine andere Dimension zu sein.

S: Das ist richtig.

D: Sie hatte das Gefühl, dass diese Gruppe von irgendwo außerhalb des Planeten kam. Weißt du etwas darüber?

S: Ja, sie kamen aus der Quelle.

D: Direkt? (Ja.) Als Gruppe?

S: Es ist nicht wirklich eine Gruppe. Es ist ein Verstand, der versucht, Erfahrungen zu machen, also ist er zersplittert. Es ist die gleiche Seele. Suzanne versteht, dass Seelen zersplittern und verschwinden. Das sind Wahrscheinlichkeiten, die ihr eigenes Leben haben. Das ist es. Das ist es. Und es ist okay. Der Witz ist, dass wir alle eins sind.

D: Warum wollten sie auf der Erde leben?

S: Die Erde ist etwas Besonderes. Es gibt vieles, was man lernen kann.

D: Aber dann beschlossen sie, die Frequenzen zu verschieben.

S: Indem sie kamen, das Physische annahmen und Vorläufer waren. Es ist sehr wichtig, eine Form zu erstellen, eine Spur zu hinterlassen. Menschen können mitreden, was passiert ist. Für die ersten ist es schwieriger, dann wird es einfacher. Du hast einen Begriff dafür: den hundertsten Affen, oder was auch immer. Du machst es anderen leichter, wenn du den Weg bereitet hast. Und Zeit ist alles eins. Es war also immer bekannt, dass es eine Zeit für die Notwendigkeit der Art, der Verschiebung, der Transformation und der Transzendenz des Aufstiegs geben würde.

D: Ist etwas passiert, das sie verlassen wollten, um dieses Experiment auszuprobieren?

S: Sie untersuchten, wie man Dimensionen und Formen verändert. Sie untersuchten, wie man wirklich 3-D sein kann, physisch, und dann an diesem Körper eine Veränderung vorzunehmen.

D: Und den Körper mitzunehmen.

S: In diesem Fall, auch den Körper mitzunehmen und das war es, was getan wurde.

D: Deshalb war es ein Experiment.

S: Ja, und die Vorlage hierfür gibt es. Dieses Wissen ist verfügbar.

D: War es für sie einfacher, weil sie direkt aus der Quelle kamen?

S: Ja, sie hatten größere Fähigkeiten, nehme ich an, und in Erdenbegriffen geschah das sehr schnell. Aber es bedurfte einiger Anstrengungen.

D: Sie waren nicht lange genug hier, um verseucht zu werden. Wäre das richtig?

S: Ich kenne keine Kontamination.

D: Du weißt, wie die Erde die Menschen kontaminiert. Sie stecken fest.

S: Die Erde ist reine Güte.

D: Es war also einfacher für sie, schätze ich, weil sie nicht so viel mit anderen Menschen interagiert hatten?

S: Nur mit sich selbst. So war es, ja, es nahm uns den Glanz unserer großen Leistung. (Lachen)

D: Sie sagte, es sei eine Indianer Gruppe?

S: Es war wie eine Indianer Gruppe, es war aus dieser Zeit. Es war eine alte Zeit.

D: Wir haben Geschichten von Indianerstämmen, die einfach verschwunden sind gehört. Die Leute haben sich immer gefragt, was passiert ist. War das eines der Beispiele? (Ja) Also nahmen sie ihre Körper mit in eine andere Dimension, wo sie schufen, was sie wollten? Oder war es eine Dimension, in der diese Dinge existierten?

S: In der Erfahrung des Vorankommens, zuerst 3-D zu werden und dann nie die Verbindung zur Quelle zu verlieren. So war es möglich, diese Seite dort zu kennen und hin und her, hin und her, hin und her, hin und her, hin und her, zu gehen und einen Weg dafür zu schaffen. Sie experimentierten, sie erlaubten sich, wirklich dicht zu sein. Aber sie hatten den Vorteil, immer die Quelle im Geiste zu kennen, immer. So wurde es dann zu einem Experiment, das 3-D zu verändern. Wie man die Frequenz erhöht, wie man Dimensionen verschiebt, wie man dies mit dem Physischen macht, wie man das Physische angeht. In all diesem Kommen und Gehen haben sie manchmal bereits funktionierende Strukturen in der anderen Dimension gesehen. Und in gewisser Weise haben sie auch manchmal Dinge erschaffen, wenn sie in die andere Dimension gingen.

D: Sie haben es so aussehen lassen, als ob es der Ort wäre, wo sie herkommen. (Ja) Aber dann sagte sie, sie seien aufgerufen worden, zurückzukommen?

S: Ja. Es war Teil des Plans. Zuerst erkundest du, du machst einen Weg, dem andere folgen werden. Einige andere werden folgen, viele andere werden folgen. Es wird nützlich sein, aber jemand muss zurückkommen und immer wieder den Weg weisen. Tue es, nimm den Weg, den sie einst gebaut haben, ohne dass sie es merken. Sie ist zurückgekehrt, um anderen zu helfen, damit sie diesen Übergang schaffen können.

D: Aber Suzanne hat das nicht bewusst erkannt.

S: Es kam nicht durch (zum Bewusstsein), nein. Aber sie kannte immer die Quelle.

Man sagte ihr, sie solle in den südwestlichen Teil der Vereinigten Staaten reisen. "In den Schluchten, in den Felsen, wo es trocken ist, wo es hoch ist. Dann wird ihre Mission klarer sein. Es gibt eine Erinnerung im Stein und im Knochen. Es gibt eine Erinnerung." Dies war das Gebiet, in dem der Stamm lebte, bevor er die Wandlung vollzog.

Suzanne hatte umfangreiche Reisen in alle Teile der Welt unternommen. Ich wollte wissen, welche spirituelle Bedeutung das hat. "Sie hinterließ eine Schwingungsspur, als sie ging, die sich in die Höhe schraubte. Das ist die Bedeutung der Spirale, die sich in die Höhe schraubt. (Siehe den Teil über die Spirale am Anfang dieses Kapitels.) Und als sie ging, hinterließ sie eine Spur, die sich für Menschen dekodierte, die mit ihr in Kontakt kommen und diesen Weg gehen wollen. Es aktiviert und lehrt, wie auch sie den Spiralweg hinaufsteigen können. Sie muss es den Leuten nicht sagen. Es wird energetisch übertragen. Sie beeinflusst Hunderte, Hunderte, Hunderte, Hunderte, Hunderte, Hunderte von Menschen, nur, weil sie dort ist. Auf jedem Kontinent, auf dem sie war, hinterließ sie ihre Spuren. Wir wollen, dass sie dem Spiralweg folgt. Sie weiß das, und jede Zelle in ihrem Körper weiß es, und es wird ihr klargemacht werden. Es ist eine Energie-Spirale."

Ich frage mich, ob das auch für mich gilt. Als ich meine Arbeit begann, wurde mir gesagt, dass ich viel auf der ganzen Welt reisen würde, obwohl ich damals nur zu einigen Konferenzen in den Vereinigten Staaten gereist war. Mir wurde gesagt, dass überall, wo ich hingehe, ein Teil meiner Energie bleiben würde. Dass dies meine eigene Energie nicht verbrauchen würde, sie würde einfach in der Gegend bleiben und viele Menschen treffen. Sie sagten, dass alles, was ich tun musste, war, über den Ort nachzudenken, den ich besucht hatte, und meine Energie würde sofort dorthin zurückkehren. Ihre Vorhersage ist sicherlich wahr geworden, weil ich inzwischen auf fast allen Kontinenten der Welt Vorträge gehalten habe und meine Bücher inzwischen in zwanzig Sprachen übersetzt sind. Die Energie ist also durchaus in der Lage, sich zu verbreiten und zu beeinflussen. Und wir sind uns nicht völlig bewusst, was passiert, wenn wir uns an diesen Orten befinden.

KAPITEL FÜNFUNDDREIẞIG

PHYSISCHE AUSWIRKUNGEN WENN SICH DER KÖRPER VERÄNDERT

ICH HABE VIELE INFORMATIONEN über die körperlichen Symptome ERHALTEN, DIE Menschen erleben, wenn sich ihr Körper an diese Frequenz- und Schwingungsänderungen anpasst. Viele davon sind: Kopfschmerzen, Müdigkeit, Depressionen, Schwindel, unregelmäßige Herzrhythmen, Bluthochdruck, Muskelschmerzen und Gelenkschmerzen. Diese treten nicht alle gleichzeitig auf. Eine Person kann ein oder zwei Beschwerden für ein paar Tage haben, und dann wird es abklingen und für ein paar Monate nicht wiederkommen. Diese werden dadurch verursacht, dass sich der Körper an die Erhöhung der Schwingungen anpasst, und der Körper muss Zeit haben, sich anzupassen. "Sie" haben gesagt, dass der Körper die Schwingung nicht plötzlich ändern konnte. Die Energie wäre zu stark für den Körper, um sie zu verarbeiten, und er würde zerstört werden. Es muss also in allmählichen Schritten erfolgen, an die sich der Körper anpassen kann. Ein Symptom, das über einen längeren Zeitraum anhalten kann, sind Klingeltöne oder Töne in den Ohren. Es ist nicht schädlich für den Körper, aber es kann sicherlich ärgerlich sein. Dies wurde dadurch erklärt, dass der Körper versucht, sich an die Zunahme der Energie anzupassen. Eine Möglichkeit, dabei zu helfen, ist, ein Zifferblatt zu visualisieren und es mental nach oben oder unten anzupassen, bis die gewünschte Frequenz erreicht ist. Und um dir selbst zu sagen: "Ich möchte, dass sich mein Körper nach oben, oben,

oben, oben bewegt, bis er dieser höheren Frequenz entspricht. "Mit all diesen Symptomen sind die Menschen zu ihren Ärzten gegangen, nur um zu erfahren, dass sie nichts Konkretes feststellen können. Die Ärzte können keine Ursache für die Beschwerden finden. Ihre Lösung ist jedoch, die Person ohnehin auf Medikamente zu setzen, was nichts nützt, weil sie sich der Ursache nicht bewusst ist.

Ich hatte ein paar Klienten, die radikalere Symptome erlebten, die deren Ärzte verwirrt haben. Eine davon war Denise, eine examinierte Krankenschwester in einem großen Krankenhaus, die mich im August 2005 besuchte. Sie hatte Beschwerden über Anfälle und Taubheit in einigen Teilen ihres Körpers, aber die Ärzte sagten, es sei kein Schlaganfall. Sie ist auch eines Tages bei der Arbeit ohnmächtig geworden. Als sie die MRTs, die Röntgenbilder, machten, sahen sie im ganzen Gehirn etwas, das wie eine Weihnachtsbaumbeleuchtung aussah. Sie nannten dies "Knötchen". Als sie Röntgenaufnahmen von der Brust machten, fanden sie das Gleiche, Knötchen in der ganzen Lunge. Sie hatte auch eine abnorme Enzymaktivität in ihrer Leber. Der Arzt konnte nicht herausfinden, was genau los war. In den nachfolgenden MRTs und Röntgenaufnahmen des Gehirns waren die Lichter in andere Bereiche gerückt und erschienen mehr oder weniger als Gruppierung, anstatt im ganzen Gehirn verteilt zu sein. Sie hatten Schwierigkeiten, eine passende Diagnose zu finden, kamen aber schließlich auf eine Idee, was die Krankheit war: Sarkoidose. Aber einer der Ärzte sagte: "Ich glaube nicht, dass es das sein könnte. Auf der einen Seite ist es so sehr, sehr, sehr, sehr selten. Und andererseits hätte sie das unmöglich dort bekommen können, wo sie doch in der Wüste lebt, und die Luft sehr trocken ist." Diese Krankheit sollte dort auftreten, wo es Feuchtigkeit und Schimmelpilze gab. Aber sie konnten es nicht weiter diagnostizieren. Also setzten sie sie auf Steroide, die Diabetes verursachten.

Als wir die Sitzung machten, sagte das Unterbewusstsein, dass es keine Krankheit gab. Dem Körper wurde kein Schaden zugefügt. Sie haben das Gehirn neu verdrahtet, damit es die Veränderungen dessen, was kommen wird, bewältigen kann. Und das Gleiche gilt für die Lunge und die anderen Teile des Körpers. Es war eine Anpassung der Energie im Körper, damit er das Anheben der höheren Frequenzen und Vibrationen bewältigen kann. Ich fragte: "Warum sah es dann aus wie kleine Punkte und Lichter in ihrem Gehirn?" Und sie sagten nur:

"Verbinde die Punkte!" Die Anfälle und Taubheitsgefühle waren darauf zurückzuführen, dass eine Menge schnell getan werden musste. Normalerweise wollen sie den Körper nicht überlasten, so dass diese Veränderungen, diese Anpassungen, sehr allmählich erfolgen. Aber in einigen Fällen - ich schätze, weil sich die Zeit beschleunigt und die Veränderungen immer deutlicher werden - müssen sie den Körper schneller anpassen. So war es zu viel, und das verursachte die Anfälle und die Taubheit. Die Zeit, als sie ohnmächtig wurde, war eine Überlastung des Systems. Aber sie sagten, sie müsse sich keine Sorgen machen, es würde nicht wieder passieren. Mit dem Gehirn war alles in Ordnung. Und jetzt, wenn sie ein neues MRT macht, würde es nichts zeigen, weil diese Phase beendet ist. Die nächste Phase war die Anpassung der Chemie des Körpers, die diese Art von Effekten nicht hervorrufen wird.

Als der Arzt ihr sagte, dass sie diese seltsame Krankheit habe, sagte er, dass sie noch weniger als sechs Monate zu leben habe. Und sie sagte immer wieder: "Ich glaube das nicht." Als sie zu ihrer Untersuchung zurückkam, starrte der Arzt sie immer wieder an und sagte: "Ich verstehe nicht, warum du so gut aussiehst." Sie wusste, ohne dass er es sagte, dass er meinte: "Weil du im Sterben liegen sollst!" Denise ist eine Krankenschwester auf der Intensivstation. Und sie sagte: "Ich sehe Menschen, die die ganze Zeit im Sterben liegen. Ich wusste, dass ich nicht sterben würde. Also wusste ich nicht, wovon sie sprachen."

Das Unterbewusstsein sah sie während der Schicht wunderbare Dinge tun, und in den nächsten zehn, zwanzig Jahren wird sie eine große Rolle in dieser Veränderung spielen. Ich wollte mehr über die Steroide wissen. Ich wusste, dass sie gefährlich sein könnten, besonders, wenn sie den Diabetes verursacht haben. Sie sagten, der Diabetes würde schrittweise verschwinden. Es war nur ein Test, um ihr Lektionen über den Körper beizubringen. Sie würde es jetzt nicht mehr brauchen. Sie sagten, man solle sich keine Sorgen um die Steroide machen. Obwohl es sich um ein wirksames Medikament handelte, konnten sie es neutralisieren, so dass es den Körper nicht negativ beeinflussen würde. Es wird als harmloses Nebenprodukt aus dem System gespült. Sie haben die Fähigkeit, dies zu tun. Um nicht benötigte Medikamente zu neutralisieren und aus dem System zu spülen.

***

MEHR VON ANDEREN KLIENTEN

PATSY kam zu mir und beschwerte sich über Allergien gegen Staub und Pollen. Das SC sagte: "Das sind physische Reaktionen auf das Leben auf diesem Planeten. Ich habe das Gefühl, dass sie damit leben kann. Es ist auch eine Erinnerung daran, wer sie ist. Dass sie in einem Element lebt, das nicht Zuhause ist." Sie hatte auch Probleme in ihrem Dickdarmbereich und einen unerklärlichen Ausschlag, über den sie etwas herausfinden wollte. "Ich bekomme immer wieder 'Fertigung', ich kann es nicht anders erklären. Da drin wird etwas hergestellt. Es ist fast so, als würde ein notwendiges Element hergestellt, das die Reaktion im Dickdarm und auf der Haut hervorruft. Die Schleimhaut ist ein Nebenprodukt der Veränderungen, die im Körper vorgenommen werden, was eine Reaktion auf die Haut ist. Es hat mit dem zu tun, was zu diesem Zeitpunkt auf der Erde geschieht. Sie weiß seit langem, dass ihr Körper verändert wird. Es passiert einfach nicht in einer Weise, die du verstehen kannst, wenn du in einem physischen Körper bist, aber es gibt viele Veränderungen, die stattfinden. Ärzte können auf dieser Ebene nicht helfen. Sie verstehen die Veränderungen, die sich vollziehen, nicht."

Patsy hatte auch immer einen sehr niedrigen Blutdruck. "Das ist normal für sie. Sie muss nicht wie der Rest der Leute sein. Alles, was von ihr verlangt wird, ist ihren Körper, den sie hier hat, am Laufen zu halten, das war´s schon. Das ist der Grund, warum wir sie beeinflussen, nicht zu den Ärzten zu gehen, weil sie es versuchen, und dann etwas Falsches finden. Sie muss kein Teil davon sein."

D: Sie wollen, dass alle Leute gleich sind.

P: Ja, das tun sie. Auf diese Weise sind die Leute leichter zu kontrollieren und medizinisch zu behandeln. Es gibt viele, die nicht gleich sind. Sie soll keinen Schaden dadurch erleiden.

D: Viele Leute kommen zu mir, die Angst haben, wenn sie etwas nicht verstehen.

P: Sie lernen. Angst ist destruktiv, sehr destruktiv.

CAROL hatte ein vergangenes Leben hinter sich, das für dieses Buch nicht relevant ist. Das Unterbewusstsein sprach davon, ihren Körper zu heilen. Sie lösten einen Tumor auf, der sich in ihrem Beckenbereich befand, und er würde sicher aus dem Körper ausgeschieden werden. So geht das SC mit solchen Sachen die im Körper wuchern um. Es bestand daher keine Notwendigkeit mehr für die von den Ärzten geplante Operation. Es war dadurch verursacht worden, dass sie den negativen Emotionen anderer Menschen ausgesetzt war. "Wut, Ressentiments, Angst. Sie nimmt die Ängste anderer Menschen auf und verwandelt sie. In manchen Situationen ist es notwendig, aber in ihrem Fall ist es für den Körper schädlich." Sie war eine der Freiwilligen, die noch nie zuvor auf der Erde gewesen war, so dass sie nicht mit starken Emotionen umgehen konnte. Die erste und zweite Welle verstehen Emotionen nicht, und sie können in einigen Fällen lähmend sein.

C: Es ist an der Zeit, den Schmerz und das Leiden zu beenden und weiterzumachen. Wir werden auch an dem Blut und den Veränderungen im Blut und der Konsistenz im Blut arbeiten müssen. Die Intuition ist: die Blutzellen, das Knochenmark sowie die Bildung und Verformung von Zellen und Material besitzen Intelligenz/Weisheit. Die Veränderungen werden geschaffen. Und sie muss verstehen, wie diese Veränderungen geschaffen werden, weil sich der physische Körper verändern wird. Und deshalb muss sie diesen Prozess verstehen, damit der physische Körper nicht stirbt wegen der Veränderungen und Übergänge, die in den nächsten zehn Jahren passieren.

D: Du sagtest, der Körper verändert sich?

C: Ja. Der physische Körper verändert sich in seiner Schwingung.

D: Wie wirkt sich das auf das Blut aus?

C: Das Blut verändert sich in seiner Konsistenz. Und manchmal gibt es ein "klumpern", und manchmal gibt es eine Verdünnung. Und während die Veränderungen in der Schwingung des ganzen Körpers auftreten, werden die Zellen unterschiedlich funktionieren. So werden einige der alten Funktionen weggeworfen, und einige Zellen übernehmen neue Funktionen. Ich bin mir nicht sicher, was das Wort ist, aber es gibt.......

D: Musst du etwas Neues lernen? (Ja) Es ist etwas, was diese anderen Zellen noch nie zuvor getan haben.

C: Richtig.

D: Und das ist es, was du meintest, sie muss lernen, wie man es anpasst; sonst kann der Körper damit nicht umgehen?

C: Richtig.

D: Passiert das gerade mit anderen Menschen auf der ganzen Welt? (Ja) Ich habe von vielen verschiedenen Symptomen gehört. (Ja) Also muss jede Person lernen, sich anzupassen?

C: Nicht jeder einzelne Mensch wird es tun, sondern Menschen, die dazu beitragen, anderen zu helfen, andere zu unterrichten und Gruppen zu führen. Es geht darum, Frequenzen durchzubringen, die sehr schnell massive Veränderungen im physischen Körper bewirken können.

D: Veränderungen, die normalerweise viele Generationen gedauert hätten. Ist es das, was du meinst?

C: Ja. Es geht darum, die Zeit zu komprimieren. Es gibt keinen Raum und keine Zeit, aber in der Erd-Ebene gibt es Zeit und Raum. Damit also spontane Heilungen in der Erd-Ebene stattfinden können, muss es eine Zeitverdichtung geben, die stattfindet, wenn die Zellen neue Anweisungen erhalten und die alten Anweisungen loslassen.

D: Oh! Und das ist schwierig in den Körpern mancher Menschen. Ich schätze, das würde körperliche Symptome hervorrufen, die die Ärzte nicht verstehen würden. Ist das wahr?

C: Das ist richtig. Sie haben nicht die Technologie, um es zu verstehen. Es gibt einige, die einen fortgeschrittenen Geist haben, die damit umgehen können. Aber der medizinische Bereich im Allgemeinen ist sehr archaisch in Bezug auf das, was er wissen muss, oder was er zur Verfügung haben muss. Und das ist wirklich nicht machbar. Das wird wegfallen. Der Verstand wird für Veränderungen genutzt, aber auch die Menschen müssen in der Lage sein, ihren Verstand zu ändern, um ihren verzerrten Glauben loszulassen und die Wahrheit zu erfahren.

D: Wir müssen weg von der Gehirnwäsche, die wir unser ganzes Leben lang hatten, die uns sagt, dass wir uns auf externe Quellen verlassen müssen. Das müssen wir wirklich nicht tun.

C: Das ist richtig.

D: Carol hätte ein Leben lang das Opfer sein und verraten werden können. (Ja) Warum hatte sie so ein Leben? Was war der Zweck?

C: Es ist notwendig, dass sie die Schikanierung versteht, denn es wird Massen von Menschen geben, die ziemlich schnell und in großen Gruppen zum Opfer fallen werden. Und so wird all das wichtig sein, um gleichzeitig mit ihnen arbeiten zu können. Es wird ein spontanes Wissen geben, dass so viele Schritte umgangen werden können, indem man die Besonderheiten der Schikanierung kennt, wenn man so will, so dass es nicht notwendig sein wird, sich mit der Schikanierung zu befassen. Es wird notwendig sein, spontan das zu richten, was an der Verschiebung gerichtet werden muss - es geht um die Verschiebung....

D: Sie wird bei der Arbeit mit einigen dieser Leute eine wichtige Rolle spielen. (Ja) Weil sie sich mit ihnen identifizieren und sie verstehen kann.

C: Ja. Und sie wird mit Heilern zusammenarbeiten.

NANCY trotzte mehreren Versuchen, sie in ein vergangenes Leben zurückzubringen. Ihr Bewusstsein war auch sehr aktiv und unterbrach immer wieder, indem sie sagte, dass sie sich sowieso alles ausdachte. Schließlich, nachdem ich mehrere Methoden verwendet hatte, die keine Ergebnisse brachten, beschloss ich, das SC zu rufen und sie die Situation handhaben zu lassen.

D: Gibt es ein wichtiges vergangenes Leben, das Nancy sehen muss, das ihr in ihrem gegenwärtigen Leben helfen wird?

N: Ja und nein. Was dafür spricht, sind wichtige Lektionen bezüglich des Karmas. Wir verschieben es jedoch auf die nicht-karmische Notwendigkeit. Deshalb geben wir eine „Ja und Nein"-Antwort.

D: Dann muss sie ihre vergangenen Leben nicht sehen?

N: Nicht unbedingt. Sie sind unwichtig.

D: Was ist mit Karma?

N: Karma wird praktisch aufgehoben, wenn wir in das neue Universum gehen.

D: Das bedeutet dann, dass sie kein Karma hat, um das sie sich Sorgen machen muss?

N: Nein, sie hat Karma, aber es wird nicht wichtig sein. Es ist nicht notwendig, die Mission dieses Lebens zu erfüllen oder in das nächste Leben zu gehen.

D: Deshalb durfte Nancy keines ihrer anderen Leben sehen?

N: Es ist nicht so, dass es nicht erlaubt war. Es ist nur so, dass es nicht nötig war. Es würde zu Verwirrung führen. Der menschliche Verstand würde bei dem, was er sehen würde, hängenbleiben. Er könnte die Verurteilung in dem, was du wolltest, dass sie sieht, oder was du normalerweise zeigen würdest, nicht aufheben.

D: Viele Menschen beziehen sich auf Dinge, die in anderen Leben passiert sind, damit sie sich weiterentwickeln können.

N: Aber, weil wir uns auf diesem Höhepunkt befinden -und den ganzen Weg gehen wollen - spielt das keine Rolle mehr. Weil es keine Reinkarnation mehr auf der Erde geben wird, so wie wir sie kennen. Ein Blick auf andere Leben wäre nur verwirrender, denn Ideen und Werkzeuge, die in der alten Welt notwendig und hilfreich waren, werden in der neuen Welt nicht gebraucht.

D: Ich habe immer noch viele Klienten, deren Probleme aus anderen Leben stammen.

N: Aber all das wird abgelöst. Deine Arbeit ist wichtig, weil es einige Energiewerkzeuge gibt, die in diesem Leben freigegeben werden müssen. Energieinstrumente von mehr oder weniger starken gesundheitlichen Problemen. Es sind Dinge des Jetzt, die nicht in Bezug zum Vorwärtskommen stehen, denn in dem Moment, in dem man vorwärtsgeht, wird das alles entladen und aufgegeben. Wir wissen nie, wann die neue Erde erscheinen wird, aber sie kommt. Sie wird hier sein. Es ist nur eine Frage der Zeit, wann die Schwingung und Energie das Niveau erreichen wird, um fast.... abzufeuern und die zweite Welt zu erschaffen. So hilfst du Menschen mit ihren körperlichen Beschwerden, damit sie sich nicht unwohl fühlen müssen, bis wann immer dies der Fall sein wird. Es ist wichtig, weil wir nicht wissen, wann es passieren wird - eher als gar nicht. Wenn diese Leute also zu dir kommen, dann schätze ich, dass sie ein Unbehagen haben, und es gibt für niemanden einen Grund, welche zu haben.

Nancy wollte ihren Zweck kennen (genau wie alle anderen, die mich besuchen kommen). Das SC antwortete: "Das ist nicht die

Antwort, die sie will, aber ihr Zweck ist noch nicht bekannt, weil das neue Universum noch nicht erschaffen wurde. Alles ist noch in Planung, Bewegung, Moderationsphase, und es kann sich alles noch ändern. Wir können einen Plan sehen, ein Gesamtbild, aber es kann sich trotzdem ändern."

D: Kannst du ihr nicht eine Idee davon geben, was sie tun soll, weil sie planen möchte.

N: Geradezu sofort wird ihr der Gedanke kommen.

D: Gibt es etwas, woran sie arbeiten soll, um sich fertig zu machen?

N: Nichts davon ist an dieser Stelle notwendig. Sie wird auf die neue Erde gehen und sofort wissen, was sie tun wird, denn die neue Energie und Schwingung wird höher sein. Die Anstrengung ist hier notwendig, aber sie hat bereits die Markierung überschritten, wo man entweder hingeht oder nicht.

D: Ich habe gehört, dass es bereits entschieden ist, weil sich die Vibrationen nicht so schnell ändern können.

N: Nein. Wenn du die Markierung überschritten hast und gehst, dann ist es fast wie eine Atempause. Und wenn du dort ankommst, wird es einfach so anders sein, dass all die Dinge, von denen wir denken, dass wir sie jetzt tun müssen und die in der nicht so fernen Vergangenheit angemessen waren, in der neuen Welt nicht gebraucht werden.

D: Sie sagte, sie wolle das Leben anderer Menschen verändern und der Welt helfen.

N: Was notwendig gewesen wäre, wenn die Erde in der gleichen Schwingungsdimension geblieben wäre, in der sie jetzt ist, aber es ist fast so, als würdest du darauf warten, dass es passiert. Es wird passieren, aber du wirst nicht wissen, wie es aussehen wird, bis es passiert, denn es ist eine Gruppenbeteiligung und ein gemeinsamer Effekt. Und alles, was wir sagen können, ist, dass es passieren wird.

D: Ich habe gehört, dass einige Leute nicht einmal merken werden, dass etwas passiert ist.

N: Ich denke, dass sich der Gedanke sogar ändert, und ganz sicher werden diejenigen, die vorankommen, wissen, was passiert. Für diejenigen, die zurückgelassen werden, ist es immer noch nicht entschieden - Verwüstung ist kein geeignetes Wort, aber ich kann mir kein anderes dafür vorstellen- ob sie es wirklich erkennen oder nicht erkennen. Es verändert sich immer noch.

D: *Aber sie will jetzt etwas tun, um zu helfen. Sie hat sich in Heilung, Reiki und der Arbeit mit Engeln fortgebildet.*

N: Aber jeder wird die gleichen Gaben und Werkzeuge und die gleiche neue Energie haben.

D: *Alle werden das Gleiche tun?*

N: Nun, nicht die gleichen Dinge, aber es wird einfach nicht notwendig sein. Der Grund, warum wir all diese Dinge tun, ist, die Energie auf dieses Niveau zu bringen. Aber wenn ihr sofort alle auf dieser Ebene seid, gibt es keinen Grund zur Heilung, denn wir werden alle geheilt werden. Du kannst immer noch mit Menschen arbeiten und ihnen bis zum Übergang helfen. Aber wenn alle den Übergang schaffen, ist es fast so, als ob alle auf dem gleichen Kurs sind. Ihr seid alle auf der gleichen Seite und euer Schleier ist gelüftet, also ist es der große "aha!" Moment.

D: *Es gibt immer noch Leute da draußen, die sie brauchen, nicht wahr?*

N: Richtig. Es gibt Menschen, die von Minute zu Minute in die neue Welt eintauchen. Sie sind fast in einem Warteschleifenmuster, aber sie werden angehalten und warten. Sie werden dort warten, um vorwärts zu kommen.

D: *So wird sie nie erfahren, wer diejenigen sind, von denen, mit denen sie in Kontakt kommt.*

N: Nein, das werden diejenigen auch nicht. Sie sollte ihre Energie immer auf eine Zustimmung aller Energien aller Menschen auf der Erde konzentrieren, um voranzukommen. Und wenn jede Person ihre Schwingung erhöht, ist es eine Kettenreaktion, und sie schwingt mit und prallt von der nächsten Person zur nächsten, zur nächsten. Bis es ein ganzes riesiges Crescendo ist, das die Schwingung der Erde insgesamt wird. Wenn jeder aufhören würde, das zu tun, was er tut, würde es nur ein schwaches Summen werden. Aber weil wir alle vorankommen und vorankommen und wir alle in unserem eigenen Tempo arbeiten, wird es immer höher und höher, bis es sich einfach in den Kosmos auflöst. Man kann also nicht wirklich sagen, dass man keine Arbeit verrichten soll. Mach einfach weiter, was du tust, aber der Fokus hat sich geändert. Langeweile ist großartig, weil sie einfach sofort alles Wissen schafft, all die Dinge, nach denen wir hier streben. Aber "Gib mir Reiki, damit ich mich besser fühle" oder "Nimm das weg", wird nicht nötig sein. Jeder wird die Werkzeuge haben. Und sobald man die Werkzeuge hat, hat man weder die Leiden noch die Schmerzen. Es ist fast wie eine "menschliche Klausel", die nicht mehr in Kraft sein wird. Es ist immer gut in menschlicher Form, wie man sagt, Ziele, Träume und Bestrebungen zu haben. Es ist sehr schwierig, es in Worte zu fassen, weil wir denken, dass es schneller kommt, als Sie denken, und Sie verschwenden Zeit. Aber das klingt auch nicht richtig, Zeitverschwendung. Aber ich denke, das Beste, was jemand tun kann, ist, eine gute Absicht zu haben. Äußere immer deine Hilfsbereitschaft und wende nie jemanden ab, der zu dir kommt. Alle Lektionen, die sie jetzt lernen muss, haben mit dem Karma-Rad zu tun, und es wird bald befreit werden. Sobald deine Schwingung eine bestimmte Ebene erreicht hat, bist du jenseits des "Muss Karma zurückzahlen". Deshalb ist es nicht wichtig, Fragen nach vergangenen Leben zu stellen. Das ist ihr menschlicher Verstand, und das menschliche Hirn haben eine Neugierde auf die Dinge. Es ist fast wie ein Kind. "Warum? Warum? Warum? Warum ist das so?" So könntest du dir einfach sicher sein, dass du garantiert, wenn du erwacht bist, auf die neue Erde ziehen wirst.

Später in der Sitzung wurde an Nancys Körper gearbeitet, um den Wunsch zu rauchen zu beseitigen und dann mit zwanghaftem Essen, damit sie Gewicht verlieren konnte. Sie konnte spüren, wie sie scannten und sie neu einstellten, besonders auf der rechten Seite ihres Gehirns. Dann spürte sie Schwingungen in ihrem ganzen Körper. "Sie scannen und entfernen nur Impulse."

D: Vertraue ihnen. Sie wissen, was sie tun. Sie entfernen den Impuls, zu viel zu essen.

N: Ja, und Dinge, die zu Gewohnheiten geworden sind. Der Körper ist so konzipiert, dass er im Grunde genommen alles handhabt, aber das Problem ist die Portionskontrolle und die Menge. Der Körper ist ein Wunder und der Körper kann alles in kleinen Dosen entsorgen oder behandeln. Die bevorzugte Nahrung wäre alles mit weniger Zusatzstoffen, weniger Konservierungsmitteln. Weniger ist Mehr. Kleinere Portionsgrößen, aber nur um den Körper von chemischen Zusätzen und Konservierungsmitteln zu befreien. Der Trend geht also zu gesünderen, schlankeren und weniger giftigen Dingen für den Körper. Der Körper hält länger, wenn er nicht so hart arbeiten muss. Wir haben ihr die Impulse gegeben, es anzunehmen und ihn neu auszurichten, neu auszurichten und zu programmieren. Sie wird das lieben. Die Geschmacksnerven ändern sich bereits. Es beginnt zu passieren.

Sie legen immer Wert auf kleinere Portionen und mehrere kleine Mahlzeiten am Tag (sie nannten es "grasen"), anstelle von großen Mahlzeiten. Irgendwann werden wir uns auf eine reine Flüssigdiät umstellen.

Dann, nachdem wir auf die Neue Erde gezogen sind, gibt es die Möglichkeit, überhaupt nicht zu essen. An diesem Punkt werden wir von reiner Energie und Licht leben. Genauso wie viele der ETs, mit denen ich gesprochen habe.

***

ANFANG 2011, während dieses Buch zusammengestellt wurde, ereigneten sich einige ungewöhnliche Ereignisse, die deutlich machten, dass sich die Verschiebung näherte. Es zeigte sich, dass die Veränderungen der Frequenzen und Vibrationen nicht nur den Menschen, sondern auch Tiere aller Art betreffen. Niemand ist immun gegen die Veränderungen, die um uns herum stattfinden und immer deutlicher werden.

Teile von zwei Sitzungen im Januar 2011:

L: Du weißt, dass sich die Realitäten jetzt verändern. Was ihr die neue Erde genannt habt, ist die neue Erde und sie manifestiert sich. Die Energie ist da. Die schwereren Energien, die Schaden, Disharmonie und Ungleichgewicht verursachen, bewegen sich nicht auf die neue Erde. Sie werden nicht daran beteiligt sein. Ihre Energie schwingt nicht mit. Diejenigen, die mit dieser alten Energie resonieren, werden in dieser alten Energie bleiben. Und sie können sich jederzeit davon befreien, wenn sie sich dafür entscheiden, davon befreit zu sein, aber sie müssen bereit sein.

D: Ich habe geschworen, wenn ich wieder mit dir spreche, dass ich eine Frage loswerden möchte: Etwas ist hier in der Welt in Arkansas passiert. Sie sprechen von all den Vögeln, die einfach vom Himmel fallen.

Das war in den Nachrichten, es geschah am Silvesterabend 2010. Es waren hauptsächlich Amseln mit roten Flügeln, und Tausende von ihnen wurden entdeckt. In der gleichen Nacht gab es auch ein großes Fischsterben im Arkansas River. Dann wurde es in Schweden gemeldet, und ein paar Tage später in Kentucky und Tennessee. Bei der Untersuchung der Vögel gab es keine offensichtliche Ursache, außer einem stumpfen Trauma. Natürlich gab es ein stumpfes Trauma, die Vögel fielen vom Himmel und schlugen auf den Boden! Die offizielle Erklärung war, dass es in dieser Nacht das Feuerwerk gab, und das muss die Vögel erschreckt haben. Wenn das wahr war, warum werden dann am 4. Juli keine Vogelschläge gemeldet? Das einzige ungewöhnliche Wetterphänomen war ein schrecklicher Gewittersturm, der ungewöhnliche Wintertornados im Gebiet von Arkansas hervorrief.

L: Die Symbologie ist, dass es eine Verschiebung der Energie ist, denn die Vögel, die Kühe, die Fische, die Wale, die Schildkröten, die Bienen, sind alles Darstellungen der Veränderung der Energie und sie waren stecken geblieben. Sie haben sich nicht schnell genug verändert/verschoben.

D: Wir alle verschieben uns, unsere Schwingungen und Frequenzen. Sie sind kleiner, und sie konnten sich nicht schnell genug verschieben?

L: Tiere befinden sich auf einem anderen Energieniveau als Menschen und sind viel empfindlicher gegenüber den Veränderungen. Und einiges davon war von Menschenhand verursacht, der Mensch hat sich eingemischt.

D: Was meinst du damit?

L: Es gibt eine Verschiebung der Energie des Planeten, wenn die neue Erde Gestalt annimmt. Es gibt eine gewisse Bewegung zwischen alten und neuen Energien. Es findet eine Trennung statt, aber es gibt eine Energieeinspeisung beider. Manchmal die Vögel, die Tiere, die Bienen, sogar die Pflanzen und die Menschen - wenn sie auf eine bestimmte Weise eingestimmt sind, werden sie auf diese wechselnde Energie reagieren, und ihr physischer Körper ist nicht in der Lage zu widerstehen. Ihr innewohnender Geist muss sich mit der Energie bewegen.

D: Das ist es, was mir gesagt wurde, wenn die Energie auf einmal verschoben würde, würde es den menschlichen Körper zerstören.

L: Das würde es, und so wird der menschliche Körper verändert.

D: Eine schrittweise Anpassung der Frequenzen und Vibrationen.

L: Deshalb gibt es Krankheit, weil Krankheit eine andere Form der Anpassung des Körpers ist.

D: Mir wurde gesagt, dass diejenigen, die ihre Schwingungen und Frequenzen nicht anpassen oder ändern können, um sich anzupassen, den Planeten einfach verlassen werden.

L: Sie können ihre Seele und ihren physischen Körper nicht zusammenhalten. Das Möbius Band wird aufgelöst. Es fällt auseinander.

Ich hatte den Begriff " Möbius Band " noch nie gehört, also musste ich recherchieren. Dann fand ich heraus, dass es ein mathematischer Begriff ist, der auch als verdrehter Zylinder bezeichnet wird. Mathematik war schon immer mein schlimmstes Thema, also musste ich versuchen, dies aufzuschlüsseln, damit ich es grob verstehen konnte, damit ich es dem Leser vermitteln konnte. Eine Kugel hat zwei Seiten. Ein dünnes Blatt Papier, das auf einem Schreibtisch liegt, hat ebenfalls zwei Seiten. Ein Möbius Band hat eine einseitige Oberfläche: nur eine Seite und nur eine Kante. Eine einfache Möglichkeit, eine zu machen, ist, mit einem Streifen Papier zu beginnen. Drehen Sie ein Ende um 180 Grad (halbe Drehung) und kleben Sie die Enden zusammen. Zum Vergleich: Wenn Sie die Enden kleben, ohne sie zu verdrehen, würde das Ergebnis wie ein Zylinder oder ein Ring aussehen. Das Möbius Band ist bekannt für seine außergewöhnlichen Eigenschaften. Ein Fehler, der in der Mitte der Schleife krabbelt, wird weiterhin in die gleiche Richtung gehen. Ich bin sicher, dass es viel mehr zu diesem Thema gibt und es gibt wahrscheinlich Leser, die es viel besser erklären könnten. Also vergib mir für mein begrenztes Verständnis. Wir alle haben unsere Grenzen.

Das SC sagt hier: "Sie können ihre Seele und ihren physischen Körper nicht zusammenhalten. Das Möbius Band wird aufgelöst. Es fällt auseinander." Ich denke, es vergleicht die energetisierende Kraft der Seele mit einem kontinuierlichen Möbius Band. Wenn der Streifen auseinanderfällt, wird er wieder zu einem einfachen Papierstreifen ohne ungewöhnliche Eigenschaften. Vielleicht passiert das Gleiche mit den Vögeln und den Tieren. Sie erhalten zu viel Energie, ein Ausbruch, der mehr ist, als ihr Körper verkraften kann, und das führt dazu, dass sich ihre Matrix auflöst oder auseinanderfällt. "Sie" haben oft gesagt, dass, wenn der Körper mehr Energie erhält, als er bewältigen kann, es den Körper zerstören würde.

D: Also passiert bei diesen Vögeln das Gleiche?

L: Es ist das Gleiche.

D: Es geschah hier in Arkansas, aber auch ganz in Schweden.

L: Es ist auf der ganzen Welt passiert, sogar in Ost-Texas, wo Vögel herunterfallen.

D: Sie haben es nur nicht in den Nachrichten gebracht.

L: Nein, es gibt Gerüchte in der Gemeinde. Es gab einige Diskussionen zwischen verschiedenen Personen. Es wird berichtet, aber es wird auch nicht berichtet.

D: Es war interessant, dass es am Silvesterabend passiert ist.

L: Es gibt diejenigen, die dies als Mittel benutzen, um eine negative apokalyptische Vision zu manipulieren. Aber es ist... - nun ja, es kommt darauf an - bist du überwiegend negativ oder bist du überwiegend positiv? Wenn du meistens positiv bist, dann ist es ein Hinweis auf die sich ändernden Energien zwischen dem Alten und dem Neuen. Und was die Wissenschaftler und Sandkastenspieler erschreckt, ist, dass sie wissen, dass sie keine Kontrolle darüber haben. Sie können es nicht tarnen. Sie können es unterdrücken, leugnen, aber sie können es nicht ändern. Sie können es nicht aufhalten und es sagt ihnen, dass diese Verschiebung zunimmt. Die Tiere haben noch ihre Seele. Alle Lebewesen haben Seelen.

D: Man kann die Seelen nicht töten.

L: Nein. Die Seele ist in Ordnung, aber der physische Körper, ob Vogel oder Wal, wird in der Schicht zurückgelassen und ist nicht im Neuen. Die alte Energie war dort, wo sie hingehörte. Es konnte sich nicht in die neue Energie verwandeln, also blieb es bei der alten. Energiewechsel. Die neue Erde existiert bereits, aber sie wird immer mehr in Form gebracht, stärker, stärker, erschaffener, von Moment zu Moment.

D: Und in unsere Realität.

L: Ja, in deine Zeit und deinen Raum.

D: Also wird die alte Erde immer noch existieren, wenn die neue Erde entsteht. Wir dachten zuerst, es sei wie eine Spaltung.

L: Nein, es ist wie ein Phönix aus der Asche. (Lacht) Nur das ist für einige Leute zu beängstigend, weil sie denken, dass der Phönix aus der Asche erhebt, bedeutet natürlich, dass der Planet Asche sein muss.

D: Und es muss eine Katastrophe sein. All die Negativität, die verschiedenen Kataklysmen werden bei der Alten Erde sein. (Richtig.) Wir gehen alle zum anderen.

L: Richtig. Wir alle haben wachsende Schmerzen.

D: Sie sagten, dass wir nicht einmal in der Lage sein werden, den Unterschied zu erkennen. Es wird nicht nur auf einmal passieren.... BÄNG, wir sind da.

L: Nein. Du wirst wissen, wie du dich fühlst. Wenn sich das Leben weicher, sanfter, süßer, glücklicher anfühlt. Wenn es sich glücklicher anfühlt, wirst du es wissen.

D: Wir ziehen in die Neue Erde ein?

L: Ja, es geht schon seit vielen Jahren so. Wir sind hier.... sind es gewesen. Das Letzte, was du tun willst, ist, den psychischen Geist auszublenden.... du willst, dass der Geist mit dem Körper reist. Wenn du es aus der Bahn bringst, dann fällt alles auseinander. Diese Verschiebung ermöglicht es also jedem, sich sanft anzupassen, eine sanfte Anpassung.

D: Mir wurde gesagt, dass die anderen bei dem bleiben werden, was sie geschaffen haben, und es ist in Ordnung.

L: Ja. Es ist in Ordnung, denn es ist alles nur ein lernen. Woher weißt du, was du schätzt? Woher weiß man, wie sich Freude anfühlt, wenn man noch nie Schmerzen erlebt hat? Es ist ein Konzept, bis man es fühlt, aber nein, man muss es nicht immer wieder fühlen. Genug ist Genug.

***

D: Was ist mit der neuen Erde?

J: Ich sehe Schichten. Es sind Schichten und Schichten und Schichten und Schichten und Schichten und Schichten und Schichten und Schichten, wie Zwiebelschichten. Und du kannst durch sie hindurchsehen, und du kannst jede beliebige Schicht auswählen. Und je weiter draußen, desto leichter ist es. Je weiter innen, desto näher am Kern, das ist das Dichte. Das ist die sehr dichte und diejenige, die sehr ähnlich aussehen wird. Dort sind viele der Emotionen, und ich sehe, dass es rot aussieht, als wäre es glühend heiß. Und dann, wenn es ausgeht, wird es leichter und leichter und leichter und sie sind lichtdurchlässiger. Es ist einfach leichter und man kann sich so leicht bewegen. Es ist wie Schweben.

D: Gibt es wirklich zwei Erden.... die alte Erde und die neue Erde? Sie sagen immer wieder, dass sie sich trennen werden.

J: Es trennt sich in dem Sinne, dass diese so leicht ist. Es bewegt sich weg und alles, was darauf ist, ist einfach so leicht. Und es ist schwebend und einfach, und es ist ein ganz anderes Konzept und eine andere Denkstruktur. Es gibt Emotionen, aber es gibt eine andere Bandbreite von Emotionen. Ich meine, es ist keine Wut. Es gibt nicht diese schweren, dichten Emotionen. Da ist das Licht. Es ist eine Trennung auf diese Weise. Ihr habt eine Trennung der Emotionen, und wenn ihr diese Emotionen trennt, trennt es, wer ihr seid. Es trennt, wie du dich fühlst, und das macht dich zu einem leichteren Menschen, der dich an diesen leichteren Ort führt. Es ist eine Trennung auf diese Weise und die beiden sind nicht mehr zusammen. Aber es ist wie all diese verschiedenen Schichten. Es gibt auch Schichten dazwischen, also hast du Extreme. Ihr habt das ganz Äußere, das wahrscheinlich der Inbegriff dieses Lichts, des Lichts, des Lichts, der leichten Erde ist, und dann habt ihr das Zentrum, das wahrscheinlich der Inbegriff der alten Erde ist. Du hast nur diese sehr rote Hitze - sie sieht immer wieder rot und heiß aus - sie ist wütend und voller Emotionen, schwerer Gedanken, schwerer Gefühle und dergleichen, wo diese andere leicht ist. Aber du hast all diese Schichten dazwischen, die du wählen kannst. Du ziehst bei ihnen ein.... inmitten von ihnen und dann irgendwann wählst du einfach weiter. "Ah, es gibt eine Auswahl.... Entscheidungen." Du triffst Entscheidungen und das bewegt dich durch diese Ebenen. Und während du immer wieder den einen oder anderen Weg wählst, ist es das, was sie auseinanderzieht.

D: Kommt da die Trennung ins Spiel?

J: Das ist die Trennung. Du wählst immer wieder und wenn du Licht wählst, gehst du diesen Weg. Du gehst weiter in diese Richtung. Ihr wählt schwere Gedanken, ihr wählt schwere Emotionen, ihr wählt diese Dinge und ihr werdet euch in diese Richtung bewegen. Obwohl es eine ganze Weile dauert, bis man sich zwischen den Schichten hin und her bewegt. Es ist, um dir zu zeigen, dass du hier die Wahl hast. Das ist kein "mach oder stirb", kein "richtig oder falsch", kein "jetzt oder nie". Ihr bewegt euch in diesen Dingen, um zu sehen, dass es an euch liegt, die Wahl zu treffen. Es liegt in deiner Hand, dass dies geschieht. Es liegt an dir, deine neue Erde oder deine alte Erde zu erschaffen. Es geht darum, deine Realität so zu gestalten, wie du sie willst.

D: Sie sagen immer wieder, dass dies das erste Mal in der Geschichte des Universums ist, dass sich ein ganzer Planet in eine andere Dimension bewegen wird.

J: Es ist sehr schön. Das ist etwas anderes. Zivilisationen haben es schon einmal getan. Menschen, alleinstehende Menschen, haben es schon einmal getan.

D: Man sagt, das erste Mal für den Planeten.

J: Das liegt daran, dass der Planet teilnimmt. Sie ist auch ein Wesen. Sie will das tun und so hat sie all diese Schichten erschaffen, also sind das auch Schichten, die sie durcharbeitet, also sind das Entscheidungen, die sie trifft. Sie macht genau das Gleiche, was wir mit ihr machen. Wir alle tun das und deshalb gibt es all diese verschiedenen Schichten der Erde, weil sie das auch tut. Es ist nicht nur dieser eine POOF! Es ist eine Bewegung, und es gibt diese Schichten und wenn sich die Menschen mit ihren Emotionen bewegen, dann bewegt sich das durch die verschiedenen Schichten dieser verschiedenen Ebenen. Und so, wie wir immer wieder Licht, Freude, Leichtigkeit, Geschmeidigkeit wählen.... dann bewegt uns das auch. Es bringt uns immer näher. Wenn du dich entscheidest, fängst du an zu denken: "Weißt du, mir gefällt das Gefühl davon besser als das." Und so fängst du an, Entscheidungen zu treffen, die dich mehr in diese Richtung bewegen. Du musst es weiter testen. Du kannst zwei Schritte auf diese Weise machen, und dann machst du einen Schritt zurück und denkst dann: "Oh, ich mag das Gefühl davon nicht. Lasst uns hier langgehen." Das sind deine Schichten. Deshalb ist es sukzessiv. Du fängst an zu erkennen, wie viel Kontrolle du innerhalb der ganzen Sache hast, und darum geht es hier, um dir zu zeigen, dass du die Kontrolle hast. Du hast die volle Kontrolle. Es ist deine ganze Schöpfung. Es ist alles deine Realität. Es ist alles, was du erschaffst, was immer du erschaffen willst, und so bewegst du dich innerhalb dieses Bereichs, und jede Person macht diese Erfahrung. Je bewusster du dir dessen bist, desto mehr Spaß kannst du damit haben, weil du dich mit dem Bewusstsein bewegen und dir bewusst sein kannst, was du tust.

D: Es gab in letzter Zeit ein Mysterium bei den Vögeln. Sie sagten, sie würden vom Himmel fallen. Und mir wurde bei einer anderen Sitzung gesagt, dass es auf der ganzen Welt passiert, nicht nur hier in Arkansas. Hast du dazu etwas zu sagen?

J: Was ich sehe, ist, dass es eine Bewegung der Erde gibt. Es ist, als hätte es ein... (Bewegungen der Hand) es ist fast wie ein Ruck, aber es ist nichts, was wir auf der Erde gespürt haben. Aber es war wie ein ruckeln, und als es passierte, war es in diesen äußeren Schichten. Es war eine Verschiebung dort. Es hat sich verschoben, und als es das tat, hat es diese Art von ...geschaffen, wie beschreibt man das?

D: Eine Art Schockwelle?

J: So etwas in der Art. Es ist fast wie ein Ruck in der Atmosphäre. Es ist fast wie ein Erdbeben in der Luft.

D: Nachhall?

J: Es ist eher eine Vibration. Ein Riss! Es bewegte sich hierher, aber es bewegte sich nicht an einem anderen Ort, und so entstand so etwas wie ein Erdbeben. Also alles in dieser Schicht oder in diesem Teil, alles, was empfindlich war... ja, sie sind sehr empfindlich. Es ist wie bei den Kanarienvögeln in den Minen. Das ist deine Warnung. Das ist dein Signal, dass etwas passiert, weil Tiere sehr empfindlich sind. Sie sind ständig in Kontakt.

D: Uns wurde gesagt, dass es die Energie war, und weil sie kleiner sind, können sie die Energieverschiebungen nicht bewältigen.

Aber dann hatte ich eine Frage. Ja, es betraf die Vögel, aber es tötete nicht alle Vögel, nur bestimmte an bestimmten Orten.

J: Vielleicht war es nur so, dass bestimmte Vögel empfindlicher sind.... diese besondere Art war zu diesem Zeitpunkt empfindlicher.

D: Zu bestimmten Arten von Vibrationen? (Ja) Aber es hat nicht alle Vögel dieser Art getötet.

J: Nein. Ich denke, es hatte damit zu tun, wo sie waren. Es ist also wie ein Erdbeben. Es wird etwas bewirken, genau hier. Und dort war es, wo diese Schicht, diese Ebene, wo es geschah, bestimmte Orte beeinflusste. Es geschah nicht komplett rund um den Globus. Es geschah in einem Abschnitt, so dass dieser Abschnitt mit bestimmten Bereichen verbunden war und dann diese Bereiche davon betroffen waren.

KAPITEL SECHSUNDDREIßIG

DIE NEUEN KÖRPER

HIER SIND EINIGE DER INFORMATIONEN über die Neue Erde, die von verschiedenen Klienten aus der Serie Convoluted Universe stammen:

Das Wesen, das durch V. sprach, hatte eine tiefe, raue Stimme:

V: Die ganze Idee ist, dass wir die Leute dazu bringen müssen, sich ein wenig zu erweitern. Und wir müssen dieses Niveau ein wenig anheben. Und wenn wir das tun, können wir diese Änderung vornehmen und es ihnen leichter machen. Es werden diejenigen sein, die wir nicht ändern können, die zurückgelassen werden. Es wird schrecklich werden. Wir können sie nicht dazu bringen, es zu sehen. Wir können sie nicht dazu bringen, zu lieben.

D: Dann werden die anderen, die sich ändern werden, in eine andere Welt gehen? Eine andere Erde?

V: Es ist, als würde es sich in eine andere Dimension ausdehnen. Lass mich sehen, wie ich dir das erklären kann. Es ist wie ein Erhöhen/Aufstieg, wenn du verstehen kannst, als würden wir in eine andere Schwingung aufsteigen. Sie werden sehen können, was los ist, aber wir können ihnen nicht mehr helfen.

D: Ist es wie eine Trennung? Wie zwei Erden, meinst du das?

V: Oh nein, nein, nein, nein. Es ist eine Veränderung der Dimension. Wir werden von hier bis hier gehen. Und diejenigen, die sich nicht ändern können, werden zurückgelassen.

D: Wenn wir in die andere Dimension gehen, wird es dann eine physische Erde sein?

V: Es wird genau so sein, wie wir es jetzt sind.

D: Das meinte ich mit zwei Erden.

V: Ja, ja, ja. Aber sie werden uns nicht bemerken. Gott hilf ihnen, Gott hilf ihnen. Es wird so schrecklich für sie sein.

D: Sie werden nicht wissen, was passiert ist?

V: Nein, sie werden es wissen. Das ist die ganze Idee. Sie werden es wissen, aber es wird zu spät für sie sein, ihre Schwingungen zu ändern. Sie können es nicht in einer Sekunde ändern. Sie müssen es über einen längeren Zeitraum ändern. Wir haben eine Weile daran gearbeitet. Es muss in deinen Körper eindringen und an ihm arbeiten, und es muss sich langsam verändern und deine Schwingungen erhöhen. Und wenn es passiert, wird es für sie zu spät sein, aber sie werden es sehen. Sie werden sterben, aber sie werden es sehen und daraus lernen.

D: Diese Welt wird es noch geben, aber sie wird anders sein?

V: Nicht sehr gut, nein, nein, nicht sehr gut. Es wird nicht mehr viel auf dieser Welt übrig sein. Nicht viel.

D: Viele Menschen werden zu diesem Zeitpunkt sterben?

V: Ja. Aber ich denke, viel von ihrem Tod wird schmerzlos sein. Ich denke, sie werden gerade lange genug leben, um zu sehen, was passiert. Und ich denke, Gott wird ihnen den schrecklichen traumatischen Schmerz ersparen. Ich bete, dass es so sein wird.

D: Aber die anderen, die sich in die neue Schwingung verlagern, mit einer identischen physischen Welt.......

V: (Unterbrochen.) Ja, aber einige werden nicht einmal merken, dass sie die Änderung vorgenommen haben. Einige werden es tun. Diejenigen, die darauf hingearbeitet haben, werden es wissen.

D: Wissen sie von den Menschen, die zurückgelassen werden?

V: Ich glaube nicht. Es wird ein Bewusstsein für eine Veränderung geben, die stattgefunden hat. Ich bin mir nicht sicher, ob es eine bewusste Wahrnehmung sein wird. Lass mich darüber nachdenken. (Pause) Wir gehen in diese Dimension und werden es wissen. Einige werden es aber nicht wissen. Sie werden etwas spüren. Sie werden einen Unterschied spüren. Fast wie eine Sauberkeit, eine Klarheit. Eine Frische, ein Unterschied. Ich weiß, was es ist. Sie werden den Unterschied spüren. Sie werden die Liebe spüren.

D: Also, auch wenn sie nicht darauf hingearbeitet haben, werden sie mitgenommen.

V: Ja, weil sie bereit dafür sind.

D: Und die anderen werden es nicht sein......

V: Das tun sie nicht, das tun sie nicht.

D: Also sind sie in der Negativität zurückgelassen worden? Du hast gesagt, dass sich die ganze Welt zu diesem Zeitpunkt verändern wird.

V: Ja, diejenigen, die weitermachen können, die sich in diese Richtung bewegen können, werden sich bewegen. Und diejenigen, die es nicht können, werden es nicht. Und es wird schrecklich für sie sein.

D: Und es wird wie zwei Welten sein.

V: Ja, zwei Welten existieren gleichzeitig, aber nicht immer bewusst.

D: Ich weiß, wenn du in einer anderen Dimension bist, dann ist dir die andere nicht immer bewusst. Aber das ist die Botschaft, die du vermitteln willst, dass wir diese Informationen über die Liebe verbreiten sollten, solange wir noch können, um so viele wie möglich mitzubringen.

V: Liebe ist der Schlüssel. Weil Gott Liebe ist. Und die Liebe ist Gott. Und Liebe ist die höchste Kraft. Und das ist es, was wir brauchen, um in unserem Leben zu fühlen. Was wir einander geben und füreinander fühlen müssen.

D: Ja, Liebe war schon immer der Schlüssel. Also versuchen sie, es so vielen Leuten wie möglich zu sagen, damit sie sie mitbringen können. Das ist es, was die Dringlichkeit ist.

V: Die Dringlichkeit ist, dass uns die Zeit ausgegangen ist. Sei einfach vorbereitet. Äh, was? Ihr was sagen?

Sie hörte jemand anderem zu. Es gab murmelnde Geräusche, dann kehrte die tiefe raue Stimme zurück.

V: Ich sage dir... bereit. Bereit für den bevorstehenden Wechsel. Bald schon. Bereit.... Sie ist kein gutes Vehikel. Sie hat das noch nie gemacht. Ich bekomme meine Ideen nicht durch sie, um sie dir zu übermitteln. Ich muss daran arbeiten. Lasst uns dieses Vehikel reinigen. Oh, ja! Äh.... da. Das ist schon besser.

D: Was willst du mir sagen?

V: Muss der ganzen Menschheit helfen. Sag ihnen, was bald kommen wird. Änderungen, Dimensionsverschiebungen. Diejenigen, die dich hören können, werden dich hören. Sie werden für diese Dimensionsverschiebung bereit sein. (Ihre normale Stimme kehrte zurück.) Diejenigen, die es nicht können, werden es sowieso nicht akzeptieren, also werden sie denken, dass wir verrückt sind. Aber die anderen, sie wissen es vielleicht nicht, aber es wird einen Funken in ihnen berühren. Wenn es passiert, werden sie bereit sein, und sie können diese Veränderung vornehmen. Sie wissen vielleicht nicht, dass es kommt, aber etwas im Inneren wird dafür bereit sein und sie werden es schaffen können. Es sind die, die nicht wissen, dass es kommt, aber, wenn wir es ihnen sagen, ist es in ihnen. Wenn es dann passiert, wird es herauskommen und sie werden bereit dafür sein.

D: Diejenigen von uns, die den Wandel vollziehen, werden wir unser Leben weiterhin so leben, wie wir es tun?

V: Nein, nein, nein, nein, besser. Anders. Länger.

D: Werden wir das physische Leben fortsetzen?

V: Oh, körperlich in der Dimension, ja. Aber körperlich in dieser Dimension, nein.

D: Aber ich meine, wenn wir die Verschiebung vornehmen, werden wir...

V: (Unterbrochen) Sie meinen, werden Sie leben oder sterben?

D: Werden wir das Leben, wie wir es kennen, fortsetzen?

V: Ja, einige werden es nicht einmal bemerken. Siehst du, diese kleine Sache, die wir in ihrem Kopf platzieren, wird ihnen helfen, die dimensionale Verschiebung vorzunehmen, und sie werden es vielleicht nicht einmal wissen. Aber sie werden wissen, dass es Zerstörung gibt. Sie werden die Zerstörung sehen. Sie werden sehen, was passiert, und sie werden die Leichen sehen, aber sie werden nicht wissen, dass sie diese Veränderung verursacht hat. Sie werden sich nicht der Tatsache bewusst sein, dass der Grund, warum sie nicht tot sind, darin besteht, dass sie diese Veränderung vorgenommen haben und diese Veränderung sie nicht beeinflusst hat.

D: Du hast etwas über die Dinge gesagt, die in den Kopf gesteckt werden. Meinst du die Implantate?

V: Nein, nein, nein, nein, nein. Ich meine einen Samen, einen Gedanken. Sie wissen es nicht bewusst, aber im Inneren, das wird ihnen helfen. Es ist wie ein Funke, dass, wenn die Zeit kommt, ihr Verstand es bereits unterbewusst akzeptiert hat.

D: Ich habe gehört, dass wir länger leben werden?

V: Länger, besser. Lernen. Die Dinge werden so viel besser sein. Die Menschen werden nach einer Weile mehr lernen. Sie werden mehr wissen. Sie werden sich der Dinge bewusst werden. So wie die Dinge laufen. Sie wissen vielleicht nicht, wann sie den Wechsel machen, aber dann werden sie es erfahren. Sie werden nach einer Weile erkennen, was passiert ist.

D: Und die, die nicht bereit sind, werden auf der anderen Erde zurückgelassen.

V: Ja, sie werden weg sein.

D: Und viele an beiden Orten werden nicht einmal merken, dass etwas Dramatisches passiert ist.

V: Diejenigen am anderen Ort werden es tun. Sie werden tot sein. Aber sie werden es wissen, weil das die Lektion ist, die sie gelernt haben. Sobald sie sterben, werden sie es wissen. Sie werden die Wahrheit sehen. Und sie werden sehen, welche Chance sie verpasst haben, aber sie werden daraus lernen.

D: Mir wurde auch gesagt, dass, wenn sie reinkarnieren, wenn sie Negativität, Karma und Rückzahlung haben, sie nicht mehr auf die Erde kommen werden, weil sich die Erde so sehr verändert haben wird.

V: Sie werden nicht hierher zurückkehren dürfen, bis sie den Wechsel vollzogen haben. Sie die Änderung vorgenommen haben.

D: Ich habe gehört, dass sie woanders hingehen werden, um mit ihrem Karma umzugehen, weil sie die Gelegenheit verpasst haben.

V: Ja. Einige werden es tun. Und einigen wird vielleicht die Möglichkeit gegeben, zurückzukommen. Aber es wird eine Weile dauern, eine lange, lange, lange Zeit.

D: Aber in der Zwischenzeit werden wir weitermachen und neue Dinge lernen und Fortschritte in einer ganz neuen Welt machen.

V: Was für eine schöne Welt. Eine Welt des Lichts und des Friedens. Wo Menschen zusammenleben und einander lieben können.

D: Aber es wird immer noch eine physische Welt mit unseren Familien und Häusern sein, wie wir sie jetzt haben.

V: Nur eine intelligentere Welt.
D: (Lacht) Das kann ich verstehen.

***

Ein anderes Subjekt, das unerklärliche körperliche Symptome hatte, beschrieb den neuen Körper auf diese Weise:

S: Sie identifiziert sich mehr mit ihrem zukünftigen Körper. Er ist noch nicht wirklich perfekt, aber er ist da. Und dieser zukünftige Körper nimmt ihre Essenz oder Teile von ihr auf. Und verschmilzt es oder zieht es hoch, damit sie sich an diesen zukünftigen Körper gewöhnt.
D: Wird sich der Körper physisch verändern?
S: Einige, ja. Er wird stärker und jünger sein. Dieser Körper, in dem sie sich jetzt befindet, könnte geheilt und wiederhergestellt werden, aber sie braucht den zukünftigen Körper. Er wird leichter sein. Noch leistungsfähiger. Sie spürt das jetzt, ihre Essenz ist mit diesem zukünftigen Körper verschmolzen und hochgezogen.
D: Also wird sich dieser Körper, den sie jetzt hat, ändern?
S: Es wird im Wesentlichen zurückgelassen. Es wird transformiert und Teile davon, die nicht benötigt werden, werden weggelassen.
D: Es ist also nicht so, als ob man einen Körper verlässt und in einen anderen übergeht.
S: Nein. Nach und nach werden der neuere Körper und der ältere Körper meist miteinander verschmolzen. Aber es wird bestimmte Teile des älteren Körpers geben, die nicht notwendig sind, also werden sie zurückgelassen. Er wird sich einfach auflösen.

Es wird wahrscheinlich so allmählich sein, dass wir den Unterschied nicht einmal bemerken werden. Abgesehen von den körperlichen Symptomen, die einige erleben, wenn der Körper die Anpassungen vornimmt. Mir wurde gesagt, dass die ältere Generation sich vielleicht mehr bewusst ist, dass etwas im Körper passiert. Doch es nützt nichts, sich darüber Gedanken zu machen, denn es ist ein natürlicher Prozess, der jetzt für jeden als Teil der Evolution der neuen Erde stattfindet.

***

Mehr von einem anderen Thema in Australien:

C: Es ist wie ein Auto. Stellen Sie sich ein Auto vor, das eine alte Karosserie hat. Es ist genau das gleiche alte Auto, das du gefahren hast. Und dann hast du einen neuen Motor eingebaut. Und plötzlich beginnt dieses Auto, anders zu funktionieren, obwohl es genauso aussieht. Und dann bekommst du einen anderen Motor und ersetzt ihn. Und das Auto wird immer schneller und schneller, immer heller und intelligenter. Und bevor man sich versieht, macht das Auto so gute Dinge, dass sich die Karosserie zu verändern beginnt. Es ist, als ob die Energie des neuen Motors beginnt, den Rest neu zu ordnen. Und bevor man sich versieht, hat sich der Kerl in ein Sportauto verwandelt. Ein schönes, glänzendes, attraktives Fahrzeug. Und genau darum geht es hier. Die Energien, die hereinkommen, haben die Fähigkeit, das Vehikel zu transformieren. Und es wird anfangen, anders zu sein. Es wird anders aussehen. Es wird.... naja, es wird jünger aussehen. Es wird klüger und jünger aussehen. Die Zellen des Körpers, die Schwingung des Körpers verändern sich, und passen sich der Schwingung der eingehenden Energie an. Und die physischen Veränderungen werden die nächsten sein.

D: Was werden diese physischen Veränderungen sein?

C: Oh! Der Körper wird sich ändern, um leichter zu werden. Und ich sehe, dass er größer aussehen wird. Es ist nicht so, dass er größer wird. Aber die Energie von innen wird irgendwie von außen sichtbar werden. Und es wird den Körper größer, länglicher und schlanker erscheinen lassen. Und transparenter.

D: Transparent?

C: Ja. Es ist eine bahnbrechende Sache.

D: Ist das die Art und Weise, wie sich die Menschen auf der Erde entwickeln werden? (Ja) Wird jeder die Änderungen vornehmen?

C: Ja, denn die Menschen haben alle diese Wahl gehabt. Wenn sie sich mit der Erde entwickeln wollen, werden sie sich zu diesem neuen Menschen entwickeln. Er wird anders aussehen. Und genau darum geht es bei diesem Experiment. Deshalb bewegen Christine und andere diejenigen, die sich nicht mit der Erde entwickeln wollen. Sie werden gehen. (Fast weinen) Und ihren Familien viel Schmerz bereiten. Aber die Menschen, die bleiben, müssen das Licht halten. Das ist ein großer Job. Sich scheiden zu lassen und sich von diesen Dingen zu trennen, die jetzt passieren. Und diese Dinge werden weiterhin geschehen, bis die Reinigung abgeschlossen ist. Diejenigen, die hier sind, um zu bleiben, bringen diese Rasse der Menschen in eine ganz neue und andere Zivilisation. Diese Menschen werden jetzt getestet, um zu sehen, ob sie das Licht halten können, wenn es eine Katastrophe gibt, und nicht eingesaugt werden. Sie sind die Menschen, die diesen Planeten voranbringen werden.

D: Fast wie ein letzter Test?

C: Ja. Die Tests laufen gerade. Was auch immer jedes Wesen braucht, um sie zu testen, um zu sehen, was es in der Lage ist, diesem Programm zurückzugeben, wie fest es ist. Wie bereit sie sind, zu dienen. Das alles wird jetzt getestet.

D: Also hat jeder seinen eigenen individuellen Test?

C: Ja. Und die Menschen, die es jetzt schwer haben, sind diejenigen, die bleiben. Sie sind diejenigen, die die Tests durchlaufen. Aber einige von ihnen kommen nicht durch.

D: Sie bestehen den Test nicht.

C: Nein. Es gibt einige, die ihn nicht bestehen.

D: Das ist es, was mir von anderen Leuten gesagt wurde, dass einige zurückgelassen werden. (Ja) Und ich dachte, das klingt grausam.

C: Nein, es ist nicht grausam, weil jede Seele die Wahl hat. Und wenn sie sich nicht bewegen und entwickeln, liegt das daran, dass sie sich dafür entscheiden, es nicht zu tun. Und sie werden an einem anderen Ort ihrer Wahl wiedergeboren. Und es ist alles in Ordnung. Weil es nur ein Spiel ist. Sie werden auf der Alten Erde bleiben. Die Neue Erde ist so schön. Sie werden Farben und Tiere und Blumen sehen, die Sie sich nie hätten vorstellen können. Du wirst Früchte sehen, die das perfekte Essen sind. Es muss nicht gekocht werden. Es wird einfach so gegessen, wie es ist. Und alles, was das Wesen braucht, um sie zu ernähren, wird da sein. Diese neuen Früchte entwickeln sich nun mit Hilfe der Star People.

D: Ist das Obst und Gemüse, das wir jetzt nicht auf der Erde haben?

C: Es gibt sie hier nicht. Es sind in gewisser Weise Mutationen. Ich sehe einen Puddingapfel als Beispiel dafür, was passiert ist. Wir werden eine Frucht namens "Puddingapfel" haben. Und es sieht nicht aus wie ein Apfel. Es hat ein raues Äußeres und ist etwa so groß wie zwei Orangen zusammen. Und dann öffnest du es. Es ist wie Pudding im Inneren. Das ist also eine Frucht, aber ein Essen. Es ist nicht nur eine Frucht, sondern es wurde auch ein anderes Lebensmittel darin eingeführt, wie z.B. Pudding. Das ist ein Beispiel für eines der zukünftigen Lebensmittel. So werden diese Speisen zu einem Vergnügen für die Sinne. Und nahrhaft und erhaltend für sie - ich werde immer wieder gestoppt, wenn ich anfange, "Körper" zu sagen. Und mir wurde gesagt, ich solle "Wesen" sagen. Sie werden nahrhaft für das Wesen sein. Und Dinge, die wir jetzt kochen müssen, wie zum Beispiel den Pudding, werden in diese Früchte eingearbeitet. Und es geht darum, dem Planeten zu helfen und den Verbrauch von Strom und Energie zu reduzieren. Die Früchte werden uns also das liefern, was wir brauchen.

D: Ich habe gehört, dass der Mensch viele Dinge mit der Nahrung gemacht hat, die für den Körper nicht gesund ist.

C: Das ist richtig. Die Bio-Lebensmittel kommen auf die Erde, und diese Bio-Bauern bewegen sich mit dem Erde-Entwicklungs-Programm. Deshalb sind sie dort. Und deshalb wird das Bewusstsein dafür geschaffen, weil die Menschen wissen müssen, wie man richtig anpflanzt. Und die Rudolph-Steiner-Schulen bringen den Kindern das bei. Also, die Kinder, die auf der neuen Erde sein werden, werden das wissen. Und diese Kinder unterrichten jetzt an Universitäten und in Institutionen, und sie verbreiten das Wort. Wenn also die Reinigung der Erde stattfindet, wird ein Großteil dieser Toxizität weggeschoben. Siehst du, die neue Erde ist nicht diese Dimension. Die neue Erde ist eine weitere Dimension. Und wir werden in diese neue Dimension vorstoßen. Und in dieser neuen Dimension wird es diese Bäume geben, die lila und orange in ihren Stämmen haben. Und es wird schöne Flüsse und Wasserfälle geben. Und die Energie wird zurückgebracht. Es wird Energie in den Bächen und dem Wasser geben, das über Felsen und Sandbänke fließt. Und es trifft die Erde. Es erzeugt Energie und wird in dieser Welt ausgeglichen. Viele dieser Ströme wurden geändert und geglättet, um sie navigierbar und schön zu machen. Das bedeutet, dass die Energie von der Erde weggenommen wird. Die Erde wird gereinigt werden. Ich sehe Wasser.

D: Muss das geschehen, bevor sich die Erde verschiebt und sich in die neue Dimension entwickelt?

C: Ich sehe, wie wir durchgehen. (Erschrocken) Oh! Was ich sehe, ist, dass die Menschen, die in die neuen Dimensionen gehen, in diese neue Welt eintreten werden.

D: Während die andere gereinigt wird?

C: Ja, ja, ja.

D: Was siehst du über das Wasser, das bei der Reinigung entstehen wird?

C: (Ein großer Seufzer) Es wird mir nicht gezeigt.

D: Sie wollen nicht, dass du es siehst?

C: Nein, das werden sie mir nicht zeigen. Was sie mir zeigen, ist.... eine Eröffnung? Und wir treten durch. Wir treten ein in… was wie diese Erde aussieht, aber es sind verschiedene Farben. Es sind verschiedene Texturen. Zuerst sieht es genauso aus. Nur am Anfang. Und dann, wenn wir uns umsehen, beginnen wir zu erkennen, dass es das nicht ist. Es verändert sich vor unseren Augen. Und es ist so schön.

D: Aber das ist nicht die geistige Seite? Weil auch die geistige Seite als sehr schön beschrieben wird.

C: Nein, es ist die neue Erde. Es ist nicht die geistige Seite. Es ist die fünftdimensionale Erde. Einige Menschen werden vor anderen durchgehen. Mir wird gesagt, ich soll Ihnen jetzt sagen, dass Christine mehrmals dort war. Es gibt eine Gruppe, die jetzt durchgehen wird. Und sie wird mehr durchbringen. Und sie werden ein wenig kommen und gehen, bis sie für immer gehen.

D: Dann werden die anderen auf der alten Erde zurückgelassen?

C: Ja, die, die sich dafür entscheiden zu bleiben, werden bleiben.

D: Sie werden viele Schwierigkeiten haben, nicht wahr?

C: Ja, der ganze Planet. (Erschrocken) Ich habe gerade gesehen, wie der ganze Planet explodiert ist. Das ist schrecklich, nicht wahr?

D: Was denkst du, was das bedeutet?

C: Ich weiß nicht. Ich habe es gerade explodieren sehen. Aber ich sah die neue Erde. Es gibt diesen schönen fünften Dimensionalen Ort mit Harmonie und Frieden.

D: Als sie dir gezeigt haben, dass der Planet explodiert, ist das nur symbolisch? Als ob diese Erde für diejenigen, die überqueren, nicht mehr existieren würde?

C: Nun, die Leute, die hinübergegangen sind, beobachten, was passiert. Sie können es sehen. Also, wird es explodieren? Sie sagen zu mir: "Lass dich nicht von dem einfangen, was passieren wird, denn du musst dich auf das Licht konzentrieren." Und das ist die Herausforderung für diese Menschen, die auf der neuen Erde sein werden. Die Herausforderung für sie besteht darin, sich nicht in etwas einzumischen, was passieren wird, denn das ist es, was uns zurück in die dritte Dimension zieht. Und das ist mit vielen Menschen passiert, die auf einem Weg nach vorne waren. Sie wurden zurückgezogen, weil sie von der Angst und der Traurigkeit und dem Bedauern und dem schwarzen Zeug eingeholt wurden. Sie sagen: "Du musst es nicht wissen, denn es würde niemandem dienen, wenn es bekannt wäre." Also was sie wirklich sagen, ist: "Konzentriere dich auf das Gute." Konzentriere dich auf die Tatsache, dass es diese schöne neue Existenz, eine neue Dimension geben wird, in die viele Menschen auf der Erde einziehen werden. Die bereits dabei sind einzuziehen.

D: Mir wurde gesagt, dass du, wann immer du hinübergehst, im gleichen physischen Körper sein wirst, den du jetzt hast. Du wirst dich nur ändern.

C: Ja, du wirst immer noch im selben Körper sein, aber er wird sich ändern.

D: Es kann also getan werden, ohne zu sterben oder den Körper zu verlassen. Es ist eine ganz andere Sache.

C: Ja, wir gehen einfach rüber. Christine hat es schon einmal getan, und sie weiß, wie man es macht. Sie hat es getan und versteht es.

D: Aber es wird traurig sein, weil es so viele Leute geben wird, die nicht verstehen werden, was passiert. Es ist so schwer mit so vielen - ich möchte sagen "gewöhnlichen" - Menschen, die keine Ahnung von etwas haben, außer der Religion, die ihnen beigebracht wurde. Sie wissen nicht, dass dieses andere möglich ist.

C: Ja, aber sie sind nicht gewöhnlich. Sie wirken nur gewöhnlich. Es ist eine Maske, die sie tragen. Sie ändern sich.

D: Aber es gibt immer noch viele Leute, die noch nicht einmal über diese Dinge nachgedacht haben.

C: Ja, aber sie werden sich entscheiden, nicht zu erwachen, und das ist ihre Entscheidung. Das müssen wir respektieren. Sie haben die Wahl bekommen wie alle auf der Erde, und sie haben diese Wahl getroffen. Und das ist in Ordnung. Es ist alles in Ordnung. Es ist in Ordnung.

D: Wenn sie also an einen anderen Ort gehen müssen, um das negative Karma herauszufinden, ist das Teil ihrer Entwicklung. (Ja.) Aber siehst du eine Mehrheit der Menschen, die sich in die nächste Dimension entwickeln?

C: Nein. Nicht die Mehrheit. Und die Zahlen sind bis zu einem gewissen Grad nicht wichtig, denn was sein wird, wird sein. Und je mehr Menschen erwachen und diese Reise antreten können, desto mehr Menschen wird es geben. Deshalb machen so viele von euch diese Arbeit. Den Menschen helfen, sich für die Reise zu öffnen und die Angst loszulassen. Und tritt in diese Leere, wo alles möglich ist. Wo die Schwärze wohnt. Das ist es, was ihr alle tut. Und du musst es tun. Und jeder, mit dem du sprichst, geht dann raus und macht es auch. Du bist dir dessen vielleicht nicht bewusst, aber du handelst wie Christus. Jeder, mit dem du sprichst, wird zum Jünger, und sie gehen hinaus, und sie erwecken wiederum andere Menschen. Also funktioniert es. Und es ist bald. Es wird bald alles passieren.

D: Hast du eine Vorstellung von einem Zeitraum?

C: Die nächsten Jahre werden die sein - ich bekomme das Wort "Entscheidungspunkt". Es wird der " Entscheidungspunkt"-Punkt sein. Ich denke, das bedeutet, dass diejenigen, die sich bis dahin nicht entschieden haben, zurückgelassen werden. Es ist wichtig.

D: Aber es gibt einige ganze Länder auf der Welt, die dafür nicht bereit sind. Deshalb denke ich, dass es viele Leute gibt, die den Übergang nicht schaffen werden.

C: Es passiert mehr, als die Leute denken. Ich sehe einige Länder, in denen Menschen verfolgt werden. Der Grund, warum das geschieht, ist, die Spiritualität zu erwecken, weil die Verfolgung sie verursacht. Wenn Menschen verfolgt werden, wenn sie dem Tod ins Auge sehen, oder wenn sie vor großen menschlichen Taten stehen. Das ist ein Auslöser, der die Menschen weckt. Und das ist der Zweck eines Großteils der Verfolgung, die im Moment stattfindet; um sicherzustellen, dass diese Menschen geweckt werden. Das ist also die positive Seite.

D: Gibt es etwas, das es auslöst oder beschleunigt?

C: Es ist, als würde der Vorhang fallen. Und ich darf es nicht sehen. Mir wird nur gesagt, dass es das Ende von einem und der Anfang von einem anderen sein wird.

D: Sie versuchen im Moment, uns in den Krieg zu führen. (2002) Glaubst du, dass es etwas damit zu tun hat?

C: (Großer Seufzer) Ich fürchte, das ist der Test. Ich sagte, dass viele Menschen getestet wurden. Und ich habe es damals nicht bemerkt, aber jetzt schon, das ist alles Teil des Tests, wenn wir uns davon fernhalten können. Es ist, als müssten wir unser eigenes schaffen.... es ist, als wäre jeder von uns das Universum. Alle Teile des Universums werden hier gehalten (legte ihre Hand auf ihren Körper). Und wenn wir dieses Universum hier behalten........

D: Dieser Körper?

C: Ja. Wenn wir es in Frieden halten und im Gleichgewicht halten, dann bestehen wir die Prüfung. Dann können wir allem standhalten. Und die Dinge, die in der Welt geschehen, sollen wirklich das Ganze testen; wir alle.

D: Du meinst, dich nicht in die Angst hineinziehen zu lassen.

C: Ja. Schalte den Fernseher aus. Hör dir das nicht an. Lies nicht die Zeitung. Lass dich da nicht hineinziehen. Deine Welt ist das, was du hier erschaffst. (Hat ihren Körper wieder berührt.)

D: In deinem eigenen Körper.

C: Ja. In deinem eigenen Raum hier. Das ist dein eigenes Universum hier. Wenn jeder Mensch Frieden und Harmonie in seinem eigenen Universum schafft, dann ist das das Universum, das er in dieser fünften Dimension der Erde erschafft. Je mehr Menschen in diesem Körperuniversum Frieden und Harmonie schaffen können, desto mehr Menschen werden in dieser fünften Dimension der neuen Erde sein. Diejenigen, die keinen Frieden und keine Harmonie in diesem Körperuniversum schaffen können, bestehen die Prüfung nicht. Das ist der Test.

D: *Wir versuchen, dies zu tun, um zu verhindern, dass der Krieg stattfindet, oder um ihn abzuschwächen.*

C: Mir wurde gesagt, dass es egal ist, was passiert, denn es ist alles ein Spiel. Es ist alles ein Spiel. Und die Dinge, die geschehen, sind aus gutem Grund da. Und der Grund dafür ist im Moment, jeden Menschen zu testen, um herauszufinden, wo er sich in seiner eigenen Evolution befindet. Und wenn wir also hier (im Körper) Frieden und Licht halten, müssen wir uns keine Sorgen machen, ob es einen Krieg gibt oder nicht. Es ist sowieso nur eine Illusion.

D: *Aber im Moment scheint es sehr real zu sein, und es könnte einige sehr verheerende Folgen haben.*

C: Ja, aber das ist Angst für jeden Einzelnen. Unsere Aufgabe ist es, jedem Einzelnen zu helfen, hier (im Körper) Frieden zu finden. Und dann, natürlich, wenn du mehr Menschen zusammenbringst, die Frieden und Harmonie in ihrem eigenen Körperuniversum haben, dann breitet sich statt der Schwärze, die Liebe aus. Und das schafft diese ganz neue Welt. Wenn du all diese Informationen bereits zu Beginn deiner Arbeit erhalten hättest, wärst du überlastet gewesen. Es ist der gleiche Grund, warum sie sagen: "Wir werden dir nicht genau sagen, was passieren wird." Wir wissen nicht genau, was passieren wird. Aber wir werden dir nicht sagen, was wir wissen, weil du es nicht wissen musst. Alles, was du tun musst, ist, dich auf diesen (den Körper) zu konzentrieren und deinen Himmel auf Erden zu erschaffen. Jeder Mensch erschafft seinen eigenen Himmel auf Erden. Das ist alles, was du tun musst. Und mit anderen zusammenzukommen, die ihren eigenen Himmel auf Erden erschaffen. Und dann diese Energie ausweiten. Und bevor man sich versieht, hat man die Welt verändert. Du denkst nicht einmal an die Welt. Worauf du dich konzentrierst, ist das, was du erschaffst. Denke an den Frieden. Das Wichtigste, was die Menschen verstehen müssen, ist, dass sich das, worauf sie sich konzentrieren, erweitert. Wenn sie sich also darauf konzentrieren, wenn sie Vorhersagen durch etwas ersetzen können, das wunderbar ist, was sie wollen, und das erweitern. Dann können sie ihren eigenen Himmel auf Erden erschaffen. Und mir wird gezeigt, dass du in deinem Buch The

Convoluted Universe (Book One) eine Beschreibung des Denkens gibst. Mir wurde gesagt, ich solle dich daran erinnern. Sie sprechen von einem Energieball von der Größe einer Grapefruit. Und diese Kugel hat Energieströme. Und ich ändere das, während ich mich bewege. Energiestränge, die sich überlappen und quer zueinander verlaufen. Und diese Energieströme können alles tun, was sie wollen. Sie können sich spalten, und sie können zu vier Energiesträngen werden. Sie können sich einflechten. Sie können sich vervielfachen. Sie können Rückwärts gehen. Sie können den Reißverschluss schließen. Sie können absolut alles tun. Und das ist der Ball der Möglichkeiten. Wenn man an einen Gedanken denkt, verschwindet er nicht einfach. Es wird zu einem Energiebündel. Es wird zu Energie. Es bewegt sich in diesen Ball der Möglichkeiten. Also, stell dir vor, dein Gedanke wird zur Energie. Und je mehr Energie du ihm gibst, desto stärker wird er. Und dann manifestiert er sich, und es wird real. Er wird physisch. Wenn du einen Gedanken aussendest, dass es Frieden geben wird. Und dann folgst du ihm mit: "Oh, aber dieser Krieg wird immer schlimmer", oder "Diese Politiker machen einen Fehler". Du schwächst die Energie: den positiven Strang, den du hervorgebracht hast. Also müssen wir die Menschen lehren, den positiven Gedanken auszusenden und ihn dann durch positivere und positivere Gedanken zu verstärken. Und wir müssen sie lehren, dass, wenn ihnen einer dieser negativen Gedanken in den Sinn kommt, sie nicht einfach loslassen, sondern durch einen positiven Gedanken ersetzen. Damit sie zu diesem Energieball der Möglichkeiten beitragen. Sie tragen dazu bei. Wir müssen ihnen beibringen, das zu tun. Sie wissen nicht, wie man das macht. Und mir wird gesagt, ich solle dir sagen, dass du diese Illusion verstärken sollst - ich weiß nicht, warum mir gesagt wird, ich solle dir das sagen. Aber sie sagen, wenn wir die Leute dazu bringen könnten, diesen Konflikt, der im Nahen Osten stattfindet, als Film zu betrachten, würde das den Menschen helfen. Die andere Sache, die mir gesagt wird, dass ich dir sagen soll, ist, dass sie bei jeder Aktion eine entgegengesetzte Reaktion ausführen können. Wo Geburt ist, ist auch Tod. Und jeder muss jede Gier, jede Herrschaft, jeden Materialismus loslassen. Jedes dieser Probleme, die sie daran hindern, diese Arbeit zu tun, muss losgelassen werden. Weil diese Probleme niemandem auf der neuen Erde dienen werden. Es wird nicht die Notwendigkeit von Geld als solches geben. Also warum solltest du dich darum kümmern? Diejenigen, die für die Erde, für das Universum arbeiten, werden versorgt und werden es auch weiterhin sein. Was du brauchst, wird zu dir kommen. Es ist also an der Zeit, diese Ethik der Arbeit loszulassen, um an das Geld zu kommen. Du arbeitest daran, die Erde zu verändern. Du arbeitest daran, diese Situation zu retten. Dort muss die treibende Kraft liegen. Es muss aus Liebe und Dienst kommen. Und nur so können wir diesen Aufwand maximieren. Es muss aus Liebe und Dienst kommen, nicht aus Gier.

D: Mir wurde gesagt, dass Liebe die stärkste Emotion ist.

C: Ja, die Liebe heilt.

Die Leute in meinen Vorlesungen fragen mich immer wieder, was sie tun müssen, um auf die Neue Erde zu ziehen? "Sie" haben gesagt, dass es zwei wichtige Dinge gibt, die man loslassen muss. Eine, wie gerade erklärt, ist die Angst. Angst ist eine Illusion, aber sie ist das stärkste Gefühl, das ein Mensch hat. Es muss freigegeben werden, oder es wird dich an die alte Erde binden. Ich sage den Leuten, sie sollen viele und viele Fragen stellen. Glaub nicht alles, was du hörst oder liest. Denke selbst. Gib deine Kraft nicht an andere weiter. Bilde dir deine eigene Meinung und entdecke deine eigene Wahrheit. Es mag nicht meine Wahrheit sein, aber es wird deine sein, weil du sie entdeckt hast. Und dann wundere dich nicht, wenn sich diese Wahrheit ändert. Wir lernen ständig weiter. Bleib flexibel. Lass nicht zu, dass die Angst dein Urteilsvermögen trübt, so dass du nicht selbst denken kannst.

Das zweite, was du loslassen musst, ist Karma. Wir sammeln Karma, indem wir viele, viele Leben auf der Erde leben, oft mit den gleichen Leuten, die die gleichen Fehler wiederholen. Deshalb wird es "Das Rad des Karmas genannt. Es geht immer weiter und weiter und hält dich in dem Gebilde. Ich nenne Karma das "Gepäck und den Müll", den wir mit uns herumtragen. Du musst den "Müll" loswerden, damit du aufsteigen kannst. Wir alle haben schlimme Dinge, die in unserem Leben passieren. Das ist es, worum es im Leben geht. Ich habe festgestellt, dass wir diesen Ereignissen und Dingen zustimmen, um aus ihnen zu lernen. Ich frage die Leute, wenn sie mir von ihren schlechten Erfahrungen erzählen: "Hast du etwas daraus gelernt?" Wenn du auch nur eine Sache daraus gelernt hast, dann war das der Grund, warum du es erlebt hast. Wenn sie sagen, dass sie nichts daraus gelernt haben. Weißt du was? Sie werden es noch einmal erleben müssen, bis sie verstehen, was es ihnen zu sagen versucht hat. Sie müssen diese Klasse in der Schule wiederholen. Du kannst nicht vom Kindergarten zum Studium übergehen. Also geh dein Leben durch. Woran hältst du dich fest? Was hast du nicht losgelassen? Es spielt keine Rolle mehr, ob du als Kind misshandelt oder missbraucht wurdest. Was hast du gelernt? Es spielt keine Rolle, ob du eine schreckliche Ehe hattest. Lass es sein!!!! Einige meiner Klienten haben gesagt: "Ich kann es nicht lassen. Du weißt nicht, was sie mit mir gemacht haben!" Es bedeutet nicht, jemanden außer sich selbst zu verletzen, indem man sich an das Karma hält und mehr schafft, indem man es nicht freigibt. Um in die Neue Erde aufzusteigen, muss man es loslassen. Du musst vergeben, oder du musst bei der alten Erde bleiben und alles noch einmal durchgehen. So funktioniert das Gesetz des Karmas. Ist es das, was du willst?

Während meiner Vorträge gebe ich den Menschen eine Übung, mit der sie Karma freisetzen können. Du musst nicht von Angesicht zu Angesicht mit der Person sprechen. Das ist zu schwierig. Außerdem ist manchmal die Person, auf die du wütend bist, gestorben und es ist unmöglich, ihnen zu begegnen. Du musst es mental tun. Denke daran, dass du, als du auf der spirituellen Seite warst, einen Plan gemacht hast, was du in diesem Leben erreichen wolltest. Du hast Verträge mit verschiedenen Seelen abgeschlossen, um verschiedene Rollen in deinem Szenario auf der Erde zu spielen. Einige deiner größten Feinde oder Herausforderungen während deines Lebens waren deine größten Freunde auf der spirituellen Seite. Sie haben sich freiwillig gemeldet, um zu kommen und den Bösewicht in deinem irdischen Szenario zu spielen. Und einige von ihnen spielen ihre Rolle sehr gut!

Stell dir also die Person in deinem Kopf vor, die vor dir steht. Sprich zu ihnen: "Wir haben es versucht. Wir haben es wirklich versucht. Es funktioniert nicht. Ich zerreiße den Vertrag." Und sieh dir an, wie du den Vertrag zerreißt und ihn wegwirfst. Dann sprich zu ihnen: "Ich vergebe dir. Ich lasse dich frei. Ich lasse dich gehen. Du gehst deinen Weg mit Liebe, und ich gehe meinen. Wir müssen nicht mehr verbunden sein." Und sieh, wie es passiert. Der Schlüssel dazu ist, dass man es wirklich ernst meinen muss. Du musst es glauben. Sobald du das getan hast, werden sie keine Macht mehr über dich haben. Dann musst du dir selbst vergeben. Denke daran, dass es immer zwei Leute braucht, um die Situation zu schaffen. Nichts davon ist einfach, aber es ist wichtig und zwingend, wenn man vom Rad steigen und in die Neue Erde aufsteigen will. Es liegt an dir!

***

Dies war Teil einer längeren Sitzung im Jahr 2002, in der die Klientin eine Verbindung mit Außerirdischen hatte. Sie lieferten Informationen über viele Dinge, einschließlich dessen, was sie tun könnten (oder dürfen), um den Schaden zu korrigieren, den die Menschheit der Erde zugefügt hat.

P: Sie bringen mich.... vorwärts in die Zukunft. Sie bewegen meinen Körper. Oh, mein Gott, mir wird schwindelig.

Ich gab beruhigende Vorschläge, damit sie keine körperlichen Auswirkungen hatte. Sie beruhigte sich und stabilisierte sich. Das Gefühl der Bewegung verflüchtigte sich. Diese Erfahrung ist auch bei anderen Themen passiert, mit denen ich gearbeitet habe, wenn sie zu schnell durch Zeit und Raum bewegt werden.

D: Was zeigen sie dir jetzt?

P: Alles, was ich sehe, ist Licht. Es ist nur eine brillante Explosion des Lichts. Der Planet wird mit einem speziellen Licht bombardiert und enthält verschiedene Farben. Und diese verschiedenen Farben beeinflussen das Bewusstsein der Menschen auf unterschiedliche Weise, aber es betrifft nicht nur die Menschen. Es beeinflusst Pflanzen und Tiere und Felsen und Wasser und alles. Es ist eine bestimmte Art von weißem Licht, und es hat alle Arten von Farben darin. Und es verändert und bewegt sich und durchdringt den Kern des Planeten. Ich sehe, es kommt aus dem Kern des Planeten. Sie schießen es von den Schiffen herunter, und es berührt den Kern des Planeten, und es springt aus dem Kern heraus und beeinflusst alles, von einer inneren bis zu einer äußeren Bewegung. Wenn du auf dem Planeten stehen würdest, würdest du spüren, wie die Energien durch deine Füße kommen und durch die Oberseite deines Kopfes herauskommen.

D: Das Gegenteil von dem, was es normalerweise tut.

P: Das ist etwas anderes. Es kommt von den Schiffen zum Kern des Planeten und dann springt es wieder nach oben. Und es wirkt sich auf den ganzen Planeten aus. Sie wollen nicht, dass wir uns selbst in die Luft jagen.

D: Ist das etwas, was 2002 passiert, oder geschieht es in der Zukunft?

P: Das ist die Zukunft. Sie werden es tun! Um die Ausrichtung auf dem Planeten zu korrigieren, um zu verhindern, dass etwas Schlimmes passiert. 2006.

D: 2006. Werden wir den Planeten bis dahin noch mehr aus dem Gleichgewicht gebracht haben?

P: Ja, ja, ja. Oh, es gibt Menschen auf dem Planeten und sie beten, aber es ist nicht genug, weil er so durcheinander ist. Es wird aus seiner Umlaufbahn kommen. Und das wird sich auf den Rest des Kosmos auswirken. Indem sie diese Energien also auf den Kern des Planeten richten, wird er wieder zurückkommen, und das wird die Ausrichtung korrigieren. Und wenn es die Ausrichtung korrigiert, wird es auch viele andere Dinge auf dem Planeten 5korrigieren. Es wird den Überschwemmungen, den Dürren und dergleichen helfen, die der Mensch auf den Planeten gebracht hat. Es wird keine Vernichtung dieses Planeten geben. Der Rat sorgt dafür, dass es nicht dazu kommt. Die Wesen sind hier unten auf dem Planeten und beobachten, und sie wissen, was los ist, und sie wissen, wer es tut und sie können sie beeinflussen. Es ist nicht so, dass wir nicht eingreifen können, wir dürfen nicht eingreifen.

D: Weil es einige Dinge gibt, die man nicht tun kann.

P: Das ist richtig, aber wir können zusehen. Und wir wissen, wer es tut.

D: Aber wann immer der Planet an den Punkt kommt, dass der Mensch ihn so sehr beschädigt hat, kannst du ihm helfen?

P: Dann werden wir die hier schicken.... Ich sehe mehrfarbige Lichter. Es ist wie mehrfarbige Energiewellen, und sie werden in den Kern des Planeten abgeschossen. Und dann springen sie wieder heraus und es wirkt sich auf den ganzen Planeten aus, und es wird den Planeten in seiner Ausrichtung halten.

D: Wird das von vielen Schiffen gemacht?

P: Es ist eine Konföderation. Ich sehe viele. Ich sehe verschiedene Ebenen oder Klassifizierungen von Wesen, die den Planeten beeinflussen. Wir sind darin verwickelt. Es gibt viele, viele Wesen.

D: Also ist es ein riesiger Job.

P: Eine Konföderation. Ja, ja, ja.

D: Aber ist es nicht gefährlich, Dinge auf den Kern des Planeten zu schießen? Ist nicht vorher etwas schiefgelaufen, als das passiert ist?

Ich dachte an die Zerstörung von Atlantis. Dies wurde zum Teil durch Wissenschaftler verursacht, die die Energie von den riesigen Kristallen nach unten auf das Zentrum der Erde konzentrierten. Zu viel Energie wurde erzeugt und trug zu den Erdbeben und gigantischen Flutwellen bei.

P: Das ist nicht das, was du denkst. Das ist reine Lichtenergie. Und die einzige Wirkung, die sie auf dem Planeten haben wird, ist gut. Es wird dem Planeten nicht schaden.

D: Ich habe darüber nachgedacht, was sie in Atlantis gemacht haben.

P: Das ist nicht dasselbe. Es ist schwer für mich zu erklären. Dies geschieht auf der Seelenebene. Es ist wie reine göttliche Energie. Es ist nicht die Energie in Atlantis. Die Energie in Atlantis wurde durch atomare Kraft erzeugt. Das ist Energie, die das Göttliche erschaffen hat, die durch das Licht erzeugt wird. Es geschieht nicht durch die Trennung durch Molekularstrukturen. Das ist etwas, das wir geschaffen haben, und wir senden es von der Quelle. Alles, was von der Quelle kommt, ist gut und wird dem Planeten nicht schaden. Es wird das tun, was wir wollen. Und wir durften das tun. Weil der Planet dies verursacht hat, ergreifen wir diese Maßnahme. Es ist notwendig.

D: Ist das nicht eine Störung?

P: Nein! Wir können uns nicht in die Menschen hier einmischen. Wir können nicht runterkommen, sie schikanieren und ihnen sagen, was sie tun sollen. Aber wir können unsere Schiffe mitbringen und diese Energie auf den Kern der Erde richten. Wir können solche Dinge tun. Das ist eigentlich auf der Seelenebene. Deshalb stören wir nicht in die karmische Struktur der Menschen hier. Jeder hier hat eine karmische Absicht, und wir mischen uns nicht in diese ein. Das dürfen wir nicht. Das tun wir nicht.

D: Sehen die Menschen auf der Erde das, wenn es passiert?

P: Sie spüren es. Mit anderen Worten, sie werden die Transformation durchlaufen. Und sie werden nicht merken, was mit ihnen passiert ist. Einige von ihnen werden es merken. Diejenigen, die sensibel sind, werden wissen, dass etwas passiert ist. Aber viele auf dem Planeten werden einfach in ihrem normalen Leben weitermachen, und sie werden erhöht und verändert werden und die Erde wird verändert werden. Die Felsen und das Wasser aber werden einfach weiter existieren, weil wir das karmische Muster nicht beeinflussen. Das können wir nicht tun. Wir tun dies auf der Seelenebene, aber es beeinflusst nicht ihr Erdenleben, soweit es um karmische Muster geht. Das stören wir nicht.

D: Aber die Erde muss an einen bestimmten Punkt kommen, bevor man das tun darf.

P: 2006. Es wird schlimmer. Es ist im Moment schon sehr, sehr schlimm. Wenn es erlaubt ist, dass es weitergeht, wird die Luft sehr vielen Menschen schaden. Und der Grund, warum wir involviert sind, ist, dass es Menschen in ihren physischen Ausführungsformen gibt, die diese Atmosphäre mit all dieser Verschmutzung atmen und ihr genetisches Erbe verändern. Wir können das nicht zulassen, und wir werden das nicht zulassen! Wir haben den Menschen dieses Planeten ihr genetisches Erbe gegeben. Und jetzt haben sie ihr Trinkwasser, ihr Essen, ihren Planeten durcheinandergebracht. Alles hier ist verseucht. Der Mensch hat sein genetisches Erbe zerstört, und wir werden es reparieren, weil sie unser Experiment nicht durcheinanderbringen werden! Das ist ein göttliches Experiment und sie dürfen es nicht vermasseln. Wir werden es ändern.

Um mehr über das große Experiment herauszufinden, an dem die Menschheit von Anfang an beteiligt war, sind meine Bücher, Keepers of the Garden und The Custodians empfohlen.

P: Wir müssen das tun. Der ganze Planet wurde viele Male zerstört. Sie wissen von Atlantis; es gab viele andere Explosionen, Überschwemmungen. Das ist etwas, was wir zu diesem Zeitpunkt nicht zulassen können, weil es den Rest des Kosmos beeinflussen wird. Und die Erde kommt etwas mehr in die falsche Richtung. Und wir werden den Planeten nicht nur wieder in Ordnung bringen, sondern auch dazu beitragen, die genetische Struktur von allem und jedem auf dem Planeten zu reinigen und zu klären. Und das ist gesagt worden, und es ist vereinbart worden, und es wird geschehen. Weil die Menschheit an dem Punkt angelangt ist, an dem sie nicht früh genug gereinigt wird, bevor sie die von uns geschaffene genetische Ausstattung zerstört.

D: Es muss also nur ein wenig aus dem Gleichgewicht geraten, um sich auf die anderen auszuwirken....

P: Es hat bereits andere beeinflusst - nicht nur Zivilisationen in einem physischen Bereich, den ihr kennt, sondern auch auf höheren Ebenen. Deshalb werden wir das tun.

Die verschiedenen Universen sind so miteinander verwoben und verbunden, dass, wenn die Rotation oder die Trajektorie von einem einzelnen gestört ist, alle anderen auch betroffen sind. Im Extremfall könnte dies dazu führen, dass alle Universen in sich zusammenbrechen und sich auflösen. Dies ist einer der Gründe für die Überwachung des Planeten Erde durch ETs. Um Probleme zu erkennen, die durch unsere negativen Einflüsse verursacht werden, und die anderen Galaxien und Universen zu alarmieren, damit Gegenmaßnahmen eingeleitet werden können. Sie müssen wissen, was die Erde vorhat, damit sich der Rest der Universen, Galaxien und Dimensionen schützen und überleben kann.

D: Ich dachte, wenn du ein riesiges Projekt wie dieses auf der Erde haben würdest, könnten die Leute all diese Schiffe sehen.

P: Ohh, du typischer Erdling! Nein, du kannst unsere Schiffe nicht sehen. Wir sind in verschiedenen Dimensionen. Es gibt viele verschiedene Schwingungsraten. Du wirst das Licht nicht einmal sehen können, aber es ist da. Irgendwann werden Ihre Wissenschaftler in der Lage sein, diese Art von Energie zu messen. Irgendwann werden die Wissenschaftler feststellen können, dass wir in der Atmosphäre sind, und sie werden unsere Schiffe sehen. Sie werden Maschinen und Vorrichtungen haben, damit sie feststellen können, wo sich unsere Schiffe befinden. Aber sie haben diese Technologie im Moment nicht, weil wir uns durch den Schleier bewegt haben und wir sind in einem - sagen wir - astralen Reich. Es ist ein höheres Level als das, aber es ist ein feineres Level. Und deine Augen können sie nicht sehen, aber in der Zukunft werden sie Maschinen haben, die sie sehen können.

D: *Aber sie werden wissen, dass etwas mit den Energieniveaus passiert. Dass sich etwas ändert.*

P: Es wird sich ändern, und die Menschen werden sich ändern, aber sie werden nicht wissen, was passiert ist. Es wird ein großes Ereignis sein, aber sie werden es auf der physischen Ebene nicht erkennen können. Auf der Seelenebene können sie es erkennen. Auf der unterbewussten Ebene wissen sie es, aber nicht auf einer bewussten Ebene, weil sie in physischer Energie denken. Das ist keine physische Energie, sondern Energie von Gott. Das ist Seelenenergie. Und es funktioniert in einer anderen Dimension, als sie denken. Es ist ganz anders.

D: *Also werden die Leute es fühlen, aber sie werden es nicht sehen. Sie werden nur wissen, dass etwas in ihrem Körper passiert.*

P: Einige werden es wissen. Diejenigen, die sensibel sind, werden wissen, dass etwas passiert ist, aber sie werden nicht wissen, was. Und das ist es, was wir wollen. Wir wollen nichts stören.

D: *Wie wird sich das auf den menschlichen Körper auswirken?*

P: Es wird den Zerfall der DNA des Erbmaterials im Körper verhindern. Wie ich schon sagte, es wird beschädigt und das können wir nicht zulassen. Wir können nicht zulassen, dass eine ganze Rasse von Menschen beschädigt wird. Die Energie wird die genetische DNA-Struktur des Menschen verändern, so dass sie perfekter wird. Das ist es, was wir wirklich wollen. Wir wollen, dass die Menschen auf dem Planeten in perfekter Harmonie sind. Nicht nur mit sich selbst, sondern mit uns und dem Rest des Kosmos. Da sind sie gerade nicht drin.

D: *Wenn also die DNA-Struktur verändert wird, wie wird der Körper anders sein?*

P: Wenn die DNA verändert wird, wird der Körper das sein, was wir vor vielen Jahrtausenden wollten. Wir haben das in Atlantis versucht, es ist fehlgeschlagen! Der Grund für das Scheitern war, dass die Energien von den Wesen in Atlantis negativ genutzt wurden. Wir haben versucht, in den Tagen von Atlantis eine weiblichere Energie hervorzubringen, die sich erheben und eine Verbindung zwischen dem göttlichen Mann und der göttlichen Frau bewirken würde. Es ist fehlgeschlagen. Deshalb durchlief der Planet Erde viele, viele, viele, viele tausend Jahre, in denen Frauen unterworfen und die weiblichen Energien unterdrückt wurden. Nun, dies ist die Zeit, in der beide gleich sein werden. Die männlichen und weiblichen göttlichen Energien werden sich verbinden und dies wird für ein vollkommenes Wesen sorgen.... wie Christus. Jeder hier wird erkennen, dass er ein vollkommener Christus sein kann, wenn diese Energien im Gleichgewicht sind. Die Energien sind nicht im Gleichgewicht, sie sind seit Jahrtausenden aus dem Gleichgewicht. Deshalb gibt es so viele Probleme auf dem Planeten. Wenn also die DNA-Struktur verändert ist, können sich die göttlichen Energien, das Männchen/Weibchen, das Yin und das Yang, der Gottesenergien vereinen und es wird Vollkommenheit auf dem Planeten geben. Vollkommenheit in den Körpern. Und dieser Planet wird etwas sein, das wir dem Rest der Welt, dem Rest des Kosmos, zeigen können. Dass dies unser Experiment ist, und das ist es, was wir getan haben und was erfolgreich war. Das Licht ist gelungen, weil es perfekt sein wird, wie wir es uns seit Jahrtausenden gewünscht haben. Als wir das erste Mal hierherkamen, war es perfekt. Das hat man dir wahrscheinlich schon gesagt. Es wurde geändert. Du weißt, dass der Meteorit kam, die Krankheit kam. Alles war durcheinander. Wir werden es wieder perfekt haben. Und das ist Teil dieser Ausrichtung, die wir tun werden, um sie wieder perfekt zu machen. Und das ist völlig normal, das ist alles Teil der Genetik, aber der Grund dafür war, dass der Mensch nicht im Gleichgewicht war. Die göttlichen Energien sind nicht in der Psyche oder gar im physischen Geist ausgeglichen, sondern die Psyche, die in den Körper kommt, manifestiert sich körperlich. Diese waren aus dem Gleichgewicht. Dies verursacht Krankheiten im Körper. Als die Bakterien hier mit dem Meteoriten landeten - wären die Körper damals völlig perfekt ausgerichtet gewesen - wäre das egal gewesen. Die Krankheit wäre da nicht reingekommen. Aber die Körper hatten bereits begonnen, sich zu verändern, als es einschlug, also gab es nichts, was wir tun konnten.

Sie bezog sich auf das gleiche, was in meinem Buch Keepers of the Garden erwähnt wurde, das erklärte, dass Krankheit auf die Erde eingeschleppt wurde und das große Experiment durch einen Meteoriten verdarb, der die Erde traf, als sich die sehr jungen Arten noch entwickelten. Dies verursachte große Trauer im Rat, der für die Entwicklung des Lebens auf der Erde zuständig war, weil sie wussten, dass ihr Experiment zur Schaffung des perfekten Menschen unter diesen Umständen nicht möglich war. Sie mussten die Entscheidung treffen, ob sie das Experiment stoppen und von vorne anfangen oder den sich entwickelnden Menschen erlaubten, fortzufahren, in dem Wissen, dass es nie die perfekte Art sein würde, die sie sein sollte. Es wurde beschlossen, dass so viel Zeit und Mühe in die Entwicklung des Menschen gesteckt wurde, dass er weitermachen durfte. Die Hoffnung war, dass sich die Art vielleicht irgendwann in der Zukunft zum perfekten Menschen ohne Krankheit entwickeln könnte. Dies ist der Hauptgrund für die Probenahme und Prüfung durch die ETs, die von den Menschen als negativ und falsch interpretiert werden. Sie befassen sich mit den Auswirkungen von Schadstoffen in der Luft und der chemischen Kontamination unserer Lebensmittel auf den menschlichen Körper. Und sie versuchen, die Auswirkungen zu verändern.

Der ET fuhr fort: "Wir wollten das Experiment nicht abbrechen. Wir konnten den Planeten nicht einfach wegwerfen. Wir konnten nicht einfach all diese Lebensformen, all diese Seelen für immer verändert lassen. Wir mussten eingreifen und kommen seit Ewigkeiten hierher. Dies ist der Höhepunkt vieler, vieler Jahre Arbeit. Millionen von Jahren. Und es kommt sehr bald und wir freuen uns, denn die Menschheit hat den Punkt erreicht, an dem dies auf dem Planeten wieder möglich ist. Wie gesagt, wir haben es vor vielen, vielen, vielen tausend Jahren versucht, und es ist gescheitert, aber wir erwarten, dass es diesmal gelingt. Es fängt bereits an, erfolgreich zu sein. Und wir sind sehr glücklich darüber."

D: Werden alle Menschen auf der Erde das erleben?

P: Wie ich bereits sagte, werden alle betroffen sein. Es ist nur so, dass es diejenigen gibt, die sensibel sein werden, die erkennen werden, dass es geschehen ist. Einige Menschen werden auf einer bewussten Ebene nicht erkennen, dass es geschehen ist. Es wurde auf der Seelenebene getan. Wenn Sie sie in Trance versetzen würden, wie Sie diese Person jetzt haben, würde sie wissen, dass sie betroffen ist, und sie könnte Ihnen erklären, was mit ihrer Genetik geschehen ist. Aber auf einer bewussten Ebene haben sie keine Ahnung. Sie wissen es nicht. Und das ist es, was wir wollen.

D: Ich dachte an negative Menschen (Mörder, Vergewaltiger, Wesen dieser Art.) Werden sie auf eine andere Weise betroffen sein?

P: Alle werden betroffen sein. Sie werden auf einer unterbewussten Ebene wissen, was passiert ist. Wenn sich das Unterbewusstsein verändert und sich dessen bewusst wird und aktiviert wird, ja.

D: Sie haben immer noch Karma.

P: Das wird auch betroffen sein, denn dieser Planet wird in Zukunft kein Karma haben. Das ist etwas, was hier nicht erlaubt ist. Es wird ein Planet des Lichts und des Friedens sein und unser großes Experiment, das erfolgreich war.

D: Mir wurde gesagt, dass deshalb viele im Universum zusehen.

P: Ja, das stimmt. Wir sind hier, um das zu tun. Und es wird sicher sein.

***

Eine letzte Information kam 2004 durch einen Klienten in meinem Büro. Ich glaubte, dass ein Teil von all dem noch unklar war: Wie konnten einige Leute wissen, dass sie den Wandel in die Neue Erde vollzogen hatten, und andere nicht? Wie wäre es möglich, eine ganze Bevölkerung zu verlegen, wobei nur eine Minderheit weiß, dass etwas passiert ist? "Sie" müssen sich bewusst gewesen sein, dass ich mit diesem verweilenden Gedanken zu kämpfen hatte, also haben sie ihn geliefert. Schließlich, wie könnte ich darüber schreiben und darüber referieren, wenn ich nicht alle Teile des Puzzles erhalten hätte?

Bob: Die meisten Planeten, aber besonders dieser wurde ursprünglich nur für fünfhundertfünfzigtausend Menschen entworfen. Eine halbe Million Menschen. Das war so groß, wie es sollte. Viel mehr

Menschen reinkarnieren hier, um all diese großen Veränderungen zu erleben. Und die Erde wurde so dermaßen beschädigt und verändert, weit über das Maß hinaus, sie zu reparieren. Dieser Planet wurde leider so verändert, dass er kein Gefühl mehr der Rückkehr zu seinem ursprünglichen makellosen Zustand hat. Aber jetzt muss sich das aufgrund der Ersten Direktive des Schöpfers beschleunigen. Weil es zu lange her ist. Es gibt zwei Möglichkeiten, dies zu tun. Du kannst den Planeten in Rotation versetzen und die Erdkruste verschieben. Und du fängst buchstäblich von Grund auf neu an, wenn das passiert. Das hat die Eiszeit beeinflusst und alle Dinosaurier getötet. Es spielt keine Rolle, wie es passiert ist, aber im Grunde genommen hat es das Gleiche getan. Eine Zivilisation verschwindet, und man beginnt mit der Eiszeit und dem Neandertaler und all diese guten Dinge passieren wieder. Du verlierst die Kontrolle über deine gesamte Zivilisation, und du endest als Legende wie Atlantis und Lemuria. Das alles ist schon oft passiert. Aber das ist nicht das, was diesmal passieren wird. Diesmal bewegst du dich als Planet. Und im Grunde genommen als ein Universum. Du verschiebst die ganze Dimension. Die Dimension ändert sich. Du gehst von 3 Punkt 6 (3.6), der wir jetzt sind, zu fünf. Und du sagst: "Nun, was passiert mit vier?" Nun, vier ist irgendwie hier, aber es wird einfach springen. Du wirst als fünf fertig sein. Wenn die Dimensionsänderung eintritt, wirst du buchstäblich darüber springen. Es gibt viele Komplikationen dabei. Deshalb wird es so genau beobachtet. Viele Menschen, die spirituell bereit sind, werden in der Lage sein, den Übergang sehr leicht zu vollziehen. Andere werden buchstäblich vom Planeten entfernt werden. So schnell wie ein Augenzwinkern, werden sie nicht einmal wissen, dass es passiert ist - die meisten von ihnen. Und sie werden auf einem anderen Planeten landen, der unberührt ist, bereit und darauf wartend, dass dies geschieht. Und deine Fähigkeiten werden weit über das hinausgehen, was sie jetzt sind. Du hast im Grunde genommen fünf Hauptsinne. Du wirst viel mehr als das haben, wenn der Übergang abgeschlossen ist. Du wirst automatisch telepathisch. Sie werden einfach am nächsten Tag in ihrem kleinen Leben aufwachen – oder je nachdem, wie es verschoben wird, was gemacht werden kann - es ist übrigens schon einmal passiert. - Wir werden einfach herunterfahren. Es ist, als würde man in eine Art Standby-Modus/Scheintod versetzt. Wir suspendieren sie. Es kann zwei oder drei Tage dauern, bis die Bevölkerung transferiert ist.

D: Die ganze Welt, oder nur....

B: Ja. Alle Menschen, die spirituell bereit sind, diesen Übergang zu vollziehen. Sie werden alle verschoben/aufsteigen. Und wenn sie auf diesem anderen Planeten aufwachen, werden sie nicht einmal merken, dass es passiert ist. Vor ein paar Jahren gab es auf diesem Planeten, mit uns allen, eine solche Veränderung. Und nicht viele Leute wussten davon. Es war einfach so. Es war wie eine ganze Woche, die im Laufe einer Nacht verging. Es ist auf diese Weise geschehen.

D: Warum ist das damals passiert?

B: Wir mussten die Sonne technisch verschieben, und wir mussten in der Lage sein, sie anzupassen. Und wenn jemand es sehen könnte, wüssten sie alle, was passiert ist. Das war keine sehr praktische Art, es zu tun. Also haben wir einfach alle ausgeschaltet.

D: Damit sie es nicht wissen?

B: Ja. Du bist in dieser Nacht eingeschlafen, und du hast so geschlafen, als ob du dachtest, dass es zwölf Stunden wären. Und du bist aufgewacht. Und deine Uhr lief immer noch genauso. Aber in der Tat hattest du buchstäblich eine ganze Woche durchgemacht.

D: Jeder wurde in diese Art von Standby-Modus/Scheintod versetzt?

B: Ja. Du hast alles zur gleichen Zeit heruntergefahren.

D: Während sich die Welt bewegt hat?

B: Oh, ja. Der Planet bewegt sich. Du hast den sogenannten " Tag und Nacht ". Aber wir haben es tatsächlich angepasst. Es war ein wirklich interessanter Trick, es zu tun. Aber es funktioniert. Diese planetarische Anpassung, die sich abzeichnet. Diese Frequenzveränderung, die sich abzeichnet. Du kannst das nicht einfach tun, wenn alle wach sind. Weil du alle möglichen seltsamen Reaktionen bei Menschen haben wirst. Also denken sie, dass sie alle wach sind. Aber trotzdem können wir sie abschalten. Es ist ein kleiner Trick. Es ist technisch sehr aufwendig.

D: Sie würden also denken, dass sie Träume haben, wenn sie etwas sehen würden.

B: Ja, ja, ja, genau. Aber sie haben vielleicht keine bewusste Erinnerung daran, denn vergiss nicht, die meisten Menschen haben keine bewusste Erinnerung an das, was sie träumen. Und auch im Traum kann man Dinge sehr einfach ändern.

D: Du sagtest, das sei vor ein paar Jahren geschehen.

B: Ja, das war es. Wir mussten eine Anpassung der Sonnenfrequenz vornehmen.

Offensichtlich wäre das also die Antwort. Die gesamte Weltbevölkerung würde abgeschaltet und während des Transfers in den Standby-Modus/Scheintod versetzt.

Dies findet sich auch in der Bibel: "An jenem Tage, wer auf dem Dach ist, und sein Hausrat im Haus hat, soll er nicht herabkommen, um sie wegzunehmen. Und auch derjenige, der auf dem Feld ist, soll nicht umkehren. Ich sage euch, in dieser Nacht werden zwei Männer in einem Bett sein: der eine wird genommen und der andere verlassen. Zwei Frauen werden miteinander Korn mahlen: die eine wird genommen und die andere verlassen. Zwei Männer werden auf dem Feld sein: der eine wird genommen und der andere verlassen. Und sie antworteten und sprachen zu ihm: "Herr, wo?" Da sagte er zu ihnen: "Wo der Körper ist, da werden die Adler versammelt werden." (Lukas 17,31-37)

***

Ich wurde oft nach dem Maya-Kalender gefragt, der 2012 endet. Die Leute denken, dass dies das Datum für das Ende der Welt ist, wenn die Mayas nicht darüber hinaus sehen konnten. Mir wurde gesagt, dass sich die Mayas spirituell zu diesem Punkt entwickelt haben, an dem sich ihre Zivilisation massenhaft in die nächste Dimension verlagert hat. Sie stoppten den Kalender 2012, weil sie sehen konnten, dass dies die Zeit des nächsten großen Ereignisses sein würde: die Verschiebung der ganzen Welt in die nächste Dimension.

***

Wir werden in die andere Dimension aufsteigen, indem wir unser Bewusstsein, die Schwingung und Frequenz unseres Körpers erhöhen.

Zuerst kannst du in einem physischen Körper für eine Weile weitermachen. Dann, wenn ihr allmählich entdeckt, dass es nicht mehr notwendig ist, löst sich der physische Körper im Licht auf, und ihr lebt mit einem Körper aus Licht oder reiner Energie. Das klingt sehr ähnlich wie in mehreren Fällen in meinen Büchern, in denen das Subjekt ein Wesen sah, das leuchtete und aus reiner Energie bestand. Sie haben sich über die Notwendigkeit eines physischen Begrenzungskörpers hinaus entwickelt, und wir werden dies auch tun, wenn wir dieses Stadium erreichen. So nehmen sie in vielen Fällen, wenn das Wesen aufsteigt, den physischen Körper mit. Aber das ist nur eine vorübergehende Situation, und das Abstreifen und Loslassen des Körpers hängt davon ab, wie weit das Verständnis des Wesens gediehen ist. Wir neigen dazu, an dem Vertrauten festzuhalten, sehen aber schließlich, dass, obwohl wir ihn mitnehmen konnten, der Körper zu limitierend und einschränkend für die neue Realität in der neuen Dimension ist. Wenn wir diese neue Dimension erreichen, wird der neue Körper aus Licht oder Energie nie sterben. Das ist es, was die Bibel meinte, als sie sich auf "Ewiges Leben" bezog.

Die geistige Seite oder der Zustand zwischen den Leben, den ich herausgefunden habe, dass wir in diesen gehen, wenn wir in diesem Leben sterben, ist wie ein Recyclingzentrum. Es führt zurück zu einem anderen Leben auf der Erde, weil es noch Karma gibt, das ausgearbeitet werden muss, oder etwas, um das man sich kümmern muss. Die Menschen kehren immer wieder zurück, weil sie ihren Unterricht oder ihre Zyklen nicht abgeschlossen haben. Durch die Erhöhung des Bewusstseins, der Frequenz und der Schwingung besteht keine Notwendigkeit, an diesen Ort (den Zwischenzustand) zurückzukehren. Es kann transzendiert werden, indem man an den Ort geht, an dem jeder ewig ist, und es gibt keinen Grund für das Recycling. Wir können dort für immer bleiben. Dies ist wahrscheinlich der Ort, den viele meiner Probanden als "Zuhause" bezeichnen. Der Ort, den sie zutiefst vermissen und an den sie zurückkehren wollen. Wenn sie es während der Regressionen sehen, werden sie sehr emotional, weil sie sich tief danach sehnen, aber nicht bewusst wissen, dass er existiert.

KAPITEL SIEBENUNDDREIßIG

DIE ZURÜCKGELASSENEN

AN ANDERER STELLE IN diesem Buch und in der Serie Convoluted Universe habe ich die Geschichten von Individuen behandelt, die die Zerstörung ihres Heimatplaneten miterlebt haben. Sie waren neu auf der Erde, und einige sagten, dass sie nur in entscheidenden Zeiten zur Erde geschickt wurden. Die Zerstörung war eine persönliche Erfahrung gewesen, und sie wäre während dieser Zeit äußerst wertvoll, um sicherzustellen, dass sie hier auf der Erde nicht wieder auftritt. Dies war ein weiterer solcher Mensch, der gesehen hatte, wie ein ganzer Planet zerstört wurde.

D: Warum hat sich Jean entschieden, jetzt zurückzukommen? Sie sagten, sie sei an anderen entscheidenden Punkten in der Erdgeschichte hier gewesen.

J: Das ist die bedeutendste. Das ist die größte. Das geschieht jetzt. Und viele erinnern sich daran, wer sie wirklich sind, und werden kontaktiert. Die neuen Kinder werden aufgenommen, und sie liebt die Kinder. So hilft sie anderen, die Energien auszugleichen. Es ist wie eine Brücke zu sein. Die Energien jetzt zu überbrücken. Du bist eine Brücke. Natürlich bist du es. Es gibt also diejenigen von euch, die gekommen sind, um bei der Überbrückung der Informationen zu helfen, um die Botschafter zu sein.

D: Um diesen Menschen zu helfen, zu erkennen, wer sie sind?

J: Auf jeden Fall. Und um in Ordnung zu sein. Um jeden zu akzeptieren, der Erfahrungen hat, die sie abgelegt hatten. Es ist eine große Zeit auf eurem Planeten, weil dies die bedeutende Zeit ist. Hier erwachst du als Planet aus dem Traum, zu denken, dass du allein bist. Dass du alles bist, was ist. Eure Erde entwickelt sich weiter. Ihr entwickelt euch alle weiter. Alle Augen sind gerade auf der Erde. Das ist die große Stunde. Viele haben gekämpft, um hier zu sein. Sogar Kinder, die reinkommen, sogar für Stunden. Ihr werdet alle das Abzeichen tragen, hier gewesen zu sein.

D: Auch nur für ein paar Stunden?

J: Auf jeden Fall. Auf diesem Planeten zu einem Zeitpunkt dieser Art von Evolution gewesen zu sein. Kein Planet hat sich jemals zuvor so entwickelt, so einzigartig. Wenn dir die Möglichkeit gegeben wird, auf einem Planeten gewesen zu sein, der durch das Multiversum bekannt sein wird, auch wenn du nur für ein paar Stunden hier sein kannst, könntest du sagen: "Ich war zur Zeit der Evolution auf der Erde". Warum nicht?

D: Ist es das, was ich die Neue Erde nenne? (Ja) Dass es eine Alte und eine Neue geben wird, und dann eine Trennung. (Ja.) Und dass einige die Entwicklung nicht vorantreiben werden? (Ja. Ja. Ja.) Ich versuche immer noch, das zu verstehen.

J: Es ist für viele Menschen schwierig, dieses Konzept zu verstehen.

D: Ich versuche immer noch, mir das zu erklären, damit ich es anderen Leuten erklären kann.

J: In Ordnung. Wir werden dir dieses Stück geben. Für diejenigen, die sich dafür entscheiden, im Karma zu bleiben, müssen sie das irgendwo ausleben. Also, bleiben sie bei der alten Erde? Werden sie auf irgendeinen fremden Planeten gebracht? Sie bleiben, wo sie erschaffen sind.

D: Ich verstehe. Und das sind diejenigen, die in der Evolution nicht weitermachen werden?

J: Zurzeit nicht. Nein. Irgendwann. Zurzeit nicht. Aber das wird schwierig sein.

D: Dann wird die alte Erde weiter existieren?

J: Ja. Dieser hier.

D: Werden die Menschen auf der alten Erde wissen, dass etwas passiert ist, wenn die Evolution stattfindet?

J: In Ordnung. Wir werden dich zurück in die Zeit von Atlantis bringen. In deiner Geschichte hatte Atlantis mehrere Zerstörungen, und die Menschen nahmen wahr, dass andere starben.

D: Du meinst, es gab mehr als eine Zerstörung?

J: Ja. Es gibt ein Atlantis, das weiterging und in Zeit und Raum existiert. Aus dieser Perspektive existiert Atlantis also jetzt in einer anderen Dimension.

Es wird also diejenigen auf der alten Erde geben, die es erleben werden, weil sie die Angst vor dem Tod und der Zerstörung und Verwüstung der Erde abkaufen, und sie werden dort sein. In ihrem Kopf können sie wahrnehmen, dass ihr alle tot oder weg seid, oder was auch immer. Gleichermaßen kannst du sie einfach als fort wahrnehmen, aber so oder so, es wird zwei Erfahrungen geben. Also denk daran, dass es das schon gibt. Die Orchestrierung, um diese Erfahrung zu schaffen, ist so viel größer, als jeder Mensch zu diesem Zeitpunkt wahrnehmen kann. Dies ist eine große Orchestrierung, die nicht nur auf eurer Erde stattfindet, mit Hilfe von so vielen. So vielen. Und kein anderer Planet hat das schon einmal getan.

D: Mir wurde gesagt, dass das ganze Universum zusieht.

J: Mehr als nur das Universum. Es gibt sogar solche aus anderen Universen, die zusehen.

D: Weil sie sagten, dass dies noch nie zuvor passiert sei, wo sich ein ganzer Planet in eine andere Dimension bewegt.

J: Niemals. Niemals. Betrachtet auch die Tatsache, dass ihr euch als Bewusstsein als getrennt seht. Das Bewusstsein auf diesem Planeten wurde auf eine einzigartige Weise geschaffen, um sich selbst als getrennt erleben zu können. Die meisten anderen Rassen sehen das nicht. Unabhängig davon, wo sie sich befinden, erleben sie sich nicht als von ihrer Quelle getrennt. Auf deinem Planeten ist es so.

D: Also die, die Teil der Räte sind und auf den Schiffen arbeiten, kennen ihre Quelle und wissen, woher sie kommen?

J: Natürlich. Und sie lieben euch Menschen. Du weißt nicht einmal, was du getan hast. Sie erkennen, dass es primitive Verhaltensweisen auf dem Planeten gibt, aber um die Ebene zu erreichen, die du hast, basierend auf den Einschränkungen während der du in dir arbeiten musstest... Es ist unglaublich. Deine Fähigkeit zu lieben ist stark. Deine Fähigkeit zur Angst ist stark. Das ist die Macht der Kontrolle, die alle in Schwierigkeiten bringt. Gefördert durch die Angst.

D: Ich weiß, dass die Erde mit freiem Willen erschaffen wurde. Aber es wurde auch mit der Idee geschaffen, nicht zu wissen, dass es Teil der Quelle ist?

J: Ja. Es war ein interessantes Konstrukt des Bewusstseins, indem es sich selbst als getrennt erlebte. Wo sonst könnte es mehr Wachstum geben als in einer Situation, in der du dich tatsächlich als von deiner Quelle getrennt siehst?

D: Aber du sagtest, die anderen Rassen wissen, dass sie alle Teil der Quelle sind.

J: Ja, das tun sie. Kann es also mehr Seelenwachstum auf der Erde geben? Ja.

D: Und wir dachten, wir wären allein und müssten das dann ganz alleine entdecken.

J: Ja. Sie müssen die Wahrheit darüber entdecken, wer sie selbst sind. Ja.

D: Mit nichts anderem, um ihnen zu helfen. Ich verstehe, was du meinst.

J: Du hast hier eine Dichte. Du hast die Schönheit. Du hast die Sinne. Ihr habt hier viel zu tun, aber ihr habt auch kein Verständnis. Schau, wo du dich befindest.

D: Ich habe viele Leute, die in den Sitzungen zur Quelle zurückkehren. Sie sehen, wie schön es ist, und sie wollen sie nicht noch einmal verlassen.

J: Wenn du dich mit der Quelle verbindest, ist es die schönste Erfahrung. Deine Frage ist also, welche? Ob die Sitzungen stattfinden, damit sie sich mit dieser Quelle verbinden können?

D: Ja. Warum passiert das alles? So werden sie wissen, wie es ist, oder um sie daran zu erinnern oder....?

J: Für diejenigen, die diese Erfahrung machen müssen, ja. Für einige wäre es zu viel, und sie könnten nicht weitermachen. Sie würden genauso schnell gehen. Es ist für jeden von euch anders. Jeder Mensch ist anders in Bezug auf das, was er erleben kann und was nicht. Und was es in ihrem Unterbewusstsein auslösen wird, denn jeder von euch ist ein einzigartiger und individueller Fingerabdruck auf dem Planeten. Es gibt keine zwei von euch, die wirklich gleich sind. Denke daran, wie genial die Meisterung all dessen ist. Denke an die Schönheit und das Wunderbare daran. Und es gibt viele von euch, in anderen Leben jetzt, die auf der anderen Seite arbeiten, und sie alle nehmen daran teil. Ihr seid nie allein, keiner von euch.

D: *Wir müssen wiederentdecken, woher wir kommen und warum wir hier sind. Aber es gab eine Frage, die mir die Leute gestellt haben, und ich denke, du hast einen Teil davon beantwortet. Dass, wenn einige genommen und einige zurückgelassen werden, diejenigen, die in die neue Welt gehen, nicht bemerken würden, dass die anderen Mitglieder ihrer Familie weg sind? Das sind einige Dinge, die ich noch zu klären versuche, in unserer Denkweise. Ich muss in der Lage sein, es den Leuten zu erklären.*

J: Wir verstehen. Wir verstehen das. Wir verstehen das. Wir werden dir diese Erklärung geben. Wir hoffen, dass dies hilft. Die Menschen werden anfangen, aus dem Leben der Leute zu entschwinden. Sie werden anfangen zu bemerken, dass sie entschwunden sind. Mittlerweile eher schneller. Mit anderen Worten, Menschen, Familienmitglieder, wer auch immer dir nahestand, entschwindet einfach, verschwindet. Es wird alles über Nacht passieren. Wenn die Verschiebung passiert, werden einige dieser Menschen bereits aus ihrem Leben entschwunden, auseinandergegangen sein. Sie werden einfach verschwinden. Nicht in der Nähe sein. So und so zogen sie hierher, verließen ihren Ort, taten das hier. Hast du verstanden?

D: *Ja, aber wir könnten zur Polizei gehen und versuchen, die Person zu finden, oder....*

J: Auf diese Weise wird es nicht passieren. Es wird passieren, dass sie wegziehen, dass sie sich distanzieren, distanzieren, distanzieren. Wenn es tatsächlich auftritt, wird die Entfernung groß sein. Hast du in letzter Zeit nicht Leute aus deinem Leben entschwinden lassen?

D: *Ja. Natürlich konnten wir sie jederzeit kontaktieren, wenn es nötig war.*

J: Aber das wirst du nicht. Das ist unser Punkt. Du wirst sie nicht kontaktieren. Es wird nur ein natürliches Entschwinden sein. Die Frequenzen und Schwingungen werden nicht mehr übereinstimmen, und deshalb werden sie aus deinem Kopf entschwinden. Die Notwendigkeit, sie zu kontaktieren, wird nicht da sein.

D: Und das bedeutet, dass sie entweder bei der alten Erde bleiben oder auf die neue gehen?

J: In einigen Fällen gab es diejenigen, die früher gegangen sind und auf der anderen Seite des Schleiers arbeiten. Das ist dir bewusst. Aber bei einigen von denen, die nach einer gewissen Zeit verschwinden, denkst du: "Ich frage mich, was mit dieser Person passiert ist?" Aber du hast nicht den Drang, sie zu kontaktieren, wie du es normalerweise tun würdest. Du hast nicht diesen treibenden Drang: "Oh, ich bin besorgt, ich muss anrufen. Ich muss Kontakt aufnehmen." Es ist nicht dasselbe. Du findest, dass dein Bedürfnis, dich mit ihnen zu verbinden, einfach nicht da ist. Es fällt einfach weg. Du vergisst.

D: Mir wurde gesagt, dass diejenigen, die in die neue Welt eintreten, zunächst physische Körper haben werden. So werden wir nicht wissen, wann wir tatsächlich die Verschiebung, die Trennung vorgenommen haben. Ist das richtig?

J: Das mag zu einfach für eine Beschreibung sein. Für diejenigen von euch, die gekommen sind, um das zu überbrücken.... wir werden es so erklären: Wenn du deine Arbeit machst, ermöglichst du es. Du hilfst den Menschen zu erwachen, sich für mehr von dem zu öffnen, wer und was sie sind. Um ihre Schwingung, ihre Frequenz zu erhöhen, um bei den höheren Zyklen pro Sekunde resonieren zu können, damit sie die Verschiebung vornehmen können. Macht das für dich Sinn?

D: Ja. Das ist es, was ich versuche, den Menschen zu helfen.

J: Genau, wie du den Leuten dabei behilflich bist. Ja. Es wird passieren. Es wird nicht so passieren, wie die Leute denken, dass es eine Katastrophe geben wird, oder dieses oder jenes oder jenes andere Ding. Nein. Es wird einfach so sein, als würdest du eines Morgens aufwachen, und du denkst, dass alles normal ist, und du gehst weiter, und du wirst da sein. Du wirst einen Unterschied in der Resonanz bemerken, aber du wirst schon da sein, weil deine Resonanz jeden Tag zunimmt, so wie sie ist. Und so wirst du plötzlich, eines Tages, die notwendigen Zyklen pro Sekunde erreichen, um dich von hier nach dort zu bringen. Lass es uns so erklären: Wenn jemand aus dem 18. Jahrhundert zurückkäme, um dich zu sehen, würdest du für ihn leuchten. Du hast bereits jene Zyklen pro Sekunde erreicht, die für einen Menschen aus dem 18.

Jahrhundert leuchten würden. Im Wesentlichen steigen also deine Zyklen pro Sekunde.

Kommentar: Könnte das ein Grund dafür sein, dass Johannes und die anderen, als sie Nostradamus (Conversations With Nostradamus Trilogy) besuchten, sie als leuchtende Energiegeister der Zukunft sahen? Liegt das daran, dass sie tatsächlich mit einer schnelleren Frequenz vibrierten, die sie zum Leuchten brachte? Das regt zum Nachdenken an.

J: Das ist der Grund, warum du eine Brücke bist, um anderen zu helfen, ihre Zyklen pro Sekunde zu erhöhen, damit sie die Verschiebung vornehmen können. Und je schneller du mehr Menschen aufziehst, desto mehr aktivieren sie andere Menschen mit ihren Frequenzen und Schwingungen. Was ihr also tut, ist, immer mehr Menschen auf dem Planeten zu aktivieren, was andere aktiviert, was die Frequenz des Planeten erhöht. Hast du verstanden? Es ist alles zyklisch. Alles wirkt sich auf alles andere aus. Ihr habt Menschen, die auf die Erde kommen und nichts tun müssen, sie sind nur reine Aktivatoren. Ihre Energiefelder aktivieren die der anderen. Du hast diejenigen, die sehr hart und fleißig arbeiten, die wie Sender sind. Sie senden über den Planeten, wie ein Mikrowellensignal.

D: Das macht für mich Sinn. Deshalb wurde mir gesagt, dass das Alter keinen Unterschied macht.

J: Das ist genau richtig.

D: Wir werden auf einer anderen Ebene funktionieren, auf verschiedenen Schwingungen.

J: Unterschiedliche Vibrationen, unterschiedliche Zyklen pro Sekunde.

D: So funktionieren einige der anderen Rassen (ETs, Aliens), nicht wahr?

J: Ja. Sie altern in einer ganz anderen Geschwindigkeit. Das Ziel für den Menschen ist eine längere Lebenserwartung. Bedeutend länger. Und auch, um die Brücke des Verstehens hervorzubringen. Und wenn du mit der Gesundheit beginnst, bist du in der Lage, Menschen auf eine nichtinvasive, nicht bedrohliche Art und Weise erreichen.

D: In dieser neuen Welt, in der das Alter keine Rolle spielen wird, wird der Körper irgendwann sterben? So wie wir es auf der Erde jetzt betrachten, in unserer Realität.

J: Es wird einige von euch geben, die die Möglichkeit haben werden, überhaupt nicht zu sterben. Nur um den Übergang zu schaffen, nur um den Übergang zu schaffen. Aber nicht jeder wird zur gleichen Zeit auf genau der gleichen Frequenz sein. Vergiss das nicht.

D: Ja. Ich dachte, dass der Körper vielleicht an den Punkt kommen würde, an dem er sich einfach selbst erhalten könnte, bis die Seele bereit ist zu gehen.

J: Das ist genau richtig. Aber nicht für jeden. Wenn du viele Leute hast, die diesen Übergang machen, und sagen wir, dass die Frequenz etwa 44.000 Zyklen pro Sekunde betragen muss, um diese Frequenzverschiebung zu erreichen, so wird nicht jeder gleichzeitig auf dieser Frequenzverschiebung sein. Du wirst verschiedene Variablen in der Frequenzverschiebung haben. Es wird immer noch diejenigen von euch geben, die an vorderster Front stehen, auf dem neuesten Stand sind, sogar auf der anderen Seite. Sogar in der neuen Welt. Verstehst du? Denn es wird immer so sein. Denn es gibt sie immer auf allen Ebenen. Jedes Rennen hat immer die, die da draußen auf dem neuesten Stand sind. Ein wenig weiter vorne, ein wenig weiter, denn das ist Evolution.

D: Ich dachte, genauso würde es auch sein. Wir hätten noch Zeit, um unsere Arbeit zu erledigen und Menschen zu erreichen.

J: Absolut.

D: Wir müssten uns keine Sorgen um die Einschränkungen des Körpers machen.

J: Oh, die Grenzen des Körpers. Nein. Nun, sieh dir dein ganzes Leben an. Du veränderst dich bereits. Du machst Zellveränderungen durch. Sie machen Anpassungen an dir.

D: Mir wurde gesagt, dass sie es bei mir tun.

J: Ja, das machen sie. (Lacht) Und weil du ein Sprecher bist, eine Brücke, wer könnte wichtiger sein, gut auszusehen als du?

D: Ich ahne es. Nun, wenn ich es von genug Leuten höre, werde ich es vielleicht trotzdem glauben.

J: Du musst es glauben.

D: Mir wurde auch gesagt, dass nicht jeder diesen Wandel in die neue Welt vollziehen wird.

J: Das ist richtig. Wenn die Erde eine Wendung machen wird, gibt es die Ansicht, dass viele Seelen zu dieser Erfahrung zugelassen werden, weil, wie du sagst, du viele Dinge in deinem Wachstum als Seele erlebst. Und so gab es viele, sagen wir mal, Anfänger, die auf den Planeten kamen. Manchmal kann es hilfreich sein, in einer Klasse mit fortgeschrittenen Schülern zu sein. Du kennst sie noch, die alten Schulen auf dem Lande? (Ja) Es kann also sein, dass Sie alle Niveaus von Schülern im selben Raum haben, und sie alle profitieren davon. Aber es kommt schlussendlich eine Zeit, in der die Schüler weitermachen müssen. Und das bedeutet, dass diejenigen, die zurückgelassen werden, ihren eigenen Planeten finden müssen. Sie werden in anderen Schulen und an anderen Orten eingesetzt.

D: Ich dachte immer, es klingt grausam, sie zurückzulassen.

J: Oh, nein. Sie werden nicht zurückgelassen. Sie werden an einen Ort gebracht, an dem sie wachsen können.

D: So habe ich das auch verstanden. Es wäre wie eine Trennung.

J: Es ist natürlicher. Es ist, als wenn du deinen Körper verlässt, gehst du in eine andere Dimension und in dieser Dimension wächst du, und du kannst als ein anderer Körper hier vielleicht hereinkommen oder auch nicht. Du kannst woanders hingehen. Und als ob das ganze Universum ein Körper ist, gibt es da viele, viele Galaxien und Planeten, wohin sie werden gehen können.

***

Weitere informationen darüber, wie unser Körper und die ganze Welt den Prozess der dimensionalen Verschiebung durchlaufen werden, und er wird von denen um uns herum unentdeckt bleiben, die die Verschiebung oder Veränderung nicht vornehmen:

"Unser Körper und alles um uns herum erhöhen jetzt ihre Schwingungsrate und passen sich einer neuen Frequenz an. Jede Zelle des Körpers beginnt mit einer so hohen Geschwindigkeit zu schwingen, dass sie sich in Licht verwandelt. Wenn dies beginnt, steigt die Temperatur des Körpers und der Körper beginnt, mit Licht zu leuchten. Wenn jede Zelle mit einer sehr hohen Geschwindigkeit vibriert, wirst du aus der normalen Erscheinung verschwinden und in eine höherdimensionale Realität übergehen. Denn der Körper hat sich in der Schwingung über die dritte Dimension hinausbewegt und schwingt nun auf einer viel höheren Dimensionsebene. Das bedeutet dann, dass ihr den Todesprozess nicht durchlaufen werdet, da ihr dann einen Lichtkörper habt. Altern wird für euch nicht existieren, und ihr werdet in die nächstdimensionale Realität eingetreten sein. Dann kannst du die nächste Stufe der spirituellen Evolution erreichen."

"Sie" haben betont, dass dies im Laufe der Zeit bei bestimmten Personen und kleinen Gruppen von Menschen der Fall war. Aber was es jetzt einzigartig macht, ist, dass es das erste Mal sein wird, dass ein ganzer Planet den Wechsel in eine andere Dimension vollzieht. Das wird die neue Erde und die neue Welt sein. Dies wird in der Bibel als der neue Himmel und die neue Erde beschrieben. Die anderen, die nicht bereit sind, werden zurückgelassen (wie es in der Bibel steht), um ihr Karma weiter auszuleben. Sie werden nicht einmal merken, dass etwas passiert ist. Diejenigen, die nicht erleuchtet sind, müssen zu einem anderen, dichteren Planeten zurückkehren, der noch immer mit Negativität zu tun hat, um ihr restliches Karma abzuarbeiten. Sie werden nicht auf die "neue Erde" kommen dürfen, weil ihre Schwingungen nicht übereinstimmen werden.

Die Erde ist ein Lebewesen. Sie hat sich genauso entwickelt wie wir, wenn auch mit einem viel langsameren Tempo. Sie bereitet sich jetzt darauf vor, in ihre nächste Inkarnation einzutreten, was geschehen wird, wenn sie ihre Schwingungen und Frequenzen erhöht, um sie in eine andere höhere Dimension zu bringen. Sie hat von Anfang an Menschen toleriert, die von ihr leben, und es spielt für sie keine Rolle, ob wir mit ihr gehen oder nicht. Sie bewegt sich trotzdem, und wenn wir uns entscheiden zu gehen, ist es unsere Entscheidung. Wir haben eine solche Belästigung verursacht, dass es ihr lieber wäre, wenn wir nicht mit ihr gehen würden. Wir sind wie Flöhe auf einem Hund, und es ist offensichtlich, dass wir diesem schönen Planeten großen Schaden und Leid zugefügt haben. Wenn wir also mit ihr auf dieses nächste Abenteuer gehen wollen, dann müssen wir Veränderungen in uns selbst vornehmen. Unsere Frequenz und Schwingung muss erhöht werden, sonst werden wir zurückgelassen.

***

Vor einigen Jahren war ich auf einer Konferenz mit Annie Kirkwood, der Autorin von Mary's Message to the World, auf einem Podium. Sie erzählte von einer Vision, die die Entwicklung der Neuen Erde zu beschreiben scheint. Sie sah die Erde, wie sie aus dem Weltraum betrachtet wird. Dann fing es an, wie zwei Erden auszusehen, von denen eine der anderen überlagert war. Es gab kleine Reihen von blinkenden Lichtern zwischen den beiden Erden. Dann, als sie zusah, sah sie, wie sie anfingen, auseinander zu ziehen; so wie es eine Zelle es macht, wenn sie sich teilt, um eine andere Zelle zu produzieren. Eine Erde ging in die eine Richtung, und die andere ging in die andere Richtung. Auf der einen Erde riefen sie und andere aus: "Ja, ja, ja, es ist wirklich passiert! Wir haben es geschafft! Wir sind wirklich eine neue Erde!" Und auf der anderen Seite der Erde hörte sie die Stimme ihrer Schwester: "Das Mädchen war so verrückt! Sie war da draußen und hat allen diese verrückten Dinge erzählt. Und nichts ist passiert! Sie ist gerade gestorben!" Es scheint also, dass es, wenn das letzte Ereignis eintritt, einige Leute geben wird, die nicht einmal wissen, dass etwas passiert ist. Dies wird die Trennung von denen sein, die mit der Neuen Erde weitermachen, und denen, die auf der Alten Erde zurückgelassen werden, die noch immer von Negativität geprägt sein werden.

Später während eines Vortrags erklärte ich diese Vision, und danach kam ein Mann auf mich zu. Er sagte: "Ich möchte, dass du weißt, dass ich ein Geschäftsmann bin. Ich habe normalerweise keine Erlebnisse, die ich nicht logisch erklären kann. Aber immer als du die beiden Erden beschrieben hast, die sich trennten, verschwand plötzlich dieses Auditorium, und ich befand mich im Weltraum. Als ich zusah, sah ich, wie es absolut exakt so geschah, wie du es beschrieben hast." Er sagte, dass die Szene in seinem Kopf noch sehr lebendig sei. Er ging nach Hause und erstellte das Bild (unten) auf seinem Computer und gab die Erlaubnis, es in diesem Buch zu verwenden. Sie ist viel beeindruckender in Farbe, aber die Neue Erde ist die leuchtende Kugel, die über der alten Erde liegt.

Erstellt von Michael R. Taylor (MT)

***

Bei einem Vortrag in Chicago im Jahr 2006 diskutierte ich die Entwicklung der Neuen Erde. Ich beschrieb die Vision, die Annie Kirkwood hatte, dass die Erde sich in zwei Erden aufspaltete. Als die eine in zwei getrennte Erden geteilt wurde, würden die Menschen auf jeder der beiden nicht wissen, was auf der anderen geschah. Diejenigen, die ihre Frequenz und Schwingung erhöht hatten, würden in die Neue Erde aufsteigen, während sie sich entwickelte und in eine andere Dimension aufstieg. So wird man für die "Zurückgelassenen" unsichtbar. Es gab mehrere Dinge an diesem Konzept, die mich störten. Ich mag es immer, die Antworten zu haben; ich schätze, wegen meiner großen Neugierde. Ich habe das Gefühl, dass es Lücken oder Löcher gibt, die gefüllt werden müssen. Teile, die erklärt werden mussten. Jemand aus dem Publikum stellte die Frage, wie das geschehen konnte, und diejenigen auf der einen Erde wussten nicht, was auf der anderen geschah. Plötzlich hatte ich eine Offenbarung. Mir kam ein Gedanke, der das Schimmern einer verständlichen Erklärung sein könnte. Es ist immer ratsam, diesen Geistesblitzen der Intuition und des Wissens zu vertrauen, denn oft kommen sie von unseren Wegweisern da oben. In diesem Fall könnte es aus der gleichen Quelle stammen, die mir alle Informationen über meine

Klienten liefert. Ich sagte plötzlich: "Ich habe gerade eine mögliche Erklärung erhalten."

Zu Beginn des Vortrags hatte ich kurz über die Theorie der Paralleluniversen und -leben gesprochen, die durch unsere Gedanken und Entscheidungen geschaffen werden. In Book One schrieb ich über eine Theorie, von der ich noch nie gehört hatte, und das bereitete mir Kopfschmerzen, als ich versuchte, sie zu verstehen. Kurzgefasst, besagt sie: Jedes Mal, wenn man eine Entscheidung treffen muss, hat man in der Regel mehr als eine Wahl. Das nenne ich "An einer Kreuzung ankommen". Man muss sich entscheiden, den einen oder anderen Weg zu gehen. Es könnte eine Entscheidung über eine Ehe, eine Scheidung, einen Job, einfach alles sein. Man wägt jede Entscheidung ab, und steckt viel Energie in die Entscheidung, welchen Weg man gehen soll. Dann trifft man eine Entscheidung. Wir alle haben diese "Kreuzung" erlebt. Wir wissen, dass, wenn wir uns für den anderen Weg entschieden hätten, unser Leben völlig anders aussehen würde. Wir beschließen, in eine Richtung zu gehen. Aber was passiert mit der Energie, die wir in die andere Entscheidung gesandt haben, die nicht gewählt wurde? Es wird auch Realität! Ein anderes Universum oder eine andere Dimension wird sofort erschaffen, um die andere Entscheidung auszuleben, und ein anderes "Du" wird auch erschaffen, um der Spieler in diesem Szenario zu sein. Das war die einfache Erklärung, denn sie geschieht nicht nur, wenn wir vor großen Entscheidungen stehen. Es kann jedes Mal passieren, wenn wir vor Entscheidungen stehen, egal wie groß oder klein sie sind. Jedes Mal, wenn wir eine Entscheidung treffen, wird sofort ein anderes Universum oder eine andere Dimension erschaffen, so dass auch die andere Wahl Realität werden kann, und ein anderes "Du" trennt sich, um diese Rolle zu spielen. Sie sind alle genauso real wie das gegenwärtige Leben, auf das wir uns konzentrieren. Wir sind uns dieser anderen Teile von uns nicht bewusst, und es ist klug, dass wir es nicht sind. Unser menschlicher Verstand würde nie in der Lage sein, mit allem umzugehen. Mir wurde gesagt, dass das Problem nicht das Gehirn ist, sondern der Verstand. Es gibt einfach keine Konzepte in unserem menschlichen Verstand, die es uns ermöglichen würden, all diese Komplexität zu verstehen. Deshalb werden wir nie alle Antworten haben dürfen. Es gibt keine Möglichkeit, dass wir das verstehen könnten. So wählen „Sie“ (in ihrer Weisheit), welche kleinen Stücke uns in dieser Zeit des Erwachens gegeben werden sollen, so, dass wir einige erweiterte Informationen dazu haben. Und wenn sich unser Verstand erweitert, um neue Ideen und Theorien für sich zu begreifen, werden sie uns noch mehr kleine Häppchen geben. Ich persönlich bin dankbar für die kleinen und großen Dinge, die mir gegeben werden. Es zeigt, dass unser Verstand erwacht. Dies ist der einzige Weg, wie wir mit dem Konzept unserer Erde umgehen können, wo die Frequenz und Schwingung sich ändert, um in eine andere Dimension zu wechseln. Die Informationen, die ich jetzt erhalte, hätte ich nie verstehen können, als ich vor über dreißig Jahren mit meiner Arbeit begann. Ich weiß also, dass ich gewachsen bin, und ich kann dies in den Büchern sehen, die ich in diesen Jahren geschrieben habe.

Die Offenbarung, die mir während des Vortrages in Chicago zuteilwurde, war, das vielleicht der Grund, warum sich die Menschen auf der Erde nicht einander und dessen was geschieht bewusst sind, darin bestehen könnte, dass es mit dem Konzept der Erschaffung paralleler Universen und Dimensionen zusammenhängt. Nur in einem viel größeren Maßstab. Wenn wir uns dieser anderen Teile von uns selbst nicht bewusst sind, die die anderen Entscheidungen ausleben, die wir durch die Energie, die wir auf sie konzentriert haben, erschaffen haben, dann wären sich auch die Menschen auf den beiden Erden nicht einander bewusst. Eine Erde würde in die Richtung einer Entscheidung oder Wahl gehen, und die andere Erde würde in eine andere Richtung gehen. Jede von ihnen repräsentiert eine alternative Entscheidung. Es liegt derzeit an den Menschen auf der Erde, dass jeder seine persönliche Entscheidung trifft, welchem Weg er folgen will. Die Energie ist vorhanden und wird stärker. Es wirkt sich physisch auf unseren Körper aus. Unsere eigene Frequenz und Schwingung wird verändert. Aber ich glaube, es liegt immer noch an uns, wie wir uns entscheiden, welche Erde wir wegen unseres freien Willens anstreben. Der Hauptunterschied besteht darin, dass "Sie" sagten, dass dies noch nie zuvor in so großem Stil geschehen sei. Noch nie in der Geschichte des Universums hat ein ganzer Planet seine Frequenz und Schwingung verändert, um in eine andere Dimension zu wechseln. Deshalb gilt es als die größte Show im Universum, und so viele aus den ganzen verschiedenen Galaxien und Dimensionen beobachten, was passieren wird. Werden wir das schaffen? Werden wir in der Lage sein, es durchzuziehen?

Der Zug verlässt den Bahnhof. Es führt uns zu einem großen Abenteuer, das noch nie zuvor in dieser Größenordnung erlebt wurde. Es liegt an jedem Einzelnen, ob er an Bord kommt oder auf dem Bahnsteig stehen bleibt. Die Freiwilligen, die ihren Zweck erfüllt haben, sind bereit, "nach Hause" zu gehen. Alle an Bord!!!! Und denk daran, du bist nie allein.

Autorenseite

Dolores Cannon, eine regressive Hypnotherapeutin und psychische Forscherin, die "verlorenes" Wissen erfasst, wurde 1931 in St. Louis, Missouri, geboren. Sie wurde ausgebildet und lebte in St. Louis bis zu ihrer Heirat 1951 mit einem Mann der in der Navy Karriere machte. Die nächsten 20 Jahre verbrachte sie damit, als typische Navy-Frau durch die ganze Welt zu reisen und ihre Familie zu erziehen. 1970 wurde ihr Mann als behinderter Veteran entlassen, und sie zogen sich in die Hügel von Arkansas zurück. Dann begann sie ihre Schreibkarriere und begann, ihre Artikel an verschiedene Zeitschriften und Zeitungen zu verkaufen. Seit 1968 beschäftigt sie sich mit Hypnose, seit 1979 ausschließlich mit Therapie und Regressionsarbeit. Sie hat die verschiedenen Hypnosemethoden studiert und so ihre eigene, einzigartige Technik entwickelt, die es ihr ermöglichte, die effizienteste Freigabe von Informationen von ihren Klienten zu erhalten. Dolores unterrichtete ihre einzigartige Hypnose-Technik auf der ganzen Welt.

1986 erweiterte sie ihre Untersuchungen auf das Ufo-Feld. Sie hat vor Ort Studien über vermutete Ufo-Landungen durchgeführt und die Kornkreise in England untersucht. Der Hauptteil ihrer Arbeit auf diesem Gebiet war die Ansammlung von Beweisen von verdächtigen Entführten durch Hypnose.

Dolores war eine internationale Rednerin, die auf allen Kontinenten der Welt Vorträge gehalten hat. Ihre fünfzehn Bücher werden in zwanzig Sprachen übersetzt. Sie hat mit Radio- und Fernsehzuschauern weltweit gesprochen. Und Artikel über/von Dolores sind in mehreren US-amerikanischen und internationalen Zeitschriften und Zeitungen erschienen. Dolores war die erste Amerikanerin und die erste Ausländerin, die in Bulgarien den "Orpheus Award" für den höchsten Fortschritt in der Erforschung psychischer Phänomene erhielt. Sie hat von mehreren Hypnose-Organisationen Auszeichnungen für herausragende Beiträge und Leistungen im Leben erhalten.

Dolores sehr große Familie, hielt sie in einem festen Gleichgewicht zwischen der "realen" Welt ihrer Familie und der "unsichtbaren" Welt ihrer Arbeit.

Dolores Cannon, die am 18. Oktober 2014 von dieser Welt überging, hinterließ unglaubliche Errungenschaften in den Bereichen alternative Heilung, Hypnose, Metaphysik und Vergangenheitsrückführung, aber am beeindruckendsten war ihr angeborenes Verständnis, dass das Wichtigste, was sie tun konnte, Informationen zu teilen war. Um verstecktes oder unentdecktes Wissen zu enthüllen, das für die Erleuchtung der Menschheit und unsere Lektionen hier auf der Erde von entscheidender Bedeutung ist. Der Austausch von Informationen und Wissen war für Dolores das Wichtigste. Deshalb erstaunen, leiten und informieren ihre Bücher, Vorträge und die einzigartige QHHT®-Methode der Hypnose weiterhin so viele Menschen auf der ganzen Welt. Dolores erkundete all diese Möglichkeiten und mehr, während sie uns auf die Reise durch unser Leben mitnahm. Sie wollte, dass Mitreisende ihre Reisen ins Unbekannte teilen.

Wenn Sie mit Dolores Tochter Julia über ihre Arbeit, private Sitzungen oder ihre Trainingskurse korrespondieren möchten, senden Sie diese bitte an die folgende Adresse. (Bitte fügen Sie einen selbstadressierten frankierten Umschlag für ihre Antwort bei.) Julia Cannon, P.O. Box 754, Huntsville, AR, 72740, USA

Oder senden Sie ihr eine E-Mail an decannon@msn.com oder über unsere Website: www.ozarkmt.com

Other Books by Ozark Mountain Publishing, Inc.

Dolores Cannon
A Soul Remembers Hiroshima
Between Death and Life
Conversations with Nostradamus, Volume I, II, III
The Convoluted Universe -Book One, Two, Three, Four, Five
The Custodians
Five Lives Remembered
Horns of the Goddess
Jesus and the Essenes
Keepers of the Garden
Legacy from the Stars
The Legend of Starcrash
The Search for Hidden Sacred Knowledge
They Walked with Jesus
The Three Waves of Volunteers and the New Earth
A Very Special Friend
Aron Abrahamsen
Holiday in Heaven
James Ream Adams
Little Steps
Justine Alessi & M. E. McMillan
Rebirth of the Oracle
Kathryn Andries
Time: The Second Secret
Will Alexander
Call Me Jonah
Cat Baldwin
Divine Gifts of Healing
The Forgiveness Workshop
Penny Barron
The Oracle of UR
P.E. Berg & Amanda Hemmingsen
The Birthmark Scar
Dan Bird
Finding Your Way in the Spiritual Age
Waking Up in the Spiritual Age
Julia Cannon
Soul Speak – The Language of Your Body
Jack Cauley
Journey for Life
Ronald Chapman
Seeing True
Jack Churchward
Lifting the Veil on the Lost Continent of Mu
The Stone Tablets of Mu
Carolyn Greer Daly
Opening to Fullness of Spirit
Patrick De Haan
The Alien Handbook
Paulinne Delcour-Min
Divine Fire
Holly Ice
Spiritual Gold
Anthony DeNino
The Power of Giving and Gratitude
Joanne DiMaggio
Edgar Cayce and the Unfulfilled Destiny of Thomas Jefferson Reborn
Paul Fisher
Like a River to the Sea
Anita Holmes
Twidders
Aaron Hoopes
Reconnecting to the Earth
Edin Huskovic
God is a Woman
Patricia Irvine
In Light and In Shade
Kevin Killen
Ghosts and Me
Susan Linville
Blessings from Agnes
Donna Lynn
From Fear to Love
Curt Melliger
Heaven Here on Earth
Where the Weeds Grow
Henry Michaelson
And Jesus Said – A Conversation
Andy Myers
Not Your Average Angel Book
Holly Nadler
The Hobo Diaries
Guy Needler
The Anne Dialogues
Avoiding Karma
Beyond the Source – Book 1, Book 2
The Curators
The History of God
The OM
The Origin Speaks

For more information about any of the above titles, soon to be released titles, or other items in our catalog, write, phone or visit our website:
PO Box 754, Huntsville, AR 72740|479-738-2348/800-935-0045|www.ozarkmt.com

Other Books by Ozark Mountain Publishing, Inc.

Psycho Spiritual Healing
James Nussbaumer
And Then I Knew My Abundance
Each of You
Living Your Dram, Not Someone Else's
The Master of Everything
Mastering Your Own Spiritual Freedom
Sherry O'Brian
Peaks and Valley's
Gabrielle Orr
Akashic Records: One True Love
Let Miracles Happen
Nikki Pattillo
Children of the Stars
A Golden Compass
Victoria Pendragon
Being In A Body
Sleep Magic
The Sleeping Phoenix
Alexander Quinn
Starseeds What's It All About
Debra Rayburn
Let's Get Natural with Herbs
Charmian Redwood
A New Earth Rising
Coming Home to Lemuria
David Rousseau
Beyond Our World, Book 1
Richard Rowe
Exploring the Divine Library
Imagining the Unimaginable
Garnet Schulhauser
Dance of Eternal Rapture
Dance of Heavenly Bliss
Dancing Forever with Spirit
Dancing on a Stamp
Dancing with Angels in Heaven
Annie Stillwater Gray
The Dawn Book
Education of a Guardian Angel
Joys of a Guardian Angel
Work of a Guardian Angel
Manuella Stoerzer
Headless Chicken
Blair Styra
Don't Change the Channel
Who Catharted
Natalie Sudman
Application of Impossible Things
L.R. Sumpter
Judy's Story
The Old is New
We Are the Creators
Artur Tradevosyan
Croton
Croton II
Jim Thomas
Tales from the Trance
Jolene and Jason Tierney
A Quest of Transcendence
Paul Travers
Dancing with the Mountains
Nicholas Vesey
Living the Life-Force
Dennis Wheatley/ Maria Wheatley
The Essential Dowsing Guide
Maria Wheatley
Druidic Soul Star Astrology
Sherry Wilde
The Forgotten Promise
Lyn Willmott
A Small Book of Comfort
Beyond all Boundaries Book 1
Beyond all Boundaries Book 2
Beyond all Boundaries Book 3
D. Arthur Wilson
You Selfish Bastard
Stuart Wilson & Joanna Prentis
Atlantis and the New Consciousness
Beyond Limitations
The Essenes -Children of the Light
The Magdalene Version
Power of the Magdalene
Sally Wolf
Life of a Military Psychologist

www.ingramcontent.com/pod-product-compliance
Lightning Source LLC
Chambersburg PA
CBHW050828230426
43667CB00012B/1913

* 9 7 8 1 9 5 0 6 0 8 4 1 6 *